Karl Schlögel

Jenseits des Großen Oktober

Das Laboratorium der Moderne
Petersburg 1909–1921

Karl Schlögel

Jenseits des Großen Oktober

Das Laboratorium der Moderne
Petersburg 1909 – 1921

im
Siedler Verlag

Leon Bakst, Terror antiquus, 1908

Keine Hilfe von außen ersetzt den Impuls, der die mehrjährige Arbeit, wie sie für diese Studien notwendig war, getragen hat. Und doch hängt viel davon ab, ob er gefördert wird oder auf Unverständnis stößt, ob es Ermutigung oder Gleichgültigkeit gibt, ob man eine Zeitlang wenigstens konzentriert arbeiten kann oder von den Notwendigkeiten des Broterwerbs zermürbt wird. Die Anteile sind ganz verschieden, alle zusammengenommen aber bilden den Raum, in dem eine Arbeit wächst. All jenen, die dazu beigetragen haben, gilt mein Dank.

Dem Deutschen Akademischen Austausch-Dienst verdanke ich den Forschungsaufenthalt in Moskau 1982/83, der Deutschen Forschungsgemeinschaft den dreimonatigen Aufenthalt im Jahre 1987 in Leningrad. Die Deutsche Forschungsgemeinschaft hat darüber hinaus mit einem Stipendium die Arbeit an den Studien für drei Jahre finanziell gesichert. In einer kritischen Situation hat mir Herr Franz Armin Morat, Freiburg, über einen Engpaß hinweggeholfen.

Wichtig war für mich der Zuspruch von Herrn Professor Dietrich Geyer, Tübingen, zu dem Vorhaben, das sich damals noch ganz in einem experimentellen Stadium befand. Herrn Professor Peter Scheibert, Marburg/Berlin, danke ich für die Diskussion über das Lenin-Izgoev-Kapitel. Die Diskussionen mit meinen Moskauer und Leningrader Freunden haben mir vor allem geholfen, eine gewisse Sicherheit zu gewinnen bei der Frage, wo die Sonde angesetzt und die »Stollen« gegraben werden müßten, wenn man ins Massiv der russischen Moderne eindringen will. Florence und Rainer Moehl, Berlin, habe ich mehrfach Passagen vorgetragen und dabei versucht, mit ihnen »über die Sache sprechend« größere Klarheit zu gewinnen. Ich danke ihnen für ihre Geduld und Kritik. Einige Spuren wären vielleicht nicht weiterverfolgt worden, wenn mir nicht Herr Gabriel Superfin, München, mit seiner enzyklopädischen Kenntnis der russischen Buch- und Zeitungswelt weitergeholfen hätte.

Wenn das Terrain jenseits des Großen Oktober betreten wurde, dann weil es eine Aussicht gab, daß man darin nicht umkommen muß, auch wenn dabei Brücken abgebrochen wurden. Mein Lehrer aus Berliner Universitätsjahren, Professor Helmut Fleischer, Darmstadt, hat diesen Weg durch seine Arbeit an einer erneuerten Historik theoretisch eröffnet und meinen Weg dorthin begleitet. Er hat alle Kapitel gelesen, und unsere Korrespondenz darüber war nichts anderes als die Form einer intensiven und für mich äußerst fruchtbaren Zusammenarbeit, die weit mehr Fragen und Aspekte betrifft, als sie in diesem Buch zum Ausdruck kommen.

Die Arbeit an einem Buch kann die Züge eines Ausnahmezustands annehmen, besonders dann, wenn die Umgebung, in der man lebt, danach ist.

Dafür, daß er glücklich zu Ende gegangen ist, danke ich Sonja, die mir den Rücken freigehalten und viele Einsichten eröffnet hat, und Anja, die sich geduldet hat, bis die Arbeit getan war.

Aber ein Manuskript ist noch lange kein Buch. Ich danke Frau Ditta Ahmadi und Herrn Ulrich Werner, die mit so großer Ruhe und Umsicht aus dem geschriebenen Text eine Druckvorlage gemacht haben. Ich danke Frau Gisela Maria Nicklaus für das sichere Geleit im Auf und Ab, das zwischen der Idee und der Abgabe des Manuskripts liegt.

Und wenn die Studien nun als Buch vorliegen, dann danke ich es dem Verleger Wolf Jobst Siedler, für den – ganz unüblich in unseren Tagen – die Erschließung der Petersburger Moderne nicht das Fern-, sondern das Naheliegende war. Er ist das Risiko eingegangen, das Buch zu publizieren. Ich danke ihm für sein Vertrauen und bewundere seinen Mut.

Berlin-Kreuzberg im Mai 1988

Anmerkungen zur Schreibweise und Aussprache

Die Wiedergabe russischer Namen folgt der Genauigkeit wegen im allgemeinen der wissenschaftlichen Transkription. Dort, wo sich bestimmte Namen im Deutschen eingebürgert haben – zum Beispiel Peter Tschaikowsky oder Leo Trotzki –, wird die Eindeutschung übernommen, also nicht Petr Čajkovskij oder Lev Trockij. Es werden ausgesprochen:

s	wie s in »Wasser«
š	wie sch in »Schule«
z	wie s in »Rasen«
ž	wie j in »Journal«
c	wie das deutsche Z
č	wie tsch in »Peitsche«
šč	wie schtsch in »Chruschtschow«
è	wie ä
e	wie je in »jeweils«
'	Zeichen erweicht den vorangegangenen Konsonanten

Inhalt

Einleitung

Das Jahr 1917 ist sozusagen ein ehernes Datum, aber es gibt keinen Namen für das, was sich ereignet hat. Die Revolution, auf die Rußland und Europa Jahrzehnte gewartet hatten, war gekommen, und schon nach wenigen Tagen hieß das, was einmal ein mächtiges Imperium war, nur noch »das alte Rußland«. Es war wirklich eine große Revolution, doch es war auch eine Revolution voller biblischer Schrecken. In dieser Revolution gingen jene Kräfte unter, die Rußland auf den Weg der industriellen Revolution gestoßen und das Land vorübergehend zum dynamischen Zentrum der Zivilisationsbewegung hatten werden lassen. Aber die russische Revolution ist zugleich eine Revolution gegen diese Revolution der Moderne. Was folgen wird, ist eine Modernisierungsbewegung ohne Moderne, eine Fortsetzung des Weges »auf die Höhe der Zivilisation«, doch ohne die Elemente der zivilen Gesellschaft. Es gibt kein Wort, das diesen Fortschritt, der eine Katastrophe war, und diesen Aufbruch, der mit einer Regression einhergeht, zusammenbringt. Es wäre ein Wort, in dem die Geschichte der Konstitution zugleich die Geschichte eines Zerfalls wäre.

Sobald man die Bruchlinie hinter sich gelassen hat, gerät man in einen Hexenkessel der Geschichte, in dem sich alle Linien und Fronten verwischen, wo alles noch unfertig und in flüssigem Zustand ist – Lava, von der die Nachgeborenen dann nur noch die geronnenen und fix und fertigen Ergebnisse registrieren. Es herrscht Hochdruck in diesem Raum mit gefährlichen Vakuen und Explosionen, erzeugt vom Nebeneinander von 16. und 20. Jahrhundert. Alles spielt sich fast innerhalb eines Jahrzehnts ab: eine erste gescheiterte Revolution, ein letzter beispielloser wirtschaftlicher Boom der Vorkriegszeit, eine Mobilmachung für den Krieg, die umschlägt in eine revolutionäre Gegenmobilisation, die erst nach einem Bürgerkrieg zu Ende kommt. In diesem Raum stoßen aufeinander eine von der Last der Kultur schon müde gewordene Intelligenz und ein in den Aufbruch hineingeschleudertes junges Volk, das mit Faszination und Schrecken auf die Wunder der modernen Zivilisation blickt. Die Massenpresse rivalisiert mit der Flut der Heiligenbildchen, der Kinematograph mit der Jahrmarktsbude, der Pomp der Feiern zum dreihundertjährigen Bestehen der Romanov-Dynastie mit dem Brutalismus von Strawinskys »Sacre«. Der »Stern des Neuen Amerika« war über den Industriedörfern und Slums aufgegangen, und der moderne Proletarier war neben den Bauern getreten, der eben aus der Leibeigenschaft entlassen worden war. Petersburg plant eine Metro nach Berliner Vorbild, aber die Petersburger Aristokratie kennt das weite Land meist nur von der Sommerfrische auf dem Land und im Umkreis des Gutshauses. An einem solchen Ort treffen sich die Extreme, und aus der Spannung zwischen den Polen schlägt der Funke. Es mischen sich Aufbruchsstimmung und Endzeitgefühl.

Dort wächst der Gedanke, daß die Flucht nach vorn die einzige Chance des Überlebens sein könnte, und dort hat die Koketterie mit dem Barbarentum ihre Plausibilität. Dort, an der Peripherie Europas, schlägt die Barometernadel heftiger aus. Und als der europäische Krieg beginnt, ist klar, welche Hauptstadt zuerst fallen würde.

Die Kräfte, die im Laboratorium Petersburg zusammenstoßen, fusionieren, sich spalten oder potenzieren, sind unübersichtlich, chaotisch, aber sie sind nicht anonym. Es sind nicht irgendwelche Prozesse, Produktivkräfte oder Ideen, die sich da bewegen, sondern Menschen. Sie alle – ob Philosoph oder Verleger, Publizist oder Illegaler, Dirigent oder Unternehmer – bevölkern einen Raum, zu dem die Nachgeborenen keinen Zutritt haben. Sie alle sind, gleich welcher Anschauung oder Partei, Angehörige ein und derselben Zeitheimat, eines Erfahrungs- und Erwartungshorizonts, den nur sie kennen.

Wer sich in diesen Hexenkessel hinabläßt, macht Bekanntschaft mit Menschen, die, selbst wenn sie verfeindet sind, eine gemeinsame Sprache sprechen. Er trifft auf bestimmte Charaktere, einen bestimmten Typus, bestimmte »Gesichter«, wie sie nur dieser Zeit eigen waren. Er muß Lebenslinien folgen, von denen nur der Nachgeborene weiß, wie sie zu Ende gegangen sind. Er muß Lebenslinien aufnehmen, die abbrechen – in jener Generation meist in der Mitte des aktiven Lebens. Das gesellschaftliche Drama ereignet sich in jedem einzelnen, in jeder »dramatis persona«.

Man lernt bei solchen Recherchen, mit anderen Instrumenten und auf anderen Maßskalen zu messen: Das Gesicht einer Stadt wird zum Gesicht der Epoche, die Zahl der neuverlegten Eisenbahnkilometer sagt nicht weniger über die Beschleunigung der Zeit als die Revolution, die »Lokomotive der Geschichte«, und der Verbreitungsgrad von Sherlock Holmes gibt mehr Aufschluß über den Stand der Aufklärung als die Zahl der revolutionären Flugblätter. In zivilisationsgeschichtlicher Perspektive wird deutlich, daß Zeitenwenden nicht innerhalb eines Jahres stattfinden, aber auch dies: Wenn sie eingetreten sind, dann sind sie folgenreicher als jede noch so radikale politische Veränderung.

Wer so in das Laboratorium Petersburg eintritt, geht nicht wenig Risiken ein, er verliert den Halt, er geht zwischen den Fronten und diversen Milieus hin und her. Er interessiert sich für das Repertoire der Theater und Konzerthäuser, obwohl er weder Musiker noch Theaterfachmann ist. Er empfindet die Grenzen seiner Kompetenz, aber rechtfertigt sich dadurch, daß er auf der Suche nach etwas ist, das quer durch alle Parteiungen und gesellschaftlichen Segmente verläuft. Schon wenn er die verschütteten Leben freilegen und die abgerissenen Lebenslinien wieder verknüpfen will, begibt er sich auf abenteuerliches Gelände, denn die Spaltung der Geschichte läuft mitten durch die Menschenleben hindurch. Sie gehören Kulturen an, die voneinander allzulange nichts wissen wollten und sich exkommuniziert haben. Die Lebensgeschichten können aber nur erzählt werden, wenn das Mutterland »Rußland I« und das »Rußland II« der Emigration zusammengebracht werden. Allein die Quellensuche führt vor Augen, daß die Geschichte der größten Kraftentfaltung Rußlands zugleich die Geschichte einer katastrophalen Spaltung jenes Kräfteaggregats gewesen ist, das das moderne Rußland getragen hatte.

Wenn es inzwischen ruhig geworden ist um den Oktober, wenn er nur noch in den Reden zum Jahrestag wiederkehrt oder zum Kinoklassiker geworden ist, dann ist das nicht bloß ein Zeichen von Desinteresse. Es ist auch die Ruhe, die sich einstellt, wenn die ideologischen Schlachten geschlagen sind und der strategisch angestrengte Blick müde geworden ist, wenn es sich herumgesprochen hat, daß die Kämpfe von gestern die Probleme der Gegenwart keinen Schritt weiterbringen, wenn der Bedarf nach dem »einfachen Nenner« gesunken ist und man sich daran gewöhnt hat, daß man auch ohne ihn leben kann. In diesem Windschatten gedeiht ein neues Interesse, das sich die Freiheit nimmt, auf beiden Seiten der Bruchstelle Umschau zu halten und dabei vielleicht lernt, Widersprüche auszuhalten oder doch wenigstens zu verstehen.

Die Vergegenwärtigung dieses dramatischen Stücks russischer und europäischer Geschichte macht die Toten nicht wieder lebendig, mildert die Trauer um diejenigen nicht, die mit all ihrer Energie, ihrer Intelligenz und ihrem Mut in aussichtsloser Position sich und dem Land treu geblieben sind. Es liegt nicht in der Macht des Historikers, zu versöhnen, was in der Geschichte zerbrochen ist. Aber er könnte helfen, das Terrain zu öffnen, in dem Mythen endlich zu Geschichte und die Geschichte der russischen Revolution wieder als Teil der katastrophischen Fortschrittsgeschichte Europas in diesem Jahrhundert sichtbar würde.

Jenseits des Oktober liegt eine Stadt, die kein Museum, sondern ein europäischer Geschichtsort ist. Dort ging vorläufig etwas zu Ende, dessen sich die Sowjetunion im achten Jahrzehnt ihres Bestehens erneut vergewissern wird, wenn sie ins nächste Jahrtausend aufbrechen will. Europa, das verstehen will, was es heute ist, wird sich nicht nur Berlins und Wiens erinnern, sondern auch Petersburgs – das Iosif Brodskij den »Spiegel eines einsamen Planeten« genannt hat.

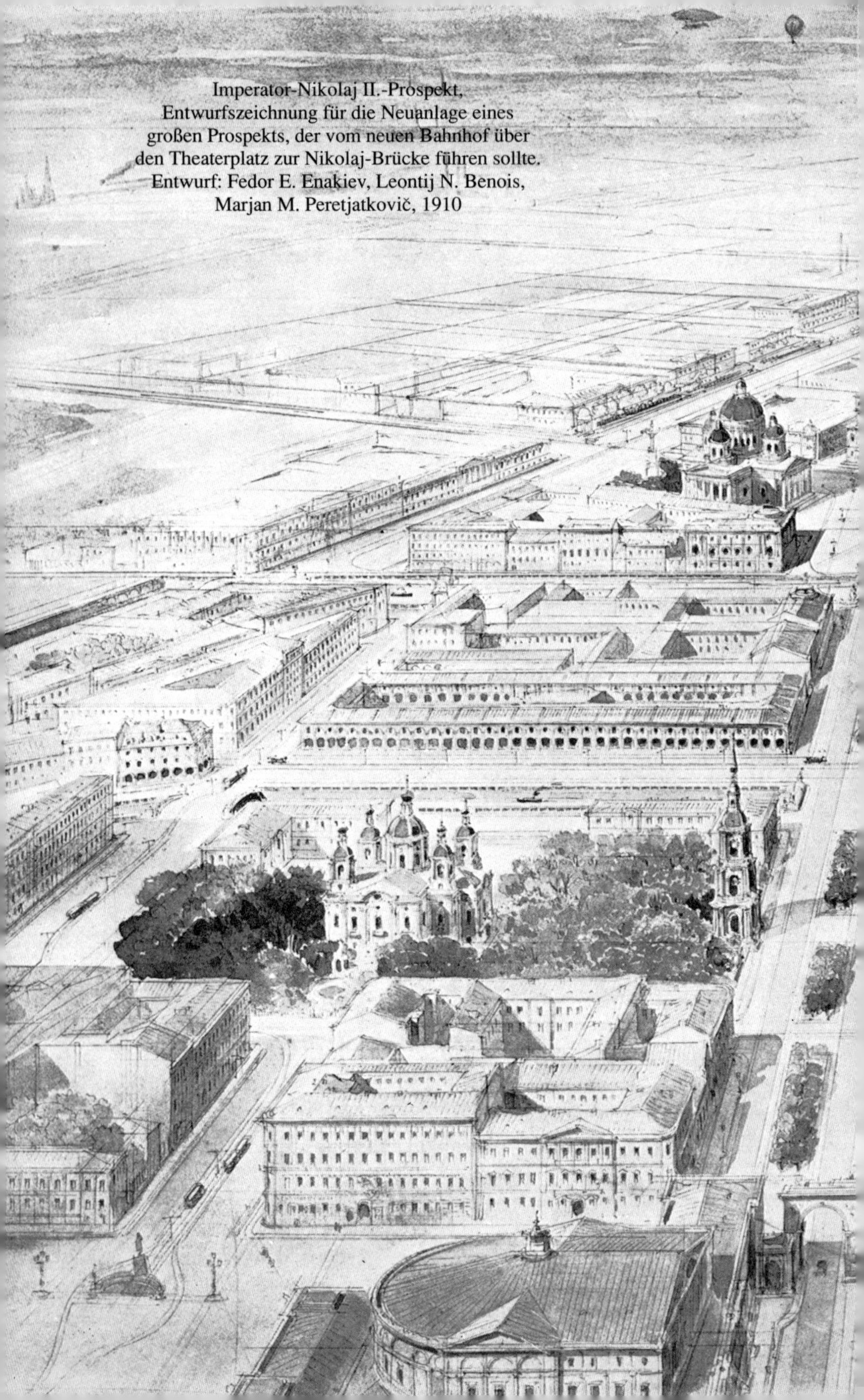

Imperator-Nikolaj II.-Prospekt,
Entwurfszeichnung für die Neuanlage eines
großen Prospekts, der vom neuen Bahnhof über
den Theaterplatz zur Nikolaj-Brücke führen sollte.
Entwurf: Fedor E. Enakiev, Leontij N. Benois,
Marjan M. Peretjatkovič, 1910

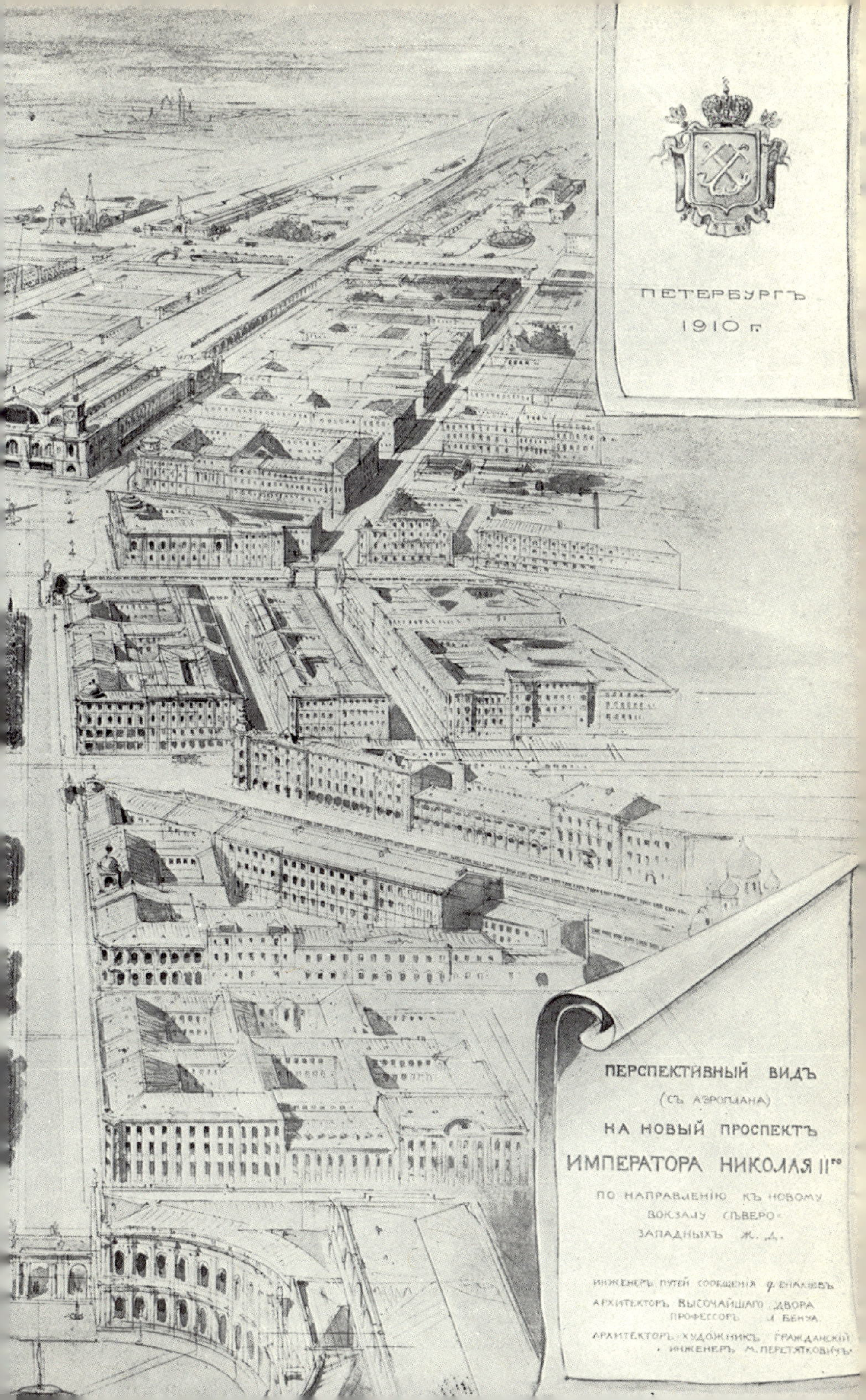
ПЕТЕРБУРГЪ
1910 г.
ПЕРСПЕКТИВНЫЙ ВИДЪ
(СЪ АЭРОПЛАНА)
НА НОВЫЙ ПРОСПЕКТЪ
ИМПЕРАТОРА НИКОЛАЯ IIго
ПО НАПРАВЛЕНІЮ КЪ НОВОМУ
ВОКЗАЛУ СѢВЕРО-
ЗАПАДНЫХЪ Ж. Д.
ИНЖЕНЕРЪ ПУТЕЙ СООБЩЕНІЯ Ф. ЕНАКІЕВЪ
АРХИТЕКТОРЪ ВЫСОЧАЙШАГО ДВОРА
ПРОФЕССОРЪ Л. БЕНУА
АРХИТЕКТОРЪ ХУДОЖНИКЪ ГРАЖДАНСКІЙ
ИНЖЕНЕРЪ М. ПЕРЕТЯТКОВИЧЪ

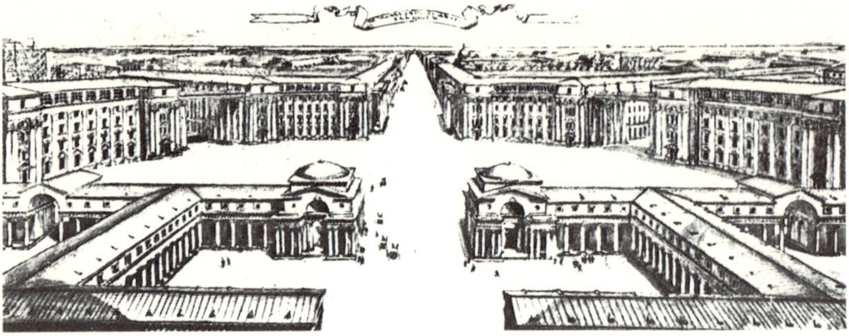

Das »Neue Petersburg«.
Entwurf für die Bebauung der Insel Golodaj von Ivan A. Fomin, 1912

Wohnhaus, Kamennoostrovskij-Prospekt 65.
Architekt Vladimir A. Ščuko, 1910–1912

Entwurf zum Bebauungsplan »Neues Petersburg« von Ivan A. Fomin, 1912

Sankt Petersburg im »Baufieber« der Vorkriegszeit. Wohnhäuser am Ufer der Fontanka Nr. 86 und Nr. 88. Architekt Nikolaj K. Prjanišnikov, 1909–1912

Synagoge auf dem Jüdischen Friedhof von Sankt-Petersburg, Ostfassade.
Architekt Jakov G. Gevirc, 1910–1912

Eisenkonstruktion der Kuppel über der Bibliothek des Generalstabs, errichtet von der Firma »Artur Koppel«, Sankt Petersburg. Anbau Anfang dieses Jahrhunderts zu dem 1819 bis 1829 errichteten Gebäude von Karl I. Rossi

Bankhaus Vavel'berg, Nevskij-Prospekt 7–9.
Architekt Marjan M. Peretjatkovič, 1911–1912

Don-Azov-Bank, Morskaja 3–5, Architekt Fedor I. Lidval', 1907–1909

Schalterhalle der Don-Azov-Bank

Kaufhaus Mertens,
Nevskij-Prospekt 21.
Architekt M. S. Ljalevič,
1910–1912

Passage, Litejnyi-Prospekt 53. Architekt N. V. Vasil'ev, 1912–1913

Kaufhaus der
Gardeökonomischen
Gesellschaft
B. Konjušennaja 21–23.
Architekten
E. F. Virrich,
N. V. Vasil'ev,
S. S. Kričinskij,
I. V. Padlevskij,
1908–1913

Entwurf für die Markthallen am Sytnyj rynok.
Architekten M. S. Ljalevič, M. M. Peretjatkovič, 1912–1913

Eingang zum Sportpalast am Kamennyjostrovskij-Prospekt 42.
Architekten S. G. Ginger / A. E. Belogrud, 1910 (nur in Fragmenten erhalten)

Hotel Astoria, Ecke Morskaja / Isaaks-Platz.
Architekt Fedor I. Lidval', 1910–1914

I.

Sankt Petersburg

Die tragische Imperiale

Sankt Petersburg erfährt die Revolution an sich selbst, bevor es im Zuge der Revolution als Hauptstadt erlischt. Die Stadt Peters des Großen hatte sich im letzten halben Jahrhundert mehr verändert als in der ganzen übrigen Zeit seit ihrer Gründung. Petersburg schickte sich an, von der Residenzstadt des Reichs zur modernen Metropole eines in den Strudel der säkularen Modernisierungsbewegung gerissenen Imperiums zu werden. Doch es vergeht kein Jahrzehnt zwischen der Formulierung eines Generalplans zur Umgestaltung der Hauptstadt des russischen Reichs und der Verlegung der Hauptstadt der jungen Sowjetrepublik aus Petrograd nach Moskau im März 1918.

Im Augenblick der Stadtwerdung erlöscht die Stadt als Hauptstadt. Dabei war Petersburg eben im Begriff, gegenüber den anderen europäischen Hauptstädten aufzuschließen: 1912 lebten in Petersburg und seinen Vororten über zwei Millionen Menschen, das Bevölkerungswachstum war nur vergleichbar dem der anderen jungen europäischen Metropole Berlin, die im Laufe von vierzig Jahren von 800000 auf 3,2 Millionen Einwohner angewachsen war. In fünfzehn Jahren würde man auch in Petersburg mit einer Bevölkerungszahl von mehr als drei Millionen Menschen rechnen können.

Doch was die meisten europäischen Städte in gemessenen Intervallen, fast organisch bewältigen konnten, schob sich in der russischen Reichshauptstadt übereinander, verschränkte und verwickelte sich zu einem fast unlösbaren Knoten. Das Paris des Baron Haussmann, das das mittelalterliche Paris überlagert und als »Hauptstadt des 19. Jahrhunderts« Gestalt annimmt, kann auf die Vorschläge einer Künstlerkommission des revolutionären Regimes zurückgreifen. An der Place de la Concorde wird schließlich fast hundert Jahre gearbeitet – von 1754 bis 1832. Der Bau des Wiener Rings war bereits 1857 beschlossen worden, und beim Wettbewerb Großberlin 1910 ging es vor allem um die Zusammenfügung verschiedener Stadtteile um ein zu reorganisierendes Zentrum.

In Petersburg lagen die Verhältnisse vollkommen anders. Hier war ein Stadtmassiv vorhanden, dessen Fixpunkte und bebaute Teile von einer großen Bautradition des Barock und des Klassizismus vorgegeben waren, die Stadt mußte mit dem Einbruch der neuen Zeit fertigwerden – mit Industrieanlagen, mit einer sprunghaft angestiegenen Bevölkerung, mit Kanalisation und Wasserversorgung, mit Verkehrsplanung und Wohnungsproblemen. Die Bildung der modernen Großstadt auf dem Territorium der von Barock und Klassizismus geprägten Residenz trägt alle Züge eines explosiven Vorgangs.

Konnte die Stadt diese Herausforderung bewältigen? Und mußten in dieser Situation nicht zwangsläufig alle Facetten des Mythos Sankt Petersburg wieder in Bewegung geraten?

»Wieviel muß geschehen sein, daß die russische Gesellschaft wieder anfängt, Zuneigung zu empfinden zum Ehernen Reiter!« stellt Nikolaj P. Ancyferov in seiner Untersuchung der Entwicklung des Mythos Petersburg fest.[1] In der Tat war es so. Seit dem Beginn des Jahrhunderts betritt die Stadt selbst wieder die Bühne, wird zum Helden einer ganzen Literaturgattung. Sie taucht erneut auf als das glänzende »Palmyra des Nordens«, ihr Lob erklingt in dem hellen Ton, in dem Puschkin die Stadt besungen hatte:

Ich lieb dich, Schöpfung Peters, deine
Gestrenge, einheitliche Pracht,
In dem granitenen Gesteine
Der Neva königliche Macht.[2]

Der »Eherne Reiter«, Falconets Denkmal Peters des Großen – der Zar mit herrischer Geste auf einem Roß, dessen Vorderhufe in die Luft ausgreifen – ist wiedergekehrt, so als ginge es darum, ein zweites Mal der Macht von Elementen zu trotzen, die nur äußerste Willensanstrengung und Härte bezwingen können. Das Petersburg Puschkins taucht wieder auf nach Jahrzehnten der Vorherrschaft eines in düsteren Farben gehaltenen Bildes. Alexander Benois war wohl der erste, der die Wiederkehr der Stadt Peters programmatisch verkündete.

»Es gibt offensichtlich auf der ganzen Welt keine Stadt«, so schrieb er in der ersten Ausgabe seiner Zeitschrift »Mir iskusstva« (Die Welt der Kunst) im Jahre 1902, »die weniger Sympathie genießt als Petersburg. Welche Epitheta hat es sich nicht schon eingehandelt: ›stinkender Sumpf‹, ›sinnlose Erfindung‹, ›gesichtslos‹, ›Beamten-Departement‹, ›Offizierskanzlei‹ ..., für das alte, große, gutmütige, schlampige Rußland ist es [Petersburg, K.S.] immer noch wie schon seit 200 Jahren der fremde, unbegreifliche und sogar verhaßte Sergeant – der böse Onkel und namentlich der Kommißhengst mit dem Stock, doch für jeden, der das unwillige Murren der dahinkriechenden Alten, die sich von ihrem schweren, doch süßen Traum nicht lösen will, nicht mitmacht, verwandelt sich dieser Sergeant in einen weisen, harten, doch faszinierenden Genius, der wachsam mit seinem hellen, kalten Blick auf alles ein Auge hat, was auf der Welt vor sich geht.«

Benois sieht in Petersburg den Geist Apolls, »jenen römischen, harten Geist, den Geist der Ordnung, den Geist der vollendeten Formen des Lebens, der die allgemeine Schlamperei nicht hinnimmt und doch nicht ohne Anmut ist«. Petersburg hat »gravitas«, die Haltung des römischen Senators in der purpurnen Toga. Doch Benois verschweigt auch nicht, daß an der Stadt etwas Phantastisches ist, etwas wie in einem düsteren Märchen oder in den Schilderungen Gogols, in denen ein mächtiger Zauberer anstelle der lebendigen Menschen Automatenpuppen agieren läßt, aufgezogen von »einer grandiosen, doch schwächer werdenden Feder«.[3]

Es schien in dieser neuen Wahrnehmung eine Zeit zu Ende gegangen zu sein, in der das Bild Petersburgs verdunkelt worden war von der Gefahr, ja dem Verhängnis, das die Stadt seit ihrer Gründung wie ein Schatten begleitet hatte. Das Petersburg nach Puschkin ist das Petersburg Nikolaus' I. und Arakčeevs, der Polizei, der Kasernen, des Drills und der Uniformen. Für Gogol ist es die seltsame Hauptstadt »am Ende der Welt«, weitab und außerhalb der Räume des russischen Reiches, eine Stadt, in der Menschen zu Schatten werden. Der Dichter Michail Dimitriev sah Petersburg bereits in den Sümpfen des Neva-Deltas, aus denen es durch Blut und Sklavenarbeit herausgehoben schien, wieder versinken. Für Dostojewski war es »die abstrakteste Stadt der Welt«, der Ort der Leiden, der Erniedrigung, der Verbrechen und der Todesangst.

Der Genius loci bildet den Kern aller Mythen: Wie konnte eine Stadt bestehen, die sich einzig durch den mächtigen Willen eines mächtigen Herrschers aus den Sümpfen erhob! Ein künstliches Geschöpf, keine organische Bildung! Schon ihr allererstes Fundament ist mit Hekatomben von Sklavenarbeit erkauft! Lebt sie nicht allein dank einer ungeheuren Anstrengung, da sie keinen anderen Grund hat als den, der dem sumpfigen Neva-Delta abgerungen worden war? Noch die imposantesten Paläste ruhen auf Pfeilern, und der Granit der Uferbefestigung kann nicht erdenschwer oder felsenfest sein.

Kaum ein Jahr vergeht, in dem die Stadt nicht vom Hochwasser überflutet wird. Und was soll eine Hauptstadt, die nicht in der Tiefe des Reiches, sondern in einem eroberten, finnisch bevölkerten Grenzstreifen liegt? So wie sie als Stadt nur leben kann, wenn sie zum Überleben entschlossen ist, so scheint sie auch nur Hauptstadt sein zu können, wenn sie die Flucht nach draußen fortzusetzen bereit ist.[4]

Die Wiederkehr des glänzenden Petersburg erfolgt nicht bruchlos und einheitlich. Die Niederschlagung der Revolution von 1905 bestätigt nur ein weiteres Mal den Charakter der Kasernen- und Offiziersstadt. Die Dichterin Zinaida Gippius sieht die Stadt »im schwarzen Schlamm untergehen«, für Vjačeslav Ivanov ist sie das »gespenstische Palmyra« und Innokentij Annenskij sieht auf »die leeren Flächen stummer Plätze, wo Menschen hingerichtet werden vor Sonnenaufgang«. In Andrej Belyjs Roman »Petersburg« ist die Stadt eingehüllt von undurchdringlichem Dunst, schillernden Farben, Schauplatz der verhängnisvollen Explosion. Und Dmitrij Merežkovskij diagnostiziert für Petersburg das, was die Ärzte Facies hypocratica nennen – das »Gesicht des Todes«.

Was neu ist am Mythos von Sankt Petersburg nach der Jahrhundertwende, ist dies: der Eherne Reiter, der sich kraftvoll abstößt, *und* die Flut, die gegen ihn ansteigt. Im Augenblick, da Petersburg sich als glänzende Stadt wiederentdeckt, nimmt es auch die Bedrohung wahr.[5]

Doch das Bild von der Stadt kann nur der Anhaltspunkt dafür sein, sich selbst ein Bild zu machen von der Metropole im letzten Jahrzehnt ihrer Hauptstadtrolle. Auch die Bilder haben ja einen Anhaltspunkt: Es muß sowohl für die Aquarelle Anna P. Ostroumova-Lebedevas, in denen die zarte Silhouette Petersburgs festgehalten ist, wie auch für die düsteren Farben in Belyjs »Petersburg« Material in der Wirklichkeit gegeben haben. Der Historiker, der vom Ende Petersburgs weiß, reist in die Stadt im Augenblick ihrer höchsten Kraftentfaltung und Überlebensanstrengung. Es gibt kein Dokument, das gewichtiger wäre als der Leib einer Stadt, das Gesicht, das sie sich gab, die Arterien, die diesen Organismus verbanden, die Arbeits- und Wohnräume, die der Bevölkerung als Werkstatt und Behausung dienten.

Es ist nicht einfach, im Gesicht einer Stadt zu lesen, besonders dann nicht, wenn es von Mythen überlagert ist und erst wieder sichtbar gemacht werden muß – gegen die Veränderungen, die die seither vergangene Zeit bewirkt hat. Doch wenn es wahr ist, daß im Verlöschen einer Hauptstadt auch die Epoche ihrer Herrschaft erlöscht, dann ist eine Reise nach Petersburg unumgänglich. Sie führt in ein Gelände, in dem der Versuch unternommen wurde, auf engstem Raum – fast unter experimentell reinen Bedingungen – den Schritt aus dem 19. ins 20. Jahrhundert zu tun.[6]

Im Schritt von der Residenzstadt zur Metropole vollzieht sich der Übergang von einer aristokratisch-imperialen zu einer urbanen Zivilisation. Vom Gelingen dieses Übergangs hing es ab, ob die Hauptstadt auch weiterhin Hauptstadt würde bleiben können und ob die Modernisierung des russischen Reichs – ob unter zaristischer oder bolschewistischer Führung – unter der Ägide einer zivilen oder einer imperialen Hauptstadtkultur würde vor sich gehen können.

Das Verschwinden der Residenzstadt

»Mit jedem Jahr verliert Petersburg als Stadt seine bezaubernde, geschlossene Physiognomie mehr, trotz schöner einzelner Neubauten«, schreibt einer der besten Kenner Petersburgs vor der Revolution, Georgij K. Lukomskij. Es entstehen »neue gewaltige, häßliche oder gesichtslose und graue Häuser an der Stelle der wunderschönen alten«. Lukomskij geht so weit zu behaupten, daß das Petersburg der zwanziger und dreißiger Jahre des 19. Jahrhunderts, die Verkörperung eines klassizistischen Stadtensembles, schon nicht mehr da sei, daß nur einzelne Komplexe und Ensembles erhalten blieben, die sich indes wie »Reliquien der Vergangenheit« inmitten der vom Baufieber erfaßten Stadt ausnehmen.[7]

In der Tat ist die Stadt, die der Historiker heute vorfindet, bereits das neue Petersburg, das zwar der Topographie der klassizistischen Stadt, ihren Hauptlinien folgte, diese aber in sich eingeschmolzen hat, um sie herumgewachsen ist und über sie hinaus. Der Fremde, der in den achtziger Jahren des letzten Jahrhunderts nach Petersburg reiste, näherte sich der Stadt durch ein weites Umfeld von Siedlungen aus Holzhäusern, und erst wenn er am Bahnhof angekommen war, traf er auf jenes steinerne Petersburg, das in seiner Massivität auch einen Besucher aus Paris oder London in Erstaunen versetzte. Nur der Kern war aus Stein, nur in der Umgebung des Winterpalais und auf den

Hauptprospekten waren die Straßen befestigt, in weniger wichtigen Straßen gab es Holzplanken und in den weiter hinausführenden Straßen hörten auch diese auf, so daß bei Regen der Wagen bis zu den Achsen im Schlamm versank. Selbst im zentralen Stadtbereich war die Silhouette nicht besonders hoch. In den Bezirken Admiraltejskaja, Kazanskaja, Spasskaja, Litejnaja und Moskovskaja gab es an die 400 Gebäude mit vier Etagen, das waren ungefähr vier Prozent der dort stehenden Häuser.[8]

Behielt also Petersburg im wesentlichen seine Grundstruktur – die Perspektiven der Prospekte, die granitenen Ufer, die Kaistraßen, die als Fluchtpunkte gesetzten Paläste – so schoben sich doch immer deutlicher die Bauten der neuen Zeit in die Silhouette: Bahnhöfe, Fabriken, Miethäuser, Kaufhäuser, Banken. Das geschlossene Bild einer »entworfenen« Stadt drohte sich aufzulösen. »Das allergeschmackloseste Chaos herrscht hinsichtlich der Gestaltung des allgemeinen Aussehens der Hauptstadt. Neben alten Häusern, liebenswürdigen eingeschossigen Villen, erheben sich die Riesenkästen der Miethäuser. Alte Gebäude werden in dieser Umgebung von ihren früheren Besitzern aufgegeben und durch Kneipen, Werkstätten und Handwerksbetriebe zu Orten, an denen sich Armut und Schmutz sammeln.« Und dies geht nicht in den abgelegenen Stadtteilen vor sich, sondern im Zentrum, wo Leerflächen jahrelang nicht bebaut werden, exponierte Plätze als Holzlager oder Krautgärten benutzt werden, weil sie Spekulationsobjekte in einer im Bauboom befindlichen Stadt geworden sind. Gebäude werden errichtet auf mehr oder weniger zufällig ausgewählten, weil gerade profitablen Grundstücken. Die besten Bauten verschwinden inmitten eines »Haufens Unrat«. Die moderne Stadt verliert immer deutlicher ihren vornehmen, nationalen Charakter, wird immer »schablonenhafter«, »europäischer«.[9]

Das 19. Jahrhundert hat, so Lukomskij, von den vierziger Jahren an keinen wirklich bedeutenden gesellschaftlichen Bau in der Stadt zustande gebracht und das Feld der Privatinitiative überlassen. Über der expansiven Bautätigkeit ist die Geschlossenheit, überhaupt die Achtung vor dem historischen Ensemble verschwunden. Im Überfluß, so Lukomskij, werden geschmacklose Häuser errichtet, mit pyramiden- und konusförmigen Dächern, Kuppeln, großen und »dekadenten« Skulpturen – gedacht als »Verschönerung«, in Wahrheit auf die Überwucherung der vorgegebenen Stadtlandschaft hinauslaufend. Lukomskij warnte ängstlich: »Man muß sich beeilen. Noch fünf, noch zehn Jahre und wenig wird von ›dieser schönen alten Zeit‹ übrigbleiben«, und Alexander Benois sah um »dieses ganze Rom und Babylon herum« – er meint die Spitze der Admiralität, die Akademie der Wissenschaften, die Isaaks-Kathedrale oder die Börse – »irgendwelche Fassaden« sich erheben und lichtdurchflutete Geschäfte, die von »jeglichem Flitterkram überfüllt sind«.[10]

Die neue Stadt Petersburg ist zunächst also das Verschwinden des klassischen, ein chaotisches Wachsen der Stadt an den Punkten, wo den neuen Bedürfnissen und der Grundstücksspekulation entsprochen wird. Lukomskij hat eigens einen kleinen und unvollständigen »Martyrolog« des alten Petersburg verfaßt und den Vandalismus der Moderne angeprangert. Der neuen Stadt fielen die Admiralitätswerften zum Opfer, und der Blick von der Neva auf die Admiralität wurde durch die Errichtung von Miethäusern versperrt. Das berühmte große Theater von Thomas de Thomon (1803) wurde abgerissen, um dem historisierenden Bau des Marientheaters Platz zu machen; umgebaut wurde das neue Arsenal auf dem Litejnyj-Prospekt, abgerissen der einzige Villenbau von Rastrelli am Fontanka-Ufer. Straßenweise wurden die alten klassizistischen Häuser auf der Oficerskaja, Konjušennaja, Gorochovaja und Furštadtskaja abgerissen und durch moderne komfortable Miethäuser ersetzt.

Es ist kein Zufall, daß die erste große Abrißwelle in die beiden letzten Jahrzehnte des 19. Jahrhunderts fällt: Es wird Raum geschaffen für das Zentrum des russischen Kapitalismus – einerseits für die Zentren der Industrie, andererseits für die Massen der anströmenden Bauern, die zu Fabrikarbeitern werden. Galt schon vor der Bauernbefreiung die Meinung, daß Petersburg nicht wöchentlich, sondern stündlich wachse, so nimmt die Bevölkerungszunahme in den Jahrzehnten nach der Bauernbefreiung erst recht unkontrollierte Ausmaße an. Zwischen 1870 und 1914 waren rund 1,5 Millionen Menschen in die Stadt gekommen, die auf 2,2 Millionen angewachsen war. Eine Million waren nach 1890 und ungefähr 350000 nach 1908 in die Stadt gekommen. 1914 wuchs die Stadt jährlich um 50000 Menschen, 1913 sogar um 107000.[11] Zwar bleibt die Siedlungsdichte auf dem Territorium von Petersburg (112 Quadratkilometer) mit 14700 immer noch zurück hinter Berlin (33200). Doch in manchen Bezirken liegt die Besiedlungsdichte zweimal höher als in anderen europäischen Hauptstädten.[12] Zur Bildung von Subzentren oder zum Ausbau der Vorstädte kommt es im Unterschied zu anderen Großstädten in Europa und Amerika nicht, von den 2,2 Millionen Einwohnern leben über 80 Prozent der Stadtbevölkerung innerhalb der offiziellen Stadtgrenzen. So wird die City immer dichter besiedelt – ausgenommen aufgrund der zu hohen Mieten sind Admiraltejskaja und das untere Ende des Nevskij-Prospekts, die immer deutlicher den Banken und Büros vorbehalten bleiben. In armen Vierteln wie Vyborgskaja kommen auf ein Zimmer 8,1 Personen, in Aleksandro-Nevskaja 8,6 Personen. In diesen Vierteln konzentrieren sich auch die Nachtasyle, Herde des Elends, des Schmutzes, immer wieder Quelle von Infektionen und Epidemien.[13]

Einer Entlastung des Stadtgebiets vom Überdruck der Zuwanderung stand entgegen, daß es kein leistungsfähiges und preiswertes Transportsystem gab, das die Trennung von Arbeitsplatz und Wohnort möglich gemacht und die Vorstädte für eine aktive Besiedlung erschlossen hätte. Die Industrie siedelte überall, wo es »Hände« gab, vornehmlich also in den Arbeiterstadtteilen der Vyborger Seite und nicht da, wo es von der Topographie her nahegelegen hätte: in der Nähe der ins Reich führenden Bahnhöfe oder an der Seeseite. Die Industrie – vor allem die Metall- und die Textilindustrie – schuf die Verdienstmöglichkeiten, die die Bauern aus der Umgebung und aus Zentralrußland angezogen hatten. 1910 machten die zugewanderten Bauern 68,8 Prozent der Gesamtbevölkerung von Petersburg aus; dort leben sie zum Teil bereits in der zweiten Generation, aber viele kehren noch jeden Sommer und Herbst aufs Land zurück, um bei der Ernte zu helfen.

Die glänzende Kaiserstadt ist insgeheim eine mehrheitlich von Bauern bewohnte Stadt geworden. Noch in den vierziger Jahren des letzten Jahrhunderts war Théophile Gautier erstaunt über den Verkehr auf dem Nevskij-Prospekt. Seit der Jahrhundertwende gehörte Petersburg mit seinem Verkehrsaufkommen zu den hektischsten Städten der Welt. Zugeführt werden der Stadt die Menschen über die großen Passagierbahnhöfe – den Nikolaj-, den Warschauer, Baltischen, Finnländischen und Vitebsker Bahnhof. Der innerstädtische Verkehr wird abgewickelt über die Tram, die Ende 1907 teilweise elektrifiziert wird, über die Pferdebahn, eine Dampflinie, über die rund 14000 Droschkenkutscher und die Boote auf der Neva und den Kanälen. Die Tramlinien sind die wichtigsten Verkehrsmittel geworden. 1910 werden rund 222 Millionen Passagiere im Jahr befördert, das sind pro Werst (1,067 Kilometer) Tramlinie rund fünf Millionen Passagiere – eine Zahl, die in anderen Hauptstädten unbekannt ist und sich in ständig überfüllten Waggons ausdrückt.

Petersburg ist durch die Neva geteilt, und es gibt zu wenige ständig befahrbare Brücken. Die Straßen können das neue Verkehrsaufkommen nicht fassen und die Hauptarterien wie der Nevskij- oder Voznesenskij-Prospekt sind überlastet. Nebeneinander gehen die verschiedensten Fortbewegungsweisen: die Kutscher, die Fußgänger, die Tram und die ganz wenigen Privatautos – sie alle erzeugen einen chaotischen Verkehrsfluß. Es ist daher kein Zufall, daß bereits Anfang der neunziger Jahre der Ingenieur P.I. Balinskij den Bau einer Metro vorschlägt.[14]

Das ist noch nicht das neue Petersburg, dies ist das in Auflösung übergehende alte Petersburg, überformt, ja »eingekreist«, überwuchert von einem spontanen Wachstum, das an die Lebensfähigkeit der alten Stadt geht. Die Stadt wird nur funktionsfähig, als Zentrum intakt bleiben können, wenn es ihr gelingt, sich als Organismus zu reorganisieren.

Die Physiologie des Stadtkörpers
Die Stadt als Problem

Die spontane Selbstentwicklung der Stadt berührte alle Aspekte des Lebens Sankt Petersburgs. Die Straßen konnten den Verkehr nur noch schlecht bewältigen; das Fehlen genügend vieler und breiter Brücken führte dazu, daß die Stadt in zwei Hälften auseinanderfiel; vor allem aber: Die Stadt untergrub die Lebensfähigkeit ihrer Bevölkerung, solange die elementarsten Voraussetzungen für das Zusammenleben einer sprunghaft gewachsenen Bevölkerung nicht geschaffen waren, insbesondere Wohnungen, Kanalisation, Wasserleitungen und Beleuchtung, noch dazu an einem geographisch und klimatisch benachteiligten Ort, der ständig von Hochwasser heimgesucht wurde und dessen hygienische Verhältnisse in periodischer Regelmäßigkeit zu Epidemien führten.

Die Überforderung der alten Residenzstadt durch die Zusammenballung einer Zweimillionen-Bevölkerung konnte leicht in einen Kollaps der Stadt selbst münden, wenn nicht Maßnahmen großen Stils ergriffen wurden. Drei grundlegende Aspekte sind damals in der gemeinsamen Arbeit von Enakiev, Leontij N. Benois und Marian M. Peretjatkovič »Die Aufgaben der Umgestaltung Sankt Petersburgs« herausgestellt worden: »Gesundheit, Kommunikation, Schönheit«. Sie gehören zusammen – die elementare Physiologie der Stadt, ein intaktes Kommunikationssystem der Kommune und das Antlitz der Stadt –, wenn man von der Stadt als »einer vollkommeneren Form der Zivilisation« ausgeht. Sie müssen »zu einem Gut aller Klassen der Stadtbevölkerung gemacht werden, denn die Stadt ist ein soziales Institut«.[15]

Enakiev formuliert im Gleichklang mit der Städtebaudiskussion in Europa – 1889 war in Wien Camillo Sittes »Der Städtebau« erschienen – folgende Hauptthesen als Ausgangspunkt für die Analyse der in Petersburg entstandenen Situation:

1. Die Bemühungen müssen vor allem gerichtet werden auf die »Schaffung hygienischer, einwandfreier Existenzbedingungen der Stadtbewohner«. Dafür müssen, unabhängig von der Verbesserung der Wohnungen durch Wasserversorgung, Kanalisationsanschluß und die Errichtung von Krankenhäusern, »freie Räume im städtischen Territorium geschaffen werden«. Die Reinhaltung der Straßen, Höfe und Häuser muß zu einem Glaubenssatz der Stadtbürger werden.

2. Die Verbindung zwischen den einzelnen Stadtteilen, insbesondere zwischen den Geschäftsvierteln und den Randvierteln, muß billig und bequem sein. Die Bahnhöfe müssen nach Möglichkeit näher ans Zentrum gerückt werden, und es muß breite und gut erreichbare Zufahrten zu ihnen geben. »Metrolinien sind für Städte, die die Millionengrenze erreicht haben, unabweislich.«

3. Man muß Projekte für die weitere Entwicklung der Stadt und der Vororte ausarbeiten und sich durch solche bei der Ausführung leiten lassen. Neue Stadtviertel müssen mit bestehenden verbunden werden durch bequeme Verkehrswege, Straßen, Straßenbahnen und Transportmittel auf dem Wasser.

4. Die Planungsentwürfe für neue Viertel müssen in Abhängigkeit vom Charakter der zu bebauenden Gegend und entsprechend dem jeweiligen Viertel (Wohngegend, Lehranstalten, Krankenhäuser, Kasernen und so fort) erstellt werden.

5. Industrieunternehmen müssen aus dem Stadtgebiet entfernt werden, für die Errichtung neuer städtischer Wohnviertel sind Areale ins Auge zu fassen, auf denen es keine großen Industrieunternehmen gibt.

6. Die zentralen Stadtteile, die alten oder nicht richtig geplanten, müssen umgebaut werden, damit die sanitären Bedingungen verbessert werden können, breite Straßen angelegt und auf freien Plätzen, die man aus der Abtragung alter Gebäude gewonnen hat, Bauten von vornehmlich gesellschaftlicher Bedeutung errichtet werden können.

7. Billige Arbeiterwohnungen, Krankenhäuser, Heime für Arbeitsinvaliden ebenso wie Schulen für die Kinder der Armen – all diese Aufgaben »müssen in der allernächsten Zukunft durch den Bau entsprechender Einrichtungen gelöst werden«.

8. Wie in den zentralen Stadtteilen, so muß man auch in den Vierteln am Stadtrand kleine Plätze, Parks und Sportplätze errichten, die alle Bevölkerungsklassen benutzen können, und

9. ist es notwendig, »allseits auf die Verschönerung der zentralen Stadtteile hinzuarbeiten und mit den Denkmälern, die von den großen Ereignissen im Leben des Volkes, von den Taten seiner Herrscher und seiner Helden künden, die Masse der Bevölkerung, die aus materiellen Erwägungen ins Stadtzentrum strömt, unter dem Einfluß der Schönheit der wahrgenommenen Kunstwerke ... mit patriotischen Gefühlen und der Liebe zum eigenen Volk zu durchdringen«.[16]

Enakiev spricht von einer »Architektonik der Zukunft«, an der mitzuwirken Architekten, Künstler, Kommunal- und Stadtverwaltung aufgerufen sind. Es wird die Stadt der »gebildeten Städter sein, die mit der Zeit das Hauptkontingent der Stadtbevölkerung bilden werden«. Neu wird also nicht nur das »soziale Institut« Stadt sein, sondern auch der soziale Typus Mensch, der darin wohnt.

Es hatte schon vor dem Erscheinen dieses »Gesamtplans« zur Umgestaltung Sankt Petersburgs Versuche gegeben, Planmäßigkeit in das spontane Wachstum der Stadt hineinzubringen. Solche Einzelprojekte waren zum Beispiel die Zuschüttung des Lebjažij-Kanals, die Bebauung des Platzes vor dem Ingenieurschloß und einzelne große Stadtbauten.

»Bei der Diskussion dieser Pläne«, so schrieb Leontij Benois schon 1908 in einer Enquete an die Akademie der Künste, »stößt man unwillkürlich auf die Frage: Wie kommen solche Projekte zustande und wodurch sind sie miteinander verbunden? Sind sie in einem allgemeinen Plan vorgesehen? Und als wichtigste Frage: Gibt es überhaupt bei unserer Stadtverwaltung einen solchen allgemeinen, durchdachten und ausgearbeiteten Plan für die überall fälligen Umbauten in der Stadt ... Alles, was unternommen wird, trägt einen gewissen zufälligen Charakter.«

Auch die generelle Neuplanung der Stadt soll sich an das historische Vorbild halten. »Wir dürfen nicht vergessen, daß der allgemeine Plan unserer Hauptstadt wunderbar durchdacht ist«,[17] und erst die Preisgabe der Orientierung habe dazu geführt, daß der städtische Organismus vom Kollaps bedroht ist. Benois hält es für »verbrecherisch, zu schweigen und nicht zu protestieren, wenn die führenden künstlerischen Bildungseinrichtungen des Staates nicht alle verfügbaren Mittel ausnutzen, nicht unverzüglich die notwendigen historischen, ökonomischen und statistischen Daten sammeln«, und er spricht die Überzeugung aus, daß eine »energisch und richtig ausgerichtete Arbeit an der Gesundung der Stadt, an der Verbesserung der Kommunikationsmittel, am Bauwesen wie an der Gestaltung der Stadt sich als ein gewaltiger Motor für eine allgemeine Verbesserung unserer Lebensverhältnisse erweisen wird«.[18] Nun sei bald eine Situation herangereift, in der die dringendsten Korrekturmaßnahmen Hunderte von Millionen Rubel erforderten.

Das Projekt, das Enakiev, Benois und Peretjatkovič ausarbeiten, beginnt mit einer Art Analyse der Funktionskreisläufe der modernen Stadt, einer Analyse der spezifischen Topographie, die die Basis des »Stadtkörpers« bildet, die in ihrer historischen Gewachsenheit und Struktur zugrundezulegen ist, wenn an eine neue Vernetzung der Funktionskreisläufe der kapitalistischen Stadt Petersburg gedacht werden soll. Wichtiger Ausgangspunkt sowohl für das alte wie für das neue Petersburg ist die Lage der Stadt im Delta der Neva, die hier in den finnischen Meerbusen mündet. Die Anlage im sumpfigen Gelände hat elementare Folgen. Nur wenige Teile der Stadt sind geschützt gegen das immer wieder auftretende Hochwasser. Teile des Stadtzentrums – Admiraltejskaja, Kazanskaja, Kolomenskaja und Narvskaja liegen nur fünf bis sieben Fuß über dem Normalpegel der Neva und wurden auch nach der Befestigung der Ufer immer wieder unter Wasser gesetzt, ähnliches gilt vom Westteil der Vasilij-Insel. Jene Teile, die bis zu 30 Fuß über dem Normalpegel liegen, sind zugleich die bisher zentrumsfernen gewesen: Moskovskaja, Aleksandro-Nevskaja, Litejnaja und Vyborgskaja.

Eine weitere topographische Besonderheit ist das Umland – von Andrej Belyj einmal als »tote Landschaft« bezeichnet. Es ist ein karger, unfruchtbarer Landstrich, der durch die Abwanderung in die Stadt entvölkert wurde. Erst in der Zeit um die Jahrhundertwende entwickelt sich das Umland, wo auch die »Paradiese« Petersburgs liegen – die Sommerresidenzen des Zaren und der adligen Familien. Es werden Datschen und Landhäuser gebaut. Das Fehlen von guten Verbindungen führt allerdings dazu, daß sich keine wirklichen Vororte entwickeln. Die Fahrzeiten sind lang – gemessen an anderen europäischen Hauptstädten –, sie betragen nicht weniger als zwei Stunden.[19]

Man muß, um eine Vorstellung von der Transformation der Stadt zu gewinnen, gleichsam zwei Folien übereinander legen: die Topographie der kaiserlichen Residenz und die Topographie der kapitalistischen Großstadt. Jede hat ihre eigenen Zentren und ihre eigene Dynamik. Die Aufgabe jeder Reorganisation lag darin, eine optimale Verbindung von beiden für die expandierende Stadt zu finden.

Die kaiserliche Residenz Petersburg ist die Stadt der Verwaltung, der Ministerien und Kanzleien, die Stadt der militärischen Macht, die Stadt der höfischen Umgebung und des Adels, schließlich die Stadt der wichtigsten Wissenschafts- und Kunsteinrichtungen des Reichs. Symbolisch hat die Residenz folgende Hauptbauten: das Regierungszentrum mit dem Winterpalais, dem Schloßplatz, dem Generalstab, dem Senat und Synod und der Admiralität; die Militärstadt mit der Peter-Pauls-Festung gegenüber den überall in der Stadt liegenden riesigen Kasernenkomplexen und Exerzierfeldern, insbesondere dem Marsfeld; die Stadt der Kunst und Wissenschaft schließlich auf der Vasilij-Insel mit der Universität, der Kunstkammer, der Akademie der Wissenschaften, der Akademie der Künste. Zum Zentrum gehören Museumsbauten und Theater, es gehören dazu die Adelspalais und die Paläste der Großfürsten in unmittelbarer Nähe des Hofes (Stroganov, Marmorpalais,

Aničkov-Palais und so fort) mit den dazugehörigen Gärten und die Kirchen- und Klosterbauten in der Stadt (Alexander-Nevskij-Kloster, Smol'nyj-Kloster und andere).

Von der Residenzstadt als Regierungs-, Garnisons-, Adels- und Wissenschaftsstadt unterscheidet sich die moderne Stadt durch ihre Dynamik. Sie hat ein anderes Gravitationszentrum. Das kapitalistische Petersburg ist die Stadt der fünf Bahnhöfe, die die Metropole mit Menschenhänden und Gütern versorgt. Die Bahnhöfe sind die Stadttore des modernen Petersburg. An den Verbindungslinien – den Eisenbahnen, Flüssen und Kanälen – wachsen die neuen Fabriken, Werften, Speicheranlagen, Depots, und die schon in der Nähe des alten Stadtzentrums gelegenen Manufakturen verwandeln sich in große Fabriken. Die Industrie entwickelt sich da, wo die Arbeiter wohnen: auf der Vyborger und der Petersburger Seite, in den Stadtteilen Aleksandro-Nevskaja und Moskovskaja. Die Industrie entwickelt sich da, wo unlängst noch Sommerhäuser und Datschen und kleine Villen gestanden haben, und zehrt so am ohnehin spärlich vorhandenen Grünbestand der »steinernen Stadt«.

Das kapitalistische Petersburg bringt sein eigenes Handelszentrum hervor, schafft sich seine City im Innenstadtbereich, auf den großen Prospekten, vor allem dem Nevskij-Prospekt, und den vornehmen Straßen wie Morskaja und Millionnaja. Der einstige Boulevard, die »perspektiva«, wird zur Kaufstraße mit Geschäften, Banken, Theatern, später Kinos. Die Zuwanderer, die Wohnung suchen, prallen auf die Regimenter des Zaren, die in den riesigen Kasernenblöcken der Garderegimenter untergebracht sind. Während die Arbeiter vorwiegend in den »Slumsiedlungen« der Vyborger Seite und der Ochta unterkommen, wird für die wachsende Mittelschicht der Angestellten, Bediensteten, der unabhängigen Berufe der Miethausbau entwickelt. Petersburg um die Jahrhundertwende wird eine Stadt der Miethäuser. Der proportionale Anteil der Garnisonsbevölkerung, insbesondere auch die »Vermännlichung« der Stadtbevölkerung gehen in dem Maße zurück, wie sich die Stadt als Stadt konstituiert. Petersburg wird zur Zivilistenstadt.

Die Zivilistenstadt hat andere Bedürfnisse als die Kasernen-Stadt, und die Arbeiter-Bauernstadt hat andere Bedürfnisse als die Adelspalais-Stadt. Die Bevölkerungsmasse läßt sich nicht mehr in individuellen Equipagen befördern, sie läßt sich nicht mehr versorgen über eine Dienstbotenschaft, die einen großen Haushalt aufrechterhält. Die Lebensmittelversorgung läßt sich nicht mehr im kleinen Maßstab der Petersburger Märkte abwickeln. Die Zivilistenstadt braucht andere Räume als die Soldatenstadt: Sie braucht keine Kasernen, sondern Miethäuser, sie braucht keine Exerzierfelder, sondern Parks zur Erholung. Die millionenköpfige Bevölkerung, die effektiv und produktiv arbeiten soll, muß lesen und schreiben können, es bedarf der Schulen für die Masse, es bedarf der Krankenhäuser und der Sportplätze. Die städtische Öffentlichkeit, die keinen Zugang zu den Einrichtungen der aristokratischen Herrschaft hat, braucht eigene Medien für ihre Belange. Ja, die Regierungsmacht selbst muß, wenn sie mit den Anforderungen einer modernen Macht Schritt halten will, noch darüber hinausgehen: Sie braucht neue, zeitgemäße Ministerien, neue Industrien und neue Bildungseinrichtungen.

Wenn man diese beiden Folien – die der alten und die der neuen Stadt Sankt Petersburg – übereinanderlegt, so ergeben sich Überschneidungen, Engpässe und unvermeidliche Konflikte. Die Frage ist, ob die Stadt »physiologisch« entwicklungsfähig bleibt, ob sie die überforderten Territorien der Stadt entlasten kann, ob sie zu einer lichtlosen, pestilenzialischen Kloake verkommt oder aus Exerzierfeldern Parks und Erholungsflächen werden; ob sie in der Lage ist, die Menschenmassen von der Arbeit und nach Haus zu bewegen, ohne daß der Verkehr zusammenbricht; ob sie Durchbrüche schafft durch Territorien, die von der Krone, der Geistlichkeit oder sonstigen Partikularinteressen kontrolliert werden, kurz: ob der physiologische Kollaps der Stadt vermieden werden kann.

Es handelt sich um die Selbsterhaltung, die Reorganisation eines gewachsenen Stadtkörpers, der sich durch die Autonomisierung all seiner Lebensfunktionen von den Direktiven einer absolutistischen Residenzstadt emanzipiert hat. Sankt Petersburg als moderner Stadtkörper ist »unregierbar« und kann nur überleben, wenn er sich selbst regiert. In der Planung Sankt Petersburgs geht es um nichts anderes als den Konflikt von ziviler und urbaner Lebens- und Arbeitsform einerseits und imperialer Administration andererseits, die ursprünglich einmal die Stadt »konstituiert« hatte.

Es ist bezeichnend, daß der Konflikt zwischen residenziell-imperialer und urban-ziviler Lebensform erst in dem Augenblick zu voller Reife gelangt, da die Lebensfähigkeit des Stadtkörpers zur Diskussion steht.

Das neue Petersburg – als Plan

Der Plan Enakievs, Benois' und Peretjatkovičs stellte ein umfassendes Konzept für die Reorganisierung des Stadtraums dar.

Zunächst die allgemeinen Züge.

1. Die übervölkerte City konnte nur gerettet werden, wenn bisher ungenutztes Bauland für den Wohnungsbau erschlossen wurde. Das eine Hauptareal für den Wohnungsbau der mittleren Klasse – für Angestellte, Gewerbetreibende und so fort – soll auf den freien Flächen der Vyborger Seite und noch weiter im Nordosten der Stadt liegen. Dieses Gebiet würde durch die Verbindung mit der Metro alle Nachteile der City-Ferne verlieren.

2. Die Räume im Südwesten – ungefähr entlang des Obvodnyj-Kanals –, in denen sich bisher schon Fabriken, Eisenbahnen, Speicher und Hafenanlagen konzentrierten, sollten als eine Art Industriegürtel behandelt werden. Am südwestlichen Stadtrand sollen auch die Wohnsiedlungen für Arbeiter, die dort 50 Prozent der Bevölkerung ausmachten, errichtet werden.

3. Der Warschauer und Baltische Bahnhof sollen weiter ans Stadtzentrum herangerückt werden und für das Stadtzentrum sowie für die Vasilij-Insel rasch und bequem erreichbar sein.

4. Im einzelnen sollen Projekte für den Umbau der City ausgearbeitet sowie Straßen verbreitert werden, damit der Verkehr in zwei Spuren Straßenbahnen, Equipagen, Autos und so fort aufnehmen kann. Im Vordergrund stehen die Entlastung des Nevskij-, des Voznesenskij-, des Kamennoostrovskij-Prospekts und der Sadovaja-Straße.

5. Das Problem des Personenverkehrs kann in Petersburg nur durch den Bau einer Metro gelöst werden, die zum Teil – nach Berliner Beispiel – auf Pfeilern als Hochbahn geführt wird, zu einem geringeren Teil in Tunneln. Die Hauptlinie wird vom neuen Bahnhof der nordwestlichen Linien auf der Moskauer Seite zum Sestrorecker Bahnhof im äußersten Norden der Vyborger Seite führen – also von Südwesten nach Nordost in einem Halbkreis um die Stadtmitte herum. Von dieser Hauptlinie, die den inneren Ring darstellt, gehen Abzweigungen in die Stadtmitte hinein. Den äußeren Ring wird mit der Zeit das Eisenbahnnetz der Kaiserlichen Bahnen und der Finnischen Eisenbahn bilden. Die Hauptverbindung zwischen einzelnen Stadtteilen und den Vororten wird die Straßenbahn herstellen.

6. Neue Brückenbauten werden die durch die Neva verursachte Teilung der Stadt überwinden. Sie werden an den Stellen errichtet, wo die neu zu schaffenden Prospekte auf die Neva stoßen.

7. Auf den dann noch verbleibenden Freiflächen werden Parks, Gärten, Plätze, Sportanlagen angelegt.

8. Nach Möglichkeit sollen die im Stadtgebiet liegenden Industrien an den Stadtrand verlegt werden. Die Errichtung eines zentralen neuen Markts ist vorgesehen in der Nähe des Witebsker Bahnhofs.[20] Begonnen werden soll mit dem Allerdringlichsten: der durchgängigen Kanalisierung und Wasserversorgung sowie der Verlagerung des Lastentransports durch die Stadt auf die nächtlich verkehrende Tram.

Die Größenordnung dieser einzelnen Vorhaben ist derart, daß sie zusammengenommen das Gesicht der Stadt zu ändern in der Lage sind. Als weniger problematisch erweisen sich hierbei die Erschließungsvorhaben, von denen eines sogar in den Jahren 1911 und 1912 angefangen und 1915 abgeschlossen worden ist. Es handelt sich um die Neubebauung der Insel Golodaj im Norden der Vasilij-Insel, unter dem Titel »Neues Petersburg« finanziert von einer Privatgesellschaft und unter Teilnahme wichtiger Petersburger Architekten. Das ganze Gelände mußte wegen der drohenden Frühjahrsüberflutungen angehoben werden. Es war der Versuch, in neoklassizistischen Formen eine Wohnsiedlung zu bauen. Das neue Wohnviertel sollte 20000 Einwohnern Wohnraum bieten. 1913 wurden auch drei Gartenstädte kleineren Ausmaßes fertiggestellt.[21]

Als weit komplizierter erwiesen sich alle Lösungsversuche innerhalb des bebauten Stadtgebiets, dort, wo das neue Petersburg im Weichbild des alten Petersburg Gestalt annehmen sollte.

Diese Komplexe sollen kurz genannt und skizziert werden. Es handelt sich um den Bahnhof der nordwestlichen Linien mit der Neuanlage des Nikolaj II.-Prospekts, den Entlastungsprospekt für den Nevskij-Prospekt, die Parallele zum Kamennoostrovskij-Prospekt, die Umgestaltung des Schloßplatzes und des Marsfelds, die Umfunktionierung des Geländes der Neuen Admiralität sowie die Neugestaltung des Platzes vor der Admiralität und die Errichtung der Schloßbrücke.

In allen Fällen waren Eingriffe in das alte Petersburg unvermeidlich – in der Art, wie sie vorgeschlagen wurden, zeigt sich ein ganz bestimmtes Verhältnis von Moderne und Tradition.

Das gewaltigste Unternehmen war gewiß der Metrobau. Städtebaulich, architektonisch, technisch und vor allem auch finanziell stellte die *Metrotrasse* die größte Herausforderung dar. Nicht zufällig waren frühere Vorschläge abgelehnt worden: Die Hausbesitzer meinten, ihre Mieter entlang der Trasse zu verlieren, und es war zweifelhaft, wer die Summe von veranschlagten 22 Millionen Rubel würde aufbringen können.[22] Die hohen Kosten ergaben sich vor allem daraus, daß die Untertunnelung der Neva beziehungsweise der Kanäle unverhältnismäßig kostspielig geworden wäre. Fachleute glaubten zudem, daß die Metro im Falle von Hochwasser unbrauchbar werden würde. Die Trasse vom Norden bis zum Bahnhof der nordwestlichen Linien hätte eine Länge von ungefähr fünfzehn Kilometern gehabt und elf Stationen. Die Metro sollte über den größten Teil der Strecken oberirdisch geführt werden, an Engstellen auf Metallpfeilern und an Schnittpunkten wie Nevskij-Prospekt unterirdisch – aus Gründen der Erhaltung der städtebaulichen Perspektive. Petersburg war dabei, sich mit dem Metrobau das »Patent auf den Rang einer Weltstadt« zu erwerben.

Das erste große städtebaulich neu zu konzipierende Ensemble war der *»Alexanderbahnhof«* (zur Erinnerung an Alexander II., der den Baltischen und den Warschauer Bahnhof, die nun zusammengelegt werden sollten, errichtet hatte), der mit dem Stadtzentrum über eine völlig neue Prachtstraße verbunden sein sollte, den »Imperator-Nikolaj II.-Prospekt«, »damit die kommenden Generationen auf ewig daran erinnert werden, daß der Prospekt in *Seiner* Regentschaft angelegt wurde«.[23] Enakiev vergleicht dieses Projekt mit dem Wiener »Ring« – nur mit dem Unterschied, daß der Imperator-Nikolaj II.-Prospekt ganz funktional auf einen grandiosen Bahnhof mündete. »Der projektierte Prospekt wird eine der belebtesten Arterien der Hauptstadt werden, da ihm der Verkehr an fünfundzwanzig Punkten aus den ihn kreuzenden Straßen und Plätzen zufließen wird.« Der Bahnhof, dessen Errichtung die Troickj-Kasernen zum Opfer fallen sollten, hätte sich zu einem großen Platz auf den Obvodnyj-Kanal hin geöffnet und wäre dann auf der Linie des Krjukov-Kanals, der zugeschüttet werden sollte, nach Norden verlaufen, am Marientheater vorbei und auf die »Pariser Brücke« zu (so genannt zu Ehren des französischen Bundesgenossen). Der neue Prospekt hätte sich im Gebiet der neuen Admiralität und Neu-Holland mit dem *Admiralitäts- und Konnogvardejskij-Kanal* geschnitten. Diese beiden – so war vorgesehen – sollten zugeschüttet werden, um somit einen parallel zur Neva verlaufenden, auf die Admiralität zulaufenden, grandiosen *Prospekt* zu schaffen. Das Gebiet an der

Mündung der Mojka in die Neva sollte zu einer der »elegantesten Wohngegenden« der Stadt werden.

Der zweite große »Durchbruch« war zur Entlastung des Nevskij-Prospekts geplant. Der erste Teil hätte in der Schaffung einer völlig neuen Straßenverbindung zwischen Schloßplatz und Michajlovskij-Platz bestanden. Durch diesen *Romanovskij-Prospekt* hindurch wäre der gerade im Bau befindliche Ausstellungspalast sowie der Michajlovskij-Platz zu sehen gewesen mit der Reiterstatue Alexanders II. Und mit dem Bau der neuen Stadtduma am selben Platz wäre ein künstlerisch vorbildlicher neuer Platz geschaffen worden. Vom Michajlovskij-Platz aus in fast gerader Linie – parallel zum Nevkij-Prospekt – sollte durch den Marijnskij-Prospekt der östliche Stadtteil ans Zentrum angeschlossen werden.

Ein weiterer großer Prospekt sollte *parallel zum Kamennoostrovskij-Prospekt* auf der Petersburger Seite angelegt werden. Der Kamennoostrovskij-Prospekt – ursprünglich als Petersburger »Champs Elysées« geplant – war durch die rasche Bebauung während des 19. Jahrhunderts zu eng geraten und infolge der unterlassenen Verbreiterung nicht in der Lage, die stürmisch sich entwickelnde Petersburger Seite zu versorgen.

Petersburg hatte keine großen Parks wie andere europäische Hauptstädte (Berlin – Tiergarten; Paris – Bois de Boulogne; London – Hyde Park). Um so mehr kam es darauf an, bisher unbenutzte oder falsch genutzte Flächen für Parks zurückzugewinnen. Ein solches Gebiet gab es an vorzüglicher Stelle am Ufer der Malaja Neva, zwischen der Tučkov-Brücke und der Börsenbrücke, in Sichtweite der Börse und der Peter-Pauls-Festung. Das Gelände war bisher von der städtischen Baumschule und im späten 19. Jahrhundert als Hanflager benutzt worden. Es hätte ohne großen Aufwand in einen hervorragend gelegenen zentralen *Stadtpark* verwandelt werden können.[24]

Schließlich war noch die Umgestaltung zweier zentraler Platzensembles vorgesehen: einerseits des *Schloßplatzes*, andererseits der *Zarenwiese* beziehungsweise des *Marsfelds*.

Das Marsfeld war bis ins 20. Jahrhundert hinein einer der großen Exerzierplätze des alten Petersburg. In anderen Hauptstädten lagen solche Exerzierplätze immer mehr außerhalb der Stadt (Longchamps in Paris, Tempelhofer Feld in Berlin). In Petersburg hatte das Marsfeld noch seine Funktionen inne. Hier wurde exerziert, hier versammelten sich die Truppen für die Paraden, die am nicht weit entfernten Winterpalais vorbeiführten.

Die Idee war, die ursprüngliche *Zarenwiese* wieder in eine »Wiese«, das heißt einen Park zurück zu verwandeln und das ursprüngliche *Exerzierfeld* einer städtischen Nutzung zugänglich zu machen, so daß eine Art Jardin du Luxembourg entstanden wäre, in dem die Statuen der russischen Kaiser der Petersburger Zeit aufgestellt werden sollten. Außerdem hätte sich so eine direkte Verbindung von der Troickij-Brücke über den zugeschütteten Ekaterinskij-Kanal zum Nevskij-Prospekt ergeben. Abschließend sei noch auf die Überlegungen zur Umgestaltung des Schloßplatz-Ensembles hingewiesen. Enakiev erinnert an die Zeit, die manchen aus seiner Generation gegenwärtig war, als es noch keinen Alexander-Garten gab, der den Blick auf die Admiralität verdeckte. Im Sommer führte dies dazu, daß die belaubten Parkbäume das berühmte Denkmal – den Ehernen Reiter von Falconet – unsichtbar machten. Alexander III. hatte den Garten, in dem das Denkmal stand, bereits beseitigt, und 1903 war aus Anlaß des zweihundertsten Jubiläums der Gründung Petersburgs aus diesem Garten der umgestaltete Senatsplatz geworden. Enakiev weist nun darauf hin, daß der Garten um die Admiralität herum keinen wirklichen Sinn für die Stadt hat – die Sommer in Petersburg sind nicht so heiß, für einen Abkühlungs- und Erholungseffekt sind die Anlagen zu klein – und entwickelt den Gedanken, daß im Grunde alle großen Gebäude – Admiralität, Winterpalais, Generalstab, Kriegsministerium, Heiliger Synod, Senat und schließlich die Isaaks-Kathedrale nur *Gebäude an einem einzigen riesigen, zusammenhängenden Platz sind.* Enakiev gibt zu bedenken, daß es sinnvoll wäre, im 300. Jahr des Bestehens der Romanov-Dynastie das gesamte Platzensemble wieder herzustellen und den bisherigen Alexander-Garten ähnlich wie die Place de la Concorde in kleine Plätze aufzulösen, die mit Statuen geschmückt werden.

Diese Planung des neuen Petersburg wurde aber keineswegs nur als technische Reorganisation, als bloß städtebauliches Projekt aufgefaßt. Schon in der Frage der Finanzierung wurde ja deutlich, daß die Stadt aus eigenen Kräften wohl kaum dazu in der Lage war (und war schon der Bau des alten Petersburg nur dank der Gesamtanstrengung des Imperiums möglich gewesen). Warum sollten für die Kosten der Kanalisation und Elektrifizierung der Wohngebiete nicht die vermögenden Bürger, die von diesem Fortschritt noch profitieren werden, aufkommen? Warum sollte nicht die Krone gefordert werden, die soviel Raum, den das neue Petersburg braucht, besetzt hält?

»Sankt Petersburg hat ein Anrecht auf die Unterstützung durch den Staat. Es hat hinter sich ein riesiges Hinterland, es ist verbunden mit ihm durch Wasserwege und Eisenbahnen, mit dem Wolgagebiet und Sibirien. Sankt Petersburg ist die wichtigste Etappe für alle, die nach Fernost reisen. 60 Prozent der Bevölkerung leben von produktiver Arbeit, und die Beamten – die zahlreichen Bewohner der Hauptstadt – benötigt der Staat. Sankt Petersburg, die Hauptstadt des Reiches, das eine Epoche der politischen und ökonomischen Evolution durchlebt hat, wie es sie in der Geschichte Rußlands bisher nicht gegeben hat, muß an sich selbst deren erzieherische Wirkung erfahren, die vor der ganzen Welt Zeugnis ablegt darüber, wie sehr inmitten der Bürger der russischen Hauptstadt die Einheit erwacht. Sankt Petersburg – das ist die große Erzieherin der aus allen Ecken und Enden Rußlands herströmenden Jugend, der die Stadt nicht nur wissenschaftliche Kenntnisse vermittelt, sondern auch das Bedürfnis nach einem zivilisierten Leben einpflanzt, damit die Früchte dieser Kultur dann auf das Antlitz des ganzen russischen Landes übergehen.«[25]

Noch deutlicher wird die Formulierung des Hauptstadt-Anspruchs an der Stelle, wo auch über das Gesicht der Stadt gesprochen wird. Das neue Petersburg muß des alten zumindest würdig sein.

»Die Schönheit Petersburgs – das ist die mächtige Neva, in Granit gekleidet, die Wasserflächen der Neva, die sich in Inseln verzweigt, von Bäumen verhüllt, die über viele Monate hin nicht welken, der unvergleichliche Nevskij-Prospekt im gewaltigen Bogen der Neva, die weitläufigen Plätze, die großartigen Tempel, die Paläste und Denkmäler. Die einmalige Schönheit Sankt Petersburgs wurde geschaffen durch die Anstrengung ihres Gründers und eine ganze Plejade von Herrschern und Künstlern, ununterbrochen, im Lauf von Jahrhunderten. Noch zu Beginn des letzten Jahrhunderts war Puschkin in Verzückung geraten angesichts der Strenge und Stärke Petrograds.

Im Lauf der letzten fünfzig Jahre hat sich die Bevölkerung der Hauptstadt vervierfacht, das Territorium hat sich erweitert, doch die Straßen und Plätze haben die Strenge des Stils und die Erhabenheit ihrer Linie eingebüßt. Diese halbhundertjährige Periode im Leben der Hauptstadt, von der die Rede war, fällt zusammen mit der Epoche großer Reformen, der Befreiung der Bauern, der Einrichtung des Geschworenengerichts, der Verleihung von Rechten an die städtische Verwaltung und die Landschaftsverwaltung; endlich ist der 17. Oktober gekommen – aber keines dieser Ereignisse hat in der Hauptstadt einen angemessenen Ausdruck gefunden – sei es in der Architektur oder in Bronze oder in Stein. Die Gebäude der Gerichtsbehörden und der Stadtduma sind von ihrem Ausmaß her den elementaren Bedürfnissen der Hygiene und des Komforts nicht gewachsen, ihrem äußeren Erscheinungsbild nach verdienen sie es nicht, Symbole der großen Prinzipien der Rechtsgerichtsbarkeit und der freien Vereinigung der Bürger genannt zu werden. Der Platz für die Errichtung des Gerichts soll am ›Imperator-Nikolaj II.-Prospekt‹ sein. Die Stadtduma soll gebaut werden am Michajlovskij-Platz. Entschieden sollte werden, wo das Gebäude der Staatsduma errichtet werden soll.

Das letzte halbe Jahrhundert war nicht nur für Sankt Petersburg, sondern für ganz Rußland eine Zeit des Übergangs. An die Stelle der alten Disziplinierung und Reglementierung auf allen Gebieten des gesellschaftlichen und staatlichen Lebens traten Freiheitsprinzipien. Indes sind Bürger und Städter zu wenig von dem Bewußtsein durchdrungen, daß Wohlstand und Schönheit der Städte nur durch allgemeine Anstrengungen und Opfer erreicht werden. Ein jeder hat gebaut, wie es ihm gefiel. Daraus resultiert die Verschiedenartigkeit im Hausbau, im Stil, in der Farbgebung, so daß ein Eindruck des Buntscheckigen und Unfertigen entsteht …

Die alten Zeiten des großen Gründers Sankt Petersburgs vermochten uns eine Reihe von erstaunlichen Werken der Baukunst und zwei vom Geist inspirierte Denkmäler zu hinterlassen: den Giganten auf dem Bronzepferd, der dem jungen Imperium gebieterisch den Weg zum Ruhm weist, die Naturgewalten bricht und vor der gefährlichen Bösartigkeit der neidischen Schlange warnt; und den Engel auf der Säule des Seligen Alexander, der die Gebete des wohltätigen Rußland zum Himmel emporträgt.«[26]

Spricht eine derartige Captatio benevolentiae nicht gegen die These vom selbstbewußten Aufstieg der Stadt, der Emanzipation einer Metropole aus dem engen Rahmen der Residenz?

Wir müssen, um diese Frage zu beantworten, einige Schritte weiter tun: Wir müssen uns die Bilder ansehen, das »Gesicht der Stadt«, wie es in den

Zeichnungen von Benois skizziert wurde. Wir müssen, nachdem dieser Plan im Zuge von Krieg und Bürgerkrieg unverwirklicht blieb, nach dem Ausschau halten, was dennoch realisiert wurde und sich im Gesicht der Stadt niedergeschlagen hat. Und wir können dann vielleicht die Frage beantworten, ob es nicht Gründe jenseits der Katastrophe des Ersten Weltkrieges gibt, die den Aufstieg der Residenz zur *bürgerlichen* Hauptstadt verhindert haben. Es wird die Frage sein, ob es eine urbane, zivile Metropole ohne die Klasse eines urbanen und zivilen Bürgertums überhaupt geben kann.

Die Suche nach dem neuen Stil: »Asiatischer Stil«, Jugendstil, »modernisierter Klassizismus«

Enakiev konnte seine Vorstellungen über die Gestaltung Petersburgs vor einem Auditorium entwickeln, das er sich kaum hätte kompetenter wünschen können: vor dem IV. Kongreß der Architekten-Künstler im Jahre 1911 in Petersburg. Dieser IV. Architektenkongreß und der im selben Jahr folgende II. Kongreß der Künstler sind in ihren thematischen Schwerpunkten, in den Richtungen, die sich ausbildeten und aneinander rieben, charakteristisch für die Zeit des Baubooms, der alsbald dem allgemeinen Wirtschaftsboom, der 1908 wieder eingesetzt hatte, gefolgt war. Es ist der Höhepunkt einer neuen Konjunktur der Architektur *überhaupt* und des Versuchs, die Merkmale eines neuen, die Traditionen wie die technischen Erfordernisse des 20. Jahrhunderts verschmelzenden Stils zu bestimmen.

Der Kongreß selbst war begleitet von einer bedeutenden »Historischen Architektur-Ausstellung« in der Akademie der Künste, die der russischen Baukunst des 18. und frühen 19. Jahrhunderts gewidmet war, und sie sollte definitiv die Wiederkehr der Maßstäbe der klassischen Architektur dokumentieren, zugleich aber zeigen, wie »miserabel die Zeiten geworden sind, in denen wir jetzt leben«. Sie sollte die »Gleichgültigkeit gegenüber der eigenen Vergangenheit« bekämpfen und die »gemeine Banalität« der Gegenwart disqualifizieren.[27] Ein anderer Rezensent derselben Architektur-Ausstellung, Baron N. N. Vrangel', beklagte, daß erst jetzt sichtbar würde, wie sehr und wie lange die Architektur mißachtet worden sei. »Und erst im letzten Jahrzehnt ist ein lebendiges Interesse an der Schönheit des Wohnens entstanden, erst jetzt begann man zu verstehen, daß Bauen nicht nur eine Hütte zum Wohnen ist, nicht nur vier Wände und ein Dach darüber, eine Höhle des Menschen, sondern daß jedes Haus an und für sich, mit all seinen Linien und Formen gewisse verborgene Gesetze des Glücks, der Schönheit ausspricht.«[28]

Die Architektur wird nun – im Anschluß an Aristoteles – als die »Urmutter der Künste« schlechthin definiert, folglich wird auch die Stadt als ein

»Erzeugnis der Kunst« angesehen, das »in seinen Formen und Gestaltungen allgemeinen Gesetzen des Kunstwerks folgt«.[29]

Trotz der Wucht, mit der die Wiederentdeckung der klassischen Architektur erfolgte, wurden Architektur und Stadtbauaufgaben nicht bloß ästhetisch behandelt, sondern als Problem des Ringens um die Stadt des 20. Jahrhunderts aufgeworfen. Die Teilnehmer des IV. Architekturkongresses besichtigten nicht nur die gerade wiederentdeckten oder vom Abriß bedrohten Bauten des klassischen Sankt Petersburg, sondern auch Neubauten, neue Bautechniken, Werkstätten, die zentralen Straßenbahndepots und die neuen Einrichtungen der städtischen Müllbeseitigung.[30]

Gerade in dieser doppelten Aufgabenstellung – Bewahrung der von der Modernisierung bedrohten alten Stadt einerseits und Orientierung auf die Schaffung neuer lebensfähiger Städte andererseits – liegt die ganze Schärfe der Diskussionen der beiden Kongresse. Diese Diskussionen wären nicht möglich gewesen, wenn es keine Architektenöffentlichkeit gegeben hätte mit entsprechenden Fachorganisationen und Fachzeitschriften.

Professionelle Architektenvereinigungen waren schon im 19. Jahrhundert gegründet worden, die Sankt Petersburger Architekten-Gesellschaft 1871, vier Jahre zuvor die Moskauer. 1904 hatte sich aus den Abgängern der Kunstakademie die Gesellschaft der Architekten-Künstler gebildet – zweifellos die Crème der Petersburger, wenn nicht der russischen Architekten. Auch die andere bedeutende Ausbildungsinstitution – das Institut für Zivilingenieure – fand für ihre Absolventen eine Organisationsform, die »Gesellschaft der Zivil-Architekten«. 1911 wurde dann eine »Gesellschaft der gegenseitigen Hilfe der Architekten-Künstler« gegründet, die Hilfestellung beim Eintritt ins Berufsleben, bei der Organisierung von Wettbewerben und der Vergabe von Aufträgen gewähren sollte.

Die Architektenvereinigungen hatten bereits einige reichsweite Kongresse organisiert, die in ihren thematischen Schwerpunkten recht aufschlußreich sind für die Problemlage: Auf dem I. Kongreß (1892) und dem II. Kongreß (1895) war die Auseinandersetzung um den Eklektizismus in der russischen Architektur geführt worden, auf dem III. Kongreß (1900) machte sich eine Verstärkung der Positionen des »Jugendstils« bemerkbar, der als eine Befreiung vom Historismus des 19. Jahrhunderts empfunden wurde und in dem der Einfluß der belgischen, österreichischen und englischen Jugendstil-Theoretiker stark war.[31] Wie bei vielen anderen Berufsgruppen – Ärzten, Anwälten – zeichnet sich mit der Professionalisierung der künstlerischen und Bauingenieur-Intelligenz ein wachsendes Standesbewußtsein ab. Auf dem IV. Kongreß war das Selbstverständnis der Architektenvereinigungen so definiert worden:

»a) die Annäherung der Baumeister untereinander, um Meinungen auszutauschen über die neuesten wissenschaftlich-technischen und künstlerischen Fragen auf dem Gebiet der Architektur und der Bautechnik;

b) Klärung des gegenwärtigen Zustandes des Bauwesens und der Baukunst;

c) Klärung der Situation der technischen Ausbildung auf diesem Gebiet und Suche nach den Bedingungen für eine erfolgreiche Entwicklung der Ausbildung«.[32]

Und dennoch ist der Beruf des Architekten oder Bauingenieurs ein durch und durch »elitärer« gewesen, mit hochqualifizierten und erstrangigen Lehrkräften und einem kleinen Studentenkörper. Die führenden Architekten der Hauptstadt waren zugleich auch Professoren beziehungsweise Mitglieder der Akademie der Künste, und es ist nicht erstaunlich, daß die Vertreter der sowjetrussischen Avantgarde der zwanziger und dreißiger Jahre eben an diesen Einrichtungen ihre Ausbildung erhalten haben.[33] Es spricht für die Bedeutung der Petersburger wie auch der russischen Architektengemeinde, wenn sie damit beauftragt wurde, für das Jahr 1915 den X. Weltkongreß der Architekten in Petersburg auszurichten, nachdem derartige Kongresse zuvor in Paris, Brüssel, Madrid, London, Wien und Rom stattgefunden hatten; schwerpunktmäßig sollte die Entwicklung des »nationalen russischen Stils«, aber auch die Entwicklung der Großstadt behandelt werden.[34]

Entscheidender für die Weckung des öffentlichen Interesses und die Wende des »öffentlichen Geschmacks« war indes nicht die Tätigkeit der Berufsorganisationen, sondern einiger eher diffuser, keiner Berufssparte im strengen Sinne zugehöriger Zirkel, allen voran der Mitglieder des Kreises um die Zeitschrift »Mir iskusstva«. Mehr als die Fachzeitschriften – seit 1872 gab es die Zeitschirft »Zodčij« (Der Baumeister), seit 1881 die Wochenzeitschrift »Nedelja stroitelja« (Woche der Architekten), beide verschmelzen 1902 zum »Zodčij« – sind es allgemein künstlerische oder kunsthistorische Publikationen, die das neue Interesse stimulieren und entwickeln. In erster Linie ist das Alexander Benois' »Mir iskusstva«, deren erste Nummer im Jahre 1902 programmatisch die Wiederentdeckung des Klassizismus und Petersburgs eingeleitet hatte; dann auch Zeitschriften wie »Starye gody« (Die alte Zeit) und Sammelwerke wie »Kunstschätze Rußlands«.

Wenn man »Mir iskusstva« und dann die Zeitschrift »Apollon« durchblättert, dann zeigt sich, daß sich die besten Kenner – Theoretiker wie Praktiker – der russischen Stadt- und Baukunst gefunden haben und offensichtlich zu einem zwar kleinen, aber hochkompetenten und einflußreichen Publikum sprechen können. Die Architekturkritik, die Vorstellung neuer Bauten, die Rezension von Ausstellungen, etabliert sich als eigenständige Rubrik (in »Apollon« vor allem durch Georgij Lukomskij, A. Rostislavov und Jurij Roch).

Von der Art eines Durchbruchs war wohl auch die Veröffentlichung des III. Bandes der »Geschichte der russischen Kunst« durch Igor' Grabar', der einen besonderen Abschnitt zur »Petersburger Architektur« enthielt. Eine Flut weiterer Journale, die gehobenen Luxusbedürfnissen entsprachen und die neuesten Moden des Bauens, der Interieurgestaltung, des Villenbaus und so fort zum Ausdruck brachten, sekundierte dieser Renaissance der Schönheit und des Luxus.[35]

Das neue Interesse an der Vergangenheit war aus einer Situation der Bedrohung und Infragestellung hervorgegangen. Erste Versuche der Auflehnung gegen die zerstörerischen Wirkungen der Industrialisierung gab es bereits in den siebziger Jahren, als ein Gesetzentwurf zum Denkmalschutz ausgearbeitet wurde. In der Petersburger Architektengesellschaft wurde bereits 1909 auf die neue Situation des Denkmalschutzes hingewiesen, und im Jahr des IV. Architektenkongresses, auf dem die Abrißwelle eines der Hauptthemen gewesen war, wurde auch die »Gesellschaft zur Verteidigung und Erhaltung der Kunstdenkmäler Rußlands« gegründet.[36]

Die Bedrohung der alten Städte wurde in der Provinz sogar noch stärker empfunden. Über die »Vernichtung Novgorods« heißt es 1916 beispielsweise:

»Wahrhaftig, wir sind das revolutionärste Volk der Welt. Jedesmal wollen wir aus dem Nichts bauen und alles von vorne anfangen. Kommen wir nicht gerade deshalb so langsam voran?« Gesprochen wird von den »Hekatomben des Vandalismus«. Der Autor stellt fest, daß die russische Provinz unbemerkt untergehe, aber es sei unklar, wie es zu machen ist, »damit das Neue, eine bessere Zukunft nicht erkauft wird um den Preis des Untergangs großer Errungenschaften der früheren Kultur«.[37] G. Lukomskj hatte für Petersburg einen ganzen »Martyrolog des Vandalismus« zusammengestellt und auf dem II. Künstlerkongreß sprach ein Teilnehmer vom »vollständigen Neubau Charkows«, der aufstrebenden Industriemetropole der Ukraine.[38]

Nicht wenige, wie zum Beispiel Kurbatov, der Autor eines umfassenden Kunstführers für Petersburg, wiesen darauf hin, daß mit der Zerstörung der alten Städte Rußland sich um sein »Kapital« noch in anderem Sinne brächte. In einem Augenblick, da die europäischen Städte sich zu Touristenzentren entwickelten, gehe Rußland gleichgültig und schonungslos mit seinen Kunstdenkmälern um, statt sie für die Entwicklung des Fremdenverkehrs zu nutzen.[39]

Die Wahrnehmung des Verschwindens der alten Stadt, des alten Petersburg, war weit mehr als der Schock über bauliche Veränderungen und Zerstörung kostbarer Bausubstanz. Es war eine kulturelle Herausforderung, eine Art kultureller »Schock«, die Wahrnehmung vom Ende der einen und dem Beginn einer anderen Zeit. Die Diskussion um die Architekturstile und das Gesicht der Stadt ist in Wahrheit eine Auseinandersetzung zwischen zwei, wenn nicht mehr kulturellen Tendenzen. Auf den Kongressen der Architekten war es immer auch um Stilfragen gegangen, und der IV. Architektenkongreß sowie der II. Künstlerkongreß des Jahres 1911 standen eindeutig im Zeichen einer bestimmten Richtung – des architektonischen Retrospektivismus, vornehmlich des Neoklassizismus, aber auch der neorussischen, nationalen Linie. Das entscheidende Wort führten die Theoretiker aus dem Umkreis von »Mir iskusstva«, »Apollon« und »Starye gody«, die Mehrheit der zwanzig auf dem Kongreß Vortragenden äußerte sich im Sinne einer Hinwendung zu den klassischen Architekturformen, also gegen den Eklektizismus, vor allem aber gegen den Jugendstil.[40] In der Wahrnehmung des Zerstörungsprozesses wird etwas anderes deutlich: Es ist auch und vor allem die Kritik der expandierenden bürgerlich-kapitalistischen Metropole.

Die Zersiedelung und Auflösung des geschlossenen Stadtkörpers ist eine Folge der privaten Bautätigkeit, die an den Stellen baut, die ihr vorteilhaft und nützlich erscheinen und erst in zweiter Linie Rücksicht nehmen kann auf das »Allgemeine«, die allgemeine Silhouette oder Perspektive. Leontij Benois' Planungsvorstellungen zielen auf Reglementierung, Unterordnung der »einzelnen« unter das »Allgemeine«, wenn er die »Höhe der Gebäude und die Zahl der Etagen«, die Zahl der von Bebauung freien Grundstücke, den Abstand zwischen den Gebäuden und so fort vorschreiben möchte. »Der Stil einzelner Häuser muß sich dem allgemeinen Stil des Bezirks unterordnen, doch die Einheitlichkeit des Bezirks ist nicht gleichbedeutend mit Monotonie der Bebauung. Der Plan soll sich auf alle Details erstrecken: auf die Vereinheitlichung des Straßenbelags, auf die Gestaltung der Trottoirs, die Art des Rasens und der Bepflanzungen, die Form der Gitterzäune und der Pfosten.«[41]

Es scheint in diesem Vorschlag zur Reglementierung auch der Details eine Abwehr der spontanen und von unten kommenden Auflösung des einheitlichen Stadtbildes zu liegen. Auf dem Architekturkongreß hatten so bekannte Petersburger Architekten wie E. E. Baumgarten und Lev A. Il'in ein Verbot der kapitalistischen Reklame oder doch eine strenge Standardisierung der Reklameflächen und Aushängeschilder verlangt, die – das zeigt jede Photographie des damaligen Petersburg – in der Tat der Stadt ein fast basarhaftes Aussehen gaben.

Es muß so etwas wie einen ökologischen Schock gegeben haben, ausgelöst durch den Lärm und Gestank der Autos, den Lärm der Tram, Telegraphenmasten, Staub und Klingeln der Kinos, vor allem aber durch die Allgegenwart einer schreienden Reklame. »Die verrückte, ans Absurde grenzende Konkurrenz, die Gleichgültigkeit der Behörden, der Niedergang der Architektur und der Verlust ihres Ansehens bei der Bevölkerung, die schafsköpfige Nachsichtigkeit und Indifferenz der Bürger im Verein mit einer grenzenlosen Phantasie und Erfindergabe der Schöpfer von Reklame – das sind die Gründe für die unwahrscheinlichen Exzesse der Reklame.« Die Reklame ist nun nicht mehr ein untergeordnetes, sondern das Aussehen der Stadt beherrschendes Moment geworden – keine Fassade, kein noch so respektabler Platz mehr ohne Reklame, überall werden »Wunderwachs, Maibalsam, Kognaks« angepriesen und für die Vorstellungen im Moulin-Rouge geworben. Die großen Vitragen der neuen Kaufhäuser werden als Ausdruck der Herrschaft der Waren über die Architektur verstanden.[42] Das Stilgemisch wird unerträglich. Allen voran in der Sadovaja-Straße und am Sennaja-Platz, gefolgt vom Nevskij-Prospekt, und dort sind es wieder vor allem die Kinos und die Büros der Zeitungen, der »sechsten Großmacht«.[43] Es gibt Stimmen, die sich für eine allgemeine Reglementierung des Stils aussprechen, – Lukomskij möchte, wenn es schon keine Diktatur geben solle, zumindest eine Kontrolle der Bauentwürfe.[44]

Lukomskij beschäftigt sich immer wieder mit dem Überhandnehmen der Reklame, die beispielsweise den Kaufhof am Nevskij-Prospekt völlig verschandelt habe; eines der ältesten und kostbarsten Gebäude der Stadt – nach Entwürfen von Rastrelli gebaut von Jean-Baptiste Vallin-Delamotte – sei »viehisch verdorben durch die idiotischen Reklameschilder auf den Säulen, durch die zwischen den Säulen angebrachten Schaufenster und die an den Säulen angebrachten Laternen. Man spürt etwas Asiatisches im aller-unzivilisiertesten Sinne des Wortes in der Zerstörung dieses wunderbaren Portikus. Wird nicht eine Zeit kommen, da eine mächtige Hand dafür sorgt, daß alle diese Reklameschilder und Laternen, die an die Säulen geklebt sind, abgenommen werden?«[45]

Worauf es ankommt, ist das Wort »*asiatisch*«. Es taucht auch bei anderen Autoren und Architekturkritikern der Zeit immer wieder auf, so etwa in der Besprechung Jurij Rochs zur Bausaison 1909 in »Apollon«. Es sei schon kein Problem mehr, alles mögliche auszuprobieren: den Stil der neuen gotischen und romanischen Klöster in Warschau, Kiew, der jüdischen Synagogen, der Moscheen, der Palais an den Neva-Kais. Fast jeden Monat gebe es neue Wettbewerbsausschreibungen und neue Projekte. Der Nevskij-Prospekt sei »in allen Beziehungen« häßlich, der Bau von Banken sei schon epidemisch geworden. Die Apsiden an der neuen Kirche »Spas na Neredine« – zu Ehren der Soldaten des Russisch-Japanischen Kriegs unweit der Admiralität errichtet – erinnerten an Fabrikgebäude, reparierte Zerstörer und Schiffe, und das neue Gebäude des »Rollerrings« – es ist der zweite Sportpalast dieser Art in Petersburg – verletze die strengen Linien der umliegenden Palais. Petersburg bekomme immer »provinziellere Züge«, am schlimmsten aber sei, daß nicht einmal eine richtige »asiatčina« zustande komme im Sinne einer Stilvermischung, einer malerischen Buntheit! Denn »asiatčina« könne an und für sich interessant sein – wie zum Beispiel in Moskau.[46]

Mit dem Terminus »asiatčina« verbindet sich also ein ganzes Umfeld von Assoziationen: Es bedeutet spontaner Wildwuchs, unkontrollierte Bautätigkeit, Vorherrschaft des individuellen Geschmacks vor dem Gesamtbild der Stadt, bloßer Utilitarismus in der Bestimmung des Gebäudes, Rücksichtslosigkeit gegenüber dem Ensemble, vordergründige Kommerzialität, Formlosigkeit, Stillosigkeit, Geschmacklosigkeit, Preisgabe der spezifisch nationalen klassischen Tradition zugunsten »westeuropäischer Moden«. Es ist völlig klar, daß »asiatčina« hier nicht die Buntheit von Samarkand oder die des Moskaus der Kaufleute meint, sondern der Sammelbegriff ist für etwas ganz anderes, das der aristokratischen Tradition des klassizistischen Petersburg entgegengesetzt ist oder ihr doch gleichgültig gegenübersteht. *Es ist das bürgerliche Petersburg*. Es ist daher ganz logisch, daß Benois die gesamte Bautätigkeit der Nachreformzeit als Verhängnis für die Stadt ansieht. Die Wiedergewinnung des Stadtbildes sei von dieser Zeit und ihrer Architektur nicht zu erwarten, denn: »Die moderne, bourgeoise, jeglicher Ideale und jeder Poesie beraubte Lebensordnung trägt wenig zur Realisierung der genannten Aufgaben [der erneuerten Stadtplanung, K.S.] bei.«[47]

Es ist von zentraler Bedeutung, den *antibourgeoisen Affekt* festzuhalten in einer Stadt, die gerade den Weg in die Modernisierung beschreitet. Dies erklärt sich gewiß zu einem Teil aus dem »Form- und Stildruck«, den ein so großartiges Ensemble wie Sankt Petersburg auf alle hier lebenden Generationen ausgeübt haben muß, auf die Ausprägung des Stilempfindens, die Achtung für Proportionen, gewachsene Umwelten und Interieurs. Und dennoch hat die antibürgerliche Tendenz in einer bürgerlich werdenden Stadt paradoxe Züge. Aber die Kritik der »asiatčina« ist auch die Kritik an stilistischer Stagnation, Ausdruck einer Krise und Aufbruch zu einer Arbeit, an deren Ende der neue Stil gefunden sein soll. »Welche Stilformen sind nicht im letzten halben Jahrhundert ausprobiert worden, und doch ist kein einziger guter Bau geschaffen worden«, ruft Kurbatov in seinem Referat auf dem II. Künstlerkongreß 1911 aus[48] und trifft damit eine Stimmung der Zeit.

Tatsächlich war mit dem Ende des Klassizismus, mit der reifen Form des Klassizismus – dem Empire – eine Epoche zu Ende gegangen. Mit den dreißiger Jahren des 19. Jahrhunderts beginnt auch in Rußland eine Phase des Experimentierens und Suchens – die lange Periode historistischer Architektur. Im Begriff des Eklektizismus, der für die historische Architektur häufig synonym verwendet wird, schwingt die Charakterisierung des bloß Reproduktiven, Unorganischen, Retrospektiven mit und eine Art Geringschätzung für eine Epoche, die es zu keiner eigenständigen Leistung gebracht habe. Doch auch für die russischen Verhältnisse wird neuerdings eine differenziertere, dialektische Betrachtung entwickelt, die anerkennt, daß in der Expansion der stilistischen Mittel, in der »Konzeptionslosigkeit«, in der Beliebigkeit der vielen Stile etwas Neues, Frisches, Experimentelles liegt.[49]

Hatte denn nicht eine technische Revolution stattgefunden, die das herkömmliche Bauen über den Haufen geworfen hatte? Waren nicht mit dem Siegeszug des Eisenträgers und vor allem des Eisenbetons ganz neue Bautechniken und Bauformen ermöglicht worden? War nicht mit dem weltweiten Austausch von Gütern und Kenntnissen eine unvermeidliche Internationalisierung des Geschmacks zustande gekommen und zugleich das Interesse an der spezifisch nationalen Bauform geweckt worden? Ist es nicht Ausdruck eines ungeheuren Reichtums, wenn die Baumeister sich nun anschicken, aus dem Arsenal der Weltarchitektur beliebig zu zitieren und zu komponieren? Man kann durchaus den Eindruck gewinnen, daß Historismus und Eklektik die zunächst hilflose Reaktion auf die technische und soziale Revolution des Kapitalismus gewesen sind und daß in der Inkohärenz des Historismus gerade seine produktive Offenheit, sein experimenteller Charakter liegen, die den »Neuen Stil« vorbereiten.

Die zweite Hälfte des 19. Jahrhunderts hatte in der Tat alles durchgespielt: das Neobarock, die Neogotik, die Neorenaissance, sogar das Rokoko, in Rußland den alten russischen Baustil – und gleich in unmittelbarer Nachbarschaft entstehen die Eisenkonstruktionen der neuen Bahnhöfe, der Fabrikanlagen, der Brückenbauten, der Passagen. Die technische Revolution der Baumittel verschärfte ja den Gegensatz zu den traditionellen Bauformen. Vieles, was in der alten Zeit sinnvoll, zweckmäßig, notwendig gewesen war, war nun zur bloßen Dekoration geworden. Im Jugendstil tritt dieser Gegensatz von modernen technischen Mitteln und dem Ornamentalismus der Form hervor, wird bewußt sichtbar gemacht und führt zu einem qualitativ neuen Schritt: zum bewußten Bekenntnis, zum Eingestehen der Schönheit der modernen, zweckmäßigen Formen und Baustoffe. Gleichzeitig nimmt die Baukunst des Jugendstils bereits die Kritik der mit der Industrialisierung einhergehenden »Vermassung« auf und versucht, das individuelle Gesicht des Baus, vor allem des Innenraums, zurückzuerobern. Die Bauten des Jugendstils sollen »frisch«, »nackt«, »funktional« sein. Er bekennt sich zu den neuen, bisher verachteten Materialien – Ziegel, Glas, Stein, Metall, Holz. Er sucht eine organische Verbindung zwischen technischen Elementen und dekorativer Arbeit, die aber dem Raum, der Bestimmung angemessen sein soll. Der Alltagsgegenstand gewinnt wieder an Bedeutung, das Leben soll schöner werden. Freiheit der Gestaltung, Zweckmäßigkeit, Ablehnung allen Ornamentalismus, sofern er aufgesetzt erscheint, Individualismus und Originalität in jedem Entwurf und handwerkliche Solidität – in solchen Zügen liegt die synthetische und revolutionierende Kraft des »style moderne«. Die Frage war, ob diese Synthese zwischen Rationalismus und neuer Schönheit so tragfähig war, bestimmend zu werden in dem großen Modernisierungsvorgang, der das Gesicht der Städte, die Wohn- und Lebensverhältnisse Hunderttausender von Menschen umwälzen sollte – nicht nur das Leben jener wenigen, die sich den Luxus einer zugleich funktionalen wie schönen Lebensumgebung leisten konnten.

Der Jugendstil hatte in Rußland Ende der neunziger Jahre Eingang gefunden und wurde bereits nach einem knappen Jahrzehnt wieder verdrängt. Doch diese kurze Periode hat eine Spur hinterlassen. Der Neue Stil hatte seine Hauptstützpunkte in den neuen industriellen Zentren des Reichs, und häufig waren die Industriellen auch die ersten Auftraggeber, Villen der bevorzugte Bautypus. Die um 1870 geborene Generation war für eine gewisse Zeit dem Neuen Stil verfallen, der als eine Befreiung vom Historismus und als fundamentale Erneuerungsbewegung begrüßt wurde. Am meisten sieht man davon noch in den westlichen Industriestädten, zum Beispiel in Lodz und Riga, in denen ganze Viertel und Straßenzüge der rasch expandierenden Städte im »style moderne« errichtet wurden. Er griff von Petersburg und Moskau auf die Provinz über, und fast jede der Gouvernementsstädte hat einige besonders gelungene Exemplare dieses damals wie heute so erregenden, »pulsierenden« Stils: in Nižnij Novgorod, in Kazan', in Charkow, Odessa. Es läßt sich für Petersburg keine so herausragende und konsequente Gestalt des Jugendstils benennen wie für Moskau, das in Fedor O. Šechtel' seinen Meister gefunden hatte. Doch anders als in Moskau sind in Petersburg ganze Viertel und Straßenzüge vom Jugendstil geprägt. Er hat das Gesicht der Hauptstadt – in bestimmten Vierteln jedenfalls, vor allem auf der Petrograder Seite – nachhaltig geformt.[50]

Es ist daher nicht ganz zufällig, daß die Periode zwischen Jahrhundertbeginn und Revolution den Namen »Petersburger Moderne« trägt. Anders als in Moskau, das mit exzessiven romantischen Einzelobjekten des Jugendstils aufwarten konnte, ist der »Peterburgskij modern« auch in seiner frühen romantischen Phase eher verhalten, diszipliniert – von einer unterkühlten und kontrollierten Emotionalität. Der Einfluß der skandinavischen Moderne in der Petersburger Architektur – aber nicht nur dort, man denke nur an die Mode, die Ibsen, Georg Brandes und Grieg für Petersburg eine Weile gemacht hatten – ist allenthalben sichtbar, vor allem bei dem Architekten

Fedor I. Lidval', dem Sohn einer aus Schweden stammenden Petersburger Familie.[51]

Der Neue Stil verändert die Stadt wie mit einem Zauberstab. Am Eingang des Kamennoostrovskij-Prospekts baut A. I. Gogen die Villa der Kšesinskaja mit einem kühn asymmetrischen Grundriß. Am Nevskij-Prospekt verändert der Turm des Singer-Gebäudes von Pavel J. Sjuzor und der mächtige Körper des Eliseev-Geschäfts die Silhouette; mit dem Vitebsker Bahnhof schafft S. A. Bržozovskij einen freistehenden Komplex. Die Strenge oder auch Monotonie der Fassaden wird unterbrochen, inmitten des Weiß und Gelb der Petersburger Fassaden tauchen Majoliken auf, die Geometrie der Säulenreihen wird konterkariert von den geschwungenen Ornamenten und Linien. Doch scheint der »reine Jugendstil« nur eine Übergangsperiode gewesen zu sein. Das zweite Jahrzehnt der »Petersburger Moderne« – 1907 bis 1917 – steht unter dem Zeichen einer erneuerten Klassizität, die sich absetzt gegen die »romantische Phase« – etwa 1895 bis 1907 –, zugleich aber nicht in die Schablonen einer bloßen Wiederholung des Empire verfallen will und auch nichts zu tun haben will mit der Tendenz, nur noch die altrussische Baukunst gelten zu lassen.[52]

Die Diskussion der Neoklassizisten gibt Aufschluß über ihre Haltung zum Jugendstil und zum Neoempire. Für Lukomskij hatte die Periode des Jugendstils keine »positiven Resultate« hervorgebracht. Für die »modernistischen Baumeister« und die »schreienden Gebäude« hat er nichts übrig – sie sind für ihn Ausdrucksformen eines outrierten »Individualismus«. »Der Wunsch eines jeden Architekten«, schreibt Lukomskij, »um jeden Preis etwas ›Ursprüngliches‹ schaffen zu wollen, hat sich als verheerende Kurzsichtigkeit erwiesen. Die Manie der Ursprünglichkeit widerspricht den in der Architektur grundlegenden logischen Gesetzen der Proportion … Indes haben die Apologeten des ›Modernismus‹, die Schöpfer der ›neuen Formen‹ nicht eine einzige neue zwingende ›logische‹ Form gefunden. Ist doch die Bedeutung des Eisenbetons noch sehr fraglich, der als durchweg unästhetisches Material nicht in Betracht kommen kann.« Die einzigen Materialien ästhetischer Qualität bleiben Backstein und Stein. Lukomskij konstatiert eine vollständige Abkühlung der Begeisterung »gegenüber den modernistischen Tendenzen« und eine »Rückkehr zu alten Kunstformen. Dieser Sieg des Retrospektivismus muß begrüßt werden, doch auch hier ist die Evolution der Kunst nicht ohne Fehler.« Jedoch: »Lieber das gute Alte als die an den Haaren herbeigezogenen neuen Formen.«[53]

Das richtet sich nicht bloß gegen den Jugenstil, sondern auch gegen die Routine des imitierenden, falschen Empire, das die mächtigen Fassaden, die Säulenportiken, die Rotunden und Erker, die Strenge der Empire-Bauten wieder aufnahm, aber die gänzlich neue technische Grundlage ignorierte: Die Stilelemente wurden zum reinen Ornament, spielten keine gliedernde oder tragende Rolle mehr für das Gebäude selbst.

Das Neoempire gewann rasch Züge »rein dekorativer Art«, wurde sogar »kulissenhaft-falsch«, war eine »Sache der weniger begabten Architekten«. Lukomskijs und Alexander Benois' Kritik wirft dem Jugendstil vor, »zu frei« zu sein, dem Neoempire »zu retrospektiv«, es ginge um etwas in der Mitte zwischen technischer Revolution und tradierter Form. Den Neoklassizisten war indes klar, daß sich der neue oder »große Stil« nicht einfach schaffen ließe.

Es liegt eine gewisse Logik im Retrospektivismus, da jede Zeit »mit erstaunlicher Konsequenz« in anderen Epochen nach den ihr gemäßen und ihr verwandten Formen sucht. Man hat seine Gründe, nach Vicenza und zu den Villen Palladios zu pilgern. »Und dennoch – das Leben allein, das reichere und gestaltenreichere Leben ist es, welches die neuen Bautypen schaffen kann, die die jungen Talente, die ein Feld für ihre Begabung suchen, herbeisehnen.«[54] Ähnlich argumentiert Kurbatov: »Der Mensch lebt ein wirkliches Leben, und die früheren Epochen sind für ihn und sein gegenwärtiges Leben tot. Man kann nicht gotische Kirchen bauen, wenn es keinen Schrei der Verzückung zum Himmel gibt; man kann kein Rokoko-Pavillon bauen ohne die wolkenlose Fröhlichkeit der Zeit des absolutistischen Fürstenhofs.« Dies schließt nicht die Verwendung früherer Stilmittel aus. »Die Anwendung klassischer Formen machte im Laufe einer langen Zeit eine Evolution durch und kann den Bedingungen der Zeit entsprechend auch in der Zukunft angewendet werden. Jedoch soll man nicht denken, daß die Anwendung klassischer Formen die Epoche des Empire hervorbringen sollte. Dies ist ein kolossaler Fehler sowohl der Architekten wie der Kritiker. Diese Attraktivität des Empire, die man heute beobachten kann, ist eine archäologische Stimmung wie die der anderen Pseudostile auch. Die vorionischen Kränzchen, die Gilardi-Fackeln mit den Kränzen, die Friese und Girlanden geben einem Gebäude nicht die Vollendung einer großen Epoche. Bei den Klassikern muß man die Proportionen lernen, die Feinheit der Details und der rein architektonischen Schönheit, während das Neoempire sich nur um die Ornamente kümmert.«[55]

Aber die Synthese zwischen revolutionierter Bauform und traditionellen Architekturformen ist sehr schwierig: »Die Architektur, die ähnlich wie die Malerei die Epoche eines unruhigen Suchens nach der neuen Form, der neuen Schönheit und dem Ornament durchgemacht hat, die sich davon überzeugt hat, daß klare Ergebnisse nicht möglich sind, wenn diese Formen nicht den neuen konstruktiven Methoden und Materialien entsprechen, nimmt voller Begeisterung die traditionellen nationalen Muster zur Grundlage und harrt der entscheidenden Entdeckungen der noch nicht gefundenen Form der schönen Eisen-Architektur.«[56] Was der Neoklassizist wieder verbinden will – Baukunst und Ingenieurkunst – wird von dem Architekten M. Ljalevič ausgesprochen:

Der berechnende Zweig der Ingenieurwissenschaft wurde immer mehr in den Hintergrund gedrängt, hat gegenwärtig jede Beziehung zur Welt der Architektur verloren. Der Architekt und der Ingenieur gehen gegenwärtig getrennte Wege, die nichts miteinander zu tun haben. Wie man gemeinsam arbeiten kann, wo die Begriffe und Tendenzen immer schärfer sich differenzieren – das sollte einen veranlassen, einmal darüber nachzudenken, wie das Bedürfnis nach einer harmonischen Übereinstimmung, die es einmal gegeben hat, realisiert werden kann. Ohne statistische Berechnungen gibt es keine guten Eisenkonstruktionen, allein durch solche Berechnungen läßt sich künstlerische Harmonie erreichen.«[57] Vielleicht ist am allerdeutlichsten der kreative und nicht bloß retrospektiv-passiv gewendete Anspruch der Neoklassizisten von Alexander Benois ausgesprochen worden, wenn auch nicht unmittelbar auf die Architektur, sondern auf den »Geist der Zeit« überhaupt bezogen. In seinem Aufsatz »In Erwartung der Hymne an Apollon« beschreibt er die Situation seiner Gegenwart (1909) als die einer Agonie. »Auch wir empfinden das Herannahen eines irgendwie allgemeinen Todes, ob dieser zur Auferstehung führt oder nur zur Metamorphose, das können wir nicht wissen. Auch wir durchleben eine Agonie, in der sich die große Schönheit der Apotheose verbirgt, in einem geradezu pompös-theatralischen Überfluß, und verwirrt durch diesen Überfluß rufen wir ›Mehr Licht, mehr Licht‹ ...

Morgen muß eine neue Wiedergeburt kommen. Viele *wissen* dies. Doch wo dieses Morgen ist, wann es kommen wird und wie die Nacht sein wird – wer weiß es? ... Die Architektur und alle Künste, die von ihr abhängen, dienen sie nicht etwa demselben Ziel – ein schönes Ganzes des Lebens zu schaffen, die Stimmung auf eine überirdische Höhe zu heben voll edler Klarheit oder in süßer Trunkenheit? Lebt darin nicht etwa jener schöngesichtige, helle Gott, oder noch richtiger, jene zwei Gesichter der fast identischen und nahverwandten Götter [Apoll und Dionysos, K.S.], die die Menschen tanzend aus der Dunkelheit herausführen werden in den Kampf mit Trägheit und Tod?«[58]

Und weiter: »Es ist Zeit, sich vorzubereiten. Es ist Zeit zu lernen, Hymnen zu komponieren, um in gebührender Weise den gelobten Aufstieg [des Gottes, K.S.] zu feiern. Doch diese Hymnen werden nicht schön sein, solange sie bloß ästhetischer Selbstgenuß, asketische Häresie oder irgendeine andere Schulmeisterlehre sind. Die Kunst muß sich befreien von den Banden enger Abgeschlossenheit und von den Wegen banalen Nützlichkeitsdenkens. Doch die Kunst soll auch nicht der Kunst wegen da sein, denn die Kunst, die von Gott ist, existiert für den Gott, muß für ihn geschaffen sein ... Die Künste unserer Gegenwart verströmen einen schweren Verwesungsgeruch ... Man muß um Inspiration beten ... Und man muß darum beten, daß diese Hymne nicht ›schöne Literatur‹ wird, sondern ein wirklicher Teil des Lebens, wahrhaftiger als das Leben selbst ...«

Am Ende des 18. Jahrhunderts hatten sich die Europäer schon einmal der Antike zugewandt, aber sie erhielten entgegengesetzte Resultate. Sie haben pedantisch kopiert, die Schönheit wurde zur Sache eines spezialistischen Ästhetentums und starb Schritt für Schritt. »So kann man nicht weiterleben. Es ist an der Zeit, aus einem stickigen ›Ästhetentum‹ herauszukommen ... Das ganze Massiv des Alltags muß erneuert und von Licht durchdrungen werden ... Doch wie die Hymne komponieren? Wie erlernt man diese vergessene Kunst? Und wie vor allem kann man die immerwährende Hymne des Lebens schaffen: den Tanzrhythmus des Lebens, die Gestaltung eines kollektiven menschlichen Handelns? Ist dieser Wunsch heutzutage nicht lächerlich, durch Häßlichkeit, Epidemien von Vorurteilen und die Maschinentechnik verdorben, heute, da die Natur systematisch deformiert ist und alles im Kampf ums Überleben trist dahinlebt? Ist dies für uns in unseren Anzügen, in unseren Straßen, die dröhnen und dunkel sind von sirrenden Drähten, nicht geradezu lächerlich, ist es nicht lächerlich angesichts unserer ganzen Leere und der Verwilderung unserer Sitten? Mag es lächerlich sein – dennoch: *Dies ist notwendig*. Man muß sich daran erinnern und sich an diesen Gedanken gewöhnen, und dort entstehen auch die ahnungsvollen Formen, die inspirierenden Assoziationen, dort beginnt sich der Knoten aufzuwickeln, dessen Faden von niemandem mehr zerrissen werden kann. Die Menschen werden eine andere Technik ausarbeiten und untereinander andere Beziehungen herstellen, eine andere Lebensform, von deren Bedingungen wir heutzutage noch nicht einmal träumen können.«

Der Geist, von dem Benois in seiner Hymne an Apollon durchdrungen ist, durchdringt auch die Neoklassizisten. Es ist nicht wahr, daß sie einfach zurückwollen in die Renaissance oder den russischen Klassizismus. Und so energisch sie sich gegen den »dekadenten« Jugendstil wandten, so waren sie doch alle frei genug, bei ihm in die Schule zu gehen – wie umgekehrt auch der späte Jugendstil frei genug war, sich mit dem Klassizismus zu verbinden. Der Neoklassizismus ist zugleich moderner als er von sich selbst deklariert – und eine Linie führt direkt aus dem Jugendstil über den Neoklassizismus in die rationalistische, konstruktivistische Linie des Neuen Bauens hinüber. Und er ist zugleich konservativer, als sich ein Alexander Benois eingestehen möchte. Er ist durchtränkt von dem letzten Versuch, in den Jahren der symbolhaften Jubiläen – des 300. Jubiläums der Romanov-Dynastie 1913, im 100. Jahr des Sieges Alexanders I. über Napoleon, im 150. Jahr der Akademie der Künste – den Prozeß der Modernisierung in den Mustern eines einmal glanzvollen Stils einer patriotischen und von revolutionären Impulsen erfüllten Zeit zu fassen.

Es ist gewissermaßen der letzte Versuch, das Gesicht eines schmerzvollen sozialen Revolutionierungsprozesses kraftvoll zu gestalten, indem man ihm die Züge der glanzvollen Epoche aufprägt. Der Neoklassizismus ist kein bürgerlicher Stil, sondern der Stil einer aristokratischen Welt, die bürgerlich wird, oder einer Welt, die sich ein aristokratisches Gesi0cht geben muß, weil sie noch nicht bürgerlich genug geworden ist. Er ist gewissermaßen die Stilform des russischen Scheinparlamentarismus, die deshalb von so vitaler Kraft ist, weil sie sich die Technik des Kapitalismus einverleibt hat.

»Wir stehen an der Schwelle zum neuen Petrograd. Geboren ist eine ganze Plejade unzweifelhaft begabter Baumeister«, schreibt Lukomskij, der Kenner der Stadt. Herangebildet hat sich eine Architektengeneration, die »von historischen Kenntnissen gesättigt ist«, erzogen in einem »exklusiven Stilgefühl« und mit Gespür für Proportionen; von ihr könne man erwarten, daß sie über den bloßen Retrospektivismus hinausgehen und die Hindernisse, die im »Ethos unseres Architekturlebens« und im »Formalismus unserer Staatsordnung« begründet seien, überwinden könne. Schon »bald kann bei uns eine Architekturepoche anbrechen, auf die das alte Petersburg schon fast hundert Jahre lang gewartet hat.« [59]

Diese Epoche war bereits angebrochen, und wenn ihre Baumeister und Bauwerke fast vollständig aus dem Bewußtsein der Nachwelt verschwunden sind, dann deshalb, weil auch die Bauwerke das Schicksal einer Zeit teilen, die nur als »Übergangszeit« sich festsetzen konnte. Aber die Architektur ist, wie R. R. Bekker auf dem IV. Architektenkongreß gesagt hatte, »die Stein gewordene Chronik, voll wertvoller Hinweise auf die Sitten und die Lebensweise längst vergangener Geschlechter. Oft sprechen Steine laut und beredt dort, wo die Schriftdenkmäler schweigen«.[60] Man muß in gewissem Sinne eine Begehung der Stadt in diesen Jahren vornehmen, eine Erkundung der Architektur- und Baulandschaft Petersburgs zur Zeit ihrer größten Expansion, um eine Stadtlandschaft im Umbruch in den Blick zu bekommen, die in den Augen der Nachwelt nie aus dem imposanten Glanz der petrinischen und alexandrinischen Imperiale herausgetreten ist und die dann unter dem Grau einer bereits provinzialisierten, zweitrangigen Metropole verschwunden ist. Anhaltspunkte für eine solche Begehung finden wir in der Architekturkritik der Zeit – beispielsweise bei Lukomskij – oder gar in dem Besichtigungsprogramm, das der IV. Architektenkongreß für seine 800 Teilnehmer aus allen Teilen des Reiches vorgesehen hatte. Den Besuchern sollten die vorbildlichsten Bauten, neue Bautypen und Konstruktionstechniken vorgeführt werden. Das Besichtigungsprogramm umfaßte mehr als zwei Dutzend Objekte: Sakralbauten, Geschäfts- und Kaufhausbauten, Banken und Wohnhäuser, Schulen, Krankenhäuser, wissenschaftliche Institute, Bahnhöfe und Tramdepots, die städtische Müllverbrennungsanlage und Sportanlagen.[61] Wir werden dieses Besichtigungsprogramm als Anhaltspunkt übernehmen und in Kenntnis dessen, daß in der Stadt im Jahre 1911 rege, ja fieberhafte Bautätigkeit herrschte, überall die Straßen aufgerissen und Gebäude eingerüstet waren, das Programm etwas erweitern.

Den Augen der Teilnehmer des Kongresses muß sich eine Stadtlandschaft in Bewegung dargeboten haben. Ganze Stadtviertel wachsen oder entstehen neu – schon von 1899 bis 1901/02 werden jährlich etwa 700 neue Steinbauten aufgeführt, die meisten auf der Petrograder Seite, nämlich jährlich 250 neue Gebäude.[62] Schwerpunkte des Bauens sind die Petersburger Seite, die westlichen Teile der Vasilij-Insel, die bisher weniger besiedelten Gebiete zwischen Fontanka und Obvodnyj-Kanal sowie die zentralen Prospekte und Ufer im Stadtzentrum. An exponierten Stellen des Zentrums wachsen neue Gebäude empor, der endlose Rhythmus der zwei- bis vierstöckigen Häuser, die Monotonie mancher Straßenzüge und die Gleichförmigkeit der Fassaden wird allenthalben aufgelockert durch ganz unerwartete Vor- und Rücksprünge oder Durchbrüche, Petersburg wächst in die Höhe und wird buntscheckig.

Zu den imposantesten und repräsentativsten Neubauten der beiden vorrevolutionären Jahrzehnte gehören die Banken. Petersburg war das unumstrittene Banken- und Finanzzentrum des Reichs, und das Zentrum Petersburgs verwandelte sich in eine City der Banken. Fast alle sind an exponierter Stelle gelegen – am Nevskij-Prospekt, in der Morskaja- oder einer neuen zentralen Geschäftsstraße wie der Sadovaja-Straße. Fast alle Gebäude sind zwischen 1910 und 1914 aufgeführt worden, meist in überraschend kurzer Zeit. Außer der von Fedor I. Lidval' geschaffenen Azov-Don-Bank, die die Besucher des Architektenkongresses besichtigten, sind zu nennen: das Gebäude der Russischen Außenhandelsbank (Sergej S. Serafimov), die Russische Handels- und Industriebank (Marian M. Peretjatkovič), das Bankhaus Vavel'berg (Marian M. Peretjatkovič), die Sibirische Handelsbank (B. I. Giršovič, M. S. Ljalevič), das Haus der Gesellschaft für Wechselkredit (F. I. Lidval'), die Internationale Handelsbank (S. A. Bržozovskij), die Petrograder Gesellschaft für Wechselkredit (P. J. Sjuzor).[63]

Petersburg als Zentrum der Politik, des Handels, der Geschäftsverbindungen und nicht zuletzt des Bildungstourismus bedurfte dringend neuer, komfortabler Hotels von internationalem Standard. Der exponierteste und anspruchsvollste Hotelneubau – am Isaaks-Platz gegenüber der Kathedrale von Montferrand und Peter Behrens' Deutscher Botschaft – wurde nach den Entwürfen von Lidval' das »Astoria«. Das Hotel »Evropejskaja« am Nevskij-Prospekt wurde umgebaut und modernisiert (nach Entwürfen von Lidval'). An anderen Punkten, besonders in Bahnhofsnähe, aber auch auf der Vasilij-Insel entstanden Hotelneubauten. Restaurants und Cafés wurden dem Geschmack der Zeit entsprechend mit neuen Interieurs ausgestattet, sei es modern wie im »Modern« oder neoklassizistisch wie im »Café de France«, im Restaurant »Donon« oder »Palkin«.[64]

Ein völlig neuer Gebäudetypus tauchte in Petersburg in Gestalt der Warenhäuser auf, oft um einen großen Lichthof angelegt, die Fassaden weitgehend verglast. Mit Vitragen, die ganze Etagen umfassten, wandten sie sich zur Straße hin. Der charakteristischste Bau ist wohl das von M. S. Ljalevič entworfene »Handelshaus Mertens« am Nevskij-Prospekt, dessen Fassade in ganz Rußland Schule gemacht hat, sowie der mit einem Eckturm versehene Bau des Kaufhauses der Gardeökonomischen Gesellschaft in der Nähe des Nevskij-Prospekts (E. F. Virrich, S. S. Kričinskij, N. N. Vasil'ev und andere). Etwas früher errichtet wurde das Kaufhaus des Delikatessenhändlers Eliseev am Nevskij-Prospekt (G. V. Baranovskij) und das Haus der Singer Company, ebenfalls am Nevskij-Prospekt (P. J. Sjuzor). Hierzu rechnen auch die Handelsreihen am Litejnyj-Prospekt (N. V. Vasil'ev). Alle diese Warenpaläste hatten ein Höchstmaß an kostbarer Ausstattung.[65]

Der Einbruch der industriellen Revolution bedeutete indes keineswegs, daß eine der Hauptdomänen der Bautätigkeit – der Kirchenbau – zu kurz gekommen wäre. Eher scheint es so, daß die Konzentration von Jubiläen und Gedenktagen sowie das wachsende Bewußtsein davon, daß Petersburg auch der Sitz verschiedener Konfessionen ist, den Bau von Kirchen und Tempeln forciert hat. Auf dem Besichtigungsprogramm des Architektenkongresses ist die pompöse, im modernisierten byzantinischen Stil gehaltene Marinekathedrale der Festung Kronstadt sowie die Grabstätte der kaiserlichen Familie in der Peter-Paul-Festung. Eine Sensation – von vielen auch als Provokation und Beleidigung Petersburgs empfunden – war die im Zentrum errichtete Kirche »Spas na krovi« (Erlöser auf dem Blut), an der fast zwanzig Jahre gebaut worden war (A. A. Parland) und die den neorussischen Stil in reinster Form verkörperte. Errichtet wurde in dieser Zeit auch der buddhistische Tempel (G. V. Baranovskij), die am Ende des Kamennoostrovskij-Prospekts sehr sichtbar gelegene Moschee (N. V. Vasil'ev, S. S. Kričinskij), die Kapelle der französischen Botschaft im neoromanischen Stil (Leontij N. Benois, Marian M. Peretjakovič), die Kirche der Altgläubigen-Gemeinde in Petersburg (D. A. Krzyžanovskij) sowie der in seinem Lakonismus kaum zu übertreffende Bau der Synagoge und dazugehöriger Verwaltungs- und Wohnhäuser (J. G. Gevirc).[66] Auf dem Gebiet des Kirchenbaus dominierten jene Strömungen, die mit den russischen Stilelementen experimentierten beziehungsweise mit Elementen, die mit der Kultur und Herkunft der betreffenden Konfessionen verbunden waren.

Es war eine schon chronische Klage der Architekturkritik, daß der »Staat« und die Krone sich so wenig in der Bautätigkeit engagierten und die »Erneuerung« Petersburgs der privaten Initiative überlassen hatten. Indes trifft dies nicht ganz zu. Zum Teil wurden bestehende Gebäude umgebaut und den neuen Erfordernissen angepaßt – so die Bibliothek des Generalstabs am Schloßplatz und der neue Sitzungssaal für die Staatsduma im Taurischen Palais (Leontij N. Benois). Doch es gab auch Neubauten – so das Ministerium für Handel und Industrie und das Hauptschatzamt am Ufer der Fontanka. Herausragend und charakteristisch für die neue Bedeutung der Stadtverwaltung selbst sind die beiden großen Komplexe unter dem Namen »Haus der städtischen Einrichtungen« auf der Petrograder Seite (Marian M. Peretjakovič) – ein Renaissance-Palast für die moderne Bürokratie und eine entsprechende Einrichtung von A. L. Lišnevskij, die bereits alle Züge eines modernen Büro- und Verwaltungshauses trägt. Hinzuzurechnen sind wohl auch der Bau des Suvorov-Museums (G. D. Grimm, A. I. Gogen), in dem Jugendstil und neorussischer Stil eine Verbindung eingehen, sowie der Bau des Volkshauses Nikolajs II. im Alexander-Park (G. I. Ljucedarskij) mit seinen nackten Eisenkonstruktionen, eines der krassesten Beispiele für das Eindringen der Industrie- und Ingenieurkunst in die Baukunst Petersburgs.[67]

War Petersburg immer schon das Zentrum von Wissenschaft und Ausbildung, so gilt dies für die Zeit der Modernisierung erst recht. Die Bildungsexplosion erfaßte die staatlichen wie die privaten Institute. So ist es kein Zufall, daß in diesen beiden Jahrzehnten das Elektrotechnische Institut, das Polytechnische Institut und die Akademie des Generalstabs Neubauten erhalten. Ein grandioser Schulneubau, gehalten im Stil der Epoche Peters des Großen, nur monumentalisiert, entsteht auf dem Landvorsprung der Petrograder Seite, wo sich die Neva teilt (A. I. Dmitriev). Herausragende Schulbauten dieser Jahre sind auch die Schule für Volkskunst (N. E. Lanceray, I. F. Bezpalov), die Lomonossov-Schule, die Tenišev-Schule (R. A. Berzen), der Neubau des Gymnasiums May, an dem Djagilev, Benois, Bakst, Korovin ihre erste Bekanntschaft gemacht hatten, (G. D. Grimm) oder der Neubau des Psychoneurologischen Instituts.[68]

Anwesend in der Petersburger Architekturlandschaft, obwohl für die Internationale Ausstellung in Rom und Turin 1911 errichtet, waren die Ausstellungspavillons von V. A. Ščuko, die weithin als die geglücktesten Beispiele eines modernisierten russischen Klassizismus gerühmt worden waren. Die prominente Stellung dieser Ausstellungspavillons verdankt sich nicht nur einer Zeit, in der Ausstellungen selber noch eine künstlerische Inszenierung darstellten, sondern auch dem Umstand, daß sie zugleich Musterbauten sein sollten. Als solche schweben Ščukos Bauten gewissermaßen über einer Architektengemeinde, die über die Ideale der künftigen Architektur nachdenkt.[69]

Doch entscheidend für das, was gebaut wurde, war der Problemdruck, der auf der Stadt lastete. Sie war berüchtigt als die ungesündeste Hauptstadt Europas, jährlich heimgesucht von Epidemien, dies galt auch noch für das 20. Jahrhundert und für die Zweimillionen-Stadt. Die Errichtung von Krankenhäusern – darunter großen Krankenhauskomplexen im Pavillonstil – Geburtskliniken, Kinderkrankenhäusern und Privatkliniken sollte diesem Notstand abhelfen. Einige der Krankenhausbauten – so das Orthopädische Klinische Institut im Alexander-Park (R. F. Mel'cer) – sind zugleich Demonstrationsobjekte des neuen Bauens.[70]

Die Stadt hatte immer schon zahlreiche, berühmte Märkte, über die sich die Stadtbevölkerung mit Lebensmitteln versorgen konnte. Am Anfang des Jahrhunderts treten zum Teil an die Stelle der alten Märkte neue, die den hygienischen Anforderungen entsprechen und zugleich moderne kühne Architektur sind – so der von M. S. Ljalevič und Peretjatkovič entworfene Sitnyj-Markt, der die fließenden Linien einer Jugendstilfassade mit neuartigen Eisenkonstruktionen verbindet.[71] Notwendig waren Neubauten, die sich aus dem gestiegenen Verkehrsaufkommen ergaben. So fällt in diese Zeit die Errichtung einiger Tramdepots und Transformatorenstationen für das Elektrizitätsnetz der Stadt.[72] Völlig neu war für Petersburg die Anlage von Sporthallen. Man hat bei diesen Bauten den Eindruck, als sollten die Formen des künftigen Massensports beziehungsweise der Erholung eingebunden werden in die Formen einer höfischen Kultur. Die Sportpaläste am Kamennoostrovskij-Prospekt oder am Marsfeld (S. G. Ginger und A. E. Belogrud beziehungsweise E. F. Šretter) muten an wie Barock-Paläste, obwohl sie doch nur dem Schlittschuh- oder Rollschuhlauf dienen. Die Anlage von Vergnügungsparks, von Sportclubs und Jachtvereinen – in gewissem Sinne auch der Kinos – fordert von den Architekten neue Überlegungen räumlicher wie stilistischer Art.[73]

Zur Erneuerung der Bahnhöfe Petersburgs – sieht man von dem zur Jahrhundertwende erbauten Vitebsker Bahnhof ab, der ein einzigartiges Baudenkmal eines ästhetisch wie technisch raffinierten Jugendstils darstellt (S. A. Bržozovskij) – kam es nicht mehr. An den Wettbewerben für den Umbau und die Vergrößerung des alten Nikolaj-Bahnhofs von Thon beteiligten sich fast alle bedeutenden Architekten der Hauptstadt. Und auf fast allen Entwürfen liegt der Abglanz gigantomanischer Wunschvorstellungen über das künftige Haupteingangstor in die Hauptstadt.[74] Es ist auffällig, daß im Besichtigungsprogramm für die Teilnehmer des IV. Architektenkongresses fast kaum Industriearchitektur vorgesehen war – dasselbe gilt übrigens für die repräsentative Übersicht der Neubauten im »Jahrbuch der Architekten Sankt Petersburgs«. Dort tritt die Industriearchitektur ausschließlich auf den Reklameseiten der Bauunternehmen, der Zementhersteller, der Ingenieur- und Projektierungsbüros, der Lifthersteller und so fort in Erscheinung. Dort werden die Möglichkeiten des Eisenbetons vorgeführt – dieses »Zaubermaterials«, wie es der Großmeister der Petersburger Architekten, Sjuzor, auf dem Kongreß nannte. Dort finden sich Abbildungen von Silos und Elevatoren, von der Kantine des Putilov-Werks, von Garagen, Unterkellerungen, von den Stahlkonstruktionen, die bei Kirchenbauten verwendet wurden. Dies hängt möglicherweise mit einem stark ausgeprägten Standesunterschied zwischen der Zunft der »Architekten-Künstler« und der Zunft der »Ingenieure-Techniker« zusammen, denn natürlich war die expandierende Industriemetropole auch ein erstrangiger Ort der Industriearchitektur.[75]

Während die bisher genannten Bauten mehr oder weniger prominente Einzelobjekte darstellen, herausgehoben durch Funktion und Lage, machten sie doch nur den kleinsten Prozentsatz des wirklich Gebauten aus. Die überwältigende Masse des neuen Petersburg bildet der Wohnungsbau. Es sind die überall emporwachsenden »Kästen«, die das Massiv der Stadtlandschaft am meisten verändern. Der Wohnungsbau ist das Haupttätigkeitsfeld aller Petersburger Architekten. Dies läßt sich leicht erklären aus den sprunghaft gewachsenen Bevölkerungszahlen, vor allem aber aus der Konsolidierung der »Mittelschichten« der Angestellten, Beamten, freien Berufe, die nur noch in den seltensten Fällen selber Hausbesitzer sein konnten, wie das bei der Aristokratie von alters her der Fall war. Für sie in erster Linie waren die neuen, meist recht komfortablen Miethäuser bestimmt. Der Wohnungsbau war mit der Explosion der Stadt zudem zu einer Sphäre der Kapitalanlage und der Spekulation geworden. Die Brachen in der Petersburger City wurden Goldgruben, und der Spekulation fiel so manches alte Adelspalais zum Opfer. Man kann wohl grob zwei Grundtypen unterscheiden: Wohnhäuser für Privatpersonen, Villen und Datschen auf der einen Seite und Mietwohnhäuser auf der anderen Seite.

Die in dieser Zeit entstandenen Privathäuser umfassen große Palais im Stil des Klassizismus – so das Haus des Fürsten S. S. Abamelek-Lazarev an der

Mojka , üppige Villen eines romantischen Jugendstils skandinavischer Prägung – so die Villa, die R. O. Mel'cer auf der Kamennyj-Insel errichtet hat, oder die Villa der Kšesinskaja von A. I. Gogen am Eingang des Kamennoostrovskij-Prospekt –, und prächtige Stadthäuser, wie beispielsweise das Haus des Fürsten Kočubej in der vornehmen Furštadtskaja (R. F. Mel'cer). Es scheint hier die Kultur des Landsitzes mit den Ansprüchen und Errungenschaften der Stadt zu verschmelzen, das Bedürfnis nach Komfort und Luxus in der Innenausstattung mit der Repräsentativität und Ausdruckskraft des Baus nach außen. Die Häuser scheinen von innen her gebaut, vom Wohn- und Lebensraum der Besitzer und dessen Bedürfnissen ausgehend. Das Interieur hat eine neue Bedeutung gewonnen. Man lernte wieder – wie es der Kunstkritiker Baron Vrangel' formulierte – zu wohnen und im Haus mehr als nur eine Behausung zu sehen. Entsprechend sind Eßzimmer, Schlafräume, Bäder, Bibliotheken »aus einem Guß« entworfen und mit erlesenen Materialien gearbeitet. Das Eßzimmer im Hause Pommer, die Treppen im Hause Abamelek-Lazarev sind zugleich auch Musterleistungen einer selbstbewußt gewordenen Innenarchitektur. Konzentrationspunkte des Villenneubaus sind die Kamennyj-Insel im Petersburger Stadtgebiet sowie die im Norden gelegenen Datschen- und Landsitz-Vororte.[76] Noch im nachhinein, da fast alle diese »Wohn-Kunstwerke« umfunktioniert sind – meist zu Sanatorien – drängt sich der Eindruck einer ungeheuren Konzentration von Reichtum und Geschmack vor allem auf der Kamennyj-Insel auf.

Im Mietwohnhausbau der Jahre nach 1910 entfaltet der »Peterburgskij modern« seine ganze Überzeugungskraft. Hindurchgegangen durch die Revolution, die der »Jugendstil« für das ganze Architektur-Denken war, schickt er sich an, die verschiedenen Elemente neu zu verknüpfen. Von der Eklektik und dem Historismus des ausgehenden 19. Jahrhunderts übernimmt er die Freiheit des Zitierens und die Vielfalt der Materialien wie Holz, Ziegel, polychrome Keramik, Metall, Formelemente sogar aus der neorussischen, nationalen Schule. Vom Jugendstil übernimmt er die Idee der ganzheitlichen Komposition, des freien Grundrisses und das Zusammenwirken der aufeinander abgestimmten und in vielem neu entdeckten Materialien, das so wichtig ist für die Ausdruckskraft und den emotionalen Akzent, den ein Gebäude zu setzen in der Lage ist. Faktur und Farbe des Materials werden zu aktiven formschaffenden Faktoren, das Material wird »poetisiert«, Verfugungen oder Maserungen dienen der plastischen Gestaltung ebenso wie die reine und nackte Fläche. Selbst die Stukkatur, in Petersburg allgegenwärtig und an den historischen Bauten exzessiv und überbordend angebracht, bekommt noch einmal einen neuen Sinn für die Tektonik des Baus. Was bisher als unkünstlerisch gegolten hatte – sichtbare funktionale und »utilitäre« Elemente wie Belüftungsschächte, Liftschächte, Fenster und anderes –, wird bewußt in die Gestaltung einbezogen und betont, nicht verleugnet. Erker, die den Wohnraum vergrößern, formen auch die Fassade, die Kontraste von Naturstein wie Granit und glattem Mauerwerk gliedern sie.

Das Innere und die Rückseite beziehungsweise die Höfe der Wohngebäude und -komplexe sind so wichtig geworden wie die Straßen- und Schauseite. Das Haus lebt nicht für die Straße, sondern für die Bewohner. Ihren Bedürfnissen dient auch die Planung der Wohnungen, die hell, komfortabel, gut isoliert und geräumig sein müssen. Es sollen vernünftige und zugleich künstlerisch gestaltete Behausungen sein, identifizierbar und doch nicht zu extravagant. Die Architekten müssen auf dem Territorium der Innenstadt oft mit komplizierten Grundstückssituationen fertigwerden, vor allem aber ist überall die »Linie«, die Petersburg selbst vorgibt, zu berücksichtigen. Bedeutende Wohnkomplexe, fast »Städte in der Stadt«, sind in Petersburg an verschiedenen Punkten entstanden: so der Wohnkomplex in der Plutalov-Straße auf der Petrograder Seite, eine ganze Reihe von Häusern auf dem Kammennoostrovskij-Prospekt, der geradezu die Magistrale des neuen Bauens wurde, an der Fontanka und in der Bassejnaja-Straße. Fast alle öffnen sich von der Straßenseite her zu mehr oder weniger geräumigen Höfen.[77] Es sind Burgen einer Lebensweise, die sich radikal unterscheidet von den Adelspalais wie von den Behausungen der kleinen Leute und Arbeiter.

Es sind diese Häuser, die auch heute noch das Auge des Besuchers in Bewegung setzen: bald ist es eine unerwartet expressive Fassade mit fließenden Linien, bald ist es ein Eckturm, mit glasierten Ziegeln verkleidet, bald ist es ein Erdgeschoß aus grobem, grauem Granit, bald ein Majolika-Fries oder eine ganz von weißen Kacheln verkleidete Fassade. Noch im nachhinein kann man etwas von der Erregung und Irritation spüren, die das Auftauchen dieser Formen und Farben in Petersburg ausgelöst haben muß. Diese Bewegung bleibt auch da erhalten, wo sich ein mehr expressiver romantischer Jugendstil beruhigt hat und aufgegangen ist in den beherrschten Formen der neoklassizistisch geprägten späten »Petersburger Moderne«.

Einer systematischen Besichtigung des Petersburger Stadtgebiets entgeht nicht, daß die Stadt in den zwei Jahrzehnten vor der Revolution ein Laboratorium aller Bauformen war, daß es eine insgeheime Suche nach »dem«, das heißt dem eigenständigen Petersburger Stil gab. An dieser Suche hat sich die Petersburger Elite der Architekten beteiligt. Der »Petersburger Text« des 20. Jahrhunderts ist von ihnen geschrieben worden. Im Hintergrund und fast als der Vater einer ganzen Generation von Petersburger Architekten scheint Leontij N. Benois zu stehen, der Nachfahre französischer Einwanderer und Sproß einer Dynastie von Künstlern, Architekten und Wissenschaftlern, einflußreicher Architekt und Städteplaner, dessen Hauptwerke in die Zeit der historistischen Suche fallen. Die verschiedensten Temperamente und Stilrichtungen haben sich in seinem Umkreis ausgebildet – etwa die der überzeugtesten Neoklassizisten V. A. Ščuko und I. A. Fomin, die aus ihrer Wertschätzung für die Moskauer und alexandrinische Klassik nie einen Hehl gemacht haben und eine deutliche Vorliebe für monumentale Formen hatten. Aus diesem Umkreis kommt auch Marian M. Peretjatkovič, der seiner Vorliebe für die Bauformen der Renaissance mächtigen Ausdruck verliehen hat.

Neben der stark am Klassizismus orientierten Richtung gab es Architekten, die von Anfang an aktiv an der Revolution des Jugendstils teilhatten und denen die feinsten und elegantesten Bauten Petersburgs zu verdanken sind – so Mel'cer, Pretro, Baranovskij, Baldi, Ljalevič, Gevirc und andere.[78]

Doch es scheint einen Architekten zu geben, in dem die »Petersburger Moderne« ihren deutlichsten Ausdruck gefunden hat: Fedor I. Lidval', von dem sein sowjetischer Biograph sagt: »Man kann mit vollem Recht vom ›Stil Lidval's‹ sprechen, einer für ihn charakteristischen harmonischen Verschmelzung der neuen Formen mit den klassischen Auffassungen. In dem Werk Lidval's sind die für den Klassizismus wichtigsten Kompositionsmethoden gleichsam erneuert worden: die Symmetrie ist nicht übertrieben, ist neutralisiert; die Unterordnung der Elemente (die Hierarchie) ist abgemildert – alle sind gleichberechtigt. In der ersten Schaffensperiode treten klarer die Züge des Jugendstils, in der nachfolgenden die der Klassik hervor.«[79]

Lidval' vermied die Extreme – die der hypertrophierten und monumentalisierten Klassik, er vermied aber auch die allzu romantische und meist nur für kleinere Objekte gültige und anwendbare Freizügigkeit des Jugendstils. Lidval's Stil ist der einer beherrschten Emotionalität, einer inspirierten Funktionalität. Lidval' verdankt Petersburg einige seiner Musterbauten.[80] Es scheint, daß auf ihn das zutrifft, was Alexander Benois vom Architekten der Zukunft erwartet hatte. Dieser sollte, so Benois, verstanden haben, »daß Stil Sprache ist, in der die Menschen einer ganzen Epoche gesprochen haben«.[81] Vielleicht war es Lidval', der am deutlichsten die materiellen wie die geistigen Bedürfnisse in Stein ausgedrückt hat. Er wäre dann dasselbe für Petersburg, was Šechtel' für Moskau gewesen ist: der Schöpfer einer Sprache, in der sich die Stadt für einen Augenblick vernehmlich macht, auch wenn die Zukunft einer anderen Architektur, einer anderen Architektursprache gehören sollte, die mit den imperialen Traditionen der Akademie der Künste Petersburgs mehr gemeinsam hat als mit jener anderen Tradition, die als die einer zivilen Stadtkultur bezeichnet werden könnte.

Rettung der imperialen Stadt durch die Revolution Agonie. Wiederauferstehung der Imperiale an anderem Ort Tragik der urbanen Zivilität

Der Ausbruch des Ersten Weltkriegs trifft die russische Hauptstadt im Zenit ihres Booms. Zwar geht die Bautätigkeit auch nach Ausbruch des Kriegs weiter, zwar befestigt sich die neoklassizistische Richtung, doch schon nach dem zweiten oder dritten Kriegsjahr wird deutlich, daß die Stadt in Agonie versinkt. Bauten wie die Schloßbrücke werden unvollendet dem Verkehr übergeben. Zwar werden in der Stadtduma Gespräche über die Ausschreibung eines Wettbewerbs für die Neugestaltung der Hauptstadt geführt, doch immer mehr setzt sich die Redeweise durch, daß »für die Zeit nach dem Krieg« gebaut werden müsse. In dieser Frustration aktiver Bautätigkeit liegt möglicherweise einer der Gründe für den überaus theoretischen und ideologischen Charakter der frühen sowjetischen Architektur: auf Jahre hinaus mußte für die Schublade produziert werden, auf Jahre hin – fast ein Jahrzehnt – spielte sich die Erneuerung der Städte und der Architektur auf dem Papier ab (wenn nicht gar in der Malerei oder auf der Bühne – wie viele berühmte sowjetische Architekten kamen über die Malerei oder das Bühnenbild zum konkreten Bauen!). Der X. Weltkongreß für Architektur mußte ausfallen, doch dafür bekommt Petrograd im Frühjahr 1917 ein »Ministerium der Künste«, dem im Grunde alle führenden Künstler Petrograds angehören, vor allem die Architekten (Fomin, Alexander Benois und andere). Doch waren diese zunächst nicht beschäftigt mit gestaltender Bautätigkeit, sondern mit dem Allerelementarsten: mit der Verteidigung der Baudenkmäler, der Bausubstanz der in die Revolutionswirren geratenen Stadt.

Die Ausgaben des »Apollon« im letzten Erscheinungsjahr 1917 sind voll von Schreckensmeldungen unter der Rubrik »Revolution und Kunst«. Die alten Petersburger sind entsetzt über das, was unter ihren Augen vor sich geht: Die Soldaten benutzen die Gemächer des Winterpalais als Quartier, Statuen und Denkmäler der alten Macht werden mutwillig beschädigt, dienen ahnungslosen Soldaten, die ihre Treffsicherheit erproben, als Zielscheibe, aber auch offiziell veranlaßten Demontagen fallen die Symbole der alten Macht zum Opfer. Es gibt nur wenige Denkmale, die – seien ihre Schöpfer noch so berühmt – nicht die Wucht der Abrechnung mit der alten Macht, der zu Ehren sie errichtet wurden, zu spüren bekommen. Denkmäler werden abgerissen, Gitter beschädigt, vor allem aber durch das Einströmen der Masse einem Prozeß der Verwahrlosung preisgegeben. Die Stadt der Palais und Schlösser, die Privatquartiere der Reichen – und wo gab es eine solche Konzentration reicher Menschen über Generationen hinweg! – stehen offen. Petrograd ist eine offene Stadt. Man kann sich selbst bedienen. Es wird geraubt und geplündert, und die Erklärungen der Macht, der provisorischen wie der bolschewistischen vermögen dagegen wenig. Von Ahnungslosen wird einfach mitgenommen, und von den Kennern der Petersburger Kunstlandschaft wird gezielt »enteignet«. Die Meldungen in »Apollon« sprechen von der Flut kostbarer Gemälde, Uhren, Silbergegenstände, Möbel in den Petrograder Antiquariaten, vom Verschwinden von Bibliotheken und von einer Hausse auf dem Petersburger Kunstmarkt, der bald auch ausländische Interessenten angezogen hat. Die Auswahl des Diebesguts verrät fachmännischen Blick.

In den folgenden Jahren, da Petersburg nicht nur eine offene Stadt ist, sondern eine verlassene, eine, in der die Elementarfunktionen einer menschlichen Behausung versagen, setzt die eigentliche Zerstörung ein. Was geschieht mit Häusern, die nicht mehr gewartet werden, mit Palästen, die nicht beheizt werden und deren Wasser- und Heizungsrohre im Winter einfrieren und im Frühjahr platzen. Die gepflegte Haut des alten Petersburg bricht an unzähligen Stellen auf, platzt. Groß ist der Schaden, den die Interieurs durch die Freigabe an die Massen nehmen. Die Quartiere der Aristokratie und des Bürgertums in den besten Wohngegenden werden alsbald gezielt neu besiedelt – die alten Bewohner sind entweder ausquartiert oder fortgegangen.

Rund 300 000 Arbeiter und andere arme Leute werden in einer großen Umsiedlungsaktion aus den schlechteren Stadtvierteln in die zentralen umgesiedelt. Es entsteht der Urtypus der »Kommunalka«, der Gemeinschaftswohnung, und Petersburg mit seinen großen Wohnungen ist der Prototyp dieser neuen Form des Zusammenlebens auf Jahrzehnte hinaus. Es ist das Einströmen einer neuen Bevölkerungsklasse in einen Typus von Behausung, der für ganz andere Bedürfnisse und Voraussetzungen geschaffen worden war.

Petersburg dringt sozusagen in die zweite und dritte Etage vor – die traditionellerweise bevorzugten Etagen der Mittel- und höheren Klasse. Doch es geschieht etwas Merkwürdiges: Die Revolution rettet Petersburg. Der Boom, an dem die Stadt zu ersticken drohte, bricht mit einem Mal ab. Die Elementarfunktionen kommen zum Stillstand – Produktion, Versorgung, Entsorgung, Reparatur und so fort –, schon bald verschwindet die Stadtbevölkerung selbst. Die Bauern, die Arbeiterbauern gehen aufs Land zurück, siedeln um, weil die Stadt selbst keine Basis zum Überleben mehr bietet. Die Bevölkerung Petersburgs geht von über zwei Millionen auf fast 800 000 zurück. Die Stadt, die sich kraftvoll den Problemen der Urbanisierung gestellt hatte, unterliegt am Ende desselben Jahrzehnts einem brutalen Desurbanisierungsprozeß. Zum ersten Mal ist die Luft über Petersburg wieder rein wie in den Zeiten Peters des Großen und Katharinas – die Schornsteine der Fabriken haben aufgehört, die Luft zu verpesten. Die Stadt liegt ruhig da, nur ein kleiner Teil des Tramnetzes funktioniert noch. Die Stadt liegt in der Nacht dunkel, denn Strom ist nicht immer vorhanden. Auf dem Nevskij-Prospekt wächst Gras. Die herausgebildeten Strukturen städtischen Lebens brechen zusammen, die Konzentrationsbewegungen kommen zum Stillstand: Eine City-Planung ist nicht mehr nötig, wo die Zentren des Handels stillgelegt sind.

Ist es nicht so gekommen, wie Gippius und Merežkovskij vorausgesagt haben: Petersburg wird zu einer Wüste werden? So kam es nicht, aber die Petersburger Welt verschwand in dem Augenblick, da sie erstmals mächtig nach Europa ausstrahlt. Das rote Petrograd faszinierte, während das schöne Petersburg nur bewundert wurde. Es gibt in den zwanziger Jahren durchaus einen mächtigen Impuls, zu beweisen, daß die Stadt nicht tot ist. Es werden gebaut: Fabrikanlagen, Kulturpaläste, Denkmäler, Wohnviertel – und hier zeigt sich, wie stark die Tradition der Stadt ist. Garagen entstehen im Stil der Klassik, vor dem Smol'nyj werden Propyläen und auf dem Marsfeld wird ein Kubus zu Ehren der Revolutionsgefallenen errichtet – inmitten einer klassizistischen Anlage. Sind nicht die wichtigsten Baumeister des neuen Petrograd, Leningrads, allesamt Schüler der Akademie der Künste? Die Petrograder Modernen kommen von der Tradition der Schule nicht los: Die Akademie der Künste triumphiert, und sie unternimmt mit dem Generalplan von 1935 einen zweiten Anlauf, der Stadt »ein neues Gesicht« zu geben. Der Leiter der Kommission wird der Fomin-Schüler Il'in sein.

Indes realisiert sich das übermächtige Vorbild der Imperiale nicht in der degradierten Stadt, sondern am neuen Ort: Moskau. Wenn es eines Beweises bedürfte dafür, daß gedankliche und praktische Konstellationen sich erst auflösen, wenn die Situation, der sie sich verdanken, erloschen ist, dann kann das neue Moskau als Paradefall dafür gelten. Hier ist alles vorhanden, um die neue Imperiale, derer das Land bedarf, zu schaffen: Der Wille, die Mittel, die diktatorischen Methoden, die Gestaltungskraft von Baumeistern.

Auch Moskau wird zerstört, als es zur Imperiale wird: Moskau muß sich ein neues Gesicht geben, seine Physiologie und seine Physiognomie reorganisieren. Der Generalplan für Moskau 1935 ist auch der Triumph Petersburgs in Moskau. Wen immer wir in den dreißiger Jahren auf den verantwortlichen Posten sehen, die das künftige Gesicht der Stadt, der Imperiale gestalten, es sind die Lehrer und Schüler der Akademie der Künste, es ist die »Petersburger Plejade«. Es sind nicht so sehr jene, die in den zwanziger Jahren das Erbe der Jugendstilrevolution weitergeführt haben und einen betont zivilen Typus der Architektur geschaffen haben. Die Petersburger Plejade triumphiert in der neuen Hauptstadt in dem Augenblick, da sie Imperiale werden will. Fomins Thesen von der »proletarischen Klassik« grassieren, Ščuko und Gel'frejch errichten wichtige öffentliche Bauten, die Muster der Interieurs der Petersburger Villen entdecken wir wieder in den Hallen der Moskauer Metro, der imposante Stil geht auf die neue Militärakademie über, die Wohnbauten an der neuen Magistrale Moskaus paraphrasieren in monumentaler Form, was auf dem Kammennoostrovskij-Prospekt gebaut worden war.

Doch die Wahrheit dieser Form ist dieselbe wie im neuen Petersburg: Es ist der Stil einer Imperiale, die noch nicht Zeit gefunden hat, Metropole geworden zu sein. Es ist eine Stadtbildung aus dem Stand – eine Urbanität ohne Bürgertum. Der Prozeß der Urbanisierung, der Herausbildung einer spezifischen Stadtkultur, der mit dem Erlöschen Petersburgs aussetzte, muß noch einmal unter veränderten Bedingungen aufgenommen werden. Auch die Sowjetunion wird ohne die Stadt, die »Kulmination einer jeden geschichtlichen Epoche«, nicht auskommen. Moskau steht noch bevor, was Petersburg bereits an sich erfahren hatte, und Petersburg steht bereit für die Wiederaufnahme eines Prozesses, der abgebrochen wurde, bevor er zur Reife gekommen war.

Der Argonautenzug, Gemälde von Grigorij G. Mjasoedov, 1909

II.

Argonauten des 20. Jahrhunderts

Die russische Intelligencija zwischen »Vechi« (1909) und »Smena vech« (1921)

Mit der Revolution tritt ein Gesellschaftstypus von der Bühne der russischen Geschichte ab, der von Anfang an aufs engste mit der Befreiung Rußlands von der alten Ordnung verbunden war und der auch den »Zehn Tagen, die die Welt erschütterten,« noch die profiliertesten Gestalten geliefert hatte: die Intelligencija. Von nun an wird es weiterhin eine Klasse der »Gebildeten« oder der »geistigen Arbeiter« geben, aber nicht jene Intelligencija, die stets mehr war als nur die Gesamtheit der Gebildeten – und zugleich auch weniger. Es scheint so, als habe sich eine Gesellschaftsklasse in diesem revolutionären Jahrzehnt in einer geradezu ekstatischen Produktivität erschöpft. Die russische Revolution kam nicht zum Durchbruch ohne die Triebkraft, die den Namen Intelligencija trägt, und doch ist sie zugleich das Datum, das die Auflösung der Intelligencija als einer spezifischen »kulturellen Kategorie« besiegelt.

Die russische Revolution hat der Welt in der Gestalt des »Intelligent« den Prototypen des politisierenden und politisierten Intellektuellen hinterlassen und – in scheinbarem Gegensatz zu diesem stilisierten Bild, das zu einem Stereotyp geworden ist – den vage und unbestimmt gebliebenen Begriff der »Intelligencija«, der, sobald er strikt sozialwissenschaftlich aufgeschlüsselt wurde, die spezifische Aura und die Konnotationen einbüßte, die ihm eigentümlich waren – insbesondere ein gewisser moralischer Rigorismus, Opferbereitschaft und eine kritische und oppositionelle Einstellung gegenüber dem Staat –, und der, sobald die moralische Gesinnung zum entscheidenden Kriterium gemacht wurde, den Boden sozialwissenschaftlicher Tatsachen unter den Füßen verlor und Gefahr lief, die Geschichte der Gebildetenklasse zur Geschichte eines autonomen, vornehmlich moralischen Bewußtseins zu verfremden. Es muß seinen Grund haben, wenn »Intelligencija« nicht aufgeht im soziologisch konstatierbaren Befund von der »Lage der gebildeten Klasse« in Rußland und wenn es geschehen konnte, daß die politisierte Fraktion der Gebildetenklasse gewissermaßen die Bezeichnung »Intelligencija« für sich usurpieren konnte und sowohl im Bewußtsein der Mit- wie der Nachwelt als Pars pro toto akzeptiert wurde.

Es ist nicht anzunehmen, daß es an der mangelnden Definitionskapazität der Rußland-Historiker liegt, wenn »dieser Topos seit Jahr und Tag zu den ›ewigen‹, letztlich unbegriffenen Fragen der russischen Geistes-, Sozial- und Revolutionsgeschichte gehört«.[1] Es liegt am Forschungsobjekt selbst, wenn jede Begriffsbildung changiert zwischen »Sozialverband« und »Gesinnungsverband«. Es kann keine »semantische Stabilität« des Intelligencija-Begriffs dort geben, wo die Intelligencija als historisches Subjekt instabil geblieben ist.[2] Es kann kaum eine eindeutige und kohärente Definition geben, wo das zu definierende Subjekt – die Intelligencija – es zu keinem einheitlichen, die gesamte Bildungsschicht umfassenden Bewußtsein von sich selbst gebracht hat. Der nachgeborene Historiker kann allenfalls, wenn er keine Identität konstruieren will, nachzeichnen, worin eine angefochtene Identität besteht. Der Historiker kann nicht durch »Bestimmungen« zusammenfügen, was im Prozeß geschichtlicher Selbstbestimmung nur Fragment blieb – Definitionen der Nachwelt können die Resultate einer prekären Selbstbestimmung nicht überbieten.

Die sozialwissenschaftliche Forschung hat die Segmente der Intelligencija analysiert, aber die eigentümliche Spannung des Intelligencija-Begriffs – Intelligencija als soziale Gruppe, Intelligencija als Gesinnungsverband – nicht aufgelöst; die für das Verständnis der Intelligencija gerade konstitutive Spannung zwischen »objektiver Lage« und »subjektiver Haltung« ist nicht stillgelegt worden durch den Forschungsfortschritt. Dies bedeutet möglicherweise, daß die Unbestimmtheiten und Unsicherheiten es sind, die den Zugang zu dem eröffnen, was Intelligencija war. »Diese Schwankungen [zwischen dem subjektiven und dem objektiven Kriterium, K.S.] sind es gerade, die von großem Interesse für die Klärung dessen sind, was diese Kategorie ist.«[3]

So gesehen, erweist sich die Umstrittenheit dessen, was Intelligencija sei, nicht als Mangel an wissenschaftlicher Definition, sondern als Chance, einen Zugang zu einem historischen Subjekt zu finden, das sich der Umstrittenheit und Angefochtenheit seiner sozialen Identität jederzeit bewußt war – besonders in jenem Jahrzehnt, in dem der gesellschaftliche Bau des alten Rußland in Trümmer fiel. Die Frage nach der Definition wird zur Frage nach der Selbstbestimmung der Intelligencija.

Der Historiker hört sich in die Sprache ein, in der sich eine Klasse von Menschen zu orientieren versucht, er tritt in den Zeithorizont ihrer Voraussetzungen und Erwartungen ein und hat so an den Begrenzungen teil, denen sie selbst ausgesetzt war. Er setzt sich – für einen Augenblick wenigstens – ihrem Zeit- und Erwartungshorizont aus und akzeptiert, daß die Möglichkeitsbedingungen ihres Denkens, ihrer Versuche und Versuchungen – wiederum nur für einen Augenblick – auch die seinen sind. Der Historiker wird so zum passiven Zeugen eines Diskurses, in dem Positionen artikuliert, aufgebaut und demontiert werden. Er wird zum Mitzeugen einer dramatischen Autopsie der Intelligencija, vor seinen Augen ersteht ihre Physiognomie, und unter seinen Augen vollzieht sich unter den Hochdruckverhältnissen der geschichtlichen Handlungszwänge eine Art Skelettierung des Intelligencija-Bewußtseins, und er kann am Ende erwarten, daß er wenigstens einige Züge zu einer »Anatomie der russischen Intelligencija« liefern kann.[4]

Von der »Vechi« zu »Smena vech« 1921
Diskussionszeitraum als Geschichts- und Lebenszeitraum

Die Fragen »Wer sind wir?« und »Was tun?«, die die Geschichte der russischen Intelligencija seit den Anfängen ihrer Herausbildung als einer aus verschiedenen sozialen Schichten stammenden, aber durch Bildung geeinigten Klasse von Menschen, seit etwa der Mitte des letzten Jahrhunderts begleitet haben, spitzen sich im revolutionären Jahrzehnt radikal zu. In diesem Zeitraum geraten alle Klassen in Bewegung und »definieren« ihre Stellung neu. Was im folgenden wie eine Versuchsanordnung aussieht, ist in Wahrheit der geschichtlich konstituierte Raum, in dem die Intelligencija sich selber zum Thema wird.

1909 erschien in Moskau eine »Aufsatzsammlung über die Intelligencija« unter dem Titel »Vechi«, was soviel heißt wie Wegzeichen. 1921 wurde in Prag von Emigranten aus der Sowjetunion der Aufsatzband »Smena vech« – Wechsel der Wegzeichen – veröffentlicht, in dem die Autoren der Emigration bewußt an die Fragestellungen und Themen aus der Vorkriegs- und Vorrevolutionszeit anknüpfen. Beide Bände erschienen in einer Post-festum-Situation, »Vechi« nach der Revolution 1905 bis 1907 und am Vorabend eines neuen gesellschaftlichen Aufschwungs, »Smena vech« nach Revolution, Bürgerkrieg und Intervention und am Beginn einer inneren Entspannung in Sowjetrußland. Beide Bände sind in sozusagen »reflexiven Phasen« geschrieben. Anders ein dritter Band, der gewissermaßen einen Zwischenruf innerhalb des hier vorgestellten Diskurses darstellt: »De profundis«, der 1918 in Moskau verfaßt, aber nicht veröffentlicht werden konnte. Die beiden erstgenannten Bände konnten sich bei ihrem Erscheinen auf eine noch intakte Öffentlichkeit stützen – während der 1918 verfaßte Band »De profundis« sozusagen in einen leeren Raum hineinspricht, weil die Öffentlichkeit paralysiert ist.[5]

Die Publikation der »Vechi« und »Smena vech« wäre von bloß antiquarischem Interesse, wenn sich um sie nicht zwei große Diskussionen entsponnen hätten, in denen sich die Meinungsführer der gesellschaftlichen Öffentlichkeit zu Wort meldeten, zu Wort melden mußten, wenn sie ihren Einfluß nicht verlieren wollten. Die Publikation der »Vechi« und »Smena vech« war eine Sensation, in der sich die unterschiedlichen Positionen wie in einem Brennglas zeigen, wo der öffentliche Konsens in Frage gestellt wird und eine grundlegende Verunsicherung sichtbar wird, wo die Teilnehmer auf den »Beifall von der falschen Seite« Rücksicht nehmen müssen und wo sich ein neuer Gedanke oft noch in der konventionellen Sprache ausdrückt, um verstanden zu werden.

Dieser Streit hat sein Zentrum in den Intelligencija-Gemeinden der Hauptstädte – in Petersburg, Moskau, Kiew, Odessa –, aber an ihm nimmt durch Vortragsreisen und das entwickelte System der Publizistik – vor allem durch die Tradition der »dicken Journale« – auch die Intelligencija in den Gouvernementshauptstädten Anteil. Daß die »Vechi« und »Smena vech« nur etwas signalisierten, was in der Luft lag, wird sogleich deutlich, wenn man die Resonanz betrachtet.

Den »Vechi«, die innerhalb kürzester Zeit mehrere Auflagen erlebt hatten, galten mehr als zweihundertfünfzig ausführliche Repliken und Gegenkritiken, gut ein Dutzend Aufsatzbände, in denen sich die profiliertesten Vertreter aller ideologischen und politischen Gruppierungen zu Wort meldeten. Auf Versammlungen der Intelligencija wurden Resolutionen für oder gegen die »Vechi«-Positionen verabschiedet, so als hinge an der Stellung zu den »Vechi« Glaubwürdigkeit und Überzeugungskraft einer bestimmten Position. Der zwar im Ausland erschienene Band »Smena vech« zirkulierte in den Hauptstädten, erschien auszugsweise in der Sowjetpresse, die Autoren gaben Interviews, in den großen Städten gab es öffentliche Versammlungen und Vorträge, auf denen sich »Smenovechovcy« mit den Vertretern der Sowjetmacht an einen Tisch setzten, um ihre Positionen darzulegen.

Es ist wohl nicht übertrieben, wenn man die Diskussion um »Vechi« und »Smena vech« Augenblicke einer emphatischen Öffentlichkeit nennt, der sich die diversen Parteiöffentlichkeiten zu fügen hatten, wenn sie ihren Einfluß nicht verspielen wollten. Wir finden unter den Diskutanten daher alle Lager, Parteien, Professionen, »Rußland I« und »Rußland II«, wie man nach 1917 das Mutterland und die Emigration manchmal nannte. Es nehmen daran teil: Professoren, Publizisten, Schriftsteller, Dichter, Staatsmänner, Vertreter der Orthodoxen Kirche, Rechte und Linke, Vertreter der Staatsmacht und Stimmen aus dem Untergrund.[6]

Wenn man mit konventionellen Termini Diskussionspositionen markieren will, dann läßt es sich vorläufig so umreißen: In den »Vechi« formulierten so namhafte Autoren wie die Philosophen Nikolaj Berdjaev, Semen Frank, Sergij Bulgakov, der Publizist Alexander Izgoev, der Literaturhistoriker Michail Geršenzon, der Rechtsgelehrte Bogdan Kistjakovskij und der Publizist und Politiker Peter Struve eine Kritik an der revolutionären und fortschrittlichen russischen Intelligencija, die von dieser als Verrat an allen ihren positiven Traditionen aufgefaßt wurde. Wenngleich die meisten Kriker der »Vechi« zugestanden, daß eine solche Auseinandersetzung überfällig, sogar nützlich und klärend sei, war die überwältigende Mehrheit der »Vechi«-Gegner in der Ablehnung der »Vechi« doch einer Meinung. Der von den »Vechi«-Autoren angedeutete Weg der »Umkehr« wurde abgelehnt, weil er ins apolitische Abseits oder aber in die Kollaboration mit der verhaßten Macht führe.

In den Aufsätzen des Bandes »Smena vech« rufen die Autoren ebenfalls zu einer »Umkehr« der Intelligencija, zu einer »Umwertung der Werte« auf. Sie kritisieren die in Feindschaft oder Indifferenz verharrende antibolschewistische Intelligencija – sie habe die Zeichen der Zeit, den definitiven Sieg der Revolution, nicht begriffen, wo es doch an der Zeit sei, »nach Canossa zu gehen«. Bedeutsam ist, daß die Autoren, die zur Aussöhnung mit dem Bolschewismus und der Sowjetmacht aufrufen, selber aus dem feindlichen, dem weißen Lager kommen. Fast alle der sechs Autoren haben führende Stellungen im Lager der weißen Konterrevolution bekleidet. Der Aufsatzband selbst ist dem auf die Seite der Roten Armee übergetretenen ehemaligen zaristischen General Aleksej A. Brusilov gewidmet. Pauschal gesprochen gibt die »Smena vech« eine Kritik an der antibolschewistischen, also der rechten Intelligencija. Die Frage lautet: Haben wir es tatsächlich mit zwei qualitativ verschiedenen Positionen zu tun oder handelt es sich vielmehr – jenseits der ideologischen Deklarationen – um die Äußerungen ein und desselben Intelligencija-Typs? Stehen sich hier zwei verschiedene »soziokulturelle Kategorien« gegenüber oder handelt es sich lediglich um den Streit innerhalb eines bald der Vergangenheit angehörenden Sozialcharakters namens »Intelligencija«?

Der Diskussionsraum ist das zerfallende Rußland und die Rekonsolidierung des russischen Reichs. Der Diskussionszeitraum ist eine Periode sozialer und politischer Umwälzung, die niemanden unberührt gelassen hat. In diesem Jahrzehnt tritt die um 1870 geborene Generation in Verhältnisse ein, in denen alles in Bewegung kommt und alles auf dem Spiel steht. Das revolutionäre Jahrzehnt ist ein Verdichtungsraum, ein Kulminationspunkt, eine Art Retorte, in der die lange vorher entstandenen Elemente unter Hochdruckbedingungen sich in ihre Atome auflösen und sich neu fügen. Auf der Verbindungslinie zwischen »Vechi«- und »Smena vech«-Diskussion, zwischen Prolog und Epilog entfaltet sich das ganze Spektrum dessen, wozu die Intelligencija in der Lage ist. Es ist ein Diskussionszeitraum für eine Grenzerfahrung, für einen Test, in dem die je eigenen Grenzen erfahren werden.

Was hält das revolutionäre Jahrzehnt nicht bereit für die Generation der damals Zwanzig- bis Fünfzigjährigen! Einen atemberaubenden Boom, der in das von einer gescheiterten Revolution reglos daliegende Rußland einbricht. Einen Krieg, der über das Land kommt, den weder das Volk noch die Führung so recht gewollt hatten, den sie aber unter Aufbietung der letzten Reserven führen werden. Eine erste Revolution, die weniger als die Eroberung der Macht, sondern als Abdankung der alten Macht erscheint und die von Anfang an der Dynamik der Auflösung hilflos gegenübersteht. Dann einen Coup d'Etat, der zu einer Revolution dadurch wird, daß er sanktioniert, was ohnehin in elementarer Geschwindigkeit abläuft – Auflösung der Fronten, wilde Landverteilung, Auflösung der Reichseinheit, Aktionen fremder Mächte auf dem Territorium des Reichs, Verlust der produktivsten Wirtschaftsregionen, schließlich ein Reich, durch das sich die Frontlinien der weißen und roten Bürgerkriegsarmeen ziehen. Trotz alledem aber die Wiedergewinnung der Staatlichkeit, die Konsolidierung einer Macht, die härter als alle zaristische Macht der Vorkriegszeit sich gegen andersdenkende und andersgeartete Kräfte behaupten und durchsetzen kann, weil sie aus der Revolution als einer großen Normalisierung hervorgegangen ist, einer Revolution, deren Zukunft gesichert ist von dem Augenblick an, wo sie in der Zulassung marktwirtschaftlicher Formen den Ausgleich mit den Bauern gefunden hat. Das ist innerhalb eines langen Jahrzehnts beschleunigte Zeit- und Geschichtserfahrung.

In einem solchen Diskussionszeitraum bildet der soziale Umsturz das Koordinatensystem, in dem sich die gewohnten Schwerkraft- und Zuordnungsverhältnisse aufgelöst haben, in dem sich der »feste Boden unter den Füßen« auflöst. Es ist eine Welt, in der Diskutanten zu Ministern und ehemalige Minister zu Diskutanten werden, die theoretische Fehde nur das literarische Vorspiel für die militant-militärische Auseinandersetzung ist, ein Koordinatensystem, in dem theoretische Positionen zu Machtansprüchen werden und Argumentationsnotstände zu wirklichen Notständen; in dem Abstrakta wie »Volk«, »Gesellschaft«, »Revolution« sich in wirkliche Größen von ungeahnter Wucht verwandeln, in dem Einschüchterung nicht mehr bloß vom »abfertigenden« Wort, sondern vom »fertigmachenden« Herrschaftsakt ausgeht, in dem respektgebietende Bezugsgrößen wie »Staat«, »Kirche«, »Nation« sich in nichts auflösen und in der Ordnung der Dinge auch die Ordnung der Begriffe sich auflöst. »Auseinandersetzung« gewinnt die Bedeutung der Vorbereitung zum Zusammenstoß, zur Konfrontation. Polemik ist nur ein Vorspiel für den unausweichlichen Kampf.

Es ist die Zeit, in der man sich weniger als sonst an etwas festhalten kann, obwohl das Bedürfnis gerade am stärksten ist. Es ist ein Lebenszeitraum, in dem ein jeder aus seiner »Rolle« herausgeworfen wird und sich eine neue suchen muß. Wie sollte das nicht auf die Sprechenden und die Art, wie sie sprechen, wirken! Die Diskutanten waren in Personalunion zumeist auch die Akteure des Geschehens. Wie können die Texte, die sie herstellen, freibleiben von der Spannung, unter die sie selber geraten sind! In der Ruhe der Analyse zeigt sich die Spur der Resignation und in der »vernichtenden Kritik« des Gegners selber schon die Angst des Gejagten. Über das angemessene und gerechte Argument legt sich der drückende Schatten der Rechtfertigung, die Rechthaberei erinnert an die Atmosphäre in einem Gerichtssaal – bis zu dem Augenblick, in dem bloße Argumente nichts mehr zählen, weil die Geschichte selbst zum Weltgericht geworden ist. Aus Unterlegenen in einer Diskussion werden Besiegte, die nicht einmal mehr sprechen dürfen. Und jene, die sich durchsetzen, haben vorerst anderes zu tun, als sich mit »Argumentationsnotständen« zu befassen, vor allem aber haben sie es nicht nötig, von sich selbst zu sprechen.

Um den Sprung aus der Diskurs- in die Handlungsebene und den Rückzug aus der Handlungs- in die Diskursebene zu zeigen, einige wenige Beispiele:

Peter B. Struve, einer der Autoren der »Vechi« und ein bedeutender Philosoph, Historiker und Ökonom, findet sich im Bürgerkrieg im April 1920 als Verantwortlicher für die Außenpolitik der weißen »Regierung Südrußlands« und nach der Niederlage der Vrangel'-Armee im französischen Exil wieder. Pavel Miljukov, Historiker, Publizist und einer der Führer der Partei der Konstitutionellen Demokraten, Mitautor des Bandes »Intelligencija in Rußland«, gehört dem ersten Kabinett der Provisorischen Regierung an, später dem konterrevolutionären »Staatsrat zur Vereinigung Rußlands«; 1920 geht er in die Emigration. Nikolaj D. Avksent'ev war führender Vertreter der linken Sozialrevolutionäre und 1917 Vorsitzender des Allrussischen Rats der Bauerndeputierten und des Vorparlaments, später Innenminister der Provisorischen Regierung; 1918 wurde er von Koltschak-Truppen verhaftet und außer Landes geschickt.

Lenin, der sich 1909 aus dem Pariser Exil, und Trotzki, der sich im selben Jahr aus Wien zur Debatte um die Intelligencija vernehmen ließ, standen wenige Jahre später an der Spitze der neuen Regierung, und auf den »Canossa-Gang« der Intelligencija konnten sie nun bereits als Regierung, nicht bloß als »Diskussionsteilnehmer« reagieren. Und was die »Smena vech«-Führer selbst betrifft: Ustrjalov, Professor der Moskauer Universität vor der Revolution, war vor seinem »Wechsel der Wegzeichen« zuständig für Agitation und Propaganda in der Armee Koltschaks. Ključnikov war am antibolschewistischen Aufstand in Jaroslavl' beteiligt und bei Koltschak verantwortlich für Auswärtiges. Bobriščev-Puškin hatte auf der Seite der Denikin-Armee gekämpft, Lukjanov schließlich war in der Zeit der »Vechi«-Debatte Oberprokuror des Heiligen Synod.[7]

In einer Zeit, in der alles auf dem Spiel steht, explodieren auch die ideologischen Hüllen, in denen sich der geschichtliche Alltag eingerichtet hat. Es kommt zu völlig neuen Mischungsverhältnissen, es geht nicht mehr um ideologische und politische Lager, um Verschiebungen zwischen Rechts und Links, zwischen Fortschritt und Rückschritt, wo die Geschäftsgrundlage der berkommenen Zuordnungen selber aufgehoben wird. Im revolutionären Jahrzehnt läßt sich eine regelrechte Alchimie der Ideen und Ideologien konstatieren: mystischer Anarchismus, marxistisches Gottsucher- und Gottbauertum, eine »Mystik des Staats«, eine Vergöttlichung des Proletariats, ein Internationalismus, der sich mit traditionellem russischen Messianismus verbindet, eine Apologie imperialer Staatlichkeit, die sich mit der Diktatur des Proletariats verbindet, ein slawophiles Sendungsbewußtsein, das sich mit dem Kampf gegen den Weltimperialismus zusammenschließt, und eine Vorstellung vom Beginn der proletarischen Weltrevolution, die unschwer zusammengeht mit der Befreiung Europas von einer sterbenden Zivilisation des rationalistischen Westens.

Der Zusammenbruch der Alten Welt nimmt die Form einer großen Katharsis vor dem Weltende an, geschichtliche Gestalten werden zum Antichristen dämonisiert oder zum Begründer eines endlich anbrechenden Paradieses auf Erden stilisiert.[8] Zuordnungen wie »Links« und »Rechts« verdecken den Blick auf die wirkliche Konstitution der so Sprechenden. Es muß dann wie ein Wunder erscheinen, wenn Partner von einst zu Feinden und Feinde von einst zu Partnern werden.

Doch es geschieht kein Wunder: In einer solchen Spannungszone mit ihrer Hochmobilisation, Aktivierung und treibhausgleichen Fruchtbarkeit wird nur sichtbar, was sich lebens- oder ideengeschichtlich lange vorher ankündigte. Krisen, Umbrüche und Revolutionen schaffen keine neuen Menschen, sie zeigen nur, wie sie sind.

Wir werden im Laufe der Analyse nicht nur auf das hören, *was* gesagt wird, sondern auf das *Wie* achten. Wir werden versuchen, »den hohen inneren Ton«, den Lunačarskij der russischen Intelligencija zusprach, herauszuhören. Wo sie etwas fordert, ist dies für uns ein Hinweis darauf, daß das, was sie fordert, eben noch nicht da ist. Wo sie in abstrakten Prinzipien spricht, wird dies für uns ein Indiz dafür sein, daß das, wovon sie spricht, anders als in abstraktiven Fixierungen noch nicht benannt werden kann. Wo sie allzu rasch Kollektivsubjekte für sich in Anspruch nimmt, wird das für uns ein Anlaß zum Stutzen sein. Wo sie »die Geschichte« bemüht, wird dies in uns den Verdacht wecken, daß es um die geschichtlichen Kräfte schlecht bestellt ist. Und je beschwörender vorgebracht wird, was sie will, desto irrealer muß das sein, was ihr vorschwebt. Je schriller der Ton der Beschwörung, desto schlechter ist es um ihre Sache bestellt. Denn das, was sich von selbst entwickelt und bewegt, bedarf nur des mitreflektierenden Redens, nicht der Anfeuerungsrufe und der imponierenden Gebärde.[9]

»Vechi« 1909
Despotie, Tyrannei des Politischen, Physiognomie der Intelligencija, Krise der »alten Intelligencija«

Wenn es eine gemeinsame Achse für die sieben unter dem Titel »Vechi« publizierten Aufsätze gibt, dann ist es die Kritik an einer Intelligencija, die in ihrer Fixierung auf die verhaßte Zarendespotie vergißt oder nicht dazu kommt, einen Blick auf sich selbst zu werfen, so daß ihr entgeht, daß sie selbst – die denkbar entschiedenste Opposition – den mehr oder minder exakten Reflex auf die gehaßte Despotie darstellt.

So verschieden die Theorie- und Analyse-Ebenen der sieben Autoren sind, so unterschiedlich sind ihre Temperamente. Daher ist es kein Wunder, daß sie unabhängig voneinander immer wieder auf diesen Zentralpunkt zusteuern – um sich dann gemeinsam über die ungewöhnlich heftige Reaktion auf ihren Aufsatzband zu wundern. Und es machte ihnen keine allzugroße Mühe, sich bei allen sonstigen Differenzen auf die im Vorwort ausgesprochene Generalthese zu einigen: »die Anerkennung des theoretischen und praktischen Primats des geistigen Lebens über die äußeren Formen des Gemeinschaftslebens« und die Anerkennung der These, »daß das innere Leben der Persönlichkeit die einzige schöpferische Kraft des menschlichen Daseins ist und daß dies, nicht aber die selbstgenügenden Prinzipien der politischen Ordnung, die einzig feste Basis für jeden gesellschaftlichen Aufbau« seien.[10]

Mit dieser Gegenüberstellung war ein grundlegender, im Lauf von Jahrzehnten herausgebildeter und durch harte Erfahrungen immer wieder bekräftigter Konsens der gesamten fortschrittlichen Öffentlichkeit auf den Kopf und in Frage gestellt. Eine Gruppe von Kritikern war aufgetaucht, die behauptete, daß die gängige These, »an allem sind die da oben schuld«, falsch geworden sei und daß sich in Rußland nichts werde bewegen lassen, solange die Intelligencija an dieser geläufigen Auffassung festhalten werde. Nicht die Veränderung des Staates oder der Gesellschaft, sondern die Umkehr der Intelligencija selbst, die Entdeckung und das Wachstum der Persönlichkeit sei der Schlüssel, mit dem sich die Zukunft Rußlands nach einer gescheiterten Revolution neu eröffnen lasse. Damit war nicht nur eine theoretische Position, sondern eine kollektive Verfaßtheit in Frage gestellt, eine ganze Geistesformation, der Habitus einer ganzen Generation von »intelligenty«.

Die Autoren waren zu lange durch die Schule des »Materialismus« und der Soziologie gegangen, waren zu sehr Teil der Intelligencija, als daß es für sie nicht selbstverständlich gewesen wäre, daß die »gesellschaftlichen Verhältnisse« Rußlands den »Grund« aller Opposition abgaben. Was immer die Autoren als die spezifischen Züge der »geistigen Physiognomie« der Intelligencija herausarbeiteten – Asketismus, Moralismus, Heroismus, Utilitarismus, Subjektivismus, Rigorismus –, es steht für sie fest, daß es Züge sind, die durch die Lebenswelt des rückständigen und despotischen Rußland miterzeugt worden sind.

Die Intelligencija ist geprägt »durch die Verfolgungen durch die Regierung, die in der Intelligencija ein Gefühl des Märtyrertums und Bekennertums erzeugten, andererseits durch die erzwungene Isolierung vom Leben, die eine Art Tagträumerei, zuweilen auch schöngeistige Utopie, überhaupt einen mangelhaft ausgeprägten Sinn für die Wirklichkeit erzeugten«. Die Repression zeichnet die Opposition. »Die Isoliertheit von der praktischen Lebenssphäre, in die die ganze Atmosphäre des alten Regimes die Intelligencija gedrängt hatte, verstärkte die Züge einer ›Untergrund‹-Psychologie, und dieser ihrer geistigen Physiognomie ohnehin eigene Zug ließ sie geistig erstarren, lieferte ihr bis zu einem gewissen Grad die Rechtfertigung ihres eindimensional politischen Denkens (der ›Hannibal-Schwur‹ zum Kampf gegen die Selbstherrschaft) und erschwerte ihr die Möglichkeit einer normalen geistigen Entwicklung.«[11]

Die Despotie produzierte gewissermaßen die Opposition innerhalb der Intelligencija. »Wenn ein junges Mitglied der Intelligencija – sagen wir ein Universitätsstudent oder eine Studentin – noch einen Zweifel daran haben kann, ob es bereits reif sei für die historische Mission, Retter des Vaterlandes zu sein, so beseitigt gewöhnlich die Anerkennung dieser Reife seitens des Ministeriums für Inneres auch diese Zweifel. Die Verwandlung eines jungen Russen oder eines Menschen, der gestern noch Spießer war, in den Typus des Helden ist – was die innere Arbeit, die hierzu notwendig ist, betrifft – ein unkomplizierter, großenteils rasch ablaufender Prozeß, in dem einige Dogmen der Religion der Menschenvergottung und des pseudowissenschaftlichen ›Programms‹ irgendeiner Partei angeeignet werden und ein entsprechender Wandel des persönlichen Selbstgefühls stattfindet – danach beginnen die Kothurne des Heldentums von selbst zu wachsen.«[12]

Stellvertretend für die anderen Autoren formuliert diese Einsicht Izgoev: »Natürlich ist diese geistige Physiognomie der russischen Intelligencija die Folge der jahrhundertelangen Herrschaft des Absolutismus über unser Leben. Hätte die Intelligencija ohne diese Eigenschaften denn jenen heroischen Kampf im letzten halben Jahrhundert führen können, der die Aufmerksamkeit der ganzen Welt auf sich gezogen hat?«[13] Selbst auf einem Gebiet, das für die kritische Intelligencija so eminent wichtig war – der Kampf um politische Freiheiten und Rechte –, haben die »vorrechtlichen« russischen Zustände ihre Spur hinterlassen. »Daß das Rechtsbewußtsein der russischen Intelligencija«, schreibt der Rechtsgelehrte Kistjakovskij, »so abgestumpft und das Interesse an Rechtsdingen so gering ist, ist das Ergebnis eines uralten Übels – des historischen Umstands nämlich, daß es im Alltagsleben des russischen Volks so gut wie keine Rechtsordnung gegeben hat«, und in Bezugnahme auf Alexander Herzen: »Die himmelschreiende Ungerechtigkeit der einen Hälfte des Gesetzessystems hat das Volk dazu gebracht, auch die andere zu hassen. Es fügt sich dem Gesetz wie einem Zwang. Die absolute Ungleichheit vor Gericht hat in ihm jeden Respekt vor der gesetzmäßigen Ordnung selbst abgetötet.«[14] Das Ergebnis ist ein konstitutionelles Desinteresse der Intelligencija gegenüber Rechtsproblemen – Recht wird als bloßer Formalismus abgetan.

Soweit bewegen sich die »Vechovcy« innerhalb des Common sense der fortschrittlichen Öffentlichkeit, die geradezu als Synonym für Intelligencija gelten kann. Gegen den Common sense formulieren die Vechovcy indessen, daß nun die Aufgabe der Analyse und Selbstanalyse überhaupt erst anfange, denn nach dem Sieg der Reaktion über die Revolution könne man sich nicht mehr »mit dem wohlfeilen Gedanken beruhigen«, daß »die da oben schuld sind«. Dies sei nichts weiter als Ausdruck einer »erniedrigenden Sklavenpsychologie«.[15]

Die gescheiterte Revolution von 1905 fungiert als Spiegel für eine Reflexion, hinter die man nicht ungestraft zurückgehen könne. »Ohne diese historische Erfahrung, die historischen Lehren der Revolution in Rechnung zu stellen, läßt sich überhaupt nichts mehr über Rußland sagen noch kann man die abgegriffenen Redensarten der Slawophilen und der Westler noch zum Besten geben.« Die Verarbeitung der Revolution erlaubt keinen Rückgang zum Selbstverständnis eines Status quo ante. »Die Revolution hat jene Seiten ihrer geistigen Physiognomie [der Intelligencija, K.S.] bloßgelegt, in den Vordergrund gerückt und verstärkt, die zuvor von nur ganz wenigen in ihrer vollen Bedeutung (hier vor allem Dostojewski) erkannt worden sind, die Revolution erwies sich gleichsam als geistiger Spiegel für ganz Rußland und insbesondere für die Intelligencija dieses Landes.«[16]

In der Intelligencija-Autopsie der »Vechovcy« kehrt zunächst eine gewisse Zwangsläufigkeit, ja Fatalität der Herausbildung des typischen Intelligent immer wieder. Man muß nur die biographische Linie des Intellektuellen verfolgen, um die entscheidenden Einflüsse zu benennen; man braucht diese nur ein wenig zu konzentrieren, um auf ein »breites und lebendiges System«, einen »spezifischen Organismus, der sich zäh am Leben erhält und von einem Instinkt der Selbsterhaltung erfüllt ist«,[17] zu stoßen – die Intelligencija-Formation, das System ihrer Anschauungen.

Doch zunächst zur Entstehung dieses »Typus«, in dem nicht zuletzt die von den Autoren selbst gemachten Erfahrungen ihren Niederschlag finden. Die Lebensgeschichte eines aufgeweckten Jugendlichen im letzten Drittel des letzten Jahrhunderts und an der Jahrhundertwende in Rußland ist die

Geschichte einer zwangsläufigen Politisierung. Izgoev hat dies in seinem Beitrag am deutlichsten gemacht. Es ist eine Skizze der Einflüsse in Familie, Schule, Universität.

»Die Psyche des Kindes entwickelt sich ›e contrario‹, indem sie sich von den Eltern absetzt. Die russische Intelligencija besitzt nicht die Kraft zur Begründung einer Familientradition, sie ist unfähig zum Aufbau einer eigenen Familie.«[18] Der Mangel an geistiger Kontinuität zwischen den Generationen – ausgedrückt darin, daß jede Generation von neuem ihre Götter erschaffe – erklärt sich nicht allein aus dem repressiven Milieu der russischen Gesellschaft, sondern aus einem Mangel an starker, ausgeprägter Milieutradition – dies übrigens im Unterschied zu den aristokratischen Familien. Dieses Hineinleben in die Opposition gewinnt in der Schule ein neues Terrain – in der gestörten Beziehung zwischen Schülern, Gymnasiasten einerseits und Lehrern andererseits.

»In der Schule kommt sich der Knabe vor wie in Feindesland … In der Vorstellung des Knaben ist die Schule das allergrößte, unglücklicherweise aber unvermeidliche Übel. Er muß es mit dem für ihn möglichst geringen Schaden überstehen: Er muß die besten Noten bekommen, doch darf er seinerseits möglichst wenig Mühe investieren und muß für sich behalten, was er wirklich denkt.«

Wenn die Schule rein »negativ« wirkt, dann das Schülerkollektiv, das sich neben und gegen den Schulbetrieb entwickelt, positiv. Die Subkultur der Schüler und dann der Studenten ist der eigentlich prägende Ort. Der Intelligent in Statu nascendi »verachtet die am Gymnasium – und dann an der Universität – vermittelte Wissenschaft und produziert seine eigene Wissenschaft«.

»Normalerweise beschreiten fast alle geistig beweglichen, entwickelten jungen Leute, die ehrliche und gute Absichten haben, sich jedoch nicht durch übermäßige Begabungen hervortun, unvermeidlich den Weg in die revolutionären Zirkel … Besonders talentierte Naturen, Dichter, Künstler, Musiker, technische Erfinder etc. werden kaum von solchen Zirkeln erfaßt … Bis in die letzten Jahre der Revolution hinein haben sich die kreativen Naturen in Rußland von der revolutionären Intelligencija abgesetzt, da sie deren Arroganz und despotisches Gebaren nicht ertragen konnten.«

Die Vollendung dieser im wahrsten Sinne des Wortes »politischen Sozialisation« erfährt der Heranwachsende an der Universität. »Die Studentenschaft ist die Quintessenz der russischen Intelligencija. Das höchste Lob, das einem russischen Intelligent gezollt werden kann, ist das des ewigen Studenten.«[19] Izgoev bestreitet keineswegs die Verdienste der russischen Studentenschaft:

»Trotz aller großen Mängel, die wir festgestellt haben und die bis heute existieren, war die Studentenschaft damals fast die einzige Gruppe innerhalb der Gebildetenschicht, die nicht nur an ihre persönlichen Interessen, sondern auch an die Interessen des ganzen Landes gedacht hat. Die Studentenschaft hat das gesellschaftliche Denken angeregt, sie hat die Regierung in Unruhe versetzt, sie hat die Bürokratie der Selbstherrschaft permanent daran erinnert, daß sie unmöglich ein ganzes Land für immer knebeln kann. Darin bestand das große Verdienst der Studentenschaft, wofür man ihr vieles verzeihen kann.«[20]

Nun aber hat sich ein Zustand herausgebildet, in dem ein Verzicht auf eine Kritik der Studentenschaft am allerwenigsten nützt. »Der Hochmut, den man bei älteren Gymnasiasten der oberen Klassen feststellen kann, erreicht bei den Studenten gigantische Ausmaße. Alle Kommilitonen, die die Ansichten ihres Zirkels nicht teilen, werden von ihnen nicht nur als Dummköpfe, sondern auch als ehrlose Leute beschimpft.«[21] Bulgakov spricht sogar von der »geistigen Pädokratie«, vor der die Gesellschaft »kriecht«, der sie nach dem Munde redet, die sie als Maßstab akzeptiert. Der »revolutionäre Student« sei zur »Signatur einer ganzen historischen Epoche« geworden.[22] Kommt dann aber der Punkt des Eintritts ins berufliche Leben, so treten zwei Züge deutlich hervor: Flucht in die Anpassung und Flucht in die Selbstaufgabe, in das »Kreuzopfer« des zu allem bereiten revolutionären Kämpfers. Der durchschnittliche Intelligent, der das Studium nur »mit linker Hand« absolviert und keinen Bezug zum Fach gewinnen konnte, setzt dies auch im Beruf fort.

»Der durchschnittliche Intelligent hegt in Rußland meistens keine Liebe zu seiner Sache und hat keine Ahnung von ihr. Er ist ein schlechter Lehrer, ein schlechter Ingenieur, ein schlechter Journalist, ein praktisch wenig begabter Techniker und dergleichen mehr. Sein Beruf ist für ihn etwas Zufälliges, Nebensächliches, das keine Achtung verdient. Wenn er seinen Beruf liebt, sich ihm ganz und gar widmet, dann gehen über ihn die bitterbösen Sarkasmen seiner Freunde nieder, ob es sich dabei nun um richtige Revolutionäre oder nur phrasendreschende Nichtsnutze handelt.«[23]

Das Leben, die Arbeit erscheint als Ablenkung vom Wesentlichen – der Fortführung der Opposition, die derjenige am entschiedensten betreibt, der »sich und anderen beweist, daß ich den Tod nicht fürchte und jederzeit bereit bin, ihn auf mich zu nehmen«. Diese Todesbereitschaft ist eine so hohe Qualität, daß sie über jeder Kritik steht. »Was mit dem Tod sein Ende findet, wird heilig gesprochen; dem, der in den Tod geht, ist alles erlaubt; wer tagaus tagein seinen Kopf riskiert, darf alles. Jeder Einwand wird sogleich mit dem Satz abgeschnitten: Aus dir spricht nur die bürgerliche Angst um deine Haut.« Wie aber soll ein Leben gelebt werden, wenn es als das eigentlich Verachtenswerte erscheint im Lichte des Ideals des Todes? Und: »Ist es nicht so, daß sich hinter der überhöhten Wertschätzung des Todes nicht eher eine eigenartige Furcht verbirgt?«[24]

Wenn das »gewöhnliche Leben« als Ablenkung, das »Normale« als das Verachtenswerte und per se Diskreditierte erscheint, dann ist damit ein Grad von Anomalität einer Lebenssituation bezeichnet, die Izgoev und die Mitautoren nicht selbst noch einmal sanktionieren wollen, indem sie vor dem bewunderungswürdigen Heroismus der jungen Leute auf die Knie gehen. Von dieser Anomalität spricht auch Geršenzon.

»Was hat das Denken unserer Intelligencija im letzten halben Jahrhundert bewirkt? – Ich spreche wohlgemerkt von der Masse der Intelligencija. – Das Häuflein von Revolutionären ging von Haus zu Haus und klopfte an jede Tür: ›Alle auf die Straße! Schämt Ihr Euch nicht, zu Hause zu sitzen!‹ Und alles, was Bewußtsein hatte, ergoß sich auf die Plätze, die Lahmen, die Blinden, die Krüppel, niemanden hielt es mehr zu Hause. Ein halbes Jahrhundert treibt man sich auf den Plätzen herum, ergeht sich in Lamentos und Streit. Zu Hause bleibt der Dreck, die Armseligkeit, die Unordnung zurück, aber dem Hausherrn bedeutet das nichts. Man geht unters Volk, rettet das Volk – das ist einfacher und fordert mehr Zeit als die triste Arbeit zu Hause. Niemand führt ein Leben – alle nahmen sich der gesellschaftlichen Sache an (oder gaben sich den Anschein, als täten sie es).«[25]

Die »Gattung« des revolutionären Studenten ist nun ausgebildet – fast zwangsläufig. »Vorm ersten Erwachen des bewußten Denkens an wurde der Intelligent zum Sklaven der Politik, seine Gedanken, seine Lektüre, seine Auseinandersetzungen drehten sich nur noch um sie, in allem suchte er allein die Politik – im anderen Menschen, in der Kunst, und er begann, blind für Gottes Licht, ein regelrechtes Gefangenenleben«.[26] Die Politisierung der Intelligencija, des einzelnen Intelligent ist – stilisierend gesprochen – fertig. »Indem sie [die Intelligencija, K.S.] das Politische mit der äußeren Lebensordnung assoziierte – was vom technischen Standpunkt in der Tat auch zutrifft – sah die Intelligencija zugleich im Politischen das Alpha und Omega der gesamten Existenz – der eigenen wie der des Volkes.«[27]

Der Intelligent, wie er sich den »Vechi«-Autoren darstellt, ist nicht bloß der Revolutionär, der zu großen Opfern bereit ist, Wege sucht, um eine Verbindung zur Gesellschaft oder zum Volk herzustellen und so der Isolation zu entgehen; es ist nicht bloß der zur Selbstbeschränkung und Askese, ja zur Heldentat bereite Revolutionär. Was sie kritisieren, ist die spezifische Selbststilisierung und Selbstideologisierung, die die Grenzen einer bloß »abstrakten Negation«, einer absolut gewordenen »Opposition an sich« nicht mehr wahrhaben will. Ihre Kritik zielt auf ein »Revolutionärstum als Prinzip«,[28] auf die Verwandlung von Positionen und Haltungen in Prinzipien, auf die Selbstimmunisierung einer kritischen Intelligenz unter dem Deckmantel der »Prinzipienfestigkeit«.

»Kein einziges Wort, so scheint es, geht dem Intelligent so oft über die Lippen wie dieses, über alles urteilt er vor allem ›prinzipiell‹, das heißt in Wirklichkeit abstrakt und ohne in die Kompliziertheit der Wirklichkeit einzudringen; dadurch befreit er sich nicht selten von der Schwierigkeit einer angemessenen Einschätzung der Lage. Wer je mit Mitgliedern der Intelligencija zusammengearbeitet hat, der weiß, wie teuer solch unpraktische ›Prinzipienfestigkeit‹ die Intelligencija zu stehen kommt, die zuweilen dazu führt, daß eine Mücke zerpflückt und ein Kamel ganz verschluckt wird.«[29]

Edle Züge des Intelligent – seine »Liebe zum Volk«, seine Opferbereitschaft, seine Selbstbescheidung und so fort – sind dann *nur noch* Prinzipien, habituell gewordene Proklamationen, deren praktisches Äquivalent sehr im dunkeln bleiben kann. Auf der Flucht in die Opposition an sich und »aus Prinzip« entwickelt und verfestigt sich dann jenes System, dessen Züge die »Vechi«-Autoren herauszupräparieren versuchen: ein Komplex aus rigorosem Moralismus, der Fetischisierung von Volk und Gesellschaft, Populismus, Asketismus, Heroismus, militantem Atheismus, Subjektivismus und

»utilitarischer« Unterordnung von allem und jedem unter den Kampf gegen die Selbstherrschaft.

Die »Gesellschaft« wird zum logischen Antipoden der verhaßten Despotie – »das Wort gesellschaftlich hat einen geradezu sakralen Klang«.[30] Das Volk – zunächst die Bauernschaft, dann auch die Arbeiterschaft – erscheint als eine abstrakte, aller Kritik enthobene Größe, und sofern es barbarische Züge aufweist, sind diese selbstverständlich von der Despotie verursacht. »Seinem Ethos nach ist der russische Intelligent von Anfang der siebziger Jahre bis auf den heutigen Tag ein hartnäckiger und eingefleischter Volkstümler geblieben: Sein Gott ist das Volk, sein einziges Ziel ist das Glück der Mehrheit, seine Moral besteht darin, diesem Ziel zu dienen, und diese Aufgabe geht Hand in Hand mit asketischer Selbstbeschränkung und Haß oder Verachtung gegenüber eigenwertigen geistigen Bedürfnissen.«

Der Intelligent ist überzeugt, man müsse »nur die Ungerechtigkeit der Unterdrücker oder die unfaßbare Dummheit der unterdrückten Mehrheit beseitigen, und schon werde die Zeit des irdischen Paradieses anbrechen«.[31] Die »Befreiung« erscheint als bloß negativer Akt der Zerstörung der herrschenden Ordnung. »Wir sagen dies nicht, um den Intelligent zu ›schmähen‹ oder moralisch zu verurteilen. Der russische Intelligent ist von Natur aus in den meisten Fällen ein weicher und liebenswürdiger Mensch, und wenn sich in seinem Herzen der Haß verfestigt hat, dann nicht aufgrund persönlicher Mängel.« Indes, »man kann sich nicht allein auf die Destruktion konzentrieren, ohne sie durch konstruktive Aufbauarbeit und innerhalb der Grenzen, die die Destruktion für konstruktives Schaffen erfordern, zu legitimieren«. Die bloße Negation führt zu Degeneration. »Der Kampf im Inneren – die Revolution – kann immer nur ein zeitweiliges notwendiges Übel sein, sie darf nicht auf lange Sicht die gesellschaftliche Arbeit stören. Literatur, Kunst, Wissenschaft, Religion degenerieren, wenn der Kampf gegen fremde Ansichten die selbständige schöpferische Erarbeitung neuer Ideen verdrängt.«[32] Die Intelligencija hat auf diese Weise, so Frank, einen eigentümlichen nihilistischen Moralismus ausgebildet, in ihrer Psyche hat sich das Mitgefühl für die Armen in eine Verliebtheit in die Armut verwandelt, es gibt für sie nur einen einzigen Zustand, der schlimmer ist als Armut – den des Reichtums.

»Der russische Intelligent hat einen Hang zum einfachen, armseligen und anspruchslosen Leben praktisch verwirklicht. Als Gesellschaftsreformer ist er zugleich Mönch, der die Nichtigkeit und die Vergnügungen der irdischen Welt, jede Art von Luxus, ob in geistiger oder materieller Hinsicht, jede Form des Reichtums und der Wohlhabenheit, jede Form der Macht und des Produktivseins haßt. Er liebt die Schwachen, mit Mühsal Beladenen und an Geist und Körper Armen nicht nur als unglückliche Menschen, denen zu helfen bedeuten würde, sie stark und reich zu machen, das heißt sie als sozialen und geistigen Typus zum Verschwinden zu bringen, nein, er liebt sie namentlich als Idealtypus des Menschen …, und er glaubt, daß alle Reichen schlecht und alle Armen gut sind.«

Resümierend definiert Frank den klassischen russischen Intelligent »als militanten Mönch einer nihilistischen Religion des irdischen Glücks … Der

Intelligent ist in erster Linie aufgrund seiner Haltung und Lebensweise Mönch. Er weicht vor der Realität aus, er flieht in die Welt jenseits des geschichtlichen Alltags und bewegt sich in einer Welt der Gespenster, Träume und eines frommen Glaubens. Die Intelligencija ist gewissermaßen ein Staat für sich, eine besondere kleine Welt, die ihre eigenen Rituale und festen Traditionen, ihre eigene Etikette, ihre eigenen Sitten, Gepflogenheiten, ja fast eine eigene Kultur hat. Man kann sagen, daß es nirgendwo sonst in Rußland so unerschütterlich feste Traditionen, so genaue und strenge Lebensregeln, eine derart rigide Art im Abschätzen von Menschen und Zuständen, einen solch ausgeprägten Korpsgeist gibt wie gerade innerhalb des allrussischen geistigen Klosters, das sich russische Intelligencija nennt.«

Doch der Mönch der Revolution unterscheidet sich grundsätzlich vom christlichen Asketen. »Von seinem Kloster aus will er die Welt verbessern und in ihr seinen Glauben verankern. Er ist ein militanter Mönch, ein Mönchsrevolutionär. Die ganze Beziehung der Intelligencija zur Politik, ihr Fanatismus und ihre Unduldsamkeit, ihr Mangel an praktischem Denken und ihre Ungeschicktheit in politischen Dingen, ihr unausstehlicher Hang zum Fraktionszwist, das Fehlen jedweden Sinns für Staatsprobleme – dies alles resultiert aus ihrer mönchhaft-religiösen Psyche ...«[33]

Auf denselben Zug – den »Mönchsrevolutionär« – zielt auch die Diagnose Bulgakovs. »Unsere Intelligencija, von dieser Religion der Menschenvergottung erfüllt, fühlte sich bemüßigt, die Rolle der Vorsehung für unser Land zu spielen. Sie begriff sich als die einzige Trägerin des Lichts und der europäischen Bildung in diesem Land, wo alles, wie es ihr vorkam, in undurchdringliche Finsternis gehüllt war und ihr alles barbarisch und fremd vorkam. Sie erklärte sich zum geistigen Vormund dieses Landes und beschloß es zu retten ... Heroismus – das ist das Wort, das meiner Auffassung nach das grundlegende Wesen der Intelligencija-Weltanschauung und ihres Ideals zum Ausdruck bringt, und zwar den Heroismus der Selbstvergottung. Die gesamte Ökonomie ihrer geistigen Kräfte ist auf dieses Selbstgefühl gegründet.«[34]

Innerhalb dieser »intellektuellen Ökonomie« und ihrer »Werthierarchie« gelten der schöpferische Akt, die künstlerische Arbeit, Wissenschaft und Philosophie nur insofern etwas, als sie sich orientieren am »Endzweck«. »Die ausschließliche, despotische Herrschaft des utilitär-moralischen Kriteriums, besonders die ausschließliche, bedrückende Herrschaft der Liebe zum Volk und der Liebe zum Proletariat, die Verneigung vor dem ›Volk‹, dessen Nutzen und Interessen, die durch den politischen Despotismus verursachte Diskriminierung des Geistigen überhaupt – all dies führte dazu, daß das Niveau philosophischer Kultur bei uns sehr niedrig geblieben ist ... Das Interesse breiter Intelligencija-Kreise an der Philosophie erschöpfte sich im Bedürfnis nach philosophischer Sanktionierung ihrer gesellschaftlichen Stimmungen und Ambitionen, die sich durch philosophische Gedankenarbeit nicht erschüttern und umwerten lassen, unerschütterlich bleiben wie Dogmen. Die Intelligencija interessiert zum Beispiel nicht, ob die Wissenstheorie von Mach wahr oder falsch ist, es interessiert sie lediglich, ob diese Theorie der Idee des Sozialismus zuträglich ist.«[35]

Ihre Rezeption ausländischer Philosophien ist so instrumentell wie ihr Verhältnis zur nationalen Denktradition negativ fixiert ist. »Schellingianertum, Hegelianertum, Saint-Simonismus, Fourierismus, Positivismus, Marxismus, Nietzscheanertum, Neukantianismus, Mach, Avenarius, Anarchismus – das sind keine Etappen, sondern ausländische Namen.«[36] Vom modernen Atheismus übernimmt sie nur die militante Gottfeindlichkeit und Gottlosigkeit, ohne zu sehen, daß es eine Aufklärung ohne die Voraussetzung des Christentums nicht gibt. Ihr Atheismus ist das »letzte Wort der westlichen Zivilisation«. Noch in ihrer Gottlosigkeit lassen sich indes die Züge der Orthodoxie – »so zum Beispiel ein gewisser Puritanismus, eine rigoristische Moral, ein eigentümlicher Asketismus, überhaupt eine strenge Lebensführung« – aufzeigen. Gottlosigkeit ist »zum allgemeinen Glauben geworden«. »Gebildetheit und Aufgeklärtheit sind für unsere Intelligencija ein Synonym für religiösen Indifferentismus und Ablehnung.« Darüber gibt es in ihren Fraktionen, Parteien, Richtungen keinen Streit, davon ist sie »durchdrungen, vergleichbar dem Atmungsvorgang, bei dem das Blut, nachdem es mit Sauerstoff versorgt ist, sich über den ganzen Organismus verteilt«.[37]

Wenn diese von den »Vechi«-Autoren gegebene Phänomenologie des Intelligent Gefahr läuft, in die Nähe einer Karikatur zu geraten, so hat auch dies seinen Grund: Ihnen steht der russische Intelligent nicht nur und nicht primär als die Heldengestalt der Sofija Perovskaja oder des Attentäters Kaljaev vor Augen, sondern als Massenphänomen, als ein soziologisch ins Gewicht fallender, einflußreicher, die Öffentlichkeit prägender Typus, an dem vieles von der einstigen Heldengestalt tatsächlich zur Karikatur geworden war. Die Differenzierung zwischen Revolutionär und »Massen-Intelligent« ist von außerordentlicher Wichtigkeit, weil sich in der »Vermassung« des revolutionären Individuums zugleich die spezifischen Qualitäten verlieren und überlagert werden von einem platonischen Revolutionarismus, an dem viel Attitüde ist. Es ist diese Mode gewordene Gestalt des Revolutionärs, die – umgeben vom Nimbus fragloser Autorität – das Bild der Intelligencija in der Öffentlichkeit prägt und so zugleich den öffentlichen Diskurs blockiert, indem wichtige Fragen und Themen tabuisiert werden.

Dabei erweist sich, daß die herrschende Despotie der wirksamste Faktor für die Aufrechterhaltung dieses Nimbus ist. »Es sind die Leiden und Verfolgungen, die den Helden sowohl in seinen Augen wie in den Augen der Umwelt am wirksamsten kanonisieren … Ohne Mühe kann jederman in der Literatur und in seinen eigenen Beobachtungen genug Beispiele dafür finden, wie einerseits das Polizeiregime die Leute drangsaliert, sie der Möglichkeiten einer nützlichen Arbeit beraubt, und wie andererseits die Herausbildung eines spezifischen geistigen Aristokratismus, einer Art von patentiertem Heroismus bei den Opfern gefördert wird.«[38]

Am schärfsten urteilt Geršenzon, wenn er bemerkt: »Es ist kein Wunder, daß ein Mensch, der im Inneren einen so großen Sieg errungen hat, nach außen hin ein starkes Bild abgab. Aber die Masse der Intelligencija war in ihren Charakterzügen so gesichtslos wie eine Herde: stumpfsinnig-bornierter Radikalismus und fanatische Intoleranz.«[39]

Während der Heroismus der wirklichen Revolutionäre, der Märtyrer der Revolution, am Idealismus schon im Ansatz keinen Zweifel aufkommen lassen konnte, stellt sich der Glaube der Intelligencija-Masse anders dar. Sie entwickelt »für sich eine Art platonisches Bekenntnis, das eigentlich zu nichts verpflichtet, und die heiligen Märtyrer sanktionieren mit ihrem Schweigen diesen Betrug, um die einfachen Gläubigen in der Kirche zu halten. Die ganze Intelligencija-Masse kann man als eine solche Schar von Gläubigen unseres politischen Radikalismus interpretieren: Man mußte sich als wahrer Sohn der Kirche ausgeben und hin und wieder an deren Ritual teilnehmen, um das eigene Gewissen zu beruhigen und der Gesellschaft Genüge zu tun. Und dieser Glaube war so mächtig, daß er einen grenzenlosen Fatalismus produzierte, ein regelrechtes Muselmanentum. Für jede Schweinerei und Unordnung, ob im persönlichen oder im gesellschaftlichen Leben, wurde die Selbstherrschaft haftbar gemacht – der einzelne war nicht verantwortlich. Es handelte sich dabei um einen sehr bequemen Glauben, der ganz und gar einem der unausrottbaren Züge der Menschennatur entspricht – intellektueller und moralischer Faulheit.«[40]

Es ist vor allem der Massen-Intelligent, die Intelligencija-Masse und deren Weltverhältnis, in der sich jene »eigenartige, rational nicht erfaßbare und doch lebendig-konkrete Verschmelzung antagonistischer Motive zu einer mächtigen psychischen Kraft« vollzogen hat: prinzipieller Protest gegen »die da oben« und Freiheit von jedem Zweifel am eigenen Tun; Verbalradikalismus, Revolutionsparolen auf Meetings und Anpassung – mehr schlecht als recht – an die Aufgaben, die Stellung und Beruf definieren; Politisieren als Alibi für die Anforderungen des Studiums, Despotismus im Auftreten gegenüber anderen und ein Minimum an Selbstanforderung, ein Kultus der Organisationsdisziplin einerseits und Nachlässigkeit im persönlichen Leben.[41] »Noch der ordinärste Spießer, der um nichts höher, sondern oft unter dem Niveau seiner Umgebung steht, braucht nur im Habitus der Intelligencija aufzutreten, und schon kann er damit anfangen, seine Mitwelt von oben herab zu behandeln.«[42]

Diese Intelligencija-Masse bewegt sich nicht nur in einer spezifischen Welt, sondern sie konstituiert auch eine spezifische Öffentlichkeit, in der sie die Begriffe davon, was »gut« und »schlecht«, was »reaktionär« und was »fortschrittlich«, was »links« und was »rechts« ist, okkupiert. Die Macht ihres Einflusses hängt wesentlich an der Intaktheit der von ihr hervorgebrachten Sprachregelungen, die sie auch dann verteidigt, wenn ihnen längst kein reeller Inhalt mehr entspricht.

Man kann die Heftigkeit der Kritik und die Heftigkeit der Antikritik in der »Vechi«-Kontroverse nur dann verstehen, wenn man von einer Art real existierendem Definitionsmonopol der revolutionären Intelligencija in der jungen, aus der Revolution geborenen russischen Öffentlichkeit ausgeht – von einem Monopol, das längst konservativ geworden und zu einem allgemeinen Konformismus entartet war. Man kann die »Vechi«-Kritik lesen als Rebellion gegen dieses Monopol, gegen die damit verbundene Diskriminierung aller nichtkonformen Richtungen – und dies immer vor dem Hintergrund dessen, daß nach wie vor die wirkliche gesellschaftliche Macht unangefochten in Händen der Autokratie lag.

Es entsteht eine Situation, in der alle in Rechtfertigungszwang geraten: die legalen Marxisten dafür, daß sie nicht revolutionär genug sind, die Ökonomisten dafür, daß sie es »nur« auf die gewerkschaftliche Organisierung der Arbeiter abgesehen haben, die Zemstvo-Leute dafür, daß sie »nur« Kulturarbeit machen, die Studenten dafür, daß sie »nur« studieren, die Wissenschaftler dafür, daß ihre Wissenschaft dem herrschenden System, nicht aber »dem Volk« dient, der Künstler dafür, daß er in erster Linie an sein Werk und nicht an den Nutzen, den es dem Volk bringen kann, denkt. Es ist eine Situation, in der ein »normal« geführtes Leben sich gegen den Vorwurf zur Wehr setzen muß, im Spießertum aufgegangen zu sein.

Es geht eine »Judas-Angst« unter Unentschiedenen und Sympathisanten um.[43] Wissenschaftler galten nichts, wenn sie politisch indifferent waren.[44] Über die Freiheit und Wahrheit künstlerischen Schaffens wird »Parteigericht gehalten«: »Tjutčev wurde dem Schweigen überantwortet, Fet dem Gelächter, Dostojewski hat man als Reaktionär abgestempelt und Tschechow des Indifferentismus beschuldigt.«[45]

Es bildet sich eine Öffentlichkeit, auf der Diskriminierungs- und Ausschließungsdruck liegt. »Auf unseren Versammlungen genießen nur jene Redner das Recht der Meinungsfreiheit, die der Mehrheit genehm sind; wer einen gegenteiligen Gedanken äußert, geht in einem Konzert von Schreien, Pfeifen, »Es reicht«-Zwischenrufen, manchmal sogar Tätlichkeiten unter. Die Durchführung von Meetings ist zum Privileg kleiner Gruppen ausgeartet.«[46] Die politische Kultur ist durchtränkt von moralischen Verdächtigungen. »Wer das Wahre und Schöne liebt, der wird verdächtigt, sich gleichgültig gegenüber dem Glück des Volkes zu verhalten, der wird verurteilt dafür, daß er die dringendsten Nöte durchsichtiger Interessen und luxurierender Spielereien zuliebe vergißt; und wer Gott liebt, den hält man für einen Volksfeind.«[47] Die Kleinarbeit der Ärzte und Lehrer wird von der Warte der revolutionären Phrasendrescher als unpolitisch diskreditiert – und muß sich ihrerseits als »politische« Arbeit rechtfertigen. Die der Autokratie abgetrotzte Öffentlichkeit weist selbst in höchstem Grade anormale Züge auf – mit eigenen Denkgeboten und Denkverboten, Fetischen und Tabus. Geršenzon spricht von einer »Hypnose der gesellschaftlichen Meinung«.

Die Diskriminierungs- und Tabuisierungslinien dieser Öffentlichkeit laufen in einem Punkt zusammen: im Ich, im Ego, in der Einzelpersönlichkeit, insbesondere in der des »kleinbürgerlichen Individuums«. »Der russische Intelligent – das ist vor allem ein Mensch, der von Kindesbeinen an *außer sich* lebt, im buchstäblichen Sinne des Wortes, das heißt als einzige, seinem Interesse und seinem Engagement adäquate Gegenstände akzeptiert er außerhalb seiner Person liegende Größen wie Volk, Gesellschaft, Staat. Nirgendwo in der Welt gibt es eine derart despotische öffentliche Meinung wie bei uns, und unsere öffentliche Meinung verharrt bereits ein Dreivierteljahrhundert unbeweglich bei der Annahme des folgenden höchsten Prinzips: über sich selbst nachzudenken ist Egoismus und unanständig; ein wahrer Mensch ist nur der, der über die Gesellschaft nachdenkt, der sich für die Fragen der Gesellschaft interessiert und zum gesellschaftlichen Nutzen arbeitet.«[48]

Ähnlich konstatiert Bulgakov: »Äußerst unpopulär sind innerhalb der Intelligencija Begriffe wie individuelle Sittlichkeit, individuelle Selbstvervollkommnung, individuelle Entwicklung (während ungekehrt das Wort gesellschaftlich einen spezifisch sakralen Klang hat); es gibt innerhalb des Intelligencija-Milieus kein Wort, das weniger populär wäre als das Wort Demut.«

So sehr die »Vechi«-Autoren – als positiven Zug – anerkennen, daß die russische Intelligencija niemals Karrierismus und materiellem Egoismus die »theoretischen Weihen« erteilt hat, so wenig können sie doch den antibourgeoisen, speziell antikleinbürgerlichen Affekt für bare Münze nehmen. Allzuoft steckt in der Kritik an kleinbürgerlichem Karrierismus oder kleinbürgerlicher »Angst« etwas anderes: ein Stück »Gutsbesitzermentalität«, die aus einer parasitären Höhe auf das Erwerbsleben herabblickt, eine »Dosis schlichter Unkultiviertheit«, der Reflex darauf, »nicht an eine feste, disziplinierte Arbeit und einen regelmäßigen Lebenswandel gewöhnt zu sein«. Die Antikleinbürgerrhetorik ist auch ein gut Teil Selbstlegitimation: für das Ausweichen vor verantwortlicher und solider Arbeit, vor dem »Existenzkampf«, dem auszuweichen die »revolutionäre Tätigkeit« einen Ausweg bietet. Denn: »Zuweilen ist die Tendenz, aus dem Leben auszusteigen, die Folge davon, daß man mit ihm nicht fertig wird.«[49]

Es bleibt nun die Frage, welche Politikform innerhalb dieser Intelligencija-Formation, in diesem Milieu der prinzipiellen Opposition zur despotischen Macht, entstehen kann. Man kann unschwer erkennen, daß das zentrale Dilemma der oppositionell gestimmten, ja revolutionären Teile der Gebildetenklasse darin besteht, daß »die Gesellschaft«, »das Volk«, von dem der Sturz der alten Macht kommen soll, nicht nur nicht so sehr in Bewegung ist wie die Gebildetenklasse selbst, sondern offensichtlich sogar befreit werden muß. Was sich im Bewußtsein der Intelligencija als das »wahre Subjekt der Geschichte« darstellt, steht in Wahrheit der Intelligencija als Objekt, als schier unbeweglicher Block gegenüber, wenn nicht ganz fern. »Gesellschaft« ist vorläufig eine Sache der Spekulation.

Aus dieser Zuspitzung, die zugleich eine Verengung ist, ergibt sich – fast logisch – eine anormale Diskurssituation: das geschichtliche Subjekt – Gesellschaft, Volk, Arbeiterklasse – ist in Wahrheit abwesend oder nur als Objekt von Hoffnungen, Erwartungen, Strategien anwesend. Das Subjekt wird, solange das Subjekt sich selbst nicht zu Wort meldet, zum Spekulationsobjekt rivalisierender Intelligencija-Fraktionen.

Die »Vechi«-Autoren zeigen die pathologischen Züge einer zur Stellvertretung verurteilten beziehungsweise sich die Stellvertretung von Gesellschaftsklassen anmaßenden Intelligencija-Gemeinde. Die Dispute »erfolgen allein unter der Zielsetzung, herauszufinden, wem was zusagt … Das moralische Pathos wird zur Monomanie. Die ›Klassen‹-Erklärungen verschiedener Ideologien und philosophischer Doktrinen verwandeln sich bei den Marxisten in eine Art krankhafte fixe Idee. Und diese Monomanie hat bei uns den größten Teil der ›Linken‹ angesteckt.«[50]

Unsicherheit und Mangel an historischer Erfahrung und Realitätssinn werden durch Prinzipienfestigkeit kompensiert. Geschichte fungiert in den meisten Fällen nur als »Material zur Illustration theoretischer Schemata«.[51] Andererseits werden die »allerprofansten Dinge und Erfordernisse zum Gegenstand religiösen Dienens«,[52] und »selbst der allerpraktischste Kampf gegen das Übel spielt sich ständig in der Form des Bekenntnisses zu abstrakten theoretischen Lehren ab«.[53]

Während die Beziehung zwischen revolutionärer Intelligencija und Gesellschaft die zwischen Helden einerseits und zu errettendem Objekt andererseits, zwischen strategischer Führung und Fußvolk ist, ist die Form dieser Beziehung – durchaus angemessen – die der strikten Hierarchie, der Subordination, der peniblen Disziplin und einer Klerikalisierung der Denk- und Sprechformen. Die Intelligencija rechtfertigt in der Regel diese Pathologie mit dem Hinweis auf die Despotie, das heißt die Bedingungen des konspirativen, illegalen Untergrundkampfs. Kistjakovskij kennt diese Bedingungen, aber er sieht den Grund für diese Politik- und Organisationsform darin, »daß unserer Intelligencija jene innere Überzeugung vom Recht fehlt, die sie innerlich disziplinieren würde. Wir bedürfen der äußeren Disziplin deshalb, weil es uns an innerer Disziplin fehlt.« Ist eine Intelligencija, die das Recht als bloßen Zwang, als bloßen Formalismus seit jeher abgetan hat, überhaupt in der Lage, eine wenigstens republikanische Organisation innerhalb ihres eigenen Milieus hervorzubringen, geschweige denn teilzunehmen »an der Umwandlung der staatlichen Macht aus einer Macht der Gewalt in eine Macht des Rechts« – also an einer Zivilisierung staatlicher Gewalt?[54]

Wie sehr die Intelligencija »unter Recht immer nur jene äußerlichen, leblosen Normen, die so leicht in Artikel und Paragraphen eines geschriebenen Gesetzes oder irgendeines Statuts gefaßt werden, verstanden« hat, zeigt Kistjakovskij in Auseinandersetzung mit den Diskussionen des radikalsten Flügels der Opposition, der Sozialdemokratie, auf deren Londoner Parteitag 1903. Plechanovs Hypothese, daß ein Fall denkbar sei, »wo wir, die Sozialdemokraten, uns gegen das allgemeine Wahlrecht aussprechen müßten« zum einen und zum anderen die Diskussion um das Organisationsstatut, das die Unterordnung der Minderheit unter die Mehrheit im einzelnen fixiert, sind für Kistjakovskij der deutlichste Beleg für seine Kritik. Er schreibt:

»Es ist außerordentlich charakteristisch, daß unsere Intelligencija neben dem Bemühen, entwickelte Gesellschaftsformen ausschließlich auf ethischen Prinzipien zu errichten, auch eine erstaunliche Leidenschaft für formalistische Vorschriften und detaillierte Reglementierung an den Tag legt; im vorliegenden Fall offenbart sie einen besonderen Glauben an Artikel und Paragraphen von Organisationsstatuten. Diese Erscheinung, die sich als unbegreiflicher Widerspruch darstellt, läßt sich daraus erklären, daß unsere Intelligencija in der Rechtsnorm keine Sache der Überzeugung, sondern lediglich eine Vorschrift, die eine äußerliche Form angenommen hat, sieht ... Bekanntlich ist die Tendenz zur detaillierten Reglementierung und Regulierung aller gesellschaftlichen Beziehungen in Form von Artikeln des geschriebenen Gesetzes eine Eigenschaft des Polizeistaats, und dies ist sein hervorstechendes Merkmal im Gegensatz zum Rechtsstaat. Man kann sagen, daß sich das Rechtsbewußtsein unserer Intelligencija just in dem Entwicklungsstadium befindet, das den Formen der Polizeistaatlichkeit entspricht. Alle typischen Züge der letzteren reflektieren sich im Hang unserer Intelligencija zum Formalismus und Bürokratismus ... Unsere Intelligencija ist durch und durch von ihrem eigenen Bürokratismus durchdrungen. Diesen Bürokratismus findet man in allen Organisationen unserer Intelligencija und besonders in deren politischen Parteien.«[55]

Auf Plechanov und Lenin anspielend (»salus revolutiae suprema lex«), schreibt Kistjakovskij: »Doch wenn eine Partei aus republikanisch gesonnenen Intellektuellen bei uns ohne Ausnahmezustand und Ausnahmegesetze nicht auskommen kann, dann ist voll und ganz zu verstehen, warum Rußland bis heute noch mit Hilfe der außerordentlichen Geheimpolizei und des Kriegsrechts regiert wird ... Der Glaube an die Allmacht von Statuten und an die Kraft von Zwangsvorschriften ist keineswegs ein Zug, der allein den russischen Sozialdemokraten eigen ist. In diesem Glauben haben die Krankheiten unserer gesamten Intelligencija ihren Ausdruck gefunden.«[56]

Die »Vechi«-Autoren haben mit ihrer Wendung »auf sich selbst« die bis dahin innerhalb der Intelligencija-Öffentlichkeit funktionierenden Selbstimmunisierungs-Mechanismen wenn nicht aufgehoben, so doch angetastet; sie haben versucht, den selbstlegitimatorischen Zug einer Opposition, die alle Reflexion durch den Verweis und die Schuldzuweisung an »die da oben« abzuwehren gewohnt war, bloßzulegen, und sie haben mit ihrem Aufruf zur »Selbstvervollkommnung des Individuums« das Tabu einer ganz und gar gesellschafts- und staatsfixierten Öffentlichkeit gebrochen.

Ermöglicht wurde diese »zersetzende« Kritik an der traditionellen Intelligencija, weil diese selbst Auflösungs- und Zersetzungserscheinungen zeigte; ermöglicht wurde der andere Blick, weil sich neben der traditionellen Intelligencija eine andere, neue zu kristallisieren im Begriff war. Die »Vechi« haben durch ihre Kritik nur manifest gemacht, was längst in der Luft lag: die Krise der alten Intelligencija und ihres Selbstverständnisses angesichts des Einbruchs der Moderne in Rußland.

Die »Vechi«-Autoren brauchten es nicht beim Aufruf zu einer »Umkehr«, bei einer Beschwörung neuer Prinzipien zu belassen, wo es bereits Anfänge und Ansätze eines tiefgreifenden Umschwungs gab. Geršenzon meinte sogar in kühlem Understatement: »Ich liefere nur Belege für sie ..., die Bewegung zum selbstbewußten individuellen Schöpfertum«.[57] »Der stahlharte Revolutionär von gestern ist nicht mehr wiederzuerkennen: der modernistischen Poesie stehen alle Türen offen, die Prediger des Christentums duldet man nicht nur, sondern hört sie mit großer Sympathie an, die Publizistik interessiert sich schon des längeren für die Sexualfrage.« Die Existenz des Intelligent scheint schon zu einer Frage der Generationsdifferenz zu werden.

»Unsere Väter«, schreibt Geršenzon, »und wir sind monotheistisch aufgewachsen, in der Atmosphäre von Pisarev und Michajlovskij. Der junge Mensch der nächsten Generation wird kein allgemein anerkanntes fertiges Dogma mehr vorfinden; er trifft auf mannigfaltige Meinungen, Konfessionen und Geschmäcker, die ihm nur als Leitfaden bei der Wahl helfen können, die ihm aber nicht die Freiheit der Wahl abnehmen ... Die Welt wird offen vor ihm liegen, anders als für uns, denen die öffentliche Meinung die Lektüre von Fet nur unter Strafandrohung oder wenigstens allgemeinem Spott gestattet hatte.«[58]

Auch für Frank ist der Intelligent bereits eine geschichtliche Figur: »Und in der Tat sind wir Zeuge des Zerfalls und der Auflösung des traditionellen Intelligencija-Geistes; der moralische Typus des russischen Intelligent, wie wir ihn zu umreißen versucht haben und den man trotz all seiner Widersprüche als eine geschlossene Figur bezeichnen kann, beginnt unter unseren Augen zu verschwinden und existiert fast nur noch als Ideal, als Erinnerung an eine ruhmreiche Vergangenheit; faktisch hat er bereits die Macht, die er früher über das Denken ausübte, verloren, und innerhalb der heute heranwachsenden Generation ist er nur noch selten in reiner Form anzutreffen.

Im Augenblick sind alle festen ideologischen Lager in Auflösung begriffen; die Sozialdemokraten unterhalten sich über Gott, setzen sich mit der Ästhetik auseinander, fraternisieren mit den »mystischen Anarchisten«, hören auf, an den Materialismus zu glauben und versöhnen Marx mit Mach und Nietzsche; in Gestalt des Syndikalismus gewinnt ein eigentümlicher mystischer Sozialismus an Einfluß; »Klasseninteressen« gehen auf irgendeine Weise eine Verbindung mit dem »Sexualproblem« und der dekadenten Poesie ein, und nur noch einige alte Vertreter des klassischen Volkstümlertums der siebziger Jahre wandeln als die letzten Exemplare einer einst einflußreichen, nun aber schon unfruchtbar gewordenen und aussterbenden Kultur trostlos und leer inmitten dieses bunten Sprachengewirrs und Konfessionenwirrwarrs umher. Man braucht sich über diese Krise des alten Intelligencija-Bewußtseins überhaupt nicht zu wundern, und schon gar nicht lohnt es sich, Tränen darüber zu vergießen; im Gegenteil muß man sich eher darüber wundern, daß die Krise nur zäh und unbewußt, fast wie eine organische Krankheit, aber nicht als eine bewußte kulturelle und philosophische Umorientierung vonstatten geht.«[59] »Nun kann diese Wendung so heftig sein, daß die Intelligencija, nachdem sie sie vollzogen hat, überhaupt aufhört, ›Intelligencija‹ im alten, russischen und üblichen Wortsinn zu sein. Doch das wäre nur zu ihrem Besten.«[60]

Als Ökonom fügt Struve hinzu: »Im Prozeß der ökonomischen Entwicklung wird die Intelligencija ›verbürgerlichen‹, das heißt sie wird sich infolge des sozialen Anpassungsprozesses mit dem Staat aussöhnen und organisch und wie von selbst in die existierende Gesellschaftsstruktur, die sich in Klassen differenziert hat, integrieren ... Die Geschwindigkeit dieses Prozesses wird vom ökonomischen Entwicklungstempo in Rußland und von der Umformung seiner gesamten staatlichen Struktur in konstitutionellem Geist abhängen.«

Es ist einzig die »unglückselige Politik« der Despotie, die diesen Prozeß verschleiert und den Nimbus der Intelligencija als unerschütterlicher Opposition aufrechterhält. »Die russische Intelligencija wird, sobald sie sich von ihrer areligiösen Staatsfeindschaft losgemacht hat, aufhören, als eine spezifische kulturelle Kategorie zu existieren. Ist sie zu einem derart gewaltigen Schritt und zur Überwindung ihres ungesunden Wesens in der Lage? Von der Lösung dieser Frage hängt in bedeutendem Maße das Schicksal Rußlands und seiner Kultur ab.«[61]

Die fast einhellige Verurteilung der »Vechi«-Kritik durch die Intelligencija-Öffentlichkeit zeigte, daß die »Vechi« keine Chance hatten, gehört zu werden; wenn es Beifall gab, dann vom regierungsnahen »Novoe vremja«, vom Archimandriten Antonij oder vom Premierminister Peter A. Stolypin – und das war eher Beifall von der »falschen Seite«, dazu angetan, die Diskussion zu blockieren. Es verlief so, wie Bulgakov einmal festgestellt hatte: »Beide Pole laden sich immer stärker mit verschiedener Elektrizität auf. Nach diesem verzerrten Maßstab werden faktisch die Gruppierungen in Lager eingeteilt, es wird eine entsprechende psychologische Atmosphäre erzeugt, die konservativ und despotisch ist. Die Nation fällt in zwei Teile, und in einem fruchtlosen Kampf werden ihre besten Kräfte aufgerieben.«[62]

So war es auch bei den Antikritiken: Der Vorhang schloß sich, noch bevor das ganze Terrain überhaupt sichtbar geworden war. Dimitrij Merežkovskij spottete über die »Sieben Demütigen«.[63] Muskatblit erklärte, man habe genug von immer neuen Konfessionen, vor allem wenn sie von Peter Struve, jenem »Johannes dem Täufer all unserer Wiedergeburten« ausgingen. Arsen'ev sah in den »Vechi« eine »Anregung«, aber fürchtete »Beifall von der falschen Seite«.[64] Andere hielten den Zeitpunkt für ungünstig – wie könne sich die Intelligencija angesichts der Stolypinschen Reaktion eine Selbstkritik leisten!

Mitunter suchte man die Autoren selbst um ihre Glaubwürdigkeit zu bringen – mit Verweis auf die politische Biographie Berdjaevs. »Denn wer die literarische Tätigkeit Berdjaevs verfolgt hat, der weiß, mit welcher Vollständigkeit und Schnelligkeit er alle Phasen des geistigen Lebens durchlaufen hat – in seiner schriftstellerischen Ontogenese hat er die Phylogenese der Intelligencija reproduziert, wie ein Embryo, das alle Entwicklungsstadien wiederholt. Und, gewitzt durch diese Vergangenheit, sagt er jetzt vorsichtig: Nehmt eiligst die Arznei, solange sie noch wirkt. Es kann sein, daß sie morgen ihre Wirkung aufgibt und für giftig erklärt wird.«[65]

Petrov empört sich über den »schrillen Ton« vor allem Geršenzons. »Gestatten Sie, mein Herr, halten Sie ein! Nehmen Sie einen Schluck Brom, Baldriantropfen, beruhigen Sie sich doch! Was ist das für ein Ton! Überlegen Sie, wovon Sie sprechen!«[66] Lenin begrüßte die »Vechi«, weil sie ihm Munition lieferten, »weil sie den ganzen Geist der tatsächlichen Politik der russischen Liberalen, einschließlich der russischen Kadetten, aufdecken«.[67] In der Kritik der »Vechi« treffen sich der adlige Zemstvo-Vorsitzende von Twer und angesehene Kadett Ivan I. Petrunkevič und Professor Nikolaj A. Gredeskul', der angesehene Soziologieprofessor Maxim M. Kovalevskij und der Literaturhistoriker D. N. Ovsjaniko-Kulikovskij, ein Spezialist in »Intelligencija-Fragen«, und R. V. Ivanov-Razumnik, ein Historiker der »Intelligencija«, der Historiker Pavel N. Miljukov und der Autor der »Russischen Fabrik«, Michail I. Tugan-Baronovskij. Selbst der 1836 geborene Publizist und

Romancier Peter D. Boborykin, der von sich behauptete, er sei der »Taufpate der Intelligencija«, trat auf.

Die meisten Beiträge größeren Formats zielten auf die definitorische Absicherung einer »Intelligencija«, um der Verengung und Disqualifizierung durch die »Vechi« entgegenzutreten. »Die Intelligencija ist die gebildete Gesellschaft; zu ihr gehören alle, die auf die eine oder andere Weise, direkt oder indirekt, aktiv oder passiv am geistigen Leben des Landes teilnehmen« – so Ovsjaniko-Kulikovskij.[68] Für Boborykin »ist die Intelligencija die höchste gebildete Schicht unserer Gesellschaft«.[69]

Ähnlich sieht es auch Ivanov-Razumnik. Er spricht von der »Existenz einer über den Schichten und über den Klassen stehenden Intelligencija, die charakterisiert ist durch das Schaffen neuer Formen und Ideale und deren aktive Verwirklichung in Form der physischen und geistigen, gesellschaftlichen und persönlichen Befreiung«.[70] So ausführlich, interessant und bereichernd die Repliken auch sein mögen, sie gehen in eigentümlicher Weise an den »Vechi« vorbei und stellen eher Abwehr-, Absicherungs- und Verteidigungsgefechte des faktisch existierenden Konsenses und Selbstverständnisses dar.

Das stärkste und hauptsächliche Argument, das sich bei allen Kritikern der »Vechi« findet, ist aber der Idealismus-Vorwurf. Pavel Miljukov hält den »Vechi« – stellvertretend für viele andere – entgegen, daß die Kritik der staatsfeindlichen Intelligencija eine »ziemlich fruchtlose Beschäftigung« sei, solange man nicht »die natürliche und unauflösbare Verbindung« mit eben diesem despotischen Staat ins Zentrum rückt.[71]

Die seriöse Kritik an den »Vechi« fand vor allem, daß die »Vechi«-Kritik an den »Prinzipien der Intelligencija« selbst nur im Namen anderer, neu verkündeter Prinzipien erfolge. »Sie [die Vechi, K.S.] verurteilen eine Richtung des Intelligencija-Denkens im Namen einer anderen, *ebenfalls einer Intelligencija-Richtung*, nämlich wie wir jetzt sehen, genau jener typischen Intelligencija im alten, von ihnen abgelehnten Sinn.«[72] Und an anderer Stelle fragt Miljukov polemisch: »Wer sind die Richter?«[73] Auch Arsen'ev fragt: »Im Namen wessen rufen die ›Vechi‹ zur Reue auf? Worin sehen sie den Stützpunkt, ohne den sich eine zähe und träge Masse nicht vom Fleck bewegen läßt, noch weniger aber eine lebendige, Widerstand leistende Kraft?«[74]

Diese Fragen werden innerhalb der »Vechi«-Kontroverse nicht entschieden oder eindeutig beantwortet. Die »Vechi« hatten die Krise der alten Intelligencija und die Anfänge einer neuen intellektuellen Kultur nur signalisiert. Die Mehrheitsverhältnisse in der Diskussion selbst, die entschiedene Ablehnung zeigten an, daß es, wie Tugan-Baranovskij sich ausdrückte, für ein »Begräbnis der Intelligencija«, dieses »Ergebnis unserer gesamten geschichtlichen Entwicklung nach Peter«, noch zu früh war.[75]

Die denkbar stärkste Unterstützung für die Fortexistenz der »kulturellen Kategorie« Intelligencija kam ohne Zweifel von seiten der Despotie, der sie spiegelbildlich als radikale Opposition gegenüberstand. Die Situation blieb bei allen Veränderungen doch so, »daß die Intelligencija in einer Atmosphäre des Wartens auf ein soziales Wunder, auf einen allgemeinen Kataklysmus, in einer eschatologischen Stimmung lebt«.[76] Das »soziale Wunder« kam.

»Iz glubiny« 1918
Intelligencija-Geist und die Geister der Revolution
Revolution als Apokalypse und Katharsis

»De profundis clamavi ad te, Domine« – »Aus der Tiefe rief ich, Herr, zu Dir«, heißt es in Psalm 129, und aus der Kirchensprache stammt auch der Titel des im Herbst 1918 in Moskau fertiggestellten Sammelbandes »Iz glubiny – De profundis«. Peter Struve, vom gegenrevolutionären »Rat der Freiwilligen Armee« im Süden Rußlands auf dem Pferd nach Moskau zurückgekehrt, ergriff im Frühjahr 1918 die Initiative zur Herausgabe des Bandes, an dem die Mehrheit der »Vechi«-Autoren – Berdjaev, Izgoev, Bulgakov, Struve, Frank – sowie sieben weitere angesehene Professoren und Publizisten mitwirkten: Askol'dov, Vjac. Ivanov, Kotljarevskij, Murav'ev, Novgorodcev, Pokrovskij.

Der Band, dessen Beiträge zwischen April und August 1918 verfaßt wurden, konnte im Moskau des Herbstes 1918 nicht erscheinen – auf das Attentat der Dora Kaplan auf Lenin folgte eine Welle des Terrors – und blieb bis 1921 in der Druckerei liegen. In diesem Jahr druckten Arbeiter der Kušnerev-Typographie den Band, und er zirkulierte in nur ganz wenigen Exemplaren.[77] Er ist also das Zeugnis einer Selbstverständigung von Menschen, die zum Schweigen verurteilt waren, ein buchstäblich ungehörter Schrei aus der Tiefe des Untergrunds. Es muß den Autoren bewußt gewesen sein, was es bedeutete, in so großer Nähe zu den Ereignissen, im Angesicht des Feuers zu schreiben, denn einer läßt seinen literarischen Helden sagen: »Es ist schwierig, Zeitgenosse großer Ereignisse zu sein, Gast beim Mahl der Götter, doch uns, die Auserwählten, müssen die Generationen, die in einer ruhigeren Epoche gelebt haben, beneiden.«[78] Es ist die Perspektive von einem untergehenden »Atlantis« aus.[79] »Wenn wir, die Zellen dieses einstmals mächtigen, heute im Todeskampf liegenden Staatskörpers, physisch und moralisch noch am Leben sind, dann in erster Linie aufgrund der Zähigkeit, die auch im Sterben noch eine Weile glimmt und selbst im schon toten Körper noch wirkt.«[80]

»De profundis« bezeichnet aber auch den gedanklichen Ausgangspunkt. Nicht mehr, wie in den »Vechi«, soll die Persönlichkeit den Kontrapunkt abgeben, sondern »die Überzeugung, daß die positiven Prinzipien des gesellschaftlichen Lebens verankert sind in den Tiefen des religiösen Bewußtseins und daß die Auflösung dieser grundlegenden Bindung ein Unglück und ein Verbrechen ist. Als einen solchen Bruch empfinden sie [die Autoren, K.S.] den unvergleichlichen moralisch-politischen Zusammenbruch, der unser Volk und unser Staatswesen heimgesucht hat«.[81] Aus der Perspektive »De profundis« vollendet sich jene Entwicklung, vor der in den »Vechi« gewarnt, die aber nicht ernstgenommen wurde: der Triumph der russischen Intelligencija in der Revolution. »Wenn vor einigen Jahren jemand den Abgrund vorhergesehen hätte, in den wir jetzt gestürzt sind und in dem wir hilflos zappeln, kein Mensch hätte ihm geglaubt.«[82] Aber in dieser Radikalisierung sind nach Berdjaev auch neue Einsichten möglich. »Heute würden die ›Vechi‹ in weiten Kreisen der russischen Intelligencija nicht auf eine so unverhohlene Feindschaft stoßen wie damals, als der Sammelband erschienen war. Heute beginnen sogar jene die Wahrheit der ›Vechi‹ anzuerkennen, die das Buch seinerzeit geschmäht haben. Nach den diabolischen Geschehnissen der Revolution erweist sich die russische revolutionäre Intelligencija schon nicht mehr als so sakrosankt.«[83]

Das große Thema lautet: Die Intelligencija hat erreicht, was sie wollte und was sie vermochte – die Zerstörung des alten Rußland. Doch mit dieser Zerstörung erledigt sie auch die Idee und Ideologie, unter der sie angetreten war. In dieser Zerstörungsarbeit liegt der höhere Sinn einer Katharsis, für eine Wiedergeburt und einen Neuanfang. Wenn all dies über weite Strecken in der Sprache der Apokalypse beschrieben wird – Rußland als die Arena des Kampfs zwischen Gut und Böse, als die Ankunft des Antichrist in Gestalt Lenins,[84] als »katastrophischer Übergang von der ehrfurchtsvollen Respektierung des Transzendenten zur nihilistischen Rebellion gegen das Transzendente«[85] – dann nicht nur, weil dies die Sprache von Religionsphilosophen ist, sondern auch, weil es jede andere Sprache – die des Historikers oder Soziologen etwa – in so großer Nähe zu Ereignissen von »biblischem Schrekken« schwergehabt hätte.[86]

Es waren ja nicht nur »an und für sich« bewegende, erschütternde, entsetzliche Ereignisse, sondern alles, was sich ereignete, war in eine Flut von Proklamationen, Kommentaren, Dekreten, Rechtfertigungen getaucht, und es war wohl nicht immer leicht, zu unterscheiden: Was war Mob und was Proletariat? Wo wurde »expropriiert« und wo einfach geplündert? Worin zeigte sich der Unterschied zwischen der neuen Macht mit ihrer Zensur und der Illegalisierung der Parteien und der alten Macht – außer in der Selbstdeklaration? Von welchem Recht konnte überhaupt die Rede sein, wo das »revolutionäre Volk«, der Nächstbeste, kraft »Bewußtsein« und Willkür Recht setzte? Alles Beschreiben im ersten Jahr der Revolution mußte unter dem Schock eines anarchischen Ausbruchs stehen, ja unter der Angst um Hab und Gut und physische Unversehrtheit.

Struve hatte in den »Vechi« bereits bemerkt: »Die Intelligencija hat in den Volksmassen nur aufrührerische Instinkte vorgefunden, Stimmen, die in der Ferne zu einem gewaltigen Stimmengetöse zusammenflossen. Anstatt dieses Getöse in systematischer Erziehungsarbeit in bewußte und artikulierte Töne der nationalen Persönlichkeit umzuformen, hat sich unsere Intelligencija mit ihren knapp angelesenen Formeln an diesen Stimmenorkan angehängt. Als der Orkan dann mit Naturgewalt losbrach, blieben die Formeln in der Luft hängen.«[87] Ihre Chance war nun gekommen. Alle Erklärungen, daß der katastrophische Verlauf der Revolution aus der Zurückgebliebenheit des Volkes, aus mangelnder Vorbereitung und so fort resultierte, lassen die Autoren nicht gelten.[88]

Die Revolution konnte sich entfalten, weil zwei Bewegungskräfte aufeinandergetroffen waren und sich gegenseitig vorangetrieben hatten. »Die Erscheinung der russischen Revolution erklärt sich durch das Zusammenfallen einer grundverkehrten ideellen Erziehung der russischen Intelligencija, die sie während des 19. Jahrhunderts erhalten hatte, mit dem Zusammenwirken des großen Weltkriegs auf die Volksmassen: Der Krieg versetzte das Volk unter Bedingungen, die es besonders empfänglich machten für die demoralisierende Predigt der Intelligencija-Ideen.«[89] Nun erwies sich der einst in Ohnmacht gestählte Kern als entscheidender Faktor. »Die Revolution ereignete sich in dem Augenblick, in dem das Volk der Intelligencija folgte ... Der Weg, den das Volk beschritt, war ihm von der Intelligencija gezeigt worden. Und daran, daß die Revolution eine solche Form angenommen hat, sind nicht allein die Bolschewiki schuld, sondern die ganze Intelligencija, die sie vorbereitet und inspiriert hatte.«[90]

Was früher einmal als Komplex der »Intelligencija-Weltanschauung« und Intelligencija-Praxis beschrieben wurde, kann nun wirksam werden in der Radikalisierung der Bewegungen, der die Intelligencija die Wortführer und Organisatoren zur Verfügung stellt – dies alles vor dem Hintergrund einer allgemeinen Demoralisierung und Verrohung durch den Krieg, einer Staats- und Rechtsmüdigkeit. Die Intelligencija fungiert als die Kraft oder doch zumindest als der Verstärker der Desintegration. »In dem, was geschah, ist charakteristisch und wesentlich die eigentümliche Verbindung von einerseits maßlosem rationalistischem Hochmut eines verschwindend kleinen Häufleins von Führern und von andererseits entfesselten Instinkten und Begierden einer undefinierten Menge von Menschen, der Massen.«[91]

Es ist das Zusammentreffen zweier Kulturen in einer Krisensituation, die Krise ist der Ort, an dem endlich die furchtbare Trennung zwischen Intelligencija und Volk für einen Augenblick verschwindet. Was immer die Intelligencija unter »Sozialismus« verstanden haben mag, was immer die »Massen« nun darunter verstehen – das eine wird zur Rechtfertigung des anderen und das andere zur orkanartigen Gewalt, die der Idee vorwärtshilft, weil es nichts mehr »dazwischen« gibt: keine strukturierte Gesellschaft, keine Öffentlichkeit von Gewicht. »Uns hat namentlich die Entfesselung der Leidenschaften durch die Einimpfung des Gifts des Sozialismus umgebracht, das künstliche Anheizen der Leidenschaft bis zur fanatischen Raserei und Besessenheit und die künstlich geschaffene moralische und rechtliche Atmosphäre, die ihnen Freiheit und Straflosigkeit gewährte.«[92]

Die Ideen spielen »die Rolle zufälliger Verschönerungen, ornamentaler Aufbauten über den zerstörerischen Instinkten und Leidenschaften ... Die Sozialisten (Kommunisten) wünschten diese Instinkte und Leidenschaften für sich auszunutzen als Hebel für die Verwirklichung ihres Ideals, aber die Massen nahmen die Idee des Sozialismus als Sanktion ihrer Ambitionen und wollten diese keineswegs im Namen einer Idee beschränken.«[93] So wie die Dinge lagen, konnte aus der Verbindung von Zivilisation und Barbarei nur »nihilistisches Wildentum« hervorgehen.[94]

Im Verlauf der Revolution zeigen sich die Stärken und Schwächen des gesamten Intelligencija-Spektrums. Die Charaktermasken der Intelligencija sind Kerenskij und Lenin.[95] Zu verachten sei jene Sorte von Sozialisten, die nun »für sich die angenehme Rolle der Advokaten reservieren und für den Mandanten erleichternde Umstände herausholen möchten, indem sie auf jugendliche Unerfahrenheit und gute Absichten verweisen«, meint Izgoev, und aus seiner Sicht »müsse den Bolschewiki im Vergleich mit anderen russischen Sozialisten ein bedeutend höheres Niveau zugesprochen werden. Diese Leute hatten schließlich den Mut, ihre Ideen in die Praxis umzusetzen. Sie haben den Sozialismus in der Praxis gezeigt. Einen anderen kann es nicht geben.«[96]

Frank diagnostiziert die Überlegenheit eines »geradlinig auftretenden Nihilismus« gegenüber einem Liberalismus, der selbst von moralischem Sentimentalismus angekränkelt war und nur »logische Argumente« aufzubieten hatte, der »im Namen abstrakter moralischer Prinzipien an der Macht und der existierenden Führung herumkritisiert, jenseits einer lebendigen Vorstellung von den tragischen Schwierigkeiten und der Verantwortung, die mit jeder Macht verbunden sind«. Die Literaten waren außerstande, »jenes politische Pathos zu entzünden, welches die Anziehungskraft einer jeden großen politischen Partei ausmacht«.[97] Sie waren nur eine Art »Halbsozialisten«, die keine selbständige Kraft besaßen. Und »in Kerenskij, dieser zentralen Figur des Beginns der russischen Revolution, drückte sich die ganze ideelle Armseligkeit und die geistige Entwurzeltheit dieser Schicht der Gesellschaft aus, die der Träger des humanistischen Prinzips war«.[98]

Es steht für die Autoren des Bandes fest, daß die Intelligencija Zugang und Zuspruch im Volk nur finden konnte, weil die zentrale geistige Macht des alten Rußland, die Orthodoxe Kirche, ihr Schicksal mit der Autokratie verbunden hatte und aus einer einmal lebendigen Kraft zu einer Mumie geworden war. Sie, die bedeutendste Kraft der russischen Lebenswelt, war erloschen. »Das russische religiöse Bewußtsein hat sich schrittweise vom Leben und aus dem Leben zurückgezogen, lernte und lehrte Dulden und Leiden, aber nicht Lebenskampf und Schaffen; die besten Kräfte des russischen Geistes sind fortgegangen zum Leiden und Dulden, haben den Weg zu Passivität und tatenloser Träumerei gewählt. Und parallel dazu blieb die ganze aktive, schöpferische Energie des Willens der Nation in geistigem Dunkel, in moralischer Unterentwicklung, wurde zu einem Tohuwabohu aus schlimmen Leidenschaften und nutzloser und destruktiver Ideenspielerei. Der russische religiöse Geist hatte schon vor langer Zeit aufgehört, das Volk in dessen alltäglichem Arbeitsleben zu stärken, seine ökonomischen und rechtlichen Verhältnisse mit sittlichen Kräften zu versorgen. Und deshalb auch begann der im Grunde praktische Instinkt des Volkes sich von der geistigen Wurzel des Lebens loszureißen und sich mit dem Unglauben anzufreunden, mit einer bloß negativen Freiheitlichkeit, in der die Einheit von Denken und Fühlen« aufgelöst ist.[99]

Mit der Zersetzung und dem schließlichen Sturz der einstmals integrierenden staatlichen und geistigen Macht ist der Auflösung freie Bahn gegeben – ohne daß an die Stelle der alten integrierenden Staatlichkeit eine neue getreten wäre. So sehen es die Autoren im Sommer 1918. Nun bricht auf, was jahrzehntelang an Anomalien, Gebrechen, Barbarei verdeckt beziehungsweise in Schach gehalten worden war. »Die Revolution ist eine große Künderin, und sie hat nur das bekundet, was in der Tiefe Rußlands verborgen war. Die Formen der alten Ordnung unterdrückten die Auswirkungen vieler russischen Eigenschaften und hielten sie in Grenzen. Der Einsturz dieser hinfällig gewordenen Formen hat dazu geführt, daß der russische Mensch alle Hemmungen hat fallenlassen und nun splitternackt dasteht.«[100] Diese äußeren Formen zerfallen »unter dem Druck innerer molekularer Kräfte«.[101]

In der Revolution verschleißen sich nacheinander die Schichten des »Heiligen« – repräsentiert von einer religiösen Volkskultur – und dann die dünne Schicht des »Humanistischen«, die Formen der politischen Kultur, insbesondere das »Europäische«, bis schließlich das »Tierische« hervortritt. Die russische gebildete Gesellschaft, die über das »heilige Rußland«, das »es wirklich gegeben hat«,[102] nicht anders als ausgehend von dem, was sie an den ausländischen Universitäten gesehen hatte, zu urteilen pflegte, ist nun mit den Ergebnissen ihrer Zersetzungsarbeit an dieser jahrhundertealten Lebensordnung konfrontiert. Nun zeigt sich, daß sie nicht die Kraft ist, die das entstandene Vakuum füllen könnte.[103]

Eine in sich geschlossene Welt – sozial, kulturell, religiös – ist bis auf das Fundament niedergebrannt. Doch ist dies nicht nur der Zusammenbruch des alten Rußland, sondern auch der Zusammenbruch der Intelligencija-Weltanschauung. »In der russischen Wirklichkeit kam es zu einer Synthese von Ideen und Handeln. Die Idee wollte das Handeln lenken, doch die Praxis hat die Idee vernichtet. Die Idee hat sich in Rauch, in einen Traum aufgelöst. Geblieben ist eine Praxis ohne Idee. Anstelle der Intelligencija, die das Volk dem von der Vernunft suggerierten Ideal unterordnen wollte, war es das Volk, das die Intelligencija seiner unvernünftigen Praxis untergeordnet hat und deren Ideal an der konkreten Wahrheit hat in Stücke springen lassen.« Für die einen mag das als Zusammenbruch erscheinen, für andere dagegen ist dieser »Fall des Intelligencija-Traums nicht ein Verlust von Möglichkeiten, sondern im Gegenteil die Befreiung von etwas, was sie beschränkt und gefesselt hat«.[104]

Was die »Iz glubiny«-Autoren als Katastrophe beschreiben, ist für sie zugleich aber ein »Gesundungs«-, ein »Wiedergeburtsvorgang«. Die Revolution bekommt einen »Sinn« – sie hat in ihrer Zerstörungskraft gezeigt, was abgestorben und was lebendig war. Wiedergeboren werden, davon sind sie überzeugt, die Religiosität und die Kirche, die nun befreit ist aus der Bindung an den Staat und endlich an die Überwindung der Kluft zwischen Kirche und weltlicher Aufklärung gehen kann. Wiedergeboren wird die russische Staatlichkeit, und Struve ruft in seinem »Programm der geistigen, kulturellen und politischen Wiedergeburt« pathetisch aus: »Auf den Trümmern Rußlands, vor dem entweihten Kreml und vor den zerstörten Kirchen Jaroslavl's sagen wir jedem jungen Russen: Rußland ist es gleich, ob du an den Sozialismus, an die Republik oder an die Dorfgemeinde glaubst, doch es ist ihm wichtig, daß du seine große Vergangenheit in Ehren hältst und daß dir in Zukunft die Ehre des Sergij von Radonež, die Kühnheit des Metropoliten

Philipp, der Patriotismus Peters des Großen, das Heldentum Suvorovs, die Dichtung Puschkins, Gogols und Tolstois, die Selbstaufopferung Nachimovs, Kornilovs und all der Millionen russischer Menschen, Grundbesitzer und Bauern, Reicher und Armer, die unerschrocken, ohne Zaudern und ohne an sich zu denken, für Rußland gestorben sind, heilig sind.«[105]

Vielleicht war es dieser Ton »De profundis«, der es im Jahre 1921 erlaubte, das Buch zu veröffentlichen. Es ist das Jahr, in dem ein »Wechsel der Wegzeichen« innerhalb der Intelligencija manifest wird.

»Smena vech« 1921
Die alte Intelligencija und die Sowjetmacht

»Ich habe soeben die ganze Aufsatzsammlung [»Vechi«, K.S.] von der ersten bis zur letzten Seite noch einmal durchgelesen. Mit gespannter Aufmerksamkeit, manchmal mit Erregung. Ist das nicht seltsam? Nach zwölf Jahren!«, so fragt sich J.V. Ključnikov, der Autor des Einleitungsbeitrags zu dem Band »Smena vech«.[106]

Die Frage war berechtigt. Lag nicht zwischen »Vechi« und »Smena vech« ein ganzes Zeitalter von Blut und Tränen, Krieg, Revolution und Bürgerkrieg? Doch die Intelligencija gehörte selbst in der Emigrationsdiaspora von Prag, Berlin, Sofia, Charbin noch jener Öffentlichkeit an, die sich einmal in den »Vechi« manifestiert hatte. Vielleicht bildete die Erinnerung an den einstigen Diskurs für jene, die so weit ab vom Ort des Geschehens waren – »Smena vech« erschien in Prag – sogar die Basis für eine erneute Selbstverständigung.

Wenn die »Vechi« der imaginäre Bezugspunkt waren, so lagen die reellen Beweggründe für den »Wechsel der Wegzeichen« doch auf der Hand: Es ist zunächst und vor allem die kritische Situation, in der sich eine Emigration befand, die darauf gehofft hatte, das »bolschewistische Experiment« werde sich nicht halten, um dann in ein »drittes Rußland« zurückkehren zu können. Diese Hoffnung hatte sich als Illusion erwiesen. »Der Bürgerkrieg ist definitiv verloren«, schreibt Ključnikov an die Emigranten gewandt. Rußland geht längst seinen und nicht unseren Weg. Die Krise ist zu Ende. Die Lage hat sich stabilisiert. Entweder Sie erkennen dieses Ihnen verhaßte Rußland an oder Sie bleiben ohne dieses Rußland, weil es ein ›drittes Rußland‹ nach Ihren Rezepten nicht gibt und nicht geben wird.«[107] Jetzt, da die Sowjetmacht aus der Isolation heraustritt, von den europäischen Mächten zunehmend respektiert werden muß, von den Hafenarbeitern Danzigs gefeiert wird und in der ganzen Welt als Vorkämpfer der Kolonialvölker populär zu werden beginnt, nimmt sich die Emigration wie ein Anachronismus aus.

Das Leben der arbeitslosen, deklassierten und in einer fremden Umwelt lebenden Emigranten mit ihren Parteien und Institutionen hat etwas Gespenstisches und Bedrückendes. »Wie ein Geologe in den versteinerten Schichten die Spuren der Formationen verschiedener Epochen sucht, so kann man an den Schildern dieser Institutionen die verschiedenen Epochen des von so vielen Leiden geplagten Rußland rekonstruieren. Die Perioden sind Vergangenheit, doch die Institutionen und das Personal leben, oft nicht schlecht. Das ist ein Leben im Jenseits ohne jegliche Inspiration. Ein in der Geschichte bisher nicht dagewesener Anachronismus.«[108] Nur die Furcht vor Entwurzelung, Verzweiflung und drückendes Heimweh machen den Ton verständlich, in dem S.S. Potechin ausruft: »Es reicht! Wir gehören nicht hierher. Was zu Hause auch immer sei, wie schwer es uns dort auch immer werden möge, dort ist unsere Heimat ... Wir scheuen uns nicht, jetzt zu sagen: ›Auf nach Canossa! Wir haben Unrecht gehabt, wir haben geirrt.‹ Wir werden uns nicht fürchten, dies offen uns selbst und anderen einzugestehen.«[109]

»Smena vech« ist ein Zeichen für die Krise der Emigrations-Intelligencija, während die Umkehr der in Rußland verbliebenen alten Intelligencija längst vorher spruchreif geworden war – am sichtbarsten im Eintritt führender Köpfe der »militärischen Intelligenz« in die Reihen der Roten Armee bereits 1918. Also auch hier handelt es sich um ein Symptom von etwas, was bereits im Gange war.

Und doch ist »Smena vech« ein Markstein in der weiteren Auflösung der auf ihren Positionen beharrenden Intelligencija. »Ich habe mich an die ›Vechi‹ deshalb erinnert«, schreibt Ključnikov, »weil sie auch heute noch für ziemlich viele Leute Wegmarken sind. Ich habe mich an sie deshalb erinnert, weil ich unentwegt an ihre Gegner, die auch heute aktiv sind, denken muß. Genauer gesagt: Die ›Vechi‹ und alle ihre Gegner bildeten jene russische Öffentlichkeit, die gemeinsam und zur gleichen Zeit die große russische Revolution vorbereitet und sie bekämpft hat, an ihr teilgenommen hat und vor ihr geflohen ist, sie geführt hat, bis sie beiseitegeschoben wurde, und immer noch führen will. Oder noch anders ausgedrückt: Die ›Vechi‹ sind zusammen mit all den ›Anti-Vechi‹ die theoretische Vorbereitung des Mißerfolgs und der Verirrungen der großen russischen Revolution, sie sind ihre literarische Antizipation. Und umgekehrt: Alles Intelligenzlerische, das sich in der Revolution als überflüssig und morsch erwies und unter Qualen und Opfern beiseitegefegt wurde – das ist nichts anderes als die tragische Inszenierung unserer nicht bis zum Ende gedachten ›literarischen Meinungen‹ und unserer unausgetragenen Zirkelkämpfe im wirklichen Leben.«[110]

Viel schärfer als nach der Revolution von 1905 steht der Intelligencija jetzt, 1921, ein »titanischer Kampf um ihre Existenzrechte bevor oder ein Anfall solcher Verzweiflung und auswegloser Sehnsucht, mit denen verglichen die Verzweiflung der ›Vechi‹ nur die flüchtige Grimasse eines launischen Kindes sein wird. Aber danach wird es nur eines geben: den Tod.«[111]

In dieser Situation der Krise fordern die Autoren von »Smena vech« eine radikale »Umwertung«: die Anerkennung der Sowjetmacht.

Die »Vechi« hatten die Intelligencija im Grunde als »bolschewistisch« charakterisiert, im Bolschewismus triumphierte auch die russische Intelligencija. »Denkmäler wird man entweder niemandem errichten oder aber Lenin. Und dann wird endlich klar, daß die ganze russische Intelligencija als revolutionäre Kraft lebte und arbeitete, um Lenin hervorzubringen, zu erziehen und zu schmieden, um durch ihn hindurch die russische Revolution zuerst zu verwirklichen und dann zu überwinden. In Lenin erschöpft und überlebt sich die alte russische Intelligencija restlos. Nach ihm wird sie überhaupt zu existieren aufhören oder vollständig neu werden. Das letztere ist wahrscheinlicher. Lenin, das ist jener Preis, mit dem das neue Rußland erkauft wurde und mit ihm auch die neue russische Intelligencija.«[112]

Aber was hat die bolschewistische Intelligencija nicht innerhalb kürzester Zeit vollbracht! Rußland, früher die »Stütze aller Reaktionäre, internationaler Gendarm« ist zu einer Macht geworden, die weltweit Sympathien genießt, vor allem in der kolonialen und halbkolonialen Welt. Nach einem »Paradox der Geschichte erledigen die Internationalisten die Sache der Patrioten«, indem sie Rußland gegen Polen verteidigen; sie sind zu Verteidigern der »russischen Staatlichkeit« geworden. »Entgegen den Bannflüchen der Emigrantenpresse wird immer offensichtlicher, daß sie nicht als zersetzende Säure, sondern als Zement, nicht als zentrifugale, anarchische Kraft, sondern als zentralisierende, staatliche wirkt.«[113]

Ganz unabhängig von ihrer Gesellschaftskonzeption sind »die Kommunisten die Bannerträger des künftigen Lebens, die Herolde des offenen sozialen Kriegs geworden. Dafür haßt man sie, dafür liebt man sie. Dafür haßt und liebt man Rußland, das an der Spitze dieses Lagers steht, dem der Sieg beschieden sein wird, denn es ist die Zukunft, während das offiziöse Europa Vergangenheit ist. Aufs neue leuchtet das Licht aus dem Osten.«[114]

Der Bolschewismus erwies sich als der legitime Erbe des alten Regimes. »Die Erfahrungen der letzten Jahre haben mit grausamer Deutlichkeit gezeigt, daß von allen politischen Gruppen, die von der Revolution hervorgebracht wurden, nur der Bolschewismus ... die wirkliche russische Regierung stellen konnte ... Über dem Winterpalais, erneut erstrahlend im Glanz einer wirklichen Großmacht, flattert kühn die rote Fahne, und über dem Erlösertor, früher das größte Heiligtum der nationalen Geschichte, spielen die alten Glocken die ›Internationale‹. Das ist sicherlich seltsam und schmerzlich für Auge und Ohr und erzeugt ein unangenehmes Gefühl, doch letztlich stellt sich tief in der Seele unwillkürlich die Frage: Entstellt die Rote Fahne an sich das Winterpalais oder verschönt nicht eher das Winterpalais mit seinem Glanz die Rote Fahne? Entstellt die ›Internationale‹ mit ihren ruchlosen Klängen das Erlösertor oder beherrscht nicht das Erlösertor mit dem Geist des Kreml den neuen Sinn der »Internationale‹«?[115] Ähnlich Ključnikov: »Das weiß-steinerne Moskau mit seinen vierzig mal vierzig Kirchen – die Hauptstadt der III. Internationale. Der russische Patriarch – die Autorität für die westlichen Kommunisten, der jüdische Emigrant Trotzki, das Haupt und der Götze der stärksten und nicht weniger als früher Christus liebenden Armee der Welt.«[116] Die Sache der russischen Nation ist heute »nicht im ruinierten Rußland des ›Dritten Rom‹, sondern im Rußland der III. Internationale aufgehoben.«[117]

Die antibolschewistischen Kräfte begnügen sich zu lange mit Erklärungen, die gänzlich unangemessen sind. Die Sowjetmacht stützt sich eben nicht auf die »Macht der Bajonette«, sondern auf eine soziale Basis.[118] Nur eine solche Macht konnte sich gegen die konterrevolutionären Armeen, die Intervention, Hunger, Kälte und Desorganisation behaupten. »Von dem Augenblick an, da klar war, daß die Sowjetmacht Rußland erhalten hat, hatte sich die Sowjetmacht legitimiert, wie grundlegend auch immer die im einzelnen gegen sie vorgebrachten Beschuldigungen gewesen sein mögen. Ich verstehe überhaupt nicht, wie man von der ›Versklavung‹ des russischen Volkes durch die Sowjetmacht sprechen und glauben kann, daß das Volk genau jene ›demokratische‹ Ordnung haben will, die sich in Rußland nicht ein Jahr halten konnte und keinerlei Unterstützung durch das Volk gefunden hatte. Offensichtlich gingen hier die Erwartungen der Intelligencija und die des Volkes auseinander.«[119]

Die neue Macht ist ohne geschichtliches Vorbild. »Die Sowjetordnung, aus den Ruinen des russischen Imperiums entstanden, wie Pallas Athene in voller Rüstung dem Haupt des Zeus entsprungen, brachte alle Theorien durcheinander, die ganze Soziologie, die ganze Erfahrung der Intelligencija. Man war beleidigt wie von einem frechen Proleten, der in ein Arbeitszimmer einbricht, in dem überaus gelehrte Gespräche geführt werden … Man hat das Blut, den Terror und alle Gewalttätigkeiten, alle Fehler verziehen – doch nicht, daß es sich um etwas Neues handelte.«[120]

Die antibolschewistische Intelligencija muß endlich anerkennen, daß es sich im Oktober um eine »wirkliche soziale Revolution« handelte[121] und nicht bloß um eine neue Macht. Sie hat ein Fundament gewonnen: in der Bauernschaft, der sie mit ihrer Antikriegspropaganda den Weg aus der Armee nach Hause eröffnet und freie Hand bei der Umverteilung des Gutsbesitzerlandes gelassen hatte, und in der Arbeiterschaft, die selbst noch mit dem Dorf verbunden war. »Das kolossale Wachstum des staatlichen, nationalen, wirtschaftlichen und sozialen Bewußtseins der Volksmassen in Rußland in der Zeit der Revolution – das ist das unbestreitbar und unendlich Wertvolle, das uns die große russische Revolution gegeben hat, die in einem schmerzhaften Prozeß die mächtige soziale Basis des neuen Rußland errichtet.«[122]

Die »Smena vech«-Autoren möchten die Intelligencija dazu bringen, sich von ihrer »Metaphysik« der Revolution zu trennen und auf die wirkliche »Physik« der Revolution zu blicken. Es hat keinen Sinn, mit »vielleicht« und »wenn« zu operieren, auch wenn es den Zeitgenossen schwerfällt, den Sinn der großen Katastrophe zu erfassen.[123] Für die »Smena vech«-Autoren scheint festzustehen, daß die »Revolution an sich« zerstörerisch sein muß und die geschichtliche Katastrophe die Vorbedingung jeder gesellschaftlichen und kulturellen Wiedergeburt ist. »Jedes große historische Ereignis ist mit Zerstörung verbunden. Und allgemein gesprochen lebt die Kultur der Menschheit nur dadurch, daß sie fortgesetzt zerstört und erneut geschaffen wird, indem sie verbrennt und wiedergeboren wird wie der Phönix aus der Asche, indem sie ihre Geschöpfe verschlingt wie Saturn … Das alte Leben stirbt, doch fürchtet euch nicht – die neue Epoche wächst mit einem neuen Leben, mit einer neuen Kultur heran ...«[124]

Aber diese ganze Interpretation der Sowjetrevolution bildet nur den Hintergrund für das Hauptthema der »Smenovechovcy«: die Kritik an der antibolschewistischen Intelligencija, die in ihrem Widerstand fortfährt, obwohl sich die Bedingungen grundlegend gewandelt haben. »Nicht wir, sondern das Leben hat sich ›um 180 Grad‹ gewendet. Und um sich selber treu zu bleiben, müssen wir diesen Umschwung in Rechnung stellen. Das Predigen des alten Aktionsprogramms unter wesentlich neuen Bedingungen ist oft die allerschlechteste Form des Verrats an seinen eigenen Prinzipien ...«[125]

Ein eigentümlicher Frontwechsel hat sich vollzogen: Jene, die für die Zerstörung der Staatlichkeit kämpfen, erweisen sich nun als die Vorkämpfer. Die Bolschewiki sind zum harten Kern und Kristallisationspunkt einer neuen Staatlichkeit geworden. Und jene, die die Staatlichkeit gegen die Revolution verteidigten, spielen nun die verhängnisvolle Rolle, die Konsolidierung der neuen Macht zu sabotieren.[126] Die Smenovechovcy wenden sich an die antisowjetische und antibolschewistische Opposition, besonders die in der Emigration. In ihren Augen ist sie nicht nur zu einem Anachronismus geworden, belanglos für den Gang der Dinge in Sowjetrußland; sie spielt eine verhängnisvolle Rolle. »Im Namen der Überwindung des Extremismus verwandeln sie sich selber in Extremisten, nur in umgekehrte, und was noch schlimmer ist: der weiße Extremismus ist der barbarische Wunsch, daß von der Revolution nichts als Zerstörung übrigbleibt.«[127]

Unter der Losung »Schaden wir den Bolschewiki« werde Sabotage an den Lebensgrundlagen Rußlands betrieben. Die Armeen der Weißen haben die Infrastruktur, Städte, Eisenbahnen, Kulturdenkmäler zerstört – nur, um sie den Bolschewiki nicht in die Hände fallen zu lassen. Sie haben Flüchtlingsbewegungen zu verantworten – Hunderttausende, die nun ein elendes und hoffnungsloses Leben führen zwischen sozialer Degradation, Neurasthenie, Prostitution. Sie spielen mit Anarchie und Chaos, obwohl sie wissen, daß dann – nach einem Sturz der Bolschewiki – »der Granit der Neva-Kais in Staub zerfällt« und der russische Staat endgültig »bis auf die Fundamente dahinschmelzen wird«.[128] Sie liebäugeln mit den Kronstädter Matrosen und den Banden Machnos, obwohl ihnen bekannt ist, daß diese weit »links« von den Bolschewiki stehen und Machno ein bekannter Antisemit ist.[129]

Die weiße Emigration schweigt über die Pogrome und Massaker auf der Seite der Weißen und ist bereit, selbst mit dem Teufel zusammenzuarbeiten, um ihr Ziel zu erreichen, auch wenn dabei die Unabhängigkeit Rußlands geopfert und Rußland in eine Kolonie zurückverwandelt wird. Eine ganze Karawane des Antibolschewismus hat sich nach Warschau in Bewegung gesetzt, um Piłsudskis Kampf gegen Rußland zu unterstützen. Die Kritik der Smenovechovcy richtet sich aber vor allem an eine Intelligencija, die die Revolution im Stich gelassen hat. »Wenn die Intelligencija mit der Sowjetmacht zusammengearbeitet hätte, hätte es ... lange keinen Terror gegeben, und niemals hätte der Terror solch furchtbare Formen angenommen, wenn der Bürgerkrieg nicht gewesen wäre.«[130]

Es wird nun offensichtlich, daß nicht der »übertriebene Revolutionismus« Rußland zugrundezurichten droht, sondern eine Haltung und Praxis, wie sie seit jeher an der Intelligencija kritisiert worden waren: Maximalismus, Warten auf ein soziales Wunder, Programm-Fetischismus, Prinzipienreiterei, Staatsfeindlichkeit, Egozentrik, Besserwisserei, Unfähigkeit zu solider fachlicher Arbeit.[131] Dies sind die Stichworte der alten »Vechi«-Kritik an der Intelligencija. »Smena vech« wendet sie nun gegen die Autoren der »Vechi« selbst. In Wahrheit bezieht sich die »Vechi«-Kritik auf die gesamte russische Intelligencija. Bolschewistische und antibolschewistische Intelligencija sind in den Augen von »Smena vech« »Fleisch vom Fleisch« der russischen Intelligencija, zwei Spielarten ein und desselben Intelligencija-Typs.

»Wenn wir nicht ein konkretes sozial-politisches Programm, sondern eine allgemeine Geisteshaltung der russischen Intelligencija und ihre Neigung zu einer spezifischen Art und Taktik im Auge haben, wie sie von den ›Vechi‹ herausgearbeitet worden ist – dann ist absolut unbezweifelbar, daß die russische Intelligencija in ihrem Wesen bolschewistisch war.«[132] Aus dieser Perspektive sind für Ključnikov die verschiedenen politischen Fraktionen nur Abstufungen des Temperaments, besondere Ausprägungen einzelner Charakterzüge des Typus Intelligencija. Das weltfremde Taktieren in der Emigration, die Verabredung imaginärer Bündnisse, das prinzipielle Insistieren auf dem eigenen Standpunkt – das ist die Fortsetzung eines politischen Stils, den die ›Vechi‹ bereits analysiert hatten. »Dies ist für mich der Bolschewismus eines starren politischen Immer-dasselbe-Denkens, eines fast besessenen Herumhackens auf einem Punkt, was immer auch geschehen ist und welche Mißerfolge es dabei auch gegeben haben mag.« Weit ab von der Realität baut man sich als authentischer Vertreter des Volkswillens auf. »Dort gibt es alles in seltenem Überfluß – sowohl die outrierte ›Prinzipienfestigkeit‹ ... als auch die Selbstverliebtheit, die keinen Anflug von Selbstkritik verträgt, die Selbstvollkommenheit und den Maximalismus in der Formel ›entweder wir oder niemand‹ und das Fehlen jeglichen Funkens politischer Disziplin.«[133]

»Die ›Vechi‹ hatten vollständig recht, wenn sie die russische Intelligencija als ihrer Natur nach maximalistisch, nihilistisch, revolutionär oder – mit einem zeitgemäßen Begriff – als bolschewistisch charakterisiert haben. In der Revolution trat folglich nicht der Kampf psychologischer Antithesen und Antipoden – Bolschewismus und Antibolschewismus – hervor, sondern der Kampf zwischen verschiedenen Typen und verschiedenen Schattierungen ein und desselben Intelligencija-Bolschewismus.«[134]

Nun, da der Geist der »Vechi« prinzipialistisch, maximalistisch und in Erwartung eines »sozialen Wunders« – nämlich eines Dritten Rußland – erstarrt und verharrt, wird deutlich, daß auch die »Vechi«-Kritik an der Intelligencija selbst noch der »bolschewistischen Geistesformation« der Intelligencija angehört hatte. »Jene sieben Autoren, die mit so großem Bedauern und Ärger die bolschewistische Natur der russischen Intelligencija festgestellt hatten, sind letztlich selbst keineswegs frei vom bolschewistischen Geist. Sie rufen zur Bescheidenheit auf, doch ist dies eine Bescheidenheit, die anmaßender ist als aller Stolz. Die Autoren der ›Vechi‹ sind sehr religiös und wollen, daß alle so religiös wären wie sie selbst. Folglich gibt es in ihnen nicht weniger psychologische Elemente des Bolschewismus, sondern eher mehr als bei anderen russischen Intellektuellen. So ist es auch tatsächlich. Nicht umsonst gibt es in unserem politischen Sprachgebrauch neben dem Terminus ›roter Bolschewismus‹ den Terminus ›weißer Bolschewismus‹. Der weiße Bolschewismus trat ins russische Leben durch die ›Vechi‹ wie der rote durch die ›Iskra‹ oder den ›Vpered‹ gekommen ist. Worin liegt der Unterschied zwischen beiden Bolschewismen? Nur in ihren Richtungen und ihrer Schattierung, aber keineswegs in der Spannung, keineswegs im Ton ihres Maximalismus, in ein und derselben Borniertheit und Berauschung an sich selbst. Es ist genau dieselbe Bereitschaft, Opfer zu bringen und Opfer zu fordern, genau dieselbe Gleichgültigkeit allem nur Relativen und Untergeordnetem gegenüber – das ist es, was ihre Seele ausmacht.«[135]

Richtig hatten, so stellt Ključnikov fest, die »Vechi« den Prinzipialismus und Absolutismus des Intelligencija-Denkens kritisiert, aber, so fragt er, sind sie nicht selbst auch davon betroffen? Sie hatten die Sucht der Intelligencija, den jeweils letzten philosophischen Schrei zu proklamieren, gegeißelt; aber ihre intellektuelle Biographie selbst ist markiert von immer neuen Prinzipienerklärungen: zuerst der Marxismus, dann der Idealismus, dann das »religiöse Bewußtsein«. War in ihrer ultimativen Aufforderung nach »Umkehr« nicht der von ihnen kritisierte moralistische Maximalismus am Werk? Was wollten sie der Intelligencija nicht alles für Rezepte vorschlagen, und waren nicht sie es, die von ihr die Orientierung auf die »universalen und nationalen Ideale« gefordert haben? Das alles ist »Bolschewismus, typisch russischer Intelligencija-Bolschewismus, in den verschiedensten Formen und Schattierungen in Erscheinung getreten«.[136] Nur hat die Fixierung auf die proklamierte Idee blind gemacht für das »reale Leben«.

An Struve gewendet, meint Ključnikov: »Sie sind gegen Intoleranz, outrierte ›Prinzipienfestigkeit‹ und Revolutionarismus ... Es ist nicht wahr, daß Sie für den Staat sind: Sie sind für *Ihre* Vorstellung vom Staat, für einen Staat, wie Sie ihn seit der Kindheit gewohnt sind. Sie gehören zu jenen, die die Blüte der russischen gebildeten Gesellschaft darstellen. Und mit dieser wiederholen Sie hartnäckig das törichte Märchen, daß ›alles Böse von einem Häuflein Menschen‹ ausging, die aus Zufall die Macht an sich gerissen haben ... Sie wollen, daß Rußland sich dem hohen und unbedingten Ideal, dem ›Nationalen und Universalen‹ widme. Wenn Sie nicht geblendet wären von Haß und nicht von der Vergangenheit in die Irre geführt würden, dann würden Sie – bei der Tiefe und Kühnheit Ihres Denkens – leicht anerkennen, daß namentlich dieses Ideal heute in Rußland Gestalt annimmt ... Nicht Ihre Wut und nicht Ihren Spott braucht Rußland heute, sondern Ihre Arbeit, die ihm, dem neuen Rußland, von Nutzen ist. Was brauchen Sie, um aus der Sackgasse herauszukommen? ... Sowohl sehr viel als auch sehr wenig. Sie müssen begreifen, daß sich eine Revolution vollzogen hat, und Sie müssen sie akzeptieren. Und wenn Ihnen dies glückt, dann werden Sie sehen, wie frappierend harmonisch sich alles, was Sie im Jahre 1909 taten, mit dem, was Sie am Ende des Jahres 1921 tun müssen, miteinander verbinden läßt.«[137]

Das »Wenige« – das ist der Akt der Anerkennung, daß die andere Seite näher am »Puls des wirklichen Lebens« war, eher die »Sprache des Lebens« verstand und sprach, über ein größeres »Wirklichkeitsgefühl« verfügte – alles Formulierungen der Smenovechovcy über den Bolschewismus. Es bedeutet, all jenes fallenzulassen, was sich in der Wirklichkeit nicht behauptet hat, was als »Rußland Unangemessenes in Flammen aufgegangen ist«.[138] Es ist gewissermaßen der Verzicht auf das Ideologische, Programmatische, das bloß im politischen Sinne Trennende, das Oberflächliche und Ephemere. Darunter würde dann aber das »Viele«, die wirkliche Kontinuität zum Vorschein kommen, und der Weg zur Arbeit mit der Sowjetmacht wäre frei – und gerade darin würde die alte Intelligencija sich dann treu geblieben sein. Über den Bruch, den die Revolution darstellt, und über die Fraktionszwistigkeiten hinweg, die sich bis zur Bürgerkriegsfront ausgeweitet und verschärft hatten, über diesen Bruch hinweg käme wieder eine Kontinuität zum Tragen, in der die besten Aspirationen der russischen Intelligencija sich ausdrückten. Das neue Rußland bietet für sie ein Feld – und Rußland braucht sie.

Die Smenovechovcy rufen die Intelligencija auf, mitzuwirken am staatlichen und gesellschaftlichen Aufbau, an der Entfaltung der Volksbildung, an der Rekonstruktion der Wirtschaft und der Industrialisierung. Die bolschewistische und die antibolschewistische Intelligencija kann sich gewissermaßen an jener Gruppe von Intelligenty orientieren, »die es als ihre Pflicht angesehen hat, als Hüter der vom Brand bedrohten Schätze russischen Geistes und russischer Kultur im Lande zu bleiben. Diese Menschen hatten es für notwendig gehalten, in der Nähe der russischen Museen, Bibliotheken, Laboratorien, Theater zurückzubleiben und sie im Falle der Gefahr mit dem eigenen Leben zu schützen, die Kontinuität russischer Kulturarbeit zu erhalten und den Stürmen zum Trotz die goldenen Fäden russischen Denkens und russischen Empfindens weitergesponnen zu haben. Dies ist«, so meint Čachotin, »der einzige Teil der russischen Intelligencija, der nicht geirrt hat, jener Teil, der den richtigen Weg beschritten hat. Ja, deren Verdienste vor der Heimat lassen sich in Zahlen nicht ausdrücken.«[139]

Die Intelligencija wird mitwirken an einer »Wiedergeburt des Landes«, sie wird alles tun, »um den für uns unumgänglichen und unausweichlichen Prozeß der wirtschaftlichen ›Amerikanisierung‹ Rußlands zu beschleunigen, um eine Rationalisierung der Arbeitsmethoden durchzuführen«. Es wird keine Rückkehr zur vorrevolutionären Parteienlandschaft, aber möglicherweise neben der Arbeiter- und Bauernpartei eine Vereinigung der werktätigen Intelligencija geben. Das »Gehirn des Landes« wird in der Überwindung der Krise und der Zurückgewinnung der Großmachtbedeutung Rußlands nicht beiseitestehen.[140]

Es kann kein Zweifel bestehen: Die Umrisse der »neuen Intelligencija«, wie sie den Smenovechovcy vorschweben, sind bereits einmal gezeichnet worden – in den »Vechi«. Es ist eine staatstragende, in den nationalen Traditionen verankerte, fachlich gut qualifizierte Funktionsintelligenz einer imperialen Großmacht, die, je weiter ihre Spezialisierung und Professionalisierung voranschreitet und je normaler ihre Arbeitsbedingungen geworden sind, keinen Anlaß mehr hat, zu »politisieren«. Die »Umkehr«, die im Jahre 1921 proklamiert wird, ist nichts anderes als das Zu-sich-selber-Kommen einer Intelligencija, der die Revolution nicht nur zu einer Einsicht, sondern auch zu einer anderen Stellung im Gesellschaftsganzen verholfen hatte. Ključnikov hat daher recht, wenn er bemerkt: »Die zukünftige russische Intelligencija, die aus der Feuerprobe der großen Revolution hervorgegangen ist, wird vermutlich genau so sein, wie sie die Autoren der ›Vechi‹ teilweise gesehen und teilweise gewollt haben.«[141]

In Lenin und in der russischen Revolution erreicht der »Intelligent« seine größte Wirksamkeit – und erlischt zugleich. Wenn es Lenin nicht gegeben hätte, »dann wäre sie, diese russische Intelligencija, in der nächsten Generation zum durchschnittlichen Kleinbürger, dem Antipoden der Intelligencija, entartet. Umgekehrt, da es nun einmal Lenin gegeben hat, er der anerkannte Führer der Revolution war und ihr zum Sieg verhalf, ist die Umwandlung der Intelligencija in Kleinbürgertum historisch nicht mehr möglich.«[142] Die Revolution erweist sich als die große Normalisiererin, indem sie die Intelligencija aus ihrer Zwangslage befreit, stellvertretend Hirn und Gewissen der Gesellschaft zu sein: »Im russischen Staatskörper wächst ein Rückgrat. Allzulange lebte Rußland, indem es sein Gehirn auf Kosten des Rückgrats entwikkelt hat. In einer unausweichlichen Reaktion wird heute das Gleichgewicht nach der anderen Seite hin gestört.«[143]

In unserer Darstellung ist die Intelligencija in eigener Sache noch einmal zu Wort gekommen. Der Blick richtet sich auf den gewaltigen Desintegrations- und Reintegrationsprozeß der russischen Revolution, in dem sich die Intelligencija als solche gleichbleibt, unter welchen Namen und Prinzipien sie auch antritt. Sie tritt bald auf im Namen der »Persönlichkeit« oder des »religiösen Bewußtseins«, bald im Namen von »Nation« und »Imperium«, bald im Namen der »Kultur« oder von »Sozialismus« und »Gesellschaft«. Die Dramatik des Diskurses – gleich, in welcher Runde wir uns befinden: 1909, 1918 oder 1921 – entginge uns, wenn wir den Ton des Prinzipiellen überhören würden. Welche Fraktion auch immer vor uns tritt, sie tut es in der Sprache der Prinzipiendeklaration, fordernd, beschwörend, in der gehobenen Tonlage des »wir müssen« und »wir sollen« – »Vechi« und »Smena vech« sind ja Aufrufe zu einer Umkehr, von den Direktiven der Bolschewiki gar nicht zu sprechen.

Es geht hier nicht um eine weitere Nuance »einfühlender Geschichtsarbeit«, sondern um eine Schlüsselfigur des Verstehens. Wo etwas gefordert wird, besteht ein Mangel an dem, was gefordert wird. Wer »Wir müssen« sagt, gesteht ein, daß etwas sich noch nicht von selbst ergibt. Und wo von etwas nur in »Prinzipien« gesprochen werden kann, ist dies das deutlichste Indiz dafür, daß es um reelle »Anfänge« noch schwach bestellt ist. Umgekehrt gilt: Was einmal kräftig ins Leben getreten ist, bedarf der Beschwörung nicht. Wo »Werte« praktiziert werden und zur integralen Lebensform geworden sind, bedürfen sie nicht forcierter Agitation und Propaganda – diese deuten eher darauf hin, daß, je größer der Redeaufwand, desto schwächer die Sache ausgebildet ist, um die es geht.

Dieser Prinzipialismus wird nicht auf einen Denkfehler oder eine Bewußtseinsverfassung reduziert werden können. Denkfehler lassen sich durch Einsichten und Umorientierungen beheben, eine Geistesformation aber ändert sich erst in einer praktischen Umwälzung. Man kann es salopp so ausdrükken, daß man die Diskurse der Intelligencija über sich selbst erst versteht, wenn man sich die Situation des Baron Münchhausen hinzudenkt: sich am eigenen Schopf aus dem Sumpf ziehen zu wollen. Politisch und gesellschaftlich wirksam wird sie erst, als anderswo etwas in Bewegung kommt – es hing nicht von ihr ab.

Und selbst da geriet sie nur in neue Gefahr. Michail Geršenzon hatte in seinem Beitrag zu den »Vechi« geschrieben: »Eine Schar von Kranken, isoliert im eigenen Land – das ist die russische Intelligencija. Den Despotismus konnte sie weder aus eigener Kraft noch infolge der äußeren Umstände besiegen – ihre Niederlage war vorausbestimmt«, und schließlich: »So, wie wir sind, dürfen wir nicht im Traum an eine Verschmelzung mit dem Volk denken, wir müssen es mehr fürchten als alle staatliche Gewalt, und wir müssen die Staatsmacht dafür preisen, daß sie uns als einzige mit ihren Bajonetten und ihren Gefängnissen in Schutz nimmt vor der Wut des Volkes.« Und in der zweiten Ausgabe der »Vechi« erläuterte er: »Der Sinn meines Satzes ist der, daß die Intelligencija aufgrund ihrer ganzen Vergangenheit in eine unerhört furchtbare Lage geraten ist: Das Volk, für das sie gekämpft hat, haßt sie, und die Macht, *gegen* die sie gekämpft, erweist sich als ihr Schutzpatron, ob sie dies will oder nicht. ›Müssen‹ in meinem Aufsatz heißt soviel wie ›wir sind dazu verurteilt‹ ... Wir haben mit eigenen Händen und ohne es zu wissen diese Beziehungen zwischen uns und der Macht gewoben – darin besteht auch das Schreckliche, und darauf weise ich hin.«[144]

Man hat 1909 darin nur Panik und Hysterie gesehen, doch in Wahrheit führt der Satz ins Zentrum der Sache: die ohnmächtige, von allen Seiten angefochtene Stellung der Intelligencija in der Modernisierungsbewegung, von der die Revolution nur den orkanartigen Durchbruch darstellt. Wir müssen uns den Argonauten beigesellen und aufs offene Meer hinaussegeln.

Der historische Ort der Intelligencija-Diskussion: Rußland im Strudel der Zivilisationsdynamik

Die Krise der russischen Intelligencija rührt aus dem Zusammenfallen zweier Prozesse: der Konstitution einer Intelligenz modernen Zuschnitts und deren Überrundung durch die ganz anders geartete Aufstiegsbewegung der Massen, die dann ihre eigene Intelligenz hervorbringt. Das neue Selbstbewußtsein und das Bewußtsein von einem Ende, ohne daß von einer Spätzeit die Rede sein könnte, liegen in dieser Diskussion eng, oft fast ununterscheidbar beieinander. Die soeben gewonnene Autonomie der Intelligenz, die sich der Dynamik der Moderne verdankt, gerät unter Druck durch eine Massenmobilisation, die ihre Ursprünge nicht weniger in der modernen Zivilisation hat. Es ist die dramatische Situation des »Dritten Elements« zwischen der Revolution und einer Revolution gegen die Revolution.

Es ist die Autokratie selbst, die, um als moderne Großmacht bestehen zu können, das Land auf den Weg der Modernisierung bringt, und dann in immer stärkerem Maße die junge russische Fabrikanten- und Kaufmannsklasse. Das Land hat gesteigerten Bedarf an Verwaltungspersonal, es braucht Ingenieure und Techniker, Lehrer und Ärzte, Agronomen und qualifizierte Kräfte für den Handelssektor und die Banken und Versicherungen. Es braucht Wissenschaftler, die das Land aus der Abhängigkeit des Auslands lösen können. Es hat einen ungeheuren Bedarf für den Ausbau einer elementaren modernen Infrastruktur: Schulen, Eisenbahnen, Kraftwerke. Es hat aber auch schon einige Zentren, die reich genug sind, sich eine eigene Kultur leisten zu können mit eigenen Zeitungen, Theatern, Orchestern.[145]

Das Land beugt sich den Anforderungen der industriellen Revolution, lange bevor es vor der politischen kapituliert. Es ändert unter dem Druck der Konkurrenz, der effektiven und rationalen Produktion sein Gesicht – die Fabriken in den Städten –, aber auch seine Seele: Der industrielle Arbeitstag zersetzt den von Sonnenauf- und -untergang bestimmten natürlichen Arbeitszyklus; das Jahr zwischen Aussaat und Ernte gerät unter den Druck der Umschlagzeiten des Kapitals, die Oblomoverei hat im Kampf um die Existenz ihren unerbittlichsten Widerpart gefunden.

Die Entwicklung des Bildungswesens in den beiden Jahrzehnten vor dem Weltkrieg ist vielleicht keine Bildungsrevolution, sicher aber eine Bildungsexplosion.[146] In den Jahren um 1840 betrug die Zahl der Studenten jährlich 3000 (bei 40 Millionen Einwohnern), 1870 rund 5000 (bei einer Bevölkerung von 75 Millionen[147]). Im Studienjahr 1913/14 waren an den Universitäten bereits 35 700, an den Technischen Hochschulen des Ministeriums für Volksaufklärung 9 700, an den Instituten des Handels- und Industrieministeriums 17 600 Studenten eingeschrieben – faktisch jedoch bedeutend mehr, wenn man die Vielzahl privater Einrichtungen hinzunimmt.[148] Dies ist jedoch nur ein Teil derjenigen etwa 220 000 Abiturienten, die zwischen 1905 und 1913 das Reifezeugnis erhalten hatten.

Dies bedeutet zunächst, daß die Exklusivität des Studiums, wie sie für das 19. Jahrhundert charakteristisch war, verloren ging – sofern man das in einem Land sagen kann, in dem 1914/15 nur der fünfte Teil der schulpflichtigen Kinder (rund sieben Millionen) von der Grundschule erfaßt wurde, und wo rund 800 000 Kinder an weiterführende Schulen gingen. Besonders hohe Zuwachsraten wiesen die meist erst nach 1900 gegründeten Technischen Hochschulen und die Handelshochschulen auf. Die Hälfte der Gesamtstudentenzahl war auf die beiden Hauptstädte konzentriert – Moskau war 1912 mit seinen 9 390 Studenten die drittgrößte Universität der Welt.[149] Zu Beginn des 20. Jahrhunderts verschwindet die Kategorie des »ewigen Studenten«, auch wenn die Studienzeiten immer noch sehr lang sind.[150]

Mit dieser Verbreiterung der Studentenschaft geht eine Veränderung der sozialen Zusammensetzung der Studentenschaft einher. Der Typus des Studenten ändert sich. Von 1880 bis 1913 verringerte sich der Anteil der aus dem Adel stammenden Studenten von 23,3 Prozent auf 7,7 Prozent, der Kinder der Geistlichkeit von 23,4 Prozent auf 10,3 Prozent, während der Anteil der Kinder aus der Schicht der Ehrenbürger und der Kaufmannschaft von 9,1 auf 10,9 Prozent, der von persönlichen Edelleuten und niederen Beamten von 23,5 auf 28,3 Prozent, der der »Kleinbürger« von 12,4 auf 24,3 Prozent und der der Bauernschaft von 3,2 auf 13,3 Prozent stieg. Während die historisch-philologischen Fakultäten nach wie vor »in der Hand« von Adligen bleiben, werden Kleinbürger- und Bauernkinder an Technischen Hochschulen bald zur größten Gruppe.

Obwohl es der staatlichen Autorität nie gelungen ist, die Hochschulen und Universitäten zu befrieden, ergibt sich doch ein Meinungswandel innerhalb der Studentenschaft, von der die Autoren einer Enquete am Petersburger Technologischen Institut schreiben: »Die soziokulturelle Physiognomie der Studentenschaft hat sich in den letzten Jahren unzweifelhaft etwas geändert. Die ziemlich einheitlichen ›linken‹ Sympathien sind zerbrochen. Gewachsen ist die Zahl der parteipolitisch Neutralen. Die rechten Elemente sind aktiver geworden. Antisemitische und antifeministische Tendenzen sind stärker geworden. In der Realität geht eine ›Zersplitterung‹ der Studentenschaft vor sich ... Die früher die ganze Studentenschaft einigenden Losungen sind verblaßt. In ihrem Milieu tauchten neue Generationen mit neuen Stimmungen auf.«[151]

Doch die Studentenschaft bleibt insgesamt »links« – am deutlichsten bei jüdischen und kaukasischen Studenten sowie bei Studenten geistlicher, kleinbürgerlicher und bäuerlicher Abkunft.[152] Die Hälfte der Befragten hat das Studium gewählt, weil sie in diesem Beruf arbeiten wollen, rund 20 Prozent aus Ermangelung anderer Vorstellungen. Für über ein Viertel ist allerdings die Zukunft unklar. Am deutlichsten für ihren künftigen technischen Beruf entscheiden sich die Rechten, für eine künftige »gesellschaftliche Tätigkeit« votieren am stärksten die sozialdemokratischen Studenten.[153] Zu ähnlichen Ergebnissen kommt auch eine Umfrage unter der Münchner russischen Studentenkolonie, die wohl repräsentativ ist für die etwa 8 000 Auslandsstudenten. Dort heißt es: »Der Typus des alten Studenten, der noch unlängst im russischen Studentenmilieu vorherrschend war, besonders in seinem jüdischen Teil – dieser Typus verschwindet immer mehr, wird zu einer Ausnahmeerscheinung.«[154]

Intelligencija-Berufe werden zu »Massenberufen«. Wenn sich von Mitte der neunziger Jahre bis 1913 die Zahl der Studierenden an Hochschulen und weiterführenden Schulen (Mittelschule, Gymnasium, Kurse) verdreifacht hatte, dann hatte sich die der übrigen Intelligenz verdoppelt. Die Gesamtzahl der »Studierten« – und das umfaßt die Absolventen von Lehrerseminaren ebenso wie von Hochschule und Universität – betrug 1917 wohl zwischen einer und 1,5 Millionen Menschen.[155] Je breiter die Intelligencija wird, desto inhomogener und in sich widersprüchlicher wird sie. Deutlicher als früher treten die Differenzen zwischen »Hoch-Intelligenz« einerseits und der Masse der »Halb-Intelligenz« in Erscheinung. Deutlicher als früher zeigt sich die Vielfalt der Berufsstruktur, die unter dem Namen »Intelligencija« zusammengefaßt wird: Sie reicht von einer zunehmend diplomierten Beamtenschaft über Lehrer, Ingenieure, Ärzte, freie Berufe im Bereich von Handel, Presse, Kultur bis hin zur Geistlichkeit und zum »gebildeten Militär«, also dem Offizierskorps.

Eine Vorstellung von der Größenordnung des »gebildeten Standes« gibt folgende schematische Übersicht – trotz klassifikatorischer Fragwürdigkeit der Zuordnung im einzelnen.

1. Im Bereich der materiellen Produktion:
Ingenieure und Techniker: 4010; Veterinäre: 2902; Beamte der Eisenbahnverwaltung und Schiffahrtsgesellschaften: 23184; Beamte der Post und der Telegraphenämter: 12827.

2. Im Bereich der Kultur:
Schulbeamte und Dozenten: 79482; Privatlehrer an Privatschulen: 68173; Medizinisches Personal, Ärzte (darunter Militärärzte und Zahnärzte): 18802; einfaches medizinisches Personal (Feldscher, Apotheker, Hebammen): 49460; Künstler, Musiker, Schauspieler: 18254; Wissenschaftler, Schriftsteller: 3296.

3. Im Bereich des Staatsapparats und der Leitung von Industrie und Gutsbesitzerswirtschaft:
in den Organen der Zivilverwaltung: 151345; in Anstellung bei Unternehmern und Gutsbesitzern: 204623; beim Militär: 52471 (Generäle, Offiziere, Topographen, Angestellte der Militärkanzleien); Anwälte, Notare und deren Angestellte: 12473.[156]

Man kann den Prozeß der Expansion und der inneren Differenzierung an den einzelnen »Intelligenz-Kontingenten« beobachten.

Zunächst die Lehrerschaft als die größte Gruppe: Die Zahl der Lehrer der weiterführenden Schulen (Gymnasium, Progymnasium, Realschule, Frauengymnasium) verdreifachte sich von 1900 bis 1914 auf mehr als 37000 Personen.[157] Die Zahl der Volksschullehrer stieg von rund 60000 Anfang des Jahrhunderts auf etwa 128000 – wobei der Anteil der Lehrer mit Hochschulbildung in der letzten Gruppe gleich Null war,[158] also ein ungeheures Gefälle bestand zwischen Gymnasiallehrer einerseits und Dorfschullehrer andererseits.

Eine ähnlich scharfe Differenz läßt sich innerhalb der »medizinischen Arbeiter« feststellen. 1912 wurden fast 23000 Zivilärzte und 28500 Feldscher, also selbständig praktizierende »Arztgehilfen«, gezählt.[159] Am raschesten wuchs die Zahl der Ingenieure und Techniker – von 1900 bis 1917 wurden eineinhalbmal so viele Ingenieure ausgebildet wie in den vorangegangenen fünfunddreißig Jahren.[160]

Ein Indiz für das Wachstum der freien Berufe war die zunehmende Zahl der Anwälte – von 1830 (1892) auf rund 6000 (1916), unter Einschluß der Anwaltsgehilfen auf zusammengenommen 11800 mit Diplom versehene Anwälte.[161]

Den Kern der wissenschaftlichen Intelligenz, also Hochschullehrerschaft, Dozenten, Forschungsinstitute an etwa 110 Lehranstalten des Reichs schätzt Lejkina-Svirskaja auf etwa 6400 Personen.[162] Begleitet war diese Expansion der Sphäre der »gebildeten Stände« von einem Wachstum der Öffentlichkeit, die in den beruflichen, fachlichen und gesellschaftlichen Aspirationen dieser expandierenden und für die Industrialisierung so wichtigen Klasse ihr Fundament hatte und vielleicht erstmals eine Öffentlichkeit jenseits der offiziösen bildete. Wenn dieser Prozeß indes nicht automatisch zu einer in sich homogenen »neuen Intelligenz« führte, dann deshalb, weil er durchkreuzt war von gegensätzlichen Tendenzen.

Das erste ist die Bürokratisierung der Intelligenz oder die Akademisierung der Bürokratie. Ein großer Teil der Intelligenz, vor allem der höchstqualifizierten, wurde vom Staatsdienst absorbiert, die Expansion des Bildungswesens diente ja in erster Linie dazu, dem Staat qualifiziertes Personal heranzubilden. Der akademisch gebildete Teil der Beamtenschaft blieb nach wie vor der von Peter dem Großen eingeführten »Rangtabelle« zugeordnet. Große Teile der Ingenieure, Techniker, Ärzte, vor allem Juristen sowie die Hochschullehrer waren Staatsbeamte. Daher ist festzuhalten, »daß im Zarenreich vom akademischen Studium keine standesbildende Kraft ausging, daß mithin auch kein Akademikerstand mit eigenem Selbstbewußtsein, eigenen Verhaltensnormen und Wertorientierungen entstand. Auf den Dienstrang, nicht wie in Deutschland auf akademische Bildung war der gesellschaftliche Status gegründet.«[163] Dies führte dazu, daß die Spitzen der russischen Bürokratie zugleich über die am meisten qualifizierten Fachleute verfügten. Dies mag eine eigentümliche Dialektik nach sich gezogen haben: »In der Brust eines solchen Menschen leben wirklich zwei Seelen. Als Intellektueller ist er der Parteigänger der Freiheit des Forschens, als Bürokrat ist er der Prediger der offiziösen Wahrheit … Unter den gegenwärtigen Umständen führt das zu einer wirklichen Tragödie.«[164]

Der zweite Prozeß läuft auf die Auflösung der Intelligencija vom anderen Ende her hinaus und kann als Plebejisierung oder Proletarisierung gefaßt werden. Das überwältigende Kontingent der neuen Intelligencija-Kader wird vom »Halb-Intelligent« gestellt, der in seiner konkreten Situation häufig seinem Umfeld – als Lehrer, Arzt und so fort – nähersteht als der hochqualifizierten Spitze seiner Berufssparte, der gut verdienenden Minorität der Beamten und Spezialisten. Dies führt auf der einen Seite dazu, daß Rußland einen durchaus originellen, den Verhältnissen des Landes angemessenen Typus des Lehrers, Feldschers hervorbringt, der weit mehr in der Lage ist zu wirken als der Spezialist mit (ausländischem) Diplom, daß andererseits aber die Intelligencija in fast allen Zweigen außerordentlich zersplittert ist und wenig kollektives Standesbewußtsein entwickelt – vielleicht mit Ausnahme der Ärzte. Der Polarisierung, der die Intelligencija zwischen den Gesellschaftskräften ausgesetzt ist, entspricht eine innerhalb ihrer Schicht.[165]

»Die« Intelligencija löst sich zugunsten spezialisierter Intelligencija-Berufe wie Ingenieure, Techniker, Agronomen, Ärzte, Lehrer, Professoren auf. Nicht mehr die Ausbildung, sondern die Autokratie, die, obwohl sie die Entwicklung der Intelligenz forciert hat, zum Haupthindernis für eine normale Entwicklung Rußlands zum modernen Industriestaat geworden ist, einigt die Intelligencija zur Opposition. Es ist diese Negativbestimmung, die noch am ehesten geeignet ist, über die Differenzierungs- und Auflösungsprozesse hinweg ein gemeinsames Intelligencija-Bewußtsein zu konservieren.

Die Intelligencija ist ferner gespalten in zwei Öffentlichkeiten: eine allen gemeinsame kulturelle, die auch eine politisierende ist, und eine politizistische, die mehr partikular bleibt. Diese Trennung der Öffentlichkeiten nimmt so scharfe Formen an, daß der Eindruck entsteht, bedeutende Leistungen von Kunst und Wissenschaft ereigneten sich außerhalb der sogenannten Intelligencija-Öffentlichkeit, die eine sektiererisch begrenzte bleibt.

Von den anderen Spaltungen, die nicht zu übersehen sind, ist die regionale zu nennen, die zum Teil zusammenfällt mit der Unterscheidung der nationalen Kulturen und Intelligenzen – es gibt eine polnische, jüdische, lettische, kaukasische Intelligencija –, zum Teil mit den Zentren des geistigen Lebens – so eben Petersburg, Moskau, Odessa, Kiew, Riga, Warschau –, und nicht zuletzt die Spaltung zwischen »Inlands- und Emigrations-Intelligencija«. Bedeutsam in höchstem Maße ist die Kluft zwischen städtischer und dörflicher Intelligencija, zwischen hauptstädtischer und Provinz-Intelligencija.

Die Intelligencija ist vor allem die »exklusivste Blüte der Stadt«.[166] Dort konzentrieren sich – bei weitgehender Entblößung des flachen Landes – die Einrichtungen der Bildung, der Wissenschaft, Kunst, Verwaltung, Banken und Industrie. Allein in Moskau und Petersburg lebten 30,5 Prozent aller Ingenieure und Techniker, 45,8 Prozent aller Wissenschaftler und Schriftsteller, 30,7 Prozent aller Künstler und Schauspieler.[167]

Die Stadt ist das Terrain, auf dem der Einbruch der Moderne am schroffsten empfunden wird. In der Stadt taucht auch der Intelligent neuen Typs zum ersten Mal auf. »Neben der volksliebenden Intelligencija ist eine neue Intelligencija auf den Plan getreten, die das Volk nicht liebt, die sich selber liebt, sozusagen selbstgenügsam, die die Fragen der Kunst, der Philosophie und so fort rein an und für sich interessieren, ohne alle praktischen Schlußfolgerungen.«[168]

Wie wird dieser neue Typus beschrieben? Die »Vechi«-Autoren haben das Wesentliche über ihn schon gesagt: Er ist fachlich engagiert, er hat keine festen ideologischen oder moralischen Normen mehr, er denkt an die »normale« Existenz und deren Aufbau, er ist apolitisch. In gewissem Sinn hat der Schriftsteller Michail P. Arcybašev mit seiner Romanfigur »Sanin« der Zeit in übersteigerter Form den Typus des apolitischen, amoralischen, hedonistischen Menschen, »die Gestalt des ›neuen Menschen‹ gegeben; mit neuen Menschen beginnen bekanntlich neue Epochen. So ist es auch hier«.[169] Man lebt »irgendwie«, ohne eine bestimmte allgemeine Idee, wie es im »Sanin« heißt; die Intelligencija ist bestrebt, »sich als eine selbständige gesellschaftliche Größe zu konstituieren, sich freizumachen von der Ideologie der Volkstümler und Marxisten«.[170] Doch zeichnete sich nicht allein ein »Intelligent neuen Typs« ab, sondern auch eine völlig neue gesellschaftliche und kulturelle Situation, die allen tradierten festen Vorstellungen den Boden zu entziehen drohte.

Die aufmerksamen Beobachter der Zeit haben mit Begeisterung, aber auch mit tiefer Verunsicherung auf den Einbruch der Moderne reagiert. »Niemals zuvor, in keiner Gesellschaft war das geistige Leben so maßlos reich, vielfältig und bunt wie heute. Tausende von geistigen Strömungen – wissenschaftliche, philosophische, religiöse, ethische, ästhetische – pflügen ununterbrochen den Ozean der Gedanken nach allen Richtungen, sie stoßen zusammen, verstärken sich oder schwächen einander, zerlaufen oder vereinigen sich in mächtigen, alles verschlingenden Strömungen.«[171] »In den Wirbel dieser sich kreuzenden unzähligen Einflüsse, ins Zentrum dieses Wirbels ist der moderne Intelligent geworfen ... Die Seele des Zeitgenossen ist der Ort der Interferenz der verschiedenartigsten, ja widersprüchlichsten Einflüsse ... Der moderne Intelligent ist wie Faust, in dem nicht zwei, sondern viele Seelen wohnen, die nicht zueinander finden.«[172] Diese neue Entwicklung konzentriert sich an einem Punkt, in der Stadt. Sie ist der »Hauptknotenpunkt, in dem alle Fäden der modernen Kultur zusammenlaufen«.[173]

Die Stadt zeigt das neue Lebenstempo an. »Das städtische Leben ist ein ununterbrochenes Kaleidoskop: Menschen, Sachen, Ideen, Gefühle lösen sich ununterbrochen ab. Das Heute verdrängt das Gestern, um seinerseits als Gestern verdrängt zu werden. Die Zeit ist kurzatmig geworden, man hat angefangen, die Zeit durch das Vergrößerungsglas zu betrachten. Man kann nicht mehr sagen: ›O Augenblick verweile, du bist so schön‹, denn die Stadt kennt keinen Halt mehr. Wie ein Zug in der Nacht durch die Steppe rast, so stürmt sie voran in die Zukunft mit immer größerem Tempo. Das ganze Lebenstempo hat sich auf schreckliche Weise beschleunigt. Wir gehen schneller, wie sprechen schneller als früher. Das Tempo all unserer Bewegungen, unseres ganzen Lebensablaufs ist ins Unermeßliche gewachsen.«[174]

Über die Stadt, die Eisenbahnen, Telegraphen, Zeitungen, Telephone ist der Städter mit der ganzen Welt verbunden.[175] Die Stadt erscheint als eine künstliche und abstrakte Kristallisation, als eine »künstliche Welt« mit einer neuen Psychologie. Es ergibt sich eine radikale Horizontveränderung, in der es keine »natürlichen« Farben, Gerüche, Bewegungsformen mehr gibt. Der Städter und der »Städter par excellence«, der Intelligent, ist von der Natur losgerissen. »Natürlich ist die Emanzipation von der Macht des Landes noch eher eine Tendenz als eine vollendete Tatsache. Trotz all ihrer Erfolge ist die Technik bei uns bei weitem noch nicht vollkommen.« Dennoch verwandelt sich auch bei uns der Mensch in ein »künstliches Gewächs«, in dem noch die atavistischen Instinkte des Landbewohners lebendig sind.[176]

Doch diese »Künstlichkeit der Stadt« ist ihre erste Natur. Die Stadt wird zur »gigantischen Arche«, zur »Masse von kristallisiertem, unpersönlichem Geist«, zum »Triumph der ästhetischen Wahrnehmung«.[177] Die Stadt wird zu einem Ort der »Entsubstantialisierung«. »In der atomisierten Atmosphäre der modernen Städte verflüchtigt sich buchstäblich die Schwerkraft und Festigkeit der Existenz. In der Stadt fließt alles, in ihr gibt es kein Gefühl der Materialität, der Festigkeit des Seins. Die Stadt ist bis zum Extrem dynamisch.

Losgerissen von der Natur, verborgen hinter der steinernen Mauer der Häuser führt die Stadt ein abstraktes Leben. Im Gesichtsfeld des Städters – besonders des städtischen Intelligent – bleibt die Materialität des Seins unsichtbar. Die ganze vibrierende und bunte Lebendigkeit der Stadt wird zu einem gewaltigen energetischen Prozeß, der sich gleichsam im Nichts vollzieht, ohne sichtbaren Träger der Energie.«[178]

Die Stadt ist ein Ort der Traditionslosigkeit, wo die einst sinnstiftenden Ordnungsvorstellungen außer Kraft gesetzt sind. Hier wird die Frage nach dem »Sinn des Lebens« akut. »Die früher einmal klaren, alle zufriedenstellenden Formeln verlieren ihre Bedeutung. Für das unruhige, nach einer Behausung suchende Denken mutet seltsam an, was einmal Macht über Verstand und Herz der Menschen gehabt hat ... Es ergibt sich eine gewisse Sinnlosigkeit, und die zerstörerische Arbeit des Gedankens geht immer weiter, immer tiefer, immer neue Schichten erfassend – wenn sie in einer traditionellen oder dafür geschaffenen Mythologie keinen Halt findet.«[179]

Die Stadt ist ein Ort der unübersichtlich gewordenen Angebote an ästhetischen und materiellen Reizen, der Ideen und Ideologien, in der die traditionelle Moral nur noch ein Schattendasein führt. Es gibt alles: einen überfüllten Büchermarkt, eine Menschenmenge, die keine gemeinsame Herkunft mehr einigt und die atomisiert ist in der Jagd nach Erfolg. Sie ist der Ort eines erbitterten Existenzkampfs – auch und vor allem für den »Intelligent«. »Die kapitalistische Gesellschaft ist eine gigantische Arena des Kampfs zwischen Einzelindividuen, Gruppen, Klassen, Nationen und ganzen Rassen.« Man lebt in Angst und Schrecken als »schwaches menschliches Sandkörnchen angesichts des gigantischen Apparats einer kompliziert gewordenen Wirklichkeit.«[180]

Es sind die freien Berufe, die vom Existenz- und Konkurrenzkampf besonders betroffen sind. Sie stehen zwischen Börse, großer Fabrik, gigantischen Kaufhäusern und Arbeitergenossenschaften. Sie sind am meisten und am unmittelbarsten der neuen Nervosität ausgesetzt. Der »denkende Proletarier« überschwemmt den Markt, seine Arbeit wird entwertet.[181] Er empfindet am stärksten die Atomisierung seiner Lebens- und Produktionsweise, er leidet am stärksten unter der Beschleunigung des Produktions- und Lebensprozesses.

»Die Produktion von Ideen ist wie alle anderen Produktionsformen furchtbar intensiviert, amerikanisiert worden und fordert heute eine gewaltige Anspannung der Nerven. Um Erfolg zu haben, muß man sich eilen. Die langsame, auf ihre Gediegenheit achtende, künstlerische Arbeit paßt nicht in die Zeit. Der moderne Belletrist beispielsweise kann sich nicht mehr wie in der guten alten Zeit Jahre Zeit nehmen und sein Werk wieder und wieder umarbeiten, bis es ihm endgültig gelungen ist. Der Rat von Horaz an den Dichter – nonum prematur in annum –, sein Werk erst im neunten Jahr der Öffentlichkeit zu übergeben, hat jeden Sinn verloren, seit der Markt jährlich Zigtausende von Büchern und Zigtausende von Personen ausspuckt, ganze Regimenter, ganze Korps von Schriftstellern haben die Arbeit aufgenommen, um eine vielmillionenköpfige Leserschaft zu befriedigen.« Überall herrscht

Konkurrenz, Druck, Spekulationsfieber, eine Art Börsenagiotage. »Die gesellschaftliche Existenz ist pulverisiert, atomisiert.«[182]

Die neue Zeit ist die Zeit der Massenkultur, ausgedrückt in der Reklame, die nach dem Schockprinzip arbeitet, die den Skandal braucht – die Reklame als »Kind des Jahrhunderts und die Seele des modernen Kommerzes«. Sie zielt auf die Masse. »In der guten alten Zeit stand die Volksmasse abseits von solchen Operationen, die hauptsächlich in privilegierten Kreisen verbreitet waren. Doch im Maße der Demokratisierung der Gesellschaft, mit der Entwicklung von Lesen- und Schreibenkönnen und der Entwicklung der Presse, und das heißt auch der Reklame, wurde es möglich, auch die breiten Massen zum Kauf zu verleiten für das, was Betrüger zu bieten hatten.«[183]

Die Stadt ist der Ort der Anonymisierung und der Einsamkeit, und daß Eros und Tod zu Schlagwörtern der neuen Literatur werden konnten, hat darin seinen Grund.[184]

Hinzu kommt die Auflösung der politischen Ordnung. Auch nach der Niederlage der Revolution von 1905 konnte es keine Rückkehr zum Status quo ante geben. Zum ersten Mal gab es in Rußland legale Parteien und ein wie auch immer beschränkt agierendes Parlament, Formen politischer und gesellschaftlicher Organisationen, die die in Bewegung gekommenen gesellschaftlichen Interessen artikulierten. »Gesellschaft« löste sich erstmals aus Amorphität und Anonymität. Welche ungeheure Organisations- und Öffentlichkeitsarbeit spiegelt in der Zeit zwischen den Kriegen und den Revolutionen, was vorerst noch nicht dominant werden konnte, aber doch vorhanden war! Von den Zeitungen und Zeitschriften über die Aktivitäten der Akademikervereine, von der Genossenschaftsbewegung bis hin zu den Volksuniversitäten, von den Parteien der Duma bis hin zu den Expropriationsaktionen der Illegalen und der Entfaltung der Gewerkschaftsbewegung, ob von oben im Stile der Polizeiagenten Zubatovs oder von unten nach Art der Bolschewiki. Die Gesellschaft war zum Leben erwacht, und die alten Formen gesellschaftlichen und politischen Kampfs schienen endgültig überlebt.[185]

Der Normalisierungsschub, den selbst eine gescheiterte Revolution wie die von 1905 auslöste, stellte all jene Konzeptionen und Strategien und Organisationsformen, die der Zeit vor dem großen Sturm entstammten, vor eine Bewährungsprobe. Die Krise hat ein doppeltes Gesicht. Gewiß lösten die Verfolgungsmaßnahmen nach 1905 Demoralisierung und Flucht aus der Realität aus, doch weit mehr ging das Neue an die Substanz der traditionellen Ideologie- und Organisationsbestände: die Bewegung, die zu mächtig und vielschichtig war, als daß sie sich von kleinen Untergrundzirkeln noch hätte leiten lassen; der Markt von Ideen und Ideologien, auf dem man mithalten und überzeugen mußte, wenn man die Anhängerschaft nicht verlieren wollte; die Öffentlichkeit, die sich um die Konzepte von gestern nicht mehr kümmerte. Mit dieser Situation sind alle Parteien konfrontiert – und für einige erweist sich die Herstellung einer gewissen Normalität als bedrohlicher als die Fortsetzung von Illegalität und Verfolgung, in der sie gewachsen waren.

Nicht nur Massen waren in Bewegung gekommen, sondern das ganze

Reich: Zum ersten Mal stellte sich das Reich in seiner ganzen Vielgestaltigkeit dar, als das Sichtbarwerden eines zu vielen Kulturen fähigen Gebildes unterschiedlichster Nationen und Nationalitäten – aber auch als eine zentrifugale Gewalt, von der für den Bestand des Reichs die allergrößte Gefahr ausgehen konnte. Alles war unter dem Druck des zivilisatorischen Fortschritts in Bewegung gekommen, und die Frage lautete, wie darauf reagieren, wie ihn verarbeiten?

Nicht allen war die »Idee des katastrophischen Fortschritts« geläufig, die der Religionsphilosoph Vladimir F. Ėrn gegen den allgemeinen Fortschrittsglauben formuliert hatte. »Woher wissen wir«, fragte er, »daß es auch in der Zukunft Leben geben wird? Auf welcher Basis behaupten wir, daß sich die Vorgeschichte in die eigentliche Geschichte verwandeln wird? Wir können in Gänze alle Schemata des Marxismus über die historischen Entwicklungsgesetze akzeptieren, doch die Behauptung, daß die vorhandenen Lebenskräfte ausreichen würden, die Geschichte in die sozialistische Ordnung hinüberzutreiben, läßt sich aus diesem Schema überhaupt nicht ableiten. Wir kennen sowohl aus dem Leben der Natur wie der Geschichte zu viele Fälle, wo das Wachstum der Kräfte *nur bis zu einem bestimmten Punkt reicht*, und dann gehen die Kräfte zu Ende.« Aber den meisten stellte sich der zivilisatorische Progreß »so einfach, idyllisch und geradlinig dar, wie ihn sich das positive Verständnis denkt«.[186]

Man muß nur noch einmal die Vokabeln, in denen sich die Wahrnehmung vom Fortschritt niederschlägt, Revue passieren lassen – Abstraktwerden des Lebens, Entwurzelung, Beschleunigung der Zeit, Atomisierung der Arbeits- und Lebenssphäre, Traditionsverlust, Verlust fester vorgegebener Orientierungen, Eintreten der Massen in die gesellschaftliche Arena, »Künstlichkeit« des urbanen Lebens, Auflösung einer integralen Welt- und Lebenssicht durch zergliedernde Wissenschaft –, um zu sehen, daß die Zivilisationsdynamik als Motor und als elementare Bedrohung empfunden worden ist. Ambivalent und vielschichtig sind auch die Verarbeitungsweisen, in denen die russische Intelligencija sich zu behaupten versucht.

Eine grundlegende Bemerkung Berdjaevs, die sich sinngemäß auch bei vielen anderen Zeitgenossen findet, umreißt den Ort der russischen Moderne: »Jedes Volk lebt in jedem Augenblick seiner Existenz in verschiedenen Zeiten und Jahrhunderten. Doch es gibt kein Volk, in dem sich so sehr unterschiedliche Altersstufen miteinander verbunden haben, das das 20. mit dem 16. Jahrhundert zusammengebracht hat, wie eben das russische. Und diese Verschiedenaltrigkeit ist die Quelle für die ungesunde Lage und ein Hindernis für die Integrität unseres nationalen Lebens.«[187]

Die phantasievollsten, fähigsten und energischsten Köpfe der russischen Intelligencija haben sich – Pionieren gleich und ohne Rückendeckung – in den Raum hineingewagt, den die Moderne eröffnet hat. Sie gingen ihre eigenen Wege, mußten aber, nachdem sie sich vom Mutterland der überkommenen Traditionen abgestoßen hatten, Lösungen finden, die sie tragen konnten. Sie mußten Neuland unter die Füße bekommen. Der Glanz des »Silbernen Zeitalters« ist der Widerschein der Imagination und Verzweiflung derer, die im aufgewühlten Meer zwischen den Zeiten hin und hergeworfen die Richtung halten wollen und sich dabei nur an sich selbst halten können, da der Kompaß ausgefallen ist und die Sterne verblaßt sind.

Die *Vertreter der Künste* waren die ersten, die es nicht mehr hielt in einer Welt, in der zwischen dem Kanon der »Akademie der Künste« und dem Forderungskatalog einer »dem Volke dienenden« Kunst kein Raum war für die Kunst der Künstler, für eine Kunst, die sich emanzipiert hatte von der Vorherrschaft kunstfremder Kriterien. Die Freiheit, die die Kunst damit eroberte, erschloß ihr zwei bis drei Jahrzehnte unausgesetzter Entdeckungen. Sie hat die Möglichkeiten der Sprache erkundet und ist bis an die Grenze gegangen, an der sich Sprache in bloße Laute verwandelt. Sie hat die Schärfe des Realismus erprobt und zugleich erfahren, daß sich in Symbolen eine undurchsichtig gewordene Welt besser erfassen läßt als im noch so krassen Abbild. Sie hat aus dem Fundus der griechischen Dramen und aus dem Zeitungsjargon geschöpft. Ihr stand dank disziplinierter Schulung die gesamte europäische Kultur zur Verfügung, doch zu einer originären und originellen Leistung bringt sie es da, wo sie lernt, sich selbst auszudrücken als Repräsentanten einer Kultur, die einen reichen, bisher nicht erschlossenen Unter- und Hintergrund hat. Sie bricht zu den dörflichen Festen auf, sie entdeckt die vergessenen Rokoko-Parks in der Umgebung der Hauptstadt, sie taucht in die Welt der Fabriken und Slumstädte ein und sie bringt, an die Arbeit zurückgekehrt, etwas bisher Nichtgesehenes zustande: eine moderne Nationalkultur von ungeheurer Spannung und Breite, eine Kultur, in der sich die Jahrhunderte und die Kulturen kreuzen – Ikonenbild und Kubus, Schaubude und Phädra, neuer Klassizismus und Produktionskunst, Kammerspiel und Masseninszenierung. Sie erschließt sich das Reich der künstlerischen Imagination trotz der Zensur von oben und von unten und gegen sie.[188]

Erst mit dem Einbruch moderner Wissenschaft und Technik offenbarte sich die ganze Unendlichkeit, Armut und Bewegungslosigkeit des Imperiums, und überall da, wo Wissenschaft und Technik Stützpunkte errichteten, begann das Leben zu pulsieren: entlang der Eisenbahnen und in den Häfen, in den neuen Industrierevieren und in den Hauptstädten. Das Rußland im Aufbruch ist ein *Kontinent der Ingenieure*, der Techniker, der Baumeister, Organisatoren und Architekten, nicht zuletzt der Wissenschaft. Die industrielle Revolution setzt da ein, wo die europäische bereits angelangt ist: Im Rußland der Jahrhundertwende entstehen die größten und modernsten Fabrikanlagen auf dem Kontinent, die Haupt- und Gouvernementsstädte werden von einem Bauboom erfaßt. Erst jetzt, da das Land durch Eisenbahn, Brückenbau, Kanalsysteme zusammenrückt, wird es beweglich. Was im GOĖLRO-Plan sich an Wissenschaft, Organisations- und Ingenieurkompetenz zusammenfügt, bestand lange vorher, war aber blockiert durch eine schwerfällige Autokratie und durch ausländische Gesellschaften, die an einem starken und selbständigen Rußland nur begrenzt Interesse haben konnten.

In einem ganz buchstäblichen Sinne zieht die Intelligencija hinaus auf den »Ozean« eines immer noch »finsteren Dorfes«, das seine Unwissenheit und seine Not nun als Übel zu empfinden beginnt. Es ist der Strom der Abertausende von Mittelschullehrern und Kursistinnen in die Provinzstädte und von Abertausenden von Dorfschullehrern – alleingelassen und schlecht versorgt.[189] Der *Zemstvo-Intelligent* als Figur ist bereits der Pionier: der Agronom, der Feldscher, die Hebamme, der Dorflehrer, der Geometer ist der große Vermittler, den der Spezialist mit Universitätsdiplom nicht abgeben kann. Es ist oft der Zemstvo- und Dorfintelligent, der die Verbindung zur Welt draußen eröffnet, der zum Kristallisationspunkt für junge Begabungen wird und Hilfestellung gibt beim ersten Schritt heraus aus der Unmündigkeit. Es ist das Netz der Arbeiterkurse, der Volksuniversitäten, der Lesehütten, um das sich die aktivsten Elemente aus dem Volk gruppieren. Er hält die Stellung, beäugt von den kleinen und großen Beamten des Zaren, aber auch verachtet von jener »fortschrittlichen Öffentlichkeit«, der Kulturarbeit wenig galt, weil Politik ihr ein und alles war.[190]

Auch die Geburt des modernen russischen Denkens und die Blüte des *»neuen religiösen Bewußtseins«* haben in dieser Aufbruchsstimmung ihren Platz. Wie vieles daran auch Konjunktur und Mode war, der Kern dieser religiösen Renaissance war hart. Spätestens seit Solov'ev war deutlich geworden, daß die »historische Kirche«, die Orthodoxie ziemlich hilflos der sich ändernden Umwelt gegenüberstand und daß damit mehr als nur die Existenz einer ehrwürdigen Institution auf dem Spiel stand: eine jahrhundertealte, Tradition und Leitbilder stiftende Ordnung, die die Stabilität der sozialen Beziehungen mit sichern half, ging in Zersetzung über.

In der Erstarrung der Kirche, die ohnehin nie die aktive Rolle im weltlichen Leben gespielt hatte, wie wir dies aus der okzidentalen Welt kennen, deutet sich die wirkliche Katastrophe an: die Zersetzung der wichtigsten kultivierenden und zivilisierenden Kraft des vormodernen bäuerlichen Rußland. Die Philosophen des »neuen religiösen Bewußtseins« waren tief bestürzt, und all ihr Denken kreiste um die Frage, wie sich die Erfahrung der modernen Zivilisation mit der Orthodoxie, der Traditionsbruch mit der kulturellen Rolle der Kirche, westlicher Rationalismus und östliche Mystik in eine neue fruchtbare Verbindung bringen lassen könnten. Die Impulse für diese Arbeit kamen kaum aus der Kirche selbst, vielmehr standen die Philosophen des neuen religiösen Bewußtseins nach beiden Seiten unter Verdacht – von seiten der Kirchenhierarchie, die darin Häresie witterte, von seiten der fortschrittlichen Öffentlichkeit, die darin nur neuen Mystizismus sehen konnte.[191]

Mit der Entstehung eines modernen Presse- und Verlagswesens findet die Intelligencija ein qualitativ neues Verständigungsmedium. Die *Öffentlichkeit* mag sich wie ein Filigranwerk auf dem Riesenleib des Imperiums ausnehmen. Es waren die Verbindungslinien eines lebendigen Denkens einer in Bewegung kommenden Gesellschaft, in der einzelne und wenige ein um so größeres Gewicht haben konnten, als sie gewissermaßen verloren und frei in einem unstrukturierten, unkomplizierten, um nicht zu sagen amorphen Gesellschaftskörper agierten: Auch eine Gymnasiastengruppe im fernen Perm war bedeutsam, und Kasan war die Metropole einer ganzen Welt. Es hat vielleicht selten einen aufregenderen Ort für öffentlichen Diskurs gegeben als das Rußland im Umbruch.[192]

Wenn man all das zusammennimmt – eine überschießende Kunstszene, eine Technik- und Ingenieurwelt im Pionierzustand, eine breite Bildungsbewegung, die religiöse Sezession –, dann ist dies ein mächtiger Strom produktiver Energie, der vorläufig seine Grenze nur findet an einer immobilen Staatsordnung und an einer politischen Kultur, die sich aus der Fixierung auf diese Staatsmacht nicht lösen kann. Krieg und Revolution treffen Rußland in einer Phase schöpferischer Aktivierung, und von den »Vechi« bis »Smena vech« verläuft eine Linie, die Ausdruck dieses Impulses ist, wie immer die politischen Färbungen und Fraktionierungen sein mögen. So ist für Bulgakov in den »Vechi« klar: »Rußland braucht gesellschaftliche Aktivisten auf allen Arbeitsgebieten: auf staatlichem, um die ›Reformen‹ zu verwirklichen, auf kulturellem, um die Aufklärungs- und Bildungsarbeit in Rußland voranzubringen, auf dem Gebiet der Kirche, um die Kräfte der jungen Theologen, des Klerus und der Hierarchie zu stärken. Die neuen Menschen werden, falls es sie in Rußland geben wird, natürlich neue Wege gehen, um zu dienen, unabhängig von den schon existierenden Programmen, und diese Wege werden, so glaube ich, durch ihr selbstloses Suchen eröffnet werden.«[193]

Und nach der Revolution denkt Ključnikov in »Smena vech«: »Es kann überhaupt kein Zweifel bestehen, daß auch in Zukunft die russische Intelligencija verschiedene Meinungen haben wird … Im Gegenteil, sie wird mehr als je zuvor der Kreuzungspunkt der Ideen sein. Auf dem Gebiet der rein politischen Ideen trennt der Konservatismus, Liberalismus und der Revolutionarismus die russische Intelligencija notwendigerweise in drei Lager – und dies sind die im gesellschaftlichen Leben grundlegenden und unvermeidlichen drei Typen politischen Schaffens. Doch werden dies schon nicht mehr die Lager erbitterter Feinde sein. Dies werden die Lager von drei Armeen sein, die auf verschiedenen Wegen gegen den gemeinsamen Feind ziehen: gegen die Gebrechen und das Elend des sozialen Lebens … Die zukünftige russische Intelligencija, die aus der Feuerprobe der großen Revolution hervorgegangen ist, wird vermutlich genau so sein, wie sie die Autoren der ›Vechi‹ teilweise gesehen, teilweise gewollt haben.«[194]

Dies stimmt in einem überraschenden Ausmaß. Der bolschewistische Flügel der Intelligencija, die staatsfeindliche Kraft par excellence, erweist sich als der Kern einer neuen Staatsbildung – die Smenovechovcy vergleichen das mit dem Staatsgründungsakt der Waräger. Die Hauptstütze der Autokratie – die Armee – wird mit führenden Generälen, etwa der Hälfte des Offizierskorps, in die Rote Armee übergehen und aus den Roten Garden eine reguläre Armee bilden.[195] Für die neue Macht arbeiten herausragende Künstler der Avantgarde ebenso wie Vertreter des kulturellen Erbes, Proletkultler ebenso wie Aristokraten. Für den Plan der Elektrifizierung stellen sich jene Spezialisten zur Verfügung, die schon lange an dem Projekt gearbeitet haben. Die Bolschewiki finden an der Tatsache, daß Wortführer ihrer einstigen Gegner, ja militante und militärische Gegner der Revolution nun mit der neuen Macht zusammenarbeiten wollen, nichts Besonderes. In der Diskussion über

»Smena vech«, an der sich führende Vertreter der Sowjetmacht beteiligt hatten, fällt mehr als einmal die Bemerkung: »Wir wollen uns auf die lebendigen Kräfte des Landes stützen« – und dies sind die »parteilosen Massen« einerseits und die »zutiefst patriotischen Elemente« andererseits.[196]

Sie sind gerade deshalb wichtig, weil sie die »Quintessenz der Konterrevolution« darstellen, repräsentativ für breite Teile der alten Intelligencija.[197] Sie gelten, anders als Menschewiki, Sozialrevolutionäre und Liberale, die man als Fossilien bezeichnet, als lebendig und aktiv. Man bringt die Affinität zwischen den »vitalen Kräften« auf den Nenner: »Man muß bei den Weißen gewesen sein, um ein Roter zu werden.«[198] Mängel erweisen sich nun als Vorzüge. Der bolschewistische Publizist Nikolaj L. Meščerjakov gibt gerne zu, daß die »Smena vech«-Leute auf der Plattform der »Vechi« stehen, doch: »Diese Nähe in einigen Punkten hilft ihnen – auch wenn es paradox erscheint –, den neuen Übergang zu finden.«[199]

Auf diese Weise finden die durch die Revolution vorübergehend gespaltenen Kräfte einer »nationalen Wiedergeburt« gegen den als bürgerlich oder kleinbürgerlich verachteten Westen, dem die russischen Kataklysmen noch bevorstehen, zueinander. Es ergibt sich über die revolutionäre Zäsur hinweg ein neues Kräfteaggregat, das sich zusammensetzt aus Kräften der alten imperialen und der neuen revolutionären Staatlichkeit, der Bildungs- und Technikmobilisation, aus moderner Nationalkultur und sozialrevolutionärer Kunst. Diese Organizität ist nicht bloß eine Neukombination von Ideologien, sondern die Organizität vitaler Kräfte, Interessen und Ansprüche, die den Zivilisationsprozeß im Imperium tragen – vor und nach der Revolution. Doch kann diese Organizität nicht darüber hinwegtäuschen, daß andere Elemente dieses Prozesses, vielleicht die für die politische Kultur ausschlaggebenden, eliminiert wurden und eliminiert blieben: die Ansätze einer »Zivilkultur«.

Diese Zivilkultur hat ihre eigene Tradition, beginnend mit den Autonomieforderungen, die die russische Intelligencija – einzeln oder korporativ – an die Despotie richtet, und endend mit der Liquidierung einer im Zustand gesellschaftlicher Anomie erreichten und praktizierten Autonomie. Um welche Gesellschaften der Intelligencija es sich auch handeln mag: Die Pirogov-Gesellschaft der Ärzte, die Lehrerverbände, die Universitäten, die Theater, die Zeitungen, die Künste – die Forderung nach Autonomie wird von der alten wie von der neuen Macht als zersetzend und gefährlich empfunden und entsprechend verfolgt. Die Einmischung der Politik in eine Sphäre, die sich von den Vorgaben der Politik eben emanzipiert hatte, richtete sich nicht allein gegen die Führungen der Verbände und Organisationen, die meist in Händen konstitutionell-demokratischer, sozialrevolutionärer oder nur unpolitischer Kräfte lagen, sondern sie traf den Nerv, die Existenzbedingung einer modernen Intelligencija selbst.

Es gibt keine »Zivilkultur« an sich und in reiner Form, aber sie läßt sich doch beschreiben in einigen ihrer Züge. Es ist ihr selbstverständlich geworden, daß sich niemand in ihre Angelegenheiten einmischt. Sie ist weder zum Herrschen noch zum Dienen in der Lage, denn sie verkehrt unter »ihresgleichen«. Sie vertraut auf die Analyse, das Argument, nicht auf die Vorschrift oder den Zwang. Sie weiß, daß eine Gesellschaft, die sich des öffentlichen Nachdenkens beraubt, krank ist und nur noch tiefer in die Krise gerät. Sie hat ihren Ort zwischen Despotie und Ochlokratie, und sie wird von beiden als zersetzend empfunden. Die Anfänge einer solchen Zivilkultur bildeten den Lebensgrund des »Silbernen Zeitalters«, ihre Eliminierung den eigentlichen Beginn der neuen Epoche. Die Schwäche des zivilen Elements zwischen imperialer und revolutionärer Politik ist offensichtlich.

Geršenzon hat es in den »Vechi« ausgesprochen: »Es bedürfte in Rußland nur einer Handvoll ganzer Menschen mit einem entwickelten Bewußtsein, und der Despotismus wäre undenkbar.« Man muß sich hier nicht bei der »Handvoll« als einer Untertreibung aufhalten. Geršenzon hatte die Selbstbehauptung, den »Egoismus« der vielen im Auge. »Namentlich diese Kraft macht die westliche Bourgeoisie zu einem machtvollen unbewußten Instrument für Gottes Reich auf Erden.«[200] Doch diesen gesellschaftlich mächtigen »Egoismus« der Selbstbehauptung, der alle bloß politische Herrschaft entmachtet, gab es nicht – jedenfalls nicht als Kräfteaggregat, das eine zivile Gesellschaft hätte tragen können.

Die Anfänge einer zivilen Gesellschaft und einer zivilen Kultur gingen in der russischen Revolution unter, aufgerieben nicht in einem Bürgerkrieg, sondern zwischen zwei Herrschaftskulturen. Für die alte war der Zivilbürger ein gefährliches republikanisches Element, für die neue war er ein suspektes Mixtum compositum, unkontrollierbar, anarchisch, manchmal sogar ganz einfach »krankhaft« und unnormal im Unterschied zum »gesunden« Kollektivbewußtsein des »Volkes«.[201] In der extremen Polarisierung zerbricht die Öffentlichkeitsform, und für viele geht es ums nackte Leben. Der kostbare, in langen Jahren akkumulierte Fundus ziviler Kräfte wird aufgerieben, zerstört, in alle Winde verstreut. Es ist die Eliminierung der vitalen Kräfte – und nicht die Auswanderung von Kuponschneidern, Generälen und Gutsbesitzersfrauen – und die Eliminierung dieses Kerns, der eine tiefe Spur in die ganze nachrevolutionäre Konstitution Rußlands eingraben wird. Es waren unabhängige, unternehmerische, oft kreative Menschen, vor allem aus den freien Berufen, die das Land verließen – wenn sie nicht gar ausgewiesen wurden – und nicht mehr zurückkehrten. Sie mußten an anderer Stelle zeigen, was sie konnten und retteten so einen Teil der russischen Moderne.[202]

Es war vor allem der bolschewistische Flügel der Sozialdemokratie, der die Konstitutionsschwäche der zivilen Kultur in Rußland erkannt hat, auch wenn sie sogleich zur »bürgerlichen Intelligenz« und zur Intelligenz der russischen Bourgeoisie stilisiert wurde. Er hat sie bloßgestellt und gegeißelt. Am brillantesten Trotzki, der anläßlich der »Vechi«-Kontroverse schrieb: »Es wird Zeit zuzugeben, daß sich bei uns beschleunigt ein europäisches, kultiviertes Kleinbürgertum herausbildet – nicht als ›Stimmung‹, sondern als soziale Tatsache … Sie [die »Vechi«-Autoren, K.S.] haben sich selbst von Kopf bis Fuß abgetastet, und es gibt auch nicht eine einzige Geste, nicht die geringste Seelenfalte, die sie nicht mit verliebter Gründlichkeit autobiographisch festgehalten hätten. Die Religion – das bin ich! Die Kultur – das bin ich! Die Vergangenheit, die Gegenwart und die Zukunft – das bin ich!«

Trotzki sieht in diesem »Hochmut nur die Kehrseite ihrer sozialen Schwäche« und findet es bemerkenswert, daß sich dieses »Bacchanal der Selbsterhöhung« gerade nach der Revolution von 1905 abspielt. »So flackert jede Lampe heller auf, bevor sie erlischt ... Die Geschichte wiederholt sich nicht. Wie groß auch die Bedeutung der Intelligencija an und für sich gewesen sein mag, in Zukunft kann sie nur dienen und sich unterwerfen. Die heroische Stellvertretung gehört voll und ganz einer Epoche an, die in die Ewigkeit eingeht.«[203]

Aber auch Trotzki und die bolschewistische Intelligencija entgehen dem nicht, was sie nur an der Intelligencija vis-à-vis diagnostizieren: dem Hochmut als der Kehrseite sozialer Schwäche. Die Bolschewiki als eine Partei der professionellen Revolutionäre bestehen in ihrem energischen und führenden Kern aus »Intelligenty«. Lenin selbst ist ein »Intelligent vom Scheitel bis zur Sohle«.[204] Es gibt Parteigliederungen, die nur aus Intelligenty bestehen[205] und aus Ex-Arbeitern, der sogenannten proletarischen Intelligenz. Und es ist kein Zufall, daß die These, der Sozialismus sei in Wahrheit eine Ideologie der kommenden herrschenden Klasse der »geistigen Arbeiter« von einem russisch-polnischen Syndikalisten namens Vaclav Machajskij ausgearbeitet werden konnte.[206]

Die Hochschulen als Rekrutierungsfeld blieben immer unentbehrlich, selbst bei der Erstürmung des Winterpalais sollen gut 40 Prozent der Teilnehmer »Intelligenty« gewesen sein. Die sozialdemokratische Intelligencija war noch mehr als die anderen eine »Blüte der Stadt«, vor allem der großen Zentren. Und die führenden Ränge, die Kommandohöhen der neugebildeten Staatsmacht absorbierten den Führungskader zur Gänze.[207] Der Blick, den »Vechi« und »Smena vech« auf die bolschewistische Intelligencija geworfen haben, erklärt in vielem, warum sie zum »Sieger« werden konnte: Als radikale und fast spiegelbildliche Gegenorganisation zur staatlichen Gewalt wurde sie zur Hauptkraft der Destabilisierung und der Mobilisierung der im Krieg mobilgemachten Arbeiter- und Bauernsoldaten. Als Parteiorganisation neuen Typs konnte sie zur Kristallisationsform der neuen Macht werden.

Die bolschewistische Partei ist der andere Weg zur Macht – für eine Intelligenz, die das Talent hatte, etwas zu werden, der aber der Weg versperrt worden war. Und sie ist auch der Weg für jene Nachdrängenden und Nachrückenden, die dann die »alte Führungsgarde« aus dem Weg schaffen werden. Wenn die Partei-Intelligencija indes nur einen scharfen Blick für die Gebrechen der »anderen Intelligencija« hat, ja sich selbst kaum als Intelligencija wahrnimmt, dann hat auch dies seinen Grund. Das Reden der Partei-Intelligenz von sich als Partei ist nicht einfach »falsches Bewußtsein«, sondern gibt exakt wieder, was geschehen ist: die Bewußtseinsform der auf Organisations- und Funktionärsintelligenz reduzierten Intelligencija.

Vieles, was an der Geistesformation der Intelligencija von den »Vechi« kritisiert worden war, kehrt als Geistesformation der Partei wieder. Wenn diese indes nicht bloß als intellektuelle Deformation, sondern, wie Trotzki richtig gegen die »Vechi« anführt, als Korrelat einer praktischen Konstitution verstanden werden soll, dann kann auch dies nur bedeuten: die Beschwörung der »Prinzipien des Sozialismus« heißt dann eben, daß die Intelligencija ihn nur als »Prinzip« benennen kann. Die Diktatur ist dann das im übrigen explizite Eingeständnis der Stellvertretung für eine Klasse, die es entweder nur noch marginal gibt oder die sich als nicht reif für die Machtausübung erweist. Das Reelle an dieser Bewegung liegt außerhalb von »Prinzipien«: Der Weg eines Teils der Intelligencija nach oben, in die Kommandohöhen; der Weg vieler Arbeiter in Stellungen, in denen sie aufhören, Arbeiter zu sein; und der Weg von noch mehr Bauern heraus aus der Rolle der Habenichtse in die von Klein- und Kleinsteigentümern. Es ist die Fortsetzung der sozialen Aufstiegsbewegung in Rußland – nur über andere Bahnen und Kanäle als vorher.

Die alte Intelligencija leuchtete noch einmal auf in der Revolution, obwohl sie als »kulturelle Kategorie« bereits vor der Revolution in Auflösung begriffen war. Die Expansion von Bildung, die Spezialisierung und Professionalisierung und eine von einer gewissen Normalisierung beförderte Entpolitisierung zersetzten den Typus des eher elitären, engagierten, vielfach interessierten und oft überaus gebildeten, dilettierenden Intelligent der Vorrevolutionszeit. Es ist in erster Linie das Ancien régime, das diesen Typus nicht zu einem Anachronismus werden ließ, sondern ihm unter dem Druck des Krieges und der Massenmobilisierung noch einmal zu einer einzigartigen Wirksamkeit verhalf. Doch es reichte dann nur noch zur Besetzung der »Kommandohöhen«, zum bloßen Spezialisten, zum inneren oder äußeren Emigranten.

Die neue postrevolutionäre Intelligenz hat mit der alten nur noch den Namen gemein. Sie kommt vorzugsweise aus dem Arbeiter- und Bauernmilieu, ihr hat die Revolution die Türen der Bildungseinrichtungen geöffnet. Sie hat nicht nur keinen Grund, staatsfeindlich zu sein, sondern ist dezidiert apolitisch. Sie konzentriert sich aufs Fach. Ihre Losung ist: Lernen, lernen und nochmals lernen, und wenn sie an verantwortliche Stelle gelangt, wird sie zum Lehrer derer, die ebenfalls herauswollen aus Dörfern und Fabriken. Naturwissenschaft wird zur reinen Wissenschaft und Gesellschaftswissenschaft, zur Magd der Politik. Zirkel politisierender Schüler und Studenten sind Gegenstand von Memoiren der Revolutionsgeneration geworden, alles andere Politisieren verläuft von Staats wegen in geordneten Bahnen.

In der Sphäre der Politik aber findet mit dem Aufstieg der neuen Praktiker ein Prozeß der Entintellektualisierung statt, nicht frei von anti-intellektuellen Ressentiments. Der Typus des Intellektuellen als Politiker stirbt aus, was davon übrig bleibt, wird später umgebracht. Noch in der Charakterisierung des Unterschieds von alter und neuer Intelligenz in karikierter Form erscheint die wesentliche Differenz. Die Karikatur stammt von dem unter Stalin zu Ehren gekommenen Philosophen Ivan K. Luppol. »Der vorrevolutionäre Intelligent konnte sich niemals von der Paralyse der Reflexion freimachen. Er war gleichsam ein Doppelwesen; in ihm lebte der Widerspruch: Wenn der ›eine‹ etwas zu tun versuchte, dann hat der ›andere‹, der daneben stand, diskutiert, kritisiert und die Handlungen des ›ersten‹ der Kritik unterworfen, sie paralysiert. Im Ergebnis führte dies entweder zur ›Manilowerei‹, zum Nichtstun trotz aller reichen und oft bodenlosen Phantasie oder aber dazu, daß der Gedanke sich von den wirklichen Dingen losriß ... Der sowjetische Intelligent ist am allerwenigsten der Reflexion unterworfen. Die Einheit von Denken und Handeln ist sein charakteristischer Zug. Sein Denken ist willensstark ... Der sowjetische Angestellten-Intelligent arbeitet nach Plan; sein Denken versinkt nicht in Reflexion, sondern richtet sich zielstrebig auf die Erfüllung des Plans.«[208]

Das postrevolutionäre Rußland wird tatsächlich eine neue Intelligenz hervorbringen, doch ohne die reflexive Kultur der modernen Intelligenz, vielleicht sogar ohne das Bedürfnis nach einer solchen – für eine gewisse Zeit jedenfalls.

In den Verbannungszentren des vorrevolutionären Rußland, in denen Religionsphilosophen und bolschewistische Illegale miteinander auskommen mußten, wenn sie überleben wollten, ahnten die einen nicht, daß die anderen sie einst des Landes verweisen würden. Und im Jahre 1922, als die ehemaligen Mitverbannten ihre Leidensgenossen von ehedem ins Exil schickten, ahnten diese noch nicht, daß sie dasselbe Schicksal ereilen würde wie die von ihnen Verbannten – oder ein schrecklicheres. Am Ende verschwand aus der Geschichte nicht die eine oder andere Intelligencija-Fraktion, sondern das Gesicht der russischen Intelligencija.

Vasilij V. Rozanov (1856–1919),
Aufnahme um 1910

III.

Vasilij V. Rozanov

Der präfaschistische Moderne

In der Geschichte des in den Zusammenbruch hineinsteuernden alten Rußlands gibt es zwei rätselhafte Gestalten, in denen sich alle klaren Linien verwirren und die gerade deshalb aufschlußreich sind für die Widersprüche der russischen Modernisierungsbewegung. Es handelt sich um »Grischa« Rasputin und Vasilij V. Rozanov.

Da ist Rasputin: Er, der sibirische Bauer aus dem Gouvernement Tobol'sk, stößt in den innersten Kern der Macht vor, wird Mitglied der Gesellschaft, die die Zarenfamilie umgibt; er macht die in Carskoe Selo verbarrikadierte Zarenfamilie durch seine hypnotischen Fähigkeiten nicht nur von sich abhängig, sondern öffnet auch Tausenden von Bittstellern einen direkten Weg zum Zaren; er ist ein Sektierer, der von der Orthodoxen Kirche ausgewiesen und mit Strafen belegt wird und der unbestreitbar bei den aufgeklärtesten Teilen der Hofgesellschaft aufgrund seiner »dunklen« Kräfte zu Einfluß kommt; er schließt die versteinerte Monarchie für einen Augenblick für die »Öffentlichkeit« auf, er offenbart durch die Auflösung der Strukturen deren Handlungsunfähigkeit und beschleunigt ihren Untergang; er deutet als Symbol des »russischen Mužik« für einen Augenblick die Möglichkeit an, daß die schwankend werdende Spitze des Staats noch einmal eine Basis unter den Massen finden könnte; er wagt es, vor den Folgen des großen Kriegs zu warnen. Rasputin – die plebejische Kraft, die der angeschlagenen Monarchie noch einmal aufhelfen sollte.

Da ist Rozanov. Seine Vita scheint von Skandalen und Regelverletzungen markiert zu sein: Er polemisiert gegen die atheistische fortschrittliche Intelligenz und überbietet sie doch zugleich in einer zweibändigen soziologischen Studie über unehelich geborene Kinder – was ihm schärfste Verweise seitens der Kirche einbringt; er schreibt im konservativen »Novoe vremja« und im liberalen »Russkoe slovo« – oft gleichzeitig mit unterschiedlichen Positionen; er verspottet die revolutionäre Intelligenz und verfaßt selbst eine Studie über den Zusammenbruch der Monarchie; er versteht sich als Anhänger des Alten Testaments und als Philosemit, und doch stammen von ihm Rechtfertigungen antisemitischer Pogrome im »Bejlis-Prozeß«, der russischen Dreyfus-Affäre; er gehört zu den führenden Publizisten, und doch verachtet er die Öffentlichkeit; er ist religiös und verfaßt doch die schärfsten antikirchlichen Schriften; er gehört zu den besten Apologeten des alten Systems und doch werden seine Bücher von der Zensur verboten – meist wegen Pornographie. Er ist ein dezidierter Anti-Intellektueller, und doch fügt er der russischen Literatur und Publizistik etwas hinzu, von dem noch die sowjetische Avantgarde zehrt.[1]

Rozanov hat fast immer gegen die jeweilige Konjunktur gestanden. Er hat als präfaschistischer Schwarzhunderter, aber auch als Sozialrevolutionär argumentiert, weil in allem ein Stück Wahrheit enthalten sei. »Ich habe gleichzeitig ›schwarze Aufsätze‹ und ›SR-Aufsätze‹ geschrieben. Und von beiden war ich überzeugt. Ist etwa nicht ein Hundertstel Wahrheit in der Revolution? Und ist etwa nicht ein Hundertstel Wahrheit im Schwarzhundertertum?«[2]

Der Hinweis darauf, daß eine Verwandtschaft zwischen Rasputin und Rozanov bestehen könnte, stammt von Rozanov selbst. Beide hätten sich auf einer Konferenz beim Archimandriten Antonij in Petersburg sogleich mit Erschrecken als Verkörperung des Apis-Dionysos-Adonis-Kults durchschaut. »Daß ich Grischka bin und Grischka Apis – und das ›in Wirklichkeit‹, nicht als ›Mythos‹.«[3]

Rozanov steht außerhalb der Parteien und der Weltanschauungskämpfe der Zeit und außerhalb der Ordnung, nach der gewöhnlich die Kräfte der russischen Revolution geordnet werden. Wo man ihn festlegen möchte, dreht er dem Beschauer eine Nase, wie er es für ein eventuelles, ihm gewidmetes Denkmal vorgeschlagen hatte. Er ist der Verfasser eines auf dreißig bis vierzig Bände geschätzten Werks, von dem er selbst aber sagte, er habe kein Werk, sondern nur »Sachen« hinterlassen. Er hat etwas von jenem mittelalterlichen »Narren in Christo«, der keine Überzeugungen hat oder sie wechselt »wie Handschuhe«. »Ich bin in die Welt gekommen, um zu schauen, nicht aber, um etwas zu vollbringen.«[4] So kann es nicht darum gehen, die Paradoxien dieser »proteischen Persönlichkeit« (Heinrich Stammler) aufzulösen – sie sollen zunächst nur sichtbar gemacht werden.[5]

Radikale Subjektivität, »Ende der Literatur«

Mit den »Abgefallenen Blättern« hatte Rozanov eine neue Literatur geschaffen und sie zugleich zu einem Endpunkt geführt. Der »Erste Korb« der »Abgefallenen Blätter« war 1913, der zweite 1915 erschienen. Die »Apokalypse unserer Zeit« von 1918 kann als »Dritter Korb« dazugerechnet werden. Was sind die »Abgefallenen Blätter«?

Es ist ein Text, wie er zustandekommt, wenn jemand den ununterbrochenen Strom seiner Beobachtungen, Reflexionen fixiert und Notizen, Zeitungsausschnitte, Briefe und Photographien in den Papierkorb wirft, um sie dann neu zu montieren. Es ist eigentlich ein Manuskript, das nicht für den Druck und nicht für ein Lesepublikum bestimmt ist. Es ist scheinbar eine Rückkehr in die Vor-Gutenberg-Zeit. Literatur ist ganz strikt gemeint als »littera«, als

Buchstabe, den man mit dem Auge wahrnehmen muß, ein ununterbrochener Strom von eigenen und fremden Zeichen, Fußnoten, Anmerkungen, Klammern und Anführungszeichen. Es sind Texte fürs Auge, nicht zum Deklamieren. Es ist ein einziger großartiger innerer Monolog.

Die Topographie seines Schreibens ist im Text festgehalten: Bei meiner Münzsammlung, auf dem Flur beim Nachhausekommen, des Nachts im Bett, auf der Rückseite eines an mich gerichteten Briefs, auf der Sohle eines Pantoffels beim Baden, auf der Fahrt in die Klinik, beim Überqueren eines Platzes in Furcht, in der Straßenbahn, in der Eisenbahn Luga–Sankt Petersburg und so fort. »Bei mir ist jede Seelenbewegung mit dem Drang zum Aussprechen verbunden, und jedes Aussprechen möchte ich unbedingt niederschreiben. Das ist Instinkt bei mir. Ist nicht die ganze (handgeschriebene) Literatur aus diesem Instinkt entstanden? Denn die Druckerpresse kommt einem hierbei gar nicht in den Sinn. Deshalb ist auch Gutenberg so spät erschienen. Bei uns ist die Literatur so sehr mit der Druckerpresse eins geworden, daß wir ganz vergessen, daß sie schon lange vor dieser da war und ihrem Wesen nach gar nicht zur Veröffentlichung bestimmt ist. Die Literatur wurde (in Schweigen) nur für sich selbst geboren. Und erst sehr viel später begann man sie dann zu drucken. Aber das ist lediglich Technik.«[6]

Das Schreiben ist ein physischer Vorgang. »Das Geheimnis der Autorschaft liegt in den Fingerspitzen, das Geheimnis der Rednergabe in der Zungenspitze. Diese beiden Talente, das des Redens und das des Schreibens, finden sich nie in ein und demselben Menschen vereinigt. In beiden Fällen spielt der Verstand nur eine sehr geringe Rolle. Er ist die Nachschlagebibliothek, ein Kontor, ein Büro und so fort. Nicht aber Pathos und Begabung, die ausschließlich physisch sind.«[7]

Es gibt für Rozanov keinen anderen, auf den hin er denkt und schreibt, daraus entspringt eine Rücksichtslosigkeit und Wahrhaftigkeit, die nur aufkommt, wo auf die Belehrung eines anderen verzichtet wird. »Ein echtes Verhältnis hat ein jeder nur zu sich selbst … Erst dort, wo Subjekt und Objekt eins werden, verschwindet alles Falsche«.[8] Rozanovs rhetorische Frage: »Und warum sollte ich auch ›den Leser zum Freund haben‹? Schreibe ich etwa ›für den Leser‹? Nein, ich schreibe für mich selbst. Warum lassen Sie dann aber etwas drucken? Es bringt Geld … Das Subjektive ist hier mit den äußeren Umständen zusammengefallen. So entsteht Literatur. Mehr ist nicht dabei.«[9]

Daraus erklärt sich auch die geringe Meinung, die Rozanov von »der Literatur« und von der Bedeutung der Literaten hat. »Was wir brauchen, ist überhaupt keine ›große Literatur‹, sondern ein großes, schönes und erfülltes Leben. Die Literatur aber kann ruhig ›so-so‹ sein, ein Hinterhof des Lebens.«[10] Schreiben, sobald es sich »bemüht«, Literatur zu sein, wird verlogen. »Es scheint, daß das Wesen von Literatur verlogen ist; es ist nicht dies, daß ›das Jetzt‹ und ›diese Literatur‹ falsch und verlogen sind: sondern sie als Ganze ist verlogen und zwar in ihrem Wesen, vom ›Korn her, aus dem es erwachsen ist‹. – Also ich werde schreiben, und alle werden es lesen? – Warum ›ich‹ und warum ›sollen sie lesen‹? Da geht bereits der Gedanke ein – ›ich bin klüger als die anderen‹, die ›anderen sind geringer als ich‹ – und darin liegt schon die Sünde.«[11]

Man könnte dies als den Versuch bezeichnen, die Subjektivität vor den Anforderungen des Publikums und dem gesellschaftlichen Druck zu retten, als einen Rückzug in die äußerste Vereinzelung. »Das Neue ist der Ton, die Wiederkehr der Manuskripte ›vor Gutenberg‹, nur für einen selbst. Im Mittelalter hat man nicht für ein Publikum geschrieben, weil man gar nicht an die Herausgabe von Schriften denken konnte. Und die mittelalterliche Literatur war in vielen Beziehungen wunderbar, stark, ergreifend und in ihrer Unsichtbarkeit tief fruchtbringend. Die neue Literatur ist bis zu einem gewissen Grade an ihrer übermäßigen Sichtbarkeit zugrundegegangen; und nach der Erfindung des Buchdrucks war überhaupt niemand mehr imstande, Gutenberg zu überwinden. Meine fast geheimnisvolle wirkliche Vereinzelung hat dies vermocht.«[12]

Rozanov war sich darüber, daß er eine neue Form gefunden hatte, sehr wohl im klaren. »Manchmal scheint es, daß die Zersetzung der Literatur, ihres innersten Wesens, in mir vor sich geht. Und vielleicht ist gerade dies mein ›emploi‹ in der Welt. Hier liegt meine (besondere) Moral und Unmoral. Überhaupt meine Mängel und Eigenschaften. Anders wäre es unbegreiflich. Ich habe die kleinsten Geringfügigkeiten, das Vorüberhuschende, die unsichtbaren Schwingungen der Seele, die Spinnfäden des Seins in die Literatur eingeführt. Aber sich vorzustellen, daß dies so gekommen sei, weil ich es so gewollt hätte, geht nicht an. Das Wesen dieses Vorgangs ist viel tiefer, viel gediegener, aber auch sehr viel furchtbarer (für mich) ... Was sich da in mir abspielt, ist ganz offensichtlich eine Vollendung der Literatur, des Literarischen, des Wesens der Literatur als des Drangs, widerzuspiegeln und auszudrücken. Was gäbe es sonst noch auszudrücken? Spinnweben, Seufzer, das Letzte, was eben noch faßbar ist. Oh, Phantasieren und Schaffen. – Das kann man auch fernerhin: Aber das Wesen der Literatur besteht doch nicht in der Erfindung, sondern in dem Drang, sein Innerstes auszusprechen. So gesehen bin ich ein Ende und habe ein Ende gesetzt. Und in mir regt sich das seltsame Gefühl, ich sei der letzte Schriftsteller, mit dem die Literatur als solche zu Ende geht, außer dem Schund natürlich, mit dem es aber auch bald ein Ende nehmen wird. Die Menschen werden einfach leben und es für lächerlich, überflüssig und widerwärtig halten, wenn einer sich literarisch betätigt. Deshalb habe ich vielleicht auch das Bewußtsein eines ›letztlichen Unglücks‹, das ganz mit meinem ›Ich‹ verschmolzen ist. Dieses ›Ich‹ ist entsetzlich, abscheulich, ungeheuerlich und mit einer letzten Tragödie geschlagen: denn in ihm ist irgendwie dialektisch das kolossale, jahrtausendealte ›Ich‹ der Literatur zerbrochen und geschwunden.«[13]

Diese äußerste Subjektivität ist auch der Grund für die Offenheit, mit der sich Rozanov der Welt seiner Umwelt stellt. Er bekennt sich zu »einem Fetischismus der Kleinigkeiten. Die Kleinigkeiten sind ›meine Götter‹«.[14] Aus dieser Welt stürzen auf ihn die Gegenstände und Themen und die Sprache ein, die er in den »Abgefallenen Blättern« festhält und – wie auch immer – formt.[15] Sein idealer Aussichtsposten wäre eigentlich die Polizeiwache, der

Ort, an dem das wirkliche Leben zu sehen ist. Seine Sprache stammt aus den Kneipen, aus dem Kleingedruckten der Zeitungen, aus dem Jargon der Petersburger kleinen Leute, aus der Reklame und aus der gebildeten Welt, der er eben doch angehörte.

Aber all dies fungiert nicht als Material für eine Reportage aus dem »wirklichen Leben«, sondern nur als Reflexionsfläche einer einsamen Existenz. Dieser an »Kleinigkeiten« und der Empirie der Dinge orientierte Blick Rozanovs erstreckt sich auf Rozanov selbst. Rozanov ist Physiognomiker, und der Geist war für ihn immer nur »das Aroma des Leibes, untrennbar an ihn gebunden und mit ihm verschwindend«.[16] »Erstaunlich widerwärtig ist mir mein Familienname. Immerzu mit einem so befremdlichen Gefühl setze ich mein ›V. Rozanov‹ unter meine Aufsätze«, weil es ihn irgendwie ans Brötchenbacken erinnert. Widerwärtig ist ihm sein Äußeres – das »rote Gesicht«, das »fettige Haar«, seine unmodische Kleidung. Und er meinte: »Die äußerliche Unattraktivität war der Grund für die Selbstversenkung.« Er nahm sie in Kauf, weil er selbst »in seiner Seele unendlich interessant, unendlich alt, erfahren ist, tausend Jahre alt und zugleich jung wie ein Kind«.[17]

Was immer die Selbststilisierung Rozanovs zum Anti-Schriftsteller, der kein Publikum braucht, sein mag; was immer an Fetischismus in der Zuwendung zur Empirie des Lebens sein mag – so bewirkt doch offensichtlich eben diese radikale Unabhängigkeitserklärung vom Publikum die Rücksichtslosigkeit anderen gegenüber und die Offenheit für die »kleinen Dinge des Lebens«, eben jene Disposition des »Narren«. Er spricht von den Dingen, die anderen entgehen oder die »zu unanständig« sind. Es ist ein »Blickpunkt von außerhalb« und ein Blickhorizont, der sich nur dem erschließt, der außerhalb steht. Dabei ist Rozanov kein Held, er kämpft nicht um eine Sonderstellung, sondern geht, wie er selbst gesteht, zeitlebens den Weg des geringsten Widerstands – aus Schwäche.

»Schon seit meinem siebenten oder achten Lebensjahr begann ich, schwach zu werden ... Damit meine ich den merkwürdigen Verlust an Willen über mich selbst, über meine Handlungen, die Wahl der ›Tätigkeit‹, der ›Pflichten‹. In die Fakultät habe ich mich zum Beispiel nur einschreiben lassen, weil mein älterer Bruder dasselbe getan hatte, ohne daß mich (damals) irgendein geistiges oder sonstiges Band mit meinem Bruder verknüpft hätte ... Ich bin immer ›in die offene Tür‹ eingetreten, und es war mir ganz gleich, ›welche Tür offenstand‹. Niemals im Leben habe ich eine Wahl getroffen, in diesem Sinne auch niemals geschwankt. Es war in mir eine merkwürdige Willenlosigkeit und Teilnahmslosigkeit.«[18]

Wenn Rozanov schreibt, dann nicht aus »Wahrheitsliebe, die ich nicht nur nicht habe, sondern mir auch nicht einmal vorstellen kann, sondern aus Unachtsamkeit. Die Unachtsamkeit ist mein negatives Pathos. Um zu lügen, muß man sich noch etwas ›ausdenken‹, eine genaue Rechnung anstellen, ›konstruieren‹ – und das alles ist viel schwerer, als ›das zu sagen, was ist‹: und darin besteht eben meine Wahrhaftigkeit. Sie ist natürlich, aber nicht moralisch. ›So wachse ich‹: ›und wenn es euch nicht gefällt – dann schaut doch nicht hin‹. Eben deshalb schien es mir so oft (und vielleicht ist es auch so), daß ich der wahrhaftigste und aufrichtigste Schriftsteller bin: wenn auch kein Fünkchen von Moralität darin enthalten ist.«[19]

Es ist diese Disposition, die Rozanov zu einem »Medium« werden läßt und seinen Redefluß zum Geheimnisträger all jener, die keine Helden oder Antihelden sein wollen. Rozanov, der sich gerne als den »allergewöhnlichsten und allernormalsten Menschen« bezeichnete,[20] sieht Dinge, die dem Entweder-oder-Blick der kämpfenden Parteien entgehen und spricht Dinge aus, die im angestrengt didaktischen oder ideologischen Diskurs verdeckt bleiben.

Verletztes Leben, Normalitätsbedürfnis

Man kann vieles an der rätselhaften Figur Rozanovs besser verstehen, wenn man einen Blick auf seine Herkunft und sein Leben wirft. Die Selbststilisierung zum »ganz normalen und gewöhnlichen Menschen« deutet eher darauf hin, daß ein starkes Normalitätsbedürfnis vorlag, weil das Leben selbst alles andere als »normal« verlief. Zentrale Themen seines Denkens und Schreibens müssen da ihren Ursprung haben, vielleicht auch die eigentümliche Spaltung der Person Rozanov. Am Anfang stand die Erfahrung einer Kindheit voll Armut, Trauer und Unbehaustheit, und man kann vermuten, daß das Rozanov beherrschende Thema der Familie, der Ehe – des »Nestes« – in dieser Urerfahrung geboren worden ist.

Vasilij Vasil'evič Rozanov wurde am 20. April 1856 in Vetluga im Gouvernement Kostroma, im russischen Nordosten geboren. Der Vater verstarb früh, die Mutter und die Kinder mußten sich mit einer dürftigen Rente durchschlagen. »Zu Hause gibt es nie ein Lächeln«, erinnert sich Rozanov. Die Familie zerfällt, eine Schwester Rozanovs stirbt noch als Kind an Schwindsucht, der ältere Bruder treibt sich bei Prostituierten herum. Die an einer Unterleibskrankheit leidende Mutter wird von dem jungen Vasilij betreut.

Rozanov, im Alter von acht Jahren bereits ein starker Raucher, was nichts Außergewöhnliches war, lernt die Literatur über Telemachs Reise und James Fenimore Cooper kennen.[21] Auch für die Gymnasialzeit – zuerst in Simbirsk, dann in Nižnij Novgorod – gibt es nichts Besonderes zu vermerken. Er liest Henry Buckle, Charles Darwin, Visarion Belinskij, John Stuart Mill, die zur Pflichtlektüre der aufgeklärten russischen Jugend gehörten. Er durchläuft, wie die Jugend seiner Generation überhaupt, die Schule des westlichen Materialismus und Positivismus. Später wird er schreiben: »Der Positivismus ist das philosophische Mausoleum über der untergehenden Menschheit. Ich will nichts, gar nichts mit ihm zu schaffen haben! Ich verachte ihn, hasse ihn, fürchte ihn!!!«[22] In Moskau bezieht er die Historisch-philologische Fakultät und macht sein Examen in Geschichte und Erdkunde. Von der Universität hielt er nicht viel – größer war auf ihn der Einfluß der »njanjas«, der Ammen, und einzelner Professoren wie Buslaev und Tichonravov.[23]

Im Jahre 1880 heiratete er Polina Suslova, die frühere Geliebte Dostojewskis, eine Femme fatale, die ihm das Leben zur Hölle machte. Nach dem Studium wirkte er als Lehrer für Geschichte und Erdkunde an höheren Schulen in Gouvernementsstädten im Süden Moskaus. Dort lernte Rozanov seine zweite Frau kennen, Varvara D. Rudneva, die ebenfalls bereits eine unglückliche Ehe hinter sich hatte. Die Trauung im Jahre 1891 erfolgt heimlich, weil Polina Suslova nicht in eine Scheidung eingewilligt hatte. Aus dieser Ehe gingen fünf Kinder hervor. Die Erfahrung dieser unglücklichen Liebesverbindung und die von der Kirche nicht sanktionierte zweite glückliche Ehe werden eine entscheidende Rolle in der Rozanovschen Auseinandersetzung mit der Orthodoxen Kirche und ihrer Auffassung vom »Sakrament der Ehe« und der Beziehung von Mann und Frau spielen.

1893 bekommt Rozanov durch Vermittlung slawophiler Freunde in Petersburg eine Beamtenstelle in der Zentralverwaltung für Staatskontrolle. Sehr bald kann er diesen Dienst quittieren, weil er ständiger Mitarbeiter der konservativen Zeitung »Novoe vremja« in Petersburg wird. Hiermit beginnt die publizistische Laufbahn Rozanovs, die erst mit der Schließung der Zeitung 1917 endet.

Bereits vor seiner Übersiedlung nach Petersburg war die umfangreiche, ganz im Rahmen der Schulphilosophie verbleibende Studie »Über das Verstehen. Versuch einer Erforschung der Natur, der Grenzen und der inneren Struktur der Wissenschaft als eines ganzheitlichen Wissens« fertiggestellt und veröffentlicht worden. Sie erregte kein besonderes Aufsehen, deutet aber, wie Heinrich Stammler schreibt, schon einige Linien des Rozanovschen Denkens an: »Die gesamte Natur ist etwas Prästabilisiertes, weil sie ganz und gar in der Anlage da ist, nur die Möglichkeit zur Realisierung des Wirklichen abgibt. Die Vernunft als eine dieser Anlagen, als die einfache Fähigkeit, Ideen zu bilden, darf keinen höheren Rang als irgendeine andere sonst in der menschlichen Natur vorgebildete Anlage beanspruchen – im Gegenteil, auch sie findet ihre Rechtfertigung nur darin, daß sie, wie alle übrigen Anlagen auch, prästabilisiert ist – aber sie steht auch nicht niedriger als diese. Die Wirklichkeit ist etwas Höheres als Vernünftigkeit und Wahrheit; denn der Wahrheit selbst kommt nur insofern Bedeutung zu, als sie nicht bloß gedacht oder vorgestellt, also gespenstisch, sondern den Merkmalen des Wirklichen zugeordnet ist.«[24]

Auch in einem späten Brief an Gollerbach stellt er heraus, daß er bereits damals gegen die vorherrschende positivistische Richtung die vitalistische eingeschlagen habe: »›Es wächst‹ – und Schluß. Damals, ›bei einem Pfeifchen‹ kam es mir: zum Teufel mit J.S. Mill, wozu hat er sich das nur ausgedacht, konstruiert, welches ›Ziel des Menschen‹, wenn ich ›wachsend‹ bin, und wozu muß ich wissen: ›wohin, zu was (Baum) wachse ich, entwickle mich‹, und ich muß doch nicht etwas vor mir aufstellen (›eine künstliche Sache‹, ›einen Hocker‹).«[25]

In Petersburg arbeitet er an den wichtigsten Zeitschriften der Avantgarde mit und gehört von Anfang an zu den profilierten Mitgliedern der »Religiös-Philosophischen Gesellschaft«, die sich als ein Zentrum modernisierter Religiosität versteht und daher mehrmals von Vertretern der Orthodoxen Kirche scharf angegriffen wird. Von da an tritt Rozanov in eine hektische Produktivität ein: Es sind bald umfangreiche Studien zur Familienfrage in Rußland, bald die Kritik der literarischen Dekadenz und immer wieder die Auseinandersetzung mit der seiner Meinung nach lebensfeindlich gewordenen Kirche.

Doch der Höhepunkt der Karriere Rozanovs fällt mit der Vorkriegszeit und der »Affäre Bejlis« zusammen, die zwischen 1911 und 1913 Rußland in zwei Lager spaltete: Der jüdische Handlungsgehilfe Bejlis war in Kiew beschuldigt worden, den russischen Knaben Andrej Juščinskij in einem Ritualmord umgebracht zu haben. Unter großer Anteilnahme der Weltöffentlichkeit, die den Ausbruch einer neuen Welle von Pogromen befürchtete, sprach indes das Kiewer Geschworenengericht Bejlis gegen die von der Regierung gewünschte Verurteilung frei. In der Pogromstimmung um den Bejlis-Prozeß – 1911 war der russische Premierminister Stolypin von einem Sozialrevolutionär jüdischer Herkunft erschossen worden – wird Rozanov zum publizistischen und geistigen Wortführer der Pogromhetze. Er liefert in einem Augenblick, da die russische Öffentlichkeit die wichtigste Kraftprobe mit der Autokratie ausficht und für die Unabhängigkeit des Gerichts kämpft, Argumente für die Beschuldigung des Juden Bejlis. Die liberale Öffentlichkeit erklärt ihn daraufhin für »endgültig moralisch unzurechnungsfähig«.

1913 und 1915 erscheinen die beiden »Körbe« der »Abgefallenen Blätter«, 1916 und 1917 seine Studien »Aus östlichen Motiven«, die vor allem der ägyptischen Kultur gewidmet sind.

Mit der Oktoberrevolution und der Schließung der Zeitung »Novoe vremja« verliert Rozanov seinen Arbeit- und Brotgeber. Rozanov zieht sich in die Umgebung des Klosters des heiligen Sergij von Radonež zurück und stirbt dort, nach furchtbaren Entbehrungen, am 23. Januar 1919. In Sergiev Posad schreibt er sein letztes »Werk«. Von Mitte November 1917 an erscheint in größeren Abständen eine Folge von Aufsätzen, Beobachtungen, Reflexionen unter dem Titel »Die Apokalypse unserer Zeit«. Andrej Sinjavskij hat diese Texte ein »Protokoll des Todes« genannt. Rozanov schreibt darin:

»Angesichts der Ereignisse, die keinen pseudoapokalyptischen, sondern wirklich und wahrhaft apokalyptischen Charakter tragen, bedarf diese Bezeichnung keiner Erklärung. Unzweifelhaft ist der Grund für alles, was jetzt vor sich geht, darin zu suchen, daß sich in der gesamten europäischen und damit auch der russischen Menschheit infolge des abgestorbenen Christentums kolossale Hohlräume gebildet haben, in die jetzt alles hineinstürzt: Throne, Klassen, Stände, Arbeit und Reichtümer. Alles ist von Grund auf erschüttert, alle sind erschüttert. Alle gehen zugrunde, alles geht zugrunde. All dies aber bricht ein in den Hohlraum der Seele, die ihres alten Inhalts verlustig gegangen ist.«[26]

Doch die letzten Zeilen der »Apokalypse unserer Zeit« – »Rat an die Jugend« – lauten: »Und denk daran: das Leben ist ein Haus. Ein Haus aber muß warm, bequem und rund sein. Arbeite am ›runden Haus‹ und Gott wird dich nicht allein lassen. Er vergißt das Vögelchen nicht, das sein NEST baut.«[27]

Alttestamentarische Opposition gegen die Orthodoxie

Von Rozanov stammen die schönsten Worte, die über die russische Orthodoxe Kirche gesprochen worden sind. »Ja, was ist denn nun wirklich schön in Rußland, wenn nicht die alten Kirchen? Die Büros etwa? Oder die Redaktionsstuben? Die Kirche allerdings ist alt, sehr alt, und an dem Küster ist nicht viel dran – all das ist behaftet mit Mängeln, sieht schwächlich aus. Aber während es überall kalt ist, ist es hier warm. Hier hat man die Mutter begraben, die Brüder; hier wird man auch mich begraben; hier werden die Kinder heiraten – hier und nur hier. Alles, was wichtig ist im Leben ... Hier kann man sich noch an Wärme satt atmen.« Ihre Seele besteht in der »Gabe des Gebets« und »ihr Körper sind die Riten, der Kultus«. »Wer aber denkt, daß in ihr außer den Riten nichts enthalten ist (wie Harnack, dieser Berliner aus Dorpat), der hat bei aller geistigen Kapazität nichts von ihr begriffen.«

Doch Rozanov sieht schärfer als andere die Krise der Orthodoxie, die ungeachtet der radikalen Veränderungen um sie herum ins 20. Jahrhundert eintritt, scheinbar unberührt und unbeweglich. Rozanov gehört zu jener Strömung innerhalb der russischen Intelligencija der Jahrhundertwende, die tief besorgt ist darüber, daß die Kirche als Pfeiler der kulturellen und moralischen Lebenswelt an Bedeutung verliert und sich abschließt gegenüber Modernisierungs- und Anpassungsbestrebungen. »Das Qualvolle an der Lage der Kirche besteht darin, daß sie keinen Mittelweg kennt zwischen Fanatismus und Renegatentum einerseits und einer Demut andererseits, die in Feigheit, unangebrachte Nachsicht und Schmeichelei übergeht. Es gibt keine sanfte Mannhaftigkeit und keine mannhafte Sanftmut. Damit ist fast alles gesagt.«[28]

Anders als viele Kirchenkritiker aus den Reihen der Intelligencija nahm er gerade die inkonsequenten, »materialistischen«, irrationalen und antiaufklärerischen Seiten des Kirchenlebens in Schutz. Er schätzt an ihr das Nicht-Institutionelle, die Fruchtbarkeit der Popenfamilien, das Pharisäertum und die Korruption, die Kirche als Laienkirche, nicht als Kirche der Hierarchie, die Kirche der Liturgie und nicht der Unterweisungstätigkeit. Es ist vermutlich diese »Kirche der Betenden«, die ihn bei aller Schärfe und Radikalität seiner Abrechnung der Kirche nie haben abspenstig werden lassen und die ihn von der intellektuellen Kirchenkritik seiner Zeit trennt.

Andererseits geht seine Kritik viel weiter. Sein Zentralpunkt lautet: Die Kirche ist lebens- und lustfeindlich, sie hat sich von Anbeginn vom »Baum des Lebens« abgeschnitten und die organische Verbindung von Leben und

Gott, wie sie im Alten Testament gestiftet worden war, durchtrennt. Im Verhältnis der christlichen Kirche zum Leib, zum Geschlecht und zur Familie spitzt sich die Lebensfeindlichkeit der Kirche, des Christentums zu. Dieses Thema und diese These kehren in immer neuen Variationen und Schärfegraden bei Rozanov wieder. »Christus hat niemals gelacht ... Ich entsinne mich nicht, daß Christus je gelächelt hat. Der Stempel der Trauer, einer äschernen Trauer ist im Evangelium sichtbar.«

Die »Freuden« des Evangeliums sind, so Rozanov, »ganz besondere, schematische, himmlische, unermeßlich hoch über der Erde und der Menschheit«, das Evangelium ist kein irdisches Buch. Kann man sich eine der Frauengestalten des Evangeliums oder gar die Apostel verliebt vorstellen, fragt Rozanov. Verliebtheit und Göttlichkeit – das sei so unvereinbar wie Gogol und das Evangelium. Auch die Ehe, die die Kirche ihren Geistlichen gestatte, sei eine »besondere«. Die Verliebtheit, die die Kirche gestatte, sei von derselben Art wie die Beziehung eines Offiziers zu seinen Soldaten. Die Ehe, die aus der Liebe hervorgehe, werde in den Augen der Kirche mit tödlichem Schweigen übergangen. Jedes Lachen, jede Verliebtheit, ein einziger Tropfen davon im Evangelium würde »den Vorhang des Christentums zerreißen«.[29]

Das Christentum duldet, »vergibt« die Freuden, akzeptiert jene, die sich »bekehrt« haben, sie ruft aber nicht auf – außer zur Liebe zu Christus. Sie erlaubt Marmelade, nur sollte sie nicht zu süß sein. Ein Mönch könne sich verlieben, doch dann wird sein Christentum zu einem Witz; man könne eine Familie haben, Literatur und Kunst betreiben – doch nicht »mit Leidenschaft«. Das Christentum, die Kirche hat Gott-Vater zu einem »alten Mann« gemacht und vergessen, daß auch die Welt, die Literatur, die Kunst »Produkt Seiner Zeugung« ist, hervorgegangen aus dem Fleisch Gott-Vaters.

Gewiß strahlt das Gesicht Christi so wie die Sonne, deren Erscheinen die Sterne am Himmel – Kunst, Wissenschaft und so fort– zum Verschwinden bringt. In Christus ist der Tod, ein süßer Tod. »Mit Christi Geburt, mit der Ausbreitung des Evangeliums sind alle irdischen Früchte plötzlich bitter geworden und namentlich von Seiner Süßigkeit.«[30] Wer von dieser süßen Speise gegessen hat, hat den Geschmack auf die gewöhnlichen Dinge dieser Welt verloren. In Seinem Glanz ging die ganze übrige Welt, die Welt selbst unter. In dieser Sintflut des Christentums sind alle »Götter«, »Jehovas«, »Dianas« untergegangen. Wer seinen Blick auf Christus richtet, muß ihn von den irdischen Dingen abwenden, kann sich nicht der Kunst, Wissenschaft, Politik hingeben. Der Ton des Evangeliums ist tödlich: Das Leiden gilt mehr als das Glück; Jesus »von jener Welt« ringt uns in dieser Welt nieder. Wir, die diesseitige Welt, sind das Dämonische.[31] »Temnyj lik« – das dunkle Antlitz, die Ikone wird zum Inbegriff der lebensabgewandten Seite des Christentums.

Ein Jahrzehnt zuvor hatte Rozanov noch den Versuch unternommen – in »Menschen des Mondlichts« – eine sexuelle Begründung des Christentums zu geben und sprach dabei dem christlichen Mönchtum eine positive Rolle zu: Sie stellten als das »dritte Geschlecht«, in dem sich der Minus-Pol des Weiblichen mit dem Plus-Pol des Männlichen in einer Art Hermaphroditentum aufhebe, eine Form der Sublimation dar, die die Zivilisation erst möglich gemacht habe. Die europäische Zivilisation stellt sich bei ihm als Verweiblichungsprozeß dar, als Sieg des Neuen Testaments über das Alte, als die Durchsetzung Christi Aufforderung »Verlaßt Weib und Familie ...« über das Alttestamentarische »Seid fruchtbar und mehret euch«. Christus, geschlechtslos und weltfeindlich, wird zum Dämon.

Doch in diese Welt des Evangeliums, die alles hat zu Schatten werden lassen, die aus wirklichen Menschen »Menschengespenster« gemacht hat, bricht nun die Apokalypse ein. »Mehr Fleisch ... Mehr Geschrei ... Mehr Gebrüll ...« In der Kraft der Sonne wird die Vergänglichkeit des Christentums sichtbar. »Die Sonne ist früher entbrannt als das Christentum, und sie wird nicht erlöschen, auch wenn es mit dem Christentum zu Ende geht. Hier liegt die Grenze des Christentums, gegen die weder Hochamt noch Totenmesse helfen. Und was die Messen angeht: viele, viele hat man gelesen. Aber dem Menschen wurde nicht leichter davon.«[32]

Das Christentum ist nicht kosmologisch, es tut nichts dazu, daß das Vieh sich vermehrt und gedeiht. »Ohne Vieh und Gras kann aber der Mensch nicht leben.« »Hübsch ist ein Klösterlein, ›in dem das ganze Christentum gelebt wird‹; trotzdem lebt auch dieses ›vom Nachbardörfchen‹, und ›ohne das Dörfchen‹ müßten alle Mönche Hungers sterben. Das muß man beachten und die Aufmerksamkeit auf jene völlig ›apokalyptischen Gedanken‹ lenken, daß das Christentum *allein* und *an sich* nichts taugt, ›nichts ist‹, verfault, hungert, dürstet. Daß es sich vom *Nichtchristentum* nährt, von nichtchristlichen Kräutern, von nichtchristlichen Pflanzen, und daß daher das Christentum allein, in seiner reinsten und inspiriertesten Form ›nach dem Nichtchristentum‹ ruft, verlangt und dürstet«.[33]

Während das Leben über allem anderen steht, endet das Evangelium »in der Sackgasse der Selbstentmannung«. Im Leben ist alles elementar, chaotisch, wild, drängend, im Evangelium alles seltsam ästhetisiert, übersichtlich, domestiziert, verständlich. Das Evangelium hat die »einfachen Wahrheiten« des Alten Testaments verraten und ersetzt durch »Tränen, Hysterie und Sentimentalität ... Was über uns gekommen ist, sind Christi Qual und Wirrnis.« Die ganze Geschichte der »frohen Botschaft« ist eine Geschichte der Unterdrückung. »Das ganze Übel, das mit der Ankunft Christi anhob, hat seinen sprechenden Ausdruck darin gefunden, daß ein Stöhnen durch die Kultur geht. Er predigte doch ›eine Zeit der Herrlichkeit‹. Hierin zumindest hat Er sich geirrt: denn was kam, war nicht ›eine Zeit der Herrlichkeit‹, sondern eine Kultur und Zivilisation, durch die das Stöhnen geht ...«[34]

Rozanov ist sich wohl im klaren über die Reichweite seiner Überlegungen: »Man könnte mir vielleicht den einen Vorwurf machen, ich hätte ein göttliches Geheimnis, das im Verborgenen bleiben soll, ausgeschwatzt. Die Wurzel vom Baum des Lebens, die nicht in der Sichtbarkeit wirkt, habe ich bloßgelegt. Allerdings sollte man sich in diesem Falle lieber über die Herren Asketen aufregen, die es sich in den Kopf gesetzt haben, dieses göttliche Geheimnis zu leugnen.«[35]

Die Kirche kann den Bund mit Gott erst wieder herstellen, wenn sie selbst sich zum Leben bekennt und die Geschlechtsgemeinschaft von Mann und Weib als das erste und eigentliche Sakrament akzeptiert, ja sich selbst nach dem Ebenbild der Geschlechtsgemeinschaft umformt. Da alles Leben sich über die Begattung fortpflanzt, sei »das ewige Leben« vornehmlich als Begattung definiert. »Von hier aus fällt denn auch ein Licht auf ihre Unüberwindlichkeit, ihre Unersättlichkeit und leider – oder nicht leider – auf ihre Heiligkeit, nämlich darauf, daß sie ein ›Sakrament‹ (das Sakrament der Ehe) ist ... Und zwar gerade im wesentlichen Punkt – in der geschlechtlichen Vereinigung. Damit wird auch »die Schamhaftigkeit der Geschlechtsorgane« begreiflich: denn eben durch dieses Tor geht das Leben ein in »das Leben im Jenseits«, »das ewige Leben«.[36] Daher beschnitt Gott den Menschen, »den er für sich heiligen wollte, an geheiligter Stelle«, »am intimsten Sitz seines kreatürlichen Ich«.

Das Vorbild für die Orthodoxe Kirche wird bei Rozanov daher die Familie, »eine nicht weniger uralte, geheiligte Erscheinung als die Ecclesia Romana«. Doch Rozanov geht noch weiter. Er erinnert an die antiken Fruchtbarkeitskulte, an die Kraft der Sonne und den Zyklus der Jahreszeiten und verlangt nicht weniger, als daß das Christentum phallisch werden müsse. Theologie ist dann keine Sache der geistlichen Akademien mehr. »Unendlich viel mehr Theologie aber ist in einem Stier, der eine Kuh deckt ... und überhaupt: Der Frühling kommt, der Frühling kommt. – Und grünes Rauschen überall. – Das ist Heidentum, welches wahr ist, da sind Apis und Serapeum.«[37]

Phalluskult und phallische Kultur

Es war um die Jahrhundertwende auch in Sankt Petersburg durchaus möglich geworden, zumindest in literarischen und künstlerischen Kreisen, das Tabu des Geschlechtslebens zu brechen. Die Arbeit von Weininger war in Rußland erschienen; Tolstois »Kreuzersonate« hatte einen Skandal verursacht und war von der kirchlichen Zensur verboten worden; »Saninstvo« – nach dem Roman »Sanin« von Arcybašev – war zu einem Titelbegriff für eine literarische Tendenz geworden, nun auch über die Leidenschaften des Geschlechts in der Öffentlichkeit zu sprechen. Auch die Arbeiten Freuds wurden auf russisch herausgegeben. Es gab einen ganzen Zyklus von Vortragsthemen in der Sankt Petersburger Religiös-Philosophischen Gesellschaft, der sich mit der Frage »Geschlecht und Geist«, »Geschlecht und Gott« und ähnlichem beschäftigt hatte.[38]

Rozanov bleibt indes auch innerhalb dieser Szenerie ein Sonderfall und ist in vielem der genannten Tendenz entgegengesetzt. Von Tolstoi unterschied er sich in der fundamentalen Aussage: nicht die Askese, sondern das Ausleben, die Heiligung des Geschlechtstriebs sei die Rettung; von Freud trennte ihn eine ganze Welt: Ging es Freud um die Psycho-Analyse, so Rozanov eher um die Entfaltung einer Religion des Sexus, Freud wäre für ihn wohl eher demselben Verdikt verfallen wie zuvor schon die »Rationalisten« Comte, Spencer und Darwin.

»Die Verbindung des Geschlechts mit Gott ist größer als die Verbindung des Verstandes mit Gott; dies folgt daraus, daß alle Asexualisten auch Atheisten sind. Dieselben Herren wie Buckle und Spencer, Pisarev und Belinskij, die über das ›Geschlecht‹ nie mehr Worte verloren haben als über die Argentinische Republik, waren gleichzeitig bis zur Erschöpfung so atheistisch, daß sie nie irgendeine Religion zu sehen bekommen haben. Dies sind buchstäblich ›Ungetaufte‹, in einem merkwürdigen, besonderen Sinn.«[39]

Rozanov holt mit der Sprache seiner »Religion des Sexus« die »schmutzigen« Dinge an die Oberfläche – was ihm als Pornographie ausgelegt wurde. Alles hat in seinem »System« Platz: der Same, der Geschlechtsakt, die Physiognomie der Geschlechtsorgane, die Familie, der vom Geschlecht bestimmte Charakter und so fort. »So hat er ihr einen Menschen gegeben? Natürlich – dies ist ein Kind von ihm. Warum sagt man aber – ›das ist Schmutz‹ und ›er hat sie befleckt‹? Ja, wenn der Same Schmutz ist, dann hat er sie natürlich ›befleckt‹. Schmutz? Der Same eines Apfels ist ein Apfel, der Same des Weizens ist Weizen: und der Same des Menschen ist augenscheinlich ›ein Mensch‹? Das verstehe ich nicht.«[40]

Die Geschlechtsorgane sind ihm das Heiligste und Keuscheste, daher auch die Kinder, die von ihnen gezeugt und geboren werden, das Symbol der Reinheit. »Das Kind, die Frucht des Geschlechtsaktes, ist die verkörperte Keuschheit, von der es auch alle Züge annimmt (Unschuld) ... Die Wahrheit des Geschlechts und der Seele der geschlechtlichen Anziehungskraft ist keine Unzucht, sondern Reinheit, Keuschheit, und schließlich sein allerhöchster Lichtstrahl, etwas Religiöses.«[41]

Der Geschlechtsakt als Äußerung Gottes durch den Menschen heiligt daher auch die Ehe. Was in ihr vor sich geht, soll von nun an nicht mehr im Dunkel des Schweigens liegen, sondern bewußt und bei Licht verrichtet werden. Das Schlafzimmer, so stellt er fest, verwandelt sich in eine »Hauskirche«. Die Reinigung des Körpers wird nicht nur zu einer hygienischen Pflicht, sondern zu einem sakralen Ritual. Der beliebteste Ort der Russen, das Schwitzbad, soll mit dem Bild Gottes geschmückt werden. Die Reinigung der Haut sei wie die Reinigung der Seele.[42] Rozanov unternimmt nicht nur eine »religiöse Rehabilitierung« des Sexus, die in seiner Zeit als provozierend empfunden werden mußte, sondern geht einen Schritt darüber hinaus: Der Sexus als bejahte, gefeierte Kraft läßt sich erst jenseits des Neuen Testaments und jenseits der christlichen abendländischen Zivilisation wiederfinden – im Alten Testament, in der hellenischen Welt, vor allem aber in den frühen Hochkulturen des Ostens, besonders Ägyptens.

»Das Heidentum ist die Kindheit der Menschheit, und die Kindheit im Leben eines jeden von uns – das ist sein natürliches Heidentum. So gehen wir immer ›zu den alten Göttern zurück‹ und kennen sie aus Instinkt.«[43] Rozanovs Religion des Sexus ist phallisch. Eine Wahrsagerin hatte ihm einmal gesagt, daß in ihm selbst etwas von Apis sei. »›Verehre Apis‹, dann wirst Du ›selbst Apis‹ sein. Etwas in dieser Art. Über mich denke ich nicht nach. Aber Apis – den verehre ich außerordentlich … Ich bin sicher, daß sich alles ›Kosmisch-Allweltliche‹ in den Apiskörper zerlegt, das heißt, daß das ganze ›Allweltliche‹ nur Modi, Teile und nur Teile (diffus) des einen nicht ausdrückbaren und nicht erreichbaren Wesens Apis, des ›Noumenons Apis‹ sind, und im Grunde nur seine Genitalien, und noch präziser, Teile seines ewig spritzenden Samens, seiner Stürme von Samen, seiner Gewitter von Samen sind. Elektrizität, Vulkane, Licht, Gewitter, ›Hammer‹ – immer wieder Phalli und nur Phalli. ›Kosmogonie‹, die Symbole der Welt – immer wieder Phalli und nur Phalli. Die Kiefer, die Tanne, die Fichte, besonders, ganz besonders der Tannenzapfen, ›die Form des Baumes‹, die Kuppel des Himmels – alles hat die Gestalt des Phallus.«[44]

Seine neue Religion sollte sich gründen auf die Überwindung beziehungsweise das Abfallen der christlichen Scham. Die Begattung wird nun zum zentralen »gesellschaftlichen« Ort, Rozanov sieht in der Tempelprostitution der nichtchristlichen Religionen die Verankerung seiner eigenen Phantasie: die Heiligung der Fruchtbarkeit durch die Gemeinschaft. Das vermählte Paar soll sich nun von der Hochzeit bis zum Sichtbarwerden der Schwangerschaft der Frau in einen eigens dafür errichteten »Tempel« beziehungsweise die Kirche zurückziehen können.

Dies waren ernst- und konkret gemeinte Vorschläge, die Rozanov in der Religiös-Philosophischen Gesellschaft und dann auch in der Zeitung »Novoe vremja« vorgebracht hatte.

Bedrohtes Nest – Philosophie der Privatheit

»Völker, wollt ihr, daß ich euch eine donnergleiche Wahrheit verkünde, die noch kein Prophet ausgesprochen hat?« fragt Rozanov in ironisch übertriebenem Ton, um dann zu antworten: »Nun? Nun … hm … Das private Leben steht höher als alles andere. Hi, hi, hi! … Ha, ha, ha! … Ha … Ha … ha! Ja, ja! Das hat noch niemand gesagt; ich bin der erste … Einfach zu Hause sitzen und, na schön, in der Nase bohren und den Sonnenuntergang betrachten. Ha, ha, ha … Wahrhaftig: Das ist umfassender als die Religion … alle Religionen werden vergehen, aber was bleibt: einfach so auf dem Stuhl sitzen und ins Weite schauen.«[45]

Diese Äußerung Rozanovs ist nicht bloß eine publizistische Spitze gegen die in der fortschrittlichen russischen Öffentlichkeit vorherrschende Auffassung von der Notwendigkeit gesellschaftlichen Engagements, sondern deutet mehr an. Die Familie, der private Haushalt, der engste Umkreis, der bereits das Fundament der Kirche, einer erneuerten Kirche abgeben sollte, wird auch als das Fundament des gesellschaftlichen Lebens in den Mittelpunkt gerückt. Das war für die russisch denkende Gesellschaft der Zeit durchaus ein Novum und kann vielleicht als Ausdruck der Entwicklung bürgerlicher Familienverhältnisse in Rußland verstanden werden.

Stabile Familienverhältnisse hatte es in der russischen Aristokratie, innerhalb der Geistlichkeit und innerhalb der Altgläubigen-Gemeinden gegeben. Rozanov formuliert hier wohl das Bedürfnis der wachsenden städtischen Mittelschichten, auch der Intelligenz, nach einer neuen, ihnen angemessenen Lebensform. Er formuliert das Credo des modernen russischen Kleinbürgers, und er tut es offensichtlich gegen die Kleinbürgerverachtung, die innerhalb der Intelligencija herrscht. »Ich trinke gern Tee, und wenn meine Zigarette einen Riß bekommt, tue ich gern ein Pflästerchen drauf. Ich liebe meine Frau und meinen Garten beim Sommerhaus. Ich rege mich niemals auf (außer bei Krankheiten im Hause) und habe es nie eilig.« Rozanov entwickelt eine Poesie des Kleinbürgerdaseins: »Mein Haushaltsbüchlein (mit den Einnahmen und Ausgaben) ist mir so viel wert wie ›Turgenjews Briefe an Pauline Viardot‹. Es ist etwas ganz anderes und trotzdem eine ebensolche Achse der Welt, und es enthält im Grunde ebensoviel Poesie. Wieviel Anstrengungen! Und welche Befriedigung, wenn man zum Monatsersten gut ausgekommen ist!«[46]

Etwas systematischer – abgesehen von seiner Studie zur »Familienfrage in Rußland« – tritt dieser Gedanke noch einmal, und zwar ganz am Schluß, fast als Vermächtnis, in der »Apokalypse unserer Zeit« hervor. »Domostroj« (Hausordnung) ist das Kapitel überschrieben. Der »Domostroj« als eine Sammlung von Lebensregeln, formuliert in der Umgangssprache der frühen Stadtbewohner des 16. Jahrhunderts, umfaßte alle Bereiche des Lebens: Zubereitung von Lebensmitteln und Speisen, Empfang von Gästen und Ablauf von Hochzeitszeremonien, Erziehung der Kinder, Führung der Wirtschaft, Handwerksregeln, Höhe der Steuern, Ratschläge zum Heilen von Krankheiten. In ihm spiegelt sich die patriarchalische Struktur der russischen Familie als der Kernzelle, von der aus sich auch die Beziehung zu den Mächten, vor allem zum Zaren, ergibt. In gewisser Weise spiegelt sich darin aber auch etwas »Stadtbürgerliches«, insofern seine Hauptfigur nicht der Dienstadlige oder Erbadlige ist, sondern jemand, der sich durch seine eigene Arbeit und persönliche Initiative ausgezeichnet hat. Hervorgehoben ist die praktische Erziehung der Kinder, das Handwerksmäßige.[47]

Doch Rozanov hat nicht nur den russischen »Domostroj« im Auge, sondern auch den »Kahal«, die Lebensordnung der jüdischen Gemeinde. Beide geben den Inbegriff einer engen, fast intimen Gemeinschaft ab – das Gegenbild zur »Gesellschaft«. »Unzweifelhaft stammt der größte ›Domostroj‹ schon von Moses, aus der Zeit des ›Exodus‹, in der ›Zweiten Gesetzgebung‹ (fortgesetzt im Talmud und dann in die Praxis der jüdischen Gemeinschaften übergegangen). Der ›Kahal‹ ist eine für Europa und die Europäer unverständliche Sache. Der ›Kahal‹ ist eine prächtige *city*, *la cité*, eine *Kommune*, wo die Menschen zusammenwohnen, warm und eng, sich gegenseitig helfen, sich umeinander kümmern ›wie ein Mensch‹. Es ist ein einziges Heiligentum. Dies ist jene natürliche und unumgängliche Sozialisation, welche die Menschheit verloren hat und von wo sie dann zu einem künstlichen, elenden und allerweltfeindlichen ›Sozialismus‹ gekommen ist. Der Sozialismus ist das Ergebnis des Verschwindens des Domostroj und des Kahal. Der Mensch kann nicht ›allein‹ leben, er wird sterben. Die natürliche Eigenschaft des Kahal ist es, daß er nicht zuläßt, daß man sich von ihm absondert. Die Gemeinschaft – das ist zu wichtig. Wenn sie jemand zerstört, und er mag sogar talentvoll oder genial sein, dann ›sterben alle‹.«[48] Der Kahal sei zwar eine jüdische Lebensform, zugleich aber eine allgemein menschliche. Der Kahal ist wie eine Glucke. Jenseits des Kahal beginnt »Imperium, Papsttum und Sünde«. Ihre Maxime lautet: »Wir werden auf unsere Art leben, wir brauchen niemand weiter.« Das im Domostroj umschriebene Leben ist für Rozanov schon immer »der höchste Typus menschlichen Lebens« gewesen, unermeßlich höher stehend als alle Herrschaftsreiche. Dort findet »der arme Mensch« sein Glück. »Im kleinen Nest«, sogar Gott fühlt sich da wohler. »Weil es ein kleines Nest ist, ist es auch heiliger als Gott selbst. Ich bestreite nicht: Es gibt einen Gott des Universums. Doch mir gefällt der ›Gott des kleinen Nestes‹ besser.«[49]

Wir haben es hier mit der Verteidigung archaischer, jahrhundertealter und wohl auch idealisierter Lebensformen von »Gemeinschaft« zu tun. Diese Lebensform wird von ihm aktualisiert – wie etwa die Dorfgemeinschaft durch die Slawophilen oder Volkstümler zuvor schon – und gegen den Vergesellschaftungs- und Atomisierungsprozeß, der mit der Modernisierung Rußlands einhergeht, gewendet. Doch diese Verteidigung und Idealisierung einer archaischen »alttestamentarischen« Lebensform ist zugleich die ideologische Hülle, hinter der sich die Familie neuen Typs, die der bürgerlichen und kleinbürgerlichen Existenz, bildet. Sie ist der Hort des Privaten, des für Rozanov Allerwesentlichsten. Sie ist das »Nest«, das alle Stürme überdauern soll, weil es unabhängig von Religionen und Revolutionen der Ort der Fortzeugung, der »Hafen des Auslaufens« und der »Hafen des Anlegens«, der wichtigste Ankerplatz des Menschen ist. Rozanov blickt aus diesem »Nest« heraus auf die Gesellschaft, von dort aus nimmt er sie wahr, von dort aus kritisiert er sie.

Die Gesellschaft, Zerstörung der Politik

Rozanov hat keine »Gesellschaftstheorie«, aber aus seinen durchweg negativen Äußerungen läßt sich doch der Umriß seines Gesellschaftsbildes nachzeichnen. »Die Gesellschaft«, aus der Perspektive des Rozanovschen »Nestes« wahrgenommen, ist vor allem Bedrohung, Gefahr. Sie ist das Künstliche, Gemachte und Ephemere gegenüber dem »Normalen«, »Natürlichen« und Grundlegenden des Rozanovschen Privatlebens. Rozanov war aus einem

»Argos im 19. Jahrhundert«, aus der Provinz nach Petersburg, der »abstraktesten Stadt der Welt«, gekommen. Die Kritik an der Zivilisation beschäftigt ihn von seinen ersten Petersburger Tagen an. Unverkennbar sind in den frühen Arbeiten seine slawophilen Sympathien.

Für Rozanov und seinen Umkreis war die europäische Zivilisation am Ende. Er hat davon in der »Dämmerung der Aufklärung« gesprochen: »Jedermann fühlt, und das schon seit geraumer Zeit, in Europa eine merkwürdige Unlebendigkeit der heranwachsenden Generationen. Sie sind unlebendig nicht in irgendeiner besonderen Hinsicht; es ist auch nicht so, daß sie irgendwelcher besonderen Talente entbehrten und dafür mit anderen reich begabt seien. Was ihnen aber fehlt, ist der Kern, aus dem jegliches Talent erwächst, jegliche Energie im Handeln oder Festigkeit beim Widerstand. Jener ›göttliche Funke‹, der im Menschen oftmals durch die ihn umhüllende Dunkelheit, Grobheit, ungezähmte Willkür und Unwissenheit hindurchscheint, ist in diesen Generationen, die sich äußerlich so glänzend anlassen und nichts besonders Böses tun, gleichsam erloschen ... Wir haben von dem Heidentum gesprochen, zu dem die europäische Menschheit, ihre christliche Basis verlassend, hinüberwechselt; aber es ist nicht mehr das frühere Heidentum Roms; es ist ein neues, kleines Heidentum der Selbstanbetung, abseits der großen Heerstraße der Geschichte und inspiriert von dem Wunsch, diese Heerstraße, wenn möglich, ›aus dem Auge und Gedächtnis zu verlieren‹.«[50]

Die europäische Zivilisation sei seelenlos, leer geworden. »Es ist bemerkenswert, daß alle Phantasien, die sich damit beschäftigen, was das anbrechende Jahrhundert bringen wird (und es sind ihrer viele), einen einförmig technischen Charakter tragen. Sind wir im 19. Jahrhundert in der Eisenbahn gefahren, so werden wir im 20. Jahrhundert durch die Luft fliegen. Bewegen wir uns jetzt mit einer Geschwindigkeit von 60 Werst in der Stunde, werden wir im neuen Jahrhundert mit einer Geschwindigkeit von 160 Werst dahineilen. Alle Verbesserungen beziehen sich auf Dinge, die außerhalb unserer selbst liegen, uns umgeben und umstellen: Verbesserungen der Apparaturen, der technischen Hilfsmittel, mit denen wir unsere Arbeit verrichten. Aber daß der Mensch selbst besser wird, daß etwas Neues in seinem Herzen emporwächst und seinen Geist ergreift, davon hat niemand geträumt und gerätselt. Es fehlte einfach das Bewußtsein, daß auch das einigermaßen notwendig sei. Dieser Charakter technologischer Phantasien deutet ebenfalls auf einen erschreckenden Seelenverlust, den wir am Ende des Jahrhunderts beobachten.«[51]

Rozanov gehört selber der »Öffentlichkeit« an, zuerst in seiner Stellung in der Bürokratie, dann erst recht als einflußreicher Publizist. Doch er rechnet sich der »Öffentlichkeit« nicht zu. Die öffentlichen Personen in ihren »allzu offiziellen goldbestickten Gewändern« sind »zu feierlich, um zu den Windeln, Betten und Schlafzimmern herabzusteigen«. Sie sind selbst da, wo sie sich dem »Volk« zuwenden wollen, von der Öffentlichkeit verdorben. Das gelte für Tolstoi und Turgenjew, die den Gutsbesitzer in sich nicht verleugnen können, das gelte selbst für Gorki, der angefangen hat, »von goldenen Tellern zu essen«.

Die Öffentlichkeit beherrscht das Denken des einzelnen. »Das Wesen ›unserer Zeit‹ – alles macht sie zur Schablone, zum Schlagwort und zur Phrase. Große Männer haben ihr Wort gesprochen. Da war Schopenhauer: und ›der Pessimismus‹ wurde zur Phrase. Da war Nietzsche: und sein ›Antichrist‹ sprach mit tausend Pferdekinnbacken. Gott sei Dank, daß man heute das Evangelium nicht mehr liest: mit ihm wäre dasselbe passiert. Aus dieser Zwangsjacke kann man nicht mehr herausspringen.«[52] Die Bildung der Öffentlichkeit, die Entstehung des Pressewesens, der mühsam erkämpfte »Markt der Ideen und Ideologien« im Rußland der Autokratie und der geistlichen und weltlichen Zensur – eine »Zwangsjacke«.

Fast selbstverständlich richtet sich die Rozanovsche Kritik an der Öffentlichkeit überhaupt gegen den Liberalismus. Sein zynischer Kommentar: »Der Liberalismus bietet Annehmlichkeiten, ohne die man sich die Schultern wundreiben würde. Zum Beispiel errichtet er viele Bildungsanstalten, *und ich weiß, wohin ich meinen Sohn zu schicken habe*. Und auf einer liberalen Schule wird mein Junge nicht geprügelt: im Gegenteil, dort lernt man leicht und frei. Ich selbst werde vielleicht krank: dann rufe ich einen wirklich *gut ausgebildeten Arzt*, der eine Herzkrankheit nicht mit einer Darmverschlingung verwechselt ... ›Fortschritt‹ und ›Liberalismus‹ – das ist so eine Art von praktischem englischen Koffer, in dem alles ordentlich gefaltet und griffbereit daliegt und den auch einer gern mit auf die Reise nimmt, der sonst kein Liberaler ist ... Ein Liberaler wird besser als irgend jemand sonst eine Ausgabe von ›Krieg und Frieden‹ veranstalten, aber niemals wird ein Liberaler es fertigbringen, *›Krieg und Frieden‹ zu schreiben*. Hier liegt die Grenze.«[53]

Aber Rozanov, der sich immerzu als »der Kleine« bezeichnet und für den Gott vor allem eine Gottheit der Kleinen, Schwachen und Narren ist, kritisiert das neue Jahrhundert vornehmlich deshalb, weil es das Jahrhundert der Massen, »der Kneipe« ist. »Die ganze ›Zivilisation des 19. Jahrhunderts‹ ist gekennzeichnet durch das langsame, unaufhaltsame und endlich triumphierende Vordringen der billigen Kneipe. Die Kneipe hat sich der Politik bemächtigt, und da haben wir die europäischen Parlamente (nicht das englische). Die Kneipe hat sich in den Buchdruck eingeschlichen. Bis zum 19. Jahrhundert gab es so gut wie keine Zeitungen, es gab nur Literatur. Gegen Ende des 19. Jahrhunderts haben die Zeitungen die beherrschende Position erlangt, und die Literatur ist beinah verschwunden.«[54]

Der Vergesellschaftungsprozeß bedroht die Gemeinschaften archaischen Typs, die Öffentlichkeit dominiert die familiären Gemeinschaften, die Tradition, und das aus der Tradition gespeiste Vertrauen wird durch mehr oder weniger rationale Diskurse ersetzt. Es gibt Parteien, Strömungen, Zeitungen, in denen sich Gesellschaftinteressen artikulieren. Doch Rozanovs Unterscheidungen haben weniger mit dem Gehalt von politischen Ideen zu tun, sondern mit Nähe und Distanz, mit »dazugehörig« oder »außenstehend«, mit persönlicher Sympathie oder Antipathie, mit der Unterscheidung von »Freund und Feind«. Merežkovskij fragt er einmal, wie er etwas mit den »Liberalen« zu tun haben könne. Den Liberalen Vladimir Nabokov zu küssen oder mit einer revolutionären Studentin ins Bett zu gehen – das sei doch vollständig undenkbar bei aller Diskussion mit ihnen. »Darin, mein Lieber – ›mit wem du ins Bett gehen kannst‹ – darin liegt der Kern der Sache.«

Rozanovs Unterscheidung hat nichts mit Ideologie, Programm, Parteien zu tun, sondern mit Charakteraffinitäten und Temperamenten. »Wer kann mit wem?« lautet seine Frage. »Ihr könnt seufzen. Aber bei jenen, die auch ›an der Universität studiert haben‹ und ›Bücher schreiben‹ und die dem Augenschein nach uns so ähnlich sind, da sie sicher noch reinlicher, noch altruistischer sind, keine Geliebten haben, ›ihre Schulden rechtzeitig bezahlen‹, ›im Laden nichts anschreiben lassen‹ und so weiter mit diesen guten Menschen … Bei ihnen findet sich kein Seufzen.

Es ist nur das: Die Himmel haben sich aufgetan, und die Erde hat sich geteilt, und auf der einen Seite des Abgrunds stehen sie, und auf der anderen – wir. Wir sind die Heiligen. Sie sind nichts. Diebe und Heilige, Wüstlinge und Heilige, Gauner und Heilige. Sie sind ›absolut korrekte Leute‹ und nichts. Struve schläft nur mit seiner Frau, ich aber mit allen (nehmen wir an): und er ist zudem nicht der Mann seiner Frau, und nicht einmal ein Mann, sondern ein Spruchband.

Alles liegt an diesem ›Seufzen‹ … Im ›Hauch‹, in der ›Seele‹, ›korrekte Menschen‹ sind einfach unbeseelte Wesen, ›Lineal‹ und ›Spruchband‹, ›Redakteur‹ und ›Kontor‹: und daraus machst du weder ein Himmelreich noch eine Weltbank noch einen passablen – Mann. Doch in meinem ›Seufzer‹ liegt alles. ›Der Seufzer‹ ist reicher als das Herrschertum, reicher als Rothschild sogar dem Gelde nach: aus dem ›Seufzer‹ strömen goldene Ströme und Throne und das Reich und alles. Der Seufzer ist die ganze Weltgeschichte, ihr Anfang. Aber der ›korrekte Mensch‹ ist nur ein korrekter Mensch, mit dem alles zu Ende geht.«[55]

Ist der aus dem »Nest« auf die Gesellschaft gerichtete Blick anti- oder asozial, dann der auf die politische Gesellschaft gerichtete anti- oder apolitisch. Im Rozanovschen Koordinatensystem werden die großen Differenzen zwischen den verschiedenen politischen Strömungen bedeutungslos, und alle Ideologie wie Politik Gegenstand von Spott. Die Grundfrage mehrerer Generationen der engagierten kritischen Intelligenz – »Was tun?« – existiert für ihn einfach nicht. »›Was ist zu tun?‹ fragte ein ungeduldiger junger Mann aus Petersburg. Ja, was wäre da wirklich zu tun? Nun, wenn wir Sommer haben, putzt man die Erdbeeren und kocht sie ein; und wenn es dann Winter ist, ißt man das Eingemachte zum Tee.«[56]

Rozanov formuliert in der ihm eigenen Weise den Gedanken der Zerstörung der Politik. Es ist sein Credo der Apolitik: »Was not tut wäre, die Politik zu zerstören und die Apolitizität zu begründen. ›Gott will die Politik nicht mehr, welche die Erde mit Blut, Betrug und Grausamkeit überschwemmt hat.‹ Aber wie soll man das anstellen? Nein – wie wäre es möglich, dies anzustellen. Man müßte alle politischen Ideen durcheinanderbringen … ›das Rote gelb und das Weiße grün machen‹, ›alle Eier zerschlagen und ein Omelett braten‹. Den politischen Brand kann man nur dadurch löschen, daß plötzlich ›niemand mehr etwas versteht‹, da alles ›verwirrt und durcheinandergeraten ist‹ … Jetzt laßt mich aber Schwefelsäure auf die Angel gießen, in der sich ›die Tür der Politik‹ hierhin und dorthin dreht; mitten ins Herzstück, in ihre Seele will ich meine Säure tropfen … Was bedeutet das? In die politischen Überzeugungen (dasselbe, was das Dogma im Christentum ist). Ja, was soll das? ›Man diskutiert‹ … ›Parteien‹. Meine Herren, man kann alle Überzeugungen haben, zu allen Parteien gehören … Und das ganz aufrichtig! Reinen Herzens!! Bis zur Hysterie!!! Und gleichzeitig doch keiner angehören, und auch das ›bis zur Hysterie‹. Ich habe angefangen, aber diese Bewegung wird weitergehen: und wir, die Philosophen, die Religiosi, Menschen jedenfalls ›einer höheren Etage‹ als die, in der die Politiker herumtrampeln – werden mit unserem Denken, unserer Poesie, unserem Feuer diese ganze blutschwärende untere Etage zerstören.«[57]

In Rozanovs Verankerung im »Vor- oder Apolitischen« liegen sein Zynismus und seine »Schamlosigkeit« begründet. »Nicht wir wechseln die Meinungen wie die Handschuhe, sondern, o weh, die Gedanken in unserem Kopf verschleißen sich so wie Handschuhe. Sie weiten sich aus. Sie liegen nicht mehr eng um die Hand. Sie liegen nicht mehr eng um die Seele. Und wir werfen sie nicht weg, sondern hören einfach auf, sie weiter zu tragen. Wir hören auf, Gedanken zu denken, die ein Jahr alt geworden sind.«[58]

Rozanovs Stellung in der russischen Revolution ist eine ununterbrochene Geschichte des Verrats – bald der einen, bald der anderen Seite. Aber was aus der Perspektive der Parteien als Verrat erschien, war ihm selbst der Beweis seiner Unabhängigkeit und seiner »Treue zur Sache«.

»Lebensbaum« Revolution

Sowenig sich Rozanovs »Werk« in einen revolutionären und reaktionären Teil separieren läßt, sowenig kann man auch behaupten – wie er es selbst getan hat –, er sei anfänglich ein revolutionärer Schwärmer und später ein Erzreaktionär gewesen, immer in Opposition zu jenen, die er verdächtigte, sie seien selbstzufrieden geworden – erst die Monarchie, dann die Revolution. Er hat in den frühen Jahren die servilsten Oden auf die Monarchie verfaßt, und er ist ihr auch am Ende als »Prinzip« treu geblieben. Und auch die Revolution war für ihn etwas »Selbstverständliches«, sofern darunter nicht sozialistische Programmatik verstanden wird, die er wie alle Ideologie für schlicht belanglos hielt.

Die Revolution ist eine einfache Wahrheit und eine einfache Tatsache. »Und die Hungrigen sind so hungrig, und so hat die Revolution trotz allem recht. Aber recht hat sie nicht ideologisch, sondern nur als Druck, als Wille, als Verzweiflung. ›Ich bin kein Heiliger und vielleicht schlimmer als du: aber ich bin ein hungriger, sprungbereiter Wolf, der Hunger hat mich mutig gemacht. Du aber bist tausend Jahre lang ein Ochse gewesen, und wenn du auch einmal Hörner und Hufe gehabt hast, um mich zu erschlagen, so bist du jetzt alt und hinfällig, und da werde ich dich eben auffressen.‹ Die Revolution und die ›alte Ordnung‹ – das ist weiter nichts als ›Hinfälligkeit‹ und ›frische Kräfte‹. Aber das ist keine Idee, beileibe keine Idee. Alle sozialdemokratischen Theorien lassen sich auf die These zurückführen: ›Ich will essen.‹ Was soll man dazu sagen: die These stimmt. Nicht einmal der Herrgott selbst kann dagegen etwas einwenden. ›Wer mir den Magen gegeben hat, muß mir auch zu essen geben.‹ «[59]

Die Auseinandersetzung, die sich vor den Augen des Vitalisten Rozanov abspielt, ist die zwischen Lebensfähigem und Absterbendem, zwischen Jungem und Altem – und diese Gegensätze sind nicht immer identisch mit den politischen Kontrahenten.

Rozanov spricht in einem 1901 geschriebenen Artikel von einem ihm bekannten Paar von Revolutionären als von den »Homines Novi«. Er findet ihre Gespräche und ihre Diskussionen unerträglich, langweilig, dumm, doch er bewundert, daß sie zusammenleben in Treue, Reinheit, Ergebenheit und daß Kind und Mutter von den »Mitgenossen« geachtet werden. Rozanov staunt. Er sieht unter der »Zivilisation« (das heißt der Politik in diesem Fall) den sündlosen Menschen. Diese »Homines Novi«, noch zugedeckt von den fahlen Farben einer tausendjährigen Zivilisation, kommen nun zum Vorschein wie der Phönix der altägyptischen Mythologie. Alle Versuche, das Alte aufrechtzuerhalten, sind zum Mißerfolg verurteilt, sie verzögern nur das »Feuer des Phönix«.

»Ich glaube, daß wir in einer solchen Phase leben. Etwas Ewiges und Mächtiges geht vor sich: Es kracht vor Zerstörung und Verneinung in der ganzen Welt. Tatsächlich, der Mensch verblaßt, er verblaßt absolut. Doch unter den von ihm abblätternden Farben zeigt sich unerwartet nicht ein Troglodyt oder ein Wilder, sondern – der Adam, sündlos, mit einem Engelsgesicht ... Verbrannt sind im Feuer des Phönix Vaterland, Religion, unsere Lebensform, die sozialen Beziehungen, die Ständeordnung, die Philosophie, die Poesie. Der Mensch ist wieder nackt. Doch was wir nicht bestreiten können, was keine Partei bestreiten kann ist, daß er gut, edel und schön ist. Schauen wir auf ihn nicht ohne Hoffnung oder wenigstens Feindseligkeit – hoffen wir, daß nach dem Weltenbrand und nachdem der alte Phönix endlich verbrannt ist – aus der Asche der neue Phönix emporsteigt.«[60]

Während der Revolution von 1905 hielt Rozanov seine Augen und Ohren offen, und er gibt wieder, was er bei einer Versammlung des Arbeiter-Deputiertenrats im Taurischen Palais beobachten konnte. Er beschreibt den Auftritt eines Bauern. Der Bauer erzählt das Gleichnis von Samson und Dalila, das er in der Sonntagsschule gehört haben mochte, ganz verzaubert von seinen eigenen Worten. Samson, von Dalila überlistet, im Lager der Philister – das ist das russische Volk. Wehe, wenn Samson erwacht und an die Säule des Palastes rühren wird. »Bei meiner Seele! Wir werden hier sterben, wo sich unsere Feinde ein schönes Leben machen! Wir werden hier, wo unsere Feinde feiern, sterben! Wir werden mit ihnen sterben, damit sie nicht mehr leben …« Für Rozanov ist dieser zu allem entschlossene Bauer »wertvoller« als die Berufspolitiker, die reden »bis an das Ende aller Tage«, während dieser Mužik »Natur ist«.[61]

Einen der hervorstechendsten und elementaren Züge der Revolution sah Rozanov in dem, was er als »Rückkehr zur Natürlichkeit« bezeichnete. Er verstand sie als fast physische Bewegung: »Ich will mich strecken. Die Stiefel drücken, die Jacke ist zu eng geworden.« Schon an der Französischen Revolution sah er dieses Phänomen: Die Leute gingen auf die Straße, die Straße wurde zu einem öffentlichen Wohnzimmer, man begann offener zu sprechen.

»Es ist unbedingt so: Die Künstlichkeit wird schwächer, die Offenheit nimmt zu, alle werden ›sie selbst‹, das, was sie schon gestern, vor der Revolution waren … Revolutionen in Europa spielen eine ähnliche Rolle wie im Alten Testament das ›Jubiläumsjahr‹ – das Jahr der großen Vergebung, Amnestierung, Verbrüderung, Öffnung. Eine Zeit der allgemeinen Sprengung der ›Enge und Bedingtheit‹, der ›Zwänge‹ der Zivilisation, wo wir immer ein bißchen lügen … und schmachten und uns allen langweilig ist und wir immer die große Stunde der Revolution erwarten, in der wir sagen: ›Jetzt wird alles neu, von jetzt an wird alles anders.‹ Die Revolution von 1905 ist lange schon vorbereitet. Es ist wie mit der Reformation und wie mit Luther, der von der Reformation getragen wurde. Zu Ende ist sie nicht nur bei uns, sondern in ganz Europa, doch bei uns gab es besondere Motive dafür, daß sie sich lauter gebärdet hat. Und sie hat sich ausgesprochen. Das ist die Revolution. Das ist ihre Seele. Sie ist in der Seele eines jeden von uns.«[62]

Die alte Ordnung ist auch physisch alt: Sie lebt von der Erinnerung, sie porträtiert sich in langsamen, würdigen Bewegungen und mit ergrautem Haar; auf den Porträts sind keine jungen, jugendlichen Gesichter zu sehen, die Jugend ist immer auf den obersten Rang im Theater verwiesen oder in die Küche. Die Monarchie ist untätig. »Man muß einfach zugeben, daß die Revolution fast zur Gänze von der Jugend gemacht wird, und sie wird mit ihrer Poesie gemacht und mit ihrer Physis – und man kann sie einfach in wenigen Worten definieren: Die Jugend ist gekommen. Und ich weiß nicht, was darauf die Starzen, die Richter und Gerichte, die Minister und die Verwaltung antworten sollen. Es ist einfach eine Tatsache, daß sie schon begonnen haben, unterzugehen.«[63]

Die Befreiungsbewegung erscheint in dieser Sicht als die Freisetzung von Natürlichkeit, Kreatürlichkeit. Das Wesen der russischen Befreiungsbewegung ist daher eigentlich nicht die Revolution, sondern ein nihilistischer Akt, das Verdampfen überlebter Formen: »Die Befreiung als fast biologische, fast physiologische Bewegung; Unangenehmes, Unbequemes, Bedrückendes und Hinderliches wegfegend – das ist ›Nihilismus‹. Von daher rührt die tiefe Wahrhaftigkeit der Bezeichnung der ganzen Bewegung als ›Befreiungsbewegung‹. Das ist nicht Revolution, die nur die Politik und die Staatlichkeit umfaßt; dies ist unermeßlich mehr, reicht unermeßlich weiter in die Kultur, weil sich die Ursprungselemente für eine im ganzen neue Zivilisation zeigen.«

Doch »in wessen Namen« geht die Befreiung von der Tradition vor sich?

»Im Namen unseres ›Ich‹, der Persönlichkeit, der Individualität.« Für Rußland bedeute dieses »Ich«, das »leidende ›Ich‹ und nicht das herrscherliche und herrenhafte ›Ich‹; sagen wir der Verständlichkeit halber: nicht das feudale, nicht das westliche, nicht das stolze ›Ich‹, sondern ein anderes, bescheidenes, geknechtetes ›Ich‹. Es gibt ein ›Ich‹, das ausgreift, Besitz ergreift, und es gibt ein ›Ich‹, das sich verteidigt: Im Nihilismus hat das sich verteidigende ›Ich‹ zum Schrei angehoben. Dieses ›Ich‹ sucht für sich keine Epauletten, keine Reichtümer, Ehren, Stellungen und so fort, sondern es sagt aller Welt nur dies eine: ›Laßt mich so leben, wie ich lebe.‹ Dies ist sozusagen der ›Nihilismus‹ des frühen Diogenes, der einfach die Befreiung des ›Ich‹ von den Fesseln und Konventionen, besonders von der falschen Künstlichkeit der Gesellschaft, der Religion, der Familie und so weiter und so fort gefordert hat; er hat die Freiheit als Einsamkeit, die Freiheit als Natürlichkeit, die Freiheit als physiologische und psychologische Wahrheiten eingefordert.«

Der Nihilismus wird in Rußland wie in Europa alles nicht »Feststehende«, »Wirkliche«, »Echte« in einem Sturm hinwegfegen – alles, was nur als »Gewohnheit« dasteht. Der Nihilismus wird eine furchtbar »erneuernde Bewegung« sein, »da er eine furchtbar zerstörende Bewegung« sein wird. »Die nihilistische Revolution ist ein organischer, unaufhaltsamer Naturprozeß, eine ›darwinistische Prüfung‹ für ganz Europa, ›für alle Dinge‹ Statuen, Idole, Klassen, Lagen, für jegliches Glück und jede Hoheit ist die langanhaltende Minute des ›Kampfs um die Existenz‹ gekommen, in der sie sich ›behaupten‹ müssen, ihre ›Wahrheit‹ und ›Lebendigkeit‹ unter Beweis stellen müssen und ihre ›Nützlichkeit‹ – nicht in Worten, nicht rhetorisch, sondern praktisch. Es ist der Tod gekommen für alles, ›was nicht notwendig‹ ist. – ›Nun, wer wird überleben? Wer ist wirklich notwendig?‹ Für allzu viele ist das eine allzu furchtbare Frage. Nicht umsonst zittern vielen und bei vielem die Knie … Halte den Sturm aus – und du wirst am Leben bleiben. Nun, das ist das Wesen des Darwinschen Prozesses.«[64]

Es wird nur das »Echte vom Echten« standhalten. Während Politik und Ideologie in Unruhe und Verwirrung geraten, bleibt »das Echte« ruhig und gelassen. Die ganze Figur des Nihilisten, »eine Papirossa schmauchend«, sagt nur eines: »Ich sitze auf dem wirklich Echten. Ich bin echt. Ich rauche, weil es mir Spaß macht, und ich lebe mit meiner Frau, weil ich sie liebe. Meine Regierung, meine eigene – ich hasse sie; meine Nation, sogar meine allereigenste – ich ehre sie nicht sonderlich; euren Glauben verachte ich nicht, verehre ihn aber auch nicht. Mir ist alles gleich – betet doch zu Holzköpfen, zu Buddha, zu Mohammed oder Calvin. Ich selbst bete zu gar nichts, da bei uns alles gelogen ist; arbeitet, soviel ihr könnt, und lebt, soviel ihr arbeitet; beleidigt niemanden, bedrängt niemanden; seid wie ihr seid und tut alles, wie es sich gehört; alles ohne Künstelei, alles ohne Geziere; alles wahrhaftig, wahrhaftig wie in der Natur.«[65]

In diesem Prozeß wird auch die scheinbare Einheit der Revolution zerbrechen, denn sie besteht aus zwei Schichten. »Der unteren und echten, ihrem ›archeus agens‹, als da sind Verbitterung, Haß, Not, Neid und Verzweiflung. Das ist die schwarze Messe, die Demokratie. Die obere Schicht aber besteht aus Gold: Das sind die wohlsituierten Sybariten und Nichtstuer, die sich nur die Zeit vertreiben, ohne irgendeiner nützlichen Beschäftigung nachzugehen. Aber bei ihrem Müßiggang sind sie einmal irgendwie seelisch verwundet worden, oder, was auch vorkommt, sie waren einfach zu gutmütig, weichherzig, nachgiebig, zuckerig. Das sind also die zwei Schichten: die untere, in Gärung begriffene, der schwarze Heerhaufe der Masse, die ›etwas will‹ – und die obere, passive, deren Losung ist: ›Wir widersetzen uns nicht.‹«[66]

Es ist nicht zuviel gesagt, wenn man in diesen Ausführungen Rozanovs die Dynamik angedeutet sieht, die so rasch zur Überwältigung der russischen Republik im Jahre 1917 geführt hat. Rozanov wundert sich über das Zusammenfallen der alten Ordnung kaum. »Rußland ist in zwei, höchstens drei Tagen verblichen. Sogar die ›Novoe vremja‹ konnte nicht so schnell geschlossen werden wie die Firma Rußland. Erstaunlich, wie sie mit einem Mal so ganz und gar in lauter kleine Teilchen und Brocken auseinanderfiel ... Was ist denn übriggeblieben? Merkwürdig zu sagen – buchstäblich nichts ... Unter Rasseln, Knarren und Kreischen senkt sich ein eiserner Vorhang auf die russische Geschichte herab. Die Vorstellung ist zu Ende. – Das Publikum ist aufgestanden. Es ist Zeit, die Pelze anzuziehen und nach Hause zu fahren. – Man schaut sich um. Und da gab es keine Pelze mehr und auch keine Häuser.«[67]

Der »Fall Rozanov« –
Bedrohungsangst und Gewalttätigkeit

Kein Mensch löst sich allein in die Widersprüche auf, unter denen er leidet, denen er Ausdruck verschafft. Er hat selbst dann noch ein »organisierendes Zentrum«, wenn er so zerrissen ist wie Rozanov. Die vorliegende Skizze hat das zerrissene Gesicht Rozanovs in wenigen und knappen Strichen zu zeichnen versucht – weit davon entfernt, ein integrales Bild zu sein, zu dem die intimste Kenntnis des Menschen und seines Werks, charakterologische und psychoanalytische Studien gehören würden. In dieser Skizze mag sogar einiges von der anarchischen Gestalt Rozanovs verloren gegangen sein, »zurechtgemacht« und geglättet in dem Versuch des Verstehens: Rozanov als A-Systematiker, Immoralist, Antipolitiker – das läuft schon selber fast wieder auf ein »System« hinaus, obwohl diese Kennzeichnung doch nur ein Notbehelf sein kann.

Es gibt genügend Anhaltspunkte dafür, daß die »großen Themen« Rozanovs – Gott, phallische Religion, Familie – aus dem eigenen Leben hervorgewachsen sind, Versuche, mit Verletzungen fertigzuwerden, sie zu kompensieren mit großen Entwürfen, wie sie eben aus der Not geboren werden. Doch Rozanov geht nicht auf in einer Analyse individueller Psychopathologie. Er wußte es selbst, wenn er zugibt, daß sein Fall bedeutsamer ist. Er fragt: »Ob ich wohl möchte, daß meine Lehre um sich greift? Nein. Große Unruhe würde daraus entstehen, und ich liebe doch die Ruhe so … und die Abenddämmerung und leises Abendläuten.«[68]

Es gibt einen, vielleicht einen Punkt, von wo die Triebkraft für seinen schamlosen Opportunismus und für seine Fähigkeit, gegen die Strömung der Zeit zu stehen, gespeist wurde. Es ist der Punkt, wo sein Selbstverhältnis zusammenfällt mit seinem Verhältnis zur Mitwelt. Wie oft sagt er von sich, daß er schwach sei und wie oft erklärt er, daß er sich selbst hasse. Wie gerne wäre er, der sich als »der allergewöhnlichste und allernormalste Mensch« bezeichnete, »ein ganz gewöhnlicher russischer ›Ivanov‹« gewesen! Sein Selbsthaß und sein Kampf um Normalität wären wiederum von nur individualgeschichtlicher Bedeutung, wenn dieser Selbsthaß einer prekären und gespaltenen Persönlichkeit nicht zusammengefallen wäre mit einer gesellschaftlichen Situation, in der gerade die »Normalität« der alten Ordnung in Brüche ging und in der gesellschaftliche Kräfte als Faktoren der Bedrohung, der Zersetzung der »alten Normalität« in Erscheinung traten.

Im Verhältnis Rozanovs zu den Russen und zu den Juden drückt sich auch sein Selbstverhältnis aus. Es gibt kaum einen Schriftsteller, von dem bewegendere und zugleich schrecklichere Worte über Russen und Juden gesagt worden sind als von Rozanov. Schon die Tatsache, daß er in Personalunion russischer Nationalist und Russenhasser, Philosemit und Pogromhetzer war, deutet darauf hin, daß hier eine »explosive Mischung« vorlag. Es geht dabei nicht bloß um sein Verhältnis zu den »Russen an sich« oder den »Juden an sich«. Russen und Juden sind für Rozanov Chiffren für antagonistische Kräfte in der Modernisierungsbewegung, und Rozanovs Verhältnis zu ihnen fällt zusammen mit den Antagonismen seines eigenen »Ich« – Selbsthaß und Selbstliebe. Bald sind die Juden das Archaische, fest in der Tradition Verwurzelte, bald das Moderne, Zersetzende und Lebensbedrohliche. Es hängt offenbar nur an der Konstellation, welcher Aspekt in den Vordergrund gerückt wird: der der Lobpreisung oder der der Vernichtungsdrohung.

In keiner der Würdigungen Rozanovs wird versäumt, auf seine »Gespaltenheit« auch an diesem »Punkt« hinzuweisen, doch es ist merkwürdig, daß die Pogromhetze Rozanovs behandelt wird, als ginge es um das intellektuelle Delikt eines Philosophen und nicht um die Aufforderung zur Gewalt, die bereits eine Geschichte hat. Rozanovs Vis-à-vis sind die Juden, und auf sie entlädt sich alle aus der Modernisierungsbewegung gespeiste Bedrohungsangst, derer ein in sich gespaltenes, sich selber unsicheres Individuum fähig ist. Philosemitismus und Antisemitismus sind bei Rozanov nur die zwei Seiten derselben Sache: die – bald positive, bald negative – Fixierung auf das andere, weil das eigene Ich und das soziokulturelle Milieu, dem es angehört, keinen festen Halt bieten. Beide Male ist es eine Flucht nach vorn: in die Überidentifikation mit den positiv verstandenen Traditionen des Judentums zum einen, in die Vernichtungsdrohung gegenüber dem »Zersetzer« der eigenen Tradition zum anderen.

Wenn Rozanov auf den letzten Seiten der »Apokalypse unserer Zeit« die

Juden um Vergebung bittet für das, was er ihnen als Publizist angetan hat, und wenn er im letzten Augenblick ausruft: »Gepriesen sei der Jude, gepriesen sei auch der Russe«,[69] so ist das nicht ohne Bedeutung, aber macht doch die Geschichte nicht ungeschehen. Es ist ganz offensichtlich, daß Rozanovs »Philosemitismus« zusammenhängt mit seinen Hauptthemen: Die Juden waren für ihn das Volk des alttestamentarischen Gottes und eines Kults, den das christliche Evangelium verraten hatte. In ihnen sah er, wie auch in anderen Religionen des Orients, die »Kraft des Geschlechts«.

»Im Geschlecht liegt die Kraft, das Geschlecht ist Kraft, und die Juden sind mit dieser Kraft verbündet, die Christen aber von ihr abgeschieden.«[70] Sie hatten seiner Ansicht nach den festen Zusammenhalt der Familie und der Gemeinde über Generationen hinweg bewahrt und »der Gesellschaft«, »der Zivilisation« widerstanden, weshalb er den Kahal neben dem Domostroj als die Kernform des »Nestes« preist. Dem Judentum als dem Harten, Festen, alttestamentarisch Strengen und in sich Abgeschlossenen und Selbstbewußten stellt Rozanov die Russen gegenüber. Sie erscheinen bei Rozanov als das direkte Gegenteil: weich, von der Orthodoxie verweiblicht, traditionsschwach und ohne Selbstbewußtsein. »Und nun ende ich doch wirklich damit, daß ich alles Russische zu hassen beginne. Wie traurig das ist, wie fürchterlich. Traurig besonders am Ende des Lebens. Diese verschlafenen Gesichter, ungefegten Zimmer, ungepflasterten Straßen. Widerwärtig, widerwärtig.«[71]

Zum Zusammenbruch des alten Rußland konnte es Rozanov zufolge überhaupt nur kommen »aus einem einzigen, fundamentalen Grund: aus Mangel an Selbstachtung … Wir haben keine Selbstachtung gehabt. Das Wesen Rußlands besteht darin, daß es sich selbst nicht achtet. Das ist begreiflich. Achtung kann man haben vor Arbeit und Schweiß, wir aber haben nicht geschwitzt und nicht gearbeitet. Und eben, weil wir nicht geschwitzt und gearbeitet haben, hat die Erde, hat der Planet uns von sich gestoßen. Geschieht uns recht? Nur allzusehr.«[72]

Gleichzeitig gibt es aber »den anderen Rozanov«, den geifernden Antisemiten, der in den Juden die Totengräber des alten und die Herren des werdenden Rußland sieht. Mit allen Kräften und in der größten konservativen Zeitung des Reiches greift er in den Bejlis-Prozeß ein. Wo das Gericht einen Raubmord feststellt, verficht er seine These vom Ritualmord. Seine Faszination durch das Alte Testament schlägt um in Beweisführungen, daß die Idee, »Blut und Leiden befreien uns von unseren Sünden«, exakt an Andrjuša Juščinskij, dem »Opferlamm, das zur Schlachtbank geführt wird«, praktiziert wurde. Er gesteht freimütig, daß ihn die Schuld oder Unschuld des Angeklagten Bejlis nicht interessiere, weil er ja »nur die Gabel war, die ins Fleisch« des »christlichen Jungen« gestoßen wurde – und die werde von anderen geführt.[73]

Die liberale Presse, die in der Bejlis-Affäre um ein Stück Rechtsstaatlichkeit und Emanzipation kämpft, wird bei Rozanov zur »koscheren Presse«, die Zeitung der Konstitutionellen Demokraten zur »jüdischen Zeitung«. Der Prozeß ist bei Rozanov nicht eine Veranstaltung der Autokratie, sondern eine

Inszenierung der Liberalen, das heißt der Juden, um Rußland in der Welt in Mißkredit zu bringen, eine Art Generalprobe, in der die Juden prüfen, wie weit sie gehen können. Die russische Gesellschaft wird gesehen als »Reich aus Watte«, in dem »die eiserne Hand des Juden«, gerade erst aus den schmutzigen Ghettos des Siedlungsgürtels aufgetaucht, die Macht ergriffen habe.[74] Rozanov sieht eine Art jüdische Verschwörung in der Presse Rußlands und des Auslands, in der Wirtschaft, in den Schulen, in den Parteien. Er greift die russischen Liberalen als nützliche Idioten des Judentums an. Sogar die Polizei sei schon von Mitgefühl für die Juden angekränkelt.[75]

Rozanov, der dem »Volk aufs Maul geschaut hat« und zugleich das Alte Testament auswendig kann, ist ein Meister der Anspielung und ein Vituose in der Bedienung von Klischees und Ressentiments. Rußland hat – so Rozanovs Aussage – nach der Bauernbefreiung sich die Zeit vertrieben, herumgetollt, während die Juden gearbeitet haben, daran gearbeitet, die Russen für sich arbeiten zu lassen. Rozanov bestreitet den jüdischen Bürgern des Reichs die Staatsbürgerschaft und er droht. »Oh, freut euch nicht, ihr Juden ... Juščinskij wird für euch schrecklich werden. Ihr werdet ihn in euren Chroniken verzeichnen ... Der tote Juščinskij wird euch besiegen. Und am besten bestreut ihr schon jetzt, rechtzeitig, euer Haupt mit Asche und stimmt euer Wehgeschrei an. Denn das ungebildete russische Volk wird euch das Kindsblut nicht überlassen ... Ihr freut euch zum letzten Mal.«[76]

Es ist leicht zu erkennen, daß Rozanovs Antisemitismus die radikale Zuspitzung seines Antimodernismus ist. In der Emanzipationsbewegung der Juden – heraus aus den Ghettos des Siedlungsgebiets – vermutet er einen Weg zur Macht. Die liberale Presse ist »jüdisch«. Alles, was aufstrebend, energisch und unternehmerisch ist, wird den Juden zugerechnet – zuweilen auch »den Deutschen«. Man kann daher auch umgekehrt sagen: Rozanovs Illiberalität richtet sich speziell gegen jene Kräfte, die am meisten an einer modernen zivilen Gesellschaft in Rußland interessiert waren: gegen die Unternehmer- und Kaufmannsklasse, gegen die Intelligencija und gegen die Arbeiterorganisationen, in denen das jüdische Element stark, aber nicht dominierend war.

In Rozanov finden sich alle Elemente, die in einer anderen Konstellation und anderen Kräfteverhältnissen in der europäischen Zivilisationsbewegung geschichtsmächtig geworden sind. Trotzkis Gedanke, daß »die Welt fünf Jahre vor dem Marsch auf Rom ein russisches Wort für Faschismus kennengelernt« hätte, wenn nicht die Bolschewiki an die Macht gekommen wären, speist sich nicht zuletzt aus der Erfahrung des Kräfteensembles, für das der Name Rozanov steht.[77] Berdjaev hat Rozanov den »genialen Kleinbürger«, »genialen Spießer« genannt – eine Bezeichnung, die viel für sich hat und doch problematisch ist, weil das moderne Kleinbürgertum im alten Rußland noch ganz in den Anfängen stand, eher in Statu nascendi denn als vollendete Tatsache.

Doch vielleicht erklärt sich gerade aus dieser Konstitutionsschwäche und Identitätskrise des russischen »Kleinbürgertums« jene an Rozanov zu beobachtende Hypertrophie von Selbsthaß und Feindprojektion. Von dort gibt es viele Fluchtwege: in die äußerste Subjektivität, die Rußland die Erneuerung seiner Literatur beschert, und in die Apologie des Status quo; in ein durch ein phallisches Heidentum erneuertes Christentum und in die Verteidigung der real existierenden Kirche; in die Verteidigung des »Nestes« und in den Angriff auf die »moderne Zivilisation«; in die Mobilisierung der »gesunden Instinkte« der plebejischen Schichten, in »die metaphysische Sehnsucht der Welt nach dem festen Griff«[78] und in den Antisemitismus. Alles ist vorhanden: Archaisches und Modernes, Revolutionäres und Regressives. Und die Frage ist einzig: Wie werden die Mischungsverhältnisse sein, wenn alles durcheinandergewirbelt und neu kombiniert wird.

Blick auf den Nevskij-Prospekt in Höhe des Gostinnyj dvor, des Geschäftszentrums, Deckblatt aus I. Božerjanovs legendärem, 1904 erschienenen Prachtband »Panorama des Nevskij-Prospekt«

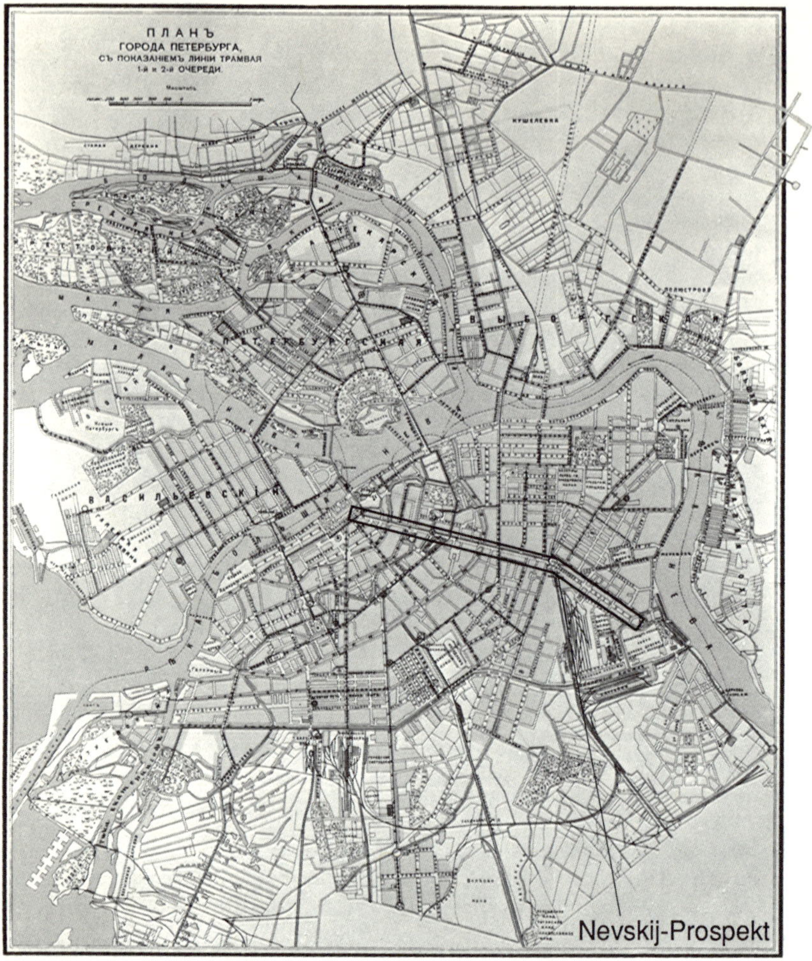

Der Nevskij-Prospekt als Arterie Petersburgs. Die Karte zeigt die Verkehrslinien und ist dem »Plan zur Umgestaltung Sankt Petersburgs« von 1912 entnommen.

Der Nevskij-Prospekt von der Admiralität bis zum Nikolaj-Bahnhof am Znamenskaja-Platz

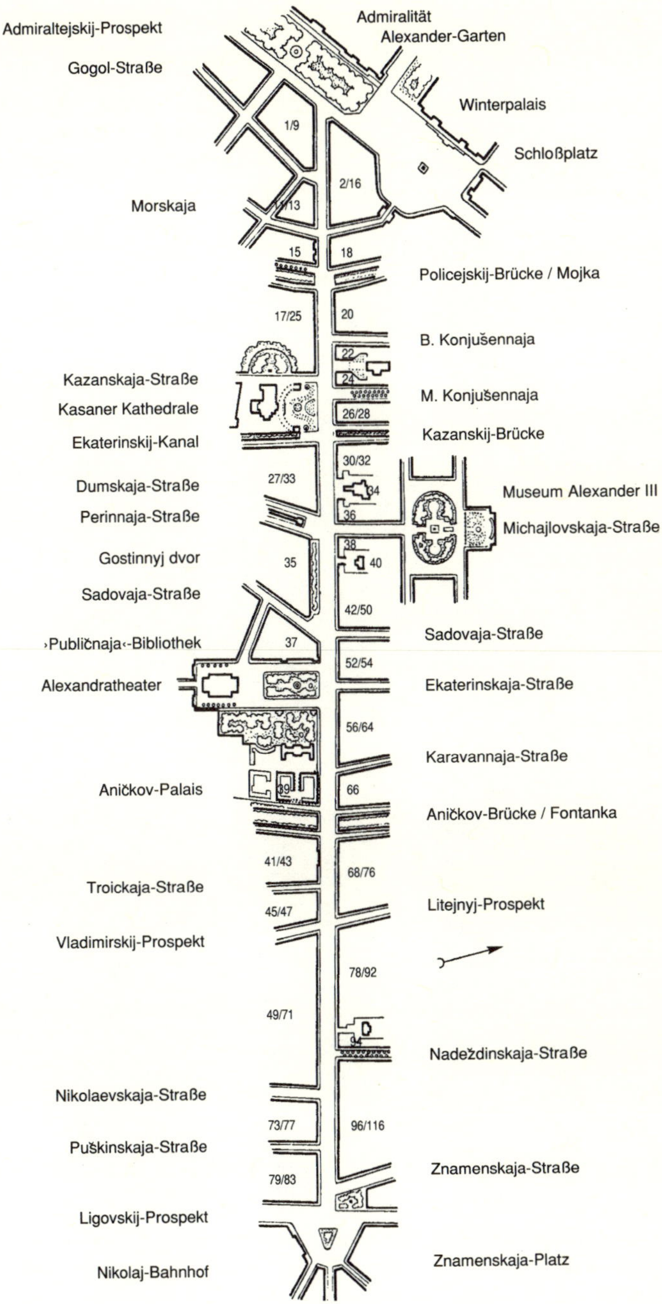
Admiraltejskij-Prospekt
Admiralität
Alexander-Garten
Gogol-Straße
Winterpalais
Schloßplatz
Morskaja
1/9
2/16
11/13
15
18
Policejskij-Brücke / Mojka
17/25
20
B. Konjušennaja
22
24
Kazanskaja-Straße
M. Konjušennaja
Kasaner Kathedrale
26/28
Ekaterinskij-Kanal
Kazanskij-Brücke
30/32
27/33
Dumskaja-Straße
34
Museum Alexander III
Perinnaja-Straße
36
Michajlovskaja-Straße
38
Gostinnyj dvor
35
40
Sadovaja-Straße
42/50
Sadovaja-Straße
›Publičnaja‹-Bibliothek
37
52/54
Alexandratheater
Ekaterinskaja-Straße
56/64
Karavannaja-Straße
Aničkov-Palais
39
66
Aničkov-Brücke / Fontanka
41/43
68/76
Troickaja-Straße
45/47
Litejnyj-Prospekt
Vladimirskij-Prospekt
78/92
49/71
94
Nadeždinskaja-Straße
Nikolaevskaja-Straße
73/77
96/116
Puškinskaja-Straße
79/83
Znamenskaja-Straße
Ligovskij-Prospekt
Znamenskaja-Platz
Nikolaj-Bahnhof

IV.

Der Nevskij-Prospekt

Der Stadtraum als politischer Raum
Das Biotop der hauptstädtischen Intelligencija

Am 30. Dezember 1908 war die Religiös-Philosophische Gesellschaft in Sankt Petersburg zu ihrer regulären Sitzung zusammengekommen, um den Vortrag von Alexander Blok zu hören. Blok sprach an diesem Abend zum Thema »Naturgewalt und Kultur«. Es ging ihm dabei darum, sich mit den Einwänden, die sein Vortrag »Volk und Intelligencija« vor demselben Auditorium einen Monat zuvor ausgelöst hatte, auseinanderzusetzen.

Blok sprach wie aus großer Entfernung, nicht als Analytiker oder politischer Publizist, sondern im Tonfall eines Dichters und Sehers. Die Fragen, die er aufgeworfen habe, habe nicht er aufgeworfen, sondern die Geschichte Rußlands selbst; wie komme es nur, daß die Intelligencija, von der er gesagt habe, sie werde untergehen, dies nicht begreifen wolle? Nicht einen einzelnen Teil oder eine Fraktion habe er gemeint, sondern die Intelligencija als Ganzes. Dabei spürten doch alle Anwesenden die in ihrer Nähe plazierte Bombe, auf allen laste ein Gefühl der Krankheit, der Unruhe, der Katastrophe und eines drohenden Ausbruchs. Nein, er habe mit seinen Worten nicht allein die »Dekadenten« im Auge gehabt, wie ihn viele interpretiert hatten, sondern die Intelligencija insgesamt.[1]

Der Titel, den Blok für seine Ausführungen gewählt hatte, hatte durch ein Ereignis eine fast symbolische Bedeutung bekommen. Nur zwei Tage zuvor, am 28. Dezember 1908, hatte ein Erdbeben, begleitet von einer Flutwelle von drei Metern Höhe und einem Ausbruch des Ätna Sizilien und Kalabrien erschüttert und die Stadt Messina völlig zerstört. 84000 der 120000 Menschen zählenden Einwohnerschaft waren in der Naturkatastrophe umgekommen. Das Verschwinden der Stadt vom Erdboden, der Einsturz von Skylla und Charybdis geschah unerwartet, in einem einzigen Augenblick, obgleich Erdbebenstationen und Observatorien intakt waren.

Der Ausbruch dieser Naturgewalt wird Blok zum Gleichnis dafür, daß der »apollinische Traum« der »ameisenhaft« geschäftigen, zukunftsgläubigen und fortschrittsgewissen Intelligencija vergebens ist und jeden Augenblick sich als Nichts erweisen kann. Der Ameisenhaufen baut und baut – doch dann verläßt eines Tages das Waldtier, das jahrelang seinen Pfad zur Tränke beschritten hatte, diesen Pfad und tritt mitten in den Ameisenhaufen hinein. Plötzlich – während Tolstoi »Krieg und Frieden« schreibt, Mendeleev sein periodisches System entdeckt, die Eisenbahnen in alle Himmelsrichtungen fahren und der deutsche Kaiser Graf Zeppelin, den »Eroberer des Himmels«, umarmt: »Genau in diesem Augenblick schlägt im Observatorium die Seismographennadel aus.«

Die »Menschen der Kultur« hören nicht auf »das Rumoren der Erde unter der Erde … Und nur manchmal, wenn sie aufwachen und um sich blicken – dann sehen sie jene Erde, jene verfluchte und zeitweise ruhige, und sie blikken auf sie fast wie auf eine Theatervorstellung, wie auf eine langweilige und doch interessante Geschichte.«[2]

Doch neben diesen Menschen der Kultur gibt es andere. Blok nennt sie Menschen, »für die die Erde kein Märchen ist, sondern eine wunderbare Sage, die die Naturkraft kennen und selbst aus ihr hervorgegangen sind« – die »elementaren Menschen«. Es sind jene Leute, die zutiefst fühlen, daß alles seine Zeit hat unter dem Himmel, Zeit zum Geborenwerden und Zeit zum Sterben. Ihnen ist ein irdischer Schöpfer wichtiger und näher als »Industrie und Kultur«. Sie leben aus der Zuversicht in die Natur der Dinge. »Die Erde ist mit ihnen und sie sind mit der Erde, man kann sie in der freien Natur nicht unterscheiden.«

In diesem Zusammenhang führt Blok seinen Vergleich fort: »Sie leben auch in einem Traum. Doch ihr Traum hat mit unseren Träumen ebensowenig zu tun wie die Felder Rußlands mit der glänzenden Geschäftigkeit des Nevskij-Prospekts.«[3] Und er endet mit dem dunklen Bild: »So oder anders – wir durchleben eine furchtbare Krise. Wir wissen noch nicht genau, welche Ereignisse auf uns zukommen, *doch in unserem Herzen hat die Seismographennadel bereits ausgeschlagen.* Wir sehen uns bereits vor einem Feuerschein, hoch über der Erde in einem leichten, filigranen Aeroplan und unter uns den brennenden und berstenden Berg, über den sich frei, in Aschewolken gehüllt, Ströme glühender Lava ergießen.«[4]

Das Verschwinden Messinas ist hier das Bild für das geahnte Ende Petersburgs. Der Vulkan wird zum Bild für das trügerisch-geschäftige Rußland; jeden Augenblick kann der Ausbruch erfolgen und die Gestaltungen des Fortschritts verschlingen.

Der Nevskij-Prospekt, das ist bei Blok ein Bild für den kunstvollen Bau einer urbanen Gesellschaft in einem Land, das ungeahnten Erschütterungen entgegengeht. Der Nevskij-Prospekt ist der Inbegriff des trügerischen Selbstverständnisses der hauptstädtischen Intelligencija, die auf dem Boden dieses Prospekts fast das Gespür, den Seismographen eingebüßt zu haben scheint für das, was unterirdisch und jenseits der Konstruktionen der Kultur vor sich geht. Der Nevskij-Prospekt steht bei Blok für das Künstliche, Gemachte, zur Umwelt des russischen Landes Beziehungslose. Nur wer die Grenzen und das Gefährdetsein des sicheren Prospekts vergessen hat, kann sich Illusionen erlauben.

In Bloks Vortrag avanciert der Nevskij-Prospekt zum radikalen Gegenbild des »wirklichen Rußland«, zum Biotop einer Intelligencija, die ihre Beziehung zum Volkskörper und zum weiten Raum verloren hat – eine Arche der Entwurzelten schon vor allem Umsturz.

Eine Straße ist keine Person, kein Held – die Fatalität der Anlage

Worauf bei Blok nur angespielt wird, ist ein geradezu mythischer Komplex, der Gestalt angenommen hatte spätestens seit Gogols Novelle vom Künstler Piskarev, dem auf dem Nevskij-Prospekt die unvergleichlich schöne Frau erscheint, die sich dann als gewöhnliche Hure entschleiert, und der nach Bloks Vortrag mit der Veröffentlichung von Andrej Belyjs Roman »Petersburg« seine definitive und klassische Gestaltung erfahren sollte. Blok spielt nicht nur auf eine allen Zuhörern geläufige Erfahrung an, sondern auf einen Mythos, der die Gründung der Stadt und deren wichtigste Schlagader von Anbeginn begleitet hat.

Der Nevskij-Prospekt ist der singuläre Ort in der singulären Stadt Sankt Petersburg; hier verdichtet sich das, was den Charakter der Stadt selbst ausmacht. Er ist nicht bloß ein Raum öffentlichen Verkehrs, sondern der Inbegriff einer spezifischen und nur dort möglich gewordenen Lebensform.

Der Nevskij-Prospekt wird zum Schlüssel, mit dem sich die Stadt erschließen läßt. »Es gibt nichts Schöneres als den Nevskij-Prospekt, wenigstens nicht in Petersburg; für die Stadt bedeutet er alles«, bemerkt Gogol im ersten Satz seiner Novelle. Der Nevskij-Prospekt ist »das allgemeine Verkehrszentrum von Petersburg. Kein Adreßbuch und keine Auskunftstelle liefern so zuverlässige Nachrichten wie der Nevskij-Prospekt«.[5] Gogol kannte wohl die damals in Paris recht häufig angestellten Versuche, die neuen Phänomene des Großstadtlebens zu beschreiben. Er gestaltet einen neuen literarischen Helden – keine Person, sondern eine Straße, einen Raum. Die Menschenfiguren der Novelle, Piskarev und Pirogov, fungieren gewissermaßen nur als parallele, die Hauptszenerie immer wieder durchquerende und somit beleuchtende Gestalten. Ein »tableau des moeurs« wird entrollt in schnellem Wechsel der Tageszeiten, der Rhythmen, der Perspektiven – ein Rhythmus, der vom Helden selbst vorgegeben ist und dazumal als schockierend empfunden werden mußte.[6]

»Oh, traut diesem Nevskij-Prospekt nicht! ... Alles Trug, alles nicht das, was es scheint! ... Blickt auch weniger in die Fenster der Geschäfte: Die ausgestellten Nichtigkeiten sind herrlich, aber sie riechen nach einer schrecklichen Menge Banknoten ... Er lügt zu jeder Zeit, dieser Nevskij-Prospekt, doch am meisten dann, wenn sich die Nacht als dichtes Gewölk auf ihn herabsenkt und die weißen und gelben Mauern der Häuser trennt, wenn sich die ganze Stadt in Donner und Blitz verwandelt, Myriaden Karossen sich über die Brücken wälzen, die Vorreiter schreien und auf ihren Pferden vorbeisprengen und wenn der Dämon selber die Lampen anzündet – einzig deshalb, um alles nicht in seiner wahren Gestalt zu zeigen.«[7]

Gut siebzig Jahre später – 1909 – eröffnet Belyj seinen Petersburg-Roman mit einem Räsonnement über den Nevskij-Prospekt: Er besteht »aus einem weiten Raum, der zur Zirkulation des Publikums dient«, er ist »geradlinig, denn er ist ein europäischer Prospekt«.[8] Der »Prospekt« wird zum Synonym für »Geometrie und Planimetrie«, die Abgründe des Weltalls werden von einem System paralleler und sich überschneidender Prospekte überbrückt. Im Kopf des Senators Apollon Apollonovič Ableuchov mit seiner Leidenschaft für Pyramiden, Dreiecke, vierseitige Prismen, Würfel und Trapeze verdichtet sich der Prospekt zum Inbegriff des Regulären, Sicheren, Kalkulierbaren, des Europäischen und Beherrschbaren gegenüber dem Gewimmel der Vorstädte. »Diese eilenden Prospekte und die eilenden Schatten, die sie schneiden, scheinen unendlich. Petersburg als Ganzes ist die Unendlichkeit des Prospekts, in die Potenz erhoben.«[9]

Diese Identifikation von Stadt und dominierendem Prospekt war nicht nur in Literatenkreisen üblich geworden; selbst das prachtvolle, aus Anlaß des zweihundertsten Jahrestags der Gründung der Stadt veröffentlichte Werk von I. Božerjanov, einem renommierten Stadthistoriker und Publizisten, trug den Titel »Panorama des Nevskij-Prospekts«. Der Reisende Théophile Gautier hatte den Nevskij-Prospekt bereits als »Resümee ganz Petersburgs« bezeichnet. Wo der Name einer Straße so sehr identisch wird mit dem Namen einer Stadt, wo sich die Eigentümlichkeiten einer Stadt offensichtlich so sehr konzentrieren in der sie beherrschenden Straße, wo sich so kontinuierlich über Jahrzehnte, ja Jahrhunderte hinweg identische Züge bewahren, die auch durch die äußerlichen Veränderungen nicht aufgehoben, sondern allenfalls modifiziert, mitunter verschärft werden, da muß der literarische Topos ein wirklicher Ort sein.

Wie konnte es kommen, daß der Nevskij-Prospekt zu jener zentralen Chiffre für Weltwahrnehmung werden konnte? Bei der Beschreibung sehen wir uns einigen Schwierigkeiten gegenüber, die mit der Anonymität eines Gebildes wie es eine Straße, ein öffentlicher Raum ist, zusammenhängen. Eine Straße besteht aus Häusern, die sie begrenzen; sie besteht aus Menschen, die sie mit Leben füllen; sie besteht aus Mitteln der Fortbewegung, die sich im Lauf der Zeit entwickeln, gar revolutionieren. Aus jeder Perspektive ließe sich eine Geschichte der Straße erzählen, und doch ergäben sie für sich nicht den Mythos, der immer mehr ist als die Summe seiner Aspekte.

Bei Gogol und Belyj, den Schöpfern des Mythos, ist der Nevskij-Prospekt ein einzigartiger, unverwechselbarer Raum, und wir können es nur auf den Versuch ankommen lassen, Umrisse einer wirklichen Physiognomie des Nevskij-Prospekts zu skizzieren, um zu begreifen, was sich reell mit seinem Namen verband.

Er ist zugleich mehr als nur die Beschreibung dessen, was er buchstäblich und konkret war: Er ist zugleich das, als was er ersehnt und wofür er gefürchtet wurde – die Projektionsfläche einer Lebensform, die in Gefahr stand.

Die Anlage

Der Nevskij-Prospekt erstreckt sich in einer Länge von 4,5 Kilometern von der Admiralität an der Bol'šaja Neva zum Alexander-Nevskij-Kloster – an der breitesten Stelle in der Höhe des Kaufhofs 60 Meter, an der schmalsten auf der Höhe der Brücke über die Mojka 25 Meter messend. Die Entwicklung des Prospekts ist von Anfang an verknüpft mit der Gründung und dem Aufbau der Stadt, zu der am 16. Mai 1703 mit dem Bau der Festung »Sankt Petersburg« der Grundstein gelegt wurde – dann als Peter-Pauls-Festung bezeichnet. Am 5. November 1704 wurde fast gegenüber, auf der linken Neva-Seite, nach Plänen Peters I. der »Admiralitätshof« gegründet und der Grundstein für Schiffbau und Werften in Rußland gelegt.

Schon 1706 wurde das erste Schiff vom Stapel gelassen, um die Festung Admiralität herum bildete sich für die Meister, Handwerker und einfachen Arbeiter eine Siedlung von mehreren tausend Menschen. Während sich dort in den ersten Jahren der Stadt der Keim einer Schiffsindustrie samt ihren Hilfsbetrieben entwickelte, lag das eigentliche und ursprüngliche Zentrum auf der rechten Neva-Seite, um die Peter-Pauls-Festung. Nach dem glänzenden Sieg Peters über die Schweden bei Poltava 1709 und der ein Jahr später erfolgten Einnahme Vyborgs war die Sicherheit der künftigen Hauptstadt im wesentlichen gewährleistet. Zum ersten Mal und ganz dem Geist der Zeit und dem des aufgeklärten Zaren entsprechend, sollte eine Stadt auf dem Reißbrett entworfen und gestaltet werden. Die Planung wurde in die Hände einer dafür geschaffenen »Stadt-Kanzlei« gelegt, Musterhäuser wurden errichtet, um verbindliche Kriterien für die Gestaltung festzulegen, im ganzen Land wurde zugunsten der neuen Hauptstadt der Steinbau verboten.

1710 wies Peter I. für die Errichtung des geistlichen Zentrums der neuen Hauptstadt den Platz an, an dem das Kloster des heiligen Alexander Nevskij errichtet werden sollte, an einer Stelle, die der Sage nach Schauplatz der historischen Schlacht war, in der Fürst Nevskij im Jahre 1240 die Novgoroder Heere zum Sieg über die Schweden geführt hatte. Einer anderen Quelle zufolge befanden sich dort die einst von Schweden gegründeten Festungen Nyenschanz und Landskrona.[10] Die Bauarbeiten für das Kloster wurden 1712 aufgenommen, wobei reiche Mittel für den Bau zur Verfügung standen – etwa die Einkünfte des Iversker- oder des Neujungfrauen-Klosters. Admiralität und Kloster waren jedoch ohne Verbindung in dem von Flüssen und Sümpfen durchzogenen Gelände, auf dem sich in den kommenden Jahrzehnten das Zentrum der Stadt bilden sollte.

Im Oktober 1712 begann der Bau eines Wegs von beiden Seiten auf die Mitte zu, von der Admiralität und vom Kloster aus, wobei die beiden Teile zusammentreffen sollten in Höhe der nach Novgorod führenden Straße – heute ungefähr Ligovskij-Prospekt, am Moskauer Bahnhof. Der Prospekt, der bei flüchtigem Blick geradewegs eine Linie zieht von der Admiralität zum Kloster, hat einen Knick dort, wo der Admiralitätsabschnitt und der

Klosterabschnitt des Wegs an der Novgoroder Straße aufeinandertrafen – es handelt sich also um eine gekrümmte oder geknickte Gerade. Dies war den Städtebauern offensichtlich immer ein Dorn im Auge, denn in den Plänen von 1717 und 1723 war eine Berichtigung vorgesehen, die die »Perspektive« oder den »Großen Perspektiven-Weg« begradigen und eine wirkliche Gerade zwischen Admiralität und Kloster ziehen sollte.[11]

Die Bedeutung der Verbindung wuchs nun von Jahr zu Jahr – freilich nicht ohne Rückschläge. 1725 werden entlang der »Perspektive« Ruhebänke aufgestellt. Zwei Jahre zuvor war ein Teil des Prospekts bereits beleuchtet und ein »Komödienhaus« war hier errichtet worden. Die vorübergehende Übersiedlung des Hofs nach Moskau 1728 führt jedoch zu einer Stagnation – die Lichter werden wieder gelöscht, ein Teil der Kaufleute geht ebenfalls nach Moskau, und schon früh lernt die neue Hauptstadt die Tücken des Feuers kennen. Bei den Bränden von 1736 und 1737 brennt nicht weniger als ein Zehntel der Häuser ab.

Doch der Aufstieg der gewollten, geplanten und berechneten Perspektive zur »Großen Perspektive« und schließlich zum Prospekt – etwa ab 1780 – geht weiter. Große Palais entstehen jetzt: das Aničkov-Palais (1741–1751), das Šuvalov-Palais (1753–1755), das Palais des Fürsten Stroganov (1754). Zwischen 1761 und 1785 wird der umfassende Komplex des Gostinnyj dvor – der Kaufhof mit Geschäften, Kontoren, Lagerhallen – errichtet, der sich nun 280 Meter am Prospekt entlangzieht. Es ist ein Musterbau, der in anderen russischen Städten nachgebaut wird.

1772 werden für die Kirchgänger und Pilger zu Ehren des heiligen Alexander Nevskij entlang der »Perspektive« Trottoirs angelegt, der Weg ist von Birken gesäumt, zur Kennzeichnung der Straßen werden Marmortafeln angebracht. Ende des 18. Jahrhunderts sind von den 800 Häusern auf dem Gelände zwischen Neva und Fontanka schon 723 aus Stein und nur noch 77 aus Holz gebaut, und es ist längst klar, daß das eigentliche Zentrum der Stadt auf die linke Neva-Seite verlagert ist.[12] Hier, unweit des Prospekts, im Wintertheater Elisabeths, hatte Falconet seine Werkstätte, in der er am »Ehernen Reiter« arbeitete und wo ihn Denis Diderot 1773/74 besuchte. Hier hatte nun auch die »Freie ökonomische Gesellschaft zur Förderung von Ackerbau und Hausbau«, deren Präsident zwischen 1797 und 1813 Leonhard Euler war, ihren Sitz genommen, und hier hatte, nicht weit vom Prospekt, Alexander N. Radiščev 1775 Wohnung genommen, der von Katharina II. verurteilte Verfasser der »Reise von Petersburg nach Moskau«.

Noch immer reichte im ersten Drittel des 19. Jahrhunderts das, was als »Nevskij-Prospekt« sich später einprägte – der kilometerlange, im strengen Rhythmus der Fassaden gegliederte, durchgehende Raum –, erst von der Admiralität bis ungefähr zur Aničkov-Brücke. Jenseits dieses Punkts galt noch immer die Vorstellung vom »Rand der Welt«. In eben diesem Zeitraum gewann der Nevskij-Prospekt seine imperiale Form – jedenfalls auf dem Teilstück zur Admiralität hin. Es war die Zeit, in der Rußland sich endgültig unter die europäischen Großmächte eingereiht hatte und Petersburg sich mit 300 000 Einwohnern (um 1800) neben London, Paris, Wien und Berlin zu den größten Hauptstädten rechnen konnte. Rußland, das Napoleon widerstanden hatte, avancierte unter Alexander I., und dies drückte sich auch in jenem Teil der Hauptstadt aus, der vom Nevskij geprägt wurde: Er hat teil am Höhepunkt des Petersburger Klassizismus.

1806 bis 1828 wird die Admiralität von Andrej D. Zacharov neu gebaut, deren Goldene Nadel von nun an den Ausgangspunkt des Prospekts definiert. Der dazugehörige Platz, das Glacis der einstigen Festung, wird in die Verschmelzung dreier großer Plätze einbezogen: Der Peters-, Admirals- und Schloßplatz werden zu einer großen durchgängigen Fläche verschmolzen und bilden nun einen zusammenhängenden Platzraum, geeignet nicht nur für Paraden, sondern auch für Menschenansammlungen anderer Art.

Von der Admiralität aus gesehen auf der rechten Seite wird zwischen 1801 und 1811 nach Entwürfen von Andrej N. Voronichin die Kasaner Kathedrale aufgeführt mit den weitausgreifenden Kolonaden, die sich zum Prospekt hin öffnen und an dieser Stelle fast das Aussehen eines weiten Platzes geben, damit auch hier ein markanter »öffentlicher Raum« erzeugt wird, um so mehr, als nach dem Sieg über Napoleon ein Denkmal für die Helden des Vaterländischen Kriegs hinzugefügt wird, und Michail I. Kutuzov in der Kathedrale seine letzte Ruhestätte findet.

Vom großen Schloßplatz ausgehend wird an der Einmündung auf den Prospekt linker Hand das neue Generalstabsgebäude errichtet (1819–1829) 1803 bis 1809 entsteht nach Entwürfen von Quarenghi das Alexandratheater, 1801 das Kleine Theater und 1796 bis 1801 die Öffentliche Bibliothek, die 1823 um einen neuen Flügel erweitert wird. 1832 folgt die Errichtung der Lutheranischen Kirche samt dazugehörigen Wohngebäuden.

Am 9. Mai 1848 eröffnet ein neuartiger Typ von Geschäftshaus am Nevskij-Prospekt – die Passage. Und drei Jahre später – am 1. November 1851 – nimmt am Znamenskij-Platz der Nikolaj-Bahnhof den Betrieb auf. Mit der Eröffnung der Bahnlinie nach Moskau ist stilistisch und noch mehr in sozialer Hinsicht eine Zäsur gesetzt. Mit der Empire-Fassade des Bahnhofs zwischen Admiralität und Alexander-Nevskij-Kloster, an der Stelle, wo der Nevskij-Prospekt geknickt erscheint, auf halber Strecke zwischen dem Zentrum der Regierung einerseits – Admiralität, Winterpalais, Generalstab – und dem geistlichen Zentrum – Alexander-Nevskij-Kloster – andererseits schiebt sich nun eine dritte Kraft ins Bild, in bezeichnender Weise dort, wo einst der Weg ins Innere Rußlands, nach Novgorod begann, am Znamenskaja-Platz. Die Eröffnung des Bahnhofs – zehn Jahre vor der Bauernbefreiung 1861 – schlägt ein neues Kapitel für die Hauptstadt, für Rußland, für den Prospekt auf.[13]

Die »goldene Zeit« der Stadt und des Prospekts ist in gewissem Sinn vorüber oder hat doch einen melancholischen Zug bekommen. Die goldene Zeit hatte ihre Stützpunkte schon nicht mehr in den Palais, sondern in den Treffpunkten der Petersburger Dichter und Künstler, in der Wirtschaft von Demut unweit des Nevskij-Prospekts, in der Mojka Nr. 40 – dem Treffpunkt der Dichter und – im weitesten Sinn – der Sympathisanten der ersten Revolte von 1825: Puschkin, Peter J. Čaadaev, Alexander P. Bestužev-Rjumin, Konstantin N. Batjuškov, Alexander S. Griboedov. Nicht weit davon, in der Konditorei von Wolf und Beranger, Nevskij-Prospekt Nr. 18, traf sich am 27. Januar 1837 Puschkin mit seinem Sekundanten, und Lermontov las dort sein kritisches Poem »Der Tod des Dichters« mit der Folge, daß die Konditorei unter Polizeiaufsicht gestellt wurde. Es findet sich hier bereits ein Fokus der literarischen Intelligenz. Nicht zu vergessen sind die Buchhandlungen von Alexander F. Smirdin (Nevskij Nr. 22) und die in der unweit liegenden Öffentlichen Bibliothek als Bibliothekare angestellten Schriftsteller und Dichter Ivan A. Krylov und Anton D. Del'vig. Im nahegelegenen Alexandratheater hat Gogols »Revizor« am 19. April 1836 Premiere.[14]

Die Salons des 19. Jahrhunderts verschwinden nicht spurlos, aber um 1900 gab es den Nevskij-Prospekt des »Goldenen Zeitalters« schon nicht mehr. Der Prospekt wird nur noch an den Rändern vom Geist der Admiralität und der Lavra, des Klosters, bestimmt, während sich das dynamische Zentrum in den 1851 eröffneten Bahnhof verlagert hat. Die Eisenbahn ist mehr als nur ein neues Verkehrsmittel. Es ist das Transportmittel, das die Stadt versorgt und mit dieser Leistung auch die Widersprüche, unter denen das Land leidet, in die Metropole importiert. Der Nevskij ist nicht mehr allein die Parade- und Flanierstraße, sondern die »Schlagader«, der Schauplatz der Ambivalenz des Fortschritts und der Modernisierung. Die Eröffnung des Nikolaj-Bahnhofs etabliert einen Zugang zur Stadt, die – je länger desto gründlicher – von jenen transformiert oder in Frage gestellt wird, die durch diese Pforte einströmen. Er wird zur Schlagader und zum hochsensiblen Nervenstrang, Schauplatz einer sozialen und kulturellen Dynamik, die einen anderen Raum braucht, als der Klassizismus und das Empire noch bieten konnten.

Der Nevskij-Prospekt der Vorkriegszeit als Schaustrecke der Warenwelt

Wie kann man sich einen untergegangenen Raum vergegenwärtigen, der sich eben nicht auflöst in bloß historische Bezüge, Querverbindungen und literarische Fiktion? Der Nevskij-Prospekt ist zunächst etwas für die Augen, ein Raum, in dem alles auf Sehen und Gesehen-Werden, Darstellung und Selbstdarstellung zielt.

Der Historiker, der auf den Augenschein vertraut, ist in einer ganz einzigartigen Lage. Er kann sich zu einem Spaziergang über den Nevskij-Prospekt aufmachen – über den wirklichen und den in historischen Quellen festgehaltenen. Er kann sich den Bewegungen des Flaneurs anpassen und sich einen Eindruck verschaffen, der aussagekräftig genug ist. Er wird in die Auslagen der Schaufenster blicken, sich dem Gewirr der Reklameschilder aussetzen, die Namensschilder und Firmentafeln an den Hauseingängen studieren und notieren. Er wird dann, wenn er am Ende des »eigentlichen Nevskij-Prospekts«, am Znamenskaja-Platz angekommen ist, irgendwo einen ruhigen Platz suchen und versuchen, die auf ihn einstürzenden Eindrücke zu verarbeiten und zu ordnen. Für seinen imaginären und reellen Gang über den Nevskij ist ihm eine Fülle von Material zur Hand, vor allem Božerjanovs Prachtband »Panorama des Nevskij-Prospekts«, Adreßbücher und Stadtführer aus den verschiedensten Zeiten.[15] Beim Lesen von Biographien hatte er sich Notizen gemacht, und es stellte sich rasch heraus: Kaum jemanden aus der hauptstädtischen Öffentlichkeit gab es, der nicht irgendwann den Prospekt gekreuzt oder an einer seiner Adressen zu tun gehabt hätte. Der Prospekt bevölkert sich mit Passanten.

Unser Gang über den Nevskij-Prospekt um 1910 führt von der Admiralität zum Nikolaj-Bahnhof am Znamenskaja-Platz. Die ungeraden Nummern bezeichnen die Häuser auf der rechten, die geraden diejenigen auf der linken Straßenseite. Angegeben werden die Besitzer der Häuser, Bauzeit und Architekt sowie die dort untergebrachten Geschäfte und Unternehmen.

Nr. 1
Eigentümer: Sankt Petersburger Private Handelsbank.
Errichtet 1910–1912, Arch. V.P. Zeidler.
Artur Koppel AG, Leitung und technisches Kontor Nevskij Nr. 1, Betrieb Moskauer Chaussee 5, Filialen in Moskau, Warschau, Odessa, Charkow, Riga, Helsingfors, Wladiwostok. Spezialisiert auf Eisenbahnbau, elektrische Leitungen, Kondensations-, Kühl- und Destillationsgeräte, Baumaschinen und Baumaterial, Eisenkonstruktionen, Safes und Tresore, Projektierungsarbeiten. – K. Čičinadze, Spezialgeschäft für Armeeangehörige. – Parfümeriegeschäft »Robert«. – Karten, Briefmarken und Zeichenzubehör Daciaro. – Photograph Bürger. Optikgeschäft Richter.

Nr. 2–4
Eigentümer: Generalstab.
Errichtet 1819–1829, Arch. K.I. Rossi.
Buch- und Kartenhandlung des Generalstabs. – »Fleurs de Nice«, französisches Blumengeschäft A.I. Son, seit 1894.

Nr. 3
Eigentümer: P.I. Leljanov.
»A la Renommée«, Parfümerie seit 1822. – Juchim, Photozubehör. – Balabucha, Kiewer Konfitüre. – B. Kurbatov, Tabakgeschäft.

Nr. 5
Eigentümer: Sankt Petersburger Feuerversicherungsgesellschaft, gegr. 1858.
Errichtet »im neuesten Stil nach Plänen des Architekten Gešvend«.
Gerstner, Blumengeschäft, seit 1884. – Blikgen und Robinson, Konfekt und Gebäck.

Nr. 6
Eigentümer: D.R. Fol'bort.
»Bertrand«, Modegeschäft von E.M. Weihrauch, seit 1863. – A.A. Burchard, Optiker und Mechaniker, erstes Spezialgeschäft für Grammophone in Rußland, gegr. 1897. – E.E. Burchard, Uhren- und Juweliergeschäft, gegr. 1881. – Konditorei Andreev.

Nr. 7–9
Eigentümer: Bankhaus I.E. Vavel'berg.
Errichtet 1911–1912, Arch. M.M. Peretjatkovič.
Bötlin, Büro für die Vermittlung von Gouvernanten und Bonnes. – Schaf, Waffenhandlung. – Vasil'ev, Kleinwarenhandlung. – Börsennotar F. Cholm. – Zahnarztpraxis B. Kaufman. – Notar Zabel'skij. –Sahne, Morozov. – I. Gul', Bäckerei. – Restaurant Sovetov. – Restaurant und Gastronomie Sovetov. – Teegeschäft Gorochov.

Nr. 8
Eigentümer: Industrieunternehmen F.K. San-Galli.
Druckerei M. Merkušev. – Schneiderei K. Jürgens. – Buchhandlung Eggers & Co. – F. San-Galli.

Nr. 10
Eigentümer: E.E. Weimar.
L.O. Belinskij, Kunsthandlung, ständige Bilder- und Skulpturenausstellung. – Handelshaus »Alfred«, seit 1864, Herrenkonfektion, Anfertigung von Militär- und Zivilkleidung und Pelzen. – D.S. Zdobnov, Prominentenphotograph, ausgezeichnet mit der Medaille der Ausstellung von Nižnij Novgorod 1895, spezialisiert auf Persönlichkeiten des Hofs, des Adels und der Geistlichkeit. – G. Žeest, Mode, Abzeichen.

Nr.11
Eigentümer: A.I. Trejberg.
Errichtet 1898, Arch. L.N. Benois.
Firma »Aleksandr«, gegr. 1863. – Spracman, Herren- und Damenschuhe, seit 1842. – Schuchardt & Schütte, Werkbänke und Maschinen, Filialen in Berlin, Wien, Brüssel, Köln, Stockholm, New York. – Ch.K. Krich & Co., Künstler- und Bürobedarf, seit 1842. – Č. Hofman, Bilderrahmen.

Nr. 12
Eigentümer: Handelshaus Junker & Co.
Errichtet 1910–1911, Arch. V.I. Van-der-Gjucht.
I.I. Vojno-Oranskij, Photographie und künstlerische Arbeiten. – K.F. Dalin, Typolithographie und Gravuren, Hoflieferant. – K.I. Peterson, Damen- und Herrenschuhe. – G.R. Violet, »Paris Diamant«, seit 1900, französische Kunstedelsteine, die letzten Neuigkeiten ausgezeichneter Pariser Fabrikation, Brillanten, Diademe, Colliers, Broschen, Ringe. – Š.Iekel', Parfumerie du XX siècle, Depot echter Marseiller Seife, Parfümerie- und Toilettenartikel. – J.S. Kužnarev, Tabakgeschäft. – Kontor Ljamin. – Maison nouvelles modes de Paris. – Büro der Zeitschrift »Ingenieur«. – V. A. Ptašnikov, Hauptbüro für Annahme von Plakat- und Annoncenwerbung an Kiosken und Anschlagsäulen. – Lager für Photoartikel S.I. Surov. – Notar N. Rausch. – Juwelier A.Gau.

Nr. 13
Eigentümer: O.F. Georgandopoulo.
I.I. Jurgenson, Musikalienhandlung, seit 1871. – A.N. Erikson, Uhren- und Chronometerhandlung, Hoflieferant für Präzisionsuhren, mehrmals ausgezeichnet. – G.G. Knigge, Handschuhgeschäft und Firma, seit 1877, mit wei-

teren Filialen Nevskij-Prospekt 63 und Litejnyj-Prospekt 38. – Pelzgeschäft N.N. Zinov'ev, seit 1800. – Korsettmacherei Gjusson, seit 1874. – Alina Aron, Damenmodengeschäft. – Schuhgeschäft Heinze. – Herrenbekleidung I.I. Gupel' und V.I. Peters. – Unfallversicherung Urben und Sena. – N.M. Makarov, Kachetinischer Wein. – Kleiderfärberei, Federnreinigung, Reinigung von Spitzen und Handschuhen, Paul Marie de Paris. – Porzellan- und Geschirrgeschäft.

Nr. 14

Eigentümer: A.K. Boldeman.

Geschäft »Reno«. – Ausländische Luxusartikel, Eigentümer K.A. Horn. – Buchhandlung und Verlag K. Ricker, seit 1853. – Photographenhandlung E. Vestli. – Magasin à la toilette Knoop.

Nr. 15

Eigentümer: S.P. Eliseev.

Errichtet 1768–1771, Ende des 19. Jahrhunderts umgebaut.

Lithographie und Büromaterialien Evstef'ev, seit 1872. – Handschuhgeschäft Jean-Baptist Vesine, seit 1825. – Adelsversammlung. – Papiergeschäft E.F. Baljašov. – Kanzleibedarfsartikel Suškin, seit 1851. – Castillon, Geschäft für Offiziersbekleidung, Nähmaschinen, seit 1864. – Weinhandlung Depre, seit 1820. – Sankt Petersburger-Azov-Handelsbank. – G. Bostanžoglo, Dépot de tabacs étrangères. – Englisches Geschäft, vormals R. Drus. – J. Peretz, Weinhandlung, Obst, Gastronomie. – Wertpapiere K. Balin.

Nr. 16

Eigentümer: Graf A.A. Zubov.

Handelshaus M. und I. Mandel, gegr. 1842 in Wien, Filiale in Sankt Petersburg seit 1886, Kunden in Europäisch- und Asiatisch-Rußland, »vom Baltischen Meer bis zum Amur«, beschäftigt 3500 Menschen in der Textilherstellung, Jahresumsatz 5 Millionen Rubel. – Starlay, Fahrradherstellung. – Photohandlung Lorens. – Musikschule Sankt Petersburg. – Karten und Stempel Busch. – Brüder Thonet, Wiener Möbel. – Damenschneider V.I. Černyšev.

Nr. 17–19

Eigentümer: Graf S.A. Stroganov.

Das Stroganov-Palais wurde 1752–1754 nach Plänen von F.B. Rastrelli errichtet und 1793 von A.N. Voronichin umgebaut.

A. Al'van, Bankkontor, seit 1897. – V.I. Meluzov, Wäsche, seit 1893. – G.G. Seefeldt, Schneiderei, seit 1872. – Photograph Seiner Kaiserlichen Hoheiten G. Den'er. – Notar A.L. Zlobin. – Tabakgeschäft Saatchi und Mangubi. – Geldwechsel R. Bumagin. – Teegeschäft.

Nr. 18

Eigentümer: D.A. Pastuchov.

Umgebaut 1812–1816 nach Plänen von V.P. Stasov.

V.O. Gjoner, Musikalien- und Notenhandlung, seit 1887. – A. Dejbner, Kommissions-Buchhandlung der Akademie der Wissenschaften und der Universitäten Sankt Petersburg und Kasan. – Im Angebot: »Reiche Auswahl luxuriöser Ausgaben in deutscher Sprache und Bestellung aller Zeitschriften und Zeitungen. Verschickung russischer Lehrbücher, Klassiker, französischer, deutscher und englischer Publikationen wird unverzüglich vorgenommen.« – K. Šapiro, seit 1870. – A. Ralle & Co., Parfümerie, Hoflieferant, gegr. 1843. – Restaurant »Albert«, früher »Beranger und Wolf«. – F. Trejman, Geschäft, seit 1855. – Zigarrengeschäft Ten-Kate & Co. – Admiralitätsapotheke. – Weine und Cidres »Derby« B. Eliseev. – Restaurant O. Leiner. – Handelshaus V. und N. Popov. – Handschuhgeschäft R. Morisson. – Juwelier Arnd. – Optiker K. Botkej. – Magasin française P. Bargoin.

Nr. 20

Holländische Kirche.

Errichtet 1831–1833, Arch. P. Žako.

Buchhandlung Mel'e & Co., Inhaber seit 1814 A. F. Zinserling. – Möbellager der Sankt Petersburger Tischler, seit 1883. – Sibirische Handelsbank, seit 1872, Zentrale in Ekaterinburg, Filialen in Sankt Petersburg, Barnaul, Blagoveščensk, Irkutsk, Krasnojarsk, Omsk, Tomsk, Troick, Tjumen', Kurgan, Semipalatinsk, Sretensk und zu Messezeiten in Nižnij Novgorod. – Jansen Juost & Co., Tabakgeschäft, seit 1781. – Tapetengeschäft Camusé. – Weine und Zigarren, Handelshaus Fejk, seit 1854. – Photographie Mrozovskaja. – Kaffee »Java«. – Konditorei Konradi. – Redaktion der deutschsprachigen »Sankt Petersburger Zeitung«. – Stempelgeschäft Felten. – Übersetzungs- und Reklamebüro N. Matisen, seit 1870. – Deutsche Buchhandlung und Leihbibliothek Andreas Isler. – Grand magasin de Paris. – Fleurs fines Mme. Matilda. – Drechslerei F. Wiegand. – Briefmarkenbasar.

Nr. 21

Eigentümer: S. K. Mertens.

Kaufhausbau, errichtet 1911–1912, Arch. M. S. Ljalevič, Fassadenskulpturen von V. V. Kuznecov.

Geschäft der Genossenschaft George Borman. – Pelzgeschäft F. L. Mertens. – Lebensversicherungsgesellschaft »Equitable«, seit 1859. – Fabrik-Handelsgenossenschaft R. Köhler & Co. – Apotheken- und Parfümerieartikel.

Nr. 22–24

Lutherische Peter-Pauls-Kirche. Im Hof Gebäude der »Peterschule«, errichtet 1760–1762. Wohngebäude, errichtet 1830–1837.

I. Fragé, Geschäft für Neusilber, seit 1824. – Lyoner Geschäft. – Bankhaus Junker & Co. – Möbelgeschäft. – Schneider Jensen. – Pelzgeschäft E. M. Grünwaldt. – Milchhandlung K. V. Babuškin. – Friseur Maullé. – Annahmestelle der Firma Charles Prevo, gegr. 1850. – Pazetti, Photographie, seit 1882. – Genossenschaft »Der Baumeister«, Beton, Asphalt. – Restaurant »Dominique«. – Notarbüro Gafferberg. – Teehandlung A. Šljakov. – Schneiderei Sarra.

Nr. 23

Eigentümer: Graf S. A. Stroganov.

Generalgesellschaft der Lebensversicherung. – Handelshaus »Artur«. – A. N. Bogdanov & Co., Tabakgeschäft. – Pavel Bure, Uhrmacher. – Bankhaus Lampe & Co.

Nr. 25
Eigentümer: Kasaner Kathedrale, errichtet 1801–1811, Arch. A.N. Voronichin.

Nr. 26
Eigentümer: K. und O.G. Hansen.
Errichtet 1874, Arch. V.A. Kenel'. 1882 Einrichtung der ersten Telephonstation in Rußland.
E.F. Vongl, Zahn- und Kiefernklinik, gegr.1888, die Klinik nimmt zwei Etagen mit siebenundfünfzig Fenstern zum Nevskij-Prospekt und zur M. Konjušennaja ein, fünfzehn Behandlungszimmer, wo Allgemein- und Zahnmediziner arbeiten. Die technischen Arbeiten werden von ausländischen Technikern ausgeführt. Uhrengeschäft G. Moser & Co. – Sankt Petersburger-Moskauer Kommerzbank. – Bankhaus der Genossenschaft Pečenkin & Co. – Hofjuwelier K. Gan'. – Aktiengesellschaft der Metallfabriken Norblin. – B. Buch und Werner. – Buchhandlung Violet. – Obsthandlung P. Grigor'ev. – Leitung der Wasserversorgungsgesellschaft der Stadt Grodno. – F. Sedel'nikov, Geschäft für Damenoberbekleidung. – Manufakturgesellschaft Singer. – Möblierte Zimmer.

Nr. 27
Eigentümer: N.I. Glazunova.
B.M. Šaskol'skij, Lager für Apothekerwaren, Mineralwasser und Parfümerie, seit 1880. – J. Becker, Fortepiano-Fabrik. – Nevskij-Depot für Photozubehör. – Papiergeschäft S.I. Dojnokov. – Zentrales Apothekendepot. – Zweiter Hauptstädtischer Auktionssaal. – Buchhandlung I. Glazunov. – Geschäft der Brüder Ščelkin. – Bouquets, K. Setingson. – K. Romanov, Weine und Früchte. – Schneiderei Žukov. – Zahnarzt A.A. Hirschfeld. – Russische Gesellschaft für See-, Fluß- und Straßentransport. – Geschäft für Landweine.

Nr. 28
Eigentümer: Aktiengesellschaft Singer.
Errichtet 1902–1904, Arch. P.Ju. Sjuzor.

Nr. 30
Eigentümer: Sankt Petersburger Konto- und Kreditbank.
Bekannt als »Haus Engelhardt«.
Sankt Petersburger Konto- und Kreditbank. – Schiffahrtsgesellschaft »Kaukasus und Merkur«, gegr. 1857. – Geschäft der Genossenschaft Georges Borman, Lieferant des Kaiserlichen Hofs, gegr. 1862. – Die Firma hat zur Zeit zwei Fabriken in Sankt Petersburg und Charkow mit mehr als 1000 Arbeitern. Umsatz 3 Millionen Rubel. Spezialitäten: Schokolade, Kakao, Biskuits und andere Konditorsachen, ausgezeichnet mit den höchsten Medaillen von Nižnij Novgorod 1896 und dem Grand Prix von Paris 1900. – Handelshaus »Brüder Šapšal«, gegr. 1873, Papirossi, Tabak, Umsatz 3,4 Millionen Rubel, 1400 Beschäftigte. – Handelshaus »D.V. Poljakov und Familie«, Papierhandlung, Hoflieferanten und Lieferanten der Großfürsten. – V. Detrov, Lithographie und Papiergeschäft, seit 1878. – Frischblumen, F. Eilers. – Genossenschaft für Parfümerieherstellung Brokar & Co. Moskau, Werbung für

wettbewerbsfähige russische Parfums, besonders Eau de Cologne, Glyzerinseife und Glyzerinpuder, gegr. 1864, Umsatz 2,3 Millionen Rubel. – I. Rabon, Konditorei. – Leitung der Wolga-Schiffahrtsgesellschaft, seit 1843. – Leitung der Öl-Gesellschaft »Kudako«. – Leitung der elektromechanischen und Maschinenbau-Betriebe, ehemals K. A. Weichelt. – Leitung der Gesellschaft für Wasserleitungen der Stadt Astrachan.

Nr. 31

Eigentümer: Ladeninhaber der Silberreihe des Gostinnyj dvor.

A. Ljubavin, Hoffabrikant für Gold- und Silberarbeiten. – Morozov, Silber- und Goldarbeiten. – Spezialhandlung für Sahnebutter vom Gut Rozentovo. – Depot für Grammophone. – Geschäfte für Schmuck: Morozov, Aksenov, Vladimirov. – Modekostbarkeiten, J. Reiman. – D.G. Novoselov, An- und Verkauf von Wertpapieren. – Sankt Petersburger Gesellschaft für Feuerversicherung, gegr. 1865.

Nr. 32–34

Römisch-Katholische Kirche der heiligen Katharina.

Errichtet 1762–1783, Arch. J. B. Vallin de la Mothe, A. Rinaldi.

Russische Gesellschaft für Feld- und Schmalspurbahnen »Lokomotive«, früher Orenstein und Koppel. – Erste Frauen-Apotheke. – Juwelier A.D. Ivanov. – Handschuhgeschäft Malaval'. – Geschäft der Sankt Petersburger Chemischen Gesellschaft. – Musik-, Gesangs- und Theaterkurse B.V. Pollak. – Uhrengeschäft B. Altschwager, früher G. Winterhalter. – Geschäft für Konfekt und Gebäck Bligken und Robinson.– Handelshaus Brüder Gračev, seit 1848, Silber- und Goldarbeiten. – Juweliergeschäft Reichard, seit 1839. – Sankt Petersburger Filiale der Warschauer Bank, seit 1871. – Photograph M. Beljavskij. – Gärtnerei V.K. Frejndlich. – Orientgeschäft von A.J. Chožejnatov.

Nr. 33

Gebäude der Städtischen Duma.

Errichtet 1799–1804, Arch. D. Ferrari (Turm), Umbau 1847–1852, Arch. N.E. Efimov und L.L. Bonštedt.

Nr. 35

Gebäude des Großen Kaufhofs.

Errichtet 1761–1785, Arch. J. B. Vallin de la Mothe.

Um 1900 waren in diesem Gebäudekomplex zwischen Perinnaja- und Sadovaja-Straße etwa 300 Geschäfte mit ungefähr 5000 Beschäftigten konzentriert.

Nr. 36

Eigentümer: Aktiengesellschaft »Hotel Evropejskaja«.

Errichtet 1874, Arch. L. Fontan, Umbau 1905–1910, Arch. K.Ė. Makkenzen und F.I. Lidval'.

Geschäft für Neusilberwaren A. Kač. – Hutfabrik D. Brjuno. – Fabrik-Handelsgenossenschaft A.I. Abrikosov und Söhne, Konfekte, Obstkonserven. – Konditorei M. Konradi.

Nr. 37

Öffentliche Bibliothek, »Publičnaja«.

Errichtet 1769–1801, Arch. E.T. Sokolov, Erweiterung 1828–1834, Arch. K.I. Rossi.

Nr. 38

Eigentümer: Wolga-Kama-Bank.

Großer Pariser Basar für Damenkonfektion, seit 1885. Besitzerin N.G. Lené. Gewaltige Auswahl von Modellen der ersten Pariser Häuser: Pelzmäntel, Jacketts, Schneiderkostüme, Kleider, Hüte, Korsagen, Woll- und Strickjacken für die Freizeit, letzter Schnitt. Bestellungen werden in eigener Werkstatt in vierundzwanzig Stunden ausgeführt. – Geschäft der Nördlichen Glasindustrie-Gesellschaft. – Genossenschaft für Teehandel P. Botkin. – Wolga-Kama-Handelsbank. – Weinkellerei.

Nr. 39

Aničkov-Palais Seiner Kaiserlichen Hoheit.

Errichtet 1741–1754, Arch. M.G. Zemcov, G.D. Dmitriev, F.B. Rastrelli, mehrmals umgebaut.

Nr. 40

Eigentümer: Armenische Kirche.

Buchhandlung A.S. Suvorin. – Fabrik-Waren-Genossenschaft A.I. Abrikosov Söhne. – Tabakgeschäft P.N. Šolochov. – »Jockey-Club«, Krawattengeschäft.

Nr. 41

Aničkov-Palais Seiner Kaiserlichen Hoheit.

Nr. 42

Eigentümer: Armenische Kirche.

Aktiengesellschaft der Eisenfabrik V. Gostynskij & Co., seit 1871, Filialen in Moskau, Warschau, Lodz. – Eisenmöbel, Betten englischer Machart, Kinderfahrräder, Leitern, Fenster, Türen, Tore, Passagier- und Frachtwaggons für Schmalspurbahnen, aber auch Kunstschmiedearbeiten. – Handschuhgeschäft. – Geldwechsel E.S. Posnov. – Optiker I.E. Milk. – Automatenbuffet »Kvisisana«. – Färberei und Fleckenreinigung Ryčin. – Juwelier A.A. Trejden.

Nr. 43

Eigentümer: Seine Kaiserliche Hoheit Großfürstin Elizaveta Fedorovna.

Galanteriegeschäft P. F. Mach, seit 1877. – Bücher, Karten, Gravuren, Antiquitäten. – Kleidergeschäft Maurice. – Zahnarztpraxis Chruščev. – Schneiderei Nordenstrem.

Nr. 44

Eigentümer: Sibirische Handelsbank.

Errichtet 1909–1910, Arch. B.I. Giršovič.

Bibliothek, ehem. Semennikov, seit 1865. Die Bibliothek ist eine der ältesten und solidesten Firmen Sankt Petersburgs. Außer einer reichen belletristischen Abteilung verfügt sie über eine gut sortierte Abteilung wissenschaftlicher Bücher in französischer, deutscher, englischer und anderen Sprachen. Ständig vervollständigt durch Neuzugänge von Büchern und Zeitschriften unter Leitung und Kontrolle des Magisters der russischen Sprache und Literatur A.A. Aleksandrov. – Restaurant Karamyšev. – Weine und Früchte

G.R. Nečaev. – Sankt Petersburger Kontor der Moskauer Kaufmannsbank. – Optiker I.J. Urlaub. – Salon für Damenhüte und Kleider, Lorié. – Geschäft der AG für Leder und Filzherstellung G.G. Adel'chanov. – Färberei P. Deggau. – Moskauer Konditorei und Bäckerei.

Nr. 45

Eigentümer: D.I. Filippov.

Anna Deleury, Coiffeur-Parfumerie, seit 1835. – Konditorei Filippov. – Flügel und Pianos, Bernhard. – Tee und Kaffee, Demidov. – Wurstwaren, Zersen. – Schneiderei, Gordal'.

Nr. 46

Eigentümer: Moskauer Kaufmannsbank.

Errichtet 1901–1902, Arch. L.N. Benois.

Nr. 47

Eigentümer: V. I. Solov'ev.

Restaurant »Palkin«. – Zahnartzpraxis Man'kovskaja. – Kolonialwarenhandlung der Genossenschaft Solov'ev. – An- und Verkauf von Wertpapieren.

Nr. 48

Eigentümer: Fürstin N.A. Barjatinskaja.

Errichtung der »Passage« 1846–1848, Arch. R.A. Željazevič, 1900 umgebaut, Arch. S.S. Kozlov.

Im Gebäude der »Passage« gibt es vierundsechzig Geschäfte, einen Konzertsaal, der auch als Theatersaal genutzt werden kann, und einen Ausstellungssaal. Im Souterrain befindet sich ein großes Café. Die »Passage« bringt um 1900 bis 200000 Rubel Reinerlös. – Credit Lyonnais. – Café de Paris.

Nr. 49

Eigentümer: V.A. Ušakov.

Hotel »Moskva«. – Musikalienhandlung »Lyra des Nordens«. – Silber- und Uhrengeschäft I. Kononov. – Buchhandlung »Poučenie«. – Apotheke Büller. – Genossenschaft Liv und Segal. – Kleiderbasar B. Dattel.

Nr. 50

Eigentümer: S.G. Ramenskij.

K. I. Bernhard, seit 1895. – Großes Lager von Flügeln und Klavieren verschiedener ausländischer Firmen. – Hauptlager des Hoflieferanten Karl Rönisch. – Redaktion und Büro der Musikzeitschrift »Nuvellist«. – Handelshaus D.A. Dementev, P.V. Vasil'ev & Co., Tee-, Kaffee- und Zuckereihandel, seit 1890. – Buchverlagsgenossenschaft »Prosveščenie« in Sankt Petersburg. Eine der größten Verlags- und Buchhandelsfirmen in Rußland. Gegründet 1896 mit eigener Druckerei, Setzerei und Binderei, beschäftigt etwa 600 Angestellte und Arbeiter. Vertreter und Agenten in fast allen Städten des Reichs, bis zu 200 Firmenvertreter. Die Genossenschaft beschäftigt sich fast ausschließlich mit der Verbreitung ihrer eigenen prunkvollen belletristischen und populärwissenschaftlichen Ausgaben in russischer Sprache und der bekanntesten Werke, die in deutscher Sprache erscheinen. Die Firma hat ein System des Verkaufs in Ratenzahlungen entwickelt und überläßt die Bücher bei Bestellung auf Kredit. Die hauptsächlichen Ausgaben der Genossenschaft »Prosveščenie« sind:

1. Weltbibliothek. Gesammelte Werke der bedeutendsten ausländischen und russischen Schriftsteller. 2. Große Enzyklopädien. 3. Illustrierte Tischkalender der Genossenschaft »Prosveščenie«. 4. Geschichte der deutschen Literatur. 5. Aufbau der Welt. 6. Geschichte der Erde. 7. Leben der Pflanzen. 8. Länderkunde. 9. Ursprung der Tierwelt. 10. Der Mensch. 11. Brehms Tierleben. 12. Erde und Leben. 13. Afrika. 14. Kunstgeschichte. 15. Die Schönheit der Naturformen. 16. Geschichte der Menschheit. 17. Neue Heilmittel. 18. Geschichte und moderne Technik der Baukunst. 19. Naturkräfte und ihre Anwendung. 20. Elektrizität, ihre Gewinnung und Anwendung in Industrie und Technik. 21. Landwirtschaft und die Verarbeitung ihrer Produkte. 22. Bergbau und Metallurgie. 23. Metalltechnologie. 24. Bearbeitung von Mineralien und Erden und die Technologie chemischer Produktion. 25. Bildbände zur Geographie Europas. 26. Bildbände zur Geographie außereuropäischer Länder. 27. Bildbände zur Zoologie der Säugetiere. 28. Bildbände zur Zoologie der Vögel. 29. Bildbände zur Zoologie der Fische. 30. Bildbände zur Pflanzengeographie. 31. Ars Nova. 32. Leben der Schmetterlinge. 33. Chrestomathien. 34. Russische Lyra. 35. Gedichte und Prosa.
Photogeschäft J. Steinberg. – Schneiderei Lidval'. – Juristische Buchhandlung Martynov. – Apotheke I. Brežinskij. – Notarbüro S. Klokockij. – Musikalienhandlung A. Ioganson. – Moskauer Bäckerei Andreev.

Nr. 51

Eigentümer: V. I. Solov'ev.
Notar. – Hals-, Nasen-, Ohren-Spezialklinik Dr. Dobryj. – Bettengeschäft Tjagunov. – Wurstgeschäft Teleškin. – Notar Ivanovič. – Grusinischer Weinkeller.

Nr. 52

Eigentümer: O. I. Schröder.
K. M. Schröder, Flügel und Klaviere. – Bankhaus M. Nel'ken. – Zentrales Weindepot S. A. Petrov. – Korsettgeschäft »A la princesse« – Uhrengeschäft G. Walter, Juwelier Bostel. – Goldstickerei E. Saleman. – Geschäft für brasilianischen Kaffee. – Notar Drževskij. – Zahnarzt Anderson.

Nr. 53

Eigentümer: A. G. Čadaev und Erben.
Bettengeschäft Prelovskij. – Brotgeschäft Čadaev.

Nr. 54

Eigentümer: A. A. Ušakov.
Buchhandlung O. N. Popova. Entspricht den Bedürfnissen des Lesers, stellt kostenlos Kataloge der gesellschaftlichen und Volksbibliotheken und Lesehallen zusammen, nimmt Bestellungen für Laterna-Magica-Bilder entgegen, verschickt Bücher, Lehrbücher, Lehrmittel, Laterna-Magicas und entsprechende Bilder. Nimmt Subskriptionen für alle Periodika entgegen. Im Lager werden geführt die Ausgaben von N. P. Asbelev, V. Bonč-Bruevič, V. Veresaev, M. I. Vodovozov, A. V. Ermolaeva, G. I. Ivanov, G. A. Kukoverov, S. Kurnin, E. V. Lavrova, N. A. Popov, M. D. Orechov, V. I. Rapp, V. I. Potapov, M. M. Slepcova, V. S. Spiridonova und andere. Kostenlose Kataloge gibt es bei der ersten Bestellung. – »Marija«, Geschäft für Warschauer Dampf-

würste, seit 1887. – Konditorei F. Valle. – »Olivier«, großer Friseursalon, die Firma existiert seit 1826. – Graf Garrach, böhmisches Kristall aus eigener Produktion. – V. Bessel & Co., gegr. 1869, Musikverlag und Notenhandlung mit Filiale in Moskau, eigene Notendruckerei. Vorwiegend Ausgaben russischer Komponisten, Opern, Symphonien, Chöre, Kammer- und Klaviermusik und Romanzen. Etwa 6000 Titel. Kataloge der eigenen Produktion werden gratis versandt. – Juwelier L. Indgol'm. – Tabakhandlung Bostanžoglo. – Möblierte Zimmer »Petersburg«. – Photogeschäft Berel. – Notar Nitoslavskij. – Konfektionskleidung B. Mori. – Lampengeschäft Krumbügel. – Hutgeschäft, ehem. Landrat. – Optiker Reichel.

Nr. 55

Eigentümer: A. V. Smirnov.

Erwachsenenbekleidung Šagalov. – Möblierte Zimmer »Nord«. – Zahnarztpraxis. – Russische und diverse ausländische Weine Fochts. – Metallartikel Meier.

Nr. 56

Eigentümer: G. G. Eliseev.

Errichtet 1902–1903, Arch. G. V. Baranovskij.

Der Gebäudekomplex enthält auch ein Theater.

Nr. 57

Eigentümer: Handwerkerschule des Cesarevič Nikolaj.

Musikinstrumentengeschäft Aleksandrov. – Milchladen Leonov. – Meßgewänder Volchonskaja. – Schneiderei Kaplun und Sohn. – Zahnarzt Vitkin. – Fleisch- und Gemüsehandlung Kuznecov. – Andreev, Geschäft für Tabake des Südens.

Nr. 58

Eigentümer: Sankt Petersburger Internationale Handelsbank.

Errichtet 1896–1898, Arch. S. A. Bržozovskij.

Nr. 59

Eigentümer: V. I. Solov'ev.

Juristische Fachbuchhandlung. – Gold- und Silberartikel Solov'ev. – Bankhaus G. Blok. – Französische Färberei M. Emilie. – Depot für Tambover Schinken. – Weinhandlung »Derby«. – Flügel und Klaviere, Mundinger.

Nr. 60

Eigentümer: A. V. Glazunova.

I. I. Karpov, Photozubehör, große Auswahl von Photoapparaten, von 2 Rubel 50 Kopeken bis zu den teuersten. Objektive von Zeiss, Cook, Herz und anderen, Annahme von Amateurarbeiten. Preisliste ein Rubel. Bei Kaufsumme von 10 Rubel wird Preis für Preisliste zurückerstattet. – Bankhaus Volkov. – Geschäft des Betriebs San-Galli. – Schirm- und Fächerhandlung Abel. – Haarfärberei Schumann.

Nr. 61

Eigentümer: V. I. Solov'ev.

Kleidung Tendler. – Hüte Michajlov. – Jüdische und polnische Mittagessen. – Notar M. Arcebušev. – Blumen Settingson. – Milchhandlung Leonov. – Fayencen und Kristall, Kon'ev.

Nr. 62
Eigentümer: Russisch-Asiatische Bank.
Aktiengesellschaft G. Blok. – Echte Musterschreibmaschinen Remington. – Musterwaagen Fairbanks. – Amerikanische Musterbüromöbel. – Aufzüge Otis. – Werkbänke Braun und Sharp. – Fahrräder Cleveland, Rumbler und Blok.

Nr. 63
Eigentümer: Sankt Petersburger-Tulaer Landbank.
Buchhandlung. – Pariser Photograph Leon. – Sankt Petersburger-Tulaer Landbank.

Nr. 64
Eigentümer: A. P. Menšikova.
Möbelkaufhaus J. und I. Kon. – Technisches Kontor R. E. Erichson. – Weinhandlung des Handelshauses F. F. Junker – F. Müller & Co., mit mehreren Filialen in Sankt Petersburg, russische und ausländische Weine, Champagner, Liköre, Weine direkt aus den besten Kellereien der südlichen Krimküste. – Friseur Larred, seit 1846. – Militärschneiderei Obrascov. – Geschirrgeschäft M. S. Kuznecov. – Tabakhandlung Asvadurov. – Konditorei S. Landrin.

Nr. 65
Eigentümer: P. A. Bykov.
Weinhandlung und Gastronomie Petrov. – Tabaklager. – Optiker.

Nr. 66
Eigentümer: V. P. Lichačev.
Bibliothek, ehem. Ivanov, besteht seit fünfundzwanzig Jahren. Zeitschriften und Bücher in englischer, französischer und deutscher Sprache zwischen 35 000 und 40 000 Bände. Verschiedenste Wissensgebiete. Geöffnet an Werktagen von 10 Uhr früh bis 8 Uhr abends. An Feiertagen von 12 Uhr bis 3 Uhr. Preise für Lesen: von 3 Rubel 50 Kop. bis 16 Rubel im Jahr und von 40 Kopeken bis 2 Rubel im Monat. Studenten wird Ermäßigung gewährt. – Buchhandlung Popov, seit fünfundfünfzig Jahren. – Photogeschäft Perl, seit 1873.– Sankt Petersburger Chemisches Laboratorium. – Handelshaus G. Bote & Co., seit 1871. – Aničkov-Apotheke von A. G. Dietz, seit 1826. – Schuhgeschäft Weiss. – Tabakgeschäft Gabaj. – Flügel und Pianos, Offenbacher. – Moden und Kleider, Vengerova. – Schneiderei Fojtik. – Teegeschäft Belkov. – Handschuhfabrikant Sipion. – Juwelier Lutugin. – An- und Verkauf von Wertpapieren, Fedotov. – Filiale der Sankt Petersburger Lebensversicherungsgesellschaft. – Geschäft der Porzellanfabrik Kornilov.

Nr. 67
Eigentümer: N. V. Čajkovskij.
Errichtet 1915–1916, Arch. A. A. Maksimov und V. I. Šene.
Manufakturgeschäft Bogačev. – Restaurant »Toulon«.

Nr. 68
Eigentümer: O. P. Kušeleva.
Apotheke A. A. Berggol'c, seit 1871. – Uhrengeschäft N. J. Schmidt, seit 1880. – M. B. Rozenberg, gegr. 1865. – Handlung für Möbel, Bilder, Bronzen

und Raritäten. – Ingenieur A.V. Bari, Hauptbüro in Moskau seit 1880, in Sankt Petersburg seit 1894. Kesselfabriken in Moskau und Petersburg. Spezialität: vervollkommnete Form des Dampfkessels nach dem System des Ingenieurs I.G. Šuchov. Stahlfrachtkähne für den Transport von Ölprodukten, Ölleitungen und Öltanks, Heizsysteme. – Coiffeur Jean Ravelen, seit 1889. – Maison française, französisches Hutgeschäft, seit 1891. – Möblierte Zimmer »Zentral«. – Plakat- und Reklamebüro. – Amerikanische Schreibmaschinen Elliot und Hutch. – E. G. Dezler, Bilder, Gravuren, Photos. – XII. Gymnasium. – Galanteriewaren M.O. Eisenberg. – Gastronomiegeschäft A.I. Minjašin. – Optik und Chirurgiegeräte J.A. Savickij.

Nr. 69

Eigentümer: V.A. und L.I. Jakovlev.

Metallwarengeschäft Zolotov. – Apotheke. – Manufakturgeschäft.

Nr. 70

Eigentümer: Sankt Petersburger Kaufmannsgesellschaft.

Komitee des Nikolaj-Fürsorgehauses. – Notar P. Katerinič. – Krimweine A.I. Minjašin. – Kunst- und Malstudio Potapov.

Nr. 71

Eigentümer: I.V. Dobrynina.

Konfektionskleidung Rybakov. – Silber- und Goldschmied Vil'k. – Gastronomie Solov'ev.

Nr. 72

Eigentümer: M.V. Voejkova.

Errichtet 1909–1910, Arch. S.I. Minaš.

Wohnhaus und Kino »Crystal-Palace«.

Nr. 73

Eigentümer: D.V. Bychovskij.

Fleischerei. – Weinkellerei Šit. – Notar Anisimov. – Obst- und Gemüsehandlung.

Nr. 74

Eigentümer: Rostov-Jaroslavl'-Gouvernements- und Stadt-Gesellschaft.

Geschäft für besondere Damenhüte. – Tabakgeschäft. – Friseur. – Zahnarzt. – Uniformschneiderei Kaplan. – Kontor Alferov. – Zentrales Sankt Petersburger Gasthaus. – Papiergeschäft Charlaškin.

Nr. 75

Eigentümer: D.V. Bychovskij.

Hutgeschäft Pastuchov. – Wäschegeschäft Dunarov. – Photograph A. Reinz und F. Schrader. – Wurstladen Teležnikov.

Nr. 76

Eigentümer: Rostov-Jaroslavl'-Gouvernements- und Stadt-Gesellschaft.

Konditorei de Grume. – Chirurgische Geräte, Bandagen, K. Gerber. – Zahnheilpraxis F. Gol'drit. – Photograph Semenenko. – Möblierte Zimmer Osipov. – Teegeschäft I.I. Kalašnikov. – Möbel, Bronzen, Antiquitäten. – Kaffee, Obst, Gastronomie Solov'ev.

Nr. 77

Eigentümer: Graf P.A. Šuvalov.

Büro Tichomirov. – Möblierte Zimmer A. E. Koncovaja. – Wäsche Postnikov. – Herrenanzüge A. Kagan. – Fischgeschäft Semenov. – Fleischerei. – Zentrallager für Südtabak. – Milchgeschäft F. Sumakov.

Nr. 78

Eigentümer: Z. V. Četyrkina.

Umbau für Kino 1913, Arch. M. S. Ljalevič.

Geschäft der Russisch-Amerikanischen Manufaktur. – Wettbüro. – Chirurgische und optische Geräte. – Kontor Viktorov. – Flügel Herman Meier. – Uhrengeschäft F. Winter.

Nr. 79

Eigentümer: Graf P. A. Šuvalov.

Apotheke. – Tee Čekalov. – Warschauer Würste. – Manufakturgeschäft Kokin. – Möblierte Zimmer Kerber. – Porzellan, Fayencen Kuznecov. – Gesellschaft Bekman. – Novogrammofon. – Zahnarzt A. I. Sinicyn.

Nr. 80

Eigentümer: N. I. Dernov.

Möblierte Zimmer »Louvre«. – Optische Geräte N.I. Reichel. – Modes Mme. Louise. – Obsthandel K. Ivanov. – Piano- und Flügelverleih K. Leopas.

Nr. 81

Eigentümer: S. A. Ugrjumova.

Teedepot. – Pfandleihe. – Färberei Claude. – Eierhandel Somojlov. – Wurstgeschäft Parfenov. – Gasthaus »Nevskij«.

Nr. 82

Eigentümer: P. I. Maksimovič.

Zentrales Tapetenlager V. D. Poychtin. – Teppiche, Möbel. Verleih und Verkauf von Flügeln, E. Weber. – Heilpraxis und homöopathische Apotheke. – Zahnarzt I. Giršfel'dt. – Photograph J. M. MacPherson. – Papirossi und Tabak G. S. Semenov.

Nr. 83

Eigentümer: A. A. Korovin.

Färberei. – Optiker und Juwelier N. Linden. – Realschule. – Apotheke. – Obstgeschäft. – An- und Verkauf von Wertpapieren. – Teegeschäft. – Wurst und Lebensmittel.

Nr. 84–86

Eigentümer: Fürstin Z. N. Jusupova-Sumarokova-Ėl'ston.

Wäscherei. – Möbelgeschäft. – Herren und Damenbekleidung M. Ganenevič. – Käse und Butter, Lapšin. – Kerosin, Kerzen, Seife, N. I. Byčkov. – Papierhandlung Rapoport. – Gold und Silber, Widder. – Equipagen, I. A. Aleksandrov.

Nr. 88

Eigentümer: O. P. Kušeleva.

Redaktion des »Journal für alle«. – Konditorei F. A. Eršov. – Schneider A. Rosa. – Genossenschaft für elektrische Beleuchtung »Svet«. – Handelshaus Isabella Papernė. – Frauengymnasium mit Kunstunterricht. – Kvasbrauerei Mal'cev. – Verkauf und Verleih von Flügeln, Hasenfus. – Equipagen

Vasil'ev. – Photozinkographie »Progress«. – Kunstmöbeltischlerei E. O. Lapaj. – Tabak V.I. Asmolov. – Obstgeschäft I.I. Bezpalov. – Literarische Buchhandlung. – Schneiderei »Marchand Tailleur«. – Ausbesserung und Reinigung von Teppichen. – Alte Nevskij-Apotheke. – Redaktion »Novyj satirikon«

Nr. 90

Eigentümer: K. S. Menjaev.

Gesellschaft für die Verbreitung von Kenntnissen im Handelsbereich. – Verkauf und Verleih von Flügeln, K. Ch. Frejntal'. – Möblierte Zimmer »Blüme«. – Buchhandlung M. I. Morev. – Apotheke M. R. Frank. – Genossenschaft V. Perlov.

Nr. 92

Eigentümer: K. S. Menjaev.

F. Straube, Herrenbekleidung. – Zahnarzt M. K. Fridman. – Ölproduktionsgesellschaft »Mazut«. – Frauengymnasium Viskaja. – Kleiderreinigung N. Jagunov. – Redaktion »Der junge Leser«. – Farben und Pinsel, S. King.

Nr. 94

Eigentümer: K. Ja. Krüger.

Büro für Korrespondenz und Übersetzungen. – Galanteriewaren A. Postnikov. – An- und Verkauf von Wertpapieren I. Cvetkov. – Zahnarzt Kramer. – Antiquitäten. – Gummiartikel.

Nr. 96

Eigentümer: V. und P. P. Jakovlev.

Blikgen und Robinson. – Redaktion der Zeitschriften »Natur und Menschen«, »Der Landherr«, »Der russische Pilger«, »Sankt Petersburger Nachrichten«. – Zahnarzt G. F. Geodorov. – Lithographieanstalt. – Buchhandlung I. P. Sojkin. – Photograph Andreev. – Bäckerei A. Eršov. – Equipagen F. Jakovlev.

Nr. 98

Eigentümer: G. I. Benenson.

Verkauf von Geschirr. – XIV. Städtische Grundschule. – Flügelverleih E. F. Schlesinger. – Genossenschaft für Schuhproduktion.

Nr. 100

Eigentümer: G. I. Benenson.

Šapov, Sattlerei. – Schuhgeschäft N. I. Filippov. – Herrenwäsche I. Strulev.

Nr. 102

Eigentümer: N. V. Zmeev.

Zahnarzt Davgin. – Grammophone Kulakov. – Sankt Petersburger Buchhaltungskurse. – Zuschneide- und Nähkurse Ivanova. – Papierhandlung A. Baškov.

Nr. 104

Eigentümer: A. I. Gruzdev.

Kleiderhandel I. Gruzdev. – Tapetenhandlung. – Blumen.

Nr. 106

Eigentümer: A. Šljakov.

Zuckergeschäft Šljakov. – Ofenzubehör. – Equipagen Poljaček.

Nr. 108
Eigentümer: T. G. Rasterjaeva.
I. E. Kuznecov, Porzellan, Kristall. – Notar D. I. Vozdviženskij. – Amerikanische Gesellschaft »Grammophone«. – Agentur der Versicherungsgesellschaft »Rossija«. – Equipagen Kuranov. – Uhren Otto V. Eklund. – Schneiderei Grieg. – Damenschneider F. Kasperov. – Galanteriehandel Maksimov. – Niederlassung des Apothekenlabors.
Nr. 110
Eigentümer: A. V. Zmeev.
Ikonenhandlung M. I. Kapunova. – Maler Šilander.
Nr. 112
Eigentümer: V. und P. P. Jakovlev.
Aux dames élégantes Bel-Etage. – Flügelverleih Muklinger. – Federfabrik G. N. Sosnin. – Werkstatt für Equipagen-Laternen. – Konfektionskleidung I. I. Matrin. – Schuhe Filin.
Nr. 114
Eigentümer: P. I. Bogdanov.
Bäckerei I. M. Bogdanov. – Tabak Durunč. – Zahnarztpraxis N. E. Gimmel'nejn. – An- und Verkauf von Wertpapieren. – Schneiderei. – Goldene Uhren. – Papierhandlung Baškov. – Handschuhe und Krawatten.
Nr. 116
Eigentümer: D. A. Durdin.
Friseur. – Handelshaus für Konfektionskleidung G. Brachman. – Tabak und Zigarren, N. D. Medvedskij. – Galanteriewaren Gončarov. – Hotel »Eremitage«. – Kurländische Brotbäckerei. – Frühstück und Mittagessen. – Gastronomie und Obst Pobožev.

Wir sind nun einigermaßen erschöpft – und dabei haben wir zunächst nur zur Kenntnis genommen, wer es sich leisten konnte, ein mehr oder weniger exponiertes Schaufester, eine mehr oder weniger aufdringliche Reklametafel anbringen zu können! Wir haben noch nicht in die Häuser hineingeblickt und noch nichts erfahren über die Anwohnerschaft des Nevskij-Prospekts. Wir haben vorläufig die Zehntausende von Straßenverkäufern ignoriert, die in dieser Straße keinen festen Stützpunkt haben und oft auch nicht wissen, wie und wo sie den nächsten Tag überleben sollen. Wir haben die Tausende von Fuhr- und Droschkenleuten an uns vorbeiziehen lassen ebenso wie die ständig überfüllten Pferde- und Straßenbahnen. Auch die ersten Automobile, die um 1900 im Straßenbild auftauchen, haben wir noch nicht zur Kenntnis genommen. Vor allem: noch interessiert uns das Publikum nicht, das sich auf dem Nevskij rund um die Uhr bewegt, in je eigener Zielsetzung und je eigenem Rhythmus.

Ungeheure Ansammlung von Reichtum

Bei einem ersten Blick in die Auslagen der Geschäfte am Nevskij springt ins Auge, daß es sich um eine außergewöhnliche Konzentration des Luxus oder gehobenen Konsums handelt: Juweliere aller Art, Kunst- und Antiquitätengeschäfte, Mode- und Bekleidungshäuser, Weinläden und gastronomische Geschäfte mit erlesenem Angebot, Tee- und Kaffeehandlungen, spezialisierte Konditoreien und Bäckereien, Blumengeschäfte, Bijouterien, Friseure, Häuser für Flügel und Klaviere und solche für Grammophone, Parfümerien, Läden mit Kosmetika, Hut- und Krawattengeschäfte, Tabakläden, Photohandlungen, Buchhandlungen, Antiquariate und so fort. Immer wieder werben die Geschäfte mit der Auszeichnung »Hoflieferant« für sich.

Damit ist eine Besonderheit der Petersburger Gewerbestruktur benannt: die auf den Bedürfnissen des Hofes basierende Luxusproduktion, die innerhalb des Adels und der reichen Kaufmannschaft zahlungskräftige Nachfrager findet. Freilich steht diese Form des anspruchsvollen Kunsthandwerks längst unter Druck durch die neue billigere Produktion und einen neuen Geschmack. Andererseits ist der Kreis der Besteller und Käufer aber inzwischen auch über den Hof- und Adelskreis hinausgewachsen. Die Produktion von Luxusgütern hat bis zur Revolution eine vitale und zahlungskräftige Basis.[16] Der Nevskij-Prospekt – und neben ihm die Gorochovaja-Straße, der Vosnesenskij-Prospekt, der Litejnyj-Prospekt, die Bol'šaja Morskaja-Straße – ist so das Schaufenster einer hochentwickelten und differenzierten Handwerker- und Dienstbotenkultur. Spezifische Zweige der Petersburger Industrie – Tabak, Konfekt, Porzellan, Gold, Papier – spiegeln sich auch in den Auslagen.

Der Nevskij-Prospekt war das Einkaufszentrum und gibt ein bezeichnendes Bild von der Dichte des Kleinhandels in Sankt Petersburg. Der Kleinhandel bricht infolge der Industrialisierung durchaus nicht zusammen, sondern weitet sich noch aus: 1910 waren in Sankt Petersburg rund 150000 Personen im Kleinhandel beschäftigt, darunter etwa 14000 Straßenhändler aller Art. Der Umsatz des Kleinhandels – zwischen 800 und 900 Millionen Rubel – ist im Jahre 1913 immer noch größer als der von der Sankt Petersburger Industrie erzeugte Gesamtwert.[17]

So ist der Nevskij die »Spitze« innerhalb eines entfalteten Handels- und Geschäftswesen, für das insbesondere die achtzehn Märkte in verschiedenen Stadtteilen eine große Rolle spielten: Der Neue Alexander-Markt an der Fontanka, der Apraksin-Markt in der Sadovaja, der Heumarkt und natürlich der Gostynnyj dvor am Nevskij. Allein im langgestreckten Komplex des Gostinnyj dvor befanden sich 1916 rund 300 Vertretungen von Handelshäusern. Die »Reihen« – wie die einzelnen branchenmäßig ausgerichteten Abteilungen dieser Vorform des modernen Kaufhauses genannt wurden – waren von 9 Uhr morgens bis 22 Uhr 30 täglich geöffnet. Allein in der »Passage« befanden sich rund sechzig – meist sehr teure – Geschäfte.

Die wachsende Bedeutung des Nevskij als Geschäftszentrum zeigt sich auch in den markanten architektonischen Umgestaltungen, ja Eingriffen in das Bild der Straße, die von den Geschäftsleuten und den Banken vorgenommen werden. Charakteristisch hierfür sind der Neubau des Kaufhauses »Mertens«, Nevskij 21, mit seiner modernen, schon fast konstruktivistischen Fassade aus Glas, Stahl und Beton; das zwischen 1903 und 1907 errichtete neue Gebäude des Delikatessengeschäfts »Eliseev«, Nevskij 56; vor allem aber das neue Gebäude der Firma »Singer«, das mit seinem gewaltigen Erker und der Turmhaube von nun an den direkten und ungehinderten Blick auf die goldene Admiralitätsnadel bricht oder zumindest ablenkt, wie ein zeitgenössischer Beobachter den Neubau beklagend kommentiert.[18] Der Reklameturm der Firma »Singer« – nun nicht mehr wegzudenken aus dem Stadt- und Straßenbild – wird zur Herausforderung seines architektonischen Widerparts, der Admiralität

Weniger zahlreich, aber nicht weniger »modernistisch« und von großer Bedeutung für das wirtschaftliche Leben der Stadt sind die Residenzen, die die größten Banken und Firmen des Landes am Nevskij eröffnen. Die Konzentration ist überwältigend: Von achtundsiebzig Aktiengesellschaften, die 1914 über Filialen in Sankt Petersburg verfügen, hatten sich allein vierzig auf dem Nevskij niedergelassen. Vierundzwanzig von vierunddreißig Banken waren auf dem Nevskij vertreten, und zehn Versicherungsgesellschaften hatten dort ihren Sitz.[19] Um nur die bedeutendsten hervorzuheben:

Nevskij 1: Petersburger Privatbank, gegründet 1864;
Nevskij 30: Sankt Petersburger Konto- und Kreditbank, gegründet 1866;
Nevskij 30: Sankt Petersburger Internationale Handelsbank, gegründet 1869, die zweitgrößte russische Bank;
Nevskij 38: Wolga-Kama-Handelsbank, gegründet 1870;
Nevskij 12: Junker & Co.;
Nevskij 45: Bankhaus Vavel'berg (später Nevskij 9);
Nevskij 62: Russisch-Asiatische Bank, die größte des Reichs.

Sankt Petersburg war ein hervorragender Bankenstandort – sowohl für die russischen wie für die internationalen Banken. Hier bestanden unmittelbare Beziehungen zum Hof und zu den Regierungskreisen. Hier gab es enge Kontakte zu den internationalen Finanzmärkten. In den Jahren nach 1910 arbeiteten rund 11000 Personen in Institutionen des Finanzwesens – entsprechend hoch war nach der Revolution die Arbeitslosigkeit unter den Börsenmaklern, Finanzagenten und Bankbuchhaltern. Die charakteristische Figur für diesen engen Zusammenhang, für das Verwachsen von Banken, Industrie und Regierung ist vermutlich Alexander Putilov, der als Vorsitzender der größten Aktiengesellschaftsbank, der Russisch-Asiatischen Bank, zugleich ehemaliger Direktor des Ministeriums für Finanzen, Direktor des Kartells Prodamet und Aktionär des Putilov-Metallfabriken-Komplexes in Sankt Petersburg war.[20] Auch architektonisch wurde dem hervorragenden Standort Rechnung getragen – wobei die Banken den einfachen und imposanten Stil der neuen Klassik bevorzugten.[21]

Fast in einem historisch präzisen Sinn hat Belyj recht, wenn er den Nevskij-Prospekt einen »europäischen« nennt. Schon der einfache Blick auf die

Reklame- und Firmenschilder zeigt die hohe Konzentration der Ausländer und des Ausländischen. Kein Wunder: Petersburg war als »Fenster nach dem Westen« erbaut worden. Zwar hatte es infolge der Ausweitung des Eisenbahnnetzes seine absolut führende Stellung als Hafenstadt gegenüber Odessa und Riga eingebüßt, der Hafen war veraltet und die Frachtkosten erwiesen sich als zu hoch – die Umladung der Fracht nach Kronstadt in den Petersburger Hafen war teurer als die Fracht von England nach Kronstadt –, doch immer noch nehmen Export und Import ihren Hauptweg über Petersburg. Petersburg ist auch das »Fenster«, die Operationsbasis für das ausländische Kapital beziehungsweise für russifizierte Ausländer. Schon an der Zusammensetzung der Wirtschaftselite Sankt Petersburgs wird dies deutlich:

Putilov, Obuchov, Mark MacPherson, Thomson, Galli, Vargunin, Butz. Es mischen sich auf engstem Raum die Physiognomien des Franzosen, der als Modist, Porzellan-Spezialist, Juwelier und Goldschmied oft schon seit über einem Jahrhundert im Lande ist, des Deutschen, Engländers, Griechen und Polen. Sie haben ihre eigene Infrastruktur ausgebildet. Weltfirmen sind durch Agenturen vertreten: AEG, Siemens, Schuckert, Amerikanische Gummigesellschaft, Renault, Brown-Boveri und andere.

Zeitungen, Öffentlichkeit

Die Bewegtheit und Unruhe, die der von Reklameschildern bedeckte Nevskij-Prospekt, vor allem dem Nikolaj-Bahnhof zu, ausstrahlt, entspricht mehr und mehr dem Bild, das die damals in Mode kommenden russischen Massenzeitungen abgaben. Ihr Gemeinsames ist der schreiende, provozierende Gestus der neuen Reklame, die so ganz und gar gegen die Strenge des »deutschen Petersburg« (Gogol) verstieß.

Die Reklame, die selbst immer mehr zu einem Grundpfeiler in der Finanzierung der Zeitungen wird –, 1903 etwa kamen bei der »Peterburgskaja gazeta« im Verkauf 126000 Rubel, über die Anzeigenwerbung jedoch 200000 Rubel ein[22] – wird bald zu einem selbständigen, professionell betriebenen Geschäft, wie aus einem Selbstinserat der in dieser Branche führenden Firma »Metzel und Co.« – Filialen in Moskau, Sankt Petersburg, Warschau, Paris, Berlin, New York, Boston, Buffalo – hervorgeht.

1913 gab es in Petersburg und in Moskau bereits vierzig Reklamebüros und Agenturen. Ein zeitgenössischer Publizist merkte damals an: »Seit private Inserate zum Monopol selbständiger Unternehmen von der Art ›Metzel und Co.‹ geworden sind, tritt der Redakteur oder Verleger die Macht über diejenigen Seiten der Zeitung, auf denen diese aufdringlichen Herolde sich festsetzen, vollständig ab.«[23] 1911 wird auf dem Haus Nevskij 23 die erste elektrische Reklame installiert.[24] Doch ist die Kommerzialisierung der

Presse die Form, in der sie sich zunehmend aus ihrer ursprünglichen Bestimmung – Regierungsanzeiger zu sein – herauslöst und in einer vehementen Weise den Informations- und Mitteilungshunger der russischen Öffentlichkeit »nachholend« befriedigt. Natürlich nahm Petersburg auch darin eine herausragende Stellung ein: Anfang 1914 wurden in Petersburg und Moskau gleichzeitig mehr als sechzig Tageszeitungen herausgegeben, das heißt zweieinhalbmal mehr als im Jahre 1900, wobei der Hauptanteil der Auflage – mehr als ein Drittel – auf die vierzehn privaten hauptstädtischen Zeitungen entfiel.

Die herausragende Position der Petersburger Zeitungen wird deutlich aus den folgenden Zahlen: Anfang 1913 erscheinen in Petersburg 531 periodische Publikationen aller Art, das heißt 25 Prozent aller Periodika im russischen Reich (in Moskau 208 beziehungsweise zehn Prozent aller Periodika), darunter einundzwanzig in nicht-russischen Sprachen (zwei jüdische, eine litauische, neun deutsche, eine polnische, eine turkotatarische, eine finnische, vier französische, zwei estnische). Allein dreiundvierzig von 340 der im Adreßbuch »Ves' Peterburg« von 1914 aufgeführten Zeitschriften hatten ihre Redaktionen oder Büros auf dem Nevskij, darunter alle wichtigen Zeitschriften, Fachjournale und Zeitungen. Auch die Büros des »Konzerns« Suvorin befanden sich hier:

Nevskij 40: »Novoe vremja«;
Nevskij 52: »Večernee vremja«;
Nevskij 60: »Birževye izvestija«;
Nevskij 3: »Voskresnaja večernjaja gazeta«;
Nevskij 57: »Voskresnye večernie novosti«;
Nevskij 13: »Vedomosti SPb grandonačal'stva«;
Nevskij 153: »Kolokol'«;
Nevskij 54: »Obozrenie teatrov«;
Nevskij 136: »Svet«;
Nevjski 147: »Utro Rossii«;
Nevskij 107: »Chlebnoe delo« und andere.[25]

Ein genaueres Hinsehen bei einem Gang über den Prospekt würde zeigen, daß er – für eine Hauptgeschäftsstraße – reichlich mit Buchhandlungen versehen ist. Auch darin drückt sich die herausragende Stellung des Petersburger Verlags- und Druckgewerbes gegenüber dem weiten Land aus. Man konnte am Nevskij – zumal in den Buchhandlungen mit internationalem Sortiment – die gesamte laufende in- und ausländische Produktion bekommen, und eine Devise der Buchhandlung Wolf im Gostinnyj dvor lautete: »Es gibt nichts, was wir nicht beschaffen können.«[26]

Zu den »öffentlichen« Räumen gehören auch die Cafés, an denen der Nevskij-Prospekt so reich war. Traditionell ging man in die Konditoreien »Demut«, »Wolf und Beranger« oder »Talon«, später waren die Cafés und Konditoreien Nevskij 47, 51, 59, 61 »in«. Die Cafés von Filippov und Palkin galten als die besten der Stadt. Als neues Element der Beweglichkeit, »Flüchtigkeit« und Anonymität des Prospekts treten um die Jahrhundertwende Hotels, Pensionen und möblierte Zimmer, insbesondere in den Seitenstraßen und um den Nikolaj-Bahnhof herum in Erscheinung. Das erste Haus am Prospekt – und lange in der Stadt überhaupt – war gewiß das »Evropejskaja«.

Beschleunigung der Zeit

Auf dem Nevskij-Prospekt herrscht eine andere Zeit. Sie vergeht schneller als in Rußland sonst. Die Beschleunigung der Zeit ist meßbar am technischen Fortschritt der Verkehrs- und Kommunikationsmittel. »Das städtische Leben ist ein ununterbrochenes Kaleidoskop: Menschen, Sachen, Ideen, Gefühle lösen sich ununterbrochen ab. Das Heute verdrängt das Gestern, um selber verdrängt zu werden. Die Zeit ist kurz geworden, man hat angefangen, den Gang der Zeit mit der Linse zu betrachten ... Das ganze Tempo des Lebens hat sich schrecklich beschleunigt. Wir gehen sogar schneller, wir sprechen schneller als in der Vergangenheit.«[27]

Die neuen Verkehrsmittel und die Bewegung, die in die verfestigten und unerschütterlich scheinenden Sozialbeziehungen im Reich gekommen war, führen auf eine Erscheinung zu, die bereits Gogol, später Belyj beschäftigt hatte: daß hier ein neuer Bewegungsrythmus entstanden war, wie er sich nur aus der Trennung von Wohnen und Arbeiten ergeben kann, aus einer ungeheuren Agglomeration von Menschen, die auf engstem Raum ihre unkoordinierten Zwecke verfolgen, um je auf ihre Weise zu überleben. An Gogols Beobachtung von 1830, als die Stadt noch nicht dem massiven Zustrom des bäuerlichen Rußland nach 1861 ausgesetzt war, läßt sich das Erstaunen des aus der Provinz kommenden Schriftstellers ablesen. »Es riecht», wie Gogol schreibt, auf dem Nevskij »nach Bummeln«. Hier, im »allgemeinen Verkehrszentrum«, können Freunde, die sich ein Jahr lang nicht gesehen haben, sichergehen, sich zufällig zu begegnen.

Der Nevskij wird Gogol zur »schnellebigen Phantasmagorie«, deren Rhythmus und Ablauf er über vierundzwanzig Stunden hin beobachtet. Jede Tageszeit hat ein eigenes Publikum mit eigener Gangart zu bieten: »Beginnen wir am frühen Morgen, wenn ganz Petersburg nach warmen, eben fertig gebackenem Brot riecht, wenn es von alten Weibern in zerlumpten Kleidern und Umhängen wimmelt, die ihre Attacken auf Kirchen und mitleidsvolle Passanten vollführen.« Bauern mit kalkbeschmierten Stiefeln eilen zur Arbeit. »Um diese Zeit finden es die Damen unziemlich, sich dort zu zeigen, weil sich das russische Volk so deutlich und kernig auszudrücken beliebt ...«

Mittagszeit: »Um zwölf Uhr stürmen den Nevskij-Prospekt die Erzieher aller Nationen mit ihren Zöglingen in Battistkrägelchen ... Um diese Zeit ist der Nevskij-Prospekt ein pädagogischer Nevskij-Prospekt.« Zwischen zwei und vier Uhr nachmittags gehört der Prospekt den »ordentlichen« Leuten.

»In dieser gesegneten Zeit von zwei bis drei Uhr mittags, die man als die auf dem Nevskij-Prospekt auf und ab wogende Hauptstadt bezeichnen könnte, findet die Hauptausstellung der schönsten Erzeugnisse des Menschen statt ... Von vier Uhr an ist der Nevskij-Prospekt leer, und ihr werdet auf ihm kaum einem Beamten begegnen.« Dann aber: »Doch sobald sich die Dämmerung auf die Häuser und auf die Straße senkt ..., dann wird der Nevskij-Prospekt wieder lebendig und beginnt sich erneut zu rühren.«[28]

Gewiß hat sich dieser Rhythmus geändert. Was an Gogols Beobachtung wichtig ist, ist indes der Umstand, daß dieser Raum ein *Eigenleben* entwikkelt. Ein Raum wie der Nevskij-Prospekt wird zum Schauraum kaleidoskopisch zersplitterter Eindrücke. Wiederum bietet Gogols Novelle einen Zugang zu diesem Phänomen, festgehalten in der Form der Synekdoche:[29] »der plumpe schmutzige Stiefel des verabschiedeten Soldaten«, »das rauchleichte Miniaturschühlein der blutjungen Dame«, »englische Johns und französische Coqs«, »Gouvernanten, blasse Misses und rosige Slawinnen«, »Beamte in grünen Vizeuniformen«, »hungrige Titular-, Hof- und sonstige Räte«, »Kollegienregistratoren, Gouvernements- und Kollegiensekretäre«. »Hier werdet ihr tausend unvorstellbaren Charakteren und Erscheinungen begegnen.«[30]

Daß der Nevskij zum Ort der »Hauptausstellung der schönsten Erzeugnisse des Menschen« werden konnte, erklärt sich unter anderem aus der Lage der Straße selbst und aus dem Umstand, daß es in Petersburg keine klassenmäßig »reinen Viertel« gegeben hat. Wer die Stadt auf dem schnellsten und direkten Wege durchqueren wollte, etwa vom Nikolaj-Bahnhof zur Petersburger oder Vyborger Seite, nahm unvermeidlich seinen Weg über den Nevskij-Prospekt. Er war aufgrund seiner Lage das »Nadelöhr«, durch das der hauptstädtische Verkehr unweigerlich – bis zum Zusammenbruch der Verkehrsbewegung – hindurch mußte.

Bereits Théophile Gautier war irritiert von der Vielfalt und dem Umfang des öffentlichen Verkehrs. Schon 1869 verdienten 17000 Menschen ihren Lebensunterhalt in der Transportindustrie, 5400 bei vier der in Petersburg ankommenden oder abfahrenden Eisenbahngesellschaften.[31] Anfang 1900 gab es elektrische Trambahnen, innerstädtische Eisenbahnlinien, die Pferdefuhrwerke, bald auch das Automobil. 1913 waren rund 80000 Personen im öffentlichen Transportwesen beschäftigt. 1898 bewältigten 20000 Fluß- und Kanalboote den Personen- und Güterverkehr zwischen den Stadtteilen. 1913 gab es 600 Trambahnen.[32] Nach 1908 nahm der öffentliche Verkehr dank der elektrischen Tram stürmisch zu. 1912 fuhr der Petersburger durchschnittlich hundertfünfzigmal auf einem öffentlichen Verkehrsmittel – Tram, Eisenbahn, Pferdebahn, Fähre. Zu einer Entlastung des Nevskij und der anderen Straßen, die von den Bahnhöfen zur Petersburger und Vyborger Seite führten, kam es erst, als die auf die Frachtgüter angewiesenen Industrien Petersburgs sich zum Bau einer Eisenbahnringlinie, die um das Zentrum herumführte, entschlossen. Diese Linie wurde während des Ersten Weltkriegs in Betrieb genommen.[33]

Die Modernisierung der städtischen Kommunikation wird auch für den Nevskij selbst greifbar.

1863: Pferdebahn Nikolaj-Bahnhof – Admiralität. Betrieb zwischen 9 und 23 Uhr. In der Nachtzeit wird die Strecke für Lastentransporte benutzt. 5 Kopeken kostet die Fahrt im Wagen, drei Kopeken auf dem Dach. Die Bahn verkehrt im Abstand von 10 Minuten. Die »Arbeiterviertel« bleiben ohne Verkehrsverbindung.[34]

1879: Im April wird zum ersten Mal zwischen 9 Uhr abends und Mitternacht auf dem Platz am Alexandratheater die elektrische Beleuchtung in Betrieb genommen, 1885 schließlich wird das Teilstück von der Aničkov-Brücke bis zum Znamenskaja-Platz beleuchtet. Es gab Auseinandersetzungen um den Standort der Elektrizitätsstation. Die Geistlichkeit protestierte gegen den Standort an der Kasaner Kathedrale, den Siemens und Halske vorgeschlagen hatten. Die Station wurde dann auf einer Barke auf der Mojka, unweit der Polizeibrücke postiert.[35]

1882: Im Oktober geht von der Hauptstation – Nevskij 26 – aus das neue Telephonnetz in Betrieb, zunächst nur auf Institutionen und Privatleute beschränkt, dann mit der Einrichtung von öffentlichen Kommunikationspunkten. Fünf Minuten kosten 25 Kopeken.

1889: Das Adressensystem wird verbessert, von da an gilt die Numerierung des Prospekts, die auch heute noch in Kraft ist.[36] Es werden Experimente mit einem elektrisch betriebenen Straßenbahn-Waggon aus belgischer Produktion angestellt.

1896: Achtzig Straßenleuchten und 367 Lampen in Geschäften und 960 in öffentlichen Gebäuden werden in Betrieb genommen. Zwei »Benzomotory« verkehren zwischen Admiralität und Znamenskaja-Platz.

1903: Die Hauptlinien – Nevskij, Sadovaja, Vasileostrovskaja – sollen 1903 gegen den Protest der Pferdebahnbesitzer auf Strom umgestellt werden. Erst 1907 werden sie in Betrieb genommen – später als in Moskau oder Kiew.

1910: Der Prospekt wird in ganzer Länge mit einem Pflaster versehen.

Die Kinos am Nevskij: Phantasieraum des neuen Publikums

Im Mai 1896 wird in Petersburg der erste Film vorgeführt – es ist ein bedeutungsvolles Jahr: In Nižnij Novgorod stellt sich erstmals auf der großen Messe das moderne Rußland vor, in Moskau kommen bei den Krönungsfeierlichkeiten für Nikolaj II. mehr als tausend Menschen um, als Tribünen zusammenstürzen und eine Panik ausbricht. Und es ist der Beginn des Siegeszugs eines neuen Mediums, das das Publikum – gleich welcher Herkunft – in seinen Bann schlägt. In Petersburg konzentrieren sich die Kinematographen oder die »Kinemos«, wie sie genannt wurden, auf dem Bol'šoj-Prospekt der

Petersburger Seite und auf dem Nevskij-Prospekt. Anfangs dauern die Vorstellungen nur wenige Minuten, und bis 1907 werden ausschließlich Filme ausländischer Produktion gezeigt. Als der Krieg ausbricht, gibt es auf dem Nevskij-Prospekt bereits fünfundzwanzig Kinos.

»Der Kinematograph ist jetzt groß in Mode gekommen, und das Publikum hat sich so an ihn gewöhnt, die lebendige Photographie ist so sehr zur Unterhaltung geworden, daß man ohne diese Orte der Zerstreuung schon gar nicht mehr auskommt ... Es braucht nur ein kleines Geschäft zu sein, aber sobald es frei wird, richtet man dort einen Kinematographen ein«, heißt es in der Zeitschrift »Photographische Neuigkeiten«.[37] Noch lange steht das Kino im Schatten des Theaters: Die Kinosäle sind dem Theater nachgebaut, die Sujets stammen aus der Literatur, die nun verfilmt wird. Doch das Publikum ist bereits ein anderes. Die Zeitgenossen beobachten, daß die Theater sich leeren, während die Kinos sich füllen.

Der Film wird als Moloch verstanden, der Literatur und Theater verschlingt und trivialisiert, aber auch als »Genius der internationalen Kommunikation«, als eine »Räuberhöhle des 20. Jahrhunderts« gepriesen. Blok führt Tagebuch über seine Kinobesuche, Bulgakov stellt philosophische Betrachtungen über den »kinematographischen Blick« an.[38] Das Kino wird zum Sujet der Poesie von Brjusov und Mandelstam.[39] Andrej Belyj ist einer der ersten, die die Bedeutung des neuen Mediums zu deuten versuchen. »Kinematograph – wieviel unschuldige Trauer, Hoffnung und Erinnerung verbinden sich mit diesem Wort! Kinematograph – reine, bloße Zerstreuung für den Schlaf nach dem Arbeitstag! Kinematograph – das ist behagliches Gefühl und spannende Belehrung! Kinematograph – das ist ein Zeichen für etwas. Er führt uns zu einfachen Wahrheiten zurück, die von schmutzigen Händen angefaßt sind; er bringt uns menschliche Barmherzigkeit und Gutmütigkeit zurück, ohne alle Theorie – einfach mit einem Lächeln.

Der Kinematograph ist ein Club. Hier kommt man zusammen, um eine Moral zu hören, um nach Amerika zu reisen, sich bekannt zu machen mit der Tabakproduktion auf den Philippinen, über die Dummheit eines Polizisten zu lachen und Seufzer auszustoßen wegen der sich verkaufenden Modistin. Es versammeln sich, um ihre Bekannten zu treffen, alle: Aristokraten und Demokraten, Soldaten, Studenten, Arbeiter, Kursistinnen, Dichter und Prostituierte. Der Kinematograph ist der Punkt, der die Menschen vereinigt, die von der Vereinigung der Liebe, wie sie die Literatur suggeriert, enttäuscht sind. Es kommen die Müden, Einsamen, und plötzlich werden sie eins in der Wahrnehmung des Lebens, sehen, wie vielfältig es ist, wie schön, und gehen fort, einander mit einem Blick Solidarität bekundend, die zwar nur zufällig, dafür aber um so wertvoller ist.«[40] Das Kino wird hier fast überhöht zu einem religiösen Ritual einer neuen Gemeinschaft. Wahr daran ist, daß Menschen aufeinandertrafen, die sich sonst nicht begegnet wären. Das Kino stellt neue Mischungen her, und der Konzentrationspunkt dieser Mischungen ist der Nevskij-Prospekt. Man braucht sich nur an den Kino-Adressen zu orientieren:

Nevskij 27: »Uran« mit zwanzig Plätzen;
Nevskij 53: »Komik« und »Majak«;
Nevskij 57: »Ampir«;
Nevskij 67: »Saturn«;
Nevskij 73/75: »Luna«;
Nevskij 81: »Akvarium«;
Nevskij 95: »Ujut«;
Nevskij 127: »Sirène«;
Nevskij 139: »Der Elefant«.

Noch mehr Kinos sind auf der Straßenseite mit den geraden Nummern.

Nevskij 48: (Passage), erster Stock das »Expreß-Theater«, später das »Soleil« mit 410 Plätzen;
Nevskij 50: »Majestic« mit 250 Plätzen;
Nevskij 60: (Hofgebäude), »Picadilly« mit 694 Plätzen, nach dem Umbau 1916 mit 833 Plätzen;
Nevskij 72: (Hofgebäude) »Crystal-Palace«, 1910 nach einem Entwurf von S. I. Minas;
Nevskij 78: »Premiere«;
Nevskij 80 . 1913 von Architekt M. S. Ljalevič umgebaut, Innenhof für Kino »Parisiana« mit 661 Plätzen;
Nevskij 86: »Ėlektroteatr«;
Nevskij 88: »Union«;
Nevskij 90: »Tivoli«;
Nevskij 98, 100: »Lux«;
Nevskij 102: »Chudožestvennyj«;
Nevskij 108: »Antar«;
Nevskij 156: »Apollo«.[41]

Dies sind die Räume, in denen vor der Revolution ungefähr 2000 russische und ungezählte ausländische Spielfilme vorgeführt wurden. Der Ausbruch des Kriegs ist fast die Geburtsstunde des selbständigen russischen Films. Es gibt die ersten russischen Filmstars wie Vera Cholodnaja, deren Filme – anders als die der Mary Pickford – allerdings fast immer tragisch, ohne Happy end schließen.[42]

Daß das Kino eine herausragende Rolle bei der Modernisierung Rußlands spielen wird, ist lange vor der Gründung des sowjetischen Kinos im Jahre 1919 ausgesprochen. In der Kinozeitschrift »Pegasus« heißt es dazu im Jahre 1915:

»Die Zukunft des Kinematographen ist groß und schön. In den Händen des Menschen wird die Leinwand ein Zauberspiegel werden, auf dem auf Geheiß des Herrn und Gebieters das Leben in all seiner Vielfalt durchsichtig und geheimnisvoll erscheinen wird. Der Film besiegt Raum und Zeit. Er wird zum unsterblichen Zeugen der verschwindenden historischen Epochen und zum Aufbewahrer der konkreten Erinnerung an die schöpferischen und herausragenden Helden der Menschheit. Für den Dichter und Künstler wird der Film die Grenzen des Lebens ausweiten und ihnen als Tribüne für ihre Lehre des Wahren und Schönen dienen. In der allen verständlichen Sprache der Kunst wird sich der Film an die Völker verschiedenster Zunge wenden und auch gehört werden. Die Schüler werden anhand der lebenden Bilder lernen, Länder und Völker sehen, das Wachsen des Getreides und das Erblühen der Blumen, das unsichtbare Leben der Mikroorganismen verfolgen. Vielleicht wird für Kinder das Lernen erstmals nach tausend Jahren zu einem Vergnügen.«[43]

Hier ist bereits der pädagogische Gestus, den das Kino als Aufklärungsinstrument unweigerlich gewinnen wird, vorweggenommen.

Städtische Öffentlichkeit und Kampfplatz

Der Nevskij-Prospekt ist eine vornehme Straße, doch er ist nicht reserviert für die Vornehmen. Der Nevskij-Prospekt wurde einst angelegt als »Große Perspektive«, als Verbindungsstück zwischen den Symbolen der Macht und der Kirche, doch er wandelt sich aus einem Verbindungs- zu einem Herzstück. Aus der Perspektive wird ein Zentrum, ein Kreuzungspunkt. Über ihn und an ihm tritt die Stadt mit sich selbst in Verbindung. Es ist die Kontaktstelle von Stadt und weitem Land. Die äußere Ordnung und der Rhythmus der Fassaden sind im großen und ganzen geblieben, doch was sich auf dieser Strecke begegnet und abspielt, ist nicht mehr regier- und kontrollierbar. Es ist die Verwandlung aus einer Perspektive in einen Raum. Was nach Rußland Eingang finden will, nimmt seinen Weg über den Nevskij-Prospekt.

Was aus Rußland ins Zentrum des Reichs vorstoßen will, muß über den Nevskij-Prospekt. Was irgendwo weit draußen im Land gehört werden will, muß zuerst hier artikuliert worden sein, und was sich in Petersburg Gehör verschaffen will, muß den Nevskij-Prospekt zuerst als Resonanzboden gewonnen haben. Der Nevskij ist der Raum, der für einen Augenblick alle in Passanten verwandelt und jedem den Bewegungsrhythmus abverlangt, der dort entsteht, wo Menschen der gegensätzlichsten Motivation sich für einen Augenblick mit anderen arrangieren müssen, wenn sie vorwärtskommen wollen.

Der Nevskij-Prospekt ist offener und demokratischer als der Kurfürstendamm im neuen Berliner Westen, er ist weniger hermetisch als der Wiener Ring oder die Champs Elysées, und er bildet einen Kreuzungspunkt von Menschen und Institutionen, die anderswo über die ganze Stadt verteilt sind. Dies hängt zum Teil damit zusammen, daß die Klassenspaltung noch nicht zum Abschluß gekommen ist und daß es »reine Viertel« bis zuletzt nicht gibt.

Natürlich waren der Nevskij-Prospekt, die Millionnaja-, die Morskaja-, die Furštadtskaja-Straße bevorzugte Wohngegend der Aristokratie. Auch Petersburg hatte seine Schwerpunkte: die akademische Intelligenz auf der Vasilij-

Insel, das neue Bürgertum auf der Petersburger Seite, die Arbeiter in den Vierteln auf der Vyborger Seite oder in der Moskauer Vorstadt. Doch die Entmischung der sozialen Zusammensetzung war nie vollständig. Die Teilung der Wohngegenden verlief eher horizontal, innerhalb der Häuser. Die ärmeren Schichten, die Handwerker und Fuhrleute hausten in den gefürchteten, weil vom chronisch wiederkehrenden Hochwasser heimgesuchten Souterrainwohnungen oder in den Mansardenwohnungen unter dem Dach. Die Beletage und das zweite Stockwerk waren reserviert für die begüterten Bürger der Stadt, während der neue Mittelstand der Angestellten und der freien Berufe sich die dritte und vierte Etage teilten.[44]

Es ist die außerordentliche Konzentration des Heterogenen, was den Nevskij zu einer einzigartigen Enzyklopädie des modernen Rußland werden ließ. Hier kreuzten sich die Wege ganz Rußlands.

Seine Kaiserliche Majestät definiert mit dem Winterpalais, mit dem Generalstabsgebäude und der Admiralität am Ausgangspunkt des Prospekts den Ursprung der Macht und den Ursprung des Prospekts, der »Großen Perspektive«.

Die Orthodoxe Kirche, die geistliche Macht definiert den Endpunkt mit der Alexander-Nevskij-Lavra und der Geistlichen Akademie – den Heiligen Synod in der Nähe der Admiralität nicht gerechnet.

Der russische Adel hat einige der markantesten Palais entlang des Nevskij-Prospekts errichten lassen: Stroganov- und Aničkov-Palais.

Die Kaufleute haben den Prospekt teilweise in eine einzige Reklamefläche verwandelt und markante Akzente gesetzt, so durch den Bau des Mertens- und Eliseev-Kaufhauses oder den Bau der Passage. Der Gostinnyj dvor bleibt das Hauptgeschäftszentrum der Stadt.

Unternehmer und Industrielle sind durch ihre Büros und Filialen anwesend, russische wie ausländische: San-Galli, Artur Koppel, Putilov und Thornton.

Die Banken errichten mit Beginn des Jahrhunderts jene Paläste, die früher einmal die Aristokratie errichtet hatte. Charakteristische Beispiele hierfür sind die Bank Vavel'berg und die Sibirische Handelsbank. Alle russischen Banken sind auf dem Nevskij vertreten.

Hotels und Restaurants als Einrichtungen des mobil gewordenen Menschen, des Städters, finden sich auf dem Nevskij-Prospekt konzentriert.

Wissenschaft und Kunst sind nicht nur anwesend durch so großartige Bauten wie die Kasaner Kathedrale, sondern als »Arbeitsorte« wie die bedeutendste russische Bibliothek, die »Publičnaja«, und das Alexandratheater. Hinzu kommen die neuen Formen der Unterhaltungsindustrie.

Die Kinos, die am Nevskij-Prospekt aufgereiht sind, erzeugen ein neues Publikum und einen neuen Seh-Horizont.

Presse und Buchhandlungen, die eigentlichen Organe des öffentlichen Diskurses, sind durch die wichtigsten Zeitungen und die besten Buchhandlungen Rußlands wie Wolf, Suvorin, Popova repräsentiert.

Der Nikolaj-Bahnhof am Znamenskaja-Platz ist die Eingangspforte in die Stadt. Über diese Stelle wird die Stadt mit Menschen und Gütern versorgt, über diese Stelle liefert sie dem Land ihre Güter und Ideen. Von hier aus machen sich die Arbeitsuchenden auf den Weg – ihre Börse befindet sich an der Ecke Nevskij/Vladimirskij-Prospekt –, von hier aus wird der Druck auf die Stadt gespeist. Empfangen werden die Ankommenden von einer Reiterstatue Alexanders III., die hier 1909 aufgestellt wurde: imposant, martialisch dreinblickend, drohend. Doch schon die zeitgenössische Kritik bemerkte, daß der Bildhauer Pavel Trubeckoj ein Meisterwerk der Ironie, wenn nicht der Satire geschaffen hatte. Es ist die Imposanz einer Drohgebärde, die schon nicht mehr schreckt.

All dies sind ja nicht nur Orte, sondern Konzentrationspunkte von Menschen und sozialen Typen. Es sind Straßenhändler und adlige Beamte, Gouvernanten und Kaufleute, Deutsche, Armenier und Griechen, Polen und Russen, internationale Firmenagenten und Touristen. Und es sind Orte, an denen etwas gedacht und getan werden kann, was anderswo keine Chance hätte. Die unmittelbare Nachbarschaft der Vielen und Vielfältigen schafft selbst eine neue Qualität. Aus einem leeren Raum wird ein Resonanzraum. Der Stadtraum schützt. Man könnte die Geschichte des Nevskij-Prospekts als die Genese einer Öffentlichkeit beschreiben, an der viele mitwirkten, ohne etwas davon zu wissen: die Konditoreien und Bibliotheken, in denen sich unverdächtig Kontakt aufnehmen läßt; die Theater, die dort, wo es keine politische Freiheit gibt, unwillkürlich zum Ersatz fürs Parlament werden; die großen Miethäuser, in denen die Concièrge die Übersicht schon verloren hat. Es ist diese Öffentlichkeit, die Schutz bietet, die den Nevskij von Anfang an zum Zielpunkt aller Protestaktionen, zum Präsentationsort unterdrückter Forderungen, zum Schauplatz gesellschaftlicher Konflikte hat werden lassen. Es ist der Ort, wohin sich der Untergrund geflüchtet hat und wo der Untergrund endlich an die Oberfläche treten wird.

Im Haus Nevskij 22 halten 1862 fortschrittliche Professoren wie Andrej N. Beketov, Dmitrij I. Mendelev, Ivan M. Sečenov nach der Schließung der Petersburger Universität infolge der Studentenunruhen eine »Freie Universität« ab. In der Buchhandlung Nikolaj A. Serno-Solovevič, Nevskij 22, etabliert sich ein Stützpunkt von »Zemlja i volja«, das Stabsquartier der aufrührerischen Studenten des Jahres 1861/62. Einer der radikalen Intelligenty, Pisarev, lebt zeitweise in Nevskij 98.[45]

Der Vorplatz der Kasaner Kathedrale wird am 6. Dezember 1876 Schauplatz der ersten Demonstration, 400 Menschen versammeln sich – es wird Geld gesammelt für Nikolaj Černyševskij –, unter ihnen der junge Plechanov, Vater der russischen Sozialdemokratie. Am 16. März 1878 strömen erstmalig 200 Arbeiter auf dem Nevskij zusammen, um einen der damals traditionellen Bittgänge durchzuführen. Nikolaj I. Kibalčič, der legendäre Bastler der Mordmaschine für das Attentat auf Zar Alexander II. lebt zwischen 1879 und 1881 im Haus Nr. 124 auf dem Nevskij. Am 10. März 1881 wird Sofija Perovskaja im Zusammenhang mit dem Attentat auf Alexander II. auf dem Nevskij vis-à-vis dem Denkmal für Katharina II. verhaftet. Auch für die Ermordung Alexanders III. ist der Nevskij ausersehen (unter den Mitgliedern der Terrorgruppe befindet sich Lenins Bruder Alexander I. Uljanov).[46]

1901 wird wiederum der Platz vor der Kasaner Kathedrale Demonstrationsort aufrührerischer Studenten – diesmal wegen der Behandlung der Studentin Vetrova, die sich aus Protest verbannt hatte. 244 Studenten der Universität und der Höheren Frauenkurse wurden verhaftet. Zum ersten Mal wird von einer Situation gesprochen, in der auf dem Nevskij Demonstranten und Sympathisanten sich schwerlich vom einfachen Passanten unterscheiden ließen.[47] Eine der ersten Barrikaden nach der Niederschießung der vom Priester Gapon geführten Bittdemonstration vor dem Winterpalais im Januar 1905 wurde aus den Bänken des Vorplatzes der Kasaner Kathedrale errichtet. Es bildet sich eine Atmosphäre heraus, zu der von nun an auch der Klang der Marseillaise und der russischer Arbeiterhymnen gehört.

Zum Trauerzug für Leo Tolstoi, eine unverkennbar antizaristische Manifestation, demonstrieren am 11. November 1910 bereits 10000 Menschen auf dem Prospekt. Aus Anlaß des »Lena-Massakers« und zum neunten Jahrestag des Blutsonntags von 1905 demonstrierten hier rund 140000 Menschen. In der Februarrevolution kommt es auf dem Prospekt zur ersten Fraternisierung zwischen Protestierenden und Kosaken.

Lenin kannte den Nevskij, hatte er doch häufig in der »Publičnaja«, der öffentlichen Bibliothek, gearbeitet und verschiedentlich am Prospekt (Nr. 97, Nr. 139, Nr. 77/1) Quartier bezogen.[48] Belyj hat in seinem Roman diese wachsende Bewegung auf den Prospekt zu – im Jahre 1917 waren es Demonstrationen mit einer halben Million Menschen – literarisch festgehalten. »Diese Erregung, die Petersburg wie ein Ring umschloß, drang langsam ins Stadtzentrum ein. Sie hatte zuerst die Inseln erfaßt und stürmte dann über die Litejnyj- und über die Nikolaevskij-Brücke. Ein menschlicher Tausendfüßler ging über den Nevskij-Prospekt. Doch allmählich änderte sich die Zusammensetzung dieses Tausendfüßlers, und ein aufmerksamer Beobachter hätte schon hier und da die schwarze, zottige Mütze von den blutdurchtränkten Schlachtfeldern der Mandschurei entdecken können. Der Prozentsatz von Zylindern hatte sich beträchtlich verringert. Schon hörte man die wilden Schreie regierungsfeindlicher Burschen, die aus Leibeskräften vom Bahnhof zur Admiralität rannten und revolutionäre Blätter schwenkten.«[49]

Die Bewegung des »Tausendfüßlers« war 1917 in gewissem Sinn zu Ende gekommen. Doch am Tag der Machtergreifung der Bolschewiki sah der Nevskij-Prospekt aus wie immer – als sei nichts geschehen. Er wird von nun an – für eine kurze Zeit – heißen: Prospekt des 25. Oktober.

Prospekt des 25. Oktober

In einem Brief vom 15. August 1918 schreibt Paul Olberg, ein deutscher Sozialist, aus Petrograd: »Auf dem berühmten Nevskij-Prospekt ist keine Spur mehr von dem Leben und Glanz der Zeit zu bemerken, als hier noch von früh bis in die späte Nacht hinein die Volksmassen auf und ab wogten. Die Leere ist beängstigend. Nur an einzelnen Ecken des Prospekts erinnern Gruppen von Straßenverkäufern an das frühere Leben ... Der Straßenverkauf bietet sehr interessante Bilder. Die Händler bilden ein außerordentlich buntes und zahlreiches Element der Bevölkerung; hier trifft man den früheren Rechtsanwalt, den gestrigen Beamten, den Studenten und den Gymnasiasten, den Invaliden und die vor kurzem noch wohlhabende Dame. Das charakteristische Merkmal dieser Armee von Händlern ist, daß sie nicht aus gewerbsmäßigen Händlern besteht, sondern aus Leuten, die durch die harten Bedingungen der Übergangszeit aus ihrem normalen Geleise geworfen sind.«[50]

Ähnlich sieht es der bolschewistische Journalist Lev Sosnovskij: »Still und traurig ist der Nevskij ... Es fehlt die lebensfrohe, aufgeregte, geputzte, flanierende Menge. Es fehlen die glänzenden, sporenklirrenden Gardeoffiziere. Es fehlen auch ihre Begleiterinnen – die internationalen Feen mit phantastisch gefärbtem Haar und herausfordernden Straußenfedergarnituren. Man sieht keine Generäle mehr, die ihre rotgestreiften Beine steif und hölzern vorwärtsschieben. Keine Elegants in tadellosen Zylinderhüten, die ein rätselhaftes Leben führen und sich die für ihre Existenz erforderlichen Mittel auf unbegreifliche Weise verschaffen. Man sieht keine Börsenjobber mehr, die hastig von Café zu Café eilen: ›Kaufen – Verkaufen. Gebe Nobel, nehme Lena!‹« Sosnovskij blickt in die Gesichter der Straßenhändler und bemerkt: »Sie scheinen der Beamten- und Intellektuellenschicht anzugehören, einige verhutzelte Frauchen gehören wohl dem Adel an.«

Die Epochenzäsur macht sich für Sosnovskij am Auswechseln der Reklameschilder fest: »Alle Häuser sind dicht mit Schildern beklebt. Riesige, effektvolle Buchstaben stechen in die Augen, man merkt, daß diejenigen, die sie gemacht haben, etwas von der menschlichen Psychologie wußten. Jetzt kommt die lange Reihe der Banken: Die ›Russisch-Asiatische‹, ›Englisch-Russische‹, ›Sibirische‹, ›Russische Außenhandelsbank‹ und so fort. Auf einigen Gebäuden bemerkt man neue, bescheidene Leinwandschilder: ›Volksbank der Russischen Sozialistischen Föderativen Sowjetrepublik‹. Kann man die Wandelbarkeit des Schicksals der kapitalistischen Grundfesten besser zum Ausdruck bringen als durch diese kleinen, armseligen Leinwandschildchen an der Fasssade des ungeheuren Gebäudes der Bank?«[51]

Petersburg wurde nicht das Schicksal Messinas zuteil. Kein Beben und keine Flutwelle hat es zerstört. Daher hat sich auch der Nevskij-Prospekt erhalten – als Ensemble von Gebäuden, Geschäften, Institutionen, bevölkert von Menschen, jedoch nicht als politischer Raum. Es sind auch andere Formen von Untergang – von »Funktionsverlust« – denkbar als die der Zerstörung. Larissa Reissner, die Revolutionärin aus bürgerlichem Haus, muß trotz ihres Optimismus in bezug auf die Erholung der Stadt etwas davon geahnt haben, wie die Stadt und mit ihr ihr prominentester Raum fortleben würden:

»Man fürchtet sich fast – nach drei Jahren des revolutionären Kriegs nach Petersburg zurückzukehren: Was ist aus ihr geworden, aus dieser Stadt der Revolution und der geistigen Kultur in Rußland? Mit schüchternem Grün umrankt, von der Last der sinnlos wallenden Menschenmengen erlöst, ruhen die Steine der Straßen; es ruhen die einstmals überfüllten, rauchgeschwängerten Viertel, die nicht mehr vom Ruß und Dunst des ewig feuchten Holzpflasters und der Autos erfüllt sind ... Was ist das nun? Verfall? Tod? Die junge Frische des nordischen Sommers inmitten der abgebrochenen, als Heizmaterial verbrauchten Häuser? Diese Ruinen in einstmals belebten Straßen, diese wenigen zufälligen Fußgänger auf den riesigen Plätzen und diese Kanäle mit versunkenen Schleppkähnen, mit Schimmel und Trägheit überzogen? Sollte es Petersburg wirklich beschieden sein, sich in ein stilles russisches Brügge zu verwandeln, in eine Stadt des 18. Jahrhunderts, bezaubernd und leblos? Sollte das wirklich der Tod sein?

Nein.

Es ist die Schwäche, das blutleere Schwindelgefühl eines Rekonvaleszenten, es ist die schweigsame Erholung, die Ruhepause auf einer ungeheuer granitenen Bühne, von der eben erst, dröhnend zusammenbrechend, eine ganze Epoche abgetreten ist, auf der die neue Weltkraft noch schüchtern und unsicher ihren Einzug hält.«[52]

Brügge – nicht Messina! Das, was der Nevskij-Prospekt war, konnte er fortan nur noch in einem äußerlichen Sinn bleiben. Im März 1918 verließ die Räteregierung über den Nikolaj-Bahnhof die Stadt – der Regierungssitz war wieder in Moskau. Vom Alexander-Nevskij-Kloster blieb im Gedächtnis weniger das Kloster als vielmehr die bedeutendste Nekropole Rußlands – der Friedhof. Das Haupt, aus dem die drei Strahlen der Petersburger Prospekte, so auch der Nevskij, entsprungen waren, war abgeschlagen: Der Komplex der Macht – Admiralität, Winterpalais, Generalstab – wurde zum Museum, zum Archiv, zur Dependance der Moskauer Regierung. Die Palais entlang des Nevskij wurden geöffnet für die Zwecke der politischen Mobilisierung und Volksaufklärung.

Aus dem Palais Eliseevs, Nevskij-Prospekt 15, wird die Zufluchtstätte der heimatlos gewordenen Künstler, das »Haus der Künste«. Aus dem Wahrzeichen des aufstrebenden kapitalistischen Petersburg, dem »Singer«-Gebäude, wird das »Haus des Buchs«. Aus dem »Crystal-Palace«, Nevskij-Prospekt 72, wird das »Haus des Kinos«. Auf dem einst lichtüberfluteten Prospekt gehen die Lichter aus, als 1920 die Straßenbeleuchtung abgestellt wird. Und als die Lichter wieder angehen, das Leben wieder zu pulsieren beginnt, wird nichts mehr sein, wie es war: Der Nevskij-Prospekt als Raum war verschwunden mit den Menschen, die ihn konstituiert hatten.

Lubok-Illustration: Die Hochzeit des täppischen Bären Mischka, zweite Hälfte des 19. Jahrhunderts

Der Moskauer Buch- und
Lubok-Händler P. N. Šarapov,
in dessen Geschäft
und Haushalt der junge Sytin
eingetreten war.

Illustrierter Abrißkalender
für das Jahr 1913
aus dem Verlag I. D. Sytin

Broschüre des Verlags I. D. Sytin,
die dem Landwirt den Nutzen
des Maisanbaus erläutert

Der Lubok zeigt einen Bilderverkäufer,
zweite Hälfte des 19. Jahrhunderts

Ivan D. Sytin, Zeichnung eines unbekannten Künstlers

V.

Ivan D. Sytin

Vom russischen Pressezaren zum Rentier der Sowjetmacht
Die überschießende Aufklärung

Vierzig Jahre lang sei die Presse in Rußland mit nichts anderem beschäftigt gewesen, »als Lenin nach Petersburg zu bringen« – so heißt es in einem Entwurf zu einem Brief, der sich im Nachlaß Vasilij V. Rozanovs befindet und der offensichtlich den Adressaten, der zugleich der »Hauptschuldige« an dem von Rozanov beklagten Verhängnis war, nicht mehr erreicht hat: Ivan Dmitrievič Sytin, den größten und mächtigsten Buch- und Zeitungsverleger Rußlands vor der Revolution.[1]

In dem Augenblick, da der scharfsichtige Rozanov diese Einschätzung formulierte, war Sytin jedoch schon nicht mehr der einflußreichste Verleger Rußlands, sondern nur noch »Konsultant« des neuen Staatsverlags der Sowjetmacht Gosizdat. Alles, was er im Lauf seines arbeitsreichen und erfolgreichen Lebens aufgebaut hatte, war ihm persönlich verloren gegangen, und doch bemerkt er in seinen Memoiren: »Vom ersten Tag der neuen Volksmacht an unterstanden die Zeitungen und die Druckerei, wo ›Russkoe slovo‹ gedruckt wurde, dem Dekret zur staatlichen Leitung der Presse. Ich habe mich untergeordnet: Ich glaubte, daß ich für mich im neuen Aufbau eine neue Einsatzmöglichkeit finden werde.«[2] Am 31. Mai 1922 richtet er einen Brief an Lenin, in dem er versichert: »Ich will arbeiten, ich bin bereit für Gosizdat zu arbeiten, doch ich bitte darum, daß die für diese Arbeit unerläßlichen Bedingungen, die letztlich auch der Sowjetmacht zugute kommen, hergestellt werden.« Und in einer Anmerkung fügt er hinzu: »Das Buch stirbt, rettet das Buch.«[3]

War Sytin zu seinem Ausgangspunkt zurückgekehrt, zu der kleinen Buchhandlung auf der Il'inka, von der aus er die ersten Schritte zum Aufbau seines ›Imperiums‹ getan hatte, und wo nun, im Jahre 1922, sein Sohn Ivan Ivanovič Sytin die Restbestände der alten Auflagen verkaufte?[4]

Die russische Revolution ist undenkbar ohne die Wirkung der Presse, auch wenn diese jene nicht ausgelöst oder verursacht hat; die russische Revolution ist undenkbar ohne den ihr vorausgegangenen Prozeß geistiger Zersetzung der überkommenen sozialen und kulturellen Weltordnung und die Rolle, die dabei das gedruckte Wort, das Buch gespielt haben. Der Funke der Revolte, der in den Hauptstädten seit langem glomm, wäre ein weiteres Mal verloschen, wenn das Medium der Übertragung, Vermittlung nicht vorhanden gewesen wäre, das aus dem Funken den großen Brand entfacht hätte. Die Wandlung der Wortführer zu Führern der Aktion wäre nicht gelungen ohne eine Öffentlichkeit, in der sich in Kritik und Gegenkritik das Neue gegen das Überlebte, das Frische gegen das Abgestorbene, das Zutreffende und Gewichtige gegen das Überflüssige und weniger Bedeutsame nicht hätte durchsetzen können. Die kurze Blütezeit der russischen Öffentlichkeit und der ungeheure revolutionäre Schub, der sie schließlich zerstörte, sind nur zwei Aspekte ein und derselben Sache: einer Dynamik der Aufklärung, in der die Träger der Aufklärung auf tragische Weise von jenen überholt werden, denen das Werk der Aufklärung galt.

Die russische Revolution ist nicht denkbar ohne Sytin, den »objektiven Agenten der Revolution«, wohl aber ohne den einen oder anderen »Revolutionsführer«. Sytin verkörpert, was an produktiver Potenz sich aus diesem Volk zu kristallisieren vermochte; Sytin verkörpert die geglückte Verbindung von Tradition und Moderne, von »Intelligencija und Volk«. Was den Narodniki mißglückt war – der »Gang ins Volk« – ihm ist es geglückt, denn er kam selbst »aus dem Volk«.

Herkunft

Ivan Dmitrievič Sytin wurde am 24. Januar 1851 in Gnezdikovo, einem Dorf im Kreis Soligaličk im Gouvernement Kostroma, geboren. Sein Vater stammte aus einer Familie von Wirtschaftsbauern und wurde, weil er in der Schule gute Leistungen gezeigt hatte, in die Stadt geschickt, um dort als Kanzleischreiber zu arbeiten. Sytins Vater, ein »kluger und fähiger Mann«, wie der Sohn in seiner Autobiographie schreibt, blieb zeit seines Lebens Amtsschreiber, worunter er außerordentlich litt, was sich in Anfällen von Melancholie und Depression ausdrückte, von denen er sich befreite, indem er für einige Zeit aus dem Haus und aus dem Dorf verschwand und in der Gegend umherschweifte, bis er dann wieder, völlig geheilt, zu Hause erschien. Ivan Dmitirevič war der älteste Sohn, der noch zwei Schwestern und einen jüngeren Bruder hatte.

Im Haus ging es ärmlich zu, der Vater blickte immer mit Neid auf seine Alterskollegen, die auf ihren Höfen geblieben waren und arbeiten konnten. »Weder Grundbesitzer noch Bauer« – so beschreibt der Sohn später die Situation, die sicherlich mit Isolation im Dorf verbunden war – in einem Landstrich, der niemals die Tatarenherrschaft kennengelernt hatte und in dem die Bauern in freiheitlicheren Verhältnissen wirtschaften konnten und es meist auch zu größerer Selbständigkeit und mehr Wohlstand gebracht hatten als anderswo in Rußland.

Der junge Sytin kam auf die Grundschule, die von der Verwaltung des Amtsbezirks eingerichtet worden war. Alle Schüler saßen in einem Raum zusammen, wurden gezüchtigt, im Falle von Strafen mußten sie in der Ecke stehen oder auf Erbsen knien, der Lehrer erschien nicht selten in betrunkenem Zustand in der Klasse. Der junge Sytin lernte das Psalterbuch in- und auswendig, doch er langweilte sich und entwickelte eine Abneigung gegen diese Form des Unterrichts, gegen die Paukerei. Es kam die Zeit, wo entschieden werden mußte, was aus Sytin werden sollte, womit er sich ernähren konnte. Die Familie war inzwischen nach Galič umgezogen, wo der Vater eine neue Stelle bekommen hatte.

Rat kam von Onkel Vasilij, einem Kürschner, der jährlich zur Messe nach Nižnij Novgorod fuhr. Im Herbst 1866, Sytin war fünfzehn Jahre alt, ein harter und umsichtiger Arbeiter, gab der Onkel dem jungen Sytin den Rat, nach Moskau zu gehen. Während Sytin die Werkstatt des Onkels in Kolomna führte, suchte dieser in Moskau eine Stelle für den Neffen. Da er bei den Kürschnern keine Stelle fand, konnte er dem jungen Sytin nur eine bei dem Moskauer Kaufmann Peter Nikolaevič Šarapov anbieten, der mit Pelzen, aber auch mit Büchern handelte. Am 13. September 1866 abends traf Sytin auf der Rjazaner Eisenbahn in Moskau ein und ging gleich am nächsten Morgen zu Šarapov.

Von nun an wächst der junge Sytin, dessen gründliches und arbeitsames Wesen Šarapov gefällt, in den Haushalt und die Geschäfte eines typischen Moskauer altgläubigen Kaufmanns hinein. Sytin ist bald nicht mehr nur für den Laden zuständig, sondern hält die Wohnung sauber, macht Besorgungen, übernimmt den Rhythmus des patriarchalisch geführten kinderlosen Haushalts.

Alttestamentarisch war das private Leben, alttestamentarisch wurde auch der Laden geführt: Sytin stand früh auf, besuchte den Gottesdienst, mußte um 9 Uhr abends zu Hause sein und durfte für das Lesen der alten Kirchentexte, die ihm der Hausherr überließ, bis 10 Uhr die Talglampe brennen lassen. An Feiertagen ging er mit dem Hausherrn in die Kirchen im nahen Kreml (der Laden lag an den Il'inskie vorota, gegenüber dem Glockenturm).

»Ich fühlte mich nicht nur als Diener oder Verkäufer, sondern als Mitglied der Familie oder als Zögling im Haus des Erziehers. Wie ein Vater dem Sohn, so schenkte Šarapov mir einen Pelz, Anzüge und andere Sachen. Wie ein Vater den Sohn, so hat auch er mir für Jugendstreiche und kleine Fehltritte den Kopf gewaschen.«[5] Und so verstand es sich fast von selbst, daß auch die Frage der Heirat des jungen Sytin vom Hausherrn geregelt wurde. Für den Fünfundzwanzigjährigen wurde Evdokija Ivanovna Sokolova, die Tochter eines Moskauer Konditormeisters, ausersehen, die 4000 Rubel Mitgift mitbrachte.

Als Sytin am 7. Dezember 1876 nahe der Dorogomilov-Brücke seine eigene Lithographie eröffnete; als er am 1. Januar 1883 am Alten Platz an den Il'inski vorota seinen eigenen Buchladen aufmachte und einen Monat später zusammen mit anderen die auf »Vertrauen begründete Buchverlagsgenossenschaft I. D. Sytin und Co.« mit einem Kapital von 75 000 Rubel gründete, da war klar, daß Sytin nicht nur rasch im Moskauer Kaufmannsmilieu gelernt und sich dort zurechtgefunden hatte, sondern daß er sich damit nicht begnügen wollte.

Das alles geschah indessen nicht gegen den Willen seines »zweiten Vaters«, sondern in vollem Einklang mit seinem Gönner: Šarapov vertrieb die von Sytin auf einer neuen kleinen Maschine vom Typ »Alosier« gedruckten Bilderbögen, die Luboks; Šarapov steuerte 5 000 Rubel zur Gründung der Genossenschaft bei und bekannte gleichzeitig ganz offen, daß Sytins Gangart nicht die seine sei, daß die neuen Produktionsmethoden ihn eher erschreckten – aber er ließ Sytin freie Hand, ja förderte ihn auf seine Weise.

Sytin, mit dreiunddreißig Jahren seine Selbständigkeit und Kraft genießend – davon zeugen auch die im Alter von fast achtzig Jahren abgefaßten Memoiren – verdankt Šarapov indes mehr als nur eine Grundausbildung im Buchhandelsgewerbe, das es in dieser professionellen Form ja gar nicht gab. Sytin, so läßt sich vielleicht sagen, wuchs nicht nur in die Moskauer Kaufmanns- und Buchhändlerszenerie hinein, sondern er legte dort jenen Sockel von Erfahrung, auf dem sein Imperium wachsen sollte.

Der Schlüssel zum »modernen Russen«

Als Sytin 1916 sein fünfzigstes Verlagsjubiläum feierte, gab es keinen Schriftsteller oder Publizisten von Rang, der nicht dabeisein wollte, den Jubilar zu ehren. Maxim Gorki feierte ihn als »Prachtexemplar« dafür, daß sich aus der »breiigen, formlosen Masse des russischen Volks« starke und besonders arbeitsame Menschen nach oben arbeiten könnten.[6]

»Worin besteht denn die Idee der ›Sytinschen‹ Publikationen?«, fragt der Schriftsteller Leonid Andreev, um zu antworten: »Es gibt nur eine Antwort. Man muß nur einen Blick von oben auf diesen ganzen Sytinschen Mischmasch werfen, wo das Liederbuch, das Gebetbuch, der billige Kalender und der patriotische Lubok in einer Reihe stehen neben Merežkovskij und Gorki, um bedenkenlos und sofort zu dem Schluß zu kommen: Eine *Idee* gibt es in den Sytinschen Publikationen nicht und hat es nie gegeben. Bald sind sie grob wie Makulatur, oft vollständig geschmack- und fast sinnlos, bald sind es glänzende, subtile und kluge Gedichte und Erzählungen eines Ivan Bunin – all diese Sytinschen Bücher, Büchlein und Zeitungsblätter ergeben den erschöpfenden Eindruck von einem gewissen Verlagschaos, über dem anstelle von Gottes Geist einzig das alles verschlingende Kriterium herrscht: Mehr Bücher! Mehr Blätter! Mehr bedrucktes Papier, Papier! So sieht es der Intelligent, der die Ideen schätzt, der verwöhnt ist (angenommen, er hat sich daran ›gewöhnt‹) durch die feinen und klaren Formen des Westens. Und von seinem Standpunkt, dem Standpunkt des Intelligent, hat er auch recht. Doch gibt es noch einen anderen Standpunkt, der Rußland eher entspricht, jenem Rußland, welches selbst nur Masse und Umfang ist – in Erwartung eines Besseren; und von diesem Standpunkt aus ist der Sytinsche Verlag eine Sache von allergrößter Wichtigkeit und Bedeutung, und er selbst – Ivan Dmitrievič Sytin – verdient in vollem Maße die Anerkennung des Volks und seinen Triumph.«

Andreev erinnert an den Heißhunger und die leidenschaftliche Liebe, in der Bücher nicht mehr gelesen, sondern verschlungen werden. »Wir lesen Bücher, aber – der Herr namens russisches Volk haut rein und verschlingt. Ihnen gefällt dieses grobe Bild nicht? Dann nehmen sie ein anderes: Voller Ehrfurcht nimmt er es zu sich, wie das heilige Abendmahl, er ist kein Leser; für ihn ist das Buch ein Gebetbuch. Und nun Sytin: Er ist der größte Verschlinger von Büchern, er betet sie an, er wohnt der Taufe des Volks bei. Und suchen sie keine Idee in dem, was er publiziert – er selbst, eben dieser I. D. Sytin, ist die *Idee* ... die allerschönste Idee! ... Dort, wo *Massen*hunger herrscht, dort, wo der Begriff des gedruckten Zeichens selbst noch der Erklärung bedarf und der Buchstabe zur Quelle von Weisheit und Erkenntnis wird – da ist die Quantität der Speise wichtiger und notwendiger als eine strenge und geschmackvolle Auswahl. ›Der einfältige Mylord‹ ist durchaus nicht so einfältig, wie es in den Hauptstädten erscheint, und ›Die schöne Mohammedanerin, die am Grab ihres Gemahls stirbt‹, hat nicht wenige Herzen zum Leben erweckt, die durch dieses naive Büchlein die ganze Süße der Empfindsamkeit und poetischen Träume kennengelernt haben. Wenn ein ganzes Volk hungert, das sich gerade von seinen Fesseln befreit hat, dann ist das etwas anderes als bei den drei Intelligenty, die zu ›Donon‹ zum Essen gehen – dies muß man bei der Einschätzung von Sytins Unternehmen im Auge haben.«[7]

Was man als »Sytinsche Mischung« oder als das Profil des Verlags bezeichnen könnte, wurzelt in dem, was der junge Sytin bei Šarapov vorfand, was er freilich – getragen von dem durch die Bauernbefreiung ausgelösten Hunger nach dem Buch – wendig, klug und das Risiko nicht scheuend sprunghaft weiterentwickelte. Man muß sich deshalb kurz ins Gedächtnis rufen, wie zu jener Zeit – in den sechziger bis achtziger Jahren – überhaupt Bücher hergestellt und verbreitet wurden, vor allem aber, welche.

Die Hauptfigur, die das weite Land mit Gedrucktem aller Art versah, war der Hausierer (ofenja). Was an Gedrucktem verbreitet wurde, war in erster Linie Bild, der Lubok. Den Ofenja muß man sich vorstellen als von Dorf zu Dorf, von Stadt zu Stadt ziehenden Wanderer, der in einem großen Korb und diversen Säcken mit sich führte, was die Bauern selbst nicht herstellten, Waren aus der Stadt also, eine Art mobiler Kolonialwarenladen mit Seife, Nägeln, Stoffen, allerlei Manufakturwaren und eben auch Luboks. Sytin kannte Hunderte von ihnen, sie kamen alljährlich am Pokrov-Tag, dem 1. Oktober, in den Laden von Šarapov, um sich mit neuer Ware zu versorgen. Diese verbreiteten sie dann bei ihren Reisen und Wanderungen über das verschneite Rußland, nach der Ernte, wenn die Bauern etwas kaufen oder gegen Tausch von Lebensmitteln erwerben konnten; Sytin mußte sie zum Abschluß der Geschäfte, die ganz auf Ehrenwort basierten, in die Banja führen; Sytin bildete viele von ihnen im Lauf der Zeit zu regelrechten Buchhändlern aus.

Sytin schreibt über die Hausierer und deren Blütezeit vor 1877 – in diesem

Jahr wurde der freie Vertrieb von oben her behindert, außerdem drang allmählich auch der »ordentliche Handel« vor –: »Von einem bis zum anderen Ende Rußlands gab es eine Vielzahl von Hausierern, die mit Büchern handelten, Russen, Slawen, Ungarn; sie alle tauchten auf den Jahrmärkten mit ihrer Ware auf. An den Markttagen erschienen diese Händler auf den Basaren, legten ihre Ware vor dem sich versammelnden Volk aus, dann wiederum zogen sie mit ihrem Korb auf den Schultern von Dorf zu Dorf, von Hütte zu Hütte, zeigten da ihre Ware vor, priesen sie dem Dorfpublikum an, mit dem sie in einer ihm verständlichen Sprache sprechen konnten.«[8] In manchen Städten gab es Stützpunkte und Lager für Bücher, Bilder und Kurzwaren. So gelangten Bücher noch in den entferntesten Winkel des Landes, andererseits wußten die Verkäufer, was beliebt und gefragt war, und konnten so Rückmeldung machen. Was verbreitet wurde, geht aus dem Sortiment hervor, das einer der besten Kenner der Händler, V. N. Marakuev, beschrieben hat:

»Ein solcher Korb kostet zwischen 70 und 120 Rubel Silber, gewöhnlich steigern Bilder seinen Wert; sein Gewicht ist ungefähr sechs Pud. Man wählt für den Korb vor allem aus Fürbitten- und Seelenbüchern, dann Gebetsbücher, Heiligenlegenden (davon sind ungefähr 100 Büchlein im Umlauf); Bücher von der sozusagen geistlich-moralischen Art: ›Der Tod des verstockten Sünders‹, ›Die Apokalypse‹, ›Das Jüngste Gericht‹, ›Das verlorene und wiedergefundene Paradies‹ und anderes; Alphabete, Buchstabenvorlagen, Fabeln, Märchen. Groß in Schwung sind ›Arabische Märchen‹ und ›Konek-Gorbunok‹. Dann gehen Romane wie ›Die Schlacht der Russen gegen die Kabardinier‹, ›Jurij Miloslavskij‹. Sehr gefragt sind ›Der silberne Prinz‹, Geschichten von ›großen Männern‹ wie Suvorov, Peter I. und andere. Schließlich gehen gut Liederbücher, Briefsteller, Traumbücher und ›Die Prophezeiungen des Königs Salomon‹, wovon jährlich Hunderttausende abgesetzt werden.«[9]

Sytin machte zunächst Bücher ganz auf dieser Linie – und sehr viel Geld. Um 1885 hatte er bereits zwei Buchläden (Nikolskaja-Straße und Alter Platz), eine eigene Druckerei und Lithographie in der Pjatnickaja-Straße. Wenn der Gesamtumsatz aller Lubok-Hersteller in Moskau und Petersburg Mitte der achtziger Jahre etwa eine Million Rubel betrug, dann entfielen auf die »Genossenschaft I. D. Sytin und Co.« bereits 300000 Rubel. Ende der achtziger Jahre stammten aus Sytins Haus von rund 25 Millionen verkauften Exemplaren (Bücher, Luboks und so fort) nicht weniger als acht bis zehn Millionen. Rund 580 Titel befanden sich in Sytins Sortiment, meist aus eigener Produktion. Von den billigen Kalendern – Kosten zwischen 5 und 20 Kopeken – druckte er Ende der achtziger Jahre rund anderthalb Millionen pro Jahr. Sytin versorgte ungefähr 2000 Zwischenhändler aus den Reihen der Hausierer und der kleinen und großen Provinzbuchhändler.[10]

Der Begriff des Buchs bedarf einer Erläuterung und Korrektur. Auch wenn seit 1861 allein auf den Schulen des neu eingerichteten Landschaftsverbands rund eine halbe Million Menschen pro Jahr lesen und schreiben lernten, so war das große Publikum doch nicht des Lesens und Schreibens kundig. Schon gut 300 Jahre waren aber in Rußland die sogenannten Luboks im

Umlauf, einfache Holzschnitte, Steindrucke, meist koloriert und im Manufakturbetrieb hergestellt. Ursprünglich diente der Lubok nur der Ausschmükkung der Zaren- und Adelspaläste und als »Lehr- und Anschauungsmaterial«.

Dem Inhalt nach waren die Luboks vorwiegend religiös oder mit den »ewigen Fragen« des Menschen verbunden: Leben und Tod, Reichtum und Armut, das Böse und das Gute, Sünde und Sühne; der Erlöser, die Gottesmutter, die christlichen Märtyrer, die Heiligen; daneben aber gab es auch belehrendes Bildmaterial wie die »Stufen des Menschenalters«, »Leben und Wege des Gerechten«, »Leben und Wege des Sünders«, »Die Trunksucht – der ärgste Feind der Menschheit«, der »Baum des Guten« und der »Baum des Bösen«. Das Bild diente häufig als Illustration für das, was der Hausierer, der Ofenja, zu berichten wußte; es war ein plastisches Informationsmittel, denn über vieles erfuhr das weite Land nur über Reisende, durchreisende Soldaten, die Hausierer und deren Luboks – so über die Errichtung der »Čugunka«, der Eisenbahn, über Ereignise im Russisch-Türkischen Krieg, über geschichtliche Ereignisse wie »Die Taufe Rußlands« oder die Eroberung Sibiriens.

Was später als Pioniertat der sowjetischen Alphabetisierung und der Avantgardekunst gefeiert werden sollte – Majakovskijs ROSTA-Plakate – hat tief ins russische 19. Jahrhundert zurückreichende Wurzeln. Sytin hatte sie bereits vorgefunden, arbeitet mit diesen Formen, verwirft sie nicht wie die großen Petersburger Verleger, deren Maßstäbe die Buchproduktion Westeuropas und der gebildete Leser der Hauptstadt waren.

Der Lubok als elementares Informationsmittel, als Vermittlungsinstrument wie als Ausdrucksform, als Lernmittel für die Analphabeten erwies sich als ausbaufähig: Sytin vollzog den Übergang zum mit Luboks bebilderten Buch; die Bilder sprachen nun nicht mehr nur für sich, sondern ihnen wurden Kurztexte, Sentenzen, die »Moral von der Geschicht'« beigefügt. Möglich wurde der Ausbau dieser entwicklungsfähigen Form wohl nur, weil Sytin über beides verfügte: über eine von Jugend an »verinnerlichte« Ehrfurcht vor dem Gedruckten, auch vor dem nicht erlesenen, sondern einfachen Buch; über einen sicheren Instinkt dafür, wofür der »Leser« empfänglich war und was er brauchte, ferner über eine große Unbefangenheit, sowohl gegenüber dem in Moskau bis dahin gepflegten altväterlichen Geschäftsgebaren als auch gegenüber dem etablierten Geschmack, der in Sachen Buchdruck natürlich von der Intelligencija und den gehobenen Ständen bestimmt war. Mit der Massenproduktion der Luboks und der Lubokbücher beginnt sich eine Öffentlichkeit auszubilden, die nun nicht mehr auf mündliche Mitteilung oder Kirchen- und Regierungsdeklarationen angewiesen bleibt.

Vom Nikol'skij-Markt aus – dem Buchzentrum Moskaus – erfuhr das weite Land, was draußen in der Welt vor sich ging. »Und der Nikol'skij-Markt war immer näher, verständlicher und dem Volk zugänglicher. Nicht nur derjenige, der überhaupt nicht lesen und schreiben konnte, sondern auch der wenig kundige russische Mensch fand sehr häufig seine ›politische Information‹ im Korb des Hausierers. Zeitungen gab es lächerlich wenige, und diejenigen, die es gab, wurden in einer dem Volk unverständlichen Sprache gedruckt. Das Buch war eine Kostbarkeit und wurde überhaupt nur in den Hauptstädten verkauft. Ganze Gebiete Rußlands hatten weder Buchläden noch Druckereien ... Unter diesen Bedingungen erhielt der Lubok vom Nikol'skij-Markt eine ganz besondere und man kann sagen universale Bedeutung. Er spielte die Rolle der Zeitung, des Buchs, der Schule und des Lehrers in staatsbürgerlichen Dingen. Der bäuerliche Analphabet, verloren in den Urwäldern der sibirischen Taiga oder den Wäldern von Murom, hat von vielen Ereignissen nur dann erfahren, wenn ihm der Lubok davon gesprochen hat.« Und außerdem: »Der Lubok zog das Buch nach sich, und das Buch den Lubok.«[11]

Man übertreibt vielleicht nicht, wenn man sagt, daß all die »Funktionen«, die der Lubok in Sytins Augen erfüllte, schrittweise entwickelt wurden zu speziellen Zweigen seines künftigen Verlagsimperiums, das allmählich wuchs: unbemerkt, wenn nicht geringgeschätzt von der hauptstädtischen Intelligenz, bemerkt allerdings von der staatlichen Autorität, die im Verkauf weltlicher Literatur durch die Hausierer – vor allem dann, wenn es sich um die Werke des »Häretikers« Leo Tolstoi handelte – eine Gefahr für die staatliche Ordnung sah. Die Hausierer wurden administrativ und durch Steuerabgaben behindert, die mit Luboks illustrierten Bücher wurden ohnehin der Zensur unterstellt, die Preise für Bücher auch absichtlich und per Verfügung hoch gehalten, sofern es sich nicht um geistliche Literatur handelte.

Auch Sytin selbst mußte an einem Punkt, als er bereits auf eigenen Beinen stand und gezeigt hatte, was er konnte, die Erfahrung machen, daß dies im Reich des Zaren nichts gilt: Auf der Messe in Nižnij Novgorod 1882 kommt auch die Zarenfamilie an seinen Pavillon – demonstriert wird eine neue Druckmaschine, auf der Porträts der Zarenfamilie hergestellt werden. Sytin wird mit einer Medaille ausgezeichnet; da er dem Stand nach Bauer ist, kann ihm jedoch nur die in Bronze vergeben werden: Sie war ihm teurer als alle, ihm später verliehenen nationalen und internationalen Preise und Auszeichnungen, wie er in seinen Memoiren schreibt.[12]

Alles spricht dafür, daß in dieser Zurücksetzung des Mannes, der in so vielem an den sich emporarbeitenden russischen Bauern erinnert, ein Motiv für seine weitere Entwicklung liegt.

Der Verleger

Mitte der neunziger Jahre war aus dem bis dahin ziemlich unbekannten Lubok-Verleger Sytin ein bereits im ganzen Land und auch innerhalb der literarischen Welt bekannter Mann geworden. Mit der »zweiten Befreiung« – der geistigen durch das Buch – trat ein neues Lesepublikum auf den Plan. Wurden 1887 – in diesem Jahr erschien bei Sytin das erste Lehrbuch – in ganz Rußland rund 18,5 Millionen Bücher herausgegeben, so lag die Gesamtauflage vierzehn Jahre später (1901)bereits dreimal so hoch, bei rund 58,5 Millionen Exemplaren. Pro Kopf der des Lesens und Schreibens kundigen Bevölkerung waren dies durchschnittlich zwei Bücher, konnten doch um die Jahrhundertwende erst 34 Prozent der erwachsenen männlichen und 14 Prozent der erwachsenen weiblichen Bevölkerung lesen und schreiben.[13] Für Sytin eröffnete sich ein Betätigungsfeld, unermeßlich sowohl im finanziellen wie intellektuellen Sinn.

Wenn in dieser Zeit und bis zum Ende des Verlags ein bestimmtes Profil des Sytin-Verlags sich ausgebildet hat, das sich umschreiben ließe mit der Devise: Verbilligung des Buchs bei gleichzeitiger Anhebung des Niveaus, so ist dies eng verknüpft mit einer Entwicklungsphase des Verlags, die entscheidend zu diesem Profil beigetragen hat, selbst wenn Sytin sie in der Autobiographie eher als Intermezzo abhandelt. Es handelt sich um die 1885 beginnende Zeit der Zusammenarbeit mit dem Verlag »Posrednik«, der grob gesprochen eine tolstoianische Tendenz hatte. Der Verlag »Posrednik« war, so Sytin, nicht einfach ein weiteres Geschäft.[14] In der Arbeit des Verlags »Posrednik« traf Sytin mit der »literarischen Welt« zusammen: in erster Linie mit Leo Tolstoi, mit Nikolai S. Leskov, Vsevolod M. Garšin, Vladimir G. Korolenko, Gleb I. Uspenskij, Anton P. Tschechow und vielen anderen – auch sogenannten »Bauerndichtern«.

Die Initiative zu diesem Unternehmen war ausgegangen vom Umkreis Tolstois. Da Tolstoi weder technisch noch finanziell in der Lage war, seine Werke billig zu produzieren und unters Volk zu bringen, lag der Gedanke nahe, sich an Sytin zu wenden, der allerdings nur für die technische und organisatorische Seite des Verlags zuständig war. Das Interesse an dem Verlag und seinem Programm war groß, nicht zuletzt dank der Autorität Tolstois. Doch war nach anfänglichen Erfolgen – die Nachfrage war rege, Sytin konnte seinen Produktionsapparat erweitern – die Grenze schnell erreicht. In den ersten zwei Jahren wurden nur siebenunddreißig Titel verlegt – außer Literatur wiederum volksaufklärerische und erzieherische Schriften zur Landwirtschaft, Medizin, Kampf gegen die Trunksucht. Doch, wie aus den Meldungen eines Buchhändlers hervorging, interessierte sich für die Bücher des »Posrednik« nicht so sehr die Bauernschaft als vielmehr die arme Stadtbevölkerung und die sogenannte Dorfintelligenz.

Für Sytin scheint es lange eine Sache seiner Verlegerehre gewesen zu sein, wenn er der »gemeinsamen Sache« die Treue hielt; die finanziellen Probleme, mehr noch aber die Differenzen im Ideellen waren auf Dauer nicht zu überbrücken. Sytin fühlte sich nicht selten in die Ecke gedrängt, er sympathisierte wohl mit dem tolstoianischen Programm, verfügte aber nicht über jenen missionarischen Eifer, den man auch als Sektierertum bezeichnen könnte. Sytin wollte so bleiben, wie er war, teilt er fast entschuldigend auf die Anfrage Tolstois mit, warum er ihnen nur nahe, aber »nicht einer von uns« sei.[15]

Die Beziehung war indes nicht folgenlos: Sytin hatte sich einen Kreis erschlossen, der ihm bisher unzugänglich gewesen war. Der Umgang mit Tolstoi, der zuweilen im Buchladen auftauchte und dort das Gespräch mit den Hausierern pflegte, wurde ihm zur »Universität«. Umgekehrt »profitierten« auch die Tolstoiianer von der Beziehung zu Sytin, der seine Leser – aber auch die Anforderungen der Zensur – kannte. Letztlich war es aber wohl die instinktiv erfaßte Überzeugung, daß Volksaufklärung in anderen, größeren und zugleich weniger absichtsvollen Formen vor sich gehen würde, als die Tolstoiianer es sich ausgedacht hatten. Sytin widmete sich in dieser Zeit mit größtem Erfolg der Herausgabe von Kalendern, die eben weit mehr waren als bloße Kalender.

Auch hier erwies sich sein Urteil als scharf und präzis: »Die russische Intelligencija (insbesondere die Crème der Intelligencija) hat immer etwas von oben herab auf die Kalender gesehen … In einem Land wie Rußland lebten und starben Millionen Menschen, die keinerlei Anteil hatten am Kulturerbe der Menschheit. In finsteren Ecken zu leben verurteilt, infolge der russischen Wegelosigkeit und der russischen Entfernungen abgeschnitten von den Zentren, hatten diese Menschen keinerlei Kontakt zum gedruckten Wort – es gab weder Bücher noch Zeitungen noch Schulen, und der Kalender war für solche Menschen das einzige Fenster, durch das sie in die Welt hinausschauen konnten. Nach dem Kalender haben sie gedacht, nach dem Kalender haben sie gelernt, aus dem Kalender haben sie all ihre Kenntnisse geschöpft, und der Kalender gab ihnen Ratschläge für alle Lebenssituationen.«[16]

Die »Kulturfunktion« des Kalenders, von der Sytin spricht, wird noch deutlicher daran, daß Peter I. es war, der die Akademie beauftragte, einen Kalender auszuarbeiten (gedruckt in Moskau 1709) und daß es bis 1865 Privileg der Akademie war, Kalender zu veröffentlichen. Sytin entdeckt diese Funktion wieder und setzt sie in seinem Stil mit neuen technischen Mitteln um. Die Kalender sollten billig, schön und vom Inhalt her dem Publikum verständlich sein.

Voller Stolz berichtet Sytin in der Autobiographie von diesem Kalender: Für ihn ist er ein »universales Nachschlagewerk«, eine »Hausenzyklopädie«, die die Heiligen, die Eisenbahnstationen, den Staatsaufbau Rußlands, Hinweise auf die Heilung von Maul- und Klauenseuche enthalten sollte. Sytin führt als Neuerung eine Art Meinungsforschung ein, indem er die Benutzer und Leser des Kalenders um Verbesserungsvorschläge bittet, die dann auch reichlich eingehen. Vorgeschlagen wird: eine Rechentabelle, die Sternbilder, Angabe von Sonnenauf- und -untergang, Mondfinsternisse (weil nur Reisen in hellen Mondnächten möglich sind), eine Weltkarte, Steuertabellen, Angaben über die Rolle der Staatsduma und darüber, »wohin das Geld des Volks geht«.

Vom rein finanziellen Gesichtspunkt aus war der »Allgemeine Kalender« Sytins kein großer Profitmacher, sondern in erster Linie eine »Reklame von russischer, ja allrussischer Bedeutung«,[17] sogar von den Auslandsrussen wurde er bestellt. Er kostete 15 Kopeken im Geschäft, im Großhandel 9 Kopeken – die Selbstkosten betrugen 9 Kopeken. Aber Sytin nahm den Kalender so ernst wie die Herstellung eines Buchs: Eine Redaktion wurde zusammengestellt aus Professoren und Kennern der Materie. Sein Abreißkalender enthielt Sprichwörter, Volksweisheiten, praktische Hinweise für Haus und Hof und Ratschläge fürs Alltagsleben. Bald wurde er in einer Auflage von acht Millionen verkauft.

Aber selbst der Abreißkalender wurde von der Zensur nicht verschont: Das Polizeidepartement wollte die bereits gedruckte Auflage beschlagnahmen aufgrund eines Sprichworts aus Dal's Wörterbuch und einer Bemerkung über den Fleischverbrauch des amerikanischen, englischen, französischen und russischen Arbeiters. Die Affäre ging bis zum Minister des Inneren Ivan L. Goremykin und dem Zaren selbst – der Zar sah keinen Anlaß zur Konfiskation.[18]

Auch rein quantitativ nahm die Herstellung von Kalendern den ersten Platz ein. 1899 betrug die Gesamtauflage der Kalender 3,7 Millionen Exemplare. An zweiter Stelle stand Belletristik mit einer durchschnittlichen Jahresauflage von 1,83 Millionen Exemplaren, wobei ein Viertel der Autoren aus bekannten Vertretern der russischen Literatur und der Weltliteratur bestand. (Puschkin, Lermontov, Krylov, Griboedov, Karamzin, Kol'cov, Tolstoi, Ostrovskij, Uspenskij, Leskov, Garšin, Korolenko, Tschechow, Stanjukovič, Mamin-Sibirjak, Dickens, Zola).

Im gleichen Umfang erschienen Lubok-Ausgaben, Orakel und Traumbücher. Moralische Erbauungsliteratur folgte mit einer Auflage von 1,5 Millionen Exemplaren, Kinderliteratur mit 300 000 Exemplaren, Lehrbücher – Bücher zum Erlernen von Lesen und Schreiben, populärwissenschaftliche Literatur, Anschauungsmaterial und anderes – in einer bedeutend geringeren Auflage. Insgesamt betrug die Auflage der diversen Publikationen rund 10 Millionen pro Jahr, nicht gerechnet die Auflage von Bildern mit etwa 4,6 Millionen Exemplaren.[19]

Auf allen Gebieten hat Sytin eine eigene Linie entwickelt, auch wenn diese besser negativ beschrieben werden kann: Es ist kein puristisches, rein pädagogisch-aufklärerisches Programm, sondern immer geht beides zusammen – populärwissenschaftliche Arbeit von hohem Rang und die Orakel- und Traumbücher; der informative Kalender und die Heiligenlegenden; das Märchen und Tolstoi; der »Einfältige Mylord« und Leskov. Sytin bediente ein breites Publikum, doch er verzichtete insgesamt nicht auf eine »Tendenz«, und wenn diese nur darin bestand, den langsam wachsenden Bedürfnissen einer sich erweiternden Leserschaft auf der Fährte zu bleiben.

In dieser Hinsicht waren vor allem drei Abteilungen des Sytinschen Verlags wichtig: die Belieferung des entstehenden und sich verbreiternden Schulsystems mit Lehrbüchern und Anschauungsmaterial (auch hier wieder das »Bild« als Ausgangspunkt jeder Alphabetisierung); die Ausarbeitung einer Linie des »billigen und guten Buchs« – vor allem der Klassiker russischer Sprache; und schließlich diejenigen Leistungen, mit denen sich der »Volksverlag Sytin« in die Geschichte der Buchkunst überhaupt eingeschrieben und weltweite Anerkennung gefunden hat – die Ausgabe enzyklopädischer Arbeiten, die für sich ein ganzes Unternehmen erforderten.

Anschauungsmaterial – zunächst für die erwachsenen Analphabeten – war in einem Entwicklungsstadium des Schulsystems, als »Schüler« durchschnittlich nur achtzehn bis vierundzwanzig Monate die Schule besuchen konnten, außerordentlich wichtig. Sytin machte den Anfang mit einem Hilfsmittel für den Geographie-Unterricht: »Die menschlichen Rassen«. Es folgten Wandkarten, Bilderfolgen von der Art »Der tropische Wald«, »Das Leben des Meeres«, »Ägypten«, »Die Zuckerplantage«, »Teesammeln«, »Die Wüste«, »Flüsse«, »Afrikas Völker« und so fort.[20] Erweitert wurde das Programm um Bildbände wie »Russische Geschichte in Bildern«, »Zeit der Wirren«, »Peters Reform« und ähnliches. Zusammen mit dem Text zu den Bildern stellten sie so etwas wie einen knappen Kurs in russischer Geschichte dar. Hinzugezogen wurden hervorragende Fachkräfte (etwa von der Historischen Kommission bei der Lehrabteilung der Gesellschaft für die Verbreitung technischer Kenntnisse) und hervorragende Künstler als Illustratoren (Kramskoj, Surikov, Repin, Vereščagin und andere).

Sytin brachte praktisch zu allen Lehrgebieten Materialien heraus – Geschichte, Botanik, Zoologie, Erdkunde, Anatomie –, was nur möglich war, weil es ihm gelungen war, seinen technischen Apparat zu modernisieren, und vor allem, weil er hervorragende Lektoren und Redakteure gewonnen hatte – Leute, die aus den in der Nachreformzeit entstandenen Gesellschaften für Volksbildung gekommen waren und das auf sich genommen hatten, wozu das Ministerium für Volksaufklärung nicht fähig war: die Elementarbildung der analphabetischen Massen.[21]

Sytin war der erste Verlag großen Namens, der sich dem Dorf zuwandte. Er spricht davon, daß auf dem russischen Buchmarkt die Verlage, die ganz auf die Bedürfnisse der »Oberschicht« ausgerichtet waren, vorherrschten und daß diese fast ausschließlich in Sankt Petersburg ansässig waren.[22] Sytin hat in dieses Monopol die größte Bresche geschlagen und das Hauptübel – die Unzugänglichkeit des teuren Buchs – schon an der Wurzel bekämpft. Zwischen 1899 und 1905 erschienen dreiunddreißig Lehrbücher. Im Jahrzehnt von 1906 bis 1916 kamen 180 Lehrbücher für die Grundschulen heraus. Zur Vorbereitung und Herstellung einer Bibliothek von Lehrbüchern hatte Sytin die Gesellschaft »Schule und Wissen« gegründet, mit dem Ziel, die Qualität der Lehrbücher zu verbessern und den Preis zu senken. Dem Komitee gehörten renommierte Wissenschaftler wie Maxim M. Kovalevskij an. Die Tätigkeit dieser Kommission und das Programm selbst zogen die Aufmerksamkeit des Innenministeriums und der Geheimpolizei auf sich, der Duma-Abgeordnete Puriškevič schimpfte Sytin einen »Revolutionär«, nannte die Gesellschaft staatsgefährdend und verdammte das Programm als »Vorbereitung der zweiten russischen Revolution in der Schule«.[23]

Neben all dem brachte Sytin auch »Prachtausgaben« heraus: vor allem das sechsbändige Werk »Die große Reform«, in prachtvoller Ausstattung für 24 Rubel – anläßlich des fünfzigsten Jubiläums der Bauernbefreiung von 1861 erschienen –, eine Arbeit, die Sytin dem russischen Bauern zu dedizieren wünschte. »Ich sah in dieser Ausgabe fast eine Sache des Herzbluts des Bauern Sytin und dachte, daß mein Rang mich verpflichtet.« 1912 gedachte Rußland auch des hundertsten Jubiläums des Vaterländischen Kriegs gegen

Napoleon. Sytins Verlag brachte ein prächtiges siebenbändiges Werk auf den Markt.

Von besonderer Bedeutung ist die neunzehnbändige Militär-Enzyklopädie, die unter dem Eindruck der Niederlage im Russisch-Japanischen Krieg konzipiert wurde und bis zum Ersten Weltkrieg in achtzehn Bänden erschienen war – ein Unternehmen, das Sytin insgesamt mehr als drei Millionen Rubel gekostet hatte, das nun aber nicht mehr fertiggestellt werden durfte – was Sytin als den schwersten Schlag in seinem Leben bezeichnet.[24]

Zunächst – ungefähr um die Jahrhundertwende – läßt sich konstatieren: Das Sytinsche Unternehmen, das Tolstoi neben den »Geheimnissen des jenseitigen Lebens« und den »Schlüsseln zum Frauenherzen« verlegte; das Elementarbausteine für eine in den Anfängen steckende Volksbildung ebenso zu produzieren vermochte wie solide Enzyklopädien; das der Verbreitung des Kalenders nicht weniger Bedeutung beimaß als derjenigen der »Klassiker« – ein solches Unternehmen ist bedeutsam gerade nicht wegen einer progressiven Tendenz, sondern einfach *aufgrund seiner Existenz*. Sytins Verlag weist keinen Weg, er eröffnet ihn nur.

Der Zeitungsmann

Zeitgenossen nannten Sytins Zeitung »Russkoe slovo« den »Zeitungsleviathan« Rußlands; die bedeutendste Zeitung seines Imperiums bekam den Namen »Nachrichtenfabrik«; und kein geringerer als sein Rivale auf dem Zeitungsmarkt, der konservativ eingestellte Zeitungsverleger Alexander S. Suvorin in Sankt Petersburg, machte der Sytinschen Zeitung »Russkoe slovo« das Kompliment, das »in jeder Hinsicht bestinformierte von allen Blättern« zu sein.[25]

Die Sytinsche Verlagsgenossenschaft, die 1914 mit etwa 25 Prozent der Buchproduktion in russischer Sprache den ersten Platz im Buchgeschäft erobert hatte, verfügt neben den bereits erwähnten Publikationen – Kalender, Luboks, Heiligenlegenden, Briefsteller und Traumbücher – auch über ein breites Spektrum von Zeitschriften und Zeitungen: »Sport und Tourismus-Bote«, »Schulbote«, die Jugendzeitschrift »Um die Welt«, eine Zeitschrift für den Dorfschullehrer, ein Modejournal und anderes. Vor dem Weltkrieg besaß Sytin auch Zeitungen in Sankt Petersburg; in Moskau gehörten Massenblätter und Boulevardzeitungen wie »Der frühe Morgen«, »Abendnachrichten« und »Moskauer Kopeke« der Firma Sytin. Zur Vervollständigung erwarb Sytin – und damit dokumentierend, daß er nun nicht mehr der Buchhändler vom Nikolskij-Markt war – die traditionsreiche Zeitschrift »Niva« des renommierten Petersburger und in ganz Rußland angesehenen Verlegers Marks.

Was Sytin aber zum führenden Zeitungsmann gemacht hatte, war die Entwicklung des »Russkoe slovo« (Russisches Wort) zum »Flaggschiff« der russischen Presse, dessen Auflage von 30600 im Jahre 1901 auf rund 500000 im Jahre 1914 anstieg, wobei die Verkaufssteigerung im wesentlichen durch Ausweitung des Einzelverkaufs erzielt wurde – 1912 etwa 50 Prozent der verkauften Auflage –, also der Bruch mit dem herkömmlichen Typus der russischen Zeitung, der Abonnementszeitung mit geringem Verbreitungsgrad: »Russkoe slovo« wurde zur Straßenzeitung. Das Blatt war ein hochprofitables Geschäft, unabhängig von den bis dahin die Zeitung finanzierenden Abdrucken von offiziellen Erklärungen und Annoncen – nun inserierten die großen Firmen.[26]

Die Entwicklung des Sytinschen »Russkoe slovo« ist nicht nur eine Illustration für die zunächst sehr langsam anlaufende Herausbildung einer eigenständigen Öffentlichkeit, sondern wiederum für die spezifische Leistung Sytins – ohne daß dies ein von Anfang an gehegter Plan gewesen wäre.

Sytin gibt in seinen Memoiren eine kurze Darstellung von den Geburtswehen einer Zeitung im Rußland der Jahrhundertwende, von dem Hin und Her, in dem sie schließlich der Auflage und der von ihr verkörperten Öffentlichkeit nach zur wichtigsten Zeitung geworden ist. Sytin selbst hatte nie daran gedacht, Herausgeber einer Zeitung zu werden. Glaubt man seinen Memoiren, dann war ihm dieses Geschäft fremd, und daß er es dennoch aufnahm, ist dem Einfluß des von ihm verehrten Anton Tschechow zuzuschreiben, der ihm immer wieder stereotyp nahegelegt habe, »Sytin muß eine Zeitung machen«, nicht irgendeine, »sondern eine billige, vom Volk gelesene, allgemein zugängliche«.[27]

Um die Peripetien des Sytinschen Unternehmens verstehen zu können, soll die »Zeitungslandschaft« Rußlands am Ausgang des letzten Jahrhunderts kurz skizziert werden. Zwar war die erste Zeitung Rußlands bereits 1702 erschienen – die von Peter dem Großen gegründeten »Vedomosti«; zwar gab es eine erste private Zeitung – »Die Biene des Nordens« von Fadej V. Bulgarin – schon in den zwanziger Jahren des 19. Jahrhunderts, doch sie waren der Form und dem Inhalt nach eher Zeitschriften und nur einem ganz kleinen Kreis von Lesern zugänglich. Selbst Journale wie der legendäre »Zeitgenosse« oder die »Vaterländischen Aufzeichnungen« erreichten in den sechziger und siebziger Jahren nur eine Auflage von 10000.[28]

Der große Einschnitt wurde die Bauernbefreiung. Die Nachreformzeit wird auch zur Zeit der Zeitungen: Die Zunahme der Leserschaft in den wachsenden Städten und die Zunahme des Verkehrs und Handels machten Informationsmittel immer dringlicher. Und trotzdem entwickelte sich die private Zeitung nur langsam. 1871 erschienen in Sankt Petersburg sieben offizielle und neunundzwanzig private Zeitungen, worunter man sich aber eher Kopien der Regierungsmitteilungen vorzustellen hat oder zeitschriftenähnliche Publikationen. Die Hauptstütze war das Abonnement – gegenüber dem Verkauf und der Anzeigenfinanzierung. Nach Angaben des Ministeriums für Volksaufklärung im Jahre 1869 kam im Gouvernement Samara ein Abonnent auf 932 Einwohner.[29]

Trotzdem verschiebt sich infolge der Neugründung von privaten Zeitungen allmählich der Anteil zuungunsten der Regierungszeitungen. Der große Sprung vorwärts erfolgt in den Jahren zwischen 1900 und 1914 – sicherlich befördert durch die Revolutionsjahre, in denen Rußland vorübergehend zum Land der höchsten Auflagenzahlen und der meisten Neuerscheinungen wird.

Vergleichen wir die Auflagenzahlen der wichtigsten Zeitungen. Die Hauptverwaltung für Presseangelegenheiten teilte für 1897 mit: »Novoe vremja« 50000, »Novosti« 20000, »S. Peterburgskie vedomosti« 6000, »Peterburgskaja gazeta« 25000, »Peterburgskij listok« 28000, »Birževye vedomosti« 50000, »Pravitel'stvennyj vestnik« 11000, »Moskovskie vedomosti« 15000, »Svet« 30000, »Russkie vedomosti« 40000.[30]

Und nicht ganz zwanzig Jahre später – 1913 – war die Gesamtauflage aller russischen Zeitungen auf 2,7 Millionen Exemplare gestiegen, bei etwas mehr als 800 Titeln, wobei auf die vierzehn hauptstädtischen privaten Tageszeitungen mehr als ein Drittel der gesamtrussischen Auflage entfiel. Anfang 1914 wurden in Petersburg und Moskau gleichzeitig mehr als sechzig Tageszeitungen herausgegeben, das heißt zweieinhalbmal mehr als 1900. Die Auflagenzahlen Ende 1913: »Birževye vedomosti« 92500, »Večernee vremja« 47000 (Suvorin), »Dvadcatyj vek« 37000, »Živaja kopejka« 40000, »Listok-kopejka« 100000, »Novoe vremja« 62800 (Suvorin), »Peterburgskaja gazeta« 40000, »Reč'« 35000, »Ruskie vedomosti« 30000, »Russkoe slovo« 263000, »Svet« (mit Beilage) 35000, »Sovremennoe slovo« 52000, »Utro Rossii« 35000 (Rjabušinskij), »Cerkovnye vedomosti« 46000 (hauptsächlich Abonnements).[31]

An der Wende vom alten zum neuen Zeitungszeitalter konnte ein Beobachter zu Recht im Fachblatt »Der Bücherbote« bemerken: »Die gute Zeitung ist fast ganz aus der Zirkulation verschwunden. Geblieben sind nur die in jeder Beziehung grauen Bettlaken, die entweder voll sind von Erklärungen oder von jener spezifisch wäßrig-inhaltsleeren Masse, die bei uns die freie gesellschaftliche Meinung imitiert und die in der erforderlichen Menge von den unentwegten Fabrikanten des Zeitungsgewerbes fabriziert wird.«[32] Einen besonders großen Aufschwung nahmen die Blätter der »Boulevardpresse«, der »gelben Presse«, die »Kopekenzeitungen«, also »Groschenblätter«.[33]

Die rasche Entwicklung der Presse besonders zwischen 1905 und 1914 folgte den Trends der westeuropäischen und amerikanischen Zeitungen: Die Anzeigenwerbung wird zur finanziellen Hauptstütze der Zeitungen, wie die Publizistin I. I. Nikolaeva feststellte: »Man muß nur einen Blick auf die wirtschaftlichen Verhältnisse der am weitesten verbreiteten und einflußreichsten Presseorgane werfen, um sich davon zu überzeugen, daß der hauptsächliche, sich allen übrigen unterordnende Zweig die Inserate – der Abdruck von Annoncen – und die Jagd nach den daraus entstehenden Einnahmen ist.«[34]

Doch die Modernisierung ist umfassender: Das Zeitungsspektrum differenziert sich nach den diversen Käufer- und Gesellschaftsschichten; die familiäre Form des Zeitungsmachens löst sich auf zugunsten einer Professionalisierung, die Funktionen von Redaktion und Verlag treten auseinander; Zeitungen werden ein Instrument des Profits und der Macht. Schreckte in den neunziger Jahren das »seriöse Kapital« vor der Investition im Zeitungsgeschäft noch zurück – die finanziellen Risiken waren zu groß infolge der Zensur und der von ihr veranlaßten Strafen oder gar Schließungen –, so konnte nun mit einer Zeitung ein großes Vermögen erworben werden, wie der völlig mittellos nach Sankt Petersburg gekommene S. M. Propper bewies, der nicht einmal die russische Sprache beherrschte und für nur 13 Rubel die Lizenz für die Herausgabe der »Börsennachrichten« ersteigert hatte.

Auch die Organisationsformen änderten sich, Aktiengesellschaften – und hier wiederum die Anteile der Großbanken – wurden in der Zeit vor dem Ersten Weltkrieg bestimmend, wie der »Handelstelegraf« am 12. September 1913 bemerkte: »Indem man alle in Europa und Amerika üblichen Methoden der Einflußnahme auf die Presse nach Rußland überträgt, angefangen mit den teuren Inseraten bis zu den ›offenen Geschenken‹ – wenn auch nur ausnahmsweise –, beschleunigen die Banken den Prozeß der Unterwerfung der sogenannten ›großen Presse‹.«[35]

Auf dem Höhepunkt seines Einflusses gewinnt Suvorin die Lizenz für den Zeitungsvertrieb an den Kiosken der acht Bahnlinien des Reichs – ein Monopol, das nach 1905 von anderen Zeitungsverlegern angefochten wird. Ohne Presse war selbst für jene Kreise, die in der Verbreitung von Zeitungen zunächst eine Gefährdung der öffentlichen Sicherheit gesehen hatten – ganz unabhängig von der politischen Richtung –, in diesem Stadium nichts mehr auszurichten. Auch die Monarchisten gingen dazu über, Zeitungen für den Arbeiter zu machen – etwa die Suvorin-Zeitung »Russisches Land«. Doch während die Suvorinschen Zeitungen – allen voran »Novoe vremja«, nach Lenin »das nicht-offizielle Offiziosum der Regierung« – mit der Revolution von 1905 in die Stagnation gerieten, entwickelte sich Sytins »Russkoe slovo« zur führenden Tageszeitung des Reichs.

Sytins erste Versuche, eine Zeitung zu gründen, waren fehlgeschlagen: Im September 1892 hatte er in Sankt Petersburg um die Erteilung einer Lizenz ersucht, zu der von ihm herausgegebenen Zeitschrift »Um die Welt« eine Wochenzeitung als Beilage herauszugeben. Sein Antrag wurde abgelehnt aufgrund seiner Verbindung zum Kreis um Leo Tolstoi. Auch zwei weitere Versuche ein Jahr später und 1895 schlagen fehl: Sytin ist in den Augen des Oberprokurors des Heiligen Synod, des berüchtigten Konstantin P. Pobedonoscev, und der Hauptverwaltung für Presseangelegenheiten zu sehr vorbelastet durch seine Allianz mit den Tolstoiianern. Sytin schlägt nun einen »Umweg« ein, der zum Ziel, der Erteilung der Lizenz führt:

Sytin war bereits in den achtziger Jahren mit einem gewissen Anatolij Aleksandrov bekannt geworden, der Privatlehrer eines Tolstoi-Sohns war; mittlerweile war Aleksandrov Privatdozent an der Moskauer Universität geworden und Redakteur der konservativ-monarchistischen Zeitschrift »Russkoe obozrenie« – von Rozanov als das »solide konservative Organ« der Stadt gefeiert. Der Bauernsohn Aleksandrov hatte das Lyzeum des Zarewitsch Nikolaj mit der Goldmedaille absolviert und Literatur studiert, vor allem aber stand er in engsten Beziehungen zu Pobedonoscev und dem mächtigen Redakteur der konservativen »Moskovskie vedomosti« Michail N. Katkov.

Aleksandrov geht auf den Vorschlag Sytins ein, Redakteur einer neu zu gründenden Zeitung – »Russkoe slovo« – zu werden, und Pobedonoscev erteilt binnen kürzester Zeit die Lizenz. Die Nullnummer wird in einer Auflage von 400000 Exemplaren gedruckt und am 15. Dezember 1894 in ganz Rußland verbreitet. Jährlich kostet sie im Abonnement nur vier beziehungsweise fünf Rubel – ein unerhört niedriger Preis für eine Tageszeitung. Auf der Titelseite prangte die Uvarovsche Dreieinigkeitsformel »Rechtsgläubigkeit, Selbstherrschaft, Volkstum« – die »heilige und weithin flatternde Kirchenfahne«, wie es in der Reklame hieß. Zur Redaktion gehörten bekannte Reaktionäre und »Stützen der Gesellschaft«: die Publizisten Lev Tichomirov, Gringmut und der Archimandrit Nikon etwa. Zweifel, die Sytin angesichts dieses Gespanns befielen, zerstreute wieder Tschechow: Man müsse nur warten können ...[36]

Doch die Zeitung wurde - auf diesem Kurs – ein Mißerfolg, aus dem vorübergehend nur Subventionen in erheblicher Höhe aus der Kasse des Moskauer Generalgouverneurs und Großfürsten, des Gönners Aleksandrovs, heraushelfen konnten (insgesamt 80000 Rubel); auf lange Sicht indes half nur eine Veränderung des Kurses und des Profils der Zeitung. Aleksandrov blieb nichts übrig, als seine Rechte auf die Herausgabe der Zeitung zu verkaufen. Pobedonoscev stimmte dem Verkauf zu, in der Erwartung, daß Sytin faktisch – er war ja kein »Gebildeter« – dem intellektuellen Einfluß Aleksandrovs folgen würde. Am 3. Dezember 1897 ist Sytin alleiniger Herr des »Russkoe slovo«, von da an sucht er nach Ersatz für Aleksandrov, um seinen Plan zu realisieren, die neue Zeitung zu einer »kleinen ›Novoe vremja‹« zu machen. Aleksandrov erhielt einen neuen Vertrag, denn Sytin brauchte jemanden, der in Krisenfällen die Zensur und den Oberprokuror besänftigen konnte.[37]

Die Auflage der Zeitung steigt zwar leicht an, von 13000 Exemplaren 1898 auf 20000 Exemplare im Jahre 1900 – hauptsächlich dank der besseren technischen Herstellung –, doch die Lage bleibt desolat; die verantwortlichen Redakteure wechseln, ein neues Gesicht der Zeitung ist nicht in Sicht.

Sytin gelingt es, Vlas Michajlovic Doroševič, den gefeierten »König des Feuilletons«, als Redakteur des »Russkoe slovo« zu gewinnen; Doroševič hatte sich den Ruf eines glänzenden Feuilletonisten erworben durch seine Artikel im »Odessaer Blättchen«, durch Reisebeschreibungen in der Art Tschechows und seine Aufsätze in der Zeitung »Rossija«: ein Mann des aktuellen Tageskommentars, der geistreichen Beobachtungen, der politischen Indifferenz, aber doch des politischen Instinkts – und einer der bestbezahlten Publizisten: 32000 Rubel Jahresgehalt plus ein Fünftel der Gewinne aus dem Verkauf der Zeitung bei der Verpflichtung zu 64000 Zeilen pro Jahr oder 5300 im Monat oder 175 Zeilen pro Tag![38]

Mit Doroševič hatte ein neuer Typus des Zeitungsmenschen die öffentliche Szene betreten: politisch nicht festgelegt, aber doch die wirklichen Entwicklungen erahnend und aussprechend; intimer Kenner des Zensurapparats und des möglichen Spielraums, der gewissermaßen die Grenzen der Freiheit bemaß und ständig konfliktreich erstritten werden mußte; Meister des indirekten Worts und der allen Eingeweihten verständlichen Anspielung – Artist auf dem gefährdeten und glatten Parkett einer reglementierten, aber doch sich immer mehr ihres Einflusses bewußt werdenden Presse; vertraut sowohl mit den führenden Kreisen Sankt Petersburgs als auch mit den kritisch gestimmten literarischen und politischen Zirkeln; Vielschreiber, aber doch jede Formulierung bedenkend, die immerhin ruinöse Geldstrafen, Verlust der Anzeigenkunden oder im schlimmsten Fall Verbannung bedeuten konnte.[39]

Doroševič wurde ein reicher Mann, der von Nizza aus die Druckfahnen schickte. Seine Tochter berichtet über ihn: »Er hatte genug verdient, um leben zu können, wo und wie es ihn gelüstete. Alles, was ihn früher angezogen hatte, wurde freilich auf den zweiten Platz geschoben. Was die unangenehmen routinemäßigen Dinge des Lebens betraf, so nahm sie ihm nun ein Bediensteter ab. Die steife schwarze Melone hatte den Filzhut von einst abgelöst, und er fuhr in einer großen schwarzen Limousine des Typs ›Hispano-Suiza‹ – derselben, die auch in der Garage des Zaren stand.«[40] Freilich gelang nur ganz wenigen Zeitungsleuten dieser Sprung zu Reichtum, Einfluß und Macht.

»Russkoe slovo« stand nun auf eigenen Beinen. Die Zeitung wurde mit modernsten Maschinen hergestellt, sie wurde an den Bahnhofskiosken verkauft, sie ging fast ausschließlich im Straßenverkauf an die Leser; sie hatte sich unabhängig gemacht von den regierungsamtlichen Telegraphenagenturen, bei denen gewöhnlich Beamte als Korrespondenten tätig waren. »Russkoe slovo« hatte einen eigenen Korrespondentenstamm in den wichtigsten Zentren des Reichs und sogar Auslandsbüros.

»Russkoe slovo« war, wie Sytin sich stolz erinnert, »zu einer großen europäischen Zeitung mit Millionenauflage geworden« – trotz Zensur, Pobedonoscev, fortwährender Erniedrigung und zeitweiligen Kompromissen.

Sytins Biograph E. A. Dinerštejn resümiert die Entwicklung der Zeitung wie folgt: »In den zwanzig Jahren seiner Existenz legte ›Russkoe slovo‹ den Weg von einer offen monarchistischen zu einer oppositionellen, liberalen Zeitung zurück, und gleichzeitig gaben ihm die Zeitgenossen nicht umsonst den Namen ›Zeitungsleviathan‹. Wie beim biblischen Ungeheuer, vermischte sich in der Zeitung alles und jedes. Sogar in den besten Jahren hielt sie nicht eine bestimmte Richtung ein. Sie war eine eklektizistische Zeitung: Die Spalten des ›Russkoe slovo‹ standen Leuten mit verschiedenen Überzeugungen offen, die freilich nicht allzu extrem sein sollten.«[41]

Trifft dies zu, war die Zeitung tatsächlich »eklektizistisch«, so daß sie im Augenblick der Konsolidierung der angeschlagenen Macht aber wieder in einen servilen Ton zurückfiel? »Russkoe slovo« begrüßte die Revolution von 1905 mit Sympathie. In einem der Redaktionsartikel im Jahre 1905 hieß es: »Die Bedürfnisse der Bauernschaft, des Fabrikarbeiters, die Nöte aller arbeitenden Klassen werden Gegenstand der besonderen Aufmerksamkeit unserer Zeitung sein … Der Aufruf an alle, sich an der Kulturarbeit zu beteiligen und an der gerechten Verteilung der Kulturgüter zwischen allen Söhnen Rußlands ohne Unterschied der Rasse, des Bekenntnisses und der Standeszugehörigkeit – dies ist die Devise, mit der ›Russkoe slovo‹ sich an die Leser gewandt hat und wendet. Im Banner unserer Zeitung stehen: *Brüderlichkeit, Frieden, freie Arbeit, Allgemeinwohl.*«[42]

Die Zeitung wurde ja als »revolutionär« von den Behörden verwarnt, und schließlich war auch der katastrophale Brand der Druckerei der »Genossenschaft« in der Moskauer Pjatnickaja-Straße das Werk der Reaktion, des Admirals Fedor V. Dubasov, wie Sytin offen feststellt: Die neugebaute und eben erst eingeweihte Druckerei wurde schwer beschädigt, Heft- und Bindeabteilung, Lithographie und Typographie fielen den Flammen zum Opfer.

Zwischen 1907 und 1912 hatte die Zeitung an die 26000 Rubel Geldstrafen zu bezahlen.[43] Für Sytin war die Verfolgung und Behinderung »seiner« Zeitung Anlaß zu Furcht – doch wurde die Zeitung nie mehr auf einen regierungsoffiziellen Kurs zurückgeführt. Es gab Differenzen innerhalb der Redaktion, häufige Wechsel in der Chefredaktion – Doroševič wechselte mehrmals, als potentieller Nachfolger war sogar Peter B. Struve im Gespräch. Doch Sytin blieb immer im Hintergrund, er hielt die Zeitung nach allen Seiten offen, dämpfte den angriffslustigen Doroševič und ermunterte den etwas trockenen, auf eine seriöse, fast akademische Zeitung orientierten Redakteur Grigorij S. Petrov, nahm aber nie in direkter Form Einfluß auf die Redaktionsarbeit, zu keiner Zeit gab es eine ästhetische oder politisch verbindliche »Plattform«. Sytin schwebte gar die Gründung einer Tageszeitung in Sankt Petersburg vor, in der gleichzeitig ein Graf Sergej Ju. Vitte und Maxim Gorki schreiben können sollten.

Nach der Februarrevolution von 1917 übernahm die Leitung der Zeitung schließlich ein Rat, eine allgemeine Versammlung der Zeitungsmitarbeiter, die sich allerdings Doroševičs Devise verpflichtet fühlte, sich nicht dem Arbeiter- und Soldatenrat unterzuordnen.[44]

Was als Mangel der Zeitung – »Eklektizismus«, »Opportunismus« – interpretiert wird (Dinerštejn), könnte indes gerade der Vorzug und die spezifische Leistung des »Russkoe slovo« und Sytins gewesen sein. Die Zeitung wurde meinungsbildend – jedoch ohne Bekenntnis und »Plattform«; sie stand allen offen, Lunačarskij ebenso wie dem Archimandriten; sie ist professionell organisiert und zehrt doch von den patriarchalischen Erbstücken ihrer Herkunft und ihrer Umgebung; sie bedient sich der offiziellen Telegraphenagenturen, aber verläßt sich noch mehr auf eigene Korrespondenten; sie lebt zu einem großen Teil vom Anzeigengeschäft, aber noch mehr vom Straßenverkauf; sie macht Reklame für allen möglichen Schund, aber sie bringt die besten Schriftsteller und Publizisten unters Volk; sie sucht ihr Auskommen mit den offiziellen Stellen, aber sie ist auch mächtig genug, um Druck ausüben zu können; sie versorgt das weite Land mit den neuesten Nachrichten aus dem Reich und der ganzen Welt, aber sie ist doch elastisch genug, um sich der öffentlichen Meinung anzuschmiegen; sie gibt den Ton in einer immer wichtiger werdenden Öffentlichkeit an und lebt doch ganz von dem Ton, den die Öffentlichkeit selbst hervorbringt; sie ist mitunter prinzipienlos – wie der Schriftsteller Ertel' moniert –, aber verallgemeinert eben darin den so mühsamen Fortschritt; sie zieht die Intellektuellen an, sie ist aber kein Intelligenz-Blatt; sie wird vom Volk gelesen, ist aber doch kein Volksblatt; auch die Monarchie lebt nur so lange, wie sie die Zeitung noch zu lesen sich bemüht.

Gegenüber »Novoe vremja« zeichnet sich »Russkoe slovo« durch Unabhängigkeit aus; gegenüber »Reč'« – »der ersten Geige im Konzert des russischen Liberalismus« (Lenin) – als der Zeitung der Konstitutionellen Demokraten und eines professoralen Publikums, zeichnet sie sich nicht nur durch eine größere Auflage und geschäftlichen Erfolg aus (»Reč'« hatte bis 1914 nie mehr als eine Auflage von 40000, die Zeitung sollte 1912 sogar geschlossen werden), sondern auch durch Lesbarkeit, an die die »russische Times« nicht herankam.[45] Auch »Sovremonnoe slovo« mit einer Auflage von rund 50000 (1912) kam kaum über das liberale »Kadettenpublikum« hinaus.

Noch krasser fällt ein Vergleich mit »Russkie vedomosti« aus – »das ist die allerruhigste (und allerlangweiligste), die allerwissenschaftlichste (und vom lebendigen Leben am allerweitesten entfernte) Professorenzeitung« (Lenin) –, die seit 1863 in Moskau herausgegeben und wesentlich vom Intelligencija-Publikum studiert wurde. Nach der Revolution von 1905 sank die Auflage und stand 1912 bei rund 30000 – also an fünfter Stelle unter den großen Moskauer Tageszeitungen; einer Enquete zufolge wurde sie nur zu einem halben Prozent von Arbeitern gelesen, von Bauersleuten sogar überhaupt nicht. Auch die eng mit den Moskauer Kaufmanns- und Industriellenfamilien verbundene Zeitung »Utro Rossii« erreichte Anfang 1913 nur eine Auflage von 40000.[46]

Sytins geheimes Ziel, »Russkoe slovo« zu einer »kleinen ›Novoe vremja‹« zu machen, war längst verwirklicht: Während die Auflage von »Novoe vremja« des Rivalen Suvorin 1913 noch bei 62800 lag, lag die des »Russkoe slovo« im gleichen Jahr bei 263000.

Vielleicht liegt das Geheimnis des »Russkoe slovo« in der Vorstellung von Zeitung, die Doroševič geäußert hat. Sytin referiert sie in seinen Memoiren:

Die Zeitung ...

Frühmorgens sitzen Sie und trinken Tee. Und zu Ihnen kommt Ihr guter Bekannter. Er ist ein anregender, interessanter Mensch.

Er sollte höflich, mit guten Manieren, angenehm und zudem noch scharfsinnig sein.

Er erzählt Ihnen, was es Neues auf der Welt gibt. Er erzählt interessant, Aufmerksamkeit heischend. Es gibt bei ihm keine Minute Langeweile.

Interessiert hören Sie von den allertrockensten, aber wichtigen Dingen.

Er sagt Ihnen seine Ansichten zu den Sachen.

Es ist überhaupt nicht notwendig, daß Sie mit ihm in allem übereinstimmen.

Doch all das, was er sagt, ist logisch begründet, durchdacht, gewichtig.

Sie stimmen ihm zuweilen nicht zu, doch Sie hören ihn mit Interesse an, wie einen klugen und angenehmen Gegner.

Er bringt Sie mehrmals dazu, über eine treffliche Formulierung zu lächeln.

Er steht auf und hinterläßt das Gefühl, daß Sie in der letzten halben Stunde etwas gewonnen haben.

Das ist die Zeitung.
Die Zeitung ...
Sie sitzen zu Hause.
Es kommt jemand zu ihnen, der keine Entfernung kennt.
Er sagt Ihnen:
Beschäftigen Sie sich einen Augenblick einmal nicht mit Ihrem Leben.
Nehmen wir uns ein anderes vor. Das Leben der ganzen Welt.
Er nimmt Sie an der Hand und führt Sie dorthin, wo es gerade interessant ist.
Krieg, Parlament, Feierlichkeiten, Katastrophen, Kriminalprozesse, Theater, Fachtagung von Gelehrten.
Es passiert dies und jenes.
Er führt Sie, zeigt Ihnen, wie es passiert, macht Sie zum Augenzeugen.
Und Sie selbst sind anwesend, sehen, wie, wo und was vor sich geht.
Und nach einer halben Stunde Eintauchen in das Leben der Welt bleiben Sie zurück, voller Gedanken, Irritationen und Gefühle.
Das ist eine Zeitung.[47]

So sehr der Feuilletonist hier am Werk ist – Sytin erinnert sich nicht zufällig gerade an diese Passage: Es war ein Konzept, das einleuchtend war, das ihm eingeleuchtet hat; eine Zeitung nach seinem Geschmack und seinem Instinkt. Im »Russischen Wort« artikuliert sich am deutlichsten, was eine Gesellschaft braucht, die sich anschickt, sprechen zu lernen.

Sytins Unternehmen der Volksaufklärung

Sytins Arbeit war von Anfang an mehr als nur das Geschäft mit dem Buch. So geschäftstüchtig, zuweilen knauserig er auch war – etwa bei der Vereinbarung von Honoraren –, so ging es ihm doch nicht allein um den Profit und die Expansion seines vielfältig aufgefächerten Unternehmens; es war darin immer so etwas wie der Glaube an eine Mission, die jene, die dazu in der Lage sind, wahrzunehmen hätten.

Wann immer er die Spanne von Selbstkostenpreis und Gewinn berechnete, er rechnete als jemand, der die Verbindung zu den schaffenden und armen Leuten nie verloren hatte und sich als einer von ihnen verstand. Auch auf dem Höhepunkt seines Erfolgs blieb er ein gläubiger Mensch – die Gründung des Millionenprojekts der »Militär-Enzyklopädie« wurde wie alle anderen wichtigen Verlagsprojekte selbstverständlich mit einem Gottesdienst begangen; und in Karlsbad nahm er das kleine Zimmer in der fünften Etage statt der prächtigen Suite, die er sich mühelos hätte leisten können. Er zog es vor, wie früher zu leben, um Luft zu haben und dem lieben Gott näher sein zu können. Er konnte nicht anders.

Wie sehr er expandierte, sich in die diversen Zweige des Buch- und Zeitungsgeschäfts »ausdifferenzierte« – es gab so etwas wie ein Zentralmotiv, eine »große Linie«, die alles zusammenhielt.

Wenn das Sytinsche Projekt dennoch die Größenordnung einer umfassenden Alphabetisierungs- und Aufklärungskampagne annahm, dann nicht nur, weil Sytin eine solche vorschwebte, sondern auch weil die Umstände es nahelegten: Dort, wo die staatlichen Institutionen bei der Heran- und Ausbildung eines Volks versagten, das auf den Weg der Industrialisierung gestoßen war, bot sich einzig die private Initiative an, diesem Manko abzuhelfen. Allein das Sytinsche Unternehmen hatte die Statur, eine solche Aufgabe zu übernehmen.

Vor Ausbruch des Ersten Weltkriegs hatte die »Genossenschaft I.D. Sytin und Co.« rund 14 Millionen Rubel Betriebskapital und 3,4 Millionen Rubel in Aktien, was ungefähr den siebten Teil des gesamten russischen Aktienkapitals, das im Buch- und Verlagsgeschäft angelegt war, ausmachte. Von den Verlagsaktien wurden einzig Sytins Aktien an der Moskauer und Petersburger Börse gehandelt. Schritt für Schritt war nicht nur der Apparat des Sytinschen Verlags gewachsen, vielmehr erwarb die Genossenschaft nach und nach auch andere Druckereien und Verlage (1903 die Typographie A.K. Vasil'ev, 1904 die Lithographie M.T. Solov'ev, 1913 das Handelshaus E.I. Konovalov, 1914 die Typolithographie Kudinov).

Ein ganz großer Schritt auf dem Weg zur beherrschenden Stellung auf dem russischen Verlags- und Buchhandelsmarkt war der Kauf der »Genossenschaft A.F. Marks« und damit der Vorstoß nach Petersburg/Petrograd im Jahre 1916. Und zuvor schon: im Jahre 1909 der Kauf des Mehrheitspakets der Anteile an der »Kontroagentstvo A.S. Suvorin«, was praktisch bedeutete, daß Sytin das komplette Suvorinsche System des Zeitungs- und Buchvertriebs an den wichtigsten Eisenbahnlinien übernahm; die Hausierer von einst waren nun in ihrer modernen Gestalt in die Regie Sytins übergegangen. Mit dem Erwerb von Aktien verschiedener Moskauer Druck- und Verlagshäuser im Jahre 1917 ist Sytins Monopol fast vollständig.[48]

So modern Sytin in verlegerischer und produktionsmäßiger Hinsicht war – er setzte immer auf die Einführung der neuesten, leistungskräftigsten Maschinen, er führte schließlich eine Alterspension für Arbeiter ein und ließ ein Werkkrankenhaus errichten –, so blieb er immer reserviert gegenüber den Banken, die – seit es lukrativ geworden war, auch in Zeitungen zu investieren – ins Verlagsgeschäft drängten. Als Moskauer »Unternehmer« verstand er sich besser mit Unternehmern – etwa Putilov und Stinnes – und finanzierte keine Geschäfte über die Banken, weshalb letztlich auch sein Projekt, eine neue große Papierfabrik zu errichten und von der Papierherstellung bis zum Vertrieb den gesamten Arbeitsprozeß in seinem Unternehmen zu erfassen, scheiterte.

Sytin vereinigte nun in seinem Unternehmen praktisch alle Aspekte des Druck- und Verlagswesens; sein Biograph nennt ihn einen »Universal-Verleger«. Ihn hatte der reaktionäre Duma-Abgeordnete Puriškevič im Auge, als er in der Öffentlichkeit gegen jenes »zweite Ministerium der Volksaufklärung« wetterte, das »von den linken Strömungen der russischen Gesellschaft geschaffen wurde und auf dem Gebiet der Volksschule intensiver und weitaus verheerender, weitaus erfolgreicher arbeitet als das Ministerium, das vom Zaren dazu beauftragt ist«.[49]

Sytins »Gemischtwarenladen« hatte sich zum umfassenden Aufklärungsprojekt entwickelt: Sytin hatte seit den neunziger Jahren zunehmend Gewicht gelegt auf die Herausgabe billiger und qualitativ guter Lehrbücher und Lehrmittel (Atlanten, Karten, Statistiken), während der Verkauf von Kalendern und Luboks weiterging. Der Anteil von Lehrbüchern hielt nun dem Anteil von Heiligenlegenden- und moralischer Erbauungsliteratur die Waage. Für die Herausgabe waren hochqualifizierte Autoren gewonnen worden – das Beispiel Charkows, des »südrussischen Athens« der achtziger und neunziger Jahre, hatte Schule gemacht und war von Sytin auf eine solide Grundlage gestellt worden. Charkower Intellektuelle hatten begonnen, eine »Gesellschaftliche Bibliothek« herauszugeben, eine Gesellschaft für Lesen und Schreiben, ein Arbeiterhaus, eine Sonntagsschule und ein Medizinisches Institut für Frauen gegründet sowie Kurse für Arbeiter eingerichtet.

Sytins Unternehmen orientierte sich in starkem Maße an dieser Initiative, seine Lehrbücher erschienen in großer Auflage und sehr preiswert, seine Autoren – Vachterov, Tulupov, Šestakov, Al'čevskaja, Panov, Sokolov – waren im vorrevolutionären Rußland ein Begriff; besonders die in fünf bis sechs Jahren erarbeitete und fertiggestellte einundzwanzigbändige »Volksenzyklopädie«, die »Bibliothek für Lesen in der Schule und daheim« (Redaktion Professor P.N. Sakulin), die »Historisch-literarische Bibliothek« (Redaktion Professor A.E. Gržinskij), die »Bibliothek der neuen Schule« (Redaktion N.V. Tulupov und P.V. Šestakov), Lehrbücher der Professoren D.N. Ovsjaniko-Kulikovskij und F.F. Zelinskij, die »Moskauer ökonomische Bibliothek« (Redaktion Professor A.A. Manujlov und andere).[50] Enzyklopädien von großem Rang waren auch die geplante »Enzyklopädie für Militär und Flotte«, die »Kinder-Enzyklopädie« mit zehn Bänden und natürlich die Herausgabe russischer Klassiker und Klassiker der Weltliteratur in soliden, aber preiswerten Ausgaben.

Sytin kam es aber – und das ist das Entscheidende – nicht in erster Linie darauf an, nur immer mehr Lehrbücher herauszugeben, sondern das in einer systematischen Form zu tun. Zu diesem Zweck wurde nach der Revolution von 1905 die Gesellschaft »Schule und Wissen« gegründet mit dem Ziel, zum einen das Monopol der (teuren) Lehrbuchhersteller zu brechen, zum anderen aber eine »russische Musterschule« aufzubauen mit allen dafür notwendigen Lehrbüchern und Schulmaterialien. Da es unter damaligen Verhältnissen nicht ausreichte, für verlegte Bücher nur den Stempel »zugelassen« zu bekommen, wenn die Bücher auch in der Schule Verwendung finden sollten, sondern ausdrücklich eine »Billigung« nötig war, mußte Sytin versuchen, an höchster Stelle eben diese »Billigung« seines Plans, der von hervorragenden Fachleuten ausgearbeitet worden war, zu bekommen.

Jetzt aber brach ein Sturm los – zum einen von seiten der Konkurrenz, die Sytins Initiative als Schritt zum Monopol ansah, zum anderen von seiten der politischen Rechten, namentlich Puriškevičs, die die Sytinsche Initiative als »Vorbereitung der russischen Revolution in der Schule« zu diskreditieren versuchte. Die Genossenschaft rückte von dem Plan ab, so daß es Sytins persönlicher Initiative überlassen blieb, das Projekt weiter zu verfolgen.

Und Sytin tat es – diesmal ohne den Weg durch die Hintertür zu wählen. Er suchte, nachdem er bereits Pobedonoscev, aber auch dem »aufgeklärten« Vitte sein Anliegen vorgetragen, aber nicht mehr als Skepsis und Reserve geerntet hatte, um Audienz beim Zaren selbst nach. Nikolaj II. empfängt Sytin im zweiten Kriegsjahr 1916 im Hauptquartier offiziell, weil Sytin um den Rang eines Kommerzienrats nachsuchen wollte. Der Verleger hat keine schlechten Karten – der Zar liebt den »allgemeinen russischen Kalender« der Firma, er weiß um Sytins Verdienste anläßlich der gerade zurückliegenden Jubiläen, zu denen Sytins Unternehmen die eindrucksvollsten und besten Editionen herausgebracht hatte. Sytin, ganz und gar nicht der »Pressezar«, der dem Zaren gegenübertritt, ist – in seinem Rückblick – der Mužik, der fast von Sinnen vor Aufregung dem »Selbstherrscher« gegenübertritt. Die Unterredung dauert nur wenige Minuten – doch der Zar ist nicht der Meinung Pobedonoscevs und Vittes: Er »billigt« das Projekt »Schule und Wissen« und gibt damit den Weg frei – doch es ist zu spät. Ein Jahr später können Lehrbücher ohne jede Billigung verlegt werden – die Revolution ist in Gang gekommen.[51]

Nicht anders erging es dem Projekt, das gewissermaßen die Krönung des Sytinschen Unternehmens darstellen sollte: die Errichtung eines »Hauses des Buches«. Die von Sytin gegründete »Gesellschaft zur Förderung und Entwicklung des Buchwesens in Rußland« konnte dafür zwar binnen kürzester Zeit eine Million Rubel zusammenbringen und in der Tverskaja-Straße in Moskau ein großes Grundstück erwerben – doch zum Bau dieses eigentümlichen »wissenschaftlichen Kombinats«, das sich nach Sytins Worten nicht an Europa, sondern an New York orientieren sollte, kam es in der Turbulenz des Jahres 1917 nicht mehr.

Im Satzungsentwurf für das »Haus des Buches« hieß es:

Das Haus des Buches

a) richtet Klassen und Kurse für erfahrene Arbeiter für drucktechnische, verlegerische, buchhändlerische und bibliothekarische Arbeiten aus;

b) organisiert ein ständiges Museum der Druckereikunst;

c) organisiert Musterwerkstätten und Experimental-Labors für die Konstruktion neuer Maschinen und die Perfektionierung vorhandener Maschinen und Ausrüstung, die im Verlagswesen notwendig sind, sowie die Erforschung und das Studium von Materialien, die dafür notwendig sind;

d) organisiert Studienreisen im In- und Ausland für Arbeiter, die auf diesen Gebieten ausgebildet werden, um die Situation von Verlags- und Buchproduktion zu studieren;

e) gibt ein Periodikum heraus, das den Fragen des Verlags- und Buchhandelswesens gewidmet ist.

Im Gebäude des Hauses des Buches ist die Einrichtung folgender Räume geplant:

a) ein Zentralsaal;
b) Werkstätten und Laboratorien;
c) zehn gesonderte Klassenräume;
d) Museumsräume;
e) eine Bibliothek und ein Lesesaal.[52]

Dieses Projekt eines »Lehrkombinats«, in dem alle Aspekte der Buch- und Verlagsarbeit theoretisch und praktisch erforscht und erprobt werden sollten – gedacht sowohl für Setzer wie Drucker, Bibliothekare wie Museumsleute, Illustratoren wie Lektoren, Buchbinder wie Metteure –, zielte darauf ab, sowohl den wachsenden Bedarf an qualifizierten Arbeitern zu decken als auch die empfindliche Abhängigkeit der russischen Papier- und Druckindustrie vom Ausland – vor allem hinsichtlich der Maschinenausstattung – zu überwinden.

Es ist ganz glaubhaft, wenn Sytin in einem Brief an seinen Freund, den Schriftsteller Nikolaj D. Telešov, im Zusammenhang dieses Projekts schrieb: »Du weißt, ich bin, wie man sagt, nackt nach Moskau gekommen ... Ich brauche nichts. Immer war etwas zu tun. Ich habe die Früchte meiner Arbeit und meines Lebens gesehen und ich bin zufrieden mit mir. Ich bin nackt gekommen und gehe nackt wieder fort. So muß es sein ... Ich lasse alles zurück ... Ich gehe ins Kloster.«[53]

Der Verleger und die Intelligencija

Nur eine »breite Natur« wie Sytin konnte es unternehmen, die unermeßlich große Distanz zwischen der offiziellen Gesellschaft der Städte und dem weiten Land zu überbrücken. Die Verbreitung des gedruckten Bildes und Wortes durch diesen Verleger ist vergleichbar der Pionierarbeit der Ingenieure und Eisenbahnkönige, die das weite Land erschlossen und an die Zentren der Kultur angeschlossen haben – damit eine Dynamik auslösend, die weiter reichte, als einem technischen Verkehrsmittel oder einem Instrument auf den ersten Blick zugebilligt werden könnte.

Sytins Entwicklung ist die der überlegten, rasch zupackenden, aber niemals bloß spekulativen Arbeit; er hat sich vorgearbeitet, er hat seiner eigenen Erfahrung und seinem eigenen Auge und Urteil mehr vertraut, als den neuesten Errungenschaften, die in den Hauptstädten flugs importiert werden konnten als Dernier cri. Bei all dieser Solidität und Hausbackenheit ging er doch nicht die Ochsentour, sondern er wagte neue Wege und erprobte an den Hindernissen, die ihm entgegenstanden, seine und die Kraft seines Unternehmens. Sytin, der Buch- und Zeitungsmacher, war keiner aus dem Milieu derer, die sonst in den Hauptstädten für das gedruckte Wort zuständig waren. Er war ein – wie es im Russischen heißt – »Samorodok« und »Samoučka«, ein

Typus, wie er sonst nur noch in Amerika anzutreffen ist, der aber doch nicht die Leichtigkeit des Aufstiegs des Selfmademan an sich hat.

Aus seinem Lebensbericht gewinnt man den Eindruck, daß er sich »als Mensch« weitaus besser, eben selbstverständlich mit den Menschen der alten Zeit verstanden hat, auch wenn sie ihm feindselig gesonnen waren – das zeigt etwa das Gespräch mit Pobedonoscev, das den nämlichen Tonfall hat, den er auch im Gespräch mit seinen Hausierern anschlug. Seine Beziehung zu den Gebildeten – auch zu denen, mit denen ihn enger Umgang und Freundschaft verband – war immer auch eine des Respekts, der Achtung, dieselbe, die Sytin dem »Buch an sich« entgegenbrachte.

Der Leser seiner Erinnerungen hat nie das Gefühl, daß er mit seinen Autoren – und es waren fast alle berühmten Namen der russischen Literatur und Publizistik darunter – als gleicher unter gleichen sprach; immer gibt es eine Spur Respekt, Bewunderung für Leute aus einer anderen Welt. So entsteht leicht der Eindruck, den Sytin wohl auch von sich selbst gehabt hat und den er anderen gegenüber vermittelte, als sei er nur der Mittler zwischen Kultur und ungebildetem Volk – ein bloßes Instrument, das sich einer bewunderungswürdigen Mission fügt. Sytin ist jedoch nicht der bloße Mittler, sondern er ist ein Zentrum; er ist nicht nur ein Durchgangspunkt oder Verteiler von Gedrucktem im weiten Land, sondern er ist ein eigener Kopf, eine eigene Persönlichkeit, eine Figur von unvergleichlich synthetischer Kraft.

Eine ähnliche Unsicherheit gibt es auch in der Beziehung der Schriftsteller zu dem Verleger: Sie ist geprägt von Bewunderung für die unermüdliche Leistungskraft, die Findigkeit und »Bauernschläue« des Verlegers, aber immer ist darin auch eine Distanz, ein Vorbehalt, der verrät, daß Sytin auch nicht der Mann der Intelligencija war, daß die Schriftsteller eher widerstrebend zu der Einsicht kamen, daß die Zusammenarbeit mit diesem Verleger ratsam, vorteilhaft, schließlich unvermeidlich war – doch Sytin war nicht ihr Mann, sein Programm war nicht ihr Programm.

Daß Sytin zu einem für die schriftstellerische Intelligencija wichtigen Kristallisationspunkt werden konnte, lag aber gerade daran, daß er eben nicht der Intelligencija angehörte, keinen Intelligencija-Verlag und keine Intelligencija-Zeitung machte. Noch knapper: Seine Wirksamkeit für die Intelligencija lag darin, daß er ihr nicht angehörte, durch sein Wirken aber die zur Kultur Strebenden aus dem Volk mit den Vertretern der Kultur zusammenbrachte. Gegenüber den Schriftstellern und Professoren fühlte er sich wohl immer als Lernender, auch wenn jene ihm möglicherweise mehr verdanken: Die Stimme der Dichter und Schriftsteller wurde draußen im Land bekannt, manchmal sogar populär.

Sein Biograph Dinerštejn weist darauf hin, daß Sytin als Verleger bedeutender russischer Autoren eher eine unglückliche Hand hatte. Die ersten Gesamtausgaben von Tolstoi und Doroševič erschienen bei Sytin, während es ihm nicht gelang, Tschechow, Bunin und Andreev fest an seinen Verlag zu binden, ebensowenig wie Kuprin oder Gorki. Das Verzeichnis der bei Sytin verlegten Autoren ist stattlich, auch wenn viele damals bedeutsame Schriftsteller heute vergessen oder nur dem Eingeweihten erinnerlich sind. Ihm gelang es auch nicht, die zum Verkauf gekommenen Rechte an Gogols Werk zu erwerben.[54]

Und doch gebührt Sytin das Verdienst, durch seine Billigausgaben der Klassiker erstmalig große Werke der Literatur ins Land hinausgetragen zu haben. Eine Puschkin-Ausgabe von 975 Seiten kostete bei Sytin 90 Kopeken, eine Sammlung der Werke Gogols von etwa 819 Seiten 50 Kopeken – während die Konkurrenz kaum unter drei Rubel verkaufte. Anders war es mit dem »Russkoe slovo«. Alles, was Rang und Namen hatte und heute noch zur großen russischen Literatur gehört, publizierte sporadisch oder regelmäßig im »Russkoe slovo«: Leo Tolstoi, Leonid Andreev, Alexander Blok, Ivan Bunin, Valerij Brjusov, Maxim Gorki, Alexander Kuprin – auch hier fehlt sonderbarerweise wieder der Name Tschechows, der Sytin doch freundschaftlich verbunden war und von dem die Idee, eine gute, aber billige Zeitung herauszugeben, stammte.

Tolstoi kannte Sytin persönlich – beide trafen sich in dem Wunsch, eine spezifische Volksliteratur zu machen –, eine Absicht, die Tschechow etwa mißbilligte, der eher dazu riet, das Volk auf das Niveau Gogols zu heben als Gogol »volksnah« umzuschreiben. Leonid Andreev mißlang es zwar, sein erstes – sehr erfolgreiches – Buch bei Sytin unterzubringen, doch schrieb er für »Russkoe slovo« – wenn auch nicht ohne Reibereien. Alexander Blok hat einige seiner Gedichte und Poeme erstmalig im »Russkoe slovo« veröffentlicht. Am 25. Dezember 1913 eröffnete Blok mit seinem Gedicht »Ein neues Amerika« seine Beiträge im »Russkoe slovo«.

Hinter Steppen, Wäldern, Massen Schnee
Ich kann es nicht erkennen, dein Gesicht
Ist denn nichts zu blicken als das Ausmaß?
Schrecklich in die Breite in die Länge.

Ohn Ein- und Ausgang ist der Steppenweg
Unkraut und Wind! und auf einmal
Steht da der Fabrikbau, vielstöckig
Und um ihn aus Arbeiterhütten die Stadt.

In deinem Ausmaß und in deiner Wildheit
Bist du dir gleich und bist dir doch nicht gleich
Ich sehe dein Gesicht: es ist ein neues
Und ein anderer Trieb bewegt mich, dich? uns? sie?

Die Kohle, der Messias unterm Boden
Schwarzes Gestein ist Zar und Bräutigam
Und nicht furchtbar, Heimat, die du Braut bist
Ist die Stimme deiner Steingesänge:

Kohle stöhnt und Salz beginnt zu schimmern
Eisenerz poltert.
Doch in der Steppe ist mir aufgegangen
Eines neuen Amerika Stern.[55]

Blok notierte in seinem Tagebuch, daß er immerhin mit 2,5 Millionen Lesern rechnen konnte, denn – so seine Einschätzung – jedes Exemplar fand »Minimum« zehn Leser. Auch für Gorki, den »Sturmvogel der Revolution«, kam der Zeitpunkt, wo er seine Aversion gegen die »Linie« Sytins aufgab; sie trafen sich zum ersten Mal 1911 auf Capri: Gorki, der früher in Sytin nur ein »Krokodil auf dem Buchmarkt« gesehen hatte, war daran interessiert, daß Sytin mit Kapital in die Gorkische Verlagsgenossenschaft »Wissen« einstieg. Ein Jahr später schlug Gorki Sytin vor, eine Zeitschrift – »Novaja Rossija« – herauszugeben; aus beiden Projekten wurde indes nichts.[56]

Für »Russkoe slovo« begann Gorki im Jahre 1913 zu schreiben. Die Zustimmung zum Abdruck der Gorkischen Werke in der Beilage des »Russkoe slovo« wurde von Gorki zurückgenommen, nachdem er erfahren hatte, daß zuvor die Werke des »Dekadenten« Merežkovskij in derselben Beilage erscheinen sollten. Gorki, der für die Person Sytin aus einer gewissen Wesensverwandtschaft kommende Sympathie und Verehrung fühlte – zumindest in den späteren Jahren –, fand in konkreten Angelegenheiten aber keinen gemeinsamen Tritt mit dem Verleger. In der Festschrift zum fünfzigsten Betriebsjubiläum ließ Maxim Gorki es sich daher nicht nehmen, schöne und anerkennende Worte0 über Sytin zu schreiben: »Manchmal arbeiten sich aus der teigigen, formlosen Volksmasse irgendwelche besonderen, starken, sehr arbeitsfähigen Menschen nach oben. Diese Menschen sind wertvoll nicht nur durch ihre Arbeit, sondern vielleicht weitaus mehr dadurch, daß sie uns darauf hinweisen, daß in der Volksmasse Energien vorhanden sind – strotzend, elastisch, zu großartiger Arbeit und bedeutenden Leistungen fähig. Für mich sind dies die wertvollsten russischen Menschen, da sie ihrer Sache ergeben sind und – das ist die Hauptsache – aus der Demokratie, aus dem tiefen Schoß der dunklen Volksmasse hervorgehen.«[57]

Sytin war nicht *der* Verleger der Intelligencija. An »intellektuellem Profil« konnte er es nicht mit Marks aufnehmen. Die Intelligencija fühlte sich bei dem deutschen Petersburger Marks in besseren Händen. Marks steht eher für die Petersburger Buch- und Verlegertradition, Sytin für die Moskauer. Die Spannung, die immer in der Beziehung zwischen Intelligencija und dem vom Moskauer Nikolskij-Markt herkommenden Sytin gelegen hat, war indes die fruchtbarere und den wirklichen Verhältnissen eher entsprechende. Sytin war für die Intelligencija nicht nur eine große Verlockung – »die Brücke zum Millionenpublikum« –, sondern mindestens ebensosehr eine Herausforderung: ob sie die Grenzen ihres eigenen, sehr engen Milieus zu erkennen bereit war.

Nach allem, was wir über Sytin wissen, war die Fähigkeit, nach allen Seiten offen zu sein, ein Merkmal seines Charakters und seines Erfolges. Das Vertrauen, daß sich aus dem Kolonialwarenladen das Unternehmen, aus den niedrigen Ansprüchen die anspruchsvolleren herausbilden und zu einer tragfähigen und weiterführenden Basis entwickeln würden, war als tiefsitzender Instinkt vorhanden. Sytin war Buchhändler und Zeitungsmann, nicht Missionar oder Agitator. In seinen Zeitungen schrieben Gorki und Rozanov, die Linke und die Rechte, die Archimandriten und die anarchistische Bohème.

Und im Kopf hatte er ein Redaktionskollegium, dem ein Premier Vitte ebenso angehören können sollte wie ein Terrorist Savinkov. Sein Vertrauen ins »Volk« und seine Erwartungen an die des Lesens und Schreibens Kundigen waren ungleich fester als bei jenen, die es partout auf den »richtigen Weg« bringen wollten.

Der »spec« der Sowjetmacht

Sytin war kein Revolutionär; die Revolution stürzte ihn in tiefe Verwirrung, sie ruinierte sein Lebenswerk, das Verlagsimperium. »Jetzt steht alles auf dem Kopf«, schrieb er im Januar 1918 an seinen alten Bekannten, den angesehenen liberalen Juristen Anatolij F. Koni. »Ich habe keine Zeit und keine Ruhe ... Ein schreckliches Chaos, Gedächtnis und Denken sind mir vollständig abhanden gekommen ... Eine Angst und Unsicherheit stecken in Kopf und Beinen, im ganzen Organismus herrscht eine revolutionäre Auflösung.«[58] Und an einen Verlegerkollegen schrieb er 1924: »Unsere Sache ist zugrunde gegangen. Für unsere veraltete Maschine gibt es im neuen Kampfapparat keinen Platz. Es war eine lange Zeit, es ist Zeit für uns, abzutreten, wir brauchen Ruhe ... Ich sitze, langweile mich, quäle mich mit den Druckereien in zwei Besserungsanstalten ab. Wie wird Gott helfen, da herauszufinden? Die Zeit vergeht, die Jahre vergehen. Man muß die Enkel und Urenkel füttern. Viele Kinder sind da, alle lernen. Die Männer sind im Dienst. Im Januar habe ich vierundsiebzig Jahre auf dem Buckel. Es ist Zeit, sich zur Ruhe zu setzen ...«[59] Es wäre jedoch irreführend, die Jahre zwischen der Revolution und Sytins Tod im Jahre 1934 einzig als Phase des Abschieds und der Resignation aufzufassen. Sein Leben war verwickelter.

Die Revolution hat ihn verwirrt, entmachtet, doch er hat sich ihr »untergeordnet« – eine Lieblingsvokabel Sytins in jenen Jahren;[60] er hat versucht, sein Lebenswerk zu retten, es auf geordnete Weise in die Hände der neuen Macht überzuführen. Und gerade darin – in diesem Versuch, sein Lebenswerk über die politische Revolution hinaus zu retten und der Sache treu zu bleiben – liegt seine Bedeutung. Er hat die Revolution und die neue Macht nicht bloß als unvermeidliches Verhängnis hingenommen, sondern darin auch eine Kraft gesehen, die ihm vertraut war und auf die er große Hoffnungen setzte.

Es ist vermutlich keine Beschönigung, wenn sowjetische Historiker Sytin als einen der ihren ansehen, auch wenn er einer anderen Welt angehört hatte. Das Projekt der Aufklärung wurde mutatis mutandis fortgeführt – in einer Größenordnung, die Sytin fasziniert und herausgefordert haben mag. Der Konzern, der Trust, das Kombinat wurden Wirklichkeit – wenn auch ohne, ja gegen seine Person. Im Wandel der Stellung Sytins und im Umgang der neuen Macht mit Sytin läßt sich zeigen, wie Funktion und Bedeutung der Presse sich wandeln – aber auch sich gleich geblieben sind.

Schon wenige Tage nach dem Umsturz requirierte der Moskauer Arbeiterdeputiertenrat die Druckerei der »Moskauer Verlags- und Druckgenossenschaft« in der Petrovka 26, drei Tage später wurde die Druckerei, in der der »Russkoe slovo« hergestellt wurde, samt den Papierlagern beschlagnahmt. Im Dezember wurde der Druck der »Izvestija« und des »Social-Demokrat« in der Druckerei des »Russkoe slovo« aufgenommen, die Leitung ging aus den Händen Sytins auf ein revolutionäres Leitungskollegium über. Kurz zuvor war der »Russkoe slovo« geschlossen worden, weil dort behauptet worden war, die Bolschewiki hätten auf Geheiß des deutschen Oberkommandos agiert.[61]

Sytin wurde vorübergehend verhaftet, was Gorki zu einem wütenden Protest in seiner noch unabhängigen Zeitung »Novaja žizn'« veranlaßt hatte; der Aufsatz erschien, als Sytin bereits wieder auf freiem Fuß war. »Fünfzig Jahre leistete der Autodidakt Ivan Sytin eine riesige Arbeit, die unbestreitbar kulturelle Bedeutung besaß. In Frankreich oder England – den ›bürgerlichen‹ Ländern – hätte man Sytin als genialen Menschen anerkannt und diesem Freund und Erzieher des Volks nach seinem Tod ein Denkmal gesetzt. Im ›sozialistischen‹ Rußland, ›dem freiesten Land der Welt‹, sperrt man Sytin ins Gefängnis, nachdem man vorher das gewaltige, ausgezeichnet organisierte Unternehmen zerstört und den alten Mann völlig ruiniert hatte. Es wäre natürlich klüger und nützlicher gewesen, wenn das Sowjetregime Sytin als einen der besten Verleger zur Wiederherstellung des zusammengebrochenen Verlagswesens herangezogen hätte. Aber darauf ist das Sowjetregime nicht gekommen.«[62]

Es kam freilich bald auf diesen Gedanken, weil es Fachleute brauchte, um den schwer angeschlagenen Betrieb wieder in Gang zu bringen. Unklar ist dabei, welche Rolle ein Gespräch mit Lenin selbst – noch in Petrograd – dabei gespielt hat; Sytin schweigt sich in seinen Erinnerungen darüber aus. Es liegt jedenfalls eine bezeichnende Ironie darin, daß Sytin – auf dem Höhepunkt seiner Macht – zwei Jahre zuvor vom Zaren in Mogilev empfangen wurde und nun, nachdem dessen Stellung gebrochen war, vom Vorsitzenden des Rats der Volkskommissare: beiden war Sytin offensichtlich nötig, dem einen am Ende seiner Machtentfaltung, dem anderen zu Beginn, in der Konsolidierung der eben eroberten Macht.[63]

Jedenfalls wird Sytin »herangezogen« in seiner Eigenschaft als Spezialist – »spec« –, und Sytin versucht mit all seinen ihm verbliebenen Kräften und seinem Erfindungsreichtum zu retten, was zu retten ist. Nicht nur, daß er schrittweise eine Druckerei nach der anderen verliert und das Papier beschlagnahmt wird; was ihn mehr empört, ist die Ruinierung der für das Land so kostbaren Kapazitäten und Vorräte. Drei Viertel aller Moskauer Druckereien stehen 1919 still, entweder weil die Maschinen beschädigt sind, weil kein Papier mehr vorhanden ist, oder weil die qualifizierten Facharbeiter entlassen und durch »bolschewistische«, aber völlig unfähige Arbeiter ersetzt worden sind.

Sytin soll die Evakuierung der Druckerei und der Papiervorräte der ihm einst gehörenden Genossenschaft Marks aus Petrograd durchführen; er soll die Druckerei des »Russkoe slovo« wieder in Ordnung bringen, in dem die mehrheitlich menschewistisch gestimmten Facharbeiter aktiven oder passiven Widerstand gegen die Bolschewiki, aber auch gegen die Ruinierung der Werkstätten leisten. Welche Meinungsverschiedenheiten innerhalb der Volkskommissariate es in der Frage der Behandlung der Presse beziehungsweise Sytins gegeben haben mag – so war Lunačarskij der Meinung, Sytin sollte seine Druckerei zurückbekommen und seine Zeitung, die 1918 unter neuem Namen wieder erschien, erneut herausgeben können, während andere – darunter Dzeržinskij – offensichtlich die gegenteilige Ansicht vertraten. Im Endergebnis wurde auf Sytin als Organisator der Druckerei verzichtet.[64]

Aber war Sytin überhaupt noch eine ernst zu nehmende Größe, war er nicht nur eine respektable Persönlichkeit, die über keine Macht und keine Mittel mehr verfügte? Er hatte ja seine engsten Mitarbeiter verloren. Sie waren in die Emigration gegangen. Er stand im Geruch des »heimlichen Bolschewiken«, Verlegerkollegen von einst mieden ihn. Der Staat beziehungsweise staatliche Verlage errichten ein neues Monopol: Klassikerausgaben sind von nun an »nationales Eigentum«, es gibt keine Privatrechte am Druck der Klassiker mehr. Der Staat monopolisiert die Kalenderproduktion. Die Autoren suchen sich neue Verlage. Auch die bisherige Domäne des Sytinschen Unternehmens – die Herstellung von Lehrbüchern – geht nun in die Regie der Staatsverlage über. Sytin verliert das große Netz seiner Buchhandlungen und Kioske, die Buchvorräte werden beschlagnahmt und soweit möglich verkauft. Der Riesenbetrieb der Produktion kommt – insbesondere in der Zeit des Bürgerkriegs – zum Stillstand. Und natürlich wird ein großer Teil des Sortiments des Verlagshauses »wertlos«, unbrauchbar. So mußten die für 1918 schon ausgelieferten Kalender als »Kalender der alten Zeitrechnung« im buchstäblichen und im übertragenen Sinne im Umfang von 900000 Exemplaren eingestampft werden.[65]

Doch Sytin konnte nicht aufhören, ein Sytin zu sein, nur weil er seines Eigentums verlustig gegangen war. Auf den Mann, der nun, wie er in seinen Lebenserinnerungen berichtet, täglich um 7 Uhr früh zu Fuß vom Strastnoj-Boulevard zur Druckerei in Zamoskvoreč'e ging und dort bis zum Ende des Arbeitstags blieb – als »unbezahlter Arbeiter« und »Instrukteur« –, für ihn selbst war es ganz undenkbar, nicht wie ehedem seiner Arbeit nachzugehen.

Das komplizierte Verhältnis, in dem es trotz Diktatur noch einen gewissen Spielraum gab, erklärt sich nicht allein aus der offensichtlichen Schwäche der neuen Macht, sondern aus der Unsicherheit, wie verfahren werden sollte. Anfang 1918 stand ja keineswegs fest, daß Privatunternehmen durchgehend nationalisiert und die alten Leitungen abgesetzt werden sollten.

Das Volkskommissariat für Aufklärung, kurz Narkompros, hatte ein starkes Interesse an Lehrbüchern, Büchern zum Erlernen von Lesen und Schreiben und ähnlichem. Sytin lieferte als Vertragspartner von Narkompros die in Neuauflagen herausgebrachten, bewährten Lehrbücher aus der Vorrevolutionszeit. Weiter konnte er Volksmärchen in Neuauflage herausbringen –

»Der Fuchs, der Hase und der Hahn«, »Der Wolf und die sieben Geißlein« und so fort.

Auch einige Kinderbücher brachte der Verlag heraus, obwohl die Rechte der Klassiker insgesamt auf die staatlichen Verlage übergegangen waren. So konnte Sytin 1918 Tolstois erstes und zweites »Russisches Lesebuch« in Neuauflagen herausbringen. Auch die Auslieferung, zum Teil sogar Neuausgaben ganz und gar unrevolutionärer und trivialer, aber populärer Schriftsteller ging weiter – »Der kleine Lord« und Romane von Lydia Čarskaja. Neuauflagen erlebten auch die berühmten Sytinschen populärwissenschaftlichen Bücher wie »Schuhmacherei selbst erlernt«.

Auch wenn der Narkompros im April 1919 die Entfernung der gesamten Lubok-Literatur angeordnet hatte, die »den Bedürfnissen und Aufgaben der heutigen proletarischen Kultur« nicht entsprach, so unternahm Sytin doch den Versuch, eine Serie »Neuer Lubok« herauszugeben. Er fand dabei teilweise Unterstützung, insofern zugegeben wurde, daß der Lubok als die erste Stufe beim Erlernen von Lesen und Schreiben hilfreich sein könnte. Insgesamt sind in der Reihe »Neuer Lubok« rund hundert Broschüren erschienen, darunter Texte von Gorki, Rubakin, Belousov. Schließlich wird die Produktion aufgrund von Papiermangel eingestellt. Auch die Kalenderproduktion nahm Sytin wieder auf, unter dem Verlagsnamen des Zentralen Exekutivkomitees freilich, aber mit einem Hinweis auf seine Druckerei.

Die Neue Ökonomische Politik, die im Buchhandelssektor, der als besonders empfindlich galt, erst später einsetzte, brachte eine gewisse, freilich nur vorübergehende Wiederbelebung des Verlags- und Buchhandels. Die Verlage sollten sich neu registrieren lassen, um die Zulassung zum Herstellen und Verkauf ihrer Bücher zu bekommen. Am 22. November 1921 wird auch die »Genossenschaft I.D. Sytin und Co.« wieder zugelassen.[66] Doch war dies keine Rückkehr zum alten Zustand mehr: Die großen Buchhandlungen von einst waren zu armseligen Läden geworden; der Löwenanteil der Buchproduktion entfiel auf Gosizdat und andere staatliche Verlage.

Der Staatsverlag war auf Erfahrung, Mittel und ausländische Beziehungen der alten Verlage angewiesen, wie umgekehrt auch die privaten Verlage nur eine Chance zum schieren Überleben hatten, wenn sie in irgendeiner Weise mit Gosizdat kooperierten. Die »Buchgenossenschaft des Jahres 1922«, in der Gosizdat, drei weitere Privatverlage, darunter Sytin, aufgingen, war der Versuch einer solchen Kombination. Doch war angesichts des allgemeinen Mangels, der die staatlichen Verlage fast ebenso betraf wie die privaten, diese Kooperation nur ein Notbehelf.

Sytin wußte das und erklärte sich bereit, seine Beziehungen zum Ausland zu nutzen, um Kapital nach Rußland zu bringen – eine auch in der sowjetischen Führung umstrittene Sache, da Konzessionen oder Kapitalanlagen als Form einer neuen Abhängigkeit oder gar Intervention aufgefaßt wurden. Deshalb schlägt auch Sytins im Herbst 1922 gemachter Vorschlag, Verbindung zu Stinnes in Berlin aufzunehmen und per Konzession die Errichtung einer Papierfabrik in Karelien durchzusetzen, fehl. Als Mißerfolg endet auch eine Reise nach Amerika, die der Organisierung einer Verkaufsausstellung russischer Gemälde und Kunstwerke galt. 1923 – ein Jahr nach der Gründung – wurde die »Genossenschaft des Jahres 1922« als wenig erfolgreich und überflüssig bezeichnet und aufgelöst.

Auch die letzte Dienstreise – die 1925 nach Berlin führte – endete mit einem Mißerfolg, Stinnes war verstorben und kam daher als Verhandlungspartner nicht mehr in Frage.[67]

Sytin zieht sich – auch aus gesundheitlichen Gründen – danach fast vollständig zurück, um seine Memoiren zu schreiben; er bittet Gorki, sie als Vermächtnis zu veröffentlichen. Der Rat der Volkskommissare gewährt dem alten Mann 1927 »in Anbetracht der Verdienste Sytins auf dem Gebiet des Verlagswesens und der Volksaufklärung« eine persönliche Rente, die bis zu seinem Tod am 23. November 1934 zweimal erhöht wurde.[68]

Es ist ein mühseliger und vielleicht auch überflüssiger Streit, ob die Sowjetrevolution das Sytinsche Erbe in sich aufgenommen oder vernichtet hat. Sytin gehörte als aktive Kraft dem Prozeß der Umwälzung an, er war ein Mitwirkender und damit auch Betroffener. Eine Analyse könnte nur herauszufinden versuchen, was an Bildungselementen in der Person Sytins und seines Werks in diesen Prozeß eingeflossen, »investiert« worden ist, und wie weit diese getragen haben. Er verkörpert ganz und gar ein neues, modernes Rußland, auch wenn er zum Zeitpunkt der Revolution bereits das Pensionsalter erreicht hatte. Er vertraute auf seiner Hände Arbeit und seinen Kopf und forderte dies auch von all denen, mit denen er zu tun hatte. Er kam aus dem Dorf in die Stadt und konnte daher die Brücke schlagen von der Stadt ins Land hinaus.

Er kannte die Hausierer und bildete sie fort zu einem modernen Netz des Zeitungs- und Buchvertriebs entlang den Eisenbahnen. Er konnte sich nicht freimachen von dem Geschmack und den Vorlieben, die im Milieu seiner Kindheit geprägt worden waren; doch der Umgang mit anderen, die Erfahrung der ganz anderen Welt Moskaus und noch mehr Sankt Petersburgs erlaubte ihm, darüber hinaus zu sehen und dem naiven Lubok Werke bewunderungswürdiger Gelehrter zur Seite zu stellen. Buch und Zeitung waren ihm nie selbstverständlich gewesen, sondern ein Kulturgut – auch wenn es nur »Tarzan im Dschungel« von Barrows gewesen ist. Weil er die Hindernisse und Hemmungen – sowohl materieller wie psychologischer Art – kannte, konnte er sie auch überwinden.

Im Umgang mit den Großen schlug Sytin jenen Ton an, der noch herrschen konnte in einer Gesellschaft, die nicht von der Klassenspaltung und Klassendifferenzierung durchformt und rationalisiert worden war. Selbst gegenüber Rasputin, den er rein interessehalber besuchte, nimmt er es sich heraus, von Du zu Du zu sprechen und sich von dem »Mužik am Hof« nicht hinters Licht führen zu lassen – er kennt das Dorf nicht weniger als »Grischa«. Seine Lehrbücher »bereiten die Revolution vor«, wie Puriškevič richtig bemerkt hatte, und doch nimmt er es mit seinen Pflichten als Starosta einer der Kreml-Kirchen sehr ernst.

Weil er selbst einen beeindruckenden Weg zurückgelegt hat, weiß er, was er von seinen Mitarbeitern und seinen Arbeitern fordern kann. Er traut ihnen nicht weniger zu als sich selbst. Wie oft beklagt er sich darüber, daß dieser russische Arbeiter der beste der Welt sein könnte, würde ihm nur die rechte Ausbildung und Förderung zuteil. Seine ganze Wirtschaftsführung, so rationell und ökonomisch sie sich ausnimmt, ist indes mehr gefärbt von der Sparsamkeit des Alt-Moskauer Kaufmanns als von der Strategie des Maximalprofits. Es gibt für ihn einen Begriff verlegerischer Ehre und Verantwortung. Er ist – auch darauf hat Rozanov scharfsinnig hingewiesen – ein Kapitalist, der es sich leisten kann, das Kapital kritisieren zu lassen.

Es gibt bei ihm sozusagen eine höhere Wertschätzung des Handgreiflichen, des Gebrauchswerts vor dem reinen Gewinn. Und der Gewinn erscheint nur als Größe der Effizienz, um das ganze Unternehmen expandieren zu lassen – das Unternehmen der Volksaufklärung oder bescheidener: damit binnen kürzester Frist das Volk der Millionen Bauern des Lesens und Schreibens kundig wird. Es hat dies alles nichts mit Idealismus zu tun, sondern einzig mit der Natur und Motivierung eines von vielen, der weiß, daß er nicht der einzige mit diesem Bedürfnis ist. Er kann seinen eigenen Weg als den Weg der vielen aus der nicht selbstverschuldeten Unmündigkeit begreifen.

Die russische Revolution konnte für Sytin nicht die Katastrophe sein wie für viele andere aus dem Buch- und Zeitungsgewerbe. In einem Brief an Gorki schrieb er, soeben aus Berlin nach Moskau zurückgekehrt: »Würdest Du auf unseren Pachom und Erema schauen, würdest Du anders zu sprechen beginnen, man muß nicht vor ihm weglaufen, sondern näher an ihn herankommen, und sieh, wie sein Kopf in Bewegung gekommen ist, genauso als wenn er vor dem Feiertag in die Banja gegangen ist und herausgekommen ist frisch, stark und bereit zu bewußter und verständiger Arbeit – physisch wie geistig. Es ist kindliche Frische, unverdorben noch in seinem ganzen Leben. Und ganz wie ein Kind blickt es um sich, was passiert jetzt weiter?«[69]

Der Verlust des Buch- und Zeitungsimperiums hat Sytin weniger getroffen als der organisatorische Zusammenbruch seiner Produktionsstätten, der Zusammenbruch, die Plünderung der Buchläden und Zeitungsvorräte, überhaupt das Verschwinden des Buchs und des guten Arbeiters. Wie er, der unter dem Zaren von Zensur und Geldstrafen so sehr schikanierte Verleger, über die Schließung seines Flaggschiffs, des »Russkoe slovo«, wirklich gedacht hat, ist unbekannt. Es ist eine Tatsache, daß mit dem Verschwinden dieser wie aller anderen unabhängigen Zeitungen der schwerste Schlag gegen die in den Hauptstädten ausgebildete Öffentlichkeit getan war. Doch dürfte sicher sein, daß ihn weitaus tiefer die Frage bewegt hat, wie unter den neuen Bedingungen die Kräfte zusammenzufassen oder zu reorganisieren seien, die dem Land auf die Beine helfen konnten: lesen und schreiben lernen, arbeiten und wieder arbeiten.

Und in vielem stimmte sein Lebenswerk mit dem überein, was in den Plänen, wenn nicht Utopien der radikalen Intelligencija ausformuliert war: angefangen beim Lernen durch Luboks, über billige Volksausgaben der Klassiker, eine große Volkszeitung, bis hin zum Aufbau von Volksschulen und dem »Haus des Buches«. Auch die Syndizierung und Konzentrationsbemühung, die ja auch Rationalisierung bedeutete, lag ganz im Sinn einer gesamtstaatlichen, national koordinierten und organisierten Unternehmung »Aufklärung«. Es konnte vielleicht sogar ein geheimer Wunsch von ihm gewesen sein, daß einer seiner Verlage nach der Revolution unter den Emblemen von »Zemlja i fabrika« (Land und Fabrik) weiter existieren konnte.

Doch abgesehen davon, daß in der stürmischen Zeit des Umbruchs, des Wegnehmens, Sequestrierens, des von der Hand-in-den-Mund-Lebens, des permanenten Reorganisierens, an die Inangriffnahme einer koordinierten und großangelegten Unternehmung nicht zu denken war, war auch die neue Führungsmannschaft schon von ihrer Herkunft, von ihren Fähigkeiten her kaum in der Lage, Sytins Werk in angemessener Weise weiterzuführen oder auf neue Gleise zu setzen. Es war nicht nur die Zeit der Improvisation, sondern auch die der Verklärung von Improvisation, die Epoche der revolutionären Romantik, in der die Phrase und die Phrasendrescher oft mehr galten als harte Arbeit. Nur wer sich im Unklaren war über die Situation, oder wer nur ein begrenztes Interesse an der Sache hatte, konnte die Meinung formulieren, Sytin sei überflüssig, wie es in nicht nur einer Stellungnahme von entscheidender Stelle zuweilen hieß.[70] Jene, die Sytins »Tarzan« oder »Die neue Frau«-Editionen verspotteten, hatten selbst oft nicht mehr zu bieten als pure Propaganda.

Was im Sytinschen Programm fast unauffällig und zwanglos dahergekommen war – die Verbreitung von Elementarbildung in einem großen, an einen Kolonialwarenladen erinnernden Sortiment –, wurde zwar zum Programm der neuen Macht; doch in der Zeit der größten Not fehlten die Mittel, um es Wirklichkeit werden zu lassen, und als die Mittel vorhanden waren, war es nur noch Belehrung. Sytin war die Triebkraft des großen Unternehmens »Aufklärung« gewesen, ein Rädchen in einer Maschine konnte er nicht sein. Mit der neuen Macht verband ihn, den aufgeklärt-patriarchalischen Verleger großen Formats, das gemeinsame Anliegen der Volksaufklärung; doch die Gangart der aufgeklärten Erziehungsdiktatur konnte er nicht mitmachen.

Pavel P. Rjabušinkij (1871–1924), Aufnahme um 1910

Fabrikkomplex der »Manufakturgenossenschaft P. M. Rjabušinskij und Söhne« in Zavorovo

Gruppe von Arbeitern der Tuchfabrik P. P. Rjabušinskij, Aufnahme um 1910

Leitende Angestellte der Firma Rjabušinskij

VI.

Pavel P. Rjabušinskij

Der patriarchalische Fabrikant als Pionier der Moderne

Es war ein Unglück für das moderne Rußland, daß sich das moderne Moskau nicht mit dem modernen Petersburg zu einem Zentrum fand.Die Rjabušinskij-Familie war innerhalb der Moskauer Kaufmanns- und Industriellengeschlechter gewiß nicht die mächtigste, vielleicht aber die profilierteste, vor allem in der Gestalt des Familienoberhaupts Pavel Pavlovič Rjabušinskij, des 1924 in der Pariser Emigration gestorbenen Enkels des Gründers der Dynastie. Auf dem Höhepunkt seines gesellschaftlichen Engagements hatten die Mitglieder der Moskauer Börsengesellschaft Rjabušinskij eine enthusiastische Gruß- und Dankadresse gewidmet:

»In Ihnen, Pavel Pavlovič, hat der Stand der Industriellen und Kaufleute Rußlands den wahrhaften Dolmetsch seiner Anliegen gefunden, den Dolmetsch seines Protests gegen das im Innern des Landes heraufziehende Gewitter. Entschieden und furchtlos erklang im Protest aller Schichten der russischen Gesellschaft in Ihrer Person die Stimme des Moskaus der Kaufleute und Industriellen. Sie haben klar und deutlich ausgedrückt, was von uns allen so scharf empfunden wurde – daß es so nicht weitergehen kann.«[1] Und es war Pavel Pavlovič Rjabušinskij selbst, der auf einem Bankett anläßlich des hundertsten Jubiläums der Firma der Konovalovs im Jahre 1912 selbstbewußt bekannte: »Es ist an der Zeit, daß die russische Kaufmannschaft ihren Platz als der führende Stand Rußlands einnimmt, es ist an der Zeit, mit Stolz den Titel des russischen Kaufmanns zu tragen, anstatt hinter dem Titel des degenerierten russischen Aristokraten hinterherzulaufen.«[2]

Doch die Äußerung eines neuen Selbstbewußtseins des kapitalistischen Moskaus fällt bereits zusammen mit der Ahnung von einem möglicherweise dunklen Ende. In der als »vertraulich« gekennzeichneten Denkschrift und Firmenbilanz »Über unsere Arbeit« vom Dezember 1916 schreibt Michail P. Rjabušinskij: »Wir durchleben eine tragische Zeit ... Dunkel ist die Zukunft«; Rußland stehe nicht nur im Kampf mit dem äußeren Feind – der Erste Weltkrieg ist schon ins dritte Jahr gegangen –, sondern auch vor einer inneren Katastrophe. Denkbar seien drei Entwicklungen: der Rücktritt der Regierung und ein dadurch ermöglichter gemeinsamer Kampf von Volk und neuer Regierung, Anarchie oder Apathie.

»Im zweiten Fall wird es zu einem Schmachfrieden und unmittelbar politisch-ökonomischen Erschütterungen kommen, im dritten Fall ebenso zu einem Schmachfrieden und in der Zukunft, wenn die politischen Bedingungen sich nicht ändern, zum wirtschaftlichen Verfall. Im ersten Fall wird, wenn die Frist, die uns durch das Schicksal gewährt wird, nicht tatenlos verstreicht und wenn ähnliche Bedingungen wie in den westlichen Ländern herrschen, Rußland die Möglichkeit erhalten, davon bin ich überzeugt, seine Produktivkräfte zu entfalten und den breiten Weg nationaler Blüte und nationalen Reichtums zu betreten ... Schwer fällt die Antwort, was zu tun ist im Fall von Anarchie oder Apathie. In der Anarchie wird unser nächstes Ziel sein, nach Möglichkeit all das zu erhalten, was heil geblieben ist, und unsere Arbeit von vorne zu beginnen. Im Fall einer Volksapathie wird die Aufgabe lauten, bei denen zu sein, die sich vorgenommen haben, das Volk für eine neue Arbeit in Bewegung zu setzen. In jedem Falle werden wir unter keinen Umständen unter jenen sein, die die Hände in den Schoß legen. Im allgemeinen stehen wir schon so nahe vor den sich abzeichnenden Ereignissen, daß wir sie schon kaum mehr sehen können.«[3]

Bekanntlich ist nicht der erste, nicht der zweite, nicht der dritte »Fall« eingetreten, sondern eine Kombination aller drei Fälle auf einmal, ineinander verschlungen: Die Monarchie wird gestürzt, doch auch die Provisorische Regierung der »nationalen Verteidigung« fällt wenige Monate später; es kommt nicht nur zum »Schmachfrieden«, sondern auch zu Revolution, Bürgerkrieg, Anarchie und Apathie. Es trat ein, was der aktive Kern der Moskauer Industriellen sich nie auch nur vorzustellen vermocht hatte: daß sie eines Tages gezwungen sein würden, »die Hände in den Schoß zu legen« – im Exil.

Für einen anderen Rjabušinskij – Vladimir Pavlovič, Drittältester und ebenfalls in der Firmenleitung tätig – lag der Untergang des Moskaus der Kaufleute daran, daß nicht »Männer aufgetreten sind, die die Ideale der Großväter betont haben – den Glauben an die Ideen des Patrons«. Indes: »Diese Männer kamen zu spät ... oder kamen zu früh: die Lawine aufzuhalten, waren sie natürlich nicht in der Lage – und der alte russische Kaufmann ging in der Revolution ökonomisch ebenso unter wie der alte russische Gutsbesitzer.«[4]

Wie gebannt durch die stürmische Bewegung, die aus dem alten, verschlafenen, provinziellen Moskau eine hektische Metropole des Reichs werden ließ, entgeht dem Betrachter fast, daß das »bürgerliche Kapitel« bereits abgeschlossen ist, noch bevor es eigentlich begonnen hat. Das Bild vom Kometen, der bereits verglüht, während er in der Ferne gerade eine leuchtende Bahn beschreibt, trifft auf den schmalen Streifen des »bürgerlichen Rußland« am ehesten noch zu. Es löst sich in dem Augenblick auf, da es sich gerade selbstbewußt konstituiert. Es durchläuft weder eine »Etappe« noch ist es die »Bourgeoisieklasse«, deren Sturz die Voraussetzung für die Errichtung der Arbeitermacht wäre. Die Stilisierung zur »Klasse« ist das Werk derer, die nicht minder in der Verlegenheit waren, eine neue Macht zur Klassenmacht zu stilisieren.

Rjabušinskijs Schicksal ist das der zu früh *und* der zu spät Gekommenen; der Glanz des bürgerlichen Moskaus speist sich aus Energien zweierlei Art, aus der Energie, die im Augenblick höchster Kraftentfaltung freigesetzt wird, und aus der Energie, die nur noch Verlöschen ist. Es stammt daher ein leuchtendes, ja grelles Licht, aber auch eine bläßliche, schwefelfarbene Flamme:

beide zusammen ergeben erst die Beleuchtung, in der der »russische Chozjain« – der patriarchalische Unternehmer – dem Historiker wieder gegenwärtig wird und Konturen annimmt.

Der »russische Bourgeois« ist eine Konstruktion, der russische Chozjain ist eine wirkliche, leibhaftige Gestalt. Die »bürgerliche russische Revolution« ist ein Notbehelf, um die verwirrende Vielfalt des »russischen Knotens« zu vereinfachen. Die komparatistische Perspektive, die soviel auf unser Augenmaß und unser Geschichtsmaß zurechtstutzt, tut ihre Gewaltsamkeit dadurch kund, daß sie dem Fremden und Komplexen Begriffe überstülpt, weil sie vor dem Versuch, dem Fremden einen Ausdruck in der eigenen Sprache zu geben, kapituliert. Die legitimatorische Perspektive vor allem der revolutionären Erben verrät sich daran, daß sie der moralischen Qualifikation vor der historischen Bilanz den Vorzug gibt: eine Klasse ist dann »schwach und feig«. Zuweilen bleibt es auch bei einfachen Tautologien, materialistisch fundiert: Die »Bourgeoisie« in Rußland sei unterlegen, weil sie zu schwach gewesen sei.

Im nichtrussischen Sprachraum gibt es für das Phänomen, das bezeichnet werden soll, keinen Namen, weil es dort nicht existiert: Chozjain. Das russische Wort bezeichnet eine Gestalt, die aus dem Volke kommt, aber es zu etwas gebracht hat; die »Herr im Hause« ist, aber nicht nur die Vorrechte des Herrn, sondern auch dessen Verpflichtungen ernst nimmt; eine Gestalt der Wirtschaft (chozjajstvo), aber doch einer Wirtschaft, in der sich Wirtschaften und Lebenswelt noch nicht gegeneinander verselbständigt haben; er ist Patriarch und Chef eines Konzerns oder Trusts in einem; er besitzt eine Weltanschauung, innerhalb derer das ökonomische Kalkül bedeutend, aber nicht dominant geworden ist; er ist meist religiös; seine Ethik ist geprägt von einer energischen »personalistischen« Person, aber nicht protestantisch; er schätzt die Klugheit und Tatkraft des einzelnen, aber wünscht, daß diese Tugenden zu allgemeinen werden.

Der Chozjain kann ein kleiner, aber tüchtiger Bauer sein, aber auch der mächtigste Mann im Staat. Er ist eine patriarchalische Figur, aber nicht partout altmodisch. Er ist skeptisch gegen den allgemeinen Fortschritt und die damit verbundene Euphorie, doch er überzeugt sich aus eigener Anschauung, daß auch Gewinn gemacht werden kann. Der »russkij chozjain« – insbesondere im »Moskau der Kaufleute« (Moskva kupečeskaja) – ist eine autochthone Gestalt der russischen Gesellschaftsbildung, die nur mit viel Mühe und Gewalt ins Schema der »Bourgeoisie« zu bringen ist.

Halten wir uns daher lieber an den »modernen russischen Patron« – auch das ist immer noch eine Hilfsbezeichnung. Wenn begriffliche Schwierigkeiten solche der historischen Konstitution dessen sind, was »begriffen« werden soll, bleibt kein anderer Weg als zu versuchen, diese Größe nachzuzeichnen. Vielleicht kann ja eine derart »integrale« Gestalt jene Triebkräfte und Motive preisgeben, deren Entfaltung ausschlaggebend geworden ist sowohl für einen grandiosen Modernitätsschub als auch für den Umstand, daß jene Triebkräfte und Motive sich in gänzlich anderer Kombination wiederfanden – unter Ausschluß »bürgerlicher Öffentlichkeit« und der sie tragenden Kräfte. Wir könnten eine Erklärung finden für das, was in den traditionellen Schemata nur als Paradoxien fixiert bleibt; wir könnten Linien ausfindig machen, die weiterführen, auch wenn sie gebrochen erscheinen. Es könnte sein, daß der patriarchalische Avantgardist nur die Kehrseite des avantgardistischen Patriarchen ist.

Im zivilisatorischen Fortschreiten zählt die Kontinuität der Sache mehr als die Namensänderung. Wen interessiert heute, daß die Moskauer Autowerke 1916 von Rjabušinskij gegründet und 1934 von Stalin erweitert wurden? Der »breite Weg der Entfaltung der Produktivkräfte Rußlands« ist gerade von jenen zuerst gedacht und in die Tat umgesetzt worden, die in einem »letzten Gefecht« daran gehindert wurden, eben dies zu tun.

Pavel Pavlovič Rjabušinskij, Vita

Pavel Pavlovič Rjabušinskij, am 17. Juni 1872 geboren, ist der älteste von neun Söhnen und dreizehn Töchtern, die aus den zwei Ehen des Pavel Michajlovič Rjabušinskij hervorgegangen sind. Er war damit das Haupt der dritten Generation einer Moskauer altgläubigen Kaufmannsfamilie, die ihren Wohlstand mit Baumwoll- und Leinenhandel, mit Wollfabriken und mit einer Spinnerei im Kalugaer Gouvernement, woher die Familie ursprünglich stammte, gemacht hatte. Von den Jahren nach 1870 an bildete ein Fabrikkomplex in Vyšnij Voloček an der Eisenbahn Moskau–Petersburg das Zentrum des Unternehmens, das 1887 die Form einer »Manufakturgenossenschaft P.M. Rjabušinskij und Söhne« angenommen hatte. Um die Jahrhundertwende beschäftigte die Genossenschaft bereits 2500 Arbeiter und zählte 70000 Spindeln und 1200 Webstühle.

Nach 1900, elf Jahre nach dem Tod von Pavel Michajlovič Rjabušinskij, expandierte das Unternehmen unter Leitung Pavel Pavlovičs in Bereiche, die es zu einem gemischten und vielfältigen, jedenfalls zu mehr als einem bloßen Textilunternehmen machten. 1901 werden die Rjabušinskijs Hauptaktionäre der Charkower Landbank, die im folgenden Jahrzehnt zwölf Filialen vor allem innerhalb der zentralen Industrieregion und im Nordosten eröffnet. Als Rjabušinskij-Bankhaus, geleitet von den sechs Brüdern, macht sie – mit Ausnahme der Revolutionsjahre 1905 und 1906 – beträchtliche Gewinne, die sich auf eine Dividende von rund sechs Prozent einpendeln. 1912 wird die Bank in die »Moskauer Bank« umgewandelt.

Ein anderer Zweig für Rjabušinskijs Investitionen waren die Produktion und der Vertrieb von Leinen. Kurz vor dem Krieg erwarben die Rjabušinskijs die Lokalov-Leinen-Manufaktur und dominierten damit den Flachs- und Leinen-Exportmarkt. Hinzu kamen ferner ein Verlagshaus, eine Papierfabrik und Glasfabriken sowie ein Zinkwerk. Während des Ersten Weltkriegs stieg die Rjabušinskij-Familie in den Holzhandel ein und war unter den Mitbegründern der Moskauer Kriegsindustrie-Gesellschaft und der AMO-Autofabriken.[5]

Das »Profil« der Rjabušinskijs tritt indes in der kurzen Zeitspanne zwischen 1905 und 1917 hervor, als Pavel Pavlovič die Arena des gesellschaftlichen Lebens betritt. 1905 wird er Mitglied des Moskauer Börsenkomitees, das lange Zeit von den alten Textildynastien beherrscht war, 1915/16 wird er sogar dessen Vorsitzender. Außerdem wird er Vorsitzender der neugegründeten Gesellschaft der Baumwollfabrikanten im Jahre 1913. In der ganzen Zeit läßt er es sich nicht nehmen, als eine der Hauptfiguren der Moskauer Altgläubigen bei verschiedenen Kongressen hervorzutreten.

Die wichtigsten Schritte Pavel Pavlovičs in der »gesellschaftlichen Arena« sind jeweils kennzeichnend für die Haltung eines nicht unbedeutenden Teils der Moskauer Kaufmanns- und Industriellenfamilien im Vorkriegsrußland – es ist ein Prozeß der Distanzierung, der Selbstorganisierung, des Übergangs vom Bittstellen zur klaren Opposition – bis hin zur Vorbereitung einer »Palastrevolution« – und letztlich der Versuch, in der prekärsten Situation, angesichts des Zusammenbruchs der Wirtschaft im Weltkrieg, die Mobilisierung der Gesellschaft in die eigenen Hände zu nehmen.

1905 gehört Rjabušinskij zu der Jungtürken-Fraktion der Moskauer Kaufleute, die gegen die bisher ungestört dominierende konservative Moskauer Kaufmannschaft Front macht und politische Freiheiten fordert. Zusammen mit anderen Moskauer Kaufleuten wie Alexander I. Konovalov versucht Rjabušinskij einen Allrussischen Handels- und Industriekongreß zu organisieren und so die Basis für eine »bürgerliche« Partei zu schaffen.

Nach dem Scheitern der Revolution von 1905, nach dem Kompromiß, der eine Art des Scheinkonstitutionalismus hervorbrachte, geht er für eine gewisse Zeit den Weg der verhaltenen Opposition und konstruktiven Kritik, wie sie die Partei der Oktobristen formuliert hatte. Doch nach der Auseinanderjagung der I. Duma setzt er sich wieder von den Oktobristen ab und schließt sich dem Zentralkomitee der kleinen und gemäßigt liberalen »Partei der friedlichen Erneuerung« an.

Von da an verfolgt er eine eigene Linie der Sammlung und Konsolidierung des »bürgerlichen« und liberalen Spektrums. Dem sollte vor allem die Gründung der Zeitung »Utro Rossii« dienen, für die er selbst häufig unter Pseudonym schrieb, sowie gezielte Versuche, Einfluß in der intellektuellen Szene Moskaus zu erlangen – etwa in der Form von »ökonomischen Gesprächen«, bei denen Professoren, Publizisten und Industrielle und Politiker zusammentrafen, meist in den Privathäusern von Rjabušinskij und Konovalov. Die Formung einer Partei der »Progressisten«, die sich sowohl von den »Konstitutionellen Demokraten« links wie von den »Oktobristen« rechts absetzten, gelang in den Wahlen zur IV. Duma, zwei Jahre vor Ausbruch des Ersten Weltkriegs.

Rjabušinskij begrüßte wie die meisten anderen Industriellen den Ausbruch des Kriegs, um endlich frei zu werden vom Einfluß ausländischen, vor allem des deutschen Kapitals, und die eigenen Kräfte zu reorganisieren. Rasch –

und unter den Eindrücken, die er mit seinen Rot-Kreuz-Einsätzen an der Front mitbekommt – ahnt er jedoch die katastrophale Desorganisation und Zerrüttung, in die das zaristische Rußland hineintreibt. Es war seine Initiative, auf dem IX. Kongreß der Vereinigung für Handel und Industrie im Mai 1915 die Zentralen Kriegsindustrie-Komitees zu organisieren, die von der Spitze bis zu Basiskomitees die Wirtschaft »kriegswirtschaftlich« reorganisieren sollten. Rjabušinskij selbst wurde Vorsitzender des Moskauer Kriegsindustrie-Komitees.

1916 verbringt Rjabušinskij längere Zeit auf der Krim, um seine Tuberkulose zu kurieren, aber dann kehrt er nach Moskau zurück, um dort den Allrussischen Verband für Handel und Industrie zu gründen – auch dies ein alter Wunschtraum Rjabušinskijs – und dessen zwei erste Kongresse zu leiten. Diese Tätigkeit nimmt immer mehr fiktive Züge an, weil weder die Provisorische Regierung die Desorganisierung aufhalten kann noch die Industriellen die Arbeiter zu einem »Burgfrieden« veranlassen können. Rjabušinskij flieht nach dem Oktoberumsturz in von Weißen beherrschtes Gebiet und führt im Pariser Exil, als Vorsitzender des Verbands von Handel und Industrie, die Geschäfte weiter – bis zu seinem Tod 1924.[6]

Die Karrieren der anderen Rjabušinskij-Brüder sind ebenfalls bezeichnend für die Entwicklung einer Kaufmannsfamilie in der dritten Generation:

Vladimir Pavlovič, geboren 1873, gehörte ebenfalls der Leitung der Moskauer Bank an und war in denselben Institutionen tätig wie sein älterer Bruder. Zudem war er Abgeordneter der Moskauer Stadtduma und nahm am »Utro Rossii« lebhaften Anteil. Buryškin, der »Biograph« des »Moskaus der Kaufleute«, hebt an ihm vor allem die »innere Familiendisziplin« hervor, eine Art stillschweigende Unterordnung unter den Ältesten Pavel.

Stepan Pavlovič, geboren 1874, leitete die Handelsgeschäfte der Firma, wurde aber bekannter durch seine Eigenschaft als Sammler und Kenner von Ikonen. Er hatte eine der besten Ikonensammlungen in Rußland und galt als große Autorität auf diesem Gebiet. In der Emigration gründete er mit Vladimir später die Gesellschaft »Ikona« und tat viel für die Popularisierung russischer Ikonen und Malerei. Von Stepan war auch 1913 zu Ehren des dreihundertjährigen Bestehens der Romanov-Dynastie die Ausstellung alter russischer Ikonen organisiert worden.[7]

Nikolaj, geboren 1877, war ein Künstler, Ästhet, Herausgeber des »Goldenen Vlieses« und bewohnte die legendäre Villa »Der schwarze Schwan« im Petrovskij-Park. Man nahm ihn nicht so recht ernst, nannte ihn »Nikolaša«. Er blieb in Rußland, ohne großen Schaden durch die Revolution zu nehmen.

Michail, geboren 1880, stand ebenfalls in der Leitung der Moskauer Bank, wenn er auch eher bekannt wurde dadurch, daß er das Savva T. Morozov gehörige Haus auf der Spiridonovka, eine prachtvolle Villa, kaufte und mit einer der bekanntesten Moskauer Schönheiten, Tat'jana F. Primakova, verheiratet war.

Dmitrij, geboren 1882, wurde ein bekannter Wissenschaftler auf dem Gebiet der Aerodynamik; auf seinem Gut, in Kučino an der Nižnij-Novgoroder

Eisenbahn gelegen, wurde das erste aerodynamische Laboratorium Rußlands eingerichtet. Er war auch Mitglied der französischen Akademie der Wissenschaften.[8]

Fedor, 1885 geboren, wandte sich ebenfalls der Wissenschaft zu. Auf eigene Kosten – 200 000 Rubel – bereitete er eine Forschungsexpedition auf die Halbinsel Kamčatka vor, an der er allerdings selbst nicht mehr teilnehmen konnte. Er starb 1910.

Rjabušinskij – das Selbstbewußtseins des »Tuchhändlers«

Im Rußland der Vorkriegszeit häuften sich die Feste und Jubiläen. 1913 ließ sich die Romanov-Dynastie von herrschenden Ständen und Volk im 300. Jahr ihres Bestehens feiern. Ein Jahr zuvor – 1912 – gedachte Rußland des großen Siegs über Napoleon im Jahre 1812. Die Festlichkeiten hätten vielleicht nicht einen solchen Pomp und eine so lebhafte Bewegung ausgelöst, wäre die Zeit selbst nicht danach gewesen: In den Balkankrisen und im Balkankrieg 1912/13 eröffnete sich bereits die Konstellation, die wenige Jahre später in den großen Krieg mündete; die Eroberung Konstantinopels wurde nun gedacht. Es herrschte schon regelrechtes Kriegsfieber. Die wirtschaftliche Flaute, hervorgerufen durch Weltmarktturbulenzen, den Russisch-Japanischen Krieg und vor allem die revolutionären Unruhen von 1905 bis 1907, war beendet.

Spätestens ab 1909 befand sich Rußland in einem neuen Aufschwung: Die Stadtbevölkerung explodierte, der Binnenmarkt erweiterte sich – nicht zuletzt durch die Förderung einer leistungskräftigen Bauernschaft im Zuge der Stolypinschen Reformen. Rußland konnte für seine hauptsächlichen Exportgüter – Erze, Holz, Getreide, Lebensmittel – auf dem Weltmarkt gute Erlöse herausholen; die Produktionsmittelindustrie wuchs zwischen 1908 und 1913 um 33,3 Prozent, die Konsumgüterindustrie um 66,7 Prozent. Innerhalb dieser fünf Jahre wuchsen die Grundkapitalien der Industrie um mehr als eine Milliarde Rubel an. Der Landmaschinenbau verdoppelte sich fast, die junge elektrotechnische Industrie steigerte ihre Produktion um mehr als das Fünffache. In der Textilindustrie wurde ein Produktionszuwachs von 66 Prozent verzeichnet. Das Eisenbahnverkehrsnetz wurde in wichtigen Linien vollendet, neue Gebiete wurden erschlossen. Innerhalb von drei Jahren (1911 bis 1913) erweiterte sich das Streckennetz um etwa 3 500 Werst, 8 000 befanden sich im Bau.[9]

An diesem Boom waren, wie schon in den Gründerjahren nach 1890, in starkem Maß auch ausländische Unternehmen und Banken beteiligt: Vom Aktienkapital der zehn größten Banken Rußlands, die fast die gesamte russische Industrie finanzierten, gehörte im Jahre 1914 fast die Hälfte, nämlich

45 Prozent, ausländischen Aktionären, vor allem französischen, englischen und deutschen.[10] War nun nicht offensichtlich geworden, daß auch Rußland endlich den freilich qualvollen, aber doch erfolgversprechenden Weg der industriellen Zivilisation beschritten hatte? War nicht die »industrielle Revolution« der sozialen Gärung zuvorgekommen, die das System aus den Fugen zu heben drohte?

1912 feierte die Firma des Moskauer Kaufmanns und Industriellen A.I. Konovalov ihr hundertjähriges Bestehen, und im selben Jahr hatte die »Manufaktorgenossenschaft P.M. Rjabušinskij und Söhne« das fünfundzwanzigjährige Bestehen ihrer Firma begangen und einen prächtig ausgestatteten Band, der zugleich eine Art Geschichte der über hundertjährigen Rjabušinskij-Dynastie darstellt, herausgegeben – im eigenen Verlag.[11]

Das Jahr 1912 ist in vieler Hinsicht ein »offenes Jahr«: das der scheinbar unangefochtenen Repräsentation von Dynastie und Hof, in der sich ein jahrhundertealtes Zeremoniell ungestört entfaltet; das Jahr des Booms mit in Rußland bisher ungeahnten Wachstumsziffern; das Jahr des Wiederaufschwungs einer in den nachrevolutionären Jahren apathisch und resignativ gewordenen Industriearbeiterschaft und das Jahr des ersten Donnergrollens auf dem Balkan.

Es ist auch das Jahr des Moskaus der Kaufleute, des Keims oder Kerns einer sich formierenden Opposition der Kaufleute und Industriellen, deren wachsender Einfluß sich nicht zuletzt im Stimmenzuwachs der »linken Bürgerlichen«, der Progressisten in den Wahlen zur IV. Duma niederschlug.

In einem Toast auf das Firmenjubiläum der Konovalovs im April 1912 sagte es Rjabušinskij geradeheraus – in Anwesenheit des Vorsitzenden des Ministerrats Vladimir N. Kokovcev: »Nicht auf die Regierung, sondern auf das russische Volk, das so viel zu erleiden hat und auf seine wahrhafte Befreiung wartet!«[12] Dies war nicht das erste Mal, daß Rjabušinskij durch seine Offenheit die Monarchie und die alte Moskauer Gesellschaft provoziert hatte. Und später, als die Moskauer liberale Opposition eine Abordnung zum Zaren schicken wollte, hieß es allgemein, daß Rjabušinskij dabeisein müsse, da er allein auch dem Herrscher die Wahrheit sagen würde; dieser lehnte es allerdings ab, die Abordnung zu empfangen.

Doch Rjabušinskij hatte durchaus nicht die Moskauer Kaufleute und Industriellen als Ganzes hinter sich, wenn er sie aufforderte, endlich »ihren Platz als der führende russische Stand« einzunehmen und damit aufzuhören, dem »degenerierten russischen Adel« hinterherzulaufen. Dies wird deutlich in einem Brief, den der russifizierte Moskauer französische Industrielle Jules P. Goujon an Rjabušinskij voll Anerkennung für dessen Offenheit richtete: »Sie allein haben zur Sache gesprochen, haben von einer Position gesamtstaatlicher Verantwortung und nicht bloß als Kaufmann und Industrieller gesprochen. Es wäre an der Zeit, daß alle Vertreter der Moskauer Kaufmannschaft offen die Wahrheit bekennen und die Maske fallen lassen. Ich beglückwünsche Sie sehr zu Ihrer Entschiedenheit und bin sicher, daß Ihr Vorbild Folgen zeitigen wird.«[13]

Die Moskauer Kaufleute fühlen sich zurückgesetzt, in ihrer Würde und ihrem Einfluß, den sie sich erobert haben, verletzt. Sie verstehen sich immer deutlicher als jene Kraft, auf deren Schultern Rußlands Wohlergehen und Vorankommen ruhe. In einem Leserbrief an Rjabušinskijs »Utro Rossii« aus Anlaß der Feiern zum Jahr 1912 macht sich der Schreiber über die Hilflosigkeit der Intelligencija, ihre Tatenlosigkeit her; er sieht in dem Umstand, daß Adel und Bourgeoisie zusammen auf den »Schultern des Volks« stehen die Ursache für die inneren Konflikte Rußlands und leitet daraus auch ab: »Je eher der Bourgeois allein Herr der Lage wird, desto leichter wird auch das Volk leben können.« Die Alleinherrschaft der Bourgeoisie – das sei indes nicht die Fortsetzung der Herrschaft des Adels in neuer Form, sondern die Eröffnung eines durch keinerlei Barrieren begrenzten Aufstiegs der Tüchtigen und Fähigen. »Der Bourgeois, der sich über andere erhebt, hindert niemanden, es ihm gleich zu tun, verstellt niemandem den Weg nach vorne mit eben den Mitteln, die ihn selbst voran und nach oben gebracht haben – Verstand, Energie, Talent, während der Adlige im Gegenteil eifersüchtig darauf achtet, ja nicht mit anderen Leuten in einen Topf geworfen zu werden, und vom Staat verlangt, daß allein ihm, dem Adligen, die Staatsgeschäfte vorbehalten seien und alle anderen bloß ›smerdy‹ (Sklaven) seien und sich ihm unterordnen müßten.«[14]

Die Entgegensetzung von Adel und Bourgeoisie, die eine Klasse produktiv, die andere parasitär, die eine offen und volksverbunden, die andere kastenmäßig abgeschlossen, die eine voll frischen Bluts, die andere degeneriert, und der Spott über eine in großen Worten schwelgende, aber zu praktischen Taten unfähige Intelligenz, durchzieht Rjabušinskijs oft polemisch und überscharf vorgebrachte öffentliche Stellungnahmen jener Zeit. Natürlich konzentriert sich seine Kritik in erster Linie auf den Staat als den Staat der verbeamteten Adligen und der adligen Beamten, der Pfründe und der Inkompetenz, der Arroganz der Macht. So sagte er auf dem VI. Kongreß der Vertreter von Industrie und Handel am 8. Mai 1912: »Wir, die Vertreter von Industrie und Handel, protestieren prinzipiell gegen die Einengung unseres Handels, gegen die Versuche der Bürokratie, alles in ihre Hand zu bekommen und auf alles die Hand der Bürokratie zu legen.«[15] Dabei weiß Rjabušinskij sehr wohl, daß es nicht immer so gewesen ist, daß die Bourgeoisie »feige« klein beigegeben hat – und daß es ihr immer noch an Selbstbewußtsein und Widerstandskraft fehlte. Als V. Strekol'ščikov, unter seinem Pseudonym und dem alten Hausnamen des Firmengründers Rjabušinskij, äußert er in seiner Zeitung »Utro Rossii« unter der Überschrift »Tuchhändler und Amtsschreiber«, also Bourgeois und Kanzleibürokrat:

»Im Jahre 1905 hat die Bourgeoisie den Leuten des alten Regimes geholfen, die Revolution zu unterdrücken. Doch jetzt beginnt die Reaktion, die nicht weniger barbarisch ist als die Anarchie, ihrerseits den Widerstand der Bourgeoisie zu provozieren. Und nun nehmen die Sieger zur Kenntnis, daß der Kaufmann sich das nicht mehr gefallen lassen will. Zuerst hat man dies als Zufall abgetan, es der Nachlässigkeit und Unaufmerksamkeit zugeschrieben, und der Bürokrat tut so, als ob er das bloß nicht sähe. Doch lange kann man das nicht außer Acht lassen. Der Bürokrat, feig und vorsichtig, wie er ist, rafft sich endlich doch auf und sagt: ›Mein lieber Tuchhändler, geh zur Seite, siehst du denn nicht, daß du meinen hochwohlgeborenen Freund, den Ordnungsbeamten, und mich störst?‹ Und plötzlich passiert etwas Unerhörtes: Der Tuchhändler, der immer so zurückweichlerisch, so schweigsam war, erklärt plötzlich mit aller Bestimmtheit, daß ihm die seltsame Bewegung des Beamten im Kaftan und des Ordnungshüters mit der roten Fourage an der Mütze nicht gefällt, daß er ihm ganz bewußt in den Weg trete und dies auch in Zukunft tun werde.« Und die archaisierende Sprache verlassend, in der der alte Konflikt zwischen Adel und Staatsbürokratie einerseits und dem Kaufmann andererseits ausgetragen wird, ruft Rjabušinskij pathetisch aus: »Doch die Ideen der Bourgeoisie, die Ideen der kulturellen Freiheit – diese Ideen sterben nicht.«[16]

Die Zeit scheint vorbei zu sein, da die Moskauer Kaufleute ihren Ehrgeiz einzig darauf richteten, als die »neuen Bojaren« aufzusteigen, wie es in einem Artikel des Nižnij Novgoroder Blatts »Volgar'« anläßlich der großen Industrieausstellung im Jahre 1896 noch geheißen hatte. »Die Kaufmannschaft vermag alles«, hatte die Überschrift gelautet, und ihre Kraft wurde zurückgeführt auf eine Synthese von Volksverbundenheit, Tatkraft, nationaler Tradition und Aneignung europäischer Bildung.[17]

Doch das alte Regime akzeptierte die aufsteigende und immer mehr das Wirtschaftsleben des Landes prägende Kraft nicht. So meinte Rjabušinskij auf einem der »ökonomischen Gespräche«, einer in den Villen Rjabušinskijs und Konovalovs regelmäßig sich treffenden Versammlung von Industriellen und Intellektuellen: »Es geht nicht bloß um Kapital, Kapital läßt sich auftreiben; es geht um die Bedingungen, die die gesellschaftliche und private Initiative derart bremsen, daß jede Motivation und jeder Appetit verloren gehen. Wo wir hinschauen: überall polizeiliche Bevormundung und Kuratel, überall Beschränkung und Einmischung. Es reicht nicht, ein Programm auszuarbeiten, man muß es in die Tat umsetzen.«[18] Die Bourgeoisie scheint noch etwas Zukünftiges, etwas zu sein, was noch Gestalt annehmen müßte, etwas, von dem bisher nur einzelne ein Bewußtsein haben. In dieser Art klingt jedenfalls eine Neujahrsadresse im »Utro Rossii«, gerichtet »an jene sich festigende, mächtig sich entwickelnde Kraft, die aufgrund der in ihr schlummernden geistigen und materiellen Reichtümer den Adel und die die Geschicke des Landes lenkende Bürokratie schon weit überholt hat«.[19]

Vielleicht ist gerade die Emphase, mit der die Bourgeoisie beschworen wird, ein Indiz dafür, daß es sie bisher eben nur als Idee gab. Doch auch die Idee spricht von einer Aufbruchsstimmung, von einer Zukunft, die sich eine werdende Klasse zutraut: »Wir, die wir eine hehre historische Mission dieser heute erstarkenden Bourgeoisie sehen«, heißt es wiederum in Rjabušinskijs »Utro Rossii«, »grüßen den gesunden, schöpferischen Egoismus, das Streben nach persönlicher materieller Vervollkommnung, nach materiellem Erfolg eines jeden von uns, damit er sich sein Leben selbst gestalten kann. Dieser schöpferische Egoismus – sowohl des Staats wie jedes Individuums, das diesem Staat angehört –, dieser Egoismus allein ist das Unterpfand unserer künftigen Siege, der Siege eines neuen großen Rußland über das Rußland der resignierten Träumereien, der fruchtlosen Bemühungen und der bitteren Mißerfolge.«[20]

Man darf diese Worte nicht nur als »Worte« abtun, sie sind der Vorstoß, ja der Durchbruch einer bis dahin in der russischen Gesellschaft von allen Seiten diskriminierten sozialen Schicht. Es ist in gewissem Sinn der kulturelle oder ideologische Nachholbedarf einer Klasse, die es im Materiellen bereits zu etwas gebracht hatte, öffentlich aber noch immer nicht für voll genommen worden war – weder von den Konservativen noch von den Vertretern der progressiven Intelligencija.

Der russische, speziell der Moskauer Kaufmann ist bis zu diesem Zeitpunkt eher ein Objekt von Verachtung, Neid, Haß, Hohn und Spott als von Anerkennung. Für die ausländischen Handeltreibenden sind es »ehrlose Orientalen«, deren Erfolg allein darauf beruht, daß sie den Partner übers Ohr hauen, so in den Beschreibungen von Herberstein bis Flechter. Für die russischen Aristokraten und Grundbesitzer sind es Parvenus, die um so hochnäsiger in ihre Schranken verwiesen werden, je erfolgreicher sie sind. Für die Intelligencija ist der Kaufmann und Fabrikant der »durchtriebene Geldsack«, der zentrale Typus des »Reichs der Finsternis« – so von Gogol bis Saltykov-Ščedrin, von Tschechow bis Gorki. Auf der Bühne gehörte der Kaufmann zu den klassischen Gestalten, die im Gelächter oder Nieder-Nieder-Geschrei untergehen mußten. Für die Westler war er die Verkörperung unausrottbarer altväterlicher Verstocktheit und Zurückgebliebenheit; für die Slawophilen die Hauptfigur, die die kapitalistische Zersetzung ins russische Land brachte. Als sie es endlich zu etwas gebracht hatten, nannte man sie »Textil-Patrioten«, »Kwas-Patrioten« oder »Textil-Imperialisten«. »Mit einem Wort«, resümiert Peter A. Buryškin die Lage, »man griff die Kaufmannschaft von rechts und von links an.«[21]

Es könnte daher als Zeichen nicht nur von Selbstbewußtsein, sondern schon von »Reife« angesehen werden, wenn sich im Umkreis des Moskaus der Kaufleute eine »Poesie« der neuen Zeit, nicht mehr die der Adelsnester und Adelswappen, herauszubilden begann. Lopachin, jener Kaufmann, der in Tschechows »Kirschgarten« als Agent des Niedergangs auftritt, kommt allmählich aus dem Rechtfertigungsdruck heraus. Rjabušinskijs Zeitung »Utro Rossii« entdeckt die Poesie der neuen Zeit:

»Und ist es etwa keine Poesie, die höchste Poesie im Leben der Kaufleute, nun in diesem Lärm der grandiosen Städte, im Gedröhn der Tausende von Fabrikwerkbänken, im Sirenengeheul unzähliger Züge, ja sogar im Leben des Markttreibens und im langweiligen Leben der ›Speicher‹? Und zeugt es nicht von einer unstreitigen moralischen Kraft in der Tätigkeit dieser Menschen, die aus den niedersten Schichten hervorgegangen sind, dieser Selfmademen im wahrsten Sinne des Wortes, die als ›Handlungsgehilfen‹ angefangen, irgendwo unter der Treppe ihre Schlafstatt aufgeschlagen hatten und dann zu den Königen ganzer Industriezweige geworden sind?«[22]

Rjabušinskijs Ursprünge verweisen zurück auf eine der drei von Dienstleuten, Schmieden, Pferdefuhrleuten und ehemaligen Klosterbauern besiedelte Klostersiedlung Rjabušinskaja des Pafnutij-Klosters bei Borovsk im Kalugaer Gouvernement. Das Kloster war in der zweiten Hälfte des 15. Jahrhunderts gegründet worden und besaß im 18. Jahrhundert rund 350000 Desjatinen Land. Michail Jakovlevič Rjabušinskij, 1786 geboren (unter dem Hausnamen Strekol'ščikov – das spätere Pseudonym, unter dem Rjabušinskij seine Artikel im »Utro Rossii« verfaßte), Sohn eines Dienstboten, kam im Alter von zwölf Jahren in eine Lehre. 1802 zahlt er der Dritten Gilde Steuern, woraus hervorgeht, daß er sich mit Handel beschäftigte – außerdem war es ihm als Angehörigem der Dritten Gilde untersagt, in einer einfachen Kutsche mit mehr als einem Pferd zu fahren. Der Ehe mit einer Holzhändlerstochter entstammen zwei Töchter und drei Söhne. Im Zug der Katastrophe von 1812 weicht Michail Jakovlevič vorübergehend ins Gouvernement Tver' aus. 1814 stellt er die Zahlung seines Gildenbeitrags ein und schreibt sich beim Moskauer Kleinbürgerstand ein. Ab 1827 führt er Rjabušinskij als Familiennamen und kauft 1844 von einem ebenfalls Altgläubigen einen Stand in der Leinenreihe des Kaufhofs.

»Michail Jakovlevič gehört«, so heißt es in der Jubiläumsschrift, »zu der damals nicht gerade großen Schicht von Leuten, für die nicht Macht, Wort und Geld Lebensziel sind, sondern das Geschäft, das zu führen sie sich anschickten. Er gehörte zu jenem Typus von Menschen, der im westlichen Europa die Bourgeoisie geschaffen hatte. Bei uns als einem Land, das noch wenig Kultur aufwies, das über nur wenige schöpferische Kräfte auf dem Gebiet des materiellen Wohlstandes verfügte, findet man diesen Typus am ehesten auf dem Dorf in Gestalt des ›wirtschaftenden Bauern‹, dessen gesamtes Denken, familiäre und gesellschaftliche Haltung nach einem Ausdruck von Gleb Uspenskij der ›Macht der Erde‹ untergeordnet sind, das heißt den Interessen am Ackerbau, von dem der Bauer vollständig in Anspruch genommen ist.«[23]

Michail J. Rjabušinskij erweitert seinen Leinenhandel um den Handel mit Baumwolle und Wolle, pachtet weitere Läden dazu, die er später aufkauft. Er ist als Aufkäufer der Ware bei den Bauern tätig, bevor er selbst zum Verteiler wird. 1846 wird im Gouvernement Kaluga seine erste kleine Baumwollmanufaktur errichtet.

Lebensstil und vor allem Erziehung der Kinder ändern sich wenig. Sie lernen zwar lesen und schreiben. Als aber Pavel, der Violinunterricht bei einem in Moskau zurückgebliebenen Franzosen der Grande Armée erhalten hat, beim Geigenspiel auf dem Dachboden erwischt wird, gibt es tadelnde Worte.

Michail Jakovlevič empfand offensichtlich das Jahr 1812 mit dem Brand Moskaus wie viele andere als einschneidende Zäsur. Die Orthodoxe Kirche, die vorwiegend an der materialen Herstellung der niedergebrannten Kirchen interessiert war, kann die suchenden Geister nicht an sich binden. Michail Rjabušinskij wendet sich unter dem Einfluß der altgläubigen Gemeinde des Rogoškoe-Friedhofs den Altgläubigen zu, deren Gemeinde vom Ende des 18. Jahrhunderts bis 1825 immerhin von 20000 Gläubigen auf 68000 gewachsen war.[24]

Wie wenig gesichert die »Kaufmanns-Perspektive« war, erhellt schon, daß im ersten Viertel des 19. Jahrhunderts viele Fabriken wieder eingegangen waren, weil die Bauern/Arbeiter, die sich freikaufen konnten, aufs Land zurückgingen. Nach der Devise »Alles für die Sache, nichts für sich selbst« entwickelte sich die wirtschaftliche Situation für Rjabušinskij günstig. 1858 besaßen die Rjabušinskijs bereits zwei Millionen Rubel und ein eigenes Haus in der Golutvinskij-Gasse.[25]

Die zweite Generation, die vor allem von dem aktiven Pavel und dem mehr in sich gekehrten Vasilij bestimmt wird, führte die »Sache« der Rjabušinskijs auf breiterer Grundlage fort. Dabei hatten sie zunächst fertigzuwerden mit den Verfolgungsmaßnahmen der Regierung gegen die Altgläubigen – sie verloren nämlich 1855 das Recht, sich in der Kaufmannschaft einzuschreiben. Die »schwächsten Elemente« hätten nachgegeben und seien zur Orthodoxie übergetreten – die beiden Brüder hingegen schreiben sich in der »freien Stadt« Ejsk als Kaufleute ein, und zwar als Kaufleute der Dritten Gilde. Erst nach dem Tod des Vaters, 1858, erhalten sie ihren Status zurück, ab 1863 gehören sie zur Dritten Gilde – bis zu ihrem Lebensende: In Moskau war eine Fabrik in der Golutvinskij-Gasse errichtet worden (140 Webstühle, 140 Arbeiter), in Nasonovsk eine Fabrik mit 600 Webstühlen und 650 Arbeitern und in Čurikov war ein 45-PS-Motor mit 200 Webstühlen aus Manchester eingerichtet worden.

Unter Pavel M. Rjabušinskij – also in der zweiten Generation – zeichnet sich eine langsame Veränderung der hergebrachten Lebensformen ab: Pavel kleidet sich »deutsch«, hat Umgang mit Musikanten, Literaten und Schauspielern des Kleinen Theaters. 1860 war Pavel für drei Jahre zum Mitglied der Duma als Vertreter der Moskauer Kaufmannschaft gewählt worden, 1864 wird er in eine Kommission zur Überwachung des Kleinhandels, 1867 zum Kandidaten der städtischen Deputiertenversammlung des Handelsgerichts, 1871 ins Schiedsgericht des Moskauer Büros der Staatsbank und von 1870 bis 1876 ins Moskauer Börsenkomitee als Mitglied gewählt.

Inspiriert von der Idee des deutschen Handelstags und der Zollunion unternimmt Pavel Rjabušinskij zusammen mit anderen Moskauer Industriellen (T. S. Morozov, V. K. Krestovnikov) einen Gründungsversuch für eine ähnliche Organisation, außerdem versucht er – erfolglos – eine Schule für Berufsausbildung zu gründen. 1870 nimmt der unglücklich verheiratete Pavel in zweiter Ehe Aleksandra Ovsjannikova, die Tochter eines reichen Petersburger Brotfabrikanten, zur Frau und wohnt nunmehr in der Malyj Chariton'evskij-Gasse. Zielstrebig sichert er seinen Fabriken eine unabhängige Brennstoffbasis, kauft Land und vor allem Wald, so daß die Genossenschaft im Jahre 1912 schon 41000 Desjatinen Land besitzt. 1885 wird den Rjabušinskijs der Titel der »erblichen Ehrenbürgerschaft« verliehen.[26]

Die Bilanz der Genossenschaft Rjabušinskij an Ostern 1887 – die Genossenschaft ist anteilmäßig ganz in Händen von Pavel Michajlovič und seiner Frau – beläuft sich auf 2416656 Rubel und 18 Kopeken. Produkte der Firma, Textilien vor allem, werden auf internationalen Ausstellungen prämiert. 1882 wird der Neubau des Fabrikkomplexes in Vyšnij Voloček in Angriff genommen. In den Jahren der großen Hungersnöte zeichnet sich Rjabušinskij durch großzügige Spenden, die Einrichtung einer Volksküche und die Stiftung eines Waisen- und Witwenhauses aus. Er stirbt 1889, seine Frau zwei Jahre später.

Als die Genossenschaft gegründet worden war, waren die Söhne im Alter zwischen zwei und sechzehn Jahren. Alle Kinder erhalten eine solide Ausbildung, zum Teil an der Universität, erwerben sich Fremdsprachenkenntnisse, lernen aber auch wie bisher unmittelbar im Unternehmen selbst. Es ist die dritte Generation der Rjabušinskijs, die das Familienunternehmen nun auf den Höhepunkt führt: Gründung eines eigenen Bankhauses, Neubau des Fabrikkomplexes in Zavorov, Einstieg ins Holzgeschäft, Gewinnung der Vorherrschaft über den russischen Flachs- und Leinen-Export, schließlich Engagement in bisher unternehmensfremden Branchen – Waffen- und Automobilproduktion –, ganz zu schweigen von der führenden Position innerhalb der Moskauer politischen und kulturellen Szene.

Vorbildlich für ein modernes Unternehmen seiner Zeit ist der Fabrikkomplex in Zavorov – ein Monument der modernen Industriearchitektur: an der Eisenbahn gelegen, nahe zu einem Fluß, mit Hauptgebäuden – Weberei, Maschinenhaus, Heizwerk, Baumwollspinnerei, Büros, darüber hinaus Arbeiterwohnhäuser, Angestelltenhäuser, Schule, Krankenhaus, Säuglingsstation und so fort. Der Unterricht an der Schule ist praktisch orientiert, auf die Bedürfnisse der Fabrik ausgerichtet, doch es gibt auch naturwissenschaftliche Kurse, Erste Hilfe, Hygiene-Unterweisungen, Gymnastik, sogar Geschichtsunterricht und natürlich die berufspraktischen Disziplinen (Schlosser, Mechaniker, Weber).[27]

Die bloßen Wachstumsdaten dieses Familienunternehmens lassen kaum sichtbar werden, an welchen Widerständen solch glänzender Aufstieg sich abzuarbeiten hatte.

Der Bauer als Kaufmann, der »Herr im Haus« als Unternehmer

»Wir, die Moskauer Kaufleute«, schreibt Vladimir P. Rjabušinskij, »sind ganz wesentlich nichts anderes als Handel treibende Mužiks, die oberste Schicht des tüchtigen russischen Bauern.«[28] Dies ist insofern sicher eine Übertreibung, als die Moskauer Kaufmannschaft sich auch aus anderen sozialen Gruppen entwickelt hatte: so stehen die Namen der Familien der Čižovs, Del'vigs, Aksakovs, Babsts und Šipovs für jene kleine Gruppe des Adels, die sich schon frühzeitig Manufakturbetrieben, Handel und Bankgeschäften zugewandt hatte. Daneben gab es eine Traditionslinie der eingesessenen Moskauer Kaufmannsfamilien wie die der Tret'jakovs, Krestovnikovs, Četverikovs und Ljamins. Doch prägend ist sicherlich jene Linie geworden, die durch das Einströmen und den Aufstieg der ehemals leibeigenen Bauern, die nicht selten »Sektierer«, also altgläubig waren, bezeichnet ist.

Diese Familien – die Morozovs, Chludovs, Soldatenkovs, Kokorevs und Rjabušinskijs – machten die spezifische Färbung eben der Moskauer Kaufmannschaft und Fabrikantenschicht aus. Wahrscheinlich sind sie jenes Element, das das in Rußland herrschende Ständesystem am meisten in Frage stellte, und dies auch erst zu einem Zeitpunkt, da die Zurückgebliebenheit Rußlands in einem großen Schock offensichtlich und bewußt geworden war – im Krimkrieg 1855/56. Schon bis zu diesem Zeitpunkt ist es problematisch, von einem eigenständigen und selbständigen »Kaufmannsstand« zu sprechen. Dies erklärt sich aus der überragenden und erdrückenden Rolle des Staats in der Geschichte der russischen Gesellschaft. Die Gesellschaft war in »kastenähnliche Kategorien« (Alfred R. Rieber) eingeteilt, in das System des »soslovie« (des Standes), das jede soziale Mobilität erschwerte, wenn nicht unterband.

Das Soslovie-System, das die Stadtbevölkerung in vier Gruppen einteilte – Ehrenbürger, Kaufleute, Kleinbürger und Handwerker, blieb formell bis ins Jahr 1917 intakt, auch wenn die soziale Dynamik es bereits zu einem großen Teil ausgehöhlt hatte. Die Bezeichnung »Stand« oder »Gilde« kann daher nur sehr bedingt in ihrer westeuropäischen Bedeutung angewandt werden. Soslovie blieb bis zum Ende des alten Regimes wenn nicht die bestimmende, so doch eine prägende Selbstidentifikationskategorie der Kaufleute – eher jedenfalls als »Klasse«.

Doch sind die formellen Bestimmungen ihrerseits nur der Ausdruck eines wirklichen Verhältnisses: die engstirnigen und kleinlichen Regelungen und Beschränkungen der Kaufmannsaktivitäten demonstrierten das politische und ökonomische Übergewicht des russischen Staats, der ja auch erster Unternehmer im Land war, und die Vorbehalte der Grundbesitzerschicht. Es ist kein Wunder, daß eine ständig zur Kasse gebetene, aber ihrer Mitspracherechte beraubte Kaufmannschaft in ihrer Akkumulation stark behindert wurde.

Die Einrichtung der Petersburger Börse zum Beispiel war nicht eine »Errungenschaft« des neuen Standes, sondern erfolgte per Dekret Peters I., der solche Einrichtungen in London und Amsterdam gesehen hatte. Die ersten Manufakturen wurden nicht von unabhängigen Kaufleuten, sondern von der Krone oder von Gutsbesitzern eingerichtet – und funktionierten auf der Basis von Leibeigenenarbeit, »Leibeigenschaftsfabriken«.[29] Der Kaufmannsstand blieb bis ins 20. Jahrhundert hinein eher Durchgangspunkt denn Endpunkt einer Karriere. Endziel blieb für viele der Tatkräftigsten nicht die Zugehörigkeit zum Kaufmannsstand, sondern der Aufstieg in den Adel. Rjabušinskij machte sich noch in den Jahren nach 1910 über die »Desertion« der Kaufleute in den Adel lustig. Renommierte Moskauer Kaufleute wurden nobilitiert, so etwa N.I. Prochorov – noch 1913 – und P.I. Gubonin, ein Pionier des Eisenbahnbaus, oder zu Staatsbeamten berufen, so etwa P.I. Ščukin und A.A. Bachrušin.[30]

Welche Folgen gerade die »Desertion« der fähigsten Köpfe aus ihrer »Klasse« für die Ausbildung einer eigenen Identität haben mußte, liegt auf der Hand. Doch war der Zusammenhalt der alten Moskauer Familien nicht nur von staatlicher Seite oder durch die in die Industrie übergewechselten Grundbesitzer gefährdet. Eine weitere als Bedrohung empfundene Kraft waren die nichtrussischen Kaufleute, die durch ihre Verbindungen mit dem Ausland, durch ihren Anschluß an den internationalen Markt, vor allem aber durch merkantiles und unternehmerisches Geschick den traditionellen Status einer ohnehin nicht sehr mächtigen Schicht gefährdeten. Von daher datiert die »hinterweltlerische« Aversion der Moskauer Kaufmannschaft und Unternehmer gegen die Petersburger Gruppe und die Ausländer, die von den baltischen sowie polnischen und südwestlichen Regionen des Reichs Druck auf das Zentrum ausübten.

Bedeutende Figuren des russischen Handels, Bank- und Industriewesens waren Ausländer. Auch diese ethnische Vielfalt der russischen Kaufmannsschicht sollte einer der Gründe werden, weshalb es kaum gelang, zu einer reichsweiten Einigung des »Standes« zu kommen. Die Moskauer wehrten sich lange vor allem durch die Forderung von Schutzzöllen, um gegen ausländische Konkurrenz und die Überlegenheit ausländischer Unternehmer bestehen zu können. Andererseits haben gerade Ausländer eine führende Rolle in der Modernisierung der russischen Industrie gespielt. Der sagenhafte Ruf des Ludwig Knop (1821–1894) aus Bremen, der über Manchester nach Rußland gekommen war, ist in der Redewendung: »Wo eine Kirche steht, da gibt's den Popen, und wo eine Fabrik steht, da ist auch der Knop«, bezeugt.[31]

Als Herausforderung wurde auch der Zustrom der »Handel treibenden Bauern« empfunden. In ihnen trat ein Element auf den Plan, das nicht durch Privileg, sondern durch eigenes Geschick und eigene Arbeit erfolgreich war; es waren nur die tatkräftigsten, die die Loskaufsumme aufbringen oder mit Erlaubnis oder sogar auf Befehl der Gutsbesitzer eigene Manufakturen auf die Beine stellen konnten, es waren die Leibeigenen des Grafen Šeremetev, die das »russische Manchester«, Ivanovo-Voznesensk, begründeten.

Auch hier liegt ein gravierender Unterschied zum frühen bürgerlichen Europa: Dort hatte die Akkumulation ihre Basis in den freien Reichsstädten oder Stadtrepubliken, dort bildete sich das Handwerk in den mittelalterlichen Städten aus. Anders in Rußland: Die ersten Manufakturen standen nicht in der Stadt, sondern auf dem Land, auf den Gutsbesitzungen (oder als staatliche Unternehmungen »mitten im Wald«). Dort produzierte das Land, auf freilich niedrigstem Niveau, und es waren Bauern, die den Warenüberschuß – Handwerksgerät, Töpfereiwaren, Geschirr, Hufe und so fort – in die Stadt brachten. Der Lebensstandard der Masse der Kaufleute lag oft unter dem der Handel treibenden Bauern.[32]

»Auf diese Weise kam bis in die letzte Zeit nicht die Stadt mit ihren Waren aufs Dorf, sondern das Dorf holte sich die Waren in der Stadt.« Bis in die letzte Zeit vor der Revolution hatte sich die Verbindung zwischen bäuerlichem Handwerk und eigentlicher Industrie nicht wirklich aufgelöst.[33] Einer von diesen Handel treibenden Bauern, die ohnehin keine wirkliche Bindung an das Land, das ihnen nicht gehörte, hatte entwickeln können und die nun in die städtischen Gilden strömten, muß auch der Ahnherr der Rjabušinskijs gewesen sein. Man kann für den Anfang des 19. Jahrhunderts sogar von einer »Verbäuerlichung« der russischen Städte sprechen – ein Vorgang, der sich nach der Bauernbefreiung 1861 in viel größerem Maßstab noch einmal wiederholt. Es muß diese Verbindung von russischem Dorfkapitalismus einerseits und den Traditionen der Moskauer Kaufmannsfamilien gewesen sein, die zur Bildung einer Unternehmerklasse führen sollte.

Moskau war immer schon das führende russische Handelszentrum, am Schnittpunkt der großen Handelswege von Süden nach Norden, von Europa nach Asien gelegen, inmitten einer ziemlich homogenen Region, die solch wichtige Städte wie Kostroma, Vologda, Tula, Nižnij Novgorod umfaßte. Was zunächst ein Nachteil war – die Ferne von Sankt Petersburg und die Benachteiligung bei der Durchsetzung und Vergabe von Staatsaufträgen –, erwies sich wiederum als Vorteil für die Herausbildung größerer Selbständigkeit der Handel treibenden Schicht.

Moskau war das Zentrum der russischen Altgläubigen, die immer wieder unter Verfolgungen zu leiden hatten und von daher schon auf Distanz zur Staatsmacht standen. Bis in die allerletzten Tage etwa hatten sich die Rjabušinskijs eine Art »konspiratives Verhalten« bewahrt, auch geschult durch Erfahrungen ihrer Familie – hatten es die Vorfahren ja auf sich genommen, eher auf die Gildenzugehörigkeit in Moskau zu verzichten und nach Ejsk zu gehen, als klein beizugeben. Schließlich gab es in Moskau zwar ebenfalls ausländische Kaufleute und Unternehmer, aber doch nicht in dem Maße wie in Sankt Petersburg oder in der Ukraine oder im Königreich Polen. Eine »nationale Kapitalbildung« hatte am ehesten hier ihren Ort.

Nicht der »Betrieb«, sondern die Familie und das Haus sind das eigentliche Zentrum. Alles Leben spielt sich nach innen ab. Der Kaufmann kleidet sich wie ein reicher Bauer, geht in Kaftan, Vollbart und langem Haar. Die Frauen des Hauses spielen keine öffentliche Rolle. Man schließt sich nach außen ab – so daß das Moskauer Kaufmannsviertel »wie eine Festung im Belagerungszustand« anzusehen ist. Das entscheidende Wort spricht das Familienoberhaupt, der Patriarch, der Leben und Erziehung der Kinder nach alttestamentarischen Regeln leitet. Familien- und Wirtschaftsausgaben werden lange Zeit nicht getrennt. Nicht das Bilanzjahr, sondern das Kirchenjahr ist die Maßeinheit.

Fabriken werden mit Gottesdiensten eingeweiht, selbst die Bahnstrecke nach Sergiev Posad (heute Zagorsk) wird mit einem festlichen Gottesdienst eröffnet. Fabriken und Baumwollspinnereien erhalten Namen wie »Auferstehung« oder »Himmelfahrt«.[34] Geheiratet wird nach Familienbeschluß, die Brautschau findet alljährlich im Mai statt. Die »Ausbildung« wird an Psalmenbüchern, Gebetbüchern vorgenommen, weitergehende Bildung – Erlernen von Fremdsprachen, Kalkulation, »Betriebsführung« – als »Verderbnis« gefürchtet. Der Kredit ist eine eher verdächtige Einrichtung, die man den Deutschen überläßt, Handelsabschlüsse werden mit Handschlag besiegelt und nicht durch formelle Kontrakte. Öffentliche Ämter sind nicht Sache »richtiger Kaufleute«, das überläßt man anderen. Zur Familie gehört nicht bloß der Blutsverwandte, sondern der Gehilfe im Laden, der Kontorleiter, später der Ingenieur und andere Angestellte, auch Arbeiter.[35]

Soweit es bei dieser Lebensform und bei diesem Konservatismus blieb, war die Moskauer Kaufmannschaft in der zweiten Hälfte des 19. Jahrhunderts im Verfall begriffen. Und mehr als einmal trat ihr reaktionärer Charakter hervor: Ob sie nun die Verlegung von Eisenbahnen verhindern wollte, ob sie aufgrund der Schutzzölle von jeglicher Modernisierung ihrer Unternehmen absah oder gegen die Einmischung des Staats in Form von Fabrikinspektoren in ihre Beziehungen zu den Arbeitern polemisierte.

Aber es blieb dabei doch nicht: Die Moskauer Kaufmannschaft ergriff die Initiative, dem ausländischen Kapital die russischen Eisanbahnen zu entwinden und selbst ein großes Programm zu entwickeln; sie war die erste, die von »eigener Kraft« sprach und daß man sich auf das Volk stützen müsse – eine Proklamation, die durchaus nicht nur im Sinne der Slawophilen und der Autokratie war. Sie bewunderte im stillen Amerika, das man in vieler Hinsicht bereits als Vorbild sah, mehr als Europa. Die Moskauer waren jene Gruppe unter den russischen Kaufleuten und Industriellen, die zuletzt zur Konstituierung von Unternehmerverbänden fanden, aber doch die ersten, die eine solche auf gesamtnationaler Ebene vorschlugen und zu gründen versuchten.

Doch dieser Prozeß ist voller Widersprüche: Die Auflösung der alten Kaufmannschaft geht Hand in Hand mit der Konstituierung eines oder mehrerer neuer Typen des Unternehmers: im Extrem sind das die Petersburger, die in beträchtliche Nähe zum »Kolonialherrn« geraten, mit den allerneuesten Industrien und allerneuesten Methoden wirtschaften; im anderen Extrem sind es jene Moskauer Dynastien, die so weitermachen wollen wie bisher. Rjabušinskij steht für jene Kräfte, die versuchen, einen Weg im Dilemma der Modernisierung und Industrialisierung zu finden: Man bedient sich nun betriebswirtschaftlicher Erkenntnisse, macht eine Art »Marktforschung«, bildet das Personal aus, läßt den Arbeitern eine gewisse Ausbildung zukommen, die Firmenchefs gewinnen ein neues Aussehen – sie kleiden sich »deutsch« –, und die zweite Rjabušinskij-Generation stellt bereits wichtige Vertreter in den Kaufmanns- und Unternehmergremien Moskaus.[36] Man kann von einem bestimmten Ethos und Habitus der Moskauer Kaufleute und Unternehmer sprechen, die in vielem dem gleichen, aus dem die protestantische Ethik hervorgewachsen war, doch ohne deren Rigorosität: Der Asketismus des altgläubigen Kaufmanns hielt sich an die großen Fasten, war aber kein durchgängiges Lebensmuster. Anders als der Protestantismus, der das Geldverleih- und Kreditgeschäft sanktioniert und den Kapitalismus so zu einer neuen Blüte geführt hatte, stand im Bereich der Orthodoxen Kirche der Kredit immer unter »Legitimationszwang«, Wuchergeschäfte waren ganz und gar diskriminiert, der Kredit wurde nur ausnahmsweise zugelassen – so bei der Kolonisierung des russischen Nordens. Der Kaufmann brauchte sich seines Reichtums nicht zu schämen, aber er legte nicht jene verächtliche Haltung den Armen und Elenden gegenüber an den Tag, wie sie im westlichen Kapitalismus üblich geworden war. Wohltätigkeit ergab sich aus dem Reichtum, war eine Selbstverständlichkeit.

Der altgläubige Kaufmann war stolz darauf, daß er »sein Volk ernähren konnte«, und die Arbeiter seines Unternehmens verehrten ihn dafür, daß er Chozjain war.[37] Der »Wirtschaftspatron« denkt an seine unmittelbare »Gemeinschaft«, für die er Verantwortung übernommen und mit der er seinen Erfolg gemacht hat, er ist in strengem Sinne unpolitisch. Er ist ein Anhänger des produktiven Kapitals und skeptisch gegenüber dem Bankkapital, speziell dem Zins. Für ihn sind die »Menschen alles«. Mehr als einmal tauchen in den Firmenbeschreibungen der Rjabušinskijs »personalpolitische« Richtlinien auf, eine Art Verallgemeinerung aus der eigenen langjährigen Praxis. Man begreift bei solchen Einteilungen der Menschen nach ihrer Stellung im Betrieb, ihrer Haltung zur Arbeit, daß hier noch nicht die »Klassenteilung«, das Oben und Unten dominierend geworden ist. Es ist nichts anderes als eine Form der Bildung eines Wirtschaftskaders, wenn wir bei Vladimir P. Rjabušinskij etwa lesen:

Die grundlegende Beziehung, nach der sich Menschen qualifizieren lassen, sei die zum Eigentum; und zwar unterteilten sie sich in fünf Gruppen – das sind die »Wirtschafter mit Leib und Seele«, »die Organisatoren der Arbeit, die Schöpfer der Werte und die Sammler der Werte der Welt«; Gruppe zwei besteht aus den »Heiligen«, den uneigennützig Arbeitenden, für die die Güter der Welt keinen Wert darstellen – ein Typus, der sich am reinsten in den Äbten der nordrussischen Klöster ausgebildet habe, wovon in Rußland noch eine Erinnerung bestehe, nicht mehr aber im Westen; die dritte Gruppe, das sind die »Neider, die boshaften und unfruchtbaren«; die vierte Gruppe wird gebildet von den Leuten, die keine Ahnung und kein Interesse an der Wirtschaft haben, faul und verschwenderisch sind, Phantasten und lebensfremde Theoretiker, naive Träumer und »Pechvögel«. Die fünfte Gruppe, das ist die passive Mehrheit, ohne bestimmte Meinung und Überzeugung, schwankend in ihren Stimmungen, eine formlose Masse, die je nach Lage sich bald der einen oder anderen der oben erwähnten Gruppen anzuschließen bereit ist.[38]

Noch weiter ausgearbeitet sind die Erfahrungen beziehungsweise Richtlinien von der Bildung eines »Wirtschaftskaders« bei Michail P. Rjabušinskij. Die »Sache selbst und die Ehre« – das stehe im Zentrum jedes Unternehmens. Für ihn zerfallen die Angestellten in neun Kategorien: die mit »Herz und Ehre«, die Klugen, die Vorsichtigen, die Aktiven, die Geschickten, die unmittelbar Zupackenden, die Dummen, die Faulen, die Verantwortungslosen.[39]

Der Chozjain übernimmt die Verantwortung für die Einbeziehung und Qualifizierung »seiner« Angestellten und Arbeiter, vorbildlich in dem großen Ausbildungskomplex der Rjabušinskij-Fabrik in Zarnovo. Wenn die russischen Unternehmer und Kaufleute sich so lange gegen die »moderne Fabrikgesetzgebung« gewehrt haben und wenn in den meisten Fällen der Staat über ihre Köpfe hinweg gesetzgeberisch tätig wurde, dann ist das nicht allein ein Beweis für die »Zurückgebliebenheit«, sondern auch ein Indiz dafür, daß die industriellen Beziehungen noch lange in Bahnen weiterliefen – mit einer gewissen Effizienz und Tragfähigkeit –, wie sie auch schon in der russischen Dorfgemeinschaft existiert hatten. Die Einrichtung des »starosta«, des Ältesten, rührte ja noch von daher, und es ist bezeichnend, daß er erstmalig in den Moskauer Fabriken und nicht in den Petersburger in Erscheinung trat – mit Billigung der Moskauer Fabrikanten.

Das Ende des Mužik und Chozjain zeichnet sich, bevor er vertrieben wird, in dem Augenblick ab, da sich Psychologie und Lebensweise ändern, da mit der größeren Disziplin und Ordnung, mit der Durchsetzung des Kalküls auch der patriarchalische Geist »aus den Speichern und Fabriken« vertrieben wird, in dem Maße, wie die große Industrie um sich greift und der Chozjain anonym geworden ist. Mit der Enkelgeneration setzte »die geistige Austrocknung der wirtschaftlichen Aristokratie« ein; der Enkel ist gebildet, kultiviert, weitgereist, »doch seine Seele ist gespalten«, für den »ehrlichen Reichen« hat er nur zynischen Spott übrig. In den Reihen der Moskauer Kaufleute und Unternehmer taucht eine Figur auf, die man bisher nur bei der Aristokratie oder in der Intelligencija hatte sehen können: der »reumütige Kaufmann«.[40] Typisch für die Enkel- und Urenkelgeneration sind jene »nüchternen« und »realistischen« Vorstellungen, die Vladimir P. Rjabušinskij ihnen fiktiv in den Mund legt:

»Ich bin Realist und kein Träumer wie mein armer Vater, und was soll ich eine Sünde verheimlichen, wie der Großvater selig mit seinem heftigen Charakter. Mit Strafen, mit unerbittlicher Entlassung unfähiger Arbeiter hat er erreicht, daß unsere Ware über jeden Zweifel und jede Verleumdung erhaben wurde, die beste der Qualität nach. Das war sehr vernünftig, ganz und gar europäisch, aber er, der Kauz, warf sich stundenlang in seiner Betkapelle auf die Knie, bereute seine Sünden, vergoß Tränen; bat um Gottes Vergebung für seine Strenge; verteilte Geld an die Armen (an jene Säufer, die er verjagt hatte); baute Kinderkrippen, Sanatorien für die Arbeiter. Nicht zu fassen! Wozu soll man sich mit Metaphysik befassen: *Weshalb* bin ich reich, wozu bin ich reich? Ich bin reich und damit hat sich's; zu meinem Glück. Jetzt muß man nur noch rationeller das Geld einsetzen und ganz und gar für sich selbst; natürlich, es gibt Unzufriedene, Arme, Sozialisten, Anarchisten: doch die bourgeoise Ordnung ist solide; um mich selbst brauche ich mir keine Sorgen zu machen, dafür gibt es Polizei und Armee … Der nüchterne Verstand hat den Realisten getrogen: Die Bolschewiki sind gekommen, und sein ›Glück‹ hat sich in einen Mythos verwandelt: Das geschieht häufig mit Leuten von nüchternem Verstand.«[41]

Zweifellos rechnet der Autor seine Familie zu jenen Kräften, die in der Krise nicht vorschnell die Tradition, die »Metaphysik« über Bord werfen wollten. Doch die innere Zersetzung des patriarchalisch-paternalistischen Unternehmens infolge fortschreitender Rationalisierung, die Differenzen innerhalb einer durch Konkurrenz von unten und »Desertion« nach oben stets gefährdeten und dezimierten Schicht, die mangelnde ethnische Homogenität in der Kaufmannsschicht innerhalb des russischen Reichs sowie der polyzentrische Charakter der Kaufmanns- und Unternehmerschicht standen einer organischen Konstitution zur »Klasse für sich« im Weg.

Auf dem Höhepunkt der wirtschaftlichen Machtentfaltung – in den Jahren vor dem Krieg – zeigt sich, daß die »russische Bourgeoisie« einem doppelten Prozeß ausgesetzt ist: dem des Zerfalls und dem der Konstitution. Um so notwendiger erscheint im Augenblick höchster Machtentfaltung, der zugleich die Schwäche einer noch gar nicht zusammengeschweißten Klasse bloßlegt, die »Idee«, die »Metaphysik« von einem spezifisch (nationalen) russischen Chozjain. Der russische Chozjain kämpft um die intellektuelle und kulturelle Hegemonie, nicht nur weil diese gewöhnlich der politischen den Weg bereitet, sondern auch deshalb, weil er im Kulturellen kompensiert, was ihm politisch verwehrt ist.

Kulturelle Blüte: Reichtum und Nervosität

Das moderne Moskau der Jahrhundertwende gedeiht auf dem Boden dessen, was die progressive russische Öffentlichkeit mit der ihr eigenen Einseitigkeit und Arroganz oft genug als das »Reich der Finsternis« denunziert hatte. Die kulturelle Blüte Moskaus in jenen Jahren, die einer stillschweigenden Antizipation des Anspruchs, die russische Hauptstadt zu sein, gleichkommt, ist indes nicht einfach die logische Folge einer zu Reichtum gekommenen Klasse von Unternehmern und Kaufleuten. »Logisch« wäre vielmehr gewesen, wenn die Moskauer Wirtschaftselite alles darangesetzt hätte, es der russischen Aristokratie gleichzutun, ja sie in der Größenordnung des Luxus zu übertrumpfen. Freilich gab es auch innerhalb der Moskauer Kaufmannsdynastien die Art der Nouveaux riches; es gab durchaus den Kaufmann, dessen Ruf sich darauf gründete, innerhalb einer einzigen Nacht eine Million im Nobelrestaurant »Jakor'« mit Zigeunerinnen, Schlittenfahrten und dergleichen Vergnügungen durchgebracht zu haben, aber bestimmend war jener Typus nicht.

Das Moskau der Jahrhundertwende findet zu einem eigenen Stil. Für diesen Stil stehen gerade die führenden Moskauer Linien – und wer führend war, bemaß sich nicht an der Größe der Vermögen, sondern an der Stellung der Kaufleute und Unternehmer im gesellschaftlichen Leben. In der »Rangtabelle«, von der Vladimir P. Rjabušinskij spricht, steht nicht das Kriterium des Reichtums an erster Stelle. »Tradition« heißt hier soviel wie der Gedanke und die Praxis der Wohltätigkeit, die seit jeher Bestandteil des Wirtschaftens gewesen war; ihre moderne Moskauer Form ist das Mäzenatentum in einem nicht nur auf künstlerische Belange gerichteten Sinn.

Das »Wohltätigkeitswesen« ist wohl überhaupt ein spezifischer Zug des russischen Gesellschaftslebens gewesen, von der kaiserlichen Familie und den Großfürsten abwärts bis zu den Kirchengemeinden und Ladenbesitzern – Ausdruck dessen, daß der Staat sich der »sozialen Frage« nicht oder ungenügend angenommen hatte. Die Armen, die Witwen, Waisen, Invaliden, alten Soldaten, Kranken, Abertausende von umherziehenden Pilgern, Saisonarbeitern, von denen das Imperium, vor allem aber dessen Hauptstädte voll waren, konnten nicht mit einer staatlichen »Infrastruktur« rechnen, die sie auffing, sondern waren ganz und gar der »Mildtätigkeit« und »Barmherzigkeit« der Gesellschaft anheimgegeben.

Es ist dies ein Residuum russischer Gesellschaftlichkeit, das erst zu verschwinden beginnt, als mit den proletarisierten und pauperisierten Bauern, den mit System Entwurzelten, eine Armee von Armen in Erscheinung tritt, die staatliches, sozusagen »sozialpolitisches Engagement« nötig macht. Die Vielfalt der Wohltätigkeitsorganisationen im Rußland des späten 19. Jahrhunderts dokumentiert die Intaktheit einer vorstaatlichen Lösung sozialer Problemherde, ist zugleich aber schon die nur noch unzureichende Weise, mit der Lawine des pauperisierten Bauerntums fertigzuwerden. Das Wohltätigkeitswesen und das Mäzenatentum der Moskauer Kaufleute und Unternehmer ist die Form, in der sich der neue Wirtschaftsstand der Gesellschaft und Kultur annimmt, eine moderne und paternalistische Lösung zugleich.

Das legendäre Moskauer Mäzenatentum verliert durch diese Aussage nichts von seinem Glanz, sondern tritt so erst in seiner Bedeutung hervor: Es handelt sich um eine gewichtige selbständige Initiative der Gesellschaft, die nicht nur Liebhaberei und Leidenschaft für französische Impressionisten umfaßt, sondern auch den Bau von Krankenhäusern, Laboratorien, städtischen Herbergen. Das Moskau der Kaufleute führt eine alte Tradition fort und prägt sie doch entscheidend um. P. A. Buryškin, selber ein Abkömmling dieses »Moskaus der Kaufleute«, hat die glänzende Liste selbständiger Initiativen der Moskauer Wirtschaftselite mit Bewegung aufgeschrieben, und an *diesem* Beitrag bemaß sich schließlich der »Rang« der Moskauer Dynastien.

Für all das sind die Stiftungen der weitverzweigten Morozov-Familie charakteristisch: die Universitätskliniken, das Institut für Krebsheilung, die Psychiatrischen Kliniken, das Kinderkrankenhaus, die Städtische Entbindungsklinik, das Armenhaus, eine Handwerksschule, ein Museum für Handwerk, eine Spinnereiabteilung der Moskauer Technischen Lehranstalt samt einem Lehrstuhl.[42] Solche Stiftertätigkeit trifft – wenn auch nicht in demselben extensiven Sinn – auf die meisten der zwei Dutzend Moskauer Kaufmanns- und Unternehmerfamilien zu, die »das Sagen« hatten.

Wenn es jedoch, wie Michail Pogodin schon 1856 gesagt hatte, »keine Kaufmannschaft in Europa wie die Moskauer« gegeben hat, dann vor allem dank ihres Engagements in der Kultur – wiederum als Stifter, als Sammler, Mäzene, ja sogar durch selbständige Leistung. Wiederum läßt sich eine herausragende Figur nennen: Savva I. Mamontov, der mit dem »Kreis von Abramcevo« im Ausgang des letzten Jahrhunderts die russischen Modernen sammelte und einen Fokus von unvergleichlicher Produktivität schuf, Talente um sich sammelte, die er bei sich selbst als begnadetem Dilettanten nur unzureichend ausgebildet fand. War er selbst doch nicht nur Geldgeber, sondern agierte bald als Regisseur, als Musiker, Dramatiker, Übersetzer, Sänger und Bildhauer. Bedeutende Maler wie Ilja E. Repin und Michail A. Vrubel', Bühnenbildner wie Konstantin A. Korovin, Schauspieler wie Konstantin S. Stanislavskij und der junge Sänger Fedor I. Schaljapin – sie alle gehörten dem »Kreis von Abramcevo« an.[43]

Um einen Eindruck von der Vielfältigkeit der kulturellen Aktivitäten der Moskauer Kaufleute zu bekommen, muß man sie im einzelnen – wenn auch nur kursorisch – durchgehen.

Einer der Morozovs gründete in Moskau das legendäre Museum für zeitgenössische französische Kunst mit frühen Arbeiten von Picasso, Werken von Matisse und Gauguin. Aleksej V. Morozov war ein kenntnisreicher Sammler europäischen Porzellans. Arsenij und David Morozov förderten die Zeitungen »Golos Moskvy«, »Russkoe delo« und »Russkoe obozrenie«. Varvara A. Morozova richtete die seinerzeit berühmten und von der Obrigkeit mißtrauisch beobachteten Arbeiterkurse (Prečistenskie kursy) ein; sie galt in Moskau als der Prototyp der emanzipierten und liberalen Frau. Margarita Kirillovna Morozova war die geistreiche und gebildete Gastgeberin der Moskauer Religiös-Philosophischen Gesellschaft, in ihrem Salon traf sich die Elite der Moskauer Intelligencija.

Vielfältig sind auch die Aktivitäten der Bachrušins: Aleksej P. Bachrušin war ein professioneller Büchersammler und vermachte seine Sammlung der Rumjancev-Bibliothek und dem Historischen Museum, Aleksej A. Bachrušin richtete das russische Theater-Museum ein, Sergej A. Bachrušin hatte eine Sammlung von Tabatieren, Gravuren und Vrubel'-Bildern aufgebaut. Der mit dem Historiker Ivan E. Zabelin eng befreundete Nikolaj A. Najdenov, Vorsitzender des Moskauer Börsenkomitees und der Moskauer Kaufmannsgesellschaft, gab eine mehrbändige Geschichte der Moskauer Kaufmannschaft und der Moskauer Kirchen heraus. Die Brüder Tret'jakov taten nicht nur viel für den Ausbau Moskaus zu einer modernen Industriestadt, sondern vermachten schon früh ihre Sammlung russischer Malerei der Öffentlichkeit. Unter den elf Kindern der Ščukin-Familie brachte es Sergej J. Ščukin mit seiner Sammlung französischer Malerei – vor allem Gauguin, van Gogh, Matisse, Renoir und Cézanne, Monet und Degas – zu großem Ruhm.

Die Alekseev-Familie hatte Moskau bereits zwei Bürgermeister gestellt, die tatkräftig an den Ausbau der städtischen Infrastruktur (Wasserleitung, Kanalisation, Bahnhöfe) gegangen waren. Ihr berühmtester Nachfahre ist aber der Schauspieler und Regisseur Stanislavskij. Von den Rjabušinskijs war schon die Rede in ihrer Eigenschaft als Herausgeber einer Zeitung, Gründer der Ikonensammlung, Herausgeber der Avantgarde-Zeitschrift »Goldenes Vlies«, Auftraggeber der Moskauer Jugendstilarchitekten und Mitinitiatoren der Ökonomischen Gespräche.

Lassen sich für die Vielfältigkeit einige Akzente benennen? Zum einen scheint es eine gewisse Richtung zu geben, die von den Mäzenen gefördert wird. Es ist unbestreitbar die »russische Kunst«. Der Kreis, der sich in

Abramcevo bildet, die Sammlungen Tret'jakovs, die Ikonensammlungen und so fort – es scheint, als würde hier die russische Gesellschaft nach einer langen Ära der Selbstentfremdung, der Überfremdung und der Fixierung auf das fremde, westliche Vorbild kulturell zu sich selber finden. Die Sammlungen westeuropäischer Künstler widersprechen dem nicht: Nur ein selbstbewußt gewordener, sich in seiner Eigentümlichkeit begreifender Mäzen konnte auch so frei sein, das Allermodernste im Westen aufzukaufen. Die französischen Modernen fanden bezeichnenderweise nicht in Sankt Petersburg Eingang, sondern in Moskau. Dies dürfte nicht bloß eine Mode, sondern ein ziemlich tiefgreifender Prozeß gewesen sein – baute man doch Bahnhöfe mit Stilelementen Nordrußlands, entwickelte sich doch eine Art »russisches Design«. Es ist eine Bewegung des Sich-selber-Findens ohne die bloß negative und verwerfende Beziehung zur Zivilisation des Westens. Es ist die Erschließung eines neuen Kraftreservoirs – die ästhetische Rehabilitierung des »Ostens«.

Die kulturelle Blüte des Moskaus der Kaufleute wäre wohl nicht denkbar gewesen, wenn nicht innerhalb der Kaufmanns- und Unternehmerschicht selbst Zweige ausgeschlagen hätten, die man als Verfeinerung einer autochthonen Kaufmannskultur bezeichnen könnte. Es findet ein Prozeß der Kultivierung und Intellektualisierung einer Schicht statt, die eine Generation zuvor noch mit einiger Skepsis auf die Errungenschaften der Zivilisation geblickt hatte. Es kann doch kein Zufall sein, daß so viele wichtige Gestalten der modernen russischen Kultur eben aus dem Kaufmannsmilieu stammen. Valerij J. Brjusov, der symbolistische Dichter, kommt ebenso aus dem Kaufmannsmilieu wie Ivan S. Šmelev, ein bedeutender russischer Schriftsteller.

Überall blitzt in den Moskauer Dynastien das eigene, kulturbürgerliche Element auf. Bei den Rjabušinskijs ist es der Ästhet Nikolaj, aber auch der Naturwissenschaftler und »Archäologe«, schließlich Pavel als »Publizist«. Der spätere Schachweltmeister Alechin ist Sohn einer Prochorov-Tochter, wie Stanislavskij stammt auch der Theatermann Nemirovič-Dančenko aus einer Kaufmannsfamilie. Die Beziehungen, die zwischen dem Kaufmanns- und Intellektuellenmilieu hergestellt werden – auch familiär – springen geradezu ins Auge. P. A. Buryškins Schwester, eine »Steinerianerin«, fördert Andrej Belyj, Sergij Bulgakov und Pavel A. Florenskij.[44]

Fast alle Moskauer Kaufmannsfamilien haben in irgendeiner Weise mit dem Moskauer Theater zu tun. Eine Tochter der Uškovs ist mit Sergej Kussewizki verheiratet. Einer der Abrikosovs, den Eigentümern einer bekannten Moskauer Konfekt-Firma, steht in engem Kontakt zu dem Philosophen Vladimir Solov'ev und gibt die bedeutende Zeitschrift »Fragen der Philosophie und Psychologie« heraus. Einer der Botkins war bereits befreundet mit dem radikalen Publizisten Belinskij. Eine Tochter aus der Familie der Jakunčikovs war mit dem Maler Polenov verheiratet.

Indes waren die Beziehungen zwischen Moskauer Industriellen und Moskauer Intellektuellen nicht nur organischer Natur, sondern in vieler Hinsicht auch ein Notbündnis, von dem beide Partner das Vorankommen ihrer eigenen Belange erwarteten – zumindest die Durchsetzung eines konstitutionellen Regimes. Rjabušinskij und sein Mitstreiter Konovalov machen den Kampf um die Intelligencija zu ihrem Programm, verzichten damit auf die traditionelle Abstinenz des Moskauer Kaufmanns in Sachen Öffentlichkeit. Es kommt zu einer Annäherung zwischen Kaufleuten, Industriellen und wichtigen Intellektuellengruppen.

Das Plädoyer für einen »gesunden wirtschaftlichen Egoismus« in Rjabušinskijs Zeitung »Utro Rossii« korrespondierte mit der Kritik der »Vechi«-Autoren an der Geringschätzung der materiellen und produktiven Seite des Gesellschaftslebens in den Reihen der russischen Intelligencija. Gegen die Diffamierung des Wirtschaftsmannes als Parasiten – nicht unüblich in den Reihen der progressiven Intelligenz – hatten sich sowohl Rjabušinskij als auch die »Vechi«-Autoren gewandt.[45] Selbst in der Diagnose – dem Verfall der Stereotypen der linken Gesellschaftskritik – gab es Übereinstimmung. So etwa, wenn die Industriellen-Zeitung »Naša gazeta« feststellt:

»In den fortgeschrittenen Industriekreisen mißt man äußerst große Bedeutung dem sich abzeichnenden psychologischen Wandel im Verhältnis der Intelligencija gegenüber der Industrie bei. Auf ihren Kongresssen und auf ihren Beratungen haben sich die größten Industriellen mehrfach bitter beklagt darüber, daß »die Gesellschaft« auf sie wie auf Fremde blickt und nicht anerkennen will, daß sie eine schöpferische politische Rolle spielen. Noch weniger Sympathien erfreuten sich die Industriellen seitens der Jugend ... Das Symptomatische im Wandel in der traditionellen Beziehung zu den Industriellen wird noch durch die gegenwärtig vorherrschende Stimmung studentischer Kreise vertieft. Ein solch massenhaftes Interesse an der russischen Industrie konnte man in der russischen Studentenschaft noch niemals zuvor beobachten. Die Studentenschaft ist jetzt zum Studium der russischen Industrie von ihrer praktischen Seite her gekommen. Die Geschicke der russischen Industrie an und für sich und nicht nur historische Probleme – das interessiert heute wichtige Kreise der Studentenschaft. Die fortgeschrittensten Vertreter der Industrie haben diese neue Stimmung innerhalb der Studentenschaft bewertet und begrüßen sie. Und wenn gewisse Industrielle auf die Teilnehmer der ›Ökonomischen Gespräche‹ wie auf vor kurzem noch fremde ›Akademiker‹ blicken, dann setzen die Industriellen auf die Studentenschaft die allergrößten Hoffnungen. Endlich wird es also auch bei uns eine eigene Industrie-Intelligenz geben.«[46]

Man kann von einem regelrechten Brückenschlag sprechen, von der Bildung eines Brain-trust in Form der sogenannten Ökonomischen Gespräche, zu denen sich bedeutende Intellektuelle mit den Industriellen Moskaus trafen. Zu den Teilnehmern gehörten Peter Struve, Nikolaj Berdjaev, Sergij Bulgakov, Pavel O. Novgordcev, Maksim M. Kovalevskij, Sergej A. Kotljarevskij. Die meisten von ihnen waren Mitarbeiter des »Utro Rossii«. Aber auch die Industriellen selbst schalteten sich verschiedentlich in die Bildungspolitik der Regierung ein, etwa in dem von sechsundsechzig Industriellen unterzeichneten Protestschreiben gegen die Entlassung von Professoren an der Moskauer Universität.

Diese Zusammenarbeit zwischen Industriellen und Intellektuellen nimmt dann noch einmal – diesmal als ein regelrechtes Notbündnis – Gestalt an in der Zeit der Provisorischen Regierung, als viele der Genannten systematisch in die Propagandaarbeit der Moskauer Industriellengruppe einbezogen werden und Broschüren zu drängenden Fragen der Zeit herausgeben: Berdjaev über »Soziale Revolution und Kirche«, Ustinov über »Monarchie und Republik«, Vyšeslavcev über »Verhältniswahlrecht und Selbstverwaltung« – Anfang August 1917 erscheinen mehr als zwanzig Broschüren dieser Art.[47] Es handelt sich um den vergeblichen Versuch, in der Krise eine Zusammenarbeit zu begründen, die zwischen dem Moskau der Kaufleute und einem Teil der Moskauer Intelligenz praktisch geworden war, die aber offensichtlich für die Masse der Bevölkerung wie auch für die Mehrheit der Intelligencija noch nicht oder schon nicht mehr zur Diskussion stand.

Am deutlichsten tritt jener Zug der Nervosität bei einer Gesellschaftsklasse, die eben erst den Höhepunkt ihrer ökonomischen und kulturellen Potenz erreicht hat, in der Gestalt des Savva T. Morozov hervor, der auf dem »Umweg« über Marija F. Andreeva, eine Schauspielerin des Moskauer Künstlertheaters und Frau Maxim Gorkis, Zeitungen der Bolschewiki finanziert und nach seinem Selbstmord in Nizza 1905 auch einen großen Teil seines Vermögens der revolutionären Partei vermacht. Auch wenn die Morozovs ihn aus der »Familie« ausschlossen, so konnten sie doch nicht eine Tendenz ungeschehen machen, die damit innerhalb der Moskauer Kaufmannschaft leibhaftige Gestalt angenommen hatte: die Gestalt des »reumütigen Kaufmanns«, der von sich sagen konnte, er liebe das Volk mehr als das Geld.

Es handelte sich bei Savva T. Morosov durchaus um keine Ausnahme: Varvara Alekseevna Morozova leitete die Arbeiterkurse; eine Schwester des Aleksej Vikulovič Morozov war mit dem Fabrikanten Schmidt verheiratet und Mutter des späteren Revolutionärs, der in den Kämpfen von 1905 umkam.[48] Und in Rjabušinskijs Überlegungen, 1912 einen großen, alle Parteien überschreitenden demokratischen Block zustande zu bekommen, war auch der bolschewistische Revolutionär Ivan J. Skvorcov-Stepanov eingeschlossen – von Lenin mit dem Auftrag entsandt, bei den Industriellen Mittel für die Finanzierung des Untergrunds zu beschaffen.

Der »reumütige Kaufmann« kann nur dort in Erscheinung treten, wo der große Reichtum die Eierschalen moralischer Verpflichtung gegenüber der Allgemeinheit noch nicht abgestreift hat. Der überkommene, schon leicht altmodisch gewordene Habitus des sich für die weniger Erfolgreichen verantwortlich fühlenden reichen Kaufmanns, sein »schlechtes Gewissen«, verbindet sich bereits mit einem frühreifen Wissen, daß materieller Reichtum nicht alles ist. Nur eine Klasse, die noch keine Klassenkonturen angenommen hatte, konnte derart großzügig sein – auch gegenüber ihren Gegnern.

Rjabušinskij und die Kriegsindustrie-Komitees: Kraftprobe und letzter Versuch

Der Erste Weltkrieg wurde zur großen Völkerschlacht und innerhalb der kämpfenden Länder zur großen Kraftprobe: Würden die alten Regimes in der Lage sein, ihre Völker für den Krieg auszurüsten, zu mobilisieren und würden sie zu geordneten Nachkriegsverhältnissen zurückkehren können, ohne Zugeständnisse an jene, die die Hauptlast in diesem Kampf trugen? Oder sollte der große Völkerkrieg überhaupt nur führbar geworden sein, *nachdem* die alte Ordnung in sich zusammengebrochen oder beseitigt worden war?

In der Ausnahmesituation der Generalmobilisierung zeigt sich möglicherweise am ehesten, in welchem Klassenmilieu Produktionskraft und Organisationsfähigkeit, Resistenz und Identität am meisten ausgebildet waren. Der Krieg wurde als böse Ahnung von jenen aufgenommen, die die Massen in den Krieg geführt hatten: von den Häuptern der alten Dynastien; er wurde von jenen, die in diesem Krieg etwas gewinnen zu können glaubten, als Chance, ja als Wegbereiter für den eigenen Weg nach oben wahrgenommen. Noch in der Vorkriegszeit hatte Vladimir P. Rjabušinskij in der Einleitung zu dem Prachtband »Velikaja Rossija« geschrieben: »Die eiserne Hand des Kriegs fegt von Zeit zu Zeit erbarmungslos all diese Dekorationen beiseite, zerstört den einfachen Weg nach oben und führt zu einer Scheidung zwischen wirklichem Gold und Flittergold.«[49] Diese Scheidung vollzog sich tatsächlich.

Das alte Rußland hatte in diesem Krieg nichts oder kaum etwas zu gewinnen, und dieses Bewußtsein der herrschenden Klasse geriet auch bald zur Zielscheibe – bis hin zum Verdacht, sie wolle mit den Deutschen, an deren Spitze ja der Cousin stand, nicht so recht den Kampf aufnehmen. Sie wurde eher gedrängt, als daß sie sich enthusiastisch in den Kampf gestürzt hätte. Anders stand es mit der Unternehmer- und Kaufmannsschicht des Reichs – sie war mancherorts in einem fast halbkolonialen Ausmaß von ausländischen Kapitalien abhängig, in ihren Verwaltungs- und Ingenieurbüros hatten die Deutschen, die Engländer, Belgier und Franzosen das Sagen. Über russische Konjunkturen wurde oft in Paris, London und Berlin entschieden, aber gerade deshalb bot der Kampf zumal mit den Deutschen die große Chance, endlich auf die eigenen Beine zu kommen, freilich mit Unterstützung – und wie sich bald zeigen sollte – in immer größerer Abhängigkeit von der »Entente«.

»Rußland braucht einen gesunden Militarismus«,[50] dies war wohl der allgemeine Ton der Wirtschaftselite. »Es ist soweit! Krieg mit Deutschland! In diesem großen Moment schart sich ganz Rußland in einer einzigen Woge des Vertrauens und der Zuneigung um seinen Herrn und Führer, der Rußland in den geheiligten Krieg mit dem Feind des Slawentums führt«, hieß es am 4. August in Rjabušinskijs »Utro Rossii«. In den entscheidenden Gremien in der Moskauer Wirtschaft sind Rjabušinskij, Tret'jakov, Kuznecov und andere die Wortführer der Mobilmachung. Wiederum der »Utro Rossii«:

»Es darf keine Minute in der Mobilmachung der gesamten Industrie und in der Ausrichtung aller Fabriken und Betriebe auf die Anforderungen des Kriegs verloren werden. Anforderungen des Marktes und des privaten Verbrauchs haben zurückzustehen, und jedes Unternehmen, das für den Krieg produziert, muß mit Werkbänken und Maschinen aus jenen Fabriken, die keine Verteidigungsaufgaben übernommen haben, versorgt werden. Alle Arbeiter müssen mobilgemacht werden, sie sind in den Kriegszustand zu versetzen und in jene Unternehmen abzukommandieren, wo man sie braucht. In einer solchen Zeit ist die Arbeit an der Werkbank oder an der Maschine genauso nötig und verantwortlich wie der Kampf in der vordersten Linie.«[51]

Für einen kurzen Augenblick scheint vergessen zu sein, daß die Duma, und damit die entscheidende Plattform der liberalen Parteien, der Progressisten und Kadetten, erst vor kurzem aufgelöst worden war. Die Opposition fand sich im Kriegsbündnis wieder, doch nicht um stillzuhalten, sondern um das Regime erneut zu attackieren: wegen seiner Unfähigkeit zur totalen Mobilmachung. Die Agenten der zaristischen Geheimpolizei, die ihre Ohren und Augen überall hatten, berichteten von der neuen und weitaus stärkeren Position der alten Opposition, die sich auf die Niederlagen stützt, die Rußland im Jahre 1915 an der galizischen Front hinnehmen muß.

In einem der Berichte eines Ochrana-Spitzels ist notiert: »Rjabušinskij wandte sich in Anwesenheit der erwähnten Personen mit einer Rede an Čelnokov, in der auf die ernste innere Lage, die das Land durchmache, auf die Talentlosigkeit, die vollständige Untätigkeit der herrschenden Klassen und auf die Unfähigkeit des regierenden Elements, das Land für den Sieg zu organisieren, hingewiesen wurde; sodann bewies er die Notwendigkeit, mit der alle gesellschaftlichen Elemente im entscheidenden Augenblick die gesetzgebende Macht ergreifen müßten.«[52] Von einem anderen Treffen berichtet ebenfalls ein Ochrana-Spitzel: »Die hauptsächlich auf der Versammlung erörterte Frage war die nach der Reorganisierung der Macht auf den Prinzipien einer vor dem Lande verantwortlichen Regierung – eines ›Kabinetts der nationalen Verteidigung‹, das sich auf die Mehrheit in der Staatsduma stützen kann, sowie auf die Vereinigung aller gesellschaftlichen Organisationen, die die Forderung nach einer solchen Reorganisierung der Macht praktisch unterstützen.«[53]

Und noch einmal Rjabušinskij am 25. August 1915: »Heute sind Leute an der Macht, die nicht in der Lage sind, mit der komplizierten Aufgabe der Verteidigung fertigzuwerden, und unsere Aufgabe besteht jetzt darin, durch Druck auf das Machtzentrum eine entsprechende Änderung seitens der Exekutive herbeizuführen.«[54]

Von der Einsicht, daß das »Machtzentrum« keinen Druck auf sich ausüben läßt, ist es eben nur noch ein kurzer Weg bis zur Vorbereitung des Staatsstreichs – Ende 1916 schwirrt die Luft von Gerüchten. So teilt der »Börsenkurier« am 29. November 1916 mit: »Hier, im eigentlichen Zentrum des russischen Handels, ist ganz klar, daß die mächtige russische Kaufmannschaft ein hartes und entschiedenes Programm verfolgt – das Programm der Machteroberung.«[55] »In den schicksalhaften Tagen, die die Geschicke Rußlands besiegeln, muß es mit dem politischen System, das das Land an den Rand des Untergangs gebracht hat, zu Ende gehen. Die Stunde ist gekommen.«[56] Und im »Utro Rossii« vom 14. Dezember 1916 heißt es: »Ausdrücklich im Namen des Siegs müssen wir ganz laut sagen: Mit diesem unter Krämpfen sterbenden Regime gehen wir Tod und Untergang entgegen.«

Und noch etwas deutlicher ebenfalls im »Utro Rossii«: »Die Zeit der Teilzugeständnisse ist ein für alle Male vorbei. Es ist fünf vor zwölf ... Nur eines kann Rußland aus dem alles verschlingenden Morast herausholen – die Schaffung eines Kabinetts der nationalen Verteidigung, die Einsetzung einer Regierung, die das Vertrauen des Volks besitzt.« Doch die Zeitung, die diesen Leitartikel mit der Überschrift »Am Vorabend« am 12. Februar 1917 veröffentlichte und die anderen Blätter, in denen er gedruckt wurde, kamen selbst zu spät. Während die Moskauer Kaufleute noch verhandeln, während ihr Staatsstreichplan mißlingt – der Zar sollte im Zug gefangengesetzt werden – bricht die Revolution aus. Die Revolution überholt die Palastrevolution, das »Schattenkabinett« kommt zwar an die Regierung, doch nur im Schatten des mächtigen Petrograder Sowjet und nur provisorisch.

Das alte Regime war den Anforderungen der modernen Massenmobilisierung nicht gewachsen, seine Niederlage wurde zur Chance der nachdrängenden, bisher von der Macht ausgeschlossenen Klassen. Der russischen »Bourgeoisie« ist die Macht nicht einfach zugefallen, sie hat darum gekämpft, und zwar indem sie den Weg der modernen Massenmobilisierung beschritt. Sie ist ein Glied in der ungeheuren Beschleunigung der Bewegung – und der Umstand, daß die Februarrevolution der Palastrevolution zuvorkam, sagt nur etwas über eine gewichtige Akzentverschiebung aus, nichts über einen »Verrat«. Verkürzt gesprochen: Es war die russische Wirtschaftselite, die den öffentlichen Rahmen schuf, in dem die Arbeiterbewegung innerhalb des »Burgfriedens« in der Kriegszeit an die staatlichen und gesellschaftlichen Belange herangeführt wurde. Daß sie dies mit eigenen Absichten und in der Überlegung tat, sie könne letztlich das Heft in der Hand behalten, ist ebenso selbstverständlich wie es nichts an der Tatsache ändert, die heißt: Die »bürgerliche« Mobilmachung wird zum Generator der sozialen Revolution – wesentlicher, praktischer und folgenreicher als die Direktiven aus den Züricher und Genfer Emigrantenzeitungen.

Das Unternehmen, mit dem der Zusammenbruch der russischen Ökonomie und Verwaltung aufgehalten werden sollte, hieß »Kriegsindustrie-Komitees«. Einer seiner energischsten Betreiber und Vorsitzender des Moskauer Gebietskomitees ist Pavel P. Rjabušinskij – seine Mitstreiter Alexander I. Gučkov und Alexander Konovalov werden die Vorsitzenden des Zentralen Kriegsindustrie-Komitees, das am 25. Juli 1915 zu seiner Gründungssitzung im Saal der Gesellschaft der Eisenbahningenieure in Petrograd mit 231 Repräsentanten aus fünfundachtzig Komitees zusammentraf.[57] Rjabušinskij hatte auf der Sitzung des Moskauer Börsenkomitees im Mai, unmittelbar nach seiner Rückkehr von der Front, wo er für das Rote Kreuz gearbeitet hatte, mit seiner direkten und patriotischen Rede starken Eindruck gemacht. »Der Schnellere wird überleben. Wer zurückbleibt, wird untergehen.«[58]

Formell ging die Initiative vom Industrie- und Handelsverband aus, der sich vorgenommen hatte, »die gesamte ungenutzte Kraft der russischen Industrie für die Befriedigung der Bedürfnisse der staatlichen Verteidigung zu organisieren.« Dies bedeutete im einzelnen: Handels- und Industrieorganisationen zu veranlassen, örtliche Komitees für Erfassung und Koordination der kriegswichtigen Industrieunternehmen aufzubauen, einen Plan für die dringliche Erfüllung von Anforderungen in Rohmaterial, Öl, Transportwesen und Arbeitskraft zu entwerfen. Für die Koordination all dieser Aktivitäten mit den zentralen Regierungsinstitutionen – Ministerium für Versorgung, Transport, Munition und so fort – solle in Petrograd ein zentrales Kriegsindustrie-Komitee eingerichtet werden, das auch Vertreter der Wissenschaft, Technik, der Eisenbahn und anderer wichtiger Zweige zusammenfaßt. Die Kriegsindustrie-Komitees sollten den einzelnen Tätigkeitsgebieten entsprechende Sektionen bilden. »Die Ausarbeitung eines Plans der Hauptaktivitäten, der den örtlichen Organisationen zu vermitteln ist, muß die erste Geschäftshandlung der Komitees in organisatorischer Hinsicht sein.« Die Autoren der Resolution »rufen das ganze Land, Angestellte und Arbeiter auf, einen Arbeitsplan für die Industrie in ruhiger und bestimmter Art mit dem Bewußtsein der vollen Verantwortung, vor die der historische Augenblick die russische Industrie gestellt hat, zu verwirklichen.«[59]

Die Resolution schließt zwar mit einer Loyalitätserklärung an die kaiserliche Majestät, der Sache nach ging es aber bereits um etwas anderes. »Kriegsindustrie-Komitees« war die russische Form der Umstellung auf die Kriegsindustrie, und die Parallele zum Kriegsausschuß der deutschen Industrie oder zum »Munitionsministerium« in Großbritannien lag auf der Hand. Es ging – bei radikaler Verschiedenheit der Voraussetzungen – um dasselbe: eine korporativistische Mobilmachung der industriellen Ressourcen, um die planmäßige Steigerung der Effektivität durch zentrale Koordination und Planung. Die Ära der Planwirtschaft kündigte sich an – durch Rathenaus Mund nicht weniger als durch Rjabušinskij. 1916 gab es 220 örtliche Komitees, die in dreiunddreißig Gebietskomitees zusammengefaßt waren. Zur Versorgung der Armee konnten die Kriegsindustrie-Komitees ungefähr 1300 mittlere und kleinere Industrieunternehmen heranziehen, und sie schufen sich rund 120 eigene Betriebe und Werkstätten.

Das Zentrale Kriegsindustrie-Komitee berührte immer öfter die Prärogative des Kriegsministers Alexander A. Polivanov – und wurde deshalb nicht zuletzt vom Hof als potentielles Ministerium verdächtigt, als Plattform des Umsturzes. Die Kriegsindustrie-Komitees sollten ein Bindeglied, ein Vermittler zwischen Staatsbürokratie und privater Wirtschaft zum Zwecke effektiver Versorgung der Armee sein, vermittelten also auch Staatsaufträge – bis zur Februarrevolution in Höhe von 400 Millionen Rubel.[60]

Unter wirtschaftlichem Gesichtspunkt können die Kriegsindustrie-Komitees nicht besonders effektiv gearbeitet haben, dafür waren sie zu »jung«, zu instabil in ihrer Mittelstellung, vor allem aber entfaltete sich in ihnen ein Widerspruch, der auf Dauer nicht versöhnt werden konnte. Schon am 28. August 1915 hatte Rjabušinskij die Kriegsindustrie-Komitees gegen die Verdächtigungen und Behinderungen durch die Regierung in Schutz genommen und gesagt: »Infolge der Unbestimmtheit der Lage innerhalb des Staats wird innerhalb der Massen und der Arbeiterkreise eine Stimmung erzeugt, so daß nicht ausgeschlossen ist, daß irgendwann die gesamte Arbeit zum Stillstand kommt.«[61] Dabei hatte Rjabušinskij alles getan, um die Arbeiter in die Arbeit der Kriegsindustrie-Komitees hineinzuziehen und so die Straße und die Fabriken für sich zu gewinnen. Anfang 1916 wird sein Vorschlag zur Bildung eines »Allrussischen Arbeiterbundes« vom Kongreß der Kriegsindustrie-Komitees gebilligt – und bis zur Februarrevolution waren dieser Allrussische Arbeiterbund sowie die Arbeiterversicherung die einzigen legalen Arbeitervertretungen im Rußland des Burgfriedens. Von 239 Kriegsindustrie-Komitees hatten sechsunddreißig eine »Arbeitergruppe«. Am 27. Januar 1917 wurde die Zentrale Arbeitergruppe verhaftet, aber auf Einspruch des Zentralen Kriegsindustrie-Komitees wieder freigelassen. Die Arbeiterschaft, inkorporiert in den Mechanismus der Kriegsindustrie-Komitees, stellte die korporativistische Organisation selber in Frage. Die Demonstration, zu der die Zentrale Arbeitergruppe anläßlich der Wiedereröffnung der Duma am 14. Februar 1917 aufgerufen hatte, wird zum unmittelbaren Vorspiel der Revolution.

Die Februarrevolution bringt auch führende Köpfe der Moskauer Wirtschaftselite an die Regierung: Konovalov wird Wirtschaftsminister für Handel und Industrie; Gučkov wird Kriegsminister, Tereščenko Minister für Finanzen – doch die Konsolidierung eines Arbeiter und Unternehmer umfassenden handlungsfähigen Kerns gelingt nicht: Die Arbeiter scharen sich immer deutlicher um die Räteorganisation, das »bürgerliche Moskau« versucht verzweifelt, die Provisorische Regierung zu stabilisieren. Die Kriegsindustrie-Komitees büßen rapide an Bedeutung ein: In der Zeit der Doppelherrschaft ist für eine korporativistisch strukturierte Organisation kein Platz mehr – allenfalls sammelt das Zentrale Kriegsindustrie-Komitee noch die besten Köpfe der wissenschaftlich-technischen und der Verwaltungs-Intelligenz um sich, deren Gedanken bereits auf die »planmäßige Entfaltung der Produktivkräfte« – »Produktivkräfte« heißt auch ihr Zentralorgan[62] – zielen.

Der korporativistische Gedanke zersetzt sich von zwei Seiten: durch die Radikalisierung der Arbeiterschaft einerseits und die Radikalisierung der Unternehmerschaft, die in ihrer Not immer häufiger nach einem starken Staat ruft, andererseits. Rjabušinskij will beides umgehen: Er will – noch – die Arbeiterfrage »ausklammern«, und er will den starken Monopolisierungstendenzen entgegentreten. Fast doktrinär argumentiert er auf dem ersten Allrussischen Handels- und Industriekongreß, der sich am 19. März 1917 im Physik-Hörsaal der Moskauer Universität mit über 1000 Teilnehmern versammelt hat.

»Wir, meine Herren, müssen die von uns anerkannte Macht [die Provisorische Regierung, K.S.], da sie sich noch nicht gefestigt hat, sorgfältig schützen ... Wir, die Vertreter der Handels- und Industrieklasse, müssen wie eine feste Mauer um unsere Regierung zusammenstehen.« Rußland sei noch nicht reif für Monopolisierung und Sozialismus, da selbst Friedrich Engels gezeigt habe, daß Rußland erst noch »durch die Entwicklung der privaten Industrie hindurchgehen muß«. Die Bourgeoisie habe bisher an der Zerstörungsarbeit teilgenommen, jetzt gehe es ans Aufbauwerk. Dies müsse behutsam geschehen. »Wenn das Gebäude nicht ausreicht, dann muß man ein neues errichten, bis dahin aber muß man das alte erhalten, um bei schlechtem Wetter einen Unterstand zu haben. Erst wenn das neue fertig geworden ist, können wir das alte zerstören, da es überflüssig geworden ist. Manchmal ist es richtiger, ein Gebäude nicht zu zerstören, sondern es vielleicht nur umzubauen.«[63]

Rjabušinskijs Plan von einem hocheffektiven, in Maßen zentralisierten Wirtschaftsapparat, in dem letztlich die private Initiative die staatliche dominieren sollte, gerät von zwei Seiten unter Beschuß – von »oben« und von »unten«. Rjabušinskij ist für die Syndikalisierung der Unternehmen, aber gegen die Verstaatlichung des gesamten Wirtschaftsprozesses. »Unserer Meinung nach ist die Provisorische Regierung überfordert, wenn sie die Regulierung aller wichtigen Zweige der Volkswirtschaft in die Hand nehmen würde. Dafür hat sie zu wenig Personal. Man muß an eine Organisation denken, die die staatliche Regulierung und Kontrolle verbinden könnte mit wirtschaftlichem Unternehmergeist und Initiative. Als solche Organisationen könnten Zwangssyndikate dienen, die aus Industriellen bestehen und an denen Vertreter der Regierung, die die Kontrollfunktion ausüben könnten, teilnehmen, die aber nicht die Organisierung der Syndikate selbst übernehmen. Letztere würde in den Händen erfahrener Industrieller bleiben, so daß ein rationelles Funktionieren der Industrie gewährleistet würde.«[64]

Und gegen die Koalition von wirtschaftlichem Unverstand in den Rängen der neuen Regierung einerseits und hemmungsloser sozialistischer Agitation von unten andererseits spricht er jene berüchtigten und mißverstandenen Worte: »... nötig ist die Knochenhand des Hungers und des Volkselends, damit sie den falschen Freunden des Volks an die Gurgel geht, den Mitgliedern der verschiedenen Komitees und Sowjets, damit sie endlich zur Besinnung kommen ... Wir bleiben dabei – und dies wird von den Linken allgemein anerkannt –, daß die gegenwärtige Revolution eine Revolution der Bourgeoisie war (Stimmen: richtig!), daß die bourgeoise Ordnung, die gegenwärtig existiert, noch unvermeidlich ist, und noch einmal unvermeidlich ist, daß man daraus den vollständig logischen Schluß ziehen muß, daß jene Persönlichkeiten, die an der Spitze des Staats stehen, bourgeois denken und bourgeois handeln müssen.«[65]

Rjabušinskij ist im Interesse der Staatsvernunft sogar zu einer gesetzlichen Beschränkung des Profits bereit – aber im Verhältnis von privater Initiative und Staat bleibt er bei der Priorität der privaten Unternehmen. Er bekräftigt ausdrücklich, »daß in allen Basiskomitees, die das ökonomische und finanzielle Leben des Landes lenken, wie immer sie auch heißen mögen, es uns möglich ist, daß wir uns nicht nur artikulieren, sondern in gewissem Sinn auch die Entwicklungsrichtung bestimmen. Wenn es bei uns eine Wirtschaftsordnung gibt und geben wird, dann – so würde ich sagen – muß im

Namen der staatlichen Vernunft den bürgerlichen Elementen ein gewisses Stimmenübergewicht zugesprochen werden.«[66]

Die Kriegsindustrie-Komitees waren der in die Praxis umgesetzte Gedanke, daß die russische Wirtschaftsklasse nur im Verein mit der anderen »modernen Klasse«, den Arbeitern, dem Zusammenbruch Rußlands entgegenwirken könnte – eine gemeinsame Anstrengung gegen eine impotente Staatsbürokratie und die drohende Anarchie. So sah Konovalov die »Rettung nur in einem«: »In der Selbstorganisierung einerseits und in der Organisierung der Arbeiter andererseits. Wenn wir die Organisierung der Arbeiter mit feindseligen Augen betrachten, sie behindern, dann werden wir die Anarchie fördern und den eigenen Untergang beschleunigen. Wenn wir in einem solchen Augenblick den Arbeitern den Krieg erklären, riskieren wir, daß die gesamte russische Industrie in Schutt und Asche gelegt wird … In einem solchen Fall ist der Weg der Versöhnung, der Weg der nüchternen Kompromisse der beiden Seiten nicht das beste!« Doch die Mehrheit der Klasse, der Konovalov angehörte, »war sich selbst nicht im klaren über die furchtbare Gefahr, vor der sie nach dem Krieg stehen würde«.[67]

Das Ende kam noch früher: Die nach dem Oktober 1917 funktionslos gewordenen Gremien der Moskauer Kaufmannschaft hatten nichts mehr zu tun. Man traf sich in Privatwohnungen – meist bei Morozov, in der Šanjavskij-Universität am Miusskaja-Platz oder im Büro des Städtebunds.[68]

Rußland ohne Rjabušinskij

Die Geschichte ist kein Spiel, und daher gibt es in ihr keine Verlierer. Sie ist auch kein Experiment – daher gibt es auch kein Scheitern. Hier wird, wenn überhaupt, am genauesten gemessen und gewogen unter Einsatz aller erlaubten und unerlaubten Mittel, wer auf welchen Platz gehört. Der russische Chozjain ist, wie einer der Rjabušinskijs geschrieben hat, in der russischen Revolution untergegangen. Mit seinem Verschwinden aus dem Ensemble der Kräfte, die Rußland formen werden, ist manches ausgeschieden, und anderes hat sich erhalten.

Es scheidet eine Klasse von Menschen aus, die gerade im Begriff war, sich als Klasse zu konstituieren. Die Kaufmanns- und Unternehmerschicht war wohl die Gesellschaftsschicht mit dem am meisten von allen Seiten angefochtenen sozialen Status und der prekärsten Identität. Sie konstituiert sich zur Klasse in dem Maß, wie sich der alte Stand auflöst, sie entfaltet sich mit eigenen Profilen, ohne zu einem einheitlichen zu finden, sie hat verschiedene Bildungszentren, ohne sich auf ein Kraftzentrum einigen zu können. Sie bleibt – so stürmisch sie sich in den vorrevolutionären Jahrzehnten auch entfaltet – im Schatten und Sog des größten russischen Kapitalisten: des Staats.

Der widersprüchliche Weg der Ablösung aus staatlicher Bevormundung wird immer wieder angefochten von der Flucht in den starken staatlichen Arm. Die staatskapitalistischen Pläne, die vor der Revolution in Rußland grassieren,[69] sind daher ambivalent: Sie sind nicht die höchste Form des Privatkapitalismus, die kapitalistische Vergesellschaftung im Staatsmonopol als Ergebnis eines langen Monopolisierungsprozesses, sondern eher ein Relikt der ungebrochenen Macht des russischen Staates und der Ohnmacht der privaten Unternehmen, eher die permanente Gefahr einer Verschmelzung, Verwachsung, besser: Zurückführung selbständiger Initiativen unter staatliches Kommando.

Angefochten wurde der russische Chozjain schließlich von einer Industriearbeiterschaft, die immer mehr den paternalistischen Lebensgewohnheiten entwuchs und die Schule der »Disziplin« durchlaufen hatte. Doch war es wohl kaum die Aktion des revolutionären Bewußtseins, die den Durchbruch schaffte, sondern die Konstellation, die einen Aufstieg der Volksmassen nur noch über die Trümmer des alten Regimes erlaubte. In diesem Aufstieg ging zugrunde – man könnte fast sagen: »so nebenher«, wie Lenin ja auch von der »demokratisch-bürgerlichen Revolution« als von einer »Nebenaufgabe« gesprochen hat – auch der erste Ansatz einer sich gerade konsolidierenden Kultur der industriellen Arbeit in Rußland.

Der russische Chozjain ist vor allem eine unerhört energische, tatkräftige, sich und anderen viel abverlangende Figur, und sein sozialökonomisches Fundament ist der Besitz an Produktionsmitteln mit allen Konsequenzen, vor allem: zäher Kampf um die Existenz, Ökonomisierung in jeder Hinsicht. Die Konsolidierung des modernen bürgerlichen Privateigentums an Produktionsmitteln war für Rußland neu, prägend waren von jeher Grundbesitz, Staatseigentum und Gemeindeeigentum. Das moderne Produktionsmitteleigentum hatte sich in Rußland bis dahin nicht durchgesetzt – dies ist nur ein anderer Ausdruck dafür, daß die Landreform noch nicht stattgefunden hatte. Von einer »Aufhebung des Privateigentums an Produktionsmitteln« zu sprechen, ist daher eine der zentralen Mystifikationen der Revolutionäre selbst.

Die »Schwäche der Bourgeoisie« bezeichnet exakt den geringen Grad der Verallgemeinerung des Eigentums an Produktionsmitteln und der darauf beruhenden Kultur. Die führenden Köpfe der russischen Wirtschaftsschicht haben einen sehr genauen Blick für das praktisch Mögliche gehabt, daher ist ihre Prognose, daß mit der Beseitigung dieser Schicht auch die »ganze russische Industrie« zugrundegehen werde, zutreffend. Die Sowjetmacht hat Fabriken, Eisenbahnen und Kontore per Dekret nationalisieren, aber die Arbeitskultur nicht halten können. Die Formen der industriellen Zivilisation, wie sie sich ansatzweise herausgebildet hatten, sind untergegangen, der übriggebliebenen Elemente »bediente« man sich – oder meinte, sich ihrer einfach bedienen zu können: Man sprach vom »Ausnutzen der Spezialisten«.

Die russische Gesellschaft vermochte den prekären Zustand der »Doppelherrschaft« nicht auszuhalten, mit ihrem Ende zerfällt eine Kombination von Kräften, die im Fall einer produktiven und nicht paralysierenden Verbindung alle jene Kräfte zu einem neuen »Aggregat« zusammengeschmolzen hätten, die nun einem Entweder/Oder unterworfen werden. Die Revolution siegt um den Preis des »halben Rußland«, und sie trägt die Züge einer Revolution, die an der Abwesenheit des »anderen Rußland« leidet – und fast zugrunde geht.

Es wird eine zweite Phase der Industrialisierung geben, doch unter anderen Voraussetzungen und fast wie von vorne alles beginnend.

Es wird die Mužiks geben, die sich innerhalb einer Generation zum »Wirtschaftsführer« emporarbeiten – ein energischer, tatkräftiger, ja heroischer Typus. Die Agenda der dreißiger Jahre ist voll von solchen Porträts.

Es wird den Patron geben und einen industriellen Paternalismus, doch nun ohne Rücksichtnahme und mit industriediktatorialen Vollmachten.

Es wird Superkonzerne geben, die endlich in einem einzigen *nationalen* Monopol zusammengefaßt sind, aber der Zusammenhang mit der westlichen Industrie- und Handelswelt ist zerbrochen.

Vor allem aber: Es wird einen Staat geben, der nicht einmal mehr durch einen Rest von »bürgerlicher Öffentlichkeit« in Schach gehalten werden wird.

Es wird schließlich die Bildung eines Industriekaders geben, dessen Qualifikationen und Kriterien nicht so verschieden sein werden von denen, die wir bei Michail P. und Vladimir P. Rjabušinskij gefunden haben, aber alles »aus dem Stand«, forciert, nicht gewachsen, nicht als Erfahrungswert, sondern als »Plan«.

Die künftige, nun sowjetische Industrialisierung, das wird sein: korporativistische Massenmobilisierung ohne das Widerspiel polarer sozialer Gruppen; diktatorialer Paternalismus minus Patriarchalismus; Planung ohne ökonomisches Kalkül; staatliche Planung ohne Unterbau; grandioses Staatseigentum ohne Antrieb durch Privatkapital; allgemeine Massenbewegung ohne die Förderung des Besonderen; hemmungslos-ungehemmter Aufstieg nicht bloß der Fähigsten. »Kommandowirtschaft« – das ist Rußland ohne Rjabušinskij. Man wird von Stalin als dem Chozjain sprechen – doch alle Konnotationen, die dem russischen Chozjain noch beigemischt waren, sind daraus getilgt.

Im »Utro Rossii« hatte am 28. Juni 1917 ein gewisser Sirinov, Professor der Wirtschaftswissenschaften, den sich in der revolutionären Übergangszeit abzeichnenden Wirtschaftstypus eine »Synthese von privatrechtlicher Wirtschaft und öffentlicher Wirtschaft« genannt. »Das Leben erwies sich als reicher und elastischer als die Theorie. Der Theorie nach mußte der kapitalistischen Ordnung die sozialistische folgen wie die Antithese der These. In Wirklichkeit ergab sich etwas anderes, kein Kapitalismus, kein Sozialismus, sondern ein neues Geschöpf von außerordentlicher Wichtigkeit.«

Wie wir sehen, ist Lenin in seiner Formulierung vom staatlichen Monopol, das weder Kapitalismus noch Sozialismus ist, nicht originell. Originell ist er nur darin, daß er es in allen Konsequenzen nicht nur in Kauf nahm, sondern dafür noch eine »Theorie« fand, nicht zuletzt, um über den praktischen Verlust hinwegzuagitieren.

Условные обозначения:
Районные проектируемые станции:
Гидроэлектрические
Тепловые:
– на угле
– на торфу
– на нефти
– на сланце
– на смешанном топливе
Станции специального назначения
Масштаб
0 50 100 вер
ГЕЛЬСИНГФОРС
РЕВЕЛЬ
ПЕТРОГРАД
Белоостров
Ораниенбаум
Гатчина
Тосна
Звонка
Волхов
Тихвин
Лодейное Поле
Белозерско
Кириллов
Коноша
ЧЕРЕПОВЕЦ
ВОЛОГДА
Нарва
Гапсаль
Пернов
Гдов
Луга
Чудово
НОВГОРОД
Юрьев
Валк
ПСКОВ
Дно
Ст. Русса
Валдай
Боровичи
Овинищи
Красный Холм
Рыбинск
РИГА
МИТАВА
Остров
Сита
Демянск
Вышний Волочек
Бологое
Углич
ЯРОСЛАВЛЬ
Кашин
Ростов
Опочка
Осташков
Торжок
Лихославль
Калязин
Иваново
Режица
Двинск
Н. Сокольники
Торопец
ТВЕРЬ
Савелово
Невель
Великие Луки
Ржев
Александров
КОВНО
Полоцк
Белый
Щелково
Киржач
Богородск
Орехово
ВЛАДИ
Березвечь
МОСКВА
Можайск
Егорьевск
ВИЛЬНО
Лепель
ВИТЕБСК
Вязьма
Ораны
Молодечно
СМОЛЕНСК
Серпухов
Озеры
Лида
ГРОДНО
Орша
Кашира
Зарайск
Кассим
Борисов
МИНСК
КАЛУГА
РЯЗАНЬ
МОГИЛЕВ
Лихвин
ТУЛА
Михайлов
Барановичи
С. Быхов
Рославль
Сухиничи
Узловая
Кремлево
Слуцк
Уречье
Пеньково
Ряжск
Канал
Клетня
БРЯНСК
Горбачев
Волово
Жлобин
Сураж
Пинск
Лунинец
Брест-Литовск
Навля
ОРЕЛ
Верховье
Астапово
Козлов
Гомель
Стародуб
Мозырь
Елец
ТАМБОВ
Ковель
Новгород-Северск
Колпны
Грязи
Сарны
Корюковка
Пироговка
ЧЕРНИГОВ
Короп
Глухов
Рыльск
КУРСК
Мармыжи
Касторное
Луцк
Овруч
Коростень
Ровно
ВОРОНЕЖ
Графская
Анна
Новоград-Волынск
Остер
Бахмач
Обоянь
Суджа
Круты
Ворожба
Кременец
ЖИТОМИР
КИЕВ
Басы
Баромля
Острогожск
Бердичев
Фастов
Лебединская
Готня
Белгород
Лиски
Волочиск
Оржица
Гадяч
Ахтырка
Семки
Казатин
Сквира
Ромодан
Люботин
ХАРЬКОВ
Валуйки
Канев
Золотоноша
Мерефа
Жмеринка
КАМЕНЕЦ-ПОДОЛЬСК
Бобринская
Цветково
ПОЛТАВА
Купянск
Могилев
Изюм
Старобельск
Окница
Вапнярка
Умань
Кременчуг
Новоселицы
Тростянец
Знаменка
Кристовка
Лозовая
Славянск
Елизаветград
Тритузная
Попасная
Миллеро
Подгорная
ЕКАТЕРИНОСЛАВ
Павлоград
Бахмут
Дебальцево
Бельцы
Пятихатка
Синельниково
Никитовка
Лихая
Бирзула
Вознесенск
Кривой Рог
Долгинцево
Наплино
Александровск
Юзово
Иловайская
Зверево
Ункени
Николо-Козельск
КИШИНЕВ
Никополь
Пологи
НОВОЧЕРКАССК
Бендеры
Раздельная
Николаев
Федоровка
Мариуполь
Таганрог
Очаков
РОСТОВ
Аккерман
ОДЕССА
ХЕРСОН
Мелитополь
Бердянск
Азов
Ейск
Кущевка
Рени
Измаил
Перекоп
Геническ
АЗОВСКОЕ МОРЕ
Примор. Ахтарская
Сасыка
Джанкой
Тихорецкая
Евпатория
Керчь
Станичная
СИМФЕРОПОЛЬ
Феодосия
Темрюк
Севастополь
Ялта
Алушта
Анапа
ЕКАТЕРИНОДАР
Армавир
НОВОРОССИЙСК
Майкоп
Туапсе
По договору 1920 г.

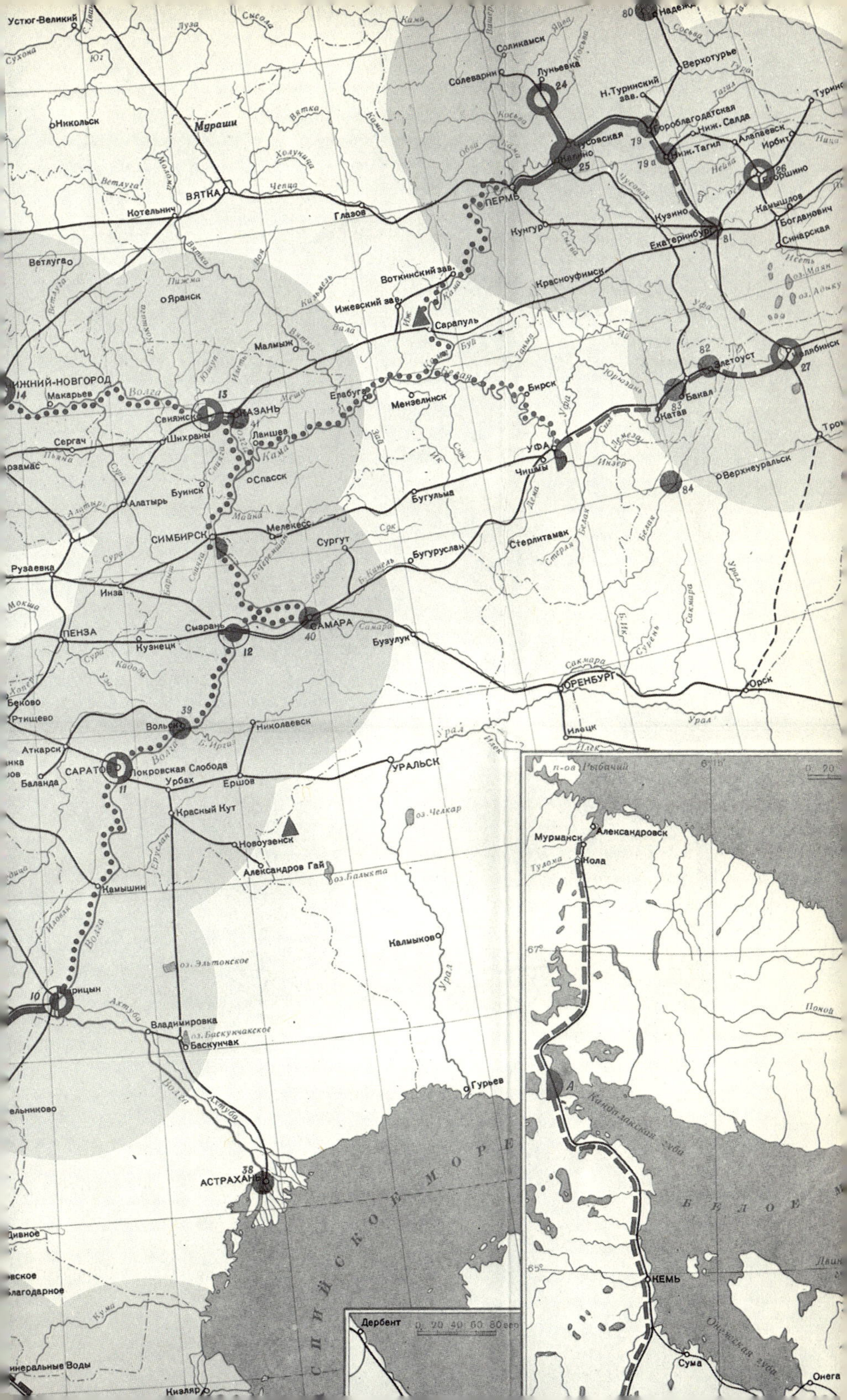

Устюг-Великий
Сухона
Юг
Луза
Вятка
Сысола
Кама
Вишера
Соликамск
Лунъевка
24
Надежд
Сосьва
Верхотурье
Солеварни
Н. Туринский зав.
Тура
Турин
Никольск
Мдраши
Вятка
Косьва
Гороблагодатская
79
Нижн. Салда
Алапаевск
Ирбит
Чусовская
Калино
25
Ниж. Тагил
79 а
Егоршино
26
Холуница
Ветлуга
ВЯТКА
Котельнич
Чепца
Глазов
ПЕРМЬ
Кунгур
Кузино
Екатеринбург
81
Камышлов
Богданович
Синарская
Ветлуга
Вятка
Пижма
Яранск
Воткинский зав.
Ижевский зав.
Сарапуль
Красноуфимск
Исеть
оз. Маян
оз. Адыку
Уфа
Малмыж
Вятка
Вала
Кама
Белая
Бирск
Мензелинск
Елабуга
82
Златоуст
Челябинск
27
НИЖНИЙ-НОВГОРОД
14
Макарьев
Волга
Свияжск
13
КАЗАНЬ
Лаишев
Кама
83
Бакал
Катав
Тром
Сергач
Шихраны
Уфа
Чишмы
Инзер
Юрюзань
Арзамас
Пьяна
Сура
Буинск
Спасск
84
Верхнеуральск
Алатырь
Бугульма
Майна
Мелекесс
СИМБИРСК
Сургут
Сок
Стерлитамак
Белая
Рузаевка
Инза
Бугуруслан
Урал
Сакмара
Мокша
ПЕНЗА
Сызрань
САМАРА
40
Самара
Кузнецк
12
Бузулук
Сура
Кадада
Хопер
Сакмара
ОРЕНБУРГ
Орск
Беково
Ртищево
39
Вольск
Николаевск
Урал
Илецк
Илек
Аткарск
САРАТОВ
11
Покровская Слобода
Урбах
Ершов
УРАЛЬСК
Баланда
Красный Кут
Еруслан
Новоузенск
оз. Челкар
Александров Гай
оз. Балыкта
Камышин
Иловля
Волга
Калмыков
Урал
оз. Эльтонское
10
Царицын
Ахтуба
Владимировка
оз. Баскунчакское
Баскунчак
Гурьев
Волга
Ахтуба
38
АСТРАХАНЬ
КАСПИЙСКОЕ МОРЕ
Кума
Дербент
0 20 40 60 80 верст
Кизляр
Минеральные Воды
Благодарное
Дивное
п-ов Рыбачий
Мурманск
Александровск
Нола
Тулома
67°
Поной
A
Кандалакшская губа
БЕЛОЕ МОРЕ
65°
КЕМЬ
Онежская губа
Сума
Онега

Leonid B. Krasin (1870–1926), Aufnahme Anfang der zwanziger Jahre

Vorhergehende Doppelseite:
Der GOĖLRO-Plan von 1920 mit den wichtigsten Magistralen,
Elektrizitätswerken und geplanten Industrieschwerpunkten

Die Leitung der Akademie des Wissenschaften:
Aleksandr N. Karpinskij, Sergej F. Ol'denburg, Vladimir A. Steklov

Akademie der Wissenschaften, Sitz der »Kommission zur Elektrifizierung der Produktivkräfte Rußlands«. Architekt Giacomo Quarenghi, 1783–1789

Schaltraum des Volchov-Wasserkraftwerks, errichtet zwischen 1921 und 1926. Architekten O. R. Munc, V. A. Pokrovskij, A. Ja. Tichomirov, N. P. Gundobin

Volchov-Elektrizitätswerk bei Nacht vom linken Ufer aus gesehen

VII.

GOĖLRO

Eros der Technik, Eros der Macht

»Aus dem Funken wird die Flamme schlagen« – so lautet das Motto der im Jahre 1900 von Lenin gegründeten ersten gesamtrussischen marxistischen Zeitung »Iskra«, der Funke. Das auf der Titelseite aufgedruckte Motto stammt aus einer Antwort der Dekabristen, deren Aufstand 1825 niedergeschlagen worden war, an den Dichter Alexander Puschkin.

Fast ein Jahrhundert war seither vergangen. Doch nun war der Funke auf einen Grund gefallen, der sich im Nu in ein rasendes Flammenmeer verwandelte, in dem das russische Reich bis auf die Grundmauern niederbrannte. Nun war aber auch das Terrain bereinigt, auf dem sich die Energien der besten Köpfe vieler Generationen aufgerieben, verfangen und verschlissen hatten. In der Geschichte gibt es keine Wunder, und die Metapher vom »Phönix aus der Asche« zählt eben nur als Metapher. Ein Historiker der russischen Revolution hat daher dem erstaunlichen und kaum glaubhaften Phänomen nachzugehen, daß fast im selben Augenblick, da der Brand entfacht ist, auch die Rekonstruktion der energetischen Basis der russischen Volkswirtschaft in Angriff genommen wird; daß inmitten des Bürgerkriegs die ersten Elektrizitätswerke reorganisiert oder neu konzipiert werden.

Der Augenblick der Zerstörung der alten Macht fällt fast zusammen mit der Etablierung der neuen. Die Brandstifter sind zugleich Energiefachleute. Sie verstehen sich nicht nur auf Untergrundkampf, militärische Operationen größten Stils, die Führung einer Armee, sondern auch auf Generatoren, Turbinen, Akkumulatoren und Überlandleitungen. Dasselbe Pathos, das Jahrzehnte den bald versteckten, bald offenen Kampf mit der alten Macht getragen hatte, entlädt sich nun in anderen Worten: Rußland soll »elektrisch« werden, Rußland soll elektrifiziert werden.

Es liegen gerade drei Jahre – Jahre der permanenten Gefährdung und Unsicherheit, der außerordentlichen Kräfteanspannung im Bürgerkrieg und im Kampf mit ausländischen Truppen auf russischem Boden – zwischen der Oktoberrevolution und der Annahme des GOĖLRO-Plans, des Plans zur Elektrifizierung Rußlands, durch den VIII. Sowjetkongreß im Dezember 1920. Und es ist weit mehr als nur ein »technisches Programm«, was da die »Staatliche Kommission für die Elektrifizierung Rußlands« (Gosudarstvennaja Komissija po Ėlektrifikacii Rossii) innerhalb Jahresfrist ausgearbeitet und dem Kongreß vorgelegt hatte. GOĖLRO, wie das Programm bald genannt wird, so als bedürfe es keiner weiteren Erklärung dieser Abkürzung, ist auch mehr als nur der »erste Perspektivplan« in der modernen Wirtschaftsgeschichte. Obwohl die Tagesordnung für den Sowjetkongreß bereits festgelegt und kaum zu bewältigen war, hatte Lenin darauf bestanden, daß der Vorsitzende der GOĖLRO-Kommission seinen Vortrag über die Elektrifizierung halten konnte; Lenin persönlich sorgte dafür, daß das umfangreiche Werk mit zahlreichen Graphiken und Karten innerhalb von knapp einem Monat gedruckt wurde (in fünf verschiedenen Druckereien, unter anderen in der alten Sytin-Druckerei), so daß bis zum 22. Dezember 1920 der »GOĖLRO-Plan« in 5000 Exemplaren vorlag. Bei der Eröffnung des Kongresses erläutert er den 2640 im ungeheizten Zuschauerraum des Bolschoi-Theaters versammelten Delegierten vor einer riesengroß aufgespannten Karte, die von künftigen Kraftwerken, Industriezentren, Eisenbahnlinien und Überlandleitungen markiert war:

»Meiner Meinung nach ist das unser zweites Parteiprogramm ... Wir brauchen dieses Programm als ersten Entwurf, aus dem ein großer Wirtschaftsplan für ganz Rußland entstehen wird, der auf nicht weniger als zehn Jahre berechnet ist und zeigt, wie Rußland auf die richtige wirtschaftliche Grundlage übergeleitet werden soll, die für den Kommunismus notwendig ist.« Lenin bringt es sogleich auf die Formel: »Kommunismus – das ist Sowjetmacht plus Elektrifizierung des ganzen Landes. Sonst wird das Land ein kleinbäuerliches Land bleiben, und das müssen wir klar erkennen. Erst dann, wenn das Land elektrifiziert ist, wenn die Industrie, die Landwirtschaft und das Verkehrswesen eine moderne großindustrielle technische Grundlage erhalten, erst dann werden wir endgültig gesiegt haben.« Die Bauern, denen er bei einem Fest in der Nähe von Volokolamsk anläßlich der Eröffnung des Elektrizitätskraftwerks von Kašira begegnet war, hatten das elektrische Licht als »unnatürliches Licht, das unsere bäuerliche Finsternis erhellen wird,« bezeichnet. »Aber wir müssen es jetzt dahin bringen, daß jedes Kraftwerk, das wir bauen, wirklich zu einem Stützpunkt der Aufklärung wird, daß es sozusagen die elektrische Bildung der Massen fördert.« Und noch einmal, noch forcierter: »Wir müssen es dahin bringen, daß jede Fabrik, jedes Kraftwerk zu einer Stätte der Aufklärung wird, und wenn Rußland sich mit einem dichten Netz von elektrischen Kraftwerken und mächtigen technischen Anlagen bedeckt haben wird, dann wird unser kommunistischer Wirtschaftsaufbau zum Vorbild für das kommende sozialistische Europa und Asien werden.«[1]

Nicht nur für Herbert G. Wells, der Rußland 1920 besucht hatte und dabei mit Lenin zusammengetroffen war – er nannte ihn den »Träumer im Kreml« und das Elektrifizierungsprojekt ein Produkt des »Wahnwitzes«[2] – war GOĖLRO ein unrealistischer Traum. Indes wird GOĖLRO zu einem phantastischen Projekt nur dann, wenn es als eine Schöpfung – vor allem Lenins – aus dem Stand heraus aufgefaßt wird. Die unbestreitbare historische Bedeutung des GOĖLRO-Plans – und der Rolle Lenins in seinem Zustandekommen – enthüllt sich gerade nicht darin, daß Lenin zum Schöpfer des Elektrifizierungsplans stilisiert wird (wie vieler anderer Pläne auch), sondern im Auffinden des sehr bestimmten, diskreten Anteils, den Lenin und eben die anderen Elemente, die GOĖLRO Wirklichkeit werden ließen, daran gehabt haben. Die Leistung wird nicht geringer, sondern nur in eine Sprache historischen Begreifens übersetzt oder: rückübersetzt aus der Sprache des Mythos in die Sprache der Praxiswirklichkeit. Hierzu liefern gerade die sowjetischen Arbeiten das wichtigste und entscheidende Material.[3]

Jede revolutionäre Regierung scheint sich als Neuanfang zu setzen und zu behaupten, besonders dann, wenn sie mehr als eine andere auf das Erbe der Vergangenheit angewiesen ist. Für die junge Sowjetmacht fiel das »Licht der Aufklärung« mit der Elektrizität zusammen, die Sprache der Zeit ist voll von Metaphern des »Kampfs gegen das Reich der Finsternis«. Doch blieb auch ihr nichts anderes übrig, als mit jenen Kräften zu rechnen und zu arbeiten, die vorhanden waren. Was die GOĖLRO-Kommission vom Februar 1920 bis zum Dezember 1920 geschaffen hat – nichts weniger als eine ziemlich vollständige Übersicht über die Energiebilanz, die Verteilung von Rohstoffen, Industriezentren, Transportmitteln und die Möglichkeiten ihrer Nutzung – ist das Ergebnis nicht jahrelanger, sondern jahrzehntelanger Arbeit; es handelt sich um ein wissenschaftliches Werk, verfaßt von Spezialisten, erstklassigen Technikern und Ingenieuren, auf dem Stand der Kenntnis der ungeheuren Masse der Fachliteratur zu den einzelnen volkswirtschaftlichen Bereichen.

Schon das zeigt etwas ganz Entscheidendes: GOĖLRO ist nicht nur ein Anfang, sondern auch ein Endergebnis. Eine Regierung, die die Flucht nach vorn antreten mußte, konnte und brauchte verständlicherweise davon nicht zu sprechen – Historiker müssen sich namentlich mit diesem Aspekt befassen. Für die Bezeichnung des Stellenwerts und der Bedeutung von GOĖLRO könnte ihnen vielleicht sogar die Sprache der Energiewirtschafter und Ingenieure nützlich sein: GOĖLRO ist einem Aggregat, einer Turbine, einem Kraftwerk ähnlich, das bisher unverbundene und sich ins Nichts verlaufende Kraft- und Energieströme sammelt, bündelt; aus zahllosen Kriechströmen entsteht Strom, ein Stromschlag, der eine neue Maschine in Gang setzt.

Eine Darstellung des GOĖLRO-Projekts – also eine Historisierung – läuft demnach darauf hinaus, diese Kraftströme, die in GOĖLRO zur Bewegungsenergie sich steigerten, sichtbar zu machen. Dies wäre keine andere Geschichte, sondern die Geheimgeschichte, oder ganz einfach – *die* Geschichte einer technischen Revolution an einem bestimmten Punkt.

Der Historiker braucht nur die Elemente des GOĖLRO-Plans ausfindig zu machen und ihren Spuren zu folgen, um hinter die Kräfte zu kommen, die in der Lage waren, Rußland ans Netz der elektrischen Aufklärung anzuschließen. GOĖLRO ist ein Fokus von Wissen, technischem Können und organisatorischer Erfahrung. GOĖLRO ist ein leistungsfähiger Verbund von Menschen: von Wissenschaftlern, Technikern, Ingenieuren, Organisatoren. Das Geheimnis von GOĖLRO kann aufgeschlüsselt werden in der Darstellung dieser Elemente und ihrer glücklichen Kombination; oder wie es Alexander Bogdanov in seiner 1912 veröffentlichten »Allgemeinen Organisationslehre Tektologie« definiert hatte:

»Will man ein Unternehmen, eine Institution, eine Expedition organisieren, so müssen alle erforderlichen menschlichen, technischen, ideologischen Elemente vorhanden sein, und die Aufgabe besteht darin, sie folgerichtig zu kombinieren, bis eine neue organisierte Einheit entsteht.«[4] GOĖLRO muß also nur als das Lebenswerk derer dechiffriert werden, deren Leben unauflösbar mit dem Werk der Elektrifizierung Rußlands verbunden war.

Der Große Plan – Die Arbeit der GOĖLRO-Kommission

Der Vorsitzende der GOĖLRO-Kommission, Gleb M. Kržižanovskij, hatte die – wie er freimütig gestand – »außerordentlich schwierige Aufgabe« übernommen, den Delegierten des VIII. Sowjetkongresses »das gewaltige Thema der Elektrifizierung unseres Landes« in knapper Form vorzustellen.[5] Für die in technischen Fragen und Ingenieurfragen vermutlich wenig erfahrenen Delegierten war Kržižanovskijs Vortrag sicher eine Zumutung, stellte er doch eine kondensierte Zusammenfassung des umfangreichen Plans dar. Die Delegierten mochten erleichtert sein, als Kržižanovskij nach der Skizzierung der zentralen Problembereiche wie Brennstoffversorgung, Lebensmittelversorgung, Wiederingangsetzung des Transportwesens und der Industrie und der entscheidenden Rolle, die dabei die Elektrifizierung spielen sollte, sich der großen Karte der RSFSR zuwandte, die auf der Bühne des Bolschoi-Theaters angebracht war. Was vorher in Ziffern, Zahlen, Tonnenangaben, Vergleichsberechnungen zum Vorkrieg und zu anderen Ländern erläutert worden war, wurde auf der Karte allen sichtbar.

»Hier sind jene siebenundzwanzig zentralen Gebiets-Elektrizitätswerke eingezeichnet, deren Errichtung wir im Lauf des nächsten Jahrzehnts für absolut unumgänglich halten bei der Durchführung des Elektrifizierungsplans. Hier muß ich bemerken, daß unsere verantwortlichen Arbeiter, die sich mit der Ausarbeitung der Elektrifizierung der einzelnen Gebiete des Landes beschäftigt haben, zu dem Schluß gekommen sind, daß für die durchgängige Elektrifizierung der acht Gebiete, die hier auf der Karte eingezeichnet sind, nicht weniger als hundert Kraftwerke notwendig wären. Doch, im Übergang von der Privatwirtschaft der Gebiete zur gesamtstaatlichen Wirtschaft sowie in Rücksicht auf unsere realen Möglichkeiten, müssen wir für den europäischen Teil der RSFSR jenes äußerste Minimum von Stützpunkten, ohne das wir nicht auskommen, definieren.«[6] Die acht Gebiete, die Kržižanovskij im Auge hat und die zum Gegenstand spezieller Untersuchungen und Planungen innerhalb der GOĖLRO-Kommission geworden waren, sind folgende Wirtschaftsräume, die ein ganz spezifisches Profil aufweisen:

das *Südliche Gebiet*, das Donec-Becken mit seinen immensen Vorräten an wertvoller Anthrazitkohle, Eisenerzen, seiner metallverarbeitenden Industrie, Bergwerken – eine Art russisches »Ruhrgebiet«;

das *Kaukasische Gebiet* mit seinen Ölquellen, Buntmetallabbau, reichen Wasserenergien, landwirtschaftlichen Produkten und seltenen Edelmetallen;

das *Wolga-Gebiet* mit seinem leistungsfähigen Wasserweg, reichen Landwirtschaftsflächen in seinem Einzugsgebiet, der Erzeugung tierischer Produkte und der Lebensmittelherstellung;

das *Zentrale Industriegebiet*, also die Region um Moskau, mit dem Schwerpunkt der russischen Textilindustrie, Ansätzen der Maschinenbauindustrie und fast allen Zweigen der verarbeitenden Industrie;

das *Nördliche Gebiet*, also die Region um Petrograd, mit dem Zentrum der russischen Maschinenbauindustrie, mit Werften, chemischen Werken, einem bedeutenden Hafen und Zentrum fast aller Zweige der verarbeitenden Industrie;

das *Uraler Gebiet* mit seinen Vorkommen an Erzen aller Art, Schwerindustrie, vor allem aber Holz;

Westsibirien und Turkestan schließlich mit ihren reichen Wasserenergien, Holz, Baumwolle und Metallvorkommen.

Der GOĖLRO-Plan läßt sich vielleicht am besten anhand dieser Karte verstehen, denn sein Sinn bestand nicht in der Summierung von Zahlen und Statistiken, in der Verdoppelung des Ist-Zustands, sondern in der Idee, den volkswirtschaftlichen Organismus, soweit er zerstört war, wieder herzustellen und die Bedingungen für ein rasches Wachstum zu schaffen. Die sogenannten Gebiete als wirtschaftsgeographische Räume gewinnen eine Transparenz als Ensembles von Naturbedingungen und menschlicher Arbeit. Sie stehen für sich, aber entfalten sich doch erst im Verbund der gesamtgesellschaftlichen, republikweiten Arbeitsteilung.[7]

Die Karte zeigt einen Organismus; ihre Hauptkonturen sind vorgegeben von wirtschaftsgeographischen Gegebenheiten: von den Arterien der Wasserstraßen und Meere; im Osten – von Norden nach Süden das Land verbindend – die Wolga; im Westen – den ganzen Süden mit dem Schwarzen Meer verbindend – der Dnjepr; im Süden – das Schwarze Meer und die Kaspische See verbindend – Terek und Kuban'. Die Wirtschaftszentren sind vorgegeben durch die historischen Bedingungen der ersten russischen Industrialisierung: Maschinenindustrie in Petrograd, Textilindustrie in Moskau, Schwerindustrie und Kohlebergbau im Donbas und im Ural, Öl in Baku. Eingezeichnet sind die schon existierenden Eisenbahnlinien und – als schwarze Punkte – die bereits existierenden Elektrizitätskraftwerke. Die Karte übernimmt das überkommene Relief des wirtschaftenden Rußland, doch schon ist die Absicht deutlich, in der Wiederzusammenführung der von Krieg, Bürgerkrieg und einem ständigen Hin und Her der Verwaltungen (allein im Donbas wechselten sich während des Bürgerkriegs neunzehn Regierungen ab) zerrütteten Wirtschaft etwas Ganzes und etwas Neues Gestalt werden zu lassen. Die roten Kreise bezeichnen die Radien, in deren Mittelpunkt die neuen Elektrizitätskraftwerke stehen sollen, betrieben mit Wasserenergie, Torf, Holz, Kohle oder Öl, je nach den örtlichen Bedingungen.

Die bisherige Struktur der Energieerzeugung erfährt eine merkliche Veränderung: gebaut wird nicht mehr allein in den alten Zentren, sondern in den Randgebieten. Eingezeichnet sind – als schwarze Linien – die bisherigen Eisenbahnlinien, deren wichtigste von einer roten Linie oder einer punktierten roten Linie begleitet werden: Es sind die Linien, die im Lauf der kommenden Jahre elektrifiziert werden sollen. Es sind neben den Wasserwegen, deren wichtigste mit elektrifizierten Umschlagspunkten ausgerüstet werden sollen, die Nervenbahnen und das Gefäßsystem des Transports, ohne die die Rohstoffe nicht zur verarbeitenden Industrie gelangen, der Brennstoff nicht in die Industriezentren und die Lebensmittel nicht in die Städte gelangen können. Im Zentrum der »Hauptmagistralen« findet sich Moskau, verbunden durch eine besondere Achse mit dem Donbas und mit Petrograd.

Die Elektrifizierung der »Hauptmagistralen« wird das Land zusammenrücken lassen, die Frachtzeiten verkürzen, den volkswirtschaftlichen Mechanismus intensivieren. Es ist kein Zufall, daß sich in den Texten der GOĖLRO-Fachleute häufig Ausdrücke wie Arterien, Adern oder der vom »Transportskelett«,[8] aber auch der von der Bildung »neuer Industriezellen«[9] finden. »Das elektrische Skelett ist die Grundlage der Rationalisierung der Volkswirtschaft«, so hatte es Kržižanovskij auch den Sowjetdelegierten gesagt.[10] In der Tat ist das Neue des GOĖLRO-Plans dies, daß er in gesamtstaatlichem Maßstab die bisher existierenden Wirtschaftsregionen miteinander verknüpft, zunächst um den »Kreislauf« der zerrütteten Wirtschaft wieder in Gang zu bringen, dann aber auch, um die künftigen Linien der Wirtschaftsentwicklung in Prioritätensetzung und Standortfestlegung bereits zu zeichnen.

Die Lage war außerodentlich schwierig, und selbst die Wiederherstellung der Wirtschaft sah sich einem Circulus vitiosus ausgesetzt, den zu durchbrechen bereits einige Kühnheit erforderte. Die Industrieproduktion konnte nur in Gang kommen, wenn die Fabriken mit Rohstoffen beliefert und die Arbeiter ernährt wurden; der Rohstoff konnte nur eintreffen, die Städter konnten nur mit Getreide versorgt werden, wenn das Transportsystem wieder funktionierte; das Transportsystem seinerseits konnte nur wieder in Gang kommen, wenn der nötige Brennstoff bereitgestellt wurde; Brennstoff aber konnte nur geliefert werden, wenn die entsprechenden Arbeiten in den Gruben, in den Wäldern wieder aufgenommen wurden. Dies war wiederum nur möglich, wenn ein Minimum an Getreide in die Städte gelangte; die Dorfbevölkerung ihrerseits konnte aber nur liefern, wenn sie ein gewisses Äquivalent in Form von Industriewaren erhielt.

Exakt dieser Circulus vitiosus war in dem Auftrag des Allrussischen Zentralen Exekutivkomitees bei der Einrichtung der GOĖLRO-Kommission formuliert und seine Auflösung verlangt worden. Die Verordnung des Exekutivkomitees vom März 1920 lautet in der betreffenden Passage :

»Gemeinsam mit den nächsten drängendsten, unaufschiebbaren und erstrangigen Aufgaben bei der Wiederherstellung des Transportwesens, bei der Beseitigung der Brennstoff- und Lebensmittelkrise, beim Kampf mit den Epidemien, der Organisierung disziplinierter Arbeiterarmeen für Sowjetrußland ergibt sich erstmalig die Möglichkeit zu einem planmäßigeren wirtschaftlichen Aufbau, zu einer wissenschaftlichen Ausarbeitung und konsequenten Realisierung eines staatlichen Plans der gesamten Volkswirtschaft.

In Würdigung der herausragenden Bedeutung der Elektrifizierung bei der

Nutzung der grundlegenden natürlichen Energiequellen, die auf dem Territorium Sowjetrußlands in gewaltigen Mengen in der Form von Lagerstätten verschiedenen Brennstoffs und von Wasserkräften vorhanden sind; in Anbetracht dessen, daß die Konzentration der Energieerzeugung in Gebiets-Elektrizitätswerken sehr vorteilhaft ist, die an den Primärquellen der natürlichen Energie liegen und auf die beste Weise ein derartiges Netz der Stromübermittlung im ganzen Land erlauben; in Wertung der Bedeutung der Elektrifizierung für Industrie, Landwirtschaft, Transport und Befriedigung der kulturellen Bedürfnisse der Bevölkerung, insbesondere dadurch, daß die breiten Bauernmassen Sowjetrußlands für die Befriedigung ihrer grundlegenden Bedürfnisse Licht und Stromenergie nutzen können und gerade dadurch einen mächtigen Impuls für die Erschließung des Dorfs für die Kulturgüter der Stadt und einen Aufschwung der bäuerlichen Landwirtschaft in den bäuerlichen Hilfshandwerken geben können, hat das Allrussische Zentrale Exekutivkomitee angeordnet ...« und so weiter.[11]

Wo konnten und mußten die Fachleute der Kommission angesichts der zusammenhängenden Kette von »nächsten«, »drängendsten«, »unaufschiebbaren« und »erstrangigen« Aufgaben ansetzen? Gab es so etwas wie ein »schwächstes Kettenglied« oder ein »stärkstes«, von dessen Festigkeit abhing, ob und wie rasch der Gesamtkreislauf wieder zu pulsieren begann?

Ein Volkswirtschaftsplan auf der Basis der Elektrifizierung konnte, so Kržižanovskij in der Einleitung zum GOĖLRO-Plan, nur zusammengestellt werden, wenn die Kommission sich Rechenschaft gab »über die Perspektiven dieser Wirtschaft im ganzen. Ja mehr noch: Das Projekt der Elektrifizierung Rußlands heißt, einen roten Faden für die gesamte schöpferische Wirtschaftstätigkeit zu geben, die Fundamente für die Realisierung eines einheitlichen staatlichen Plans der Volkswirtschaft zu legen.«[12]

Zunächst mußte die Kommission allerdings die zerrissenen Fäden wieder aufnehmen und versuchen, sich ein Bild vom Rußland in Friedenszeiten (das Jahr 1913 als Vergleichsgröße) zu machen, eine Bilanz von Zerstörung, Desorganisation, noch vorhandenen Ressourcen anzufertigen. Diese Arbeit – angefertigt von rund 200 Autoren in der zentralen Kommission und in den verantwortlichen Sektionen der Gebietsorganisationen im Land – lag dem Plan zugrunde. Die Richtlinien – im Plan ist das der systematische Teil – nehmen diesen konkreten Stand auf, suchen ihn aber durch Prioritätensetzungen mittelfristig zu transformieren. Diese Richtlinien – genauer: die »Einleitung« zum eigentlichen Plan – bezeichnen gewissermaßen den Richtungskoeffizienten, der es nicht allein bei der Wiederherstellung des Status quo bewenden lassen will.

Die führenden Köpfe der GOĖLRO – so Kržižanovskij, I. G. Aleksandrov, A. G. Kogan, K. A. Krug, L. K. Ramzin, G. O. Graftio, E. Ja. Šul'gin – folgen der vorrevolutionären Linie der technischen Modernisierung Rußlands, machen diese nun aber zum allgemeinen zentralen und staatlichen Programm. GOĖLRO bietet eine detaillierte Gesamtbilanz der volkswirtschaftlichen Lage. Der Anhaltspunkt für die Wiederherstellung einer funktionierenden Wirtschaft ist der Stand von 1913 (Variante A), der Zielpunkt die Errichtung von etwa dreißig großen Gebietskraftwerken, die die gesamte Volkswirtschaft auf die Basis der Elektrifizierung stellen sollen (Variante B). Der allgemeine Nenner, auf den sich die Bestrebungen bringen lassen, lautet Hebung der Produktivität der Arbeit; sie ist – so Kržižanovskij – die »letzte Instanz.«[13] Von welcher der Krisen, die alle miteinander zusammenhängen – Brennstoff, Transport, Lebensmittelversorgung – auch gesprochen wird, jedesmal lautet die Auskunft: die Elektrifizierung schafft den Ausweg. Die Elektrizität erlaubt die Mechanisierung und Rationalisierung der Arbeitsprozesse, die Mechanisierung erlaubt es, die Brennstoffreserven besser auszubeuten, manche können dadurch überhaupt erst in großem Stil erschlossen werden – so etwa die Torfvorkommen des russischen Nordens; die Förderkapazität der Gruben kann außerordentlich gesteigert werden, so daß die gesamte Brennstoffbilanz verändert wird.[14] Manche fossilen Brennstoffe wie Torf würden durch die mechanische Ausbeutung und Verfeuerung in den zu errichtenden Kraftwerken ihren Charakter als nur regional verwendbare Ressource verlieren.

Die Randgebiete könnten durch die Elektrifizierung der Eisenbahnen und die Umrüstung der Wasserstraßen eng miteinander verknüpft und ans Zentrum angebunden werden. Besonders würde sich die Elektrifizierung für das weite Land auswirken, das nahezu vollständig in den Besitz der Bauern übergegangen ist, aufgeteilt wurde und Betriebsgrößen entstehen ließ, die am Rand, wenn nicht unterhalb der Subsistenzfähigkeit liegen. Die Elektrizität, von weither geführt, würde die Anhebung des bäuerlichen Handwerks ermöglichen und moderne Bearbeitungsmethoden verallgemeinern – hier taucht immer wieder der Traktor und der Elektropflug auf. Die Elektrizität, schon bei Kautsky als die nicht an einen fest umgrenzten Ort gebundene Energieform definiert, ist die Energieform der weiten Flächen, der Landwirtschaft schlechthin.

In der Industrie sind die Vorteile noch deutlicher: durch die Heranführung von Energie über weite Entfernungen können Bodenschätze abgebaut werden, die bisher ungenutzt bleiben mußten; extraktive und verarbeitende Industrien sind leichter kombinierbar. Industrielle Standortplanung macht sich unabhängig von dem Vorhandensein von Energiequellen unmittelbar vor Ort.

»Diesem Weg folgend, halten wir es für möglich, in ungefähr zehn Jahren nicht nur die Kriegswunden zu heilen, sondern unsere Produktivkräfte um 80 bis 100 Prozent über das Vorkriegsniveau hinaus zu entwickeln. Bei der Indienstnahme der Elektrizität wird es möglich sein, mit einer Erweiterung der Brennstoffbasis von insgesamt 35 bis 40 Prozent, einer Vergrößerung der Arbeitsarmee von insgesamt 17 Prozent und Mechanisierungseinheiten von 67 Prozent auszukommen. Wir sehen auf diese Weise mit hinreichender Deutlichkeit, welch allumfassendes, regulierendes und ökonomisierendes Prinzip die Elektrifizierung bei der Lösung der anstehenden Probleme unserer Volkswirtschaft darstellt.«[15]

Wenn die Elektrifizierung auch nicht direkt als Deus ex machina beschworen wird, so trägt sie doch nicht nur den Charakter einer bloß technischen Produktivkraft; auch GOÉLRO ist nicht bloß und nicht in erster Linie ein technischer Plan – so jedenfalls in den Augen eines seiner Autoren. »Warum muß man, wenn man von der neuen Wirtschaft spricht, vor allem so entschieden und bestimmt auf deren Elektrifizierung bestehen?« fragt sich Kržižanovskij und fährt fort: »Es geht darum, daß die Elektrizität jene neue Kraft ist, die in der alten, von der Dampfmaschine bestimmten Wirtschaft der kapitalistischen Gesellschaftsordnung geboren wurde, und zwar nicht in schiedlich-friedlicher Nachbarschaft, sondern als eine Kraft, die entschieden deren Grundlagen unterminiert.

Dank der Elektrizität wird ein Herangehen an die Herrschaft über die Naturkräfte möglich, an die Schaffung derart mächtiger Produktionszentren, die sich schon nicht mehr vereinbaren lassen mit dem Privateigentum. Dort, wo davon die Rede ist, daß gewaltige Flüsse in ihren steinernen Flußbetten gebändigt werden, die sich auf das Leben ganzer Gebiete des Landes auswirken werden, wo die Rede ist von der wirtschaftlichen Vereinigung dieser Gebiete in einer einheitlichen Volkswirtschaft, da darf die Territorialgrenze des Eigentums nicht stören. Das Institut des Privateigentums selbst erlaubt es nicht, an die Ausnutzung der natürlichen Ressourcen in dem Grad heranzugehen, wie sie Wissenschaft und Technik gebieten, welche in den Dienst des ganzen Volks übergehen, da der Privatbesitzer, der das Land und seine Schätze primär als sein Eigentum betrachtet, überall im Wege stehen wird.«[16]

Die Logik der wirtschaftlichen Entwicklung trifft sich hier mühelos mit der Logik der technischen Modernisierung; die Imperative der Wissenschaft werden nur wiederholt von den Imperativen einer gesellschaftlich verantwortlichen politischen Führung. Beide lassen sich nur realisieren in planmäßiger Form. Die Trinität von Wissenschaft/Technik, zentraler Organisation und politischer Führung ist in GOĖLRO Fleisch geworden, auch wenn sie sich später vielleicht in eine Idee zurückverwandelt hat.

GOĖLRO ist ein großes technisches und ein großes gesellschaftliches Projekt. Die Karte, auf der Kržižanovskij Eisenbahnlinien, Elektrizitätskraftwerke, Industriegebiete zeigt, ist auch eine Karte der Vergesellschaftung, ausgehend vom Allerelementarsten: der Entwicklung der gesellschaftlichen Arbeit. Es sind dort im doppelten Sinn eingezeichnet die Glieder der gesellschaftlichen Arbeit, die Blutbahnen des Austauschs, die Zentren, die Arterien, Hauptschlagadern, die Verbindungslinien zur Außenwelt. Die Karte ist nicht nur das sichtbarste Stück kühner gesellschaftlicher Imagination auf dem Boden von Tatsachen – in den Köpfen von Leuten, die offensichtlich schon lange mit solchen Perspektiven schwanger gegangen waren. Nun hatten sie ihre Chance bekommen.

Nun lag es an den Deputierten des Kongresses, ob sie, denen der eiligst gedruckte Band ausgehändigt worden war, mit dem großen Plan etwas anfangen konnten. Lenin hatte, kurz bevor die GOĖLRO-Kommission amtlich eingerichtet worden war, am 23. Januar 1920 in einem Brief an Kržižanovskij in der ihm eigenen Art angedeutet, worauf es bei einem Plan ankäme: Er will von Kržižanovskij eine weniger akademische, eine zündende Version des Großen Plans haben. »Könnte man nicht einen Plan beifügen, keinen technischen (das ist natürlich Sache vieler Personen und kann nicht übereilt werden), sondern einen politischen oder staatlichen, also die Aufgabenstellung für das Proletariat? Etwa so: In zehn (fünf?) Jahren werden wir zwanzig bis dreißig (dreißig bis fünfzig?) Kraftwerke bauen, um das ganze Land mit Zentralen zu bedecken, die einen Radius von je 400 Werst haben (oder 200, wenn wir nicht mehr bewältigen); auf der Grundlage von Torf, Wasser, Schiefer, Kohle, Erdöl (*annähernd* ganz Rußland durchgehen, mit *groß gerechneten* Annäherungszahlen). Jetzt beginnen wir mit dem Ankauf der erforderlichen Maschinen und Modelle. In zehn (zwanzig?) Jahren machen wir Rußland ›elektrisch‹.

Ich denke, einen solchen ›Plan‹ – ich wiederhole, keinen technischen, sondern einen staatlichen –, den Entwurf eines solchen Plans könnten Sie aufstellen. Er muß sofort aufgestellt werden, um die Massen in anschaulicher Weise durch die klare und eindrucksvolle (ihrem Wesen nach absolut *wissenschaftliche*) Perspektive mitzureißen: Gehen wir an die Arbeit, und in zehn bis zwanzig Jahren werden wir ganz Rußland, das industrielle wie das landwirtschaftliche, *elektrisch* machen. Wir schaffen uns durch unsere Arbeit *soundsoviel* (Tausende oder Millionen PS oder Kilowatt? weiß der Teufel) maschinelle Sklaven und so weiter.

Könnte man vielleicht noch eine Karte von Rußland mit *annähernder* Angabe der Zentralen und Kreise beigeben? Oder geht das noch nicht? Ich wiederhole, man muß die *Masse* der Arbeiter und der bewußten Bauern durch ein *großes* Programm für zehn bis zwanzig Jahre mitreißen. Wir sprechen noch telephonisch darüber.«[17]

Es war Lenin selbst gewesen, der die zündende Formulierung gefunden hatte, nach der Kommunismus gleich Elektrifizierung plus Sowjetmacht sei. Die Idee, vor allem aber das Wissen um die Möglichkeit beziehungsweise Dringlichkeit der Elektrifizierung stammt aus anderen Quellen. Eine dieser Quellen ist die russische Wissenschaft, genauer: die »Kaiserliche Akademie der Wissenschaften« zu Sankt Petersburg.

Vorform von GOĖLRO: »Kommission zur Erforschung der natürlichen Produktivkräfte Rußlands« (KEPS), gegründet 1915

Selbstverständlich konnte der GOĖLRO-Plan als ein umfassendes Elektrifizierungskonzept und als Perspektivplan sui generis nicht innerhalb der knapp zehn Monate entstehen, die der GOĖLRO-Kommission von ihrer Gründungssitzung am 11. Februar 1920 bis zur Veröffentlichung des Dokuments Ende Dezember verblieben. Und ebenso selbstverständlich mußten die rund

200 Spezialisten aus Wissenschaft und Technik, die die Kommissionsarbeit geleistet hatten, mit all ihren dafür notwendigen Voraussetzungen und Qualifikationen bereits vorhanden sein.

Man müßte dieser Frage der bereits bestehenden Voraussetzungen und Ursprünge, also der Quellen des GOĖLRO-Plans, gar nicht weiter nachgehen, wenn sie durch eine auf die Zäsur namens »Oktoberrevolution« fixierte Geschichtsschreibung nicht geradezu provoziert würde; sicherlich führt kein organischer Weg hin zu GOĖLRO. Anhaltspunkte dafür, daß GOĖLRO die Realisierung von etwas, das längst gedacht und vorbereitet war, sein könnte, finden sich ganz unmittelbar: in der personellen Zusammensetzung der Kommission und in den wissenschaftlichen Arbeiten. So etwa steht die Person des Professors für Elektrotechnik, M. A. Šatelen, mit seiner wissenschaftlichen Arbeit vor 1917 und seiner Mitarbeit in der für das Nördliche Gebiet zuständigen GOĖLRO-Abteilung für eine solche kontinuierliche Linie; thematisch etwa liegt eine umfangreiche Publikation der Akademie der Wissenschaften – »Die weiße Kohle« von Professor V. G. Gluškov, dem Direktor des Hydrologischen Instituts – dem Kapitel »Elektrifizierung und Wasserenergie« im GOĖLRO-Plan zugrunde.[18] Doch die Verbindungslinien sind dichter, ganz und gar nicht zufällig, sondern fast schon systematisch.

Es lohnt sich daher, die kurze Vorgeschichte der GOĖLRO-Kommission zu untersuchen, weil dort unvermutet eine Spur auftaucht, die zurückführt zu einem frühen Vorläufer oder analogen Unternehmen zur GOĖLRO-Kommission: der »Kommission zur Erforschung der natürlichen Produktivkräfte Rußlands«, eingerichtet von der Akademie der Wissenschaften im Jahre 1915.

Man muß die Gründungsschritte der Kommission zurückverfolgen: Die erste Sitzung der GOĖLRO-Kommission findet statt am 11. Februar 1920, nur eine Woche nach der Bevollmächtigung durch den Obersten Volkswirtschaftsrat (OVWR), das Volkskommissariat für Landwirtschaft und durch das Zentrale Exekutivkomitee, einen Elektrifizierungsplan auszuarbeiten. An ihr nehmen Vertreter der Elektroabteilung des OVWR, des Volkskommissariats für Landwirtschaft, des Zentralen Elektrotechnischen Rats, der Bauorganisation für das Kraftwerk Kašira, der Organisation Ėlektrotrest, Ėlektrostroj und andere teil. Auf dieser Sitzung verkündet Kržižanovskij, daß die Kommission alle wissenschaftlichen und technischen Kräfte Moskaus und Petrograds zusammenfassen soll.[19]

Am 4. März 1919 war der Elektrotechnische Rat mit drei Abteilungen (Starkstrom, Schwachstrom, Fabrikelektrifizierung) eingerichtet worden. Dem Elektrotechnischen Rat (Central'nyj Ėlektrotechničeskij Sovet, CES) gehörten an: G. M. Kržižanovskij, L. B. Krasin, V. V. Starkov, P. G. Smidovič, I. G. Aleksandrov, A. V. Vinter, G. O. Graftio, R. E. Klasson, A. G. Kogan, T. F. Makarev, V. F. Mitkevič, M. K. Polivanov, M. A. Šatelen, E. A. Šul'gin, S. F. Jakubov.[20] Es handelt sich gewissermaßen um die erste Kontaktstelle zwischen Staat, Wissenschaft und Technik. Die Namen sind hier deshalb aufzuzählen, weil hier die Grundelemente versammelt sind, die im weiteren Verlauf der Untersuchung immer wieder auftauchen werden.

Im Dezember 1918 waren bereits örtliche Komitees eingerichtet worden, die sich mit der Ausarbeitung von Elektrifizierungsplänen auf lokaler Basis (Moskau, Petrograd, Donbas, Ural) befassen sollten – eine Arbeit, die inmitten des Bürgerkriegs nur sehr bruchstückhaft geleistet werden konnte. Noch früher, im Mai 1918, war im Rat der Volkskommissare das Dekret über die Einrichtung des Komitees für Staatsbauten (Komgosoor) verabschiedet worden – die erste Organisation für Planung und Leitung des Baus im gesamtstaatlichen Maßstab. Wieder vier Wochen zuvor, am 12. April 1918, waren auf der Sitzung des Rats der Volkskommissare die Aufgaben der Akademie der Wissenschaften hinsichtlich der Erforschung und Nutzung der Naturschätze diskutiert worden. Schon im Januar 1918 war bei der Elektroabteilung (Ėlektrootdel) des OVWR eine Kommission für die Erfassung der Elektrifizierungschancen Rußlands eingerichtet worden. Bei Ėlektrootdel lag seit der Nationalisierung der Elektrizitätsbetriebe im Dezember 1917 die Leitung der Elektrizitätswirtschaft – sofern man sinnvollerweise zu jenem Zeitpunkt davon überhaupt sprechen kann. Für unseren Zusammenhang ist vorläufig nur die Spur von Belang, die mit dem Datum des 1. April 1918 – Kontaktaufnahme zwischen politischer und wissenschaftlicher Sphäre – bezeichnet ist.

Der Volkskommissar für Aufklärung, Lunačarskij, hatte auf dieser Sitzung des Rats der Volkskommissare über die Ergebnisse seiner Gespräche beziehungsweise seines Briefwechsels mit dem Präsidenten der Akademie der Wissenschaften, Alexander P. Karpinskij, hinsichtlich der Erforschung und Nutzung der Produktivkräfte in Rußland berichtet und die Vorschläge als »besonders wichtige und unaufschiebbare Aufgabe« angenommen.[21] Karpinskij hatte insbesondere eine Förderung der Publikationstätigkeit der Akademie, speziell der Arbeiten der Kommission zur Erforschung der natürlichen Reichtümer Rußlands, KEPS, verlangt und sich außerdem über Erscheinungen des Ressentiments und der Behinderung der Arbeit von Wissenschaftlern beschwert – obwohl die Akademie doch längst ihr prinzipielles Einverständnis zur Zusammenarbeit mit der neuen Macht gegeben hatte.[22]

Vor diesem Hintergrund ist Lenins »Entwurf eines Plans wissenschaftlich-technischer Arbeiten«, der von Gorbunov, dem Sekretär des Rats der Volkskommissare auf die Zeit zwischen dem 18. und 23. April 1918 datiert wurde, zu sehen. Das Dokument, offensichtlich an den Obersten Volkswirtschaftsrat (und nicht an die Akademie der Wissenschaften) gerichtet, verweist auf den unmittelbaren Zusammenhang von GOĖLRO und KEPS. Aus diesem Grund sei es hier vollständig zitiert:

Entwurf eines Plans wissenschaftlich-technischer Arbeiten.

Der Akademie der Wissenschaften, die mit der systematischen Untersuchung und Erforschung der natürlichen Produktivkräfte Rußlands begonnen hat, ist vom Obersten Volkswirtschaftsrat sofort der Auftrag zu erteilen, Fachleute als Mitglieder einer Reihe von Kommissionen zu berufen zwecks möglichst rascher Ausarbeitung eines Plans für die Reorganisation der Industrie und den ökonomischen Aufstieg Rußlands. In diesem Plan muß enthalten sein:*

Eine rationelle Standortverteilung der Industrie in Rußland unter dem

Gesichtspunkt der Rohstoffnähe und des geringstmöglichen Verlusts an Arbeit beim Übergang von der Rohstoffbearbeitung zu allen darauffolgenden Fertigungsstadien der Halbfabrikate bis zur Erzielung des Fertigprodukts.

Eine vom Standpunkt der modernsten Großindustrie und besonders der Trusts rationelle Zusammenfassung und Konzentration der Produktion in einigen wenigen Großbetrieben.

Eine möglichst vollständige, selbständige Eigenversorgung der jetzigen Russischen Sowjetrepublik (ohne die Ukraine und ohne die von den Deutschen besetzten Gebiete) mit allen wichtigsten Rohstoffen und Industrieerzeugnissen. Besonders große Aufmerksamkeit für die Elektrifizierung der Industrie und des Verkehrswesens und für die Anwendung der Elektrizität in der Landwirtschaft. Ausnutzung der weniger wertvollen Sorten von Brennstoff (Torf, Kohle geringerer Qualität) zur Erzeugung elektrischer Energie bei geringsten Aufwendungen für die Beschaffung und den Transport des Brennstoffs.

Die Wasserkräfte und Windmotoren überhaupt und ihre Anwendung in der Landwirtschaft.

**N.B. Die Herausgabe dieser Materialien ist mit aller Kraft zu beschleunigen und ein Schreiben darüber sowohl an das Volkskommissariat für Bildungswesen als auch an den Buchdruckerverband und das Kommissariat für Arbeit zu schicken.*[23]

Lunačarskij hatte bereits unmittelbare Verbindung mit der Akademie aufgenommen. In seinem Brief vom 8. März 1918 – die Generalversammlung der Akademie hatte über ihren Sekretär Ol'denburg bereits Bereitschaft und Interesse an der Mitarbeit in Fragen, die »vom Leben selbst auf die Tagesordnung gesetzt sind«, bekundet – sprach er von einer Aufgabenstellung »so breit, daß außerhalb einer planmäßigen Koordination der einzelnen Kräfte die Forschung nicht mehr realisierbar ist«.[24] Lunačarskij wendet sich an die Akademie der Wissenschaften, »deren Initiative und organisatorische Möglichkeiten so deutlich bereits in der Arbeit zum Ausdruck gekommen sind, die in der in den Kriegsjahren bei ihr gebildeten Kommission zur Erforschung der natürlichen Produktivkräfte Rußlands Gestalt angenommen hatten«.[25]

Lunačarskij, geschickt in der Aufnahme von Formulierungen aus Ol'denburgs und Karpinskijs Briefen, taktvoll im Vorbringen seiner Wünsche, weist auf die der Kommissionsarbeit selbst inhärente Verbindung zur Praxis hin: KEPS habe als ihren Forschungsgegenstand »nicht nur die Aufzählung der natürlichen Produktivkräfte, den Verweis auf deren Existenz, eine Einschätzung ihrer Bedeutung, sondern auch die Kapazität ihrer Nutzung«. Obwohl die Akademie »die Vertreterin der reinen, theoretischen Wissenschaft, fern von praktischem und angewandtem Wissen« sei, habe sie, die Dramatik der Lage empfindend, »eine lebendige Beziehung zwischen Wissenschaft, Technik und Industrie hergestellt, die Ablösung der überholten technischen Methoden der Betriebswirtschaft durch fortgeschrittenere« gefördert.[26] Von der Sache her habe es sich bei manchen wissenschaftlichen Projekten ergeben, daß der Zusammenhang von technologischer Entwicklung, Rechtsverhältnissen und Wirtschaftsfragen berührt worden sei. Damit sei die Organisierungsfrage, ihr Zusammenhang mit staatlichen Stellen von selbst auf die Tagesordnung gesetzt. »All dies führt zu der Überlegung, daß die Akademie im Lauf ihrer Arbeit selbst bereits an die Grenzen des volkswirtschaftlichen Gebiets herangekommen ist, wobei sie diese nicht immer für unüberwindlich hielt. Das Volkskommissariat für Aufklärung nimmt daher an, daß die Distanz zwischen der gegenwärtigen Arbeit der Akademie und den Aufgaben der ökonomischen Erforschung Rußlands in der Tat geringer ist als dies auf den ersten Blick erscheinen könnte und daß entsprechend auch die Schwierigkeiten der Akademie geringer sein werden bei der Organisierung der Kommission.« Ja mehr noch: gerade »der großen Autorität der Akademie der Wissenschaften mit ihrer Tradition der reinen, unabhängigen Wissenschaftlichkeit könnte es gelingen, alle Schwierigkeiten zu überwinden und die wissenschaftlichen Kräfte des ganzen Landes um diese große wissenschaftliche Sache zusammenzuschließen«.[27]

Lunačarskij konnte mit der Haltung der Akademie zufrieden sein.[28] Die Akademie, »die auch nach dem Oktoberumsturz keinen einzigen Tag ihre Arbeit eingestellt hatte«, wie ihr Präsident Karpinskij geschrieben hatte,[29] hatte ihre Arbeit fortgesetzt, in mancher Hinsicht sogar konnte es scheinen, als »sei nichts geschehen«; sie hatte soeben das Nachschlagewerk »Wissenschaft in Rußland«, eine längst fällige, bisher aber niemals zustandegekommene Übersicht über wissenschaftliche Institutionen, Lehrkörper, Institute und so fort vorgelegt, eine »Gesamtübersicht über unsere wissenschaftlichen Kräfte«.[30] Von einigen dieser Veröffentlichungen von KEPS ist in Lenins »Entwurf eines Plans wissenschaftlich-technischer Arbeiten« die Rede; in Lenins Privatbibliothek findet sich die vierte Nummer der Publikation »Die natürlichen Produktivkräfte Rußlands«.[31]

Der Zeitpunkt für die Publikation mag erstaunlich erscheinen.[32] In den Publikationen der Akademie ging es darum, die Bedingungen für die Wirtschaft Rußlands nach dem Krieg zu umreißen. Häufig war, wie aus dem Vortrag von Vladimir I. Vernadskij hervorgeht, als Veröffentlichungsdatum das Jahr 1918 angegeben oder jedenfalls das erste Nachkriegsjahr. Die Wissenschaftler und Gelehrten hatten also nur ihren schon vor einigen Jahren festgelegten »Arbeitsplan« erfüllt, fanden sich unter neuen Bedingungen wieder und mußten sich nun vor allem darum kümmern, Geld und Druckereien aufzutreiben, damit die Ergebnisse ihrer Arbeiten publiziert werden konnten.

Wenn es legitim ist, die Vorarbeiten zu GOĖLRO zumindest partiell als Ergebnis der Tätigkeit von KEPS anzusehen, muß nun von der »Kommission zur Erforschung der natürlichen Produktivkräfte Rußlands« selbst die Rede sein.

Die Kommission war am 4. Februar 1915 durch Beschluß der Kaiserlichen Akademie der Wissenschaften eingerichtet worden. Ihr maßgeblicher Initiator war Vernadskij gewesen, Akademiemitglied und Biochemiker, der auf den entscheidenden Sitzungen auch die Linien des Projekts entwickelt hat. In seiner Rede »Über die Erforschung der natürlichen Produktivkräfte Rußlands« am 8. April 1915 entwarf er die Umrisse eines »Aktionsprogramms«, das im September 1915 unter dem Eindruck der drohenden militärischen Niederlage Rußlands erheblich präzisiert und vor allem praktisch ausgerichtet wurde. Eine zweite Linie, der Wissenschaftsorganisation selbst, wird zum Thema seiner Ende des Jahres 1916 gehaltenen Rede »Über das staatliche Netz von Forschungsinstituten«. In diesen Reden sowie in den Protokollen der Kommission beziehungsweise der Akademie werden die Richtlinien der projektierten Arbeit sichtbar.

April 1915 – Rußland geht ins zweite Kriegsjahr. Der Krieg, so Vernadskij, hat die erschreckende Abhängigkeit Rußlands von Deutschland auch in den wissenschaftlichen und technischen Bereichen bloßgelegt. Diese Abhängigkeit drückt sich aus in der »außerordentlichen Unzulänglichkeit unserer Kenntnisse über jene natürlichen Produktivkräfte, die die Natur Rußland geschenkt hat«.[33] Infolgedessen »befinden wir uns jetzt in einer solchen Lage, daß wir in bezug auf eine ganze Reihe von Naturprodukten nicht wissen, ob es diese bei uns gibt oder nicht, und wenn es sie gibt, in welcher Größenordnung; denn wir haben uns daran gewöhnt, sie von draußen zu bekommen, und haben es uns abgewöhnt, sie bei uns selbst zu suchen«.

Dies gilt besonders für die kriegswichtig gewordenen Edelmetalle wie Wismut, Molybdän, Zink, Aluminium, Nickel, Barium, Wolfram, Vanadium und so fort. »Unzweifelhaft haben wir hier eine Art Circulus vitiosus vor uns. Die äußere wirtschaftliche Abhängigkeit wird unterstützt durch die Unzulänglichkeit unseres Wissens von den uns zur Verfügung stehenden Mitteln, importierte fremde Produkte durch unsere eigenen zu ersetzen. Wir finden uns mit der existierenden Ordnung der Dinge ab, da wir uns bei dem Gedanken beruhigen, daß wir die von uns benötigten Stoffe anders eben nicht bekommen können.«

Der Krieg hat zugleich die Rückständigkeit im Verhältnis zu anderen »Kulturländern« offenbart. Er hat besonders deutlich gemacht, daß die wissenschaftliche Erforschung der Produktivkräfte eines Landes eine längst überfällige und vom Gang der wirtschaftlichen Entwicklung selbst diktierte Aufgabe ist. »Bis heute hat man in Rußland relativ wenig Aufmerksamkeit auf die Ausnutzung der eigenen Naturschätze verwandt, auf die Suche nach jenen Kraftquellen, die in anderen Ländern nicht vorkommen. Indes wissen wir, daß diese Aufgabe einer so umfassenden Arbeit heute vor jedem Kulturland steht.«[34]

Vernadskij plädiert für ein Vorgehen auf zwei Ebenen – für eine Zusammenstellung und Übersicht dessen, was zur Zeit über die Produktivkräfte Rußlands bekannt sei; und daneben für die Formulierung spezieller Teilaufgaben, die durch die aktuelle Situation oder das Vorhandensein spezieller Kapazitäten nahegelegt werden. Ein solcher Versuch, eine »Bilanz unserer Produktivkräfte« vorzulegen, existiert nicht (oder ist längst überholt anläßlich der Chicagoer Ausstellung); er wäre von unmittelbarer Bedeutung für die Allgemeinheit, nicht nur für die Wissenschaftler; eine solche Übersicht braucht auch »der Kaufmann, der Industrielle, der Politiker in den Landschaftsgremien, in der Stadt und der Gesellschaft, der Vertreter der Ressorts, der Deputierte, der Politiker, der Gelehrte«.[35]

Vernadskij umreißt auch die Hauptlinien eines solchen Sammelwerks – und präzisiert es in der Rede vom September 1915 noch:

»1. Bilanz der Kräfte der weißen Kohle in Rußland – der Wasserkräfte, der Flüsse, der Wasserfälle und so fort. Darin müßte enthalten sein ein Bild der geographischen Verteilung der in jeder Gegend Rußlands aufzufindenden Ressourcen und ein Hinweis auf deren Nutzbarmachung.

2. Übersicht über das Reich der Mineralien. Genannt werden Edelgase, Öle, Montanwachs, Kohle, Torf, Salze, Kali, Natrium, Magnesium, Bor und so fort, Edelsteine, Erze.

3. Übersicht über Nutzstoffe des Pflanzenreichs.

4. Übersicht über die Reichtümer des Tierreichs.

5. Übersicht über die chemische Produktion, gegründet auf in Rußland geförderte Rohstoffe.«[36]

Vernadskij denkt weit über die unmittelbaren Kriegsanforderungen hinaus: »Jedenfalls ist es nötig, daß ein solches Sammelwerk zum Kriegsende herauskommt, wenn die breite Nutzung der Produktivkräfte unseres Landes für uns historisch auf der Tagesordnung steht. Mir scheint, daß in dieser Epoche die Existenz eines solchen fertigen Nachschlagewerks sich als wichtig erweisen wird und seine Wirkung rasch die Mühe und die Mittel, die darauf verausgabt wurden, wettmachen wird.«[37]

Hier spricht Vernadskij bereits von dem speziellen Nachschlagewerk »Die wissenschaftlichen Kräfte Rußlands«, doch betrifft es die gesamte Publikationstätigkeit der Akademie beziehungsweise der Kommission. Die Übersicht über die wissenschaftlichen Fachkräfte wird von Vernadskij mit Bedacht als vorrangig genannt – läßt sich doch nur in einer auf neue Weise organisierten Form der Wissenschaft die genannte Aufgabe bewerkstelligen: in der »Mobilisierung der Wissenschaft«, in der Entwicklung eines »staatlichen Netzes von Forschungsinstituten«. »Eine solche Organisation muß zum Kriegsende geschaffen werden, so daß sie sogleich ihre Arbeit aufnehmen kann. Und dafür sollten keine Mittel gescheut werden. Bei einem richtigen Herangehen läßt sich dies rasch bewerkstelligen – in wenigen Jahren, vielleicht sogar in wenigen Monaten.«[38]

Vernadskij macht sich in seinem Plädoyer für eine Modernisierung der Wissenschaftsorganisation zu einem Sprecher der Modernisierung Rußlands selbst. Die russische Wissenschaft sei nicht vorbereitet auf die Bedingungen, »unter denen das staatliche Leben der Menschheit im 20. Jahrhundert vonstatten geht.«[39] Nicht allein die politischen Verhältnisse seien dafür verantwortlich, einen selbstmitleidigen Blick angesichts des Vorsprungs der angelsächsischen und deutschen Wissenschaft könne man nicht brauchen.

»In dieser Frage setzt vor unseren Augen jetzt ein radikaler Wandel des Verständnisses ein. Die Gefahr der Stunde, die die Anspannung aller Kräfte und des Willens erfordert, hat jeden Zweifel zerschlagen. Die Lehren waren nicht umsonst. Heute haben wir verstanden, wie unaufschiebbar und notwendig es ist, planmäßig und in breitem Umfang die Produktivkräfte unseres Landes, seiner Natur und seiner Bevölkerung zu erforschen, haben verstanden, daß allein in der Entwicklung dieser Kräfte unsere Rettung liegt.«[40] Die

Zukunft werde nur zu meistern sein »auf dem Wege der breiten Organisierung sowohl der Erkenntnis als auch der Nutzung unserer Produktivkräfte«. Diesen Schluß lege die Erfahrung der KEPS selbst nahe: Als Vereinigung der existierenden wissenschaftlichen Zentren und kompetenten Fachleute zeige sie in der Praxis, daß alle Formen der Wissenschaft »untereinander verbunden und unteilbar sind«.

Die Gründung eines staatlichen Netzes von Forschungsinstituten ist längst überfällig, in Amerika hat der Unternehmer Carnegie eine vergleichbare Einrichtung zu KEPS geschaffen. Rußland muß einen eigenen Weg finden. Vernadskij spricht von einer »schädlichen Verzögerung« eines Projekts, das im »Denken von Tausenden von Menschen« bereits existiert, von »unabhängigen Kräften in der Wissenschaft«, die durch eine »viele Jahrhunderte umfassende Tradition freien wissenschaftlichen Schaffens und ungehinderter Entfaltung der Persönlichkeit in der Wissenschaft erzogen wurden«. Die Koordinierung der Arbeit der vielen in einem großen Zusammenhang ist für die Wissenschaftler nichts neues, sondern längst geboten. »Wie man heute den Plan für den Eisenbahnbau, der auf viele Jahre berechnet ist, vorbereitet, und wie man den Plan für Wasserkraftwerke oder für ein Netz von Universitäten und Hochschulen ausarbeitet – ebenso muß auch ein Plan zur Schaffung eines Netzes von Forschungsinstituten des russischen Reichs erstellt werden.«[41] Vernadskij nennt dies als Aufgabe für das kommende Jahr – das Jahr 1917.

Tatsächlich kommt es in den folgenden Jahren zu einer regelrechten »Springflut« der Neugründung von wissenschaftlichen Abteilungen und Instituten, darunter solchen, die bald den Weltruf der sowjetischen Naturwissenschaftler begründen sollten. Mit der Veränderung im Jahre 1917 – sowohl im März wie im Oktober – waren Hemmnisse fortgefallen, die der Freisetzung längst gedachter und gut ausgearbeiteter Projekte im Weg gestanden hatten. Die Sowjetmacht erntet in gewissem Sinn die Früchte einer Institution, den Ertrag einer Arbeit, der ihr fast ohne weiteres Zutun zugefallen war. Ihre führenden Leute wußten dies auch.[42]

Vernadskijs »Entwurf« – »nabrosok«: auch Lenin verwendet das Wort für seine Skizze – ist die Urgestalt des Modernisierungsprojekts. Die Nuancen oder Akzentverschiebungen ergeben sich lediglich aus der unterschiedlichen Funktionsbestimmung und Autorenschaft: Vernadskij entwirft als Mitglied der Kaiserlichen Akademie der Wissenschaften, Lenin als Vorsitzender des Rats der Volkskommissare.

Russische Gelehrte wie Vernadskij lebten nicht nur in der Akademie. Zu einem Initiator des KEPS-Projekts konnte er nur werden, weil ihm an der Tradition der Russischen Akademie mehr lag als an der der Kaiserlichen. Die Stunde des Kriegs als die Stunde der Wahrheit gab nur den letzten Impuls. Überwindung der Abhängigkeit vom Ausland! Rußland herausführen aus der Rückständigkeit! Und dies mit der Macht, die sich in der Lage sah, die Hemmnisse, die einer Mitwirkung der Wissenschaften im allgemeinen Zivilisationsvorgang entgegenstanden, zu beseitigen.

Das alte Regime hatte der Akademie einiges zugemutet: Bis zu ihrem

Ende als »Kaiserlicher« Einrichtung stand an der Spitze (seit 1889) Großfürst Konstantin Konstantinovič Romanov, glücklicherweise ein Liebhaber von Poesie, selber ein dilettierender Poet und Übersetzer, ein vergleichsweise liberaler Mann. Karpinskij ist der erste, von den Mitgliedern der Akademie selbst gewählte Präsident.

Manche Zumutung hatte die Akademie hinnehmen müssen: Bedeutende Gelehrte, über deren Rang auch international kein Zweifel bestand, durften als politisch mißliebig nicht in die Akademie aufgenommen werden – so der Chemiker Mendeleev und der Agrarwissenschaftler Timirjazev. Maxim Gorki wird auf kaiserliche Weisung hin von der Akademie ausgeschlossen (1902) – nicht ohne daß dies Turbulenzen in der literarischen und akademischen Welt auslöst. Immer wieder hatte es Zusammenstöße mit der staatlichen Gewalt gegeben. Einzelne Professoren hatten sich mit rebellierenden Studenten solidarisiert. Der Kampf gegen Reglementierung und für Autonomie von akademischen Institutionen zieht sich wie ein roter Faden durch die Geschichte der Ausbildungsstätten und Forschungseinrichtungen des vorrevolutionären Rußlands, mehr als einmal wurde die Unvereinbarkeit von Wissenschaftsentwicklung, akademischer Freiheit und »staatlicher Struktur« Programmpunkt von Protestresolutionen. Die Verflechtungen von akademischer Unruhe und Gärung im Land, von Studentenprotest und gebremster Wissenschaftsentwicklung sind auf Schritt und Tritt auszumachen, und es ist wohl wiederum kein Zufall, daß der spätere – und in dem von uns betrachteten Zeitraum höchst aktive – ständige Sekretär der Akademie, Ol'denburg, in seinen Studentenjahren an einem illegalen Zirkel teilnahm, der auch Alexander I. Uljanov, den gehenkten Bruder Lenins und Studenten der Biologie, zu seinen Mitgliedern gezählt hatte.[43]

Viele Wege führten zum Jahr 1917 und darüber hinaus. Eine dieser Linien, und nicht die schwächste, führt aus der Akademie der Wissenschaften über KEPS zu GOĖLRO. Diese Linie trifft auf andere. GOĖLRO wäre nicht zustande gekommen ohne die Männer der Technik und der Praxis – die Ingenieure.

Wie der Ingenieur geschmiedet wurde

GOĖLRO ist das Projekt der Ingenieure, die Zeit des Nach-Oktober ist die Stunde der Ingenieure. Die Jahrzehnte vor der Revolution waren unter anderem auch Jahre der Arbeit für die Schublade – ob es sich um das geplante (und später ausgeführte) Kraftwerk Dneproges handelte, dem die Ländereien des Grafen Stenbok-Fermor und des Großfürsten Michail hätten geopfert werden müssen,[44] oder um die Ablehnung des Projekts, in Moskau eine U-Bahn zu bauen. Expeditionen, Prospektionstätigkeit, kartographische und

Katasterarbeit, geologische Untersuchungen und so fort hatten das Feld längst sondiert, auf dem der Umbau hätte vonstatten gehen sollen.

Auch hier spielt der Krieg zunächst die bahnbrechende Rolle: Russische Ingenieure, bisher oft nur als Zuarbeiter für das Ingenieur- und Leitungspersonal der ausländischen Firmen geschätzt, von eigenen Forschungs- und Entwicklungsvorhaben ausgeschlossen – wenn diese nicht überhaupt gänzlich im Ausland, in den Firmenzentralen betrieben wurden –, werden aus einer in bestimmtem Sinn diskriminierten Position plötzlich herausgeholt und überlebensnotwendig. Russische Ingenieure übernehmen die Leitung der großen Elektrizitätsgesellschaften, die meist unter ausländischer Kontrolle standen, so etwa die größte, die »Gesellschaft für elektrische Beleuchtung des Jahres 1886« mit Hauptsitz in Sankt Petersburg, die von deutschem Kapital finanziert und kontrolliert wurde; ganz zu schweigen von der Fortführung, der Inganghaltung und Instandsetzung von Elektrizitätswerken, die bis dahin von Siemens-Schuckert, Brown-Boveri, Westinghouse besorgt worden war.

Der Erfolg des GOĖLRO-Unternehmens hing an der Mitwirkung fähiger Ingenieure. Was ein Ingenieur ist, ist er vor allem durch seine praktische Leistung, sein Werk: Brücken, Kanäle, Schienennetze, Kraftwerke, Fabriken. Wenn sie sich nun in der Kommission anschickten, einen »großen Plan« auszuarbeiten und in die Tat umzusetzen, dann weil sie bisher schon auf diesen Linien gearbeitet hatten. Punkte wurden verbunden. Aus Stückwerk wurde ein Ganzes. Wie verliefen die Biographien, bevor sie sich im Großen Plan zusammenfanden?

Gleb Maksimilianovič Kržižanovskij (1852–1948), Vorsitzender der GOĖLRO-Kommission, später Vorsitzender der Gosplan-Kommission. Studium am Technologischen Institut in Sankt Petersburg; in der Studienzeit Teilnahme an marxistischen Zirkeln und an der Schaffung des »Kampfbundes für die Befreiung der Arbeiterklasse«. 1894 Beendigung der Institutsausbildung mit Auszeichnung. 1895 Verhaftung der gesamten Führungsgruppe des »Bundes«. Im Gefängnis schreibt Kržižanovskij populär gewordene Arbeiterlieder. Zusammen mit Lenin und Starkov reist er auf dem Dampfer »Nikolaj der Heilige« auf dem Jenissej nach Šušenskoe. Aktive Teilnahme an der Revolution von 1905. Mit Hilfe Krasins findet er Arbeit in der »Gesellschaft für elektrische Beleuchtung des Jahres 1886«, wird zum Energiefachmann, schließlich Leiter der Stromkabelabteilung in Moskau. Unter seiner Leitung werden erstmalig im Land Starkstromleitungen verlegt.[45] Zusammen mit Klasson und Vinter schlägt er den Aufbau der ersten E-Station auf Torfbasis in Rußland vor und wird einer der Direktoren der Station »Ėlektroperedača« bei Moskau. Zahlreiche Arbeiten und Vorträge auf den allrussischen elektrotechnischen Kongressen; er favorisiert vor allem die Idee der Nutzung örtlicher Energievorkommen wie Kohle, Torf für die Elektrifizierung; 1914 Arbeit an Elektrifizierungsvorhaben an der Wolga. 1917 Mitglied der bolschewistischen Fraktion des Moskauer Sowjets und einer der Direktoren der E-Station »Ėlektroperedača«. 1918 Vorsitzender des Komitees für staatliche Bauvorhaben des Obersten Volkswirtschaftsrates, 1919 Vorsitzender von Glavėnergo. 1920 Übernahme der Leitung von GOĖLRO.

Peter Germogenovič Smidovič (1874–1935), Chef von Ėlektrootdel des Obersten Volkswirtschaftsrats. In seiner Studentenzeit aus der Moskauer Universität ausgeschlossen, Emigration nach Paris, dort Studium an der Hochschule für Elektrotechnik, Diplom als Elektroingenieur.[46] Arbeit in Liège, Beitritt zur belgischen Sozialdemokratie, 1898 mit ausländischem Paß zurück nach Rußland, Arbeit als Ingenieur in Moskau, Petersburg, Ekaterinoslav – zugleich Agent im Vertriebsnetz der bolschewistischen Zeitung »Iskra«. 1908 verhaftet und nach Vologda verbannt. 1911 Elektromonteur auf der Kalugaer Elektrizitätsstation. 1912 zusammen mit Kalinin Arbeit auf der Tramstation Mjusskaja in Moskau. 1913 eingestellt von der »Gesellschaft für elektrische Beleuchtung des Jahres 1886«, Ingenieur der Moskauer Städtischen Elektrizitätswerke Raušskaja (später MOGĖS). Nach der Februarrevolution im Präsidium des Moskauer Sowjets. Nach dem Oktober Vorsitzender von Ėlektrootdel des OVWR und Ėlektrostroj. Leitete die Vorbereitungen für den Bau der Kraftwerke Volchovstroj, Šatura und Kašira.

Leonid Borisovič Krasin (1870–1926). Student am Technologischen Institut in Sankt Petersburg. Bekanntschaft mit Kržižanovskij, Klasson, Lenin und anderen in marxistischen Zirkeln. Ausschluß aus dem Institut wegen revolutionärer Tätigkeit, verbannt nach Nižnij Novgorod und Irkutsk. 1897 Eintritt ins Technologische Institut in Charkow. 1900 Diplom mit Auszeichnung. Durch Vermittlung von Klasson kommt er nach Baku, übernimmt die Leitung des Baus des Kraftwerks von Bibi-Ejbat in der Nähe eines Kraftwerks, das von Klasson geleitet wurde. Dort Zusammenarbeit mit dem Elektroingenieur Vinter. In Baku betreibt er eine Untergrunddruckerei »Nina«, die sozialdemokratische Zeitungen in ganz Rußland verbreiten hilft. Nach Konflikten mit der Werksleitung Übersiedlung nach Moskau, Übernahme der Leitung des Elektrizitätswerks des Fabrikkomplexes von Orechovo-Zuev, der Savva Morozov gehört. 1905 formell auf Dienstreise zu Brown-Boveri, inoffiziell zur Teilnahme am III. Parteitag der RSDRP, wo er ins Zentralkomitee gewählt wird. Nach der Rückkehr Arbeit bei der »Gesellschaft für elektrische Beleuchtung des Jahres 1886«, verantwortlich für das Petersburger Netz, wo er unter anderen auch Kržižanovskij und Starkov trifft. 1908 Emigration nach Berlin, Aufgabe der politischen Arbeit und Übernahme der Generalvertretung für Siemens-Schuckert für ganz Rußland. Kehrt 1912 in dieser Funktion trotz Protesten der russischen Geheimpolizei nach Rußland zurück, wo er als Direktor der Carskosel'sker Elektrizitäts-Station die Februarrevolution erlebt. Ende Mai sucht ihn dort Lenin auf, läßt sich das Werk zeigen, wirbt um Krasin; Kollontai berichtet von Lenins Diktum, Rußland brauche Tausende von Krasins.[47] Nach der Oktoberrevolution initiiert Krasin den »Rat der Experten« und den »Zentralen Elektrotechnischen Rat«, der im Herbst 1918 eingerichtet wird. Bereits in seiner Rede »Über die ersten Aufgaben des Zentralen Elektrotechnischen Rats« vom 20. Oktober 1918 spricht Krasin von einem Elektrifizierungsgesamtplan. In den folgenden Jahren Mitglied des Präsidiums des OVWR, Volkskommissar für Verkehrswesen, für Handel und Industrie. 1921 Kommissar für Außenhandel und dann erster Botschafter Sowjetrußlands in Frankreich und England. Zahlreiche Initiativen – etwa die Erforschung der Kursker Magnetanomalie, die Besorgung von Turbinen aus Schweden und Deutschland – gehen von Krasin aus.

Vasilij Vasil'evič Starkov (1869–1925). Studierte am Technologischen Institut in Sankt Petersburg, dort Zusammentreffen mit Kržižanovskij, dem Ingenieur Radčenko, den beiden Krasin-Brüdern, Klasson. Im »Kampfbund« Bekanntschaft mit Lenin, 1895 verbannt nach Minujssk, nach 1898 Arbeit als Mechaniker. 1905 folgt er Krasins Einladung nach Baku, Arbeit als Leiter der Elektrizitätsstation in Balachansk. 1908 Leiter der Elektrifizierung der Tram in Moskau, bis zur Oktoberrevolution einer der Direktoren von Ėlektrosila. Ab 1918 Arbeit im Zentralen Elektrotechnischen Rat, Abteilung Starkstrom. 1919 Leiter des Büros für Projektierung bei Ėlektrostroj, verantwortlich für Ankauf im Ausland.

Ivan Ivanovič Radčenko (1874–1942). Bruder von Sergej Ivanovič Radčenko, einem Mitstreiter Lenins. 1912 bringen ihn Kržižanovskij, Krasin, Klasson und Starkov in die »Gesellschaft für Beleuchtung des Jahres 1886«, wo er verantwortlich wird für die Torfwirtschaft im Umfeld der in Bau gegangenen Station »Ėlektroperedača«; er gilt als Torfspezialist und bereitet in dieser Eigenschaft auch den Bau von Šatura vor.[48]

Sergej Jakovlevič Alliluev (1866–1945). Arbeit als Schlosser und Helfer des Maschinisten in Tiflis. 1901 Übersiedlung nach Baku, per Empfehlung an Krasin, arbeitet dort als Heizer. 1904 in die Verbannung, mehrmals Flucht. Nach der Oktoberrevolution wird er Kommissar der Elektrizitätsstationen der »Gesellschaft zur Beleuchtung des Jahres 1886«.

Alexander Vasil'evič Vinter (1878–1958). Sohn eines Eisenbahnmaschinisten, Studium am Kiewer Polytechnikum, wegen revolutionärer Aktivitäten ausgeschlossen und nach Baku verbannt. Dort wird er Leiter der E-Station von Bibi-Ejbat. Enge Zusammenarbeit mit Klasson. Erst 1912 Beendigung des Studiums am Polytechnischen Institut in Sankt Petersburg. Mitarbeit im Aufbau von »Ėlektroperedača«, Leiter der Arbeiten für den Bau von »Šatura«.[49]

Nikolaj Nikolaevič Vaškov (1874–1953). Beendete 1899 die Moskauer Technische Hochschule, wird nach Vjatka verbannt. Durch Vermittlung Krasins Arbeit in Orechovo-Zuev. Nach der Revolution Arbeit im Elektrotechnischen Rat und in der GOĖLRO-Kommission, verantwortlich für das Ural-Gebiet.

Karl Adolfovič Krug (1873–1952). Beendet 1898 die Moskauer Technische Hochschule, im selben Jahr Studium an der Darmstädter Technischen Hochschule, 1899 mit anderen russischen Studenten an der Charlottenburger Technischen Hochschule und Arbeit als Monteur bei »Union« in Berlin. Rückkehr nach Rußland und Studium, 1911 Promotion an der Technischen Hochschule Darmstadt, in den Jahren bis 1914 Beginn der Arbeiten zur Elektrifizierung des Zentralen (Moskauer) Industriegebiets. 1915 Professor für Elektrotechnik, Dekan dieser Fakultät. 1920 Arbeit in der GOĖLRO-Kommission, in den folgenden Jahren wichtige wissenschaftliche Arbeiten zur Energetik, Gutachten für Kraftwerke und anderes.[50]

Genrich Osipovič Graftio (1869–1949). Kam aus einer Eisenbahnangestellten-Familie, Studium in Odessa und am Petersburger Institut der Kommunikationswege. Promotion 1896 mit der Arbeit »Die Elektrifizierung der Eisenbahn«. Auslandsaufenthalt im Auftrag des Ministeriums in Paris, Le Havre (Werkstudium). Er reist nach Norditalien, in die Schweiz und nach Nordamerika, um mit Wasserkraftwerken und elektrifizierten Eisenbahnen Erfahrungen zu sammeln. Nach seiner Rückkehr vertieft er diese Themen. 1902/03 arbeitet er ein Projekt für die Errichtung eines Kraftwerks am Volchov aus, auch Entwürfe für ein Wasserkraftwerk am Dnjepr. 1905 bis 1909 Hauptingenieur beim Bau der ersten Linie der Petersburger elektrischen Tram. 1910 und 1911 Teilnahme am Internationalen Eisenbahn- und elektrotechnischen Kongreß in Bern beziehungsweise Turin. Bis 1917 Inspektor beim Bau verschiedener Eisenbahnlinien. Nach der Oktoberrevolution Wiederaufnahme der Arbeit für das Kraftwerk am Volchov, des ersten großen Wasserkraftwerks der Sowjetunion. 1921 wird er zum Leiter und Hauptingenieur dieser Baustelle. In der GOĖLRO-Kommission leitet er die Sektion für die Elektrifizierung des Kaukasischen Gebiets und die Transport-Sektion.[51]

Michail Andreevič Šatelen (1866–1957). Als Klassenbester des Ersten Tifliser Gymnasiums schreibt er sich 1884 an der Fakultät für Mathematik und Physik der Petersburger Universität ein. 1888 bis 1890 in Frankreich, 1893 Professor des ersten Elektrotechnik-Lehrstuhls am Elektrotechnischen Institut in Petersburg. 1901 entlassen wegen Unterstützung der Studentenbewegung. Lehrt zeitweise am Bergbauinstitut und an den Höheren polytechnischen Kursen für Frauen. 1907 entlassen aus dem Dekansposten der elektromechanischen Fakultät des Polytechnischen Instituts aufgrund seiner Weigerung, gegen Studenten vorzugehen; 1908 Vortrag auf dem 5. Allrussischen Elektrotechnischen Kongreß »Über die Nutzung der Wasserkräfte in Rußland«. 1910 reist er in die USA, um Fragen der Starkstromübertragung zu studieren, anschließend Einrichtung einer Experimental-Hochspannungslinie in Petersburg. Während des Kriegs an der Front als Fähnrich. 1918 Beginn der Arbeit im Elektrotechnischen Rat des OVWR. 1919/20 Rektor des Petrograder Polytechnischen Instituts. 1920 Mitglied der GOĖLRO-Kommission als Bevollmächtigter des Nördlichen Gebiets (Petrograd). Ab 1921 Mitglied der Gosplan-Kommission, fruchtbare wissenschaftliche Arbeit, Mitglied der Akademie.[52]

Robert Eduardovič Klasson (1868–1926). Geboren in Kiew, nach Beendigung des Ersten Gymnasiums Immatrikulation am Petersburger Technologischen Institut, Teilnahme an Studentenunruhen, Leiter eines marxistischen Zirkels am Institut, wo er mit Krupskaja und anderen zusammentrifft. Nach Beendigung des Studiums Arbeit im technischen Büro von Lindley in Frankfurt/Main und Teilnahme an der Internationalen elektrotechnischen Ausstellung in Frankfurt und bei Experimenten zur Übertragung von dreiphasigem Strom auf der Strecke Lauffen–Frankfurt (1892). Trifft im selben Jahr in der Schweiz mit Georgij Plechanov und Vera Zasulič zusammen. 1893 Rückkehr nach Rußland und Beginn der Arbeit in der Petersburger Pulverfabrik an der Ochta, wo er die erste Hochspannungsleitung Rußlands projektiert und montiert – in dieser Zeit Bekanntschaft mit dem Zirkel Lenins, Radčenkos, Starkovs und Struves sowie Potresovs. 1897 Eintritt in die »Gesellschaft für elektrische Beleuchtung des Jahres 1886«, zuerst in Petersburg, dann in Moskau (dort als Leiter des Raušskaja-Station). 1900 Beginn der Tätigkeit für »Ėlektričeškaja sila« in Baku mit dem Ziel der Elektrifizierung der Erdölindustrie. Erstmalig im Land Errichtung einer Hochspannungsleitung von 20000 Volt. Als Direktor zieht er Krasin, Kržižanovskij, Smidovič, Vorovskij (der spätere sowjetische Diplomat, der in Lausanne 1923 ermordet wurde) und Lengnik nach Baku. 1904, auf dem III. Elektrotechnischen Kongreß, spricht er »Über die Angleichung der Konkurrenzbedingungen von Dampf und Elektrizität in der Bakuer Ölindustrie«. Entlassung durch die Gesellschaftsdirektion aufgrund seiner Weigerung, die Polizei gegen streikende Arbeiter zu rufen. 1906 Direktor in der »Gesellschaft für elektrische Beleuchtung des Jahres 1886« in Moskau. 1912 Beginn der Bauarbeiten an der ersten auf Torf basierenden elektrischen Station Rußlands – das Modell künftiger Gebiets-E-Werke. Experimente für die Mechanisierung des Torfabbaus. 1917 bis 1918 bleibt Klasson Direktor der »Ėlektroperedača«, 1918 Beginn der Arbeit im Elektrotechnischen Rat, Berater beim Bau der Šatura-E-Station, als Vorsitzender der Abteilung für die Elektrifizierung des Zentralen (Moskauer) Industriegebiets Mitglied der GOĖLRO-Kommission. In den letzten Jahren seines Lebens setzt Klasson seine Arbeit an der Technologie der Torfverarbeitung, in der er eine bedeutende nationale Ressource sieht, fort.[53]

Diese Karrieren sind gewiß nicht einheitlich – sowenig wie die Profile der Akteure: Graftio hatte mit Politik im eigentlichen Sinn nie etwas zu tun; Kržižanovskij hingegen war mehr Politiker als Ingenieur und wurde deshalb vermutlich mit der Leitung der Kommission betraut; Šatelen war Professor – und seine Konflikte mit der Obrigkeit waren nicht ganz untypisch für die Zeit. Sie alle sind auch nicht »repräsentativ« für die russische Ingenieurschicht, die in ihrer Mehrheit mit Politik nichts zu tun haben wollte; aber »untypisch« für den aktiven Kern, auf den sich ein Plan wie GOĖLRO aufbauen mußte, sind sie gewiß nicht. Dies gilt vor allem für Klasson und Krasin, deren Karrieren praktisch bezeugen, daß auch eine bedeutende Ingenieurpersönlichkeit, der alle Wege nach oben offenstanden, ihre überzeugenden Gründe haben konnte, sich der neuen Macht nicht nur zur Verfügung zu stellen, sondern mit ihr aktiv jenes Unternehmen zu betreiben, dem sie sich ganz und gar verschrieben hatte: der Elektrifizierung und Modernisierung Rußlands.

In den Kurzbiographien kehren gewisse Orte immer wieder, Orte, die zugleich Kreuzungspunkte sind, Kreuzungspunkte von politischer und technologischer Revolution. Die Punkte, die genannt werden, sind auch die künftigen Zentren des GOĖLRO-Plans. Hier sind die Ingenieure der Macht unterwegs und die Ingenieure der Technik. Gewiß bildet sich der technische Kader anders als der politische – was aber ist, wenn die Schule der Technik zugleich die Schule der Revolution wird?

Die Hauptstationen dieser Karrieren sind leicht auszumachen: das Technologische Institut in Sankt Petersburg, die »Technoložka« – in vielen Fällen

Relegation und Verbannung aus den Hauptstädten – Auslandsaufenthalte zu Studienzwecken oder Emigration, Arbeit in den Kraftwerken der »Gesellschaft für elektrische Beleuchtung des Jahres 1886« in Petersburg, Arbeit bei »Ėlektrosila« in Baku, »Ėlektroperedača« bei Moskau, Zentraler Elektrotechnischer Rat, GOĖLRO. In allen Fällen sind es exponierte, für die Zeit avantgardistische Projekte: das Technologische Institut als eine der besten Hochschulen für Ingenieure; die Elektrifizierung der Ochta-Fabrik und die Verlegung der Stromnetze in Petersburg und Moskau; der Aufbau von E-Werken in der Ölindustrie von Baku; das erste mit Torf betriebene Gebietskraftwerk bei Moskau und wiederum als Fokus am Ende: GOĖLRO.

An Klasson und Krasin läßt sich das exemplarische Profil dieser Karrieren genauer untersuchen. Robert E. Klasson kommt aus Kiew, sein Vater war Arzt, der Abstammung nach Schwede, die Mutter war in Dresden geboren und als Gouvernante nach Rußland gekommen. Klasson schließt das Klassische Gymnasium – mit Griechisch und Latein – mit der »silbernen Medaille« ab. Er kommt aus einem gutbürgerlichen Haus.

Leonid B. Krasin ist Sibirier, geboren in Kurgan im Tobol'sker Gouvernement, sein Vater war dort Kreispolizeichef, der seinerzeit dem amerikanischen Sibirienreisenden Wallace auch den Zugang zu Deportierten und Verbannten eröffnet hatte (eine Beschreibung der Schul- und Klassenräume, in denen der junge Krasin saß, findet sich bei Wallace ebenfalls[54]). Krasin geht nach der Absolvierung der Realschule 1887 ans Technologische Institut in Petersburg – wie Klasson schon ein Jahr zuvor. Das Institut ist nicht nur eine Art Eliteschule, sondern auch ein unruhiger Ort. Begräbnisfeiern für kritische Schriftsteller wie Saltykov-Ščedrin oder Šelgunov werden zu Anlässen der Konfrontation mit der Polizei – so in den Jahren 1890 und 1891. An die Mensa erinnert sich Krasin als an eine Art »freies Gebiet der aufrührerischen Studenten«.[55] Es war ein von Klasson geleiteter marxistischer Zirkel, in dem Krupskaja, später Lenins Frau, erstmalig mit dem Marxismus bekannt wurde; außerdem gehörten ihm an: Kržižanovskij, Stepan Radčenko und Krasin. Infolge der Proteste trennen sich die Wege: Klasson schließt 1891 ab als »Ingenieur-Technologe«, verliert aber sein Stipendium; Krasin wird relegiert und lernt in den folgenden Jahren das Land per Verbannung, Militärdienst, Gefängnis und wieder Verbannung kennen. Krasin, der in Petersburg Chemie studiert hatte, schließt erst 1900 als Elektroingenieur am Charkower Technischen Institut »mit Auszeichnung« ab.

Die »Technoložka« galt unter den Studenten der Zeit als Hochburg der Marxisten, die Volkstümler hatten dort längst ihren Einfluß verloren. Ist es ein Wunder, da es der Marxismus war, der die Botschaft von der radikalen Umwälzung wissenschaftlich begründete und der Technik dabei eine bedeutende Rolle zuwies?

Klasson war nach seinem Studium ins Ausland gegangen und hatte Gelegenheit, einer Entdeckung beizuwohnen, die die gesamte industrielle Welt verändern sollte: der Übertragung von Strom über eine Entfernung von hundert Kilometern (Lauffen–Frankfurt). Von nun an war es möglich, die Energiequelle von den Arbeitsplätzen zu trennen, die Arbeitsbedingungen umzuwälzen, zu »vermenschlichen«, eine Quelle ständiger Gefahr von Bränden zu beseitigen, vor allem aber den Aktionsradius von Industrien bedeutend zu erweitern – Klasson realisiert diese »technische Revolution« später im Ochta-Pulverwerk (1896). In dieser Petersburger Zeit führt er zwar einen Salon, in dem Uljanov, Krupskaja, Potresov, Struve, Kalmykova, Tugan-Baranovskij, Sergij Bulgakov und andere verkehren.[56] Krupskaja konstatiert in ihren Erinnerungen aber: Klasson sei ganz verändert aus Frankfurt zurückgekommen, »von der Romantik der Technik fasziniert ..., dort hatte er die revolutionäre Seite der Technik kennengelernt und diese hatte ihn außerordentlich in Bann geschlagen«.[57] Klasson, der Techniker, war »bis über die Ohren« beschäftigt: die Städte veränderten ihr Gesicht – Kraftwerke wurden gebaut, das »Licht wurde kanalisiert«, man plante die Ablösung der Pferdebahnen durch elektrische Straßenbahnen, die Fabriken wurden mit elektrischem Strom und Elektromotoren versorgt – das Dampfzeitalter ging zu Ende. Klasson errichtete in Moskau das Raušskaja-Kraftwerk, das das ganze Zentrum der Stadt mit Strom versorgte.

An der Wende zum neuen Jahrhundert sind Klasson und Krasin um dreißig. Sie kommen aus »gutem Hause« – und sie werden dies auch nie verleugnen: Ziemlich regelmäßig verfolgen sie aus der obersten Loge des Marientheaters die Aufführungen der »Traviata«, »Carmen« oder »Aida«. Sie sind ernsthafte Studenten, nicht nur in ihrem Fach. »Die Gesellschaft« ist etwas, was zu ihrem Fach gehört, und sie riskieren für diese Überzeugung auch den Verlust von Privilegien, sogar den Abbruch des Studiums. Im Alter von zwanzig Jahren sehen sie ihren Beruf mit dem Schicksal des Landes verbunden (Krasin ist der Verfasser einer frühen Studie über die wirtschaftliche und soziale Entwicklung Sibiriens), im Alter von dreißig Jahren haben sie bereits eine praktische Schule durchlaufen (Klasson in Frankfurt und am Ochta-Werk, Krasin auf Eisenbahnbaustellen am Baikalsee), vorläufig gabeln sich die Wege: Klasson widmet sich ganz der Technik, Krasin wird zum Berufsrevolutionär, der auch Techniker ist. Beide waren seither längere Zeit im Ausland gewesen, dort, wo Rußlands Zukunft schon Gegenwart geworden ist.

Baku: Es ist Klasson, der alle anderen nachzieht – Krasin, Kržižanovskij, Smidovič, Vinter und andere. Es ist die Zeit einer allgemeinen Gärung, von gesamtrussischen Streiks, auch auf den Ölfeldern. Klasson und Krasin bekommen Schwierigkeiten mit der Administration, die in den Unruhen die Orientierung verliert, entschiedenes Eingreifen der Polizei verlangt. Klasson will schlichten, Krasin hält die von ihm aus Deutschland nach Baku geschaffte große »Augsburger« Druckmaschine in Gang: »Iskra« wird nun nicht mehr aus dem Ausland nach Rußland geschmuggelt, sondern dort gesetzt, hergestellt und von Baku aus vertrieben. Krasin ist zusammen mit Bogdanov auf dem Londoner Parteitag von 1903 der eigentliche Repräsentant der in Rußland real existierenden Sozialdemokratie, sie stehen damals auf Lenins Seite – sehr zu dessen Glück.

Klasson und Krasin werden in Baku entlassen. Klasson geht wieder nach Moskau, wo er im Aufbau der »Ėlektroperedača«, einem weiteren Meilenstein der Elektrifizierung des Landes, tätig werden wird; Krasin ging nach Orechovo-Zuev, wo er in die Spinnereifabriken des Savva Morozov als leitender Ingenieur eintritt, häufig aber zu Sitzungen der Sozialdemokratischen Organisation nach Moskau fährt. Es ist der 9. Januar 1905, der dazu führt, daß Krasin sein Interesse an der Ingenieursarbeit verliert. Er ist das einzige Mitglied des Zentralkomitees, das den Ausbruch der ersten russischen Revolution erlebt; als Mitglied des Petersburger Arbeiterrats nimmt er eben dort seinen Platz ein, wo er einst studiert hatte: in den Räumen der »Technoložka«.[58]

Krasin als Organisator der Kampfgruppen der Sozialdemokratie und als Finanzier der Organisation, der es versteht, sowohl bei Savva Morozov persönlich Geldbeträge einzutreiben als auch den berühmt-berüchtigten Coup auf die Tifliser Bank zu organisieren,[59] muß 1908 nicht nur das Land verlassen, sondern wird 1909 als »otzovist« – als Vertreter des ausschließlich illegal geführten Kampfs – aus der Partei ausgeschlossen. Von da an datiert eine Entfremdung von Parteiangelegenheiten, eine explizite Aversion oder doch Animosität Krasins gegen die Leninsche Gruppe mit ihrer Hinterzimmer-Emigranten-Politik. Von 1909 bis 1912 arbeitet er für Siemens-Schuckert zunächst in Berlin und kehrt dann als Vertreter dieser Firma nach Rußland zurück.

Der Krieg mit dem Fortfall der Geschäftsbeziehungen zu Deutschland, dem Ausfall wichtiger Maschinerie – Generatoren, Turbinen, Motoren – und der Ausweisung deutscher Ingenieure verstärkt nur seine verantwortliche Rolle. 1915 wird er im Zentralen Kriegsindustrie-Komitee aktiv. Der größte Petersburger Unternehmer und Finanzier, A. M. Putilov, bietet ihm eine Stelle an; Krasin wird Vorstandsmitglied der mehrheitlich von Putilov beherrschten »Russisch-Asiatischen Bank«. Doch es ist bezeichnend, daß er seinen Genossen von einst, Alliluev, als dieser ihn in seinem Büro an der Mojka aufsucht und um eine Spende für die Partei bittet, nicht im Stich läßt.[60] Im Februar 1917 nimmt er wieder Kontakt zu Gorki und dessen Zeitung »Novaja žizn'« auf (mit Gorki, Bogdanov, Lunačarskij, Pokrovskij und anderen hatte Krasin um 1908/09 die »linke Fraktion« gebildet). Von Lenin, der ihn mehr als einmal werbend aufsucht, will er vorerst nichts wissen – anläßlich des Putschversuchs im Juni 1917 wirft er ihnen nichts weniger als »Unfähigkeit zur Führung« und Spionagedienste für die Deutschen vor.

Nach der Februarrevolution ist Krasin Mitbegründer der »Vereinigung zur Entwicklung und Verbreitung der Angewandten Wissenschaften«, arbeitet in einer Experten-Kommission zur Rettung von gefährdeten Kunstobjekten mit. Im November erklärt er sich zur Zusammenarbeit mit der neuen Regierung bereit – und ist von nun an überall da zu finden, wo nur Leute seiner Statur etwas zuwegebringen konnten: in der Bildung des Expertenrats, bei den Friedensverhandlungen im Februar 1918 in Brest-Litovsk, im November 1918 als Außerordentlicher Kommissar für die Versorgung der Roten Armee, bei der Gründung des Zentralen Elektrotechnischen Rats, als Kommissar für Außenhandel und Transport und zuletzt als Diplomat.

Klasson hatte von 1912 an das bereits erwähnte Kraftwerk »Ėlektroperedača« realisiert und an seiner »großen Idee« des »Hydrotorf« – einem Verfahren, bei dem die Torfgewinnung mechanisiert werden konnte, indem der Torf hydraulisch ausgespült und abtransportiert würde – weitergearbeitet. Er bleibt Direktor der – inzwischen nationalisierten – »Gesellschaft für elektrische Beleuchtung des Jahres 1886« sowie Direktor von »Ėlektroperedača« und gehört zusammen mit Krasin in den folgenden Jahren zu den Mitinitiatoren des Zentralen Elektrotechnischen Rats und des GOĖLRO, dessen Hauptabteilung »Zentrales Industriegebiet Moskau« unter seiner Führung steht.

Klasson und Krasin legen weitverzweigte Wege in ihrem Leben zurück. Es ist kein Doppelspiel und keine Charakterspaltung, sondern die Kraft einer Persönlichkeit, in das Spiel der Kräfte um sie herum selber gestaltend einzugreifen. Es ist nicht Opportunismus, sondern die Fähigkeit, auch da etwas zu leisten, wo die Umstände den Wirkungsmöglichkeiten dieses Menschen unangemessen sind. Es ist vermutlich ein ganz einzigartiger Typus von Mensch.

Was vermag er: den Anforderungen einer harten Ingenieurausbildung gerecht zu werden, aber auch den Gefährdungen durch eine dumm-arrogante Polizei; eine Verbannung auf sich zu nehmen, aber nicht zu resignieren, sondern mit »Auszeichnung« nachzuholen, was ihm verwehrt wurde (freilich unterstützt von einem Charkower Professor); ein Kraftwerk zu bauen – »Ėlektroperedača« – , auch wenn die Eigeninteressen von Grundstücksbesitzern, Stadtverwaltungen und ausländischen Gesellschaften dem entgegenstehen: die einen hatten um ihr Geld, die anderen um ihre Kompetenzen, die dritten um ihr Monopol gefürchtet; elektrische Starkstromleitungen zu verlegen, aber den Strom der illegalen Presse nicht abreißen zu lassen; tagsüber die Fabrik von Orechovo-Zuev zu leiten und nachts sich den Verfolgungen der Geheimpolizei zu entziehen; ein Gehalt von 10000 Rubel plus Tantieme zu beziehen, aber über der eigenen Familie nicht »die Genossen« zu vergessen; zu Brown-Boveri in die Schweiz zu reisen, auf einem Nebenweg aber den illegalen Parteitag der Revolutionspartei zu besuchen; einen Bankraub größten Stils zu inszenieren – in Tiflis waren es immerhin 250000 bis 315000 Rubel! –, aber auch im Vorstand einer der größten russischen Banken zu sitzen; den Untergrund von Baku, die Verbanntenkolonien von Vologda und Vjatka zu kennen, aber auch das Nizza Savva Morozovs und die Büros von Schuckert in Berlin. In diesem Erfahrungs- und Kraftfeld haben sich solche Persönlichkeiten geformt.

Nur eine Welt, die nichts wußte von dem, was sich auf dem Grund Rußlands abspielte, konnte erstaunt darüber sein, womit sie es nach 1917 zu tun bekam: mit einem vielseitig, wenn nicht gar allseitig geforderten und geformten Typus, der Revolutionär und Staatsmann, Pionier der Technik und Pionier der Organisation in einem sein konnte. Die Modernität dieses Typus hat im alten Rußland Gestalt angenommen; er konnte erst vollends an die Öffentlichkeit treten im neuen Rußland. Was aber konnte dieser »moderne Typus« in einem Land ausrichten, das von der Revolution gerade auch deshalb heimgesucht wurde, weil es mit den Widersprüchen und Zerreißproben der Moderne nicht fertiggeworden war, dem die Revolution selbst einen Weg aus der »Rückständigkeit« zu offerieren vermochte? Doch es fehlt noch ein wichtiges Glied, um die »Neukombination der Elemente« verstehen zu können: der politisch-organisatorische Faktor.

Organisation als Kunst

Wie sehr »Wissenschaft« und »Technik« sich in ihrer Entwicklung auch aufeinander zu bewegt haben mögen, es bedurfte doch eines tätigen Eingriffs, sie an verantwortlicher Stelle in eine Kooperations- und Operationsbeziehung zu bringen. Organisatorische Vorschläge finden sich ja schon bei Vernadskijs KEPS-Entwurf; ein Mann von bedeutenden organisatorischen Talenten war auch Krasin, den wir nicht zufällig an den »Schaltstellen« finden, wo sich wissenschaftliche und technische Intelligenz kristallisieren wird (Expertenrat, Zentraler Elektrotechnischer Rat).

Mit einer statistischen Erhebung und Erfassung suchte der Rat der Volkskommissare am 19. Dezember 1918 die Spezialisten für die Leitung der Volkswirtschaft quantitativ zu bestimmen. Die Kategorie umfaßte »wirkliche Spezialisten«, aber auch alle, die sich zwei Jahre lang verantwortlich mit der Leitung eines Industrieunternehmens befaßt hatten, auch wenn sie keine Hochschulausbildung hatten, ja sogar Studenten der letzten vier Semester aus allen technischen Spezialschulen. Sie konnten unter den Bedingungen der militarisierten Arbeit jederzeit zum »Dienst« einberufen werden.[61]

Der Rat der Volkskommissare ratifizierte das Dekret »Über den Plan zur Elektrifizierung Rußlands« am 21. Dezember 1921, nicht ohne vorher die Zustimmung eines großen Teils verantwortlicher Ingenieure und Techniker eingeholt zu haben. Am 1. Oktober 1921 war im Polytechnischen Museum in Moskau der VIII. Allrussische Elektrotechnische Kongreß zusammengetreten (die Zählung betont die Kontinuität zu den vorangegangenen Kongressen vor 1917), an dem 893 Delegierte und 475 Gäste – neben bekannten Elektrotechnikern, Ingenieuren und Gelehrten auch eine große Zahl »undiplomierter« Facharbeiter der Branche – teilnahmen. In Fachvorträgen erläuterten Kržižanovskij, Aleksandrov, Ramzin und Krug den GOĖLRO-Plan. Zum Ehrenvorsitzenden des Kongresses wurde Lenin gewählt, der freilich nur in Form einer Grußadresse anwesend war.[62] Der Plan konnte verwirklicht werden, am 4. Juni 1922 wird der »Erstling« der sowjetischen Energiewirtschaft – Kašira – festlich eingeweiht, Šatura folgt am 6. Dezember 1925 (der Probebetrieb eines Teils der Station war bereits 1920 aufgenommen worden). Am 19. Dezember 1926 wird das Kraftwerk am Volchov, das erste sowjetische Wasserkraftwerk, das als Projekt bereits Ende 1917 in der Zeitung »Vestnik armii i flota« vorgestellt worden war, in Betrieb genommen.[63]

Lenins Ehrenvorsitz auf dem Elektrotechnischen Kongreß hat indes nicht nur eine symbolische Bedeutung. Lenin ist in der Tat fast überall und immer präsent, wo es um GOĖLRO und konkrete Bauvorhaben wie am Volchov, Kašira oder Šatura geht. Er mischt sich buchstäblich überall ein, hält sich auf dem laufenden, drängt, schimpft, will immerzu anfeuern und beschleunigen. Er setzt persönlich durch, daß der Plan »auf Teufel komm raus« gedruckt und veröffentlicht wird, in einer Frist, die selbst für Friedenszeiten außergewöhnlich gewesen wäre. Er gibt Ratschläge, ja fordert, daß die Karte angefertigt wird. Er gibt telegraphische oder briefliche Anweisungen an Sowjetbeamte im Ausland, Möglichkeiten für die Beschaffung von Turbinen, Akkumulatoren und ähnlichem zu erkunden, in Verhandlungen zu treten. Er weist den Volkskommissar für Finanzen an, die notwendigen Mittel bereitzustellen. Er kümmert sich darum, daß Wissenschaftler und Ingenieure über die Organisation CEKUBU (Zentrales Komitee für die Verbesserung der Lebensbedingungen der Gelehrten) ihre Lebensmittel bekommen, um ihre Arbeit fortsetzen zu können. Er empfängt schließlich Mitglieder der Kommission, er studiert die Bulletins der Kommission – seine Randbemerkungen zu diversen Publikationen sind erhalten.[64]

Daß das Jahrhundert des Dampfs das der Bourgeoisie und das Jahrhundert der Elektrizität das des Sozialismus sei – dies war fast so etwas wie ein Gemeinplatz der Generation Lenins. Deutlich dürfte auch sein, daß Lenins Beziehung zur Welt der Naturwissenschaft und Technik von anderer Art als seine Beziehung zur Welt der Gesellschaftswissenschaften, der Philosophie oder Kunst gewesen ist.[65] Sie ist charakterisiert von einer Art Respekt und Achtung, die er gegenüber Historikern, Philosophen oder Literaten niemals an den Tag gelegt hat. Es kommt hier möglicherweise nicht so sehr der Monopolanspruch des Parteiführers in Fragen der Weltanschauung, ein Führungsanspruch gegenüber der »bürgerlichen Wissenschaft« zum Ausdruck als vielmehr eine Haltung, die für Ethos und Pathos des 19. Jahrhunderts als dem Jahrhundert der »exakten Wissenschaften« charakteristisch gewesen ist. Unzweifelhaft hat sich dieser Respekt auch in den Beziehungen zu Leuten wie Krasin und Klasson, die in Parteiangelegenheiten ja alles andere als loyal waren, sogar ganz eigene Wege gegangen sind, erhalten; weltanschaulichen Gegnern würde er nie verziehen haben. Doch um Krasin ist er zu »werben« bereit.

Man diskutiert die Beziehung Lenins zur Techniker- und Ingenieurwelt gewöhnlich unter der Rubrik »Spezialistenfrage«, und man konstatiert in der Analyse dieser Beziehung meist ein bloß taktisches, instrumentelles Verhältnis Lenins. Dafür lassen sich auch genügend Belege finden; die Kategorie des »nützlichen Idioten« datiert ihren Aufstieg in den Politjargon mit dem Jahre 1917. Indes bleibt die organisatorische Leistung – hier die Konstitution von GOĖLRO – selbst erklärungsbedürftig.

Die ersten Monate, ja Jahre der Sowjetmacht sind Jahre des organisatorischen Improvisierens, Experimentierens. Die Bildung von Kommissionen, Abteilungen, Unterabteilungen, Ausschüssen, Räten und so fort geht schneller vor sich als der Historiker folgen könnte. Oft lösen sie sich auf oder ab, ohne eine sichtbare, greifbare Spur hinterlassen zu haben – Institutionen auf dem Papier, oft freilich viel Papier produzierend. Der »Glavkismus« ist eine Seuche der Zeit und legt wohl Zeugnis davon ab, wie schwer der Stand einer eben aus dem Untergrund emporgetauchten Gruppe gewesen sein mag, so etwas wie Kräftezentren, Konzentrationspunkte verantwortlicher Entscheidung und Durchführung zu etablieren, von denen aus der Staat und die Wirtschaft als Ganzes zusammengehalten, vielleicht sogar in Bewegung gebracht werden konnten.

Die revolutionäre Partei fand ein Netz von Institutionen und Organisationen, Nervenzentren des staatlichen und wirtschaftlichen Lebens vor, doch um sie auf neue Weise – oder überhaupt erst wieder – in Gang zu bringen, bedurfte es einer ungeheuren Konzentration der wenigen Kräfte. So ehrgeizig Lenins Vorstellungen hinsichtlich der Elektrifizierung des Landes auch gewesen sind (immer wieder taucht Professor Carl Ballods 1919 erschienenes Buch »Der Zukunftsstaat«, eine sozialdemokratische Vision der Neuen Gesellschaft auf), sein Akzent liegt immer in der Bewältigung der Gegenwart. Er will keine »ausgeklügelten Pläne«, sondern einen praktischen Anfang. Wichtiger als die künftigen siebenundzwanzig Kraftwerke sind ihm die Beschaffung des Brennstoffs und so und so viele Lokomotiven, die die vorhandenen Kraftwerke wieder beliefern können. »Lieber weniger, aber besser« lautet der Titel einer seiner letzten Schriften.

Was mit der Leninschen Partei an die Führung eines Staatswesens gelangte, war die in Kämpfen geforderte, erprobte, immer wieder dezimierte, sich wieder reorganisierende Partei, die selbstredend nicht nur über eine vielgestaltige Organisationspraxis verfügte, sondern »die Gesetze« der Ökonomie menschlicher Energien bis zur Grenze erfahren und erlitten hatte. Ob sie wollte oder nicht: der Kader der Partei überlebte nur in der strengsten Ökonomie der Kräfte und allem was dazugehört: effiziente Arbeit, Ausfindigmachen eines letzten Weges, Zusammenbringen der dezimierten und atomisierten »Zellen«, Herstellung der Verbindungen zwischen »Basis« und »Stab«; Entwicklung einer Witterung für Verläßlichkeiten und Unzuverlässiges; Gespür für die Leistungskraft und Arbeitsfähigkeit der eigenen und der anderen Leute; Verständnis für die Wirkung des präzisen Worts an der richtigen Stelle. Nur eine Organisation von Menschen, die in der Not des jahrzehntelangen Untergrunds überlebt hatte, brachte am Ende die Kräfte auf, das Land aus der Not herauszuführen.

Die Leninsche Partei hat ihren Ort in einem sozialen Raum, in dem einzig die Organisierung der Aktiven und Entschlossenen etwas zu bewegen in der Lage ist. Die Frage der Organisation der wenigen rückte an die erste Stelle, weil die Unorganisiertheit der vielen gleichbedeutend mit Ohnmacht war. Das Denken ganzer Generationen hat sich um das Konzipieren von Organisationen, um den Organisationsgedanken gedreht. Die Bewegung der Avantgarde der Aktiven ist das Komplement der Bewegungslosigkeit der ungeheuren Mehrheit der passiven Elemente. Erst die Schübe der kapitalistischen Booms und die kriegerischen Massenmobilisierungen (1904, 1914) führen ihnen eine Energie und Dynamik zu, ohne die sie genauso verloren gewesen wären wie die Lost generations des 19. Jahrhunderts. Deshalb wurde Rußland zum Ort »der Organisation«.

Lenins Partei ist nur eine Frucht, die auf diesem Boden gewachsen ist. Es war in Moskau, wo die erste »Allgemeine Organisationslehre« veröffentlicht wurde – im Jahre 1912; ein Vorgriff auf die künftige Systemtheorie mit einer radikalen Reduzierung überhaupt aller produktiven Tätigkeit auf Organisationstätigkeit.

»Jede menschliche Tätigkeit ist, objektiv gesehen, organisierend oder desorganisierend«, schreibt Alexander A. Bogdanov in seiner »Allgemeinen Organisationslehre. Tektologie«. »Daraus folgt, daß man jede menschliche Tätigkeit auf dem Gebiet der Technik, der sozialen Praxis, der wissenschaftlichen Forschung und der Kunst als Material der organisatorischen Erfahrung betrachten und vom organisatorischen Standpunkt untersuchen kann.« Die Organisation wird selber zu einer produktiv-aufbauenden Tätigkeit: »›Aufbau‹ ist das umfassendste und zutreffendste der Synonyma [für Tektologie, K.S.], die den modernen Begriff der ›Organisation‹ bezeichnen.«[66]

So zutreffend es ist, daß erst die Kombination oder Neukombination vorhandener Elemente »produktive Zusammenhänge« herstellt, so gewiß ist andererseits doch, daß sie nur kombiniert, was vorhanden war. Sie schafft nicht neu und Neues, sondern sie »kombiniert«, ist eine »Umverteilung«, kein Zuwachs an produktiven Kräften. Die Organisationslehre rechnet mit dem Vorhandenen, sie schafft nichts Neues. Bogdanov, der überragende Theoretiker – und einstmalige Führer der bolschewistischen Partei – spricht nur in theoretischer Form aus, was Lenin, der überragende Politiker, in der Politik bewerkstelligt. Und auch ein so bedeutendes und für die Zeit charakteristisches Buch wie Bucharins »Ökonomik der Transformationsperiode« (erschienen im Mai 1920) ist ganz und gar beherrscht von der qualitativen »Umorganisation« der Gesellschaft im Übergang von bürgerlicher zu proletarischer Klassenherrschaft. Es sind Ausdrucksformen ein und desselben: der prekären Kräftelage einer Aktivistenavantgarde, die sich nur behaupten kann, wenn sie die wenigen aktiven, kompetenten, fähigen, energischen Kräfte sammelt, verbindet, konzentriert und zentralisiert zu einer gesellschaftlich wirksamen Initiative.

GOĖLRO ist eine dieser Initiativen. GOĖLRO ist kein Zukunfts-, sondern ein Elementarprogramm. Die Leistung der Revolutionspartei liegt nicht in der Vision, sondern darin, daß sie in der Notlage eines armen, nur notdürftig mit technischen Mitteln ausgestatteten Landes das Notwendige vollbracht hat.

So bestechend in vieler Hinsicht – und auch populär – die Vergleiche von GOĖLRO-Sowjetrußland und dem Amerika Fords und Taylors gewesen sein mögen, es liegt eine fundamentale Differenz zwischen dem Organisationswissen der russischen Elite und dem Know-how der amerikanischen Zivilisation: Die erste hatte mit einem Mangel an Initiative und Basisproduktivkräften fertigzuwerden; ihr Know-how entstand aus der Not. Der »amerikanische Plan« hat eher fertigzuwerden mit den überschießenden Produktivkräften einer individualistischen, auf Privateigentum basierenden und ganz vom Erfolg lebenden Produktionsbasis. Der prominente Ort, den Organisations-Know-how sowohl in der sowjetrussischen wie in der amerikanischen Aufbruchphase einnimmt, hat ganz verschiedene Voraussetzungen. Die sowjetische Sachlichkeit hat ihren Ursprung in der Organisationspragmatik, die amerikanische in der Unternehmenspragmatik.

Lenins Kurzformel vom »Kommunismus gleich Elektrifizierung plus Sowjetmacht« wird nun konkreter. Sie bedeutet nichts anderes als: Sowjetrußland gleich technischer Fortschritt plus Organisierung der vielen, bisher Passiven. Es ist die Formel für ein modernes Rußland. Daß die Gleichung zustandekam – daran hat die Revolutionspartei als »organisierende Kraft« entscheidenden Anteil.

Der harte Kern der Utopie

Die GOĖLRO-Idee war so einfach wie überzeugend. Die Sowjetregierung agierte als moderne Regierung auch in anderer Hinsicht: im großen Einsatz neuer Formen der Massenpropaganda. Lenin selbst steht da in erster Reihe. Keine Rede, in der nicht von der Elektrifizierung aller Haushalte – beginnend freilich mit der Beleuchtung in der Lesestube des Dorfes – gesprochen wird. Broschüren in Massenauflage gehen ins Land. Ein Film über die Methode des Hydrotorf wird gedreht. Techniker und Ingenieure im ganzen Land, beginnend mit Vorlesungsserien im Bolschoi-Theater und im Polytechnischen Museum in Moskau, wenden sich an ein staunendes und auch erschrecktes Publikum. Das Allrussische Zentrale Exekutivkomitee entsendet den Propagandadampfer »Roter Stern« mit einer Elektrifizierungs-Ausstellung an Bord auf die Wolga und Kama. Im Oktober 1920 wird in Petrograd ein Elektrotechnisches Museum eröffnet. Vereinzelte Exemplare des »Elektropflugs« werden herumgeschickt. Auf der ersten Allrussischen Heimindustrie- und Landwirtschaftsausstellung im August 1923 hat die Elektrifizierung einen eigenen Pavillon, rund anderthalb Millionen Menschen besuchen die Ausstellung.[67] Die GOĖLRO-Karte mit den rot eingezeichneten Magistralen und den dicken Punkten der Gebietskraftwerke ist bald in jeder Bibliothek und Lesestube auf dem Dorf zu sehen. Einige von Majakovskijs ROSTA-Fenstern sind der Popularisierung des GOĖLRO-Plans gewidmet.

Doch ist dies nicht nur ein Kraftakt, sondern entspricht dem Takt der Zeit, einer Aufbruchsstimmung, die ebenfalls schon in Ansätzen sichtbar geworden war vor dem Krieg. Nun hatte freilich die neue Macht Stimmung und Träume zu ihren eigenen gemacht. Die Welt der Fabriken, der Ort der Produktion, der Maschinen, des Konzerts der Fabriksirenen, des kollektiv funktionierenden Organismus des Gesamtarbeiters bestimmt entscheidend die Ästhetik der neuen Zeit.

Nicht der Philosoph, sondern der Ingenieur, nicht der mutige Kavallerist, sondern der Pilot des Aeroplans, nicht der Maler, sondern der Designer, nicht der Künstler, sondern der Produktionskünstler, nicht der Dichter, sondern der skandierende Tribun – das sind die Leitfiguren der neuen Generation. Im Augenblick der totalen Zerrüttung der Produktion kann Aleksej Gastev, der sowjetrussische Taylor, sein »Institut für wissenschaftliche Arbeitsorganisation« einrichten.[68]

Zu diesem Aufbruch gehörte auch phantastisch-utopische Literatur und ein Spektrum populär-wissenschaftlicher Zeitschriften und Illustrierten, die vor dem Krieg bereits hohe Auflagen gehabt hatten, so etwa »Vokrug sveta« (Um die Welt), »Priroda i ljudi« (Natur und Menschen). Der phantastische Roman, in dem die revolutionierte Technik die ausschlaggebende Rolle spielt, hat seinen Ort gerade nicht im jungfräulichen Niemandsland, sondern in der Einbruchszone der Moderne, die sich in Rußland mit der schon glimmenden sozialen Problematik verband.

Vielleicht konnte in dieser Situation besser als anderswo die soziale Utopie mit der technischen eine Symbiose eingehen. Dies war schon der Fall in Nikolaj Černyševskijs »Was tun?« von 1863; der vierte Traum der Vera Pavlova vom Goldenen Zeitalter, von der Versöhnung von Stadt und Land, von der Befreiung des Menschen von der Arbeit durch den Einsatz von Maschinen und dem entspannten Leben der Arbeiter im Kristallpalast hatte eine ganze Generation, vermutlich auch alle folgenden geprägt oder war ihnen doch als Topos geläufig. Utopien hatten so bedeutende Wissenschaftler wie Konstantin E. Ciolkovskij, der »Vater der Raumschiffahrt« geschrieben (»Auf dem Mond«, 1893, »Jenseits der Erde«, 1896); technologische Alpträume hatte der symbolistische Dichter Valerij Brjusov verfaßt (»Die Erdachse«, 1901–1906). Eine Utopie der sozialen und technischen Revolution hatte auch ein Führer der russischen Sozialdemokratie geschrieben: 1908 erschien Alexander Bogdanovs »Roter Stern« und 1912 »Ingenieur Menni«.[69]

Lenin war nie ein Liebhaber phantastischer Literatur, aber er gehört einer Generation an, deren Lebensluft danach schmeckte. Wen wundert es daher, daß er in seinem Elektrifizierungsplan den endlich nicht mehr utopischen, sondern sachlichen Kern eines Romans sieht? Vasilij V. Šul'gin berichtet von einem Gespräch, das sich eben darum drehte. Lohnte es sich nicht, einen Roman mit dem Thema GOĖLRO zu schreiben?

»Warum denn nicht? Euer Bogdanov hat doch den ›Ingenieur Menni‹ geschrieben, einen schlechten Roman; unbegründete Phantastik, von einem Tektologen war anderes ja auch nicht zu erwarten. Aber wenn man wissenschaftlich an die Frage heranginge? Jetzt ist das möglich: Wir haben einen Plan GOĖLRO, dies ist ein wissenschaftlich begründeter Plan. Was braucht man mehr? Daß der Autor die Leute richtig kennt? Daß es ein talentierter Autor sein müßte. Warum denn nicht? ... Černyševskij hat es fertiggebracht, ›Was tun?‹ zu schreiben. Für Jahrzehnte hat dieser Roman zum Kampf mit dem Zarismus aufgerufen, und warum könnten wir jetzt nicht einen Roman von derselben künstlerischen Kraft schreiben?«[70]

Seit dem Erscheinen des »Ingenieur Menni« waren gerade acht Jahre vergangen. Wir wissen nicht, was Lenin an Bogdanovs Roman anstößig fand – vermutlich das Genre selbst, noch wahrscheinlicher aber den Umstand, daß der Übergang zur sozialistischen Gesellschaft dank der weniger ausgeprägten Klassengegensätze auf dem Mars, wo Bogdanov die Handlung spielen läßt, fast ohne gewaltsame Erschütterungen vonstatten geht. Von Belang ist etwas anderes: Bogdanovs »Ingenieur Menni« enthält den »harten Kern« der GOĖLRO-Vision, zudem in einer imaginativen Konkretion, die es nahelegt anzunehmen, daß das Verständnis konkreter Tendenzen der Zeit und nicht die Phantasie die Triebkraft für die Abfassung des Romans gewesen ist.[71]

Die Erdenbewohner, die in Bogdanovs erstem Roman auf den »Roten Stern«, den Mars, gereist waren und dort eine Welt der Vernunft vorgefunden hatten, in der alle Konflikte allein sachlich begründet entschieden und gelöst wurden, konnten nach ihrer Rückkehr auf die Erde die »Unvernunft« und Grausamkeit der irdischen Verhältnisse demonstrieren. Der »Rote Stern« hatte die Folie für die Kritik der irdischen, nichtsozialistischen Verhältnisse abgegeben. Anders in »Ingenieur Menni«. Dort zeigt Bogdanov, wie es vor rund 250 Jahren auf dem roten Planeten eben zu dieser Entwicklung gekommen war. Es ist die Vorgeschichte und der Übergang zur Gegenwartsgesellschaft des roten Planeten, als dem Planeten des Sozialismus.

Die Gesellschaft des Mars kann nur überleben, wenn sie die Wüsten bewässert und fruchtbar macht. Ingenieur Menni, ein Mann »vornehmer Herkunft«, aber republikanischer Gesinnung, entwickelt einen »Plan großer Arbeiten« – die Schaffung eines Systems von Kanälen, die den gesamten Planeten umfassen. »Alle Wüsten der Welt haben ihre Zukunft vor sich« – lautet sein Traum.[72] »Damals tauchte der berühmte ›Plan der Arbeiten‹, die die Umgestaltung des ganzen Planeten betraf, auf ... Menni war nicht der erste, der dies verstanden hatte; er vermochte es nur im richtigen Augenblick, einer starken gesellschaftlichen Bewegung, die in den Kreisen unterschiedlicher Klassen existierte, die passende Losung zu geben.«[73]

Im eigenen Interesse einigen sich die Vertreter dieser Klassen auf die Annahme des Plans: Eine Bauernschaft gab es schon fast nicht mehr; die Wirtschaft der Gutsbesitzer war bereits unproduktiv geworden; die Unternehmer hatten sich längst zu Syndikaten zusammengeschlossen; die Agrarrevolution wird parlamentarisch durchgeführt. Der Weg ist frei für Mennis Plan, der sich in seiner planetaren Größenordnung eben nur von der gesamten Gesellschaft, ihrem Staat bewerkstelligen läßt. Es geht freilich nicht ganz ohne Konflikte ab: Die Öffentlichkeit verdächtigt Menni und dessen Nachfolger, da »der Bund von Ingenieurdiktatur und Sozialismus der Arbeiter nur gegen die Demokratie, gegen die Republik gerichtet sein« kann.[74] Mennis Nachfolger entwickelt eben in diesen Konflikten »seine größte Entdeckung – die Allgemeine Organisationswissenschaft«, die es erlaubt, »den letzten, entscheidenden Kampf« planmäßig zu führen und den gesamten Gesellschaftskörper umzuorganisieren.[75] Von den vielen Details, deren Symbolgehalt freilich oft an Kitsch grenzt, soll hier nur erwähnt werden, daß Netti, der sozialistische Ingenieur, sich im Laufe der Handlung als der Sohn des Ingenieurs Menni, hervorgegangen aus einer Liebesbeziehung zu einer Arbeiterin namens

Nella, herausstellt. Aber welche Stränge laufen in Bogdanovs »Ingenieur Menni« zusammen?

Die drohende Katastrophe der Gesellschaft verlangt den Einsatz von Wissenschaft und Technik in neuem, bisher ungekanntem Maße. Der »Ingenieur« wird zum Hoffnungsträger. Der »Plan großer Arbeiten« wird geboren. Doch seine Realisierung übersteigt die Kräfte der »alten Gesellschaft«, die in engen Parteiinteressen gespalten und gefangen ist. Der natürliche Verbündete »des Ingenieurs« ist die Arbeiterorganisation. »Der Ingenieur« gehört dieser Welt der Arbeiter nicht an, aber sein Werk ist allein mit ihr fortzuführen. Er bleibt sich selber treu, indem er seinem Werk treu bleibt. Er ist der Führer der Arbeiter, dessen Allgemeine Organisationswissenschaft die neue Synthese zuwegebringt.

Bogdanovs »Ingenieur Menni« mag ein Stück schlechter Literatur sein, aber er enthielt ein Stück historischer Wahrheit: Die Idee der Epoche von der Koinzidenz von technischer und sozialer Revolution.

Im Schatten von GOĖLRO

GOĖLRO war eine große Meisterleistung, fast eine Art technisches Gesamtkunstwerk; strengste Sachlichkeit, strengste Ökonomie der Kräfte in einem ausgepowerten Land. Wie spannungsreich die Arbeit der Spezialisten mit den Arbeitern einerseits und den Verwaltungseinrichtungen und politischen Kommissaren andererseits war, davon legten einige Aufsätze Klassons kurz vor seinem unerwarteten Tod während einer Sitzung des OVWR in Moskau am 11. Februar 1926 Zeugnis ab.

Klasson spricht von der prekären Lage der »alten Spezialisten«, ohne die die neue Macht nicht auskommt, deren Arbeitsbedingungen und Arbeitsstil aber elementar bedroht sind: von Angst und gesellschaftlicher Diskriminierung, von einer großmäuligen Inkompetenz, von einer Lage, in der Risikobereitschaft bestraft und Verantwortungslosigkeit toleriert wird; angesichts des Dahinschwindens des »wirklichen Arbeiters«, der sein Metier versteht und seine Arbeit noch an einen Begriff von Ehre knüpft; angesichts der Masse von nachrückenden Nichtstuern und der Ausbreitung der Kommissionsplage und des Sitzungsunwesens.

»Bei uns hat sich eine eigentümliche Situation ergeben (sehr wahrscheinlich hervorgerufen durch die außerordentliche Strenge der Kontrolle und den gewaltigen Umfang des Kontrollapparats), wobei nur positive Arbeit bestraft wird, das heißt wenn jemand etwas getan oder entschieden hat. Negative Arbeit aber, wenn ein Mensch etwas nicht getan, eine Möglichkeit hat verstreichen lassen, eine Frage nicht entschieden hat, sondern sie weiteren Instanzen weitergeleitet hat, passiert fast immer ungestraft, abgesehen von einzelnen himmelschreienden Fällen der Tatenlosigkeit in Notsituationen.«[76]

Kontrolle setzt Kompetenz voraus, doch ist Klasson zufolge die Situation eher so: »Alle wollen kontrollieren, und es gibt nur wenige, die arbeiten wollen.«[77] »In den letzten sieben Jahren habe ich in den zwei Unternehmen, in denen ich arbeitete, die Tätigkeit unendlich vieler Kommissionen erlebt; alle diese Kommissionen haben sich mit der Sache im Lauf von wenigen Monaten vertraut gemacht, uns unendlich viel Zeit gestohlen; doch wenn man es zusammenzählt, technisch ausgedrückt, den Koeffizienten des Nutzeffekts in diesen Aktivitäten ermittelt, dann kommt eine so bescheidene Größe heraus, daß man es besser bleiben läßt ... Ich bin sicher, würde eine Statistik der *real arbeitenden* Techniker und der Leute, die kontrollieren, Revisionen machen und von diesen Revisionen und Kontrollen Berichte anfertigen, geführt, dann würde sie niederschmetternd ausfallen – die Handvoll reeller Arbeiter und der gewaltige Personalbestand von Leuten, die Sitzungen, Revisionen durchführen, Vorträge halten, auf Enqueten antworten und Rechenschaftsberichte verfassen. Doch kann man Sitzungen und Vorträge mit wirklicher Arbeit nicht zusammenzählen – *entweder arbeiten oder Vorträge halten*! Leute, die Hunderte von Sitzungen im Jahr abhalten ... setzen den Koeffizienten des Nutzeffekts eines Unternehmens enorm herab, sie sind eine kostspielige und schwere Bürde.«[78]

Kompetenz werde fast nur noch im Bereich der Kunst anerkannt: »In den Theatern singen wie früher Schaljapin und Neždanova«,[79] in der Wirtschaft hingegen drängen die jungen Ingenieure gleich in Verwaltungsposten, ohne vorher ihr Handwerk gelernt zu haben. Einen guten Ingenieur ohne langjährige Praxis von der Pike auf gebe es aber nicht mehr.

Das Kommissionsunwesen ist für Klasson der Inbegriff der Auflösung jeder Verantwortung, der Vermeidung konkreter, nachprüfbarer Arbeit. Besonders gefährlich sei daher auch die Zentralisierung aller Entscheidungen, die Schwerfälligkeit des Verwaltungsapparats. Im Resümee hält Klasson daher ein Plädoyer für den Übergang »von der schwerfälligen monströsen Staatswirtschaft, die an ihrer eigenen Komplexheit erstickt, zu der erprobten elastischen Organisation, die formal den früheren Aktiengesellschaften analog ist, sich aber in ihrem Wesen durch die Verdrängung des Kapitals aus ihr und die Einführung von staatlichen Prinzipien gewandelt hat«.[80]

Formell hörte die GOĖLRO-Kommission zwar im Februar 1921 zu existieren auf – doch nur um in eine »höhere Form« der Zentralisierung über- und aufzugehen: in die Gosplan-Kommission. Was immer auch die Form der Organisierung gewesen ist und was noch folgen wird, es ändert nichts am Grundtatbestand: daß Organisationen nicht per se neue Produktivkräfte – in unserem Fall: qualifizierte, kompetente, erfahrene Ingenieure – heranbilden oder erzeugen können. Je weniger vorhanden ist von diesem kostbaren Gut, desto sorgfältiger muß damit umgegangen werden.

Die Modernisierung des Landes hatte aber einen Massenbedarf an Technikern und Ingenieuren. Es wird ein neuer Typus sein, der da gebraucht wird und der da heranwächst: Er wird von ganz unten kommen, aus Arbeiter- und

Bauernfamilien; er wird ein relativ kurzes Studium absolvieren und von diesem direkt in die Praxis einsteigen. Die wird seine eigentliche Ausbildungsstätte. Er hat nie das Ausland gesehen; sein Selbstbewußtsein definiert sich aus der Überlegenheit des Technikstudenten gegenüber der Zurückgebliebenheit des Dorfs, aus dem er selbst stammt. Es ist ein Massenberuf, aber doch bildet er die Avantgarde eines im Aufbruch befindlichen Landes. Es ist eine Elite, aber von ganz anderer Art als es die Spezialisten der alten Zeit gewesen sind. Sie wächst nicht mehr heran »zwischen Hammer und Amboß«, zwischen Unternehmer und Arbeiter, sondern als Teil eines einheitlich strukturierten Mechanismus, in dem es kein Gegenüber mehr gibt, sondern nur noch den »schlechten Arbeiter« oder eben den »Schädling«. Er ist wißbegierig und studiert eifrig; er hat keine Vorurteile außer dem Glauben, daß allein die Sowjetordnung die Technik zum Wohle der Menschen anzuwenden vermöge. Er hatte nie die Möglichkeit, war nie gezwungen, in sozialen Antagonismen zu vermitteln, zu lavieren. Sein Ethos kommt aus ohne das spezifische Taktgefühl, das sich bei in der Mitte Stehenden und am Erhalt des Gleichgewichts Interessierten ausbildet. Er verehrt die Wissenschaft, aber hat keinen Respekt vor den alten erfahrenen Spezialisten; ihr Wissen kann sogar zu einer Gefahr, zu einem Hindernis werden.

All dies liegt noch vor uns – in der sozialen Revolution, die der Sowjetunion Stalins das Fundament gebildet hat. Überlebende von GOĖLRO wie Professor Leontij K. Ramzin kommen dann in die Lage des »Schädlings«.[81]

Die alten Spezialisten sind für die junge Sowjetmacht notwendig, sie sind eine Brücke. Sie sind gesellschaftlich diskriminiert (oder jedenfalls nicht als fest dazugehörig akzeptiert), aber sie werden geschützt und bewahrt wie ein kostbares Gut. Doch die Kluft, die sich zwischen alten und neuen Ingenieuren in dieser Zeit des Übergangs anbahnt, ist nicht bloß von außen erzeugt. Der Arbeitsstil; die Kombination von demokratischem Umgang (Klassons Büro ging auf den Korridor hinaus, jeder hatte Zugang) und hoher Selbstanforderung; eine Erfahrung, die sich im Umgang mit Fabrikherren und organisierten Arbeitern bildet; ein Horizont, der durch die Verbindung zum Ausland gebildet wurde; eine Verantwortlichkeit, die sich in Einkommen, Leistung, Entlassung, schwerem Aufstieg und leichtem Fall herausbildet; ein Selbstbewußtsein, das aus eigenem Können und kalkulierbaren Eigenleistungen erwächst – kurzum: Das Profil des »alten Ingenieurs«, der Typus des alten »Spezialisten« geht unter.

Der Spezialist kehrt allerdings wieder in den führenden Großbaumeistern der Projekte des ersten Fünfjahresplans, nun als eine überlebensgroße Figur mit diktatorialen Vollmachten ausgestattet. Der Ingenieur ist so sehr die Verkörperung des Willens der neuen Epoche, daß selbst die Dichter und Denker der Nation von nun an heißen werden: Ingenieure der Seele.

Der Pavlovsker Bahnhof Ende des 19. Jahrhunderts

Sergei Kussewizki als Dirigent und Alexander Skrjabin als Solist in seinem Klavierkonzert während der Wolga-Tournee des Jahres 1910, Zeichnung von Robert Sterl

Der Dampfer, der das Kussewizki-Orchester bei seiner dritten Wolga-Tournee im Jahre 1914 flußabwärts trug, Steinzeichnung von Robert Sterl

VIII.

Die Epoche findet ihren Ton

Der Dirigent Sergei Aleksandrovič Kussewizki

Historische Umbrüche gehen nicht lautlos vor sich. Und bei aller historischen Arbeit, die es gegenständlich nur noch mit dem raschelnden Papier von Archivarien, Dokumenten und einem ins Unermeßliche wachsenden Berg sekundärer und tertiärer Wiederaufbereitung zu tun hat, ist ein Klang oder ein Geräusch mit im Spiel. Vergegenwärtigung von Personen oder Handlungen, die in die Vergangenheit zurückgesunken sind, hat – ob wir es wollen oder nicht, ob wir uns bewußt dazu verhalten oder nicht – etwas Leibhaftiges, Physisches, Körperliches.

Zum Wissen über das Datum gesellt sich sogleich die Imagination. Kaum können wir uns den Ablauf von Ereignissen denken oder rekonstruieren, ohne sie an wirkliche Akteure zu binden. So ist letztlich auch die dichte Folge von Ereignissen, die mit dem Wort »Aufstand« oder »Revolution« bezeichnet ist, eine Bewegung von Menschen, von Autos und Waffen; sie spielen in der Nacht oder bei Tag, in der Dämmerung oder beim Morgengrauen. Die Gesichter sind frisch oder erschöpft, die Stimmen sind verhalten oder laut, es gibt eine unheimliche Stille und einen furchtbaren Knall. Indes ist dieses »Rauschen der Zeit«, um den Titel einer Prosaarbeit von Ossip Mandelstam zu verwenden, zugleich mit den Ereignissen verklungen, und die historische Imagination geht leicht in die Irre. Dies gilt vor allem für eine Zeit, von der nur wenig in Tonaufzeichnungen und Filmdokumenten festgehalten ist.

Wenn es einen Ton der Epoche gibt, wo ist er zu finden, wo ist er hörbar oder gar wieder zum Klingen zu bringen? Es kommt uns hier ein Gedanke Alexander Bloks zu Hilfe, der an bedeutsamer Stelle einmal gesagt hat:

»Es gibt gleichsam zwei Zeiten und zwei Räume; einerseits Zeit und Raum – historisch, kalendermäßig, bestimmbar, andererseits Zeit und Raum – nicht meßbar, musikalisch.« Jener zweite Raum erschließt sich nur, »wenn wir uns den Wellen der Musik überlassen, die aus dem Weltorchester klingt ... Wir brauchen dazu vor allem einen aufnahmebereiten Körper und einen aufnahmebereiten Geist, denn die Weltmusik ist nur mit dem ganzen Körper und mit dem ganzen Geist, beidem, wahrnehmbar.« Ohne dieses »musikalische Gehör« sind wir unfähig, »aus der Kalenderzeit, dem über die Welt nichts aussagenden Gang der historischen Tage und Jahre, auszubrechen und in jene andere, nicht meßbare Zeit vorzudringen«.[1]

Wir brauchen Bloks These von der Wiedergeburt aller Zivilisation aus dem Geist einer wesentlich musikalischen Kultur nicht zu übernehmen, und wir müssen auch nicht die Vision des symbolistischen Dichters zum Maß historischer Vergegenwärtigung machen; und doch führt uns sein Gedanke auf eine wichtige Spur: heraus aus dem »nichts aussagenden Gang der historischen Tage und Jahre«, hinein in die »nicht meßbare Zeit« der Musik und vielleicht weiter in die Musik seiner Zeit, in der kalendermäßige und musikalische Zeit für einen Augenblick zusammenfielen.

Das Gehör des Dichters ist empfänglich für einen anderen Rhythmus der Zeit. Ossip Mandelstam erinnert sich in seiner Skizze »Musik in Pavlovsk« an die »stummen Jahre Rußlands – die neunziger Jahre, ihr langsames Dahinschleichen, ihre krankhafte Ruhe, ihren tiefen Provinzialismus – ein stilles Wasser im Windschatten: letzte Zuflucht eines sterbenden Jahrhunderts«; der Wechsel der Dirigenten am Pult des gläsernen Pavlovsker Bahnhofs kam ihm vor »wie der Wechsel der Dynastie«. Die neunziger Jahre fassen sich ihm in zwei Bildern zusammen: »Puffärmel der Damenwelt und Musik in Pavlovsk«. »Ganz Petersburg strebte nach Pavlovsk wie ins Elysium«.[2]

Nur zehn Jahre später, so in einer anderen Skizze, sieht er das Gebäude der Adelsversammlung in Petersburg anläßlich eines Konzerts der Virtuosen Hofmann und Kubelik gleichsam im »Belagerungszustand«: Der Andrang des Publikums überschreitet die Grenzen reiner Musikleidenschaft, aus »großer Tiefe stieg etwas Bedrohliches, ja Gefährliches«, eine »dumpfe Unruhe«; berittene Gendarmerie im schummrigen Licht der Gaslaternen vor den Eingängen zum Konzertsaal, Hufeklirren auf dem Pflaster; der »Geist ziviler Unruhe« liegt über dem Platz.[3] Wiederum keine zehn Jahre später wird es nach einem Konzert im Moskauer Sokol'niki-Park unter der Leitung Sergei Kussewizkis vor über 8000 Menschen üblich werden, die Hymne »Lang lebe der Zar« zusammen mit den Hymnen der Verbündeten im Ersten Weltkrieg vor jeder Veranstaltung abzusingen.[4] Und in noch weniger als zehn Jahren darauf werden Tausende Beethovens 9. Symphonie im Moskauer Zirkus hören und Zehntausende nach Pavlovsk hinausfahren, um eines der »Volkskonzerte« zu erleben.

Solche Augenblicke zählen in der »Kalenderzeit« der historischen Ereignisse wenig, und doch sind sie der Kitt, der eine Welt zusammenhält: Es sind Augenblicke der pathetischen Ergriffenheit; Augenblicke der Resignation oder des Schöpfens neuer Zuversicht; Momente, in denen sich – wirklich oder vorgeblich – ein Einklang zwischen den vielen einzelnen herstellt. Der Zustand einer Gesellschaft läßt sich an deren musikalischem Leben ablesen. Historische Zäsuren sind in Partituren festgehalten – es sind vielleicht sogar die feinsten und unfehlbarsten Lautdokumente der Epoche. Historische Umbrüche sind nicht nur nicht lautlos, sondern sie haben sogar einen Ton. Doch alle Musik ist tot, wenn sie nicht zum Leben erweckt wird. Wer sie jedesmal von neuem schöpft – das ist der Interpret, oder im Fall großer symphonischer Musik: der Dirigent.

Wenn es im Rußland des revolutionären Umbruchs jemanden gab, dem eine Stabführung zufallen konnte, dann mußte es jemand sein, der in seiner Natur die Spannbreite, die Spannungen und Schubkräfte der musikalischen Welt verkörperte und sie gleichsam in einem gewaltigen Orchester zum

Klingen bringen konnte. Es mußte eine robuste Natur sein, die die Widerstände eingefahrener Routine zu überwinden in der Lage war; es mußte ein hochsensibler Musiker von fragloser Professionalität sein, wenn er in der hochkultivierten Musikszene der Hauptstädte mitreden wollte; dieser Musiker mußte um den Reichtum wie um die Unerschlossenheit der russischen Provinz wissen, zugleich aber in den europäischen Musikhauptstädten Berlin, Wien und Paris zu Hause sein; er mußte ein Ohr haben für eine von Routine deformierte und bedeutungslos gewordene musikalische Tradition, um sie neu und frisch erschließen zu können, und er mußte doch zugleich auf die neuen Töne hören können, die aus dem Westen Europas wie erst recht aus Rußland selber kamen; er mußte um den Durst nach Kultur in den abgelegenen Provinzstädten wissen und zugleich kompromißlos sein in den Qualitätsstandards musikalischer Ausbildung und Bildung, wie sie in den Hauptstädten galten. Er mußte die großartigen Leistungen einer höfischen Musikkultur kennen und doch – ohne diese zu gefährden – die Basis für den Zugang neuer Bevölkerungsteile zur Musik schaffen.

Eine solche kraftvolle Gestalt, die sich auf halber Strecke zwischen Astrachan und Berlin, zwischen Mussorgski und Debussy, zwischen Tschaikowsky und Skrjabin behauptete; die für Rußland Beethoven neu entdeckte und Strawinsky nach Rußland zurückholte; die den hohen Standard russischer Musikkultur auf ein breites, demokratisches Fundament stellte und doch vor einer »Demokratisierung« der Kultur zutiefst zurückschreckte, eine solche Gestalt hat Rußland fast mühelos – organisch – selber hervorgebracht. Sie ist es auch, die dem fast zum Zerreißen angespannten Bogen den Ton der Epoche entlockt. Daß diese Gestalt mehr ist als nur ein Dirigent und als Dirigent mehr als nur der Exekutor der Absichten eines Komponisten, versteht sich von selbst. Er ist Eklektiker, sofern er der verwirrenden Vielzahl von Stimmungen und Stimmen gerecht werden will; er ist Synthetiker, sofern er am Pult des einen großen Ensembles steht. Er ist der Untertan der Partituren des Komponisten, aber er wird diese zum Klingen nur bringen können, wenn er sich zum inspirierten und inspirierenden Souverän des Werkes gemacht hat. Er ist wie kein anderer von jeder einzelnen Stimme seines Ensembles abhängig, und doch gelingt das Ganze und Große nur, wenn das einzelne vor dem Gesamtduktus, der Gesamtbewegung zurücktritt. Er ist ein Techniker und doch strömt erst aus der Durchdringung des Werkes auch die Sicherheit der Interpretation. Er steht im Schatten einer ungeheuren musikalischen Tradition, und doch wirkt diese nur fort, wenn er sie gegen die Vergangenheit liest und neu erweckt.

»Wir müssen unserer Interpretation ein neues Leben, den heroischen Geist unserer Epoche, unsere Emotionen einflößen. Nur dann wird das Werk vom neuen klaren Geist und Licht belebt werden.« Dies sind Worte eines Dirigenten über sich selbst, formuliert in einem Interview der Pariser Theaterzeitschrift »Comoedia«,[5] nur kurze Zeit nach seiner Emigration aus Rußland. Der Dirigent ist Sergej Aleksandrovič Kusevickij, als nachmaliger Leiter des Boston Symphony Orchestra und Pionier der Moderne in Amerika auch als Sergei Kussewizki in der westlichen Musikwelt eingebürgert.

Zwischen zwei musikalischen Welten: Petersburg, Moskau vor 1914

Wie sah das Musikleben von Moskau und Petersburg in den Jahren vor der Revolution von 1905 und unmittelbar vor dem Ersten Weltkrieg aus? Welche Bedingungen fand Kussewizki vor, der sich 1905 als glänzender Virtuose des Kontrabaß aus Rußland verabschiedet und in Berlin sich zum Dirigenten hatte ausbilden lassen, als er 1909 nach Moskau zurückkam? Er, der eine Einladung nach Amerika ausgeschlagen hatte, hatte sich immerhin vorgenommen, wie sein sowjetischer Biograph A. Astrov meint, »in seinen Händen alle Fäden der musikalischen Aufklärung in Rußland zu konzentrieren und so das musikalische Leben an das Niveau der westeuropäischen Länder heranzuführen, wenn nicht sogar darüber hinaus. Er beabsichtigte nicht nur, schrittweise die in Rußland existierende Organisation des Konzertlebens zu verändern, sondern auch die Systeme der höheren Musikausbildung und des Musikverlagswesens zu verändern.«[6]

Aus der Optik einer der größeren Gouvernementshauptstädte wie Kasan oder Kiew mochte das Konzertleben der beiden Hauptstädte Petersburg und Moskau überaus reich erscheinen, aus der Optik der westlichen Musikstädte Berlin und Wien indes eher zurückgeblieben. Aus heutiger Sicht wiederum muß man das Klima der beiden Städte in der vorrevolutionären Epoche als ausgesprochen international empfinden.

Die mächtigste und einflußreichste Institution des Konzertlebens war zweifellos die Kaiserliche Russische Musikgesellschaft, die – 1859 gegründet – von der Regierung gefördert und finanziell unterstützt wurde. 1907 hatte die Gesellschaft (RMO) Abteilungen in vierunddreißig Städten 1914 bereits in fünfundfünfzig. In Petersburg und Moskau gab die RMO pro Saison acht bis zehn Symphoniekonzerte, die Petersburger Abteilung hatte es von ihrer Gründung bis zum Jahre 1906 auf über 900 Symphoniekonzerte gebracht.[7]

Die RMO galt zunehmend jedoch als die Institution eines akademisierten Musikbetriebs, die sich gegen neue Tendenzen in der Musik nicht sehr aufgeschlossen zeigte. So bemerkte eine Zeitung im Jahre 1911: »In dem Maße, wie die Gesellschaft [RMO, K.S.] ihre Verbindung zu den wirklichen Bedürfnissen des Publikums verlor, hörte sie auf, sich von lebendigen Säften zu ernähren, wurde hölzern, versteinerte.«[8] Die Kritik an den »einschläfernden« und langweiligen Programmen der RMO verschärfte sich noch vor dem Hintergrund der revolutionären Ereignisse von 1905, und beim fünfzigsten Jubiläum der RMO in Moskau 1909 wurde sogar die Frage der Abschaffung der RMO-Konzerte, die nur schlecht besucht würden, diskutiert.[9]

Tatsächlich war in den Revolutionsjahren die RMO durch die Konzertagentur K. Šreder als Veranstalter zeitweise abgelöst worden; sie bot dem Publikum Musik, die großes Interesse hervorrief: Gustav Mahler dirigierte seine 5. Symphonie; Oskar Fried die 7. Symphonie Bruckners; Gustav Brocher das »Heldenleben« von Richard Strauß.

Als die zweitgrößte Organisation ist die Philharmonische Gesellschaft in Moskau anzusehen, in deren Konzerten auch bedeutende ausländische Dirigenten und Interpreten mitwirkten wie Mengelberg, Mottl, Weingartner, Nikisch und Kouts. Letzterer dirigierte am 30. Oktober 1910 die Moskauer Uraufführung von Strawinskys »Feuervogel«. Doch auch die Philharmonische Gesellschaft unterschied sich in ihrer Programmgestaltung nicht wesentlich von der RMO.

Wichtige Musikinstitutionen waren außerdem in Petersburg die acht- bis zwölfmal pro Saison abgehaltenen »Allgemeinzugänglichen Symphonischen Konzerte« des Grafen Šeremetev, der über ein eigenes, hochqualifiziertes Orchester verfügte und häufig auch selber dirigierte; weiter das Hoforchester, das ursprünglich allein den privaten und offiziellen Bedürfnissen des Hofs entsprechend gegründet wurde, ab 1908 aber unter der Leitung des Dirigenten Hugo Varlich »Orchesterversammlungen musikalischer Neuheiten« veranstaltete (Arthur Nikisch dirigierte dort in der Saison der Jahre 1908 bis 1911).

Als ausgesprochener Hort der russischen Nationalmusik, insbesondere der Komponisten des »mächtigen Häufleins«, galten die von dem Holzfabrikanten, Musikverleger und Mäzen 1885 gegründeten »Russischen Symphonischen Konzerte«, die vom Orchester des Marientheaters aufgeführt wurden und über Dirigenten wie Rimski-Korsakow, Glazunov, Ljadov und Blumenfeld verfügten.[10]

Das einzige Gegengewicht zu den eher konservativen Musikvereinigungen bildete bis dahin nur die Initiative des Petersburger Dirigenten Alexander I. Ziloti, der mit Unterstützung von Fabrikanten und anderen Mäzenen die erste private Konzertvereinigung gebildet hatte, die pro Saison acht bis zehn Konzerte gab. Der Musikkritiker N. Findejzen schrieb rückblickend über die Ziloti-Konzerte: »Ihre Einrichtung war die logische Ergänzung oder besser: das Gegenstück zu den damals im Niedergang begriffenen Konzerten der Musikalischen Gesellschaft. Wenig später, nach den bedeutenden Ereignissen von 1905 und 1906, wurden sie jedenfalls in unserem musikalischen Leben dominierend, erzeugten, indem sie das Interesse an der symphonischen Musik weckten, in den letzten Jahren einen künstlerischen Wettstreit auch in den anderen Konzertorganisationen: auch die Russische Musikgesellschaft schickte sich an, ihr ›Konzert-Renommee‹ wiederherzustellen ...«[11]

Ziloti holte Dirigenten und Interpreten von internationalem Rang nach Petersburg: Pablo Casals, Jacques Thibaud, Felix Mottl, Wilhelm Mengelberg, und er war bekannt dafür, daß er »große Namen« – besonders Schaljapin – und »bunte Programme« dazu benutzte, das Publikum auch an schwierige Musik heranzuführen. »Indem sich die Menge Schaljapin anhört und indem sie ihn hört, hört sie sich auch die Kantate von Rachmaninow und Wagner an; eben diese Masse, jene leere Masse, die dann aus dem Konzert herauskommt, ist nun gebildeter als zuvor – und genau das ›reizt‹ mich.«[12] Die engagierte Musikkritik kreidete gerade dies Ziloti an; so warf ihm Rimski-Korsakow »Prinzipienlosigkeit« und »dilettantische Systemlosigkeit und Zufälligkeit in der Zusammenstellung der Werke« vor,[13] und der Musikkritiker Braudo meinte, es sei »schwierig, irgendeine leitende künstlerische Idee zu fassen zu bekommen«.[14]

Unter den vielen kleinen Musikvereinigungen und Zirkeln fallen jedoch jene ins Gewicht, die sich zu Vorposten moderner Musik entwickelt haben. Das sind in Petersburg namentlich die »Abende zeitgenössischer Musik«, die von 1901 bis 1912 bestanden, und in Moskau der Kreis um die Musikzeitschrift »Muzyka«, der in gewisser Hinsicht die Linie des Petersburger Zirkels, der sich aufgelöst hatte, weiterführt.

Die »Abende zeitgenössischer Musik« bilden sich im engsten Umkreis der Redaktion der Zeitschrift »Mir iskusstva«, des Zentrums der russischen Sezession oder Moderne, bedeutende Vertreter aus verschiedenen Bereichen der Kunst um sich scharend. Sergej P. Djagilev, Alexander N. Benois, Dmitrij V. Filosofov, die Maler Konstantin Somov und Anna Ostroumova-Lebedeva und viele andere, deren Namen für das Aufblühen einer eigenständigen zeitgenössischen russischen Kunst stehen. Die »Abende« wurden als intime Liebhaberveranstaltungen eingerichtet, von V. F. Nuvel und A. P. Nurok, die von Haus aus Ministerialbeamte waren, und dem Musikkritiker V. G. Karatygin, der seiner Ausbildung nach Biologe war.

Das entscheidende Motiv der Neugründung war sicherlich der Wunsch, sich aus der Geschmacksdiktatur des der nationalrussischen Musik verpflichteten Beljaev-Kreises und einem abgestorbenen Akademismus zu lösen. Programmatisch wollte man die Werke neuer russischer Komponisten, zeitgenössische ausländische Musik und wenig bekannte alte und russische Musik erschließen.

Die konservative Zeitung »Novoe vremja« formulierte wohl die gängige Ablehnung gegenüber den »Abenden zeitgenössischer Kakophonie«, wenn sie schrieb: »Die ›Abende zeitgenössischer Musik‹ spielen bei uns die Rolle der musikalischen Sezession. Einige ihrer Abende erinnern übrigens an die Pariser Schwarzen Messen: Dem musikalischen Satan, der im Saal der Petersburger Musikschule getagt hat, ist alles fremd, was es in der Kunst an Klarem und Schönem gibt.«[15] Gemeint waren damit die Vorstellungen moderner russischer und ausländischer Komponisten: an den »Abenden« waren zum ersten Mal frühe Kammermusikstücke von Strawinsky aufgeführt worden (er trat auch selbst dort auf). Auch der junge Prokofjew hatte dort einige seiner frühen Klavierstücke vorgestellt. Von den ausländischen Komponisten sind vor allem Franck, Debussy, Reger, Richard Strauß, Ravel und Mahler zu nennen (letzterer war vertreten mit den »Kindertotenliedern«). Und sogar Arnold Schönberg war mit einem der ersten Beispiele seiner atonalen Kompositionsweise – Stück op. 11 – an einem der Abende vorgestellt worden, wobei er allerdings gänzlich auf Unverständnis, ja Gelächter gestoßen war.[16]

Verdient machten sich die »Sovremenniki« auch um Komponisten, die im allgemeinen in der hauptstädtischen Musikszene keine große Rolle spielten: Brahms, Bruckner, Grieg und italienische Renaissancemusik. Die etablierte »Modernität« bewegte sich auf der Linie Schumann, Liszt, Berlioz, Wagner.[17] Was von vielen als Zerfall und Niedergang empfunden wurde, wird von den aufgeschlossenen Musikkritikern der Hauptstädte als neuer Aufschwung empfunden. So schrieb der Kritiker A. Ossovskij, der aus dem Kreis um Rimski-Korsakow hervorgegangen war: »Man spricht von der Dämmerung unserer musikalischen Kunst. Ich glaube, man muß eher von einem Aufscheinen des kommenden Tags in der Gegenwart sprechen.«[18] Vieles deutet darauf hin, daß die Petersburger und Moskauer Musikkultur auf dem Weg war, ein ganz eigenständiges Gesicht zu gewinnen. Die Resultate von zwei autochthonen »Musikwelten« rieben sich hier.

Der Gegensatz von westlicher Musik und nationaler russischer Musik, der auch in den Hauptstädten der Jahrhundertwende fühlbar war, beruhte nicht primär auf unterschiedlichen ästhetischen Prinzipien, sondern im fundamentalen »Dualismus der Kultur«, wie Artur Lourié in bezug auf die Musik Rußlands formulierte. »Westlertum« und »Slawophilie« hatten als rivalisierende Richtungen ein wirkliches Fundament im Prozeß der Europäisierung, deren Stützpunkte eben die Hauptstädte waren, und im Beharrungsvermögen einer weithin noch vormodernen Volkskultur andererseits.

Auch wenn Michail I. Glinka als der Begründer einer eigenständigen russischen Musiksprache galt, dem es gelungen war, die musikalischen Formen des Westens mit Elementen der russischen Volksmusik zu vereinigen, so durchzog doch die Kontroverse um die westliche oder die russische Musik das Werk der folgenden Generationen. Auf der einen Seite die Komponisten des »mächtigen Häufleins« – Balakirev, Cui, Mussorgski und Rimski-Korsakow –, auf der anderen Seite ein »Westler« wie Tschaikowsky, der indes angesichts der allgemeinen Wertschätzung für die westliche symphonische Musik Wagners weit unten rangierte. Der vorherrschende Publikumsgeschmack wurde mit den westeuropäischen Klassikern bedient. Den erklärten Westlern erschien die nationale russische Schule dilettantisch, unraffiniert, barbarisch. Den Vertretern der nationalen Schule erschien die Vorherrschaft der westlichen Musik als Diskriminierung der nationalen Eigenart, als Vorherrschaft der äußeren Form über die besondere russische Eigenart.

Zu Beginn des Jahrhunderts kommt es noch einmal zu einer Zuspitzung dieses Gegensatzes, aber gleichzeitig wird diese Frontstellung gleichsam hinterrücks aufgelöst: Die von den »Westlern« so sehr verehrten französischen Impressionisten – allen voran Debussy – entdecken das Originelle und »Moderne« im Werk Mussorgskis für sich; die von Rimski-Korsakow herkommenden russischen Komponisten nähern sich der Klangsprache Debussys, ohne die eigene Tradition verraten zu müssen. In einer neuen Konstellation ergibt sich aus dem Aufeinandertreffen von westlichem Kulturimport und russischer Folklore etwas eigenständig Neues.

»Und so konnten – scheinbar paradox –«, schreibt Sigfried Schibli, »Kunstmittel, die in Westeuropa als Exotismen oder Orientalismen galten, in der modernen Musik Rußlands zwar ebenso neuartig wirken, aber gerade nicht als Stilmittel zur Suggestion eines Fremd-Exotischen, sondern des entfremdet gewordenen Eigenen. Die Ergebnisse mochten sich stellenweise verdächtig ähnlich ausnehmen, aber der ›Sinn‹ der Verwendung etwa von pentatonischen Elementen, Ganztonleitern und anderen (nach Cholopov)

›symmetrischen‹ Tonleitern war dennoch gänzlich verschieden. Und zu einem Zeitpunkt, da solche Stilmittel die westliche Musik zu inspirieren begannen, wurden sie in Rußland noch hochgehalten als Maßnahmen, ›all das zu vermeiden, was in der westeuropäischen Musik bereits allgemeingültig war‹ (Cholopov): grelle harmonische Mittel zur Dokumentierung nationaler Eigenständigkeit.«[19]

Aus dieser Konstellation entspringen Komponisten, die als führende russische zugleich führende Komponisten der Weltmusik geworden sind: Skrjabin, Strawinsky, Prokofjew, in deren Werk sich zwanglos »russischer Folklorismus« und »westlich-autonomes Experimentieren« (Schibli) miteinander verbinden – endlich ist der neue Ton da!

Der eine Schauplatz, auf dem sich die vulkanische Kraft dieser Kultur dem Publikum mitteilt, ist das Paris der »Saisons russes« von Djagilev. »Ich fühlte,« schrieb Alexander Benois, »daß die russischen Barbaren in die künstlerische Hochburg der Welt jenes brachten, was sich als das Beste ... erwies und was Bedeutung für die ganze Welt hatte ..., nicht Borodin, nicht Rimski-Korsakow, nicht Schaljapin oder Golovin, Rerich und Djagilev sind die ›Triumphatoren‹ in Paris, sondern die ganze russische Kultur, alle die unimitierbaren Charakterzüge der russischen Kunst, ihr ausgeprägter Sinn für Überzeugungen, ihre Frische und Spontaneität, ihre wilde Kraft, und gleichzeitig ihr außergewöhnliches Raffinement, das die Sophistereien von Paris weit hinter sich läßt.«[20]

Der andere Schauplatz ist das Moskau und Petersburg des Sergei Kussewizki, der Djagilev ähnelt, fast sein Zwillingsbruder sein könnte.

Die Kussewizki-Konzerte

Das Ereignis der Konzertsaison 1909/10 war die Einrichtung der Kussewizki-Konzerte. Ein Musikkritiker nennt sie das »Zentrum unseres musikalischen Lebens«.[21] Leonid Sabaneev, der Skrjabin-Biograph und Komponist, erinnert sich:

»In diesem Jahr wurde ich mit Kussewizki bekannt, der am Moskauer musikalischen Horizont aufging wie ein großer und heller Planet, den Haß der Mehrheit, den Neid der einen und die heuchlerische Zuneigung der anderen auf sich ziehend. Dieser Mann mit seinem hochroten Gesicht und seinem kleinen Bärtchen ›als käme er gerade vom Friseur‹ provozierte diesen Unwillen deshalb, weil man in ihm einen Emporkömmling, einen Parvenu erblickte ... Ihren Höhepunkt erreichte die Ablehnung Kussewizkis, als dieser ›unglückliche Kontrabassist‹ beschloß, Dirigent an der Spitze eines besonderen Konzertunternehmens zu werden ... Die Konkurrenz zwischen unseren hauptsächlichen Konzertveranstaltern, der Philharmonie und der Musikalischen Gesellschaft, war voll entflammt, sie wußten nicht, wie sich den Rang streitig machen, und da erschien ein dritter Konkurrent, noch dazu ein unabhängiger, in einer Person ›Direktor und Dirigent‹, mit eigenem Kapital. Kussewizki wurde sofort beschuldigt, er wolle die Musik in Moskau ›malträtieren‹ und mit seinem Geld verschlingen, er habe sich vorgenommen, zuerst die Philharmonie und dann die Musikalische Gesellschaft zu schlucken.«[22] Ähnlich heißt es in einer späteren Würdigung der Kussewizki-Konzerte: »Hat man ihm, Kussewizki, nicht Knüppel zwischen die Füße geworfen, wo es nur ging? Hat man ihm nicht die finstersten Gedanken angedichtet und hat man nicht all sein Tun mit den dunkelsten Motiven interpretiert? In dieser von Boshaftigkeiten, bald versteckten, bald offenen und nie abbrechenden Intrigen und Behinderungen schwelenden Atmosphäre war es schwer, voranzukommen und zu arbeiten.«[23]

Die erste Schwierigkeit, die Kussewizki zum Erstaunen der Fachwelt meistert, ist die Bildung eines eigenen Orchesters. Bis dahin hatten Konzertorganisationen sich der Opernorchester bedient, die allerdings zum einen von der Arbeit der Opernhäuser beansprucht wurden, zum anderen nur einmal in der Woche zur Verfügung standen (Samstag, bis dahin der traditionelle Konzerttag). Kussewizki bildet durch Vermittlung Glazunovs auf eigene Kosten, aber formell unter dem Schirm der Russischen Musikgesellschaft, ein eigenes Symphonieorchester – im Jubiläumsjahr der RMO finden achtundzwanzig Konzerte statt, womit Kussewizki die ehrwürdige Gesellschaft vor dem Verfall rettet.

Das Orchester indes kann sich nicht halten, und er entscheidet radikal: Bildung eines wirklichen eigenständigen Klangkörpers, der allein seinen Konzertplänen dienen soll. Das Orchester wird zum eigenständigen Unternehmen: die Gewinne bekommt das Ensemble, die Verluste finanziert Kussewizki. Vom 31. März bis zum 2. April 1911 findet im Musikgeschäft A. Diederichs in Petersburg der Wettbewerb statt für die Zusammenstellung des Ensembles. Im Herbst bereits steht das Orchester aus hochqualifizierten Musikern, für die die Konzertpraxis keine Nebensache, sondern Hauptberuf geworden war. Schon innerhalb kürzester Zeit galt dieses Orchester mit seinen Streicher- und Bläsergruppen als eines der besten in Rußland.[24] Debussy rühmt es bei seinem Moskau-Aufenthalt 1913 für seine »Eigenschaften, die in den glänzenden Städten unseres alten Europa ziemlich selten sind«.[25] Nach zwölf Probentagen trat das siebzig Musiker starke Ensemble mit dem kompletten Zyklus der Beethoven-Symphonien Ende September 1911 zunächst in Moskau und dann in Petersburg an die Öffentlichkeit.

Die Schaffung dieses neuen Typus von Orchester – aus zumeist jungen Musikern, Konservatoriumsabsolventen – ist jedoch nur ein Aspekt. Der andere, nicht minder wichtige ist, daß Kussewizki von Anfang an in Repertoiregestaltung und Konzertpraxis neue Wege ging. Konzertprogramme wurden von nun an unter bestimmten Gesichtspunkten zusammengestellt und alles Zufällige, Potpourrihafte vermieden. Im Zentrum eines Abends stand das Werk eines Komponisten, einer nationalen Schule, eine bestimmte künstlerische Richtung oder eine Epoche. Programme wurden aus dem Kontrast entwickelt – etwa Gluck und Reger, Mozart und Debussy –, was bis dahin als unerhört galt. Auf die Programmhefte wurde besonderes Gewicht gelegt: Sie enthielten eine solide Einführung, eine Kurzbiographie, thematische Übersichten und Notenbeispiele. Im Foyer wurden Taschenpartituren verkauft. Selbst die Gestaltung der Hefte wurde in besondere Hände gelegt – die des bedeutenden russischen Künstlers I. Bilibin.

Kussewizki war auch der erste russische Dirigent, der vollständige symphonische Zyklen vorstellte (Beethoven 1911, Tschaikowsky 1912). Einen bedeutenden Platz in seinem Repertoire nahmen die musikalischen Monumentalwerke ein: die 9. Symphonie Beethovens, das Requiem von Giuseppe Verdi, Beethovens »Missa Solemnis«, Taneevs »Nach dem Lesen des Psalms« und andere. Kussewizkis sowjetischer Biograph Astrov nennt zwei Hauptlinien in dieser Repertoiregestaltung: die Klassik westeuropäischer und russischer Provenienz und die Moderne. Bei den Klassikern war es vor allem Beethoven – mit der »Egmont«-Ouvertüre und der 7. Symphonie gab er sein russisches Debut am 14. Oktober 1909, mit der 9. Symphonie gab er sein letztes Dirigat in Rußland am 20. Mai 1920. Bis 1920 führt er den gesamten Symphonischen Zyklus siebenmal auf.

Von den russischen Klassikern hatte es Kussewizki vor allem Tschaikowsky angetan. Nikisch nannte ihn *den* Tschaikowsky-Interpreten schlechthin, und tatsächlich erschloß er den Komponisten dem russischen Publikum neu: Tschaikowsky war – jedenfalls innerhalb der Intelligencija – ein »gestürzter Gott«, zu wenig europäisch den einen, zu wenig russisch den anderen. Kussewizki dirigierte gewissermaßen gegen die Strömung, gegen die Mode. Obwohl er erstmalig in Rußland Bach-Feiern organisierte (im Jahre 1914, als deutsche Musik, vor allem die Werke von Johannes Brahms und Richard Wagner, nach Ausbruch der Feindseligkeiten aus den Programmen verschwanden), spielten die Wiener Klassik, Bach und Händel bei ihm eine eher untergeordnete Rolle.

Von den Modernen spielte Kussewizki Richard Strauß, Reger, Debussy, Saint-Saëns, Dukas, Ravel, Sibelius, Szimanowski – also die gesamte europäische Avantgarde. Doch an erster Stelle steht Alexander Skrjabin, dessen Symphonien, Poeme, Instrumentalkonzerte er in siebenundfünfzig Konzerten zu Gehör gebracht hat. Kussewizki kann wohl als der autorisierte Skrjabin-Interpret gelten. Welche Rolle er für die Durchsetzung der Moderne in Rußland spielt, kann schon daran abgelesen werden, daß er russische Erstaufführungen der Werke von Liszt, Bruckner, Mahler, Busoni und Korngold geleitet hat und daß er die russische Avantgarde im eigenen Land mit Premieren bekanntgemacht hat: So dirigierte er die Premiere von Skrjabins »Prometheus«, Taneevs »Nach dem Lesen des Psalms«, Strawinskys »Petruschka« und das »Frühlingsfest« sowie Prokofjews »Träume«.[26]

Zum Glanz der Kussewizki-Konzerte trug nicht wenig bei, daß bedeutende ausländische und russische Künstler eingeladen wurden. So musizierten im Rahmen der Kussewizki-Konzerte Wilhelm Mengelberg, Arthur Nikisch, Feruccio Busoni, Arthur Rubinstein, Arthur Schnabel, Fritz Kreisler, Alexander Skrjabin, Leopold Auer und Jascha Heifetz. Und zur Popularisierung der neuen Musik trug entschieden bei, daß Kussewizki sich um die Gewinnung eines neuen aufgeschlossenen Publikums bemühte.

»Das Bedürfnis nach guter Musik«, so schreibt er, »dringt in eine Bevölkerungsschicht ein, die ihr früher fremd gegenübergestanden hat. Durch das Leben selbst ist eine Reihe von gesellschaftlich wichtigen Fragen aufgeworfen: Wie soll das wachsende Bedürfnis nach Musik befriedigt werden, wie kann der Weg zu einer soliden Musikkultur erleichtert werden.«[27] Und an anderer Stelle: »Meine Hauptbemühung ist es, ein breites Publikum den Konzertbesuch zu lehren, es für symphonische Musik zu interessieren, und zwar nicht auf dilettantische Weise, sondern in echtem Verständnis. Man muß das Publikum so erziehen, daß es sich nicht für Solisten und Namen interessiert, sondern für das Programm der symphonischen Musik ... Ich habe im Sinne einer solchen Propagierung der symphonischen Musik in den breitesten Massen alles nur Mögliche getan: Herabsetzung der Eintrittspreise, Vergrößerung der Zahl der billigen Konzertkarten und die ihrem Charakter nach allgemein zugänglichen Konzerte, die ich eingerichtet habe.«[28]

Auch die öffentliche Generalprobe gehört zu diesen Maßnahmen der Öffnung und Zugänglichmachung der Musik. Die Kussewizki-Konzerte in den beiden Hauptstädten überdauerten auch die beiden Revolutionen. Im Wesen waren die Konzerte des neugegründeten Staatlichen Orchesters in Petrograd nur die Fortsetzung der alten Kussewizki-Konzerte – und so wurde es auch im Programmheft festgehalten. In Moskau hielt sich die Einrichtung bis 1919 sogar unter ihrem wirklichen Namen: Konzerte Kussewizkis.[29]

Kussewizki, formative Jahre

Kussewizki, dessen elegante Erscheinung in späteren Jahren mehrmals von dem deutschen Maler Robert Sterl festgehalten wurde, kommt aus der russischen Provinz, vom Oberlauf der Wolga. Er wurde geboren am 26. Juli 1874 in dem Städtchen Vyšnij Voloček in der Familie eines Musikanten. Sein Vater, der als Mitglied eines Militärblasorchesters auf zahlreichen Instrumenten ausgebildet war, verdiente sich und seiner Familie – es gab noch vier Geschwister, die Mutter war kurz nach der Geburt Serges gestorben – unter größten Anstrengungen den Lebensunterhalt. Er begann zu trinken, im Hause herrschte oft Hunger – doch alle Kinder wuchsen mit der Musik auf.

Dies war im Grunde genommen das erste »Orchester Kussewizki«, die Familie spielte auf Taufen, Hochzeiten, in Wirtshäusern, auf Bällen, im Sommer im Stadtpark oder auf Jahrmärkten. Jedes der »Orchestermitglieder« beherrschte mehrere Instrumente. Sergei lernte mit sechs Jahren bereits Bratsche, dann Violoncello und Kontrabaß. Im Juli 1888 erhielt die Truppe – bestehend aus Trompete, Klarinette, Flöte, Tenorhorn, Tuba und Trommel –

sogar ein festes Engagement und zog, in eine einheitliche Uniform gekleidet, über Land. Zwei Jahre ging es durch die Städte Valdaj, Staraja Russa, Pskov und in die estländischen, kurländischen und livländischen Gouvernementsstädte. Sergei dirigierte zuweilen das »Orchester« und später durfte er sogar bei den Theatervorstellungen die Pausenfüller dirigieren. Er wollte Dirigent werden.

Indes ist die Vorstellung von der »tiefsten Provinz« zu pauschal. In fast jeder der abgelegenen Städte gab es Verbindungen zur weiten Welt, Stützpunkte der Kultur. So auch in Vyšnij Voloček, und zwar in Gestalt des Ingenieurs Ropenberg. Seine Frau, Maria Fedorovna Ropenberg, war ausgebildete Pianistin, eine Schülerin Nikolaj Rubinštejns. Sie war es, die den achtjährigen Spielkameraden ihrer Tochter an klassische Musik heranführte und ihn im Klavierspiel unterwies – und ihm somit inmitten der Welt von Blasmusikstücken, Märschen, Walzern, Volksliedern eine ganz andere erschloß, die von Bach, Mozart, Beethoven.[30] Für Kussewizki mochte dies die erste und prägende Erfahrung vom »Dualismus der Kulturen« gewesen sein, und beide Hälften mochte er wohl als sich ergänzend und sein Interesse und Talent stimulierend empfunden haben: Das freie und improvisierende Musizieren und das Spiel auf vielen verschiedenen Instrumenten in seinem »Orchester« einerseits und die Vorstellung von einer Meisterschaft, die nur durch größte Disziplin und Schulung, Beherrschung der Form zu gewinnen war.

Im Herbst 1891 reißt Kussewizki von zu Hause aus und geht nach Moskau, entschlossen, sich am Konservatorium zum Dirigenten ausbilden zu lassen. Doch Safonov, der Direktor der Konservatoriums, empfängt ihn nicht einmal. Kussewizki wendet sich an die Konkurrenzinstitution, die Musikalisch-dramatische Schule der Philharmonischen Gesellschaft. Auch dort will man ihn abschütteln, mit dem Argument, die Bewerbungsfrist sei bereits abgelaufen, und erst nachdem er nicht zurückweicht und einfach auf dem Klavier vorspielt, hat er Erfolg. Der Direktor ist gerührt von soviel Leidenschaft, doch Kussewizki wird nur angenommen mit den Worten: »Wir nehmen dich, nur mußt du das Instrument nehmen, das bei uns kostenlos gelehrt wird«.[31] Dies war Fagott oder Kontrabaß.

Kussewizkis Schicksal war entschieden: Er studiert Kontrabaß in der Klasse des bekannten tschechischen Kontrabassisten Josef Rambusek, der ihn fachlich und durch eine fast familiäre Sorge fördert. Kussewizki, aus Not und Verlegenheit auf ein Instrument verwiesen, das im Urteil der Zeit als »niedrig« galt, führt durch sein Studium und sein Spiel dieses Instrument alsbald aus der Pariastellung heraus. Binnen zehn Jahren wird er zum Virtuosen von Weltrang und gilt von nun an als der rechtmäßige Erbe der italienischen Virtuosen Dragonetti und Bottesini. Die Stationen der Virtuosen-Karriere:

Im Herbst 1892 wurde er ins Orchester der Moskauer Privatoper von Mamontov aufgenommen, einem der ersten privaten Musikunternehmen und Stützpunkt der russischen Musikrenaissance. Es kommt sogar zu einem Zusammentreffen und Zusammenspiel mit Tschaikowsky, der ihn am Flügel begleitet. 1894 gewinnt er den Wettbewerb um die Kontrabaßstelle im Orchester des Marientheaters, und ein Jahr später trägt er bereits den Titel

»Künstler der Kaiserlichen Theater«. Im Jahre 1901 ist er Konzertmeister der Kontrabaßgruppe des Bolschoi-Theaters und Professor der Kontrabaßklasse der Moskauer Philharmonischen Gesellschaft.

Die Presse ist begeistert, Karatygin nennt ihn einen »musikalischen Zauberer«, und in kurzer Zeit ist der Ruf des Instruments – »dressierter Elefant«, »Nilpferd«, »besaitete Kommode«, »Ichtyosaurus unter den Musikinstrumenten«, »plebejisches Instrument« – rehabilitiert. In einer Pressestimme heißt es: »Stellen Sie sich ein Nilpferd vor, das um nichts schlechter singt als eine Nachtigall, und Sie werden das Gefühl verstehen, das das Publikum ergreift, wenn ein schöner junger Mensch an das unförmige Instrument herantritt, das weit größer als eine Geige ist und aus diesem ›Instrument‹ bald jenes feine Pianissimo der Geige, bald die weichen, tiefen, nach der Seele greifenden Töne des Violoncellos herauslockt.«[32]

Kussewizki ist noch keine dreißig Jahre, und er hat Gastspiele in Nižnij Novgorod, Petersburg, Berlin, Dresden, Prag, London und Moskau bereits hinter sich. Man vergleicht ihn mit Casals, Isaj und Kreisler. Er ist einer der »Stars«, mit deren Glanz sich die junge bürgerliche Epoche zu schmücken begonnen hat. Der Künstler wird zur öffentlichen Figur, deren persönliche Lebensgewohnheiten für das Publikum wichtig geworden sind, man interessiert sich für die Rezensionen seiner Gastspiele im Ausland ebenso wie für seinen persönlichen Luxus.

Kussewizki, der Außenseiter aus Vyšnij Voloček, hat auf einem »Außenseiter-Instrument« seinen Weg in die musikalische Welt gefunden. Daß er seinen Wunsch, Dirigent zu werden, nicht aufgab, lag zum einen wohl nicht nur daran, daß er die Möglichkeiten seines Instruments ausgeschöpft hatte und von Anfang an etwas anderes wollte, sondern auch an einer glücklichen, wenn auch nicht ganz zufälligen Fügung: seiner Freundschaft und späteren Heirat (1905) mit Natal'ja Konstantinovna Uškova, der Tochter eines reichen Moskauer Kaufmannsgeschlechts, das im Teehandel groß geworden und als Mäzen der Philharmonischen Gesellschaft, deren Stipendiat Kussewizki gewesen war, tätig war. Natal'ja Konstantinovna war nicht nur von Hause aus überaus reich, sondern gehörte jenem modernen Frauentyp an, der in Rußland zu Beginn des Jahrhunderts in Erscheinung getreten war. Sie hatte selbst künstlerisch gearbeitet – als Bildhauerin – und besuchte damals die berühmte russische Hochschule für Sozialwissenschaften in Paris, die von Maxim M. Kovalevskij geleitet wurde. Für die Moskauer Millionärstochter mit dem eigenen Kopf war die Verbindung mit dem weltberühmten Virtuosen eine zwar ungewöhnliche, aber durchaus nicht mehr sensationelle oder diskriminierte. Für Kussewizki ergab sich daraus eine gesellschaftliche Stellung und eine in jeder Hinsicht unabhängige Position, von der aus er sofort zu agieren begann.

Er verläßt Moskau im Jahre 1905 – motiviert mit »familiären Gründen«, aber auch mit der Situation, die nach der Veröffentlichung eines überaus kritischen Artikels über die Arbeitssituation von Konzertmusikern entstanden war –, sein Weg führt ihn nach Berlin, der damaligen »Welthauptstadt der Musik« (A. Lourié). Er bildet sich dort zum Dirigenten aus. Einen Lehrer im strengen Sinn – Besuch der Dirigierklasse – hat er nicht gehabt, aber er besuchte die Konzertsäle der Stadt, in der damals Dirigenten wie Felix Weingartner, Arthur Nikisch, Karl Muck, Gustav Mahler arbeiteten. Auf der Basis eines hartnäckigen Partiturenstudiums, einer sehr genauen Kenntnis der Spezifik der Instrumente und praktischer Dirigiertätigkeit mit dem Studentenorchester der Berliner Musikhochschule im Schillertheater, gibt er bereits am 23. Januar 1908 im Beethoven-Saal sein Berliner Debut und besteht vor der Berliner Musikkritik.

Arthur Nikisch attestiert ihm nach seinem Berliner Konzert: »Ich bin hingerissen! Wie konnten Sie in so kurzer Zeit ein solches Niveau des Dirigierens erreichen? Sie sind der geborene Dirigent. Alles ist da – die Technik, der Ausdruck, das Temperament, und alles führen Sie mit einer solchen Plastizität aus … Erstaunlich! Ich kenne wirklich niemanden, der diese Werke besser dirigieren könnte.«[33] Im selben Jahr dirigiert Kussewizki Konzerte in London, Wien und Paris. Einer Einladung nach Amerika für 1909 folgt er nicht, sondern kehrt nach Rußland zurück. Mit dieser Heimkehr beginnt das Unternehmen Kussewizki.

Im stürmischen Jahr 1905 hatte er sich aus Moskau mit der Publikation eines kritischen Artikels, überschrieben »Musikalische Heloten«, verabschiedet. Darin heißt es:

»Elf Jahre meines Lebens habe ich im Dienst des Orchesters des Bolschoi-Theaters hingegeben. Schwer war der Zutritt zu diesem sogenannten Tempel der Musik und Kunst. Es hat langjährige Vorbereitung gekostet, die Wettbewerbsbedingungen waren hart, es gab keine freien Stellen – all dies waren Hindernisse auf dem Weg zu diesem Tempel. Doch das Glück war dem jungen Musiker hold, er überwand alle Hindernisse, wurde Künstler der Kaiserlichen Theater, stand am Ziel seiner Hoffnungen, war einer der Auserwählten. Glänzende Perspektiven und Entwicklungsmöglichkeiten im Dienste der geliebten Sache tun sich ihm auf. Ja, er täuschte sich nicht: Er kann arbeiten, doch nicht frei, sondern als Sklave und Helote. In wenigen Jahren wandelt sich der Mensch: seine Hoffnungen verlöschen, die aufreibende Arbeit Tag für Tag zehrt an seinen Kräften. Er spielt sechsmal in der Woche und hat sieben Proben, es gibt für ihn keinen freien Tag. Er hat keine Freizeit.

Inzwischen ist es eine Binsenweisheit, daß sogar auf dem Gebiet grober körperlicher Arbeit Intensität und Produktivität der Arbeit leiden, wenn man nicht die Möglichkeit hat, sich auf sich selbst zu konzentrieren. Achtstundentag, Feiertagsruhe – das ist die Devise der Werktätigen der Fabrik- und Werksindustrie, wo Muskelenergie und Kraft entscheidend sind. Aber da, wo geistige Energie verausgabt wird, wo eine ungeheure Vorbildung nötig ist – da kann man ohne Ausruhen und ohne Freizeit auskommen. Die täglichen Theatervorstellungen, die Proben, die Arbeit zu Hause zur Verbesserung der Technik, die Notwendigkeit eines Nebenerwerbs angesichts eines kümmerlichen Auskommens – das sind die Privilegien der Auserwählten. Nehmen Sie noch die Grobheiten, die sich gewisse Dirigenten und überhaupt die ›Vorgesetzten‹ herausnehmen, die Strafen und Abzüge hinzu – so bekommen Sie die Situation der Orchestermusiker in den Blick. Ihr Tempel erweist sich als Hölle. Wer dorthin gerät, wird von der Inschrift über dem Tor ›Laß alle

Hoffnung fahren für immer!‹ gewarnt. In Eure Tempel gehen junge Menschen, voll der Kraft und Hoffnung, sie betreten ihn, um nach vielen Jahren als zerschlagene Invaliden mit einer Pension von wenigen Groschen, ohne Zukunft und Vergangenheit, wieder herauszukommen. Der abtötende Geist des Polizeibürokratismus, der in ein Gebiet eingedrungen ist, wo er eigentlich nichts zu suchen hat, hat die Künstler in Handlanger verwandelt und intellektuelle Arbeit in widerwillig ausgeführte Sklavenarbeit. Für ein paar Dutzend Rubel monatlich, für Arbeit rund um die Uhr ohne alle Freizeit – haben sie denn ein Recht, Intuition, Expressivität und Konzentration zu fordern? ... Wie lange wird es dauern, bis diese Arbeiter des Geistes, diese Künstler des Kaiserlichen Theaters gezwungen sein werden, Bittschriften zur Verbesserung ihrer Lage einzureichen, ähnlich wie die Arbeiter es mit den Arbeitgebern getan haben?«[34]

Kussewizki, nach Moskau zurückgekehrt, braucht keine Bittschriften mehr zu verfassen. Als musikalischer »Entrepreneur« dirigiert er ein Unternehmen, dessen Erfolg gerade darin besteht, daß es ohne Heloten auskommt.

Musikalische Aufklärung: das Unternehmen Kussewizki

Ist es nicht möglich, daß zwischen dem Stil eines Dirigenten eines Orchesters und dem Stil eines Organisators ein Zusammenhang, mindestens eine Analogie besteht? Beide haben es mit einem eigenwilligen, aus ganz disparaten Elementen bestehenden Ensemble zu tun, das zum gemeinsamen Zusammenspiel erst findet, wenn jedes in seiner Verantwortung, seinem Können gefordert und von einem »Willen« oder einer »Idee« inspiriert wird.

»Damit die Arbeit des Dirigenten wirklich fruchtbar ist, muß er das Orchester beleben, ihm seine Begeisterung vermitteln, den Künstler in jedem Musiker erwecken, wie bescheiden auch seine Rolle sein mag, in ihm die persönliche Verantwortlichkeit, die ihm im schöpferischen Prozeß und bei der Ausführung des Musikwerks zukommt, erziehen. Schließlich muß der Dirigent ein wirklicher Leiter seines Orchesters sein, fähig, es zur Arbeit zu motivieren und alle Nuancen zu koordinieren, damit ein einheitliches Endergebnis erzielt wird.«[35]

Diese Position Kussewizkis zum Beruf des Dirigenten liefert auch Anhaltspunkte für seine gesellschaftlich-organisatorische Tätigkeit. Kussewizki schuf sein »Unternehmen« nicht aus dem Nichts. Er fand Elemente vor, und es ist lediglich seinem Talent zu verdanken, daß sie in einer neuen Kombination – sozusagen unter seiner »Stabführung« – eine andere Qualität erreichten. Als Dirigent wird Kussewizki eine freie und plastische Gestaltung nachgerühmt, die Herausarbeitung der Nuancen, der Phrasierungen und expressiven Linien, wobei das metrische Pulsieren, die strenge Taktbezeichnung nur untergründig präsent waren. Und von sich selber, der auf die Aneignung einer eigenständigen Dirigier»technik« nicht wenig Mühe verwandte, sagte er einmal: »Die Dirigierkunst ist der dramatischen sehr nahe, und das, was sie bei Stanislavskij gemacht haben, das hat mir den Schlüssel zur Freiheit gegeben. Ich mache weniger Bewegungen als viele andere Dirigenten, doch diese Bewegungen sind frei. Das hat mich das Künstlertheater gelehrt.«[36]

Wie jemand, der auf den metrischen Puls der Musik vertraut, der den Taktstock fast nicht einsetzt und zuweilen nur mit der linken Hand dirigiert, so agierte Kussewizki auch in seinen künstlerisch-organisatorischen Unternehmungen: Er brachte, was schon vorhanden war, in ein neues Zusammenspiel und »schuf« damit sowohl ein neues Konzertleben als auch ein neues Publikum.

Von den Konzerten seines Namens war schon die Rede als dem Fokus einer neuen, modernen Konzertpraxis. Doch handelt es sich hier nun um das Herzstück, das umlagert ist von weiteren Unternehmungen, die irgendwie alle schon angelegt waren. Von der RMO und der Philharmonischen Gesellschaft übernahm er den Gedanken hochqualifizierter Aufführungen der Klassik; vom Beljaevschen Musikkreis übernahm er die Propagierung der russischen nationalen Musik; von Ziloti hatte er die werbeträchtige Verbindung von populären Konzerten und exklusiven Solisten übernommen; bei Vasilenko in Moskau hatte er die Tagesvorstellungen der »Volks- und allgemeinzugänglichen Konzerte« studieren können. Im Hoforchester und im Šeremetev-Orchester hatte er die Vorteile eines ständigen Symphonie-Orchesters beobachten können. Bei Djagilevs »Saisons russes« hatte er die Strahlkraft einer intensiven und die Künste zusammenführenden Aufführungspraxis erleben können.

Entsprechend vielfältig entfaltete sich das Unternehmen Kussewizki. Außer den abendlichen Abonnementskonzerten gab Kussewizki in Petersburg in der Saison 1909/10 Tageskonzerte – zehn sogenannte historische und zehn sogenannte allgemein-zugängliche. In Moskau richtete er die »Volks-Symphonie-Konzerte« ein. In der Saison 1912/13 gab er außer den acht abendlichen Abonnementskonzerten die erwähnten acht öffentlichen Generalproben am Morgen und anstelle der »Volkskonzerte« die sogenannten Symphonischen Matineen zu allgemein zugänglichen Preisen (sie fanden statt am Sonntag um zwei Uhr mittags). Das Programm entsprach im großen und ganzen dem der abendlichen Abonnementskonzerte. Außer den Konzerten in der Wintersaison richtete Kussewizki nun auch Sommer-Konzerte ein. Von 1912 bis 1914 fanden sie im Sokol'niki-Park in Moskau statt – vom 15. Mai bis Ende August, jeweils dienstags und freitags abends und am Sonntag. Für die letzteren wurden sogar kostenlose Karten ausgegeben. Im Lauf von vier Sommer-Spielzeiten wurden allein in Moskau mehr als 170 Konzerte gegeben.[37] Außerhalb der Abonnements- und anderer regulärer Konzertveranstaltungen tat sich Kussewizki durch zahlreiche Konzerte »außer der Reihe« hervor. Im Lauf von acht Jahren (1909–1917) initiierte er eine Reihe von Wohltätigkeitskonzerten – für alte Künstler und ihre Familien, für notleidende Studenten der Universitäten oder der Höheren Frauenkurse.

Anders als bei den abendlichen Abonnementskonzerten drängte sich bei den »allgemein-zugänglichen Konzerten« – so wurden sie genannt, weil der Terminus »Volkskonzert« als einschränkend oder gar diskriminierend empfunden wurde – ein anderes Publikum; junge Leute, viele Studenten, sogar Arbeiterjugendliche, die die Preise für die Abonnementskonzerte – 5 Rubel in der Regel – nicht bezahlen konnten.

Die Entfaltung eines immer weiter verzweigten Musikbetriebs warf die Frage der Vermittlung russischer und ausländischer Künstler und Solisten auf. Im Mai 1910 richtete daher Kussewizki das »Konzertbüro«, also eine Konzert- und Künstleragentur ein, die vielen Künstlern, die bisher nicht die Möglichkeit hatten, den Weg zum Publikum eröffnet. In einer Theaterzeitschrift heißt es: »Bis heute konnten sich russische Künstler nur mit Mühe ihren Weg bahnen, weil es keinen Impresario gab und man sich zwar auf die Berühmtheiten stürzte, nicht aber auf die Neulinge. Konzerte auf eigenes Risiko zu geben, ist mit erheblichen Schwierigkeiten verbunden.«[38]

Von großer Bedeutung sollte die Gründung des Russischen Musikverlags (RMI) durch Kussewizki und seine Frau werden, denen der Verlag aufgrund der Kapitaleinlage von rund einer Million Rubel gehörte. Die Idee stammte bereits aus dem Jahre 1908, registriert wurde die Verlagsgründung am 25. März 1909 in Berlin, da Rußland der Internationalen Autorenschutzkonvention nicht angehörte. Das Statut des Verlags war von S. A. Muromcev, dem Präsidenten der I. Duma, ausgearbeitet worden.[39]

Es handelte sich um eine gänzlich neue Konstruktion mit bedeutenden Vorteilen für die Autoren. Zum einen fungierte der Vorstand auch als kompetente Jury – die Mitglieder repräsentierten das Gesamtspektrum musikalischer Tendenzen. Alle Jurymitglieder erhielten reihum die eingereichten Partituren und gaben dann ihr Votum ab. Die Honorare waren höher als üblich – für kleinere Klavierstücke 50 bis 100, für Kammermusikstücke, Ouvertüren 200 bis 500 Rubel, für Symphonien, Suiten und ähnliches bis 3000 Rubel. Den Autoren wurden die Verlagsbilanzen zugestellt, vor allem aber: Sie wurden am Gewinn beteiligt.[40] Für die künstlerische Gestaltung der Verlagspublikationen war wiederum Bilibin verpflichtet worden. 1911 wurden Musikalienhandlungen des Verlags in Moskau und Petersburg eröffnet, seine Veröffentlichungen wurden in Berlin, Leipzig, London, Brüssel und New York verkauft. Bis 1914 wurde bei K. Reder in Leipzig gedruckt.

Zu den im Russischen Musikverlag verlegten Komponisten gehören Taneev, Skrjabin, der sich später allerdings vom Verlag löste, Medtner und Strawinsky. Prokofjews frühe Arbeiten waren von der Jury des Verlags abgelehnt worden und erschienen im Moskauer Musikverlag Gutheil, der allerdings 1914 Eigentum Kussewizkis wurde. Zudem gab Kussewizki auf eigene Kosten die »Ausgaben S. A. und N. K. Kussewizki Konzertbibliothek« heraus: Klavierauszüge und Stimmen der 9. Beethoven-Symphonie, Wagners Beethoven-Studie, eine Monographie über Debussy oder Busonis »Versuch einer neuen Ästhetik der musikalischen Kunst«.[41] Das Ende des Verlags kam mit dem Ersten Weltkrieg, in dem die Notenstöcke der Leipziger Druckerei beschlagnahmt wurden. Kussewizki kann sie allerdings bei seinem Aufenthalt in Berlin 1920 – völlig unversehrt und in bester Ordnung – wieder in Empfang nehmen.

Der Russische Musikverlag stellt in mehrerer Hinsicht ein Novum dar. Zum einen erleichterte er den jungen Komponisten den Durchbruch. Zum anderen beendete er den erniedrigenden Status und die erbärmliche materielle Lage vieler Komponisten, erlaubte ihnen – vor allem Skrjabin – in Ruhe zu arbeiten. Kussewizkis Verlag trat die Nachfolge des Beljaevschen Musikverlags an, der so viel für die Verbreitung russischer Musik getan hat, aber mit den »Modernen« weniger im Sinne hatte. Kussewizkis Verlag machte – durch die Beteiligung der Autoren am Gewinn – eine Situation unmöglich, wie sie im Verhältnis von Mussorgski zu dessen Verleger Bessel eingetreten war, der mit dem Copyright reich geworden war, während der Komponist in Armut lebte.[42]

Unrealisiert blieb das Projekt Kussewizkis, eine Russische Musikakademie für Konservatoriumsabsolventen nach dem Vorbild der Berliner Musikhochschule einzurichten. Vorschläge für den Lehrkörper waren bereits ausgearbeitet – Kreisler sollte die Violinklasse, Busoni die Klavierklasse, Casals die Celloklasse übernehmen, Skrjabin sollte Komposition unterrichten, Kussewizki selbst Kontrabaß und Dirigieren – , doch die Suche nach geeigneten Räumlichkeiten verlief schwierig. Kussewizki, der bereits 1908 von einem neuen Konzertsaal für Moskau geträumt hatte, dachte nun daran, einen »Tempel der Kunst«, unter dessen Dach alle musikalischen und künstlerischen Unternehmungen zusammengefaßt sein sollten, zu errichten: drei verschieden große Konzertsäle mit neuester Technik, eine Bühne und ein Ausstellungssaal. Die ins Auge gefaßten Häuser beziehungsweise Grundstücke erwiesen sich als nicht ausreichend, und schließlich lehnte die Moskauer Stadtverwaltung den Verkauf eines dafür geeigneten Grundstücks ab. Kussewizki weicht nach Petersburg aus, und zusammen mit dem Theaterunternehmer K.N. Nezlobin und dem Musikverleger Beljaev arbeitet er das Projekt eines »Kunsttempels« im Zentrum Petersburgs aus. Der Plan wird im Frühjahr 1912 der Stadtverwaltung unterbreitet, die mit der Bestätigung zögert, und schließlich macht der Ausbruch des Kriegs das Projekt hinfällig.[43]

Expedition in Neuland: die Wolga-Tourneen

Der Gedanke einer Konzerttournee in die Städte an der Wolga beschäftigte Kussewizki bereits im Dezember 1909. Doch war auch dieser Gedanke schon lange vorher vorhanden: schon im Jahre 1898 hatte der Direktor der Poltavaer Abteilung der Kaiserlichen Russischen Musikgesellschaft D.V. Achšarumov aus örtlichen Musikern und Musikliebhabern ein Symphonieorchester zusammengestellt. Von 1903 bis 1919 unternahm er Tourneen in die abgelegenen Städte der Ukraine und Zentralrußlands. Allein im Jahre 1910 gab er vierundzwanzig Konzerte in Poltava, Charkow, Kursk, Voronež, Tambov, Orel, Tula, Cherson und anderen Städten.[44] Kussewizkis »Konzertbüro« arbeitet Anfang 1910 einen Tourneeplan für die bisher von Achšarumovs Orchester noch nicht besuchten Städte an der Wolga aus. Die Tournee beginnt am 25. April 1910, mit einem gerade wieder aus Paris eingetroffenen und in seiner Gesundheit wiederhergestellten Kussewizki an der Spitze des Orchesters des Bolschoi-Theaters.

Wie muß man sich diese Expedition des Jahres 1910 vorstellen (es sollten noch zwei Tourneen 1912 und 1914 in den Wolgastädten und drei weitere nach Odessa, Kiew, Charkow in den Jahren 1913 bis 1916 folgen). Sie begann in Tver', der alten russischen Stadt, in deren Gouvernement auch Kussewizkis Geburtsort Vyšnij Voloček liegt. Dort bestieg die Truppe den Raddampfer und gab fast jeden Tag in den Städten, die an den Ufern des Stroms vorbeiglitten, eines oder mehrere Konzerte: in Rybinsk, im altehrwürdigen Jaroslavl', in Kostroma, in der quirligen Grenz- und Messestadt Nižnij Novgorod, im tatarischen Kasan, in Simbirsk, Samara, Saratov und am Endpunkt der Reise in Astrachan im Wolgadelta.

Die Tournee dauerte fast einen Monat. Der Dampfer, der die 120 Mitglieder starke Truppe, darunter das fünfundsechzigköpfige Orchester, an Bord genommen hatte, war Expeditions- und Missionarsboot in einem. Zur Gesellschaft gehörten nicht nur die besten Musiker der Hauptstadt, sondern auch die Meister selbst, vor allem Skrjabin und Kussewizki. Mitreisende waren Leute von der Presse, Korrespondenten deutscher, englischer und amerikanischer Musikzeitschriften. Den Gästen fehlte es an nichts; sie mußten weder auf ihre gewohnte Lektüre noch auf die feine Küche verzichten. In den Salons des Raddampfers war die Moskauer Gesellschaft unterwegs in die Provinz, samt dem von Skrjabin wie einem Augapfel gehüteten »Bechstein«, der jedesmal unter größten Sicherheitsvorkehrungen an Land geschafft wurde. Schon als Organisationsleistung dürfte die Tournee bemerkenswert gewesen sein.

Und wie mußte die Ankunft in diesen Städten wirken? Eine Stadt wie Nižnij war längst an die Eisenbahn angeschlossen und hatte durch die alljährlichen Messen einen Hauch von Weltläufigkeit bekommen; auch Kasan mit seiner Universität gehörte eher zu den privilegierten Städten, und in Saratov gab es zwischen 1895 und 1912 immerhin insgesamt neunundzwanzig Symphoniekonzerte. Für eine Stadt wie Samara, die zwar eine Musikschule der Filiale der Russischen Musikgesellschaft hatte, bestand die einzige Möglichkeit im Jahre 1915 Musik zu hören darin, das Konzert des zwanzig bis dreißig Mann starken Militärorchesters im Strukovskij-Garten zu besuchen. Dort wurde ein Potpourri aus »La Traviata« und Liedern im Style russe geboten; im städtischen Theater gab es zwischen den Akten Musik. Noch dürftiger war das Angebot in Rybinsk, Jaroslavl', Kostroma oder Simbirsk.[45]

Es handelte sich nicht einfach um abgelegene, gottverlassene Orte. Es handelte sich in einem ganz radikalen Sinn um stille Städte: Orchestermusik war tatsächlich nur im Konzertsaal zu hören. Und sie verschwand, sobald das

Orchester geendet hatte. Die Stille, die vor der Zeit moderner Übertragungs- und Konservierungstechniken existiert hat, gibt einen anderen Raum, in den der Ton fällt. Aufführungen sind buchstäblich einmalige Konzentrationspunkte für Ausführende wie Hörer. Das Konzert selbst ist ein zivilisatorisches Schauspiel, angesiedelt zwischen Theater und Zirkus. Die überlebensgroße Gestalt des Dirigenten wird zum Magier. Es sind Ereignisse, die Spuren hinterlassen selbst in den Biographien der stumm dasitzenden Hörer.

Man kann annehmen, daß die Besucher der Konzerte Kussewizkis in den Wolgastädten die Angehörigen des fast abzählbaren, jedenfalls überschaubaren Kerns der »Kulturschicht« jener Städte gewesen sind – und natürlich die Honoratioren, die Kaufleute von Nižnij, die Inhaber der Ehrenplätze –, die dünne Schicht von Lehrern, Ärzten, Juristen, Musikern und Musikliebhabern, Studenten und interessierten Kleinbürgern. Der Leipziger Musikschriftsteller bescheinigte dem Publikum zwar keine allzu hohe musikalische Bildung, wohl aber eine »angeborene innere Musikalität«.[46]

Kussewizki hatte ein ansprechendes und anspruchsvolles Programm vorgesehen. Viele der Werke sind in den Städten zum ersten Mal gehört worden. Im Programm der Tournee von 1910 wurden gespielt: Beethovens »Egmont« und die 5. Symphonie, das Vorspiel zu Richard Wagners »Die Meistersinger von Nürnberg«, »Les Préludes« von Franz Liszt, die 5. Symphonie von Peter Tschaikowsky, die »Spanische Rhapsodie« von Glazunov, Mussorgskis »Nacht auf dem Kahlen Berge«, Partien aus »Scheherezade« und »Mainacht« von Rimski-Korsakow und schließlich Alexander Skrjabins Konzert für Klavier und Orchester – mit dem Komponisten am Flügel.[47] 1912 wurde sehr viel von Wagner und Glinka, von Mussorgski, Tschaikowsky, Ljadov und Rimski-Korsakow gespielt. Im Repertoire von 1914 fallen das Vorspiel zum »Parsifal«, »Mazeppa« von Liszt, »Don Juan« von Richard Strauß, die 2. Symphonie von Rachmaninow und die 2. Symphonie von Skrjabin auf.

Das Publikum hatte Kussewizki und das Orchester begeistert und in großer Dankbarkeit aufgenommen, und es ist durchaus denkbar, daß bis in die Gegenwart Spuren der Kussewizki-Tournee in diesen Städten zu finden sind.[48] Die Hauptwirkung dürfte kaum eine unmittelbare gewesen sein – obwohl es zu Initiativen für Orchestergründungen, in Saratov sogar zur Eröffnung eines Konservatoriums im Herbst 1912 kam. Der Haupteffekt dürfte darin bestanden haben, daß die »musikalische Provinz« in diesen Konzerten Anschluß an die moderne Aufführungspraxis und die Kriterien der musikalischen Hochkultur gewann, daß ihre Isolation aufgebrochen wurde. Kussewizkis Tourneen sind ein Stück Ausweitung der bürgerlichen Musikkultur und damit der bürgerlichen Öffentlichkeit selbst. Rein finanziell betrachtet waren sie für ihn ein Verlustgeschäft, zu jedem der Konzerte mußte er umgerechnet 1200 Rubel zuschießen. Kulturell aber waren sie Pionierarbeit.

Die Hauptgewinner indes dürften die Städte in der Provinz gewesen sein. Für Kussewizki war die Tournee nicht ein beliebiges Experiment; er dachte daran, derartige Tourneen alljährlich, regelmäßig durchzuführen. Fast scheint es so, als würde auf die Generation der Maler, die in die russische Kunstgeschichte als die »peredvižniki«, als Wanderer, eingegangen sind, nun die der

Wanderorchester folgen. Die Bewegungsform selbst ist ein Indiz für die Diskrepanz von Zentrum und weitem Land, von Reichtum und Bedürftigkeit, von metropolitaner Kultur und kultureller Unterversorgung des weiten Landes. Und es konnte durchaus die Situation eintreten, da die Metropole nicht mehr in der Lage oder nicht willens war, den wachsenden Bedürfnissen draußen Rechnung zu tragen. Es war eine Lage denkbar, in der die Provinz selbst ihre Ansprüche an die Metropole stellte oder sie sogar dort durchzusetzen versuchen würde.

Kussewizki war alles andere als ein verbissener Musikapostel oder Zivilisationsmissionar; er wußte nur als der aus Vyšnij Voloček stammende Dirigent, welche Kraft im Land brach lag. Er gab freiwillig und großzügig und er hatte große Pläne. Doch die musikalische Zivilisationsarbeit folgte nicht dem ruhigen und sicheren Taktschlag der Wolgadampfer. Im August 1914 brach der Krieg aus.

Der entfesselte Prometheus: Krieg und Revolution

Musik ist empfindlich. Sie ist anfällig und bedroht von so weit entfernt liegenden Dingen wie Kanonen und Granaten. Kriege verändern das Repertoire und das Publikum. Schon kurze Zeit nach Ausbruch des Kriegs gab Kussewizki im Sokol'niki-Park zu Moskau ein Wohltätigkeitskonzert – das erste seiner Art. Achttausend sind anwesend und fallen enthusiastisch in den Gesang der von Kussewizki intonierten Nationalhymnen – Rußlands und der Verbündeten – ein. Theater und Konzertsäle werden umfunktioniert: Die Gebäude der Adelsversammlungen in Moskau und Petersburg, einst das Ambiente der Konzerte, sind nun Lazarette und Krankenhäuser.

Kriege fordern Soldaten, auch wenn sie Musiker sind. Mit Kriegsausbruch stellen die großen Konzertorgansationen Ziloti, die Russische Musikgesellschaft und die Philharmonische Gesellschaft ihre Tätigkeit ein. Kriege ruinieren nicht nur Körper, sondern auch Klangkörper. 1916 ist mehr als die Hälfte der Mitglieder von Kussewizkis Orchester zum Militärdienst einberufen, was den Kollaps eines Klangkörpers bedeutet, den L. Sabaneev in seinem »Nekrolog« als »eine unserer größten kulturellen Errungenschaften des vorrevolutionären Jahrzehnts« bezeichnet hatte.[49]

Vielleicht die einschneidendste Veränderung ist die Zerschneidung aller Verbindungen. Die Weltmusik zerbricht unter den Schlägen des Völkerkriegs: deutsche Musik wird aus dem Repertoire gestrichen, nicht nur die zeitgenössische, sondern auch die Klassik – Bach, Haydn, Mozart, Beethoven.[50]. Schon 1914 muß Kussewizki Werke von Brahms und Wagner aus dem Repertoire streichen. Staatsnationalismus macht nicht halt vor dem Geflecht des Kosmopolitismus: Die Druckstöcke und das Eigentum des »Russischen Musikverlags« werden in Leipzig und Berlin konfisziert. Eine für die Saison 1916/17 schon vereinbarte Amerika-Tournee muß abgesagt werden. Nicht daß Kussewizki aufgegeben hätte: Er kehrt zu seinen Anfängen zurück. In Petersburg weicht er mit reduziertem Programm und reduziertem Orchester ins Suvorin-Theater und in den Saal des Volkshauses, in Moskau ins Theater Nezlobin aus.[51] Von seinen ehrgeizigen Tourneeplänen realisiert er immerhin Fragmente: im Herbst 1914 nach Kiew und Charkow mit einem stark russifizierten Programm und im Frühjahr 1916 nach Charkow zu Wohltätigkeitskonzerten für die Witwen und Waisen des Kriegs. Trotz der Ächtung deutscher Musik führt er im Februar 1915 die 9. Beethoven-Symphonie auf, ein erstes Anzeichen für das Erlahmen der nationalistischen Woge, die seit August 1914 über Rußland – wie über Europa insgesamt – hinweggegangen war.[52] Seines Orchesters beraubt, macht er sich als Solist mit »seinem« Instrument wieder auf den Weg. Im Frühjahr 1917 gibt er mehr als zwanzig Kontrabaß-Abende in verschiedenen Städten des erschöpften Landes.[53] Sein der Baugenehmigung harrendes Projekt des »Tempels der Kunst« verschwindet in der Hektik der Mobilmachung für den Krieg.

Aber Musik ist auch empfindsam. Mußte das »Rauschen der Zeit« für einen, der am 12. Februar 1914 in Petersburg die russische Uraufführung von Strawinskys »Sacre« geleitet hatte, nicht schon längst allen Überraschungseffekt verloren haben? »Motoren, Kinematographen, Telephone, Flugzeuge, Radio – immer mehr des Ungewöhnlichen und eine immer schnellere Aufeinanderfolge von neuen Errungenschaften auf allen Gebieten des Lebens, der Wissenschaft, der Kultur …«, schrieb damals Karatygin, »ob man denn nicht zweifeln könnte, daß sich dieses seltsame Streben in einer allgemeinen Nervosität und Gespanntheit der kulturellen Atmosphäre niederschlüge?«[54] Und mußte nicht für einen, der am 2. März 1911 in Moskau – und eine Woche später in Petersburg – die Uraufführung des »Prometheus« von Alexander Skrjabin dirigiert hatte, das Kommende nicht schon längst antizipiert gewesen sein?

Der Komponist des »Prometheus« war der Gott und die Stimme der vorrevolutionären Intelligencija der Jahre nach 1910 gewesen, so wie es Tschaikowsky für die Generation der siebziger und achtziger Jahre des vergangenen Jahrhunderts gewesen war. Und bei Aufführungen des »Poème d'exstase« und des »Prometheus« unter der Leitung Kussewizkis »hörten sie auf, Musikwerke im eigentlichen Sinne des Wortes zu sein und wuchsen zu einem solchen Grad der Spannung und schöpferischen Fülle, daß ihr ›professioneller‹ Charakter gänzlich dahinschmolz und der Eindruck einer beinahe ›noumentalen‹ Musik erzeugt wurde. In Kontakt mit den Zuhörern kam ein Reinigungsprozeß in Gang, der den alten Griechen als ›Katharsis‹ geläufig war …«[55]

Kussewizki war kein »Skrjabinist« – er teilte dessen mystische und theosophische »Exzesse« nicht –, aber er war »der« Interpret der Skrjabinschen Werke, und er hat sie von der zeitgenössischen Musik am meisten gespielt. Er hatte mit Skrjabin die erste Wolga-Tour unternommen, dessen Werke verlegt und ihm Ruhe und Sicherheit für die Arbeit an dem »Mysterium« ermöglicht, er hatte die Familie des Komponisten nach dessen frühem Tod im Jahre 1915 materiell unterstützt; auch sein vorletztes Konzert in Rußland, am 16. Mai 1920, hatte neben zwei Debussy-Nocturnes Skrjabins »Prometheus« im Programm. In Skrjabins symphonischer Musik, insbesondere im »Prometheus« mochte für die Zuhörerschaft, auch wenn sie nicht um die Feinheiten der Partitur, die harmonischen Neuerungen und delikaten Formprobleme wußte, etwas von der verhaltenen Spannung, dem Suchen und Irren, aber auch von der Gewißheit, daß es ein glänzendes Finale geben könnte, aufgeklungen sein.

In den Spiel- und Charakteranweisungen der »Prometheus«-Partitur sind auch Stichworte im Auf und Ab des gesellschaftlichen Kampfs formuliert: Lento, brumeux, plus animé, contemplatif, voluptueux, presque avec douleur, avec un intense désir, impérieux, avec enthousiasme, de plus en plus lumineux et flamboyant, dans un vertige. Es ist hier nicht möglich, den »Prometheus-Akkord« aus reinen übermäßigen und verminderten Quarten (A, Dis, G, Cis, Fis, H) zum Klingen zu bringen; es ist nicht möglich, die Hauptthemen – »Idee des schöpferischen Prinzips«, »Thema des Willens«, »Thema der Vernunft« und anderer – zu vergegenwärtigen. Noch weniger ist es möglich, den Klang eines so ungewöhnlichen Orchesters vorzuführen: ein verstärktes Symphonieorchester, ein solistisch agierendes Klavier, eine Orgel und ein wortlos singender Chor; und die alle bisherige Dimension des Konzerts sprengende Einsetzung eines Farbenklaviers, dessen Part in Farbäquivalenten notiert ist, muß ohnehin der Vorstellung überlassen bleiben. Doch wir möchten mit den Worten eines sowjetischen Musikwissenschaftlers versuchen, etwas vom Geist des »Prometheus« wiederzugeben. Alekseev schreibt über das »Poème du feu«:

»Ähnlich den vorangegangenen Skrjabinschen Werken großer Form, ist dem ›Prometheus‹ eine wellenförmige, spiralenförmige Entwicklung im Rahmen der Sonatenform eigen. Jede Windung dieser Spirale gründet sich auf die konsequente Dynamisierung der Formsphäre und stellt eine der Phasen in der Entwicklung der poetischen Idee des Werks dar.

Die erste Phase ist die Einführung. Sie nimmt einen sogleich durch ihre Ungewöhnlichkeit gefangen. Im Verlauf einiger Takte ertönt ein kaum vernehmliches Grollen aus Streichern, Bläsern, Pauken und Trommeln. Vor diesem düsteren, unheilschwangeren Hintergrund zeichnen sich die Konturen des Hauptthemas, des Prometheus-Themas ab. Zu Beginn nachdenklich, den Zustand einer nach innen gerichteten Selbstversenkung und emotionaler Gehemmtheit verkörpernd, aktiviert sich das Thema schon in der zweiten Phase ein wenig, verstärkt sich die Intonation des Strebens. Plötzliche Klangsteigerungen und das Auftreten des Willensthemas führen zu einer noch stärkeren Dynamisierung der Entwicklung, als sollte die einsetzende Umgestaltung des Weltchaos symbolisiert werden.

Die zweite Phase ist die Exposition des Sonaten-Allegro. In ihr wächst Schritt für Schritt die Gestalt der Nachdenklichkeit, des Kontemplativen (die Hauptlinie, das Thema der Vernunft, wie Skrjabin es genannt hat) in die Gestalt eines schwerelosen Spiels des schöpferischen Geistes (das Thema der

Nebenlinie) hinüber. Eine wichtige dynamisierende Rolle übernimmt in diesem Abschnitt das Klavier. Der Komponist hat, so muß man sagen, im Poème sein Lieblingsinstrument sehr interessant und vielfältig eingesetzt. Zuerst – nämlich in der Exposition – ist der Klavierpart so entfaltet, daß er an einen Solopart eines Instrumentalkonzerts erinnert.

Der Pianist beherrscht die Entwicklung, indem er zunächst mit dem Willensthema einbricht, dann das Vernunftthema aktiviert und das Thema des Nebenparts durchführt. In den weiteren Abschnitten des Poème kommt immer mehr die farbgebende Rolle des Klaviers zum Vorschein. Indem der Komponist den Klavierpart mit bizarren Fiorituren, Trillern und blitzartig auffliegenden Figuren anfüllt, erzeugt er die feinsten Farbeffekte, die die Bilder der Elementargewalt des Feuers in Erinnerung rufen.

Die Entwicklung dieser Skrjabinschen Schreibweise in den späten Werken gehört zu den eigentümlichen und interessanten Seiten der Geschichte der Faktur des Klavierspiels. Nach der Exposition folgt eine gewaltige Durchführung, die einige konsequent dynamisierende Entwicklungsphasen einschließt. Die Aktivierung der schöpferischen Energie wechselt mit Zuständen der Depression, seelischer Schlaffheit, Erschöpfung. Die flutenden Wogen einer duftenden, raffinierten Musik lassen den Eindruck entstehen, als ob die Willenskräfte des Menschen in einer Atmosphäre des verfeinerten Hedonismus dahinschwinden.

In der Durchführung kommen alle vorausgegangenen Themen zur Anwendung. Nicht selten werden sie transformiert und gehen vielfältige polyphone Wechselbeziehungen ein. Wichtig für die Dynamisierung ist neben dem Willensthema ein neues Thema, das Thema der Selbstbehauptung. Seine Formierung aus Quartsprüngen, wie sie schon im Prometheus- und Willensthema enthalten waren, sich dann aber in den dumpfen und bedrohlichen Posaunentönen abgesondert haben, symbolisiert die schrittweise Herausbildung des schöpferischen Prinzips.

Man hört zuweilen die Meinung, die Durchführung des ›Prometheus‹ sei zu groß geraten. Tatsächlich ruft das wiederholte Auftreten der Gestalten der Erschöpfung mit der Zeit das Gefühl einer gewissen Verlangsamung der Entwicklung hervor. Doch beruht diese Verlangsamung wohl nicht auf einem Kompositionsfehler. Ein guter Dirigent, ein wirklich sensibler Interpret der Komponistenidee, vermag in ihr den Prozeß schwieriger, langandauernder Suchbewegungen auf dem Weg des Erstarkens der schöpferischen Kräfte zu entdecken. Dann werden sich die Längen als nur scheinbar und künstlerisch durchaus gerechtfertigt erweisen.

Die letzte Welle der Entwicklung der Durchführung, die von einem Kulminationspunkt gekrönt wird«, so weiter Alekseev, »trägt auf ihrem Kamm das Thema der Hauptlinie. Auf die dynamisierende Reprise folgt eine große Coda, die die letzten Phasen der Entwicklung des schöpferischen Prinzips einschließt. Das Werk schließt ab mit dem mächtigen Aufklingen des Themas der Selbstbehauptung, vorgetragen von fünf Posaunen. Der Triumph der Kräfte des Lichts wird in der Coda – erstmalig im Poème – durch den Einsatz des Chors unterstrichen. Dieser glänzende künstlerische Effekt erzeugt die Illusion, als wolle die Menschheit ihren Lehrer und Fürsprecher glorifizieren.«[56]

Der vielgestaltige Mythos um Prometheus, den »Vorschauenden«, der das Feuer entwendet und den Menschen Verstand und Kultur bringt, der zur Strafe für seinen Wagemut von Zeus an den kaukasischen Felsen geschmiedet wird, kennt auch jene Nuance, die den archaischen Menschenschöpfer der Vorpoliszeit aussöhnt mit dem olympischen Herrscher der Polis. Denn Zeus ist nur Herr in Abhängigkeit von Prometheus, der die Geburt eines Zeus-Sohnes, der mächtiger ist als der Vater, voraussieht. Dies fürchtet Zeus, und er befreit Prometheus durch seinen Sohn, den Halbgott Herakles, der auf dem Weg zu den Gärten der Hesperiden auch den kaukasischen Felsen streift.

Im Februar 1917 versinkt der autokratische Olymp im Strudel der Weltkriegsmobilisation, auf schwankendem Grund und mit allen Zeichen eines Provisoriums tauchen die Umrisse der russischen Polis auf. »Ja esm'« (Ich bin), das Skrjabinsche Selbstbehauptungsthema, strahlt in grellem Blau.[57] In Petrograd hatte es in der Saison 1916/17 nur ein einziges Symphoniekonzert gegeben – am 22. Februar. Es war dem Werk Alexander Skrjabins gewidmet. Am nächsten Tag brach die Februarrevolution los.

Der musikalische Aktivismus, der das revolutionäre Petrograd und Moskau vom Februar 1917 an erfaßt und eigentlich erst mit dem Ende des Bürgerkriegs und der Rückkehr zu »normalen Zuständen« und in größter Erschöpfung endet, ist nicht so leicht zu begreifen. Wie konnte der Eindruck entstehen, daß Petrograd in einem »Meer von Konzerten« bade, wie der »Theaterkurier« im März 1919 schreibt?[58] Wie konnte man in einem Augenblick, da der bürgerliche Alltag in sich zusammenbrach, überhaupt an Musik denken?

Doch es steht fraglos fest, daß zu den Annalen der Revolution nicht nur die Blutspur, sondern auch das »Meer der Konzerte« gehörte. Man kann es sich vermutlich nur verständlich machen durch einen Blick auf die einzigartige Konstellation: Ein überaus reiches, in den Jahren zuvor zurück und ins Abseits gedrängtes Musikleben traf, herausgelöst aus dem Bann des Ancien régime und seines erfolglosen Kriegs, auf in Bewegung geratene Bevölkerungsmassen, zu deren nun lauthals vorgetragenen Ansprüchen auch die auf Kultur – oder weniger anspruchsvoll formuliert – auf gute Unterhaltung gehörten. Kürzer gesagt: Eine musikalische Elite von höchster Professionalität und ästhetischem Raffinement verband sich mit einer elementaren, bis dahin durch keinerlei Schulung des Gehörs gebildeten Musikalität der Massen.

Es liegt ein orgiastischer und die Grenzen des institutionalisierten Musikbetriebs überschreitender, auflösender Zug über der Musikszene der revolutionären Hauptstädte. Dies läßt sich schon an den Konzerten Kussewizkis im Frühjahr 1917 zeigen. Er organisierte einen Zyklus unter dem Titel »Matinee der Musik und Poesie für das Volk«. An den Veranstaltungen im Moskauer Zirkus »Solomonskij« nehmen Dichter teil – Konstantin Bal'mont, Jurgis Baltrušajtis, Andrej Belyj, Maksimilian Vološin; es werden Gedichte deklamiert vor einer mehrere tausend Köpfe zählenden Menge. Man spricht von der Bedeutung der Kunst. Die Werke der – meist russischen – Komponisten werden in Einführungsvorträgen vorgestellt.

Ein neuer Typ von Veranstaltung kommt auf, die sogenannten Konzert-Meetings. Eines firmiert unter dem Motto »Revolution in Worten und Tönen« – am 13. April 1917 –, und an ihm nehmen die greise Vera Figner und Maxim Gorki teil. Das von Kussewizki und Glazunov geleitete 250 Mitglieder starke Orchester spielt dreimal die Marseillaise, die Ouvertüre zu »Robespierre«, einem damals häufig gespielten Werk von Litolf, aber auch das Revolutionslied »Ėj uchnem«. Kussewizki tritt bei dieser Gelegenheit – er tat dies noch häufig in jenen Jahren – ins Glied zurück und führt die Kontrabaß-gruppe des Orchesters an.[59]

Die Entrittskarten waren über den Arbeiter- und Soldatenrat verteilt worden. In einer Rezension der Konzerte heißt es: »Dies ist das erste Beispiel einer Musik für das Proletariat. Für jenes Publikum, dem sich bisher nur die Gruppen der Antialkohol-Organisationen zu nähern verpflichtet fühlten. Unter den Arbeitern und kleinen Gewerbetreibenden gibt es viele, denen Musik Freude macht, die aber keinerlei Möglichkeit haben, sie zu hören ... Diese Konzerte waren die ersten, in denen nicht ein Publikum mit ›Herrengesicht‹ saß. Soldaten, Arbeiter ... Die Stimmung des Auditoriums war ernst und konzentriert, die Aufmerksamkeit sehr groß. Das sind Menschen, die die Musik lieben. Verstehen sie aber auch, was sie gehört haben? Skeptiker sagen, daß es eine fixe Idee Kussewizkis sei, einem Volkspublikum Skrjabin und Strawinsky, Beethoven und andere vorzusetzen.

Warum soll das sinnlos sein? Auch darin liegt das große Verdienst Kussewizkis, daß er dafür sorgte, daß das einfache Volk die Musik hören kann ... Es wird nur wenig Zeit vergehen, und aus diesem grauen Publikum werden sich jene herauskristallisieren, die ihr ganz und gar zugetan sind und in ihr vielleicht sogar ihre Berufung finden werden. Die Kunst ist demokratisch und der Genius sucht die arbeitende Klasse vielleicht eher auf als die der Wohlhabenden. Diese Konzerte dürfen nicht eine Ausnahme bleiben, sie müssen zum System gemacht werden, damit sie weitergeführt werden, sich entwickeln und mit einem Netz ganz Rußland bedecken.«[60]

Die Räume der Musik ändern sich. Die Theater werden geöffnet, in den zahlreichen Estraden in den Kinos der Städte wird Musik gemacht, Villen werden zu Veranstaltungsorten. Der Wappensaal des Winterpalais, das nun »Palast der Künste« heißt, wird zum größten – vor allem auch: beheizten – Konzertsaal Petrograds. Die ehemalige Adelsversammlung wird zum Haus der »Volksversammlung« und später zum Domizil der Leningrader Philharmonie. Zu den Sommerkonzerten in den umliegenden kaiserlichen Schlössern und zum Pavlovsker Bahnhof pilgern Zehntausende – ein Elysium des roten Petrograd.

Der Typus des Konzerts ändert sich. Immer ist der Darbietung nun ein erklärendes, »aufklärerisches« Wort vorausgeschickt. Es gibt Konzertvorträge unter Mitwirkung der besten Petrograder Musikkritiker wie Braudo oder Karatygin, nicht selten spricht sogar der musikbeflissene Volkskommissar für Aufklärung zum Publikum: über Mozart, über Berlioz oder Skrjabin. Es werden Zyklen veranstaltet wie »Romantik in der Musik«, »Revolution und Musik«, »Russische Komponisten vor Glinka«. Schließlich wird jener Punkt erreicht, wo Konzert und Realität, Konzertsaal und Straße fast ununterscheidbar ineinander übergehen: bei den Oktoberfeierlichkeiten oder den Feiern zum 1. Mai, bei denen sich der Sommergarten in einen Konzertsaal »zyklopischen Ausmaßes« verwandelte, Gondeln mit Sängern an Bord über die Kanäle schwammen und auf Kriegsschiffen auf der Neva Orchester spielten. Zur Eröffnung des II. Kongresses der Kommunistischen Internationale im Juli 1920 führte ein Orchester von 500 Mitgliedern unter der Leitung des Dirigenten A. E. Marguljan auf dem Marsfeld den Trauermarsch (Siegfrieds Tod) aus der »Götterdämmerung« zum Andenken an die Gefallenen der Revolution auf.[61] Und am dritten Jahrestag der Oktoberrevolution wurden endlich auch die Sirenen der Fabriken in die Inszenierung der »Eroberung des Winterpalais« auf dem Schloßplatz mit einbezogen. Allein im Umkreis des Nevskij-Prospekts in Petrograd wurden anläßlich der Oktoberfeiern von 1918 an die fünfzig »Volkskonzerte« aufgeführt mit nicht weniger als 30000 Besuchern.[62]

Kussewizki ist in der Stunde des Übergangs und Umbruchs Reorganisator. Im Mai 1917 wird er vom Kommissar der Provisorischen Regierung für das frühere Ministerium des Hofs und der Apanagen, N. F. Golovin, eingeladen, das einstige Hoforchester und die Hofkapelle des Zaren als Staatliches Symphonieorchester und Staatskapelle zu reorganisieren.[63] Kussewizki nimmt an und erledigt die schwierige Aufgabe – ein eingespieltes und »zusammengewachsenes« Ensemble war aufzulösen und durch öffentlichen Wettbewerb neu zu konstituieren –, nachdem er sich unbeschränkte Vollmachten hatte geben lassen.

Schon im Juni 1917 wird er mit anderen bedeutenden Vertretern der Petrograder Kulturwelt Mitinitiator der Reorganisierung der Volkshäuser. Im September 1917 arbeitet er einen Plan für die Saison 1917/18 aus; vorgesehen sind elf Symphoniekonzerte in Petrograd sowie eine Tournee in die Wolgastädte, nach Moskau und in den russischen Süden. Am 30. September 1917 debütiert das neugegründete Staatliche Symphonieorchester[64] – eine Fortsetzung des Kussewizki-Orchesters unter neuem Namen.

Als die Sowjetregierung im Frühjahr 1918 daranging, organisatorisch Tritt zu fassen, im Kulturbereich strukturierend einzugreifen und dem spontanen Zerfall zu steuern, lud Lunačarskij auch Kussewizki zur Mitwirkung in der Musikabteilung des Volkskommissariats für Aufklärung ein. Kussewizki arbeitet im Organisationsbüro zur Schaffung des Musikalischen Rats, in der Musiksektion des Moskauer Arbeiter- und Soldatenrats, in der Kommission für die Reform der Musikausbildung, in zahlreichen Musikjurys sowie in der Kommission für die Begutachtung beschlagnahmter wertvoller Musikinstrumente mit.[65] Begleitet ist diese kraftzehrende Reorganisationstätigkeit von einer weit entfalteten Dirigententätigkeit, vor allem in Moskau, wo sich der Name der Kussewizki-Konzerte noch bis 1919 hält, aber auch in Petrograd und Pavlovsk. Und mit Prokofjew unterzeichnet er noch einen Vertrag über die Herausgabe seiner »Skythischen Suite« in seinem Verlag.

Die Saison 1919/20 ist Kussewizkis letzte in Rußland. Die Konzerte finden gleichsam unter Bürgerkriegszuständen statt. Den Beethoven-Zyklus dirigiert er in Pullover unter dem Frack und in Handschuhen, mit einem Orchester, das in Mänteln und Stiefeln Platz genommen hat, denn Holz für den im großen Saal des Konservatoriums aufgestellten Ofen läßt sich nicht auftreiben; die Temperatur wäre auch mit Beheizung nur auf zehn Grad gestiegen.

Am 4. Oktober 1919 gibt Kussewizki »Coriolan«, die »Leonoren«-Ouvertüre Nr. 3, das 4. Klavierkonzert und die »Eroica«. Im Publikum hat an diesem Abend auch Lenin Platz genommen. Mit Beethovens 9. Symphonie gibt Kussewizki am 20. Mai 1920 sein letztes Konzert in Rußland im Saal der Volksversammlung am Nevskij-Prospekt. Noch im Frühjahr 1920 reist er über Reval und Stettin nach Berlin. Menžinskij, einer der Leiter der Außerordentlichen Kommission (Tscheka) hatte ihm die Ausreisevisa nur erteilt, als Kussewizki kategorisch erklärte, er würde im Falle einer Ausreiseverweigerung aufs Land gehen und dort arbeiten – »niemand wird mehr eine Note von mir hören«.[66]

Die »Ära der Kammermusik« und die Kultur für die Massen

Nach kurzem Zwischenaufenthalt in Berlin und Paris – in Paris inszenierte er an der Grande Opera »Boris Godunov« und »Chovanščina« – ging Kussewizki nach Amerika, wo er 1924 die Leitung des Boston Symphony Orchestra übernahm. Er starb im Alter von sechsundsiebzig Jahren am 4. Juni 1951 in Boston, ohne noch einmal nach Rußland zurückgekehrt zu sein.

Kussewizki, der in der ersten Hälfte seines Lebens in Rußland soviel für die Synthese von westlicher und russischer Musik getan hatte, fährt darin in der zweiten Hälfte seines Lebens fort. Er bringt »die Russen« dem Westen nahe, vor allem Tschaikowsky, Skrjabin, Prokofjew und Strawinsky. In vielem setzt er fort – unter veränderten Bedingungen, an anderem Ort –, was er begonnen hatte: ein neuer Aufführungsstil; die Förderung der jungen Musik – auch Amerika hat ihm viel zu verdanken. Aron Copland, Leonard Bernstein, George Gershwin, Samuel Barber erfreuten sich seiner Förderung.

Daß die »amerikanische Musikprovinz« ein eigenständiges Profil gewann, auch das hat mit Kussewizki zu tun. Er ist zusammen mit seiner Frau Natal'ja nach wie vor Inspirator und großzügiger Förderer. Ravel verfaßt auf seine Initiative hin die Orchesterfassung zu Mussorgskis »Bilder einer Ausstellung«. Der 1942 geschaffene Fond Kussewizki ermöglichte Béla Bartók die Arbeit am »Konzert für Orchester«. Arnold Schönbergs »Survivor of Warsaw« und »Peter Grimes« von Benjamin Britten sind Auftragswerke, finanziert von Kussewizki. Unter seiner Leitung werden bedeutende moderne Werke uraufgeführt, so Strawinskis »Psalmensymphonie« und Prokofjews 4. Symphonie. Und ist es nicht eine Fortsetzung der Konzerte vom Pavlovsker Bahnhof, wenn Kussewizki 1935 in Tanglewood Sommerkonzerte organisiert? Und ist es nicht der alte Traum vom »Kunsttempel«, wenn er in Berkshire 1940 ein Musikzentrum einrichtet und Komponisten wie Hindemith und Honegger dorthin zieht?

Die Gründe für seinen Weggang aus Sowjetrußland sind nicht ganz eindeutig. Kussewizki hatte ja nicht nur eine führende Position gewonnen, die ihm Perspektiven für die Realisierung seinerVorhaben bot, sondern er war auch schwer getroffen worden; er hatte seinen ganzen Besitz verloren, seine Häuser und seinen Verlag. Und er war nicht der Mann, der um des lieben Friedens willen Kompromisse einging. So nicht im Jahre 1910, als er anläßlich des Todes Tolstois, der zusammenfiel mit dem hundertsten Geburtstag Schumanns, vor der Aufführung des »Manfred« Chopins Trauermarsch spielte und so dem von der Kirche exkommunizierten und vom Staat gehaßten Schriftsteller die Ehre erwies – eine Demonstration der Musik.[67] So auch nicht nach dem Oktober 1917: Er hält es für nötig, in einem offenen Brief an eine der damals noch erscheinenden freien Zeitungen zu erklären, daß alle Gerüchte, er stehe in vollem Einklang mit der Regierung der »Volkskommissare«, falsch seien.

»Wie ich definitiv im Lauf der ersten Tage nach der jüngsten Revolution erklärt habe, kann von einer ›Übereinstimmung‹ zwischen mir und der Regierung keinerlei Rede sein; wie alle kritischen Bürger werde ich mich nur einer Regierung unterordnen, die von einer verfassunggebenden Versammlung bestellt ist. Bis dahin bleibe ich auf meinem Posten im Staatlichen Orchester in der klaren Überzeugung, daß eine neue Macht, ›welche auch immer‹ sich in keiner Weise in dessen Angelegenheiten einmischen wird. Was die Konzerte betrifft, so werde ich sie weiterhin geben, jedoch nicht, um meine Billigung des härtesten, despotischsten und gewalttätigsten Regimes, das uns je regiert hat, zu bezeugen, sondern jener wenigen, empfindsamen Vertreter unserer leidenden Gesellschaft wegen, für die Musik gleichbedeutend ist mit täglichem Brot und in die sie als freilich nur vorübergehende Atempause in einem abstoßenden und grausamen Alltag, der uns umfangen hält, fliehen.«[68]

Aber für einen Dirigenten, der seit jeher in den Musikmetropolen zu Hause war und für den die Grenzen seines Universums nicht gleichbedeutend waren mit denen territorialer und politischer Ordnungen, muß wohl ohnehin der Begriff der »Auswanderung« speziell aufgefaßt werden.

Es bleibt die Frage, ob nicht in dem Weggang Kussewizkis aus Rußland eine Weggabelung der musikalisch-gesellschaftlichen Entwicklung symbolisiert wird, ob der »Ton der Epoche« nicht zu einem Ende gekommen ist. Das Auseinandertreten der »musikalischen Welten« ist schon da zu beobachten, wo sie auf beinahe orgiastische Weise ineinander verschmolzen erscheinen: im musikalischen Rausch des kriegskommunistischen Petrograd und Moskau. Was die aus aristokratischem und bürgerlichem Hause kommende Musikkultur der Hauptstädte im Lauf von Generationen akkumuliert hatte, wird in einem stürmischen Finale freigebig, hektisch verausgabt. »Kunst zu Gast beim Volk« lautet eine Rezension eines Glinka-Abends in der Petrograder »Krasnaja gazeta« vom 6. März 1918.

Dem Repertoire der dargebotenen Musik auf den Volkskonzerten, im Pavlovsker Bahnhof oder im ehemaligen Winterpalais ist in der Tat der politische und soziale Bruch, ja Dammbruch, noch nicht anzumerken. Das Hoforchester, das einst vor der Zarenfamilie musiziert hatte, spielt nun dem Volk auf, mitunter auch Stücke der neuen Zeit, doch vorwiegend die Schätze des klassischen Repertoires.

Für die Gefallenen der Revolution wird am 1. Mai 1918 im Winterpalais Mozarts »Requiem« gegeben – und später immer wieder: zum hundertsten Geburtstag von Karl Marx oder zum ersten Jahrestag der Oktoberrevolution.[69] Es dominieren die monumentalen Orchesterwerke, die »Eroica«, »Les Préludes«, »Wilhelm Tell«, »Sinfonie phantastique«, »Le poème d'extase« und »Le poème du feu«, die 9. Beethoven-Symphonie, »Tod und Verklärung« und »Ein Heldenleben« von Richard Strauß.

Natürlich ist das musikalische Leben reicher, vielfältiger, es gibt auch Kammermusik, Abende weißrussischer, jüdischer, litauischer Musik; es formieren sich Arbeiterchöre, und die Devise der Proletkult-Gruppen, daß jenseits des Konzertbetriebs die Arbeiter ihre eigenen Kulturformen hervorbringen sollten, macht die Runde. Doch kann man uneingeschränkt die These wagen:

Die Jahre 1917 bis 1920 sind musikalisch umrahmt von den Organisationsformen und dem Repertoire der bürgerlichen Musikkultur. Deren Komplement sind ungeheure Zuhörer- und wahrscheinlich erst recht Zuschauermassen, die der technischen Artistik des professionellen Orchesters nicht weniger Aufmerksamkeit entgegenbringen als dem beeindruckenden Klang.

Man muß sich jene Situation vorstellen: Matrosen, Rotarmisten-Bauern, Arbeiter, die es bis dahin nicht wagen konnten, die Schwelle des »Kunsttempels« zu überschreiten, wenn sie sich überhaupt in die Nähe der erleuchteten Foyers gewagt haben. Alle Scheu und falsche Ehrfurcht mußte da abgefallen sein, wo der Reichtum der bürgerlichen Welt – nicht nur die ungeahnt luxuriösen Quartiere mit Heizung und fließendem Wasser, sondern auch das Spiel eines Orchesters – zur Verfügung stand. Es muß darin auch eine Woge von Neugier, unkonventionellem Interesse und ahnungslos-frischer Unbildung in die Konzertsäle eingedrungen sein. Der Effekt der Tschinellen wurde da höher bewertet als die Nuancierung einer Streichergruppe und das Pathos des Schlußchors der Beethovenschen Neunten höher als seine Streicherquartette.

Es ist kein Wunder, daß in der Woge der Volkskonzerte bald auch Stimmen ertönten, die vor den Folgen der »Popularisierung«, vor dem Primat der Effekte und Demonstrationen, ja vor Schluderei und Zerfall warnten. Am 1. August 1920 fand im »Palais der Künste«, also im einstigen Winterpalais, sogar ein Meeting statt unter der Losung »Die Kunst in Gefahr – genug der künstlerischen Schluderei«.[70]

Ziemlich rasch wurde den Verantwortlichen – ob es sich um die Wirtschaft oder um die Kultur drehte – klar, daß der ohnehin ruinierte Grundstock »gesellschaftlichen Reichtums« vollends aufgezehrt würde, wenn nicht zur Reorgansation, Rekonsolidierung, Bewahrung des noch Vorhandenen übergegangen würde.

Kussewizki trifft sich in diesem Punkt gewiß mit Verantwortlichen des neuen Apparats, denen die Proletkult-Ideologie eher wie eine utopische Verirrung erschien. Reorganisierung der Orchester, Wiederherstellung der Lehr- und Ausbildungsinstitutionen, systematische Erweiterung der musikpädagogischen Aktivitäten, Wiederaufnahme der Tourneetätigkeit von »Musterorchestern« – an diesem Punkt dürfte zwischen Kussewizki und Lunačarskij volle Übereinstimmung bestanden haben. Die Differenz liegt darin, daß Kussewizki dies alles als »Künstler-Unternehmer«, als Impresario, zu bewerkstelligen gedachte, während Lunačarskij es durch Organisation auf staatlicher Ebene erreichen wollte.

Die Gestalt des Impresario und die des Kultur-Funktionärs stehen wohl für zwei verschiedene Wege – und es steht dahin, welcher die Last der Aufklärung im sich modernisierenden Rußland besser und effektiver zu übernehmen vermochte. Von der Differenz zwischen elitärer Hochkultur und kulturloser Provinz mußten beide ausgehen; einer pädagogischen Haltung, die den Abstand von Konzertpodium und Zuschauersaal anerkennt und zugleich überwinden will, waren beide verpflichtet. Läßt man die kurzfristigen Extreme beiseite – und hierzu gehört zum Beispiel die Gründung des ersten dirigentenlosen Orchesters Persimfans in der Sowjetunion; und hierzu gehört, daß es von Musikern gegründet wurde, die aus Kussewizkis Orchester hervorgegangen waren –, so folgte die »musikalische Linie« der postrevolutionären Sowjetunion der Kussewizkischen Linie: Herausbildung eines hochprofessionellen, an internationalen Standards geschulten und gebildeten Musikkaders und Entfaltung einer musikerzieherischen Tätigkeit von breitestem Umfang.

Vermutlich war die Problemlage, mit der ein Kussewizki in Amerika und ein Lunačarskij in Rußland konfrontiert waren, nicht einmal so radikal verschieden, wie es zunächst erscheinen mag: die »Ära der Kammermusik« (A. Lourié), das Herauswachsen jeder musikalischen Kultur aus dem Elementarkreis der musizierenden Familie und des Freundeskreises war dahingegangen. In Rußland war sie durch die soziale Revolution beseitigt worden: durch die Zerstörung der Eigentums- und Familienverhältnisse, die das Gehäuse der bürgerlichen Musikkultur gebildet hatten; in Amerika hatte dasselbe die schon in großindustriellen Formen sich abspielende Versorgung der kulturellen Bedürfnisse der Massen bewirkt. Hier wie dort sah sich die Musikkultur mit dem neuen Phänomen der demokratischen Massenkultur konfrontiert.

Die sowjetische Musikkultur bewies ihre Vitalität darin, daß sie aus einem schier unerschöpflichen Reservoir »des Volkes« immer neue Talente, Interpreten und Virtuosen hervorgebracht hat. Es ist sicher kein Zufall, daß sie durch den dünnen Faden einer Kindheitserfahrung noch mit der »Ära der Kammermusik« verbunden ist.

»Ehe ich Musikunterricht erhielt«, berichtet Dmitrij Schostakowitsch,

»hatte ich selber nicht den Wunsch zu musizieren, fühlte nur eine vage Neigung zur Musik. Wenn die Nachbarn sich zum Streichquartett zusammensetzten, preßte ich mein Ohr gegen die Wand und hörte zu.«[71]

Der »Geist des Streichquartetts« wehte auch in den nachrevolutionären Konservatorien, und es ist kein Zufall, daß eine spätere Funktionärsgeneration, die nicht nur in der Macht-, sondern auch in der Musikwelt den Ton vorschreiben wollte, eben darin »Chaos statt Musik« erkennt.

Nikolaj N. Evrejnov (1892–1953),
Porträt von Jurij P. Annenkov, 1920

Skizze von Jurij P. Annenkov für die Gestaltung der Inszenierung
»Die Erstürmung des Winterpalais«

Szene aus der Masseninszenierung »Die Erstürmung des Winterpalais« am 7. November 1920. Schützen auf der Verbindungsbrücke zwischen »weißer« und »roter« Bühne, aufgebaut vor der Durchfahrt des Generalstabsgebäudes

Die »weiße« Bühne vor dem Gebäude des Generalstabs

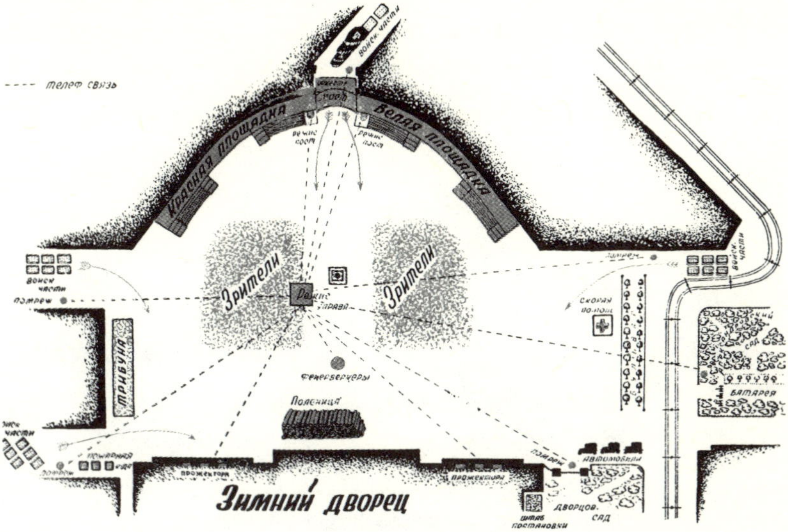

Regieanweisungen für die Inszenierung »Erstürmung des Winterpalais« auf dem Schloßplatz in Petrograd

Vjačeslav Ivanov (1866–1949),
Porträt von Konstantin Somov, 1906

Volksfest mit Rutschen auf dem Admiralitätsplatz in Sankt Petersburg während der Fastnachtswoche, zweite Hälfte des 19. Jahrhunderts

IX.

Petrograd als Schaubühne

Die inszenierte Revolution

Eine Stadt im Belagerungszustand spielt Theater. Ihre Palais, Prospekte, Kais und Plätze werden zu Kulissen und Bühnen. Es gibt keinen Vorhang, alles vollzieht sich vor den Augen von Hunderttausenden. Über die Bühne fahren Panzerwagen, stürmen Truppenteile, und aus den Requisitenkammern der Theater der alten Hauptstadt nimmt ein jeder der Hunderte umfassenden Schauspieltruppe das, was er braucht. Eine Stadt maskiert sich. Die Palais werden umdekoriert, nachts ist die Szenerie in Scheinwerferlicht getaucht. Die Regie dirigiert mit Signalen und gibt ihre Anweisungen telephonisch an die Akteure in der Stadt. Ihrem Kommando gehorchen Straßenbahnen und Minensuchboote, ein fünfhundertköpfiges Orchester und ein Panzerkreuzer, der im entscheidenden Augenblick die entscheidende Salve abfeuern wird.

Petrograd im Jahre 1920 – ausgehungert, durchfroren. Noch immer ist die Gefahr nicht gebannt. Die Stadt ist still, auf dem Nevskij-Prospekt wächst Gras, die Bevölkerung ist um Hunderttausende dezimiert, durch Hunger oder Flucht. Nichts ist mehr auf seinem Platz. Städter kleiden sich wie Eskimos, Bauern schleppen kostbare Porträts in goldenen Rahmen aufs Dorf, die Stadt braucht Brot. Doch es finden sich Schriftsteller, die über Versrhythmen diskutieren, während die Gefäße aus Fettmangel platzen. Die Stadt gleicht einem Stich von Piranesi, doch sie ist heiß von Fieberhitze.

Petersburg stirbt – aber es macht Welttheater. Die Stadt spielt, ganz Sowjetrußland ist »von hysterischer Spielwut« erfaßt, niemand weiß, »was tun mit den Schauspielzirkeln, die sich wie Zelltierchen vermehren. Weder Brennstoff- noch Lebensmittelmangel, noch die Entente können die Entwicklung hindern«, schreibt Viktor Šklovskij. »Und Rußland spielt, spielt ...«[1] Petrograd spielt sein größtes Stück am 7. November 1920: die Einnahme des Winterpalais – exakt drei Jahre nach dem historischen Ereignis an Ort und Stelle.

»Abends ließ der Regen nach«, schreibt ein Augenzeuge, »und die Petersburger waren vielleicht nicht so zahlreich gekommen wie man erwartet hatte, doch waren es schätzungsweise immer noch 160000. Und diese ganze Masse, die von allen Seiten zusammenströmte, stand mit dem Rücken zum Winterpalais, mit dem Gesicht zum Gebäude des Generalstabs, wo eine riesige Bühne aufgebaut war; sie bestand aus zwei Tribünen, einer ›weißen‹ und einer ›roten‹, miteinander verbunden durch eine Brücke und vollgepackt mit Bauten, Kulissen und Gerüsten, die auf der roten Bühne Fabriken und Betriebe, auf der weißen den ›Thronsaal‹ für die Sitzungen vorstellten.

Um zehn Uhr krachte dröhnend ein Kanonenschuß, und die Kommandobrücke, die an der Alexandersäule angebracht war, gab das Signal zum Anfang. Die bogenförmige Brücke erstrahlte im Licht, acht Fanfarenstöße eröffneten die Vorstellung. Die Bläser stießen ins Horn und verschwanden wieder in der Dunkelheit. In der einsetzenden Stille erklang gebieterisch Litolfs ›Robespierre‹, gespielt vom Symphonischen Orchester der Politischen Leitung des Petrograder Militärkreises. Und dann begann es. Die Vorstellung spielte bald auf der weißen, bald auf der roten Bühne, bald auf der Verbindungsbrücke. Die Helden auf der weißen Bühne waren Kerenskij, die Provisorische Regierung, die Würdenträger und Beamten des Ancien régime, das Frauenbataillon, Junker, Bankiers, Kaufleute, Militärs, Krüppel und Invaliden, aufgeregte Damen und Herren von versöhnlerischem Typ.

Auf der roten Bühne ging es ›unpersönlicher‹ zu. Dort herrschte die Masse, anfangs grau, dumpf, unorganisiert, dann immer aktiver, disziplinierter, machtvoller. Aufgereizt von der ›Miliz‹ wandelte sie sich zur Roten Garde, geeint durch rote Fahnen. Die Handlung basierte auf dem Kampf zwischen den beiden Bühnen. Sie beginnt mit dem bolschewistischen Juli-Aufstand und endet mit jenem Platz, auf dem das Schicksal der schwächlichen Minister entschieden wird. Die Brücke zwischen den beiden Welten bildet die Arena für die Zusammenstöße. Hier schlagen sie sich und sterben, hier siegen sie und von dort treten sie ab. Als sich das Licht zuerst auf die Weißen richtet, wird deren Sieg gezeigt – in karikierter Form. Unter den Klängen der ›Marseillaise‹, die zur Polonaise wird, tritt Kerenskij vor die wartenden Damen und Herren. Der Schauspieler in der Rolle Kerenskijs hat die Gestik des ehemaligen Premierministers erfaßt; gekleidet in das für jenen typische Khaki, ruft er die Menge zu erhöhter Wachsamkeit auf …

Doch die Revolution geht weiter. Die rote Bühne organisiert sich nach der erlittenen Niederlage neu. Die Truppen gehen auf die Seite der ›Leninisten‹ über. Und die Minister mit ihren Zylindern, die um den Tisch herumsitzen, wackeln so komisch wie chinesische Götzen. Flucht. An der Treppe, die von der weißen Bühne zur Brücke führt, tauchen Automobile auf. Vom Scheinwerfer ins Licht gerückt, fahren sie zum Tor des Winterpalais, um sich dort im Hof in Sicherheit zu bringen. Die Angreifer hinterdrein. Lastwagen heulen auf, Artillerie. Die Luft erzittert von den Salven der ›Aurora‹, die auf der Neva vor Anker liegt, vom Knattern der Maschinengewehre.

Die Handlung geht auf das Winterpalais über. In den Fenstern des schlafenden Giganten erscheinen Lichter, die Gestalten der Kämpfenden sind zu sehen. Der Angriff ist beendet. Das Palais ist genommen. Hoch oben im Dunkel weht die purpurfarbene Siegesfahne. An der Stirnseite des Palais flammen fünf rote Sterne auf. Raketen steigen in den Himmel. Brillantsterne leuchten auf. In Kaskaden ergießt das Feuerwerk seinen Funkenregen über das nächtlichte Firmament. Die ›Internationale‹ ertönt, und unter ihren Klängen beginnt die Parade der Sieger, getaucht in das Licht der Scheinwerfer und Feuerwerksraketen. Das ist in großen Zügen das, was die Zuschauer auf dem Urickij-Platz während der Eineinviertelstunden zu sehen bekommen haben.«[2]

Die post festum inszenierte Revolution des Jahres 1920 ist so wichtig wie die wirkliche, die drei Jahre zuvor stattgefunden hatte; denn in ihr machen sich die Menschen ein Bild von dem, was geschehen ist. Und wie sie es tun, mit welchem Aufwand, welchen Gesten, welcher Beteiligung – das sagt nicht nur etwas aus über den Stil der Regisseure eines grandiosen Spektakels, sondern auch über den Stil der russischen Revolution. Eine Revolution, die sich selber spielt, hat gesiegt; sie hat Kraft bewiesen für die Tathandlung und hat einen Atem, der auch noch fürs Spiel reicht. Die Revolutionierung des Theaters steht im Einklang mit der Zeit, mit dem Unwirklichwerden der überkommenen Verhältnisse und den noch nicht Wirklichkeit gewordenen neuen.

Zu Ende gehende Epochen tragen Züge des Unwirklichen. Die Formen, in denen das Leben sich bislang abgespielt hat, bekommen etwas Ritualisiertes, Zeremonielles, die Texte sind bekannt, die Hauptdarsteller bewegen sich, als wären sie unter sich. Einen solchen Eindruck müssen die Festlichkeiten aus Anlaß des dreihundertjährigen Bestehens der Romanov-Dynastie im Jahre 1913 gemacht haben. Alles ereignet sich in einem leeren Raum, wo es weder Beifall noch Mißfallenskundgebungen gibt. Auf Störungen reagieren die Hauptpersonen hektisch, sie sind es nicht gewöhnt, improvisieren zu müssen; sie vertrauten auf die bislang reibungslos funktionierende Regie, disponible Komparserie, lange geübtes Zusammenspiel des Ensembles und auf den Glanz, der von den prächtigen Interieurs und Paraden ausging. Ihre Sprache, die so lange überzeugend gewirkt hatte, ist nun leblos, altmodisch; die Gesten sind zu langsam, gekünstelt.

Es kommt eine Dissonanz in die öffentliche Selbstdarstellung. Was bisher fugenlos zusammengestimmt hatte – die Person und ihr Darsteller –, tritt auseinander. Es kommt der Punkt, wo historische Figuren zu Schemen verblassen, ehemals bedeutungsvolle Gesten zur bloßen Gestikulation herabsinken, erprobte Ensembles zerfallen und gewichtige Handlungen nur noch symbolische Bedeutung haben. Es kommt die Zeit, da sie von der Bühne abtreten.

Ähnlich – nur mit umgekehrter Tendenz – verhält es sich mit den Protagonisten der neuen Zeit, die bisher von der geschichtlichen Aktion und vom Schauplatz des Geschehens ausgeschlossen waren. Sie haben keinen Kredit und keinen Ruf und noch keine Rolle. Die neuen Helden betreten die Bühne unsicher: ihre Stärke ist nicht der Apparat und der Prunk der Requisiten, sondern ihr Gesicht und ihre Rede. Sie müssen geistesgegenwärtig sein, improvisieren können, sie müssen um die Gunst des Publikums ringen. Ihre Unsicherheit ist ihre Stärke, sie sind in großer Abhängigkeit vom Publikum. Auch sie sind schemenhaft, doch nur deshalb, weil es sich um noch nie gesehene Gesichter handelt, weil sie sich in ihre Rolle erst finden müssen. Sie werden sich auf der Bühne nur behaupten, wenn sie überzeugen. Daher ihr klarer, eindeutiger, mitunter grober und plakativer Stil. Daher der sparsame, dafür aber eindrucksvolle Einsatz von Scheinwerfern und Schwarz-Weiß-Kontrasten. Sie haben endgültig gewonnen, wenn im Raum klar geworden ist: Das sind Leute von uns, sie sind so wie wir, und jeder von uns kann auch da oben sprechen.

Die Revolution hatte den ganzen Gesellschaftsbau erschüttert, die Trennungslinien zwischen Oben und Unten aufgelöst, Inhaber jahrhundertealter Autorität waren gestürzt, Insignien der Macht gefallen. Mit einem Ruck waren Fundamente und politische Szenerie verschoben worden. Die Rollen wurden neu verteilt. Diese Art von »Theatralisierung des Lebens« ist nicht der metaphorische Notbehelf eines Historikers, der die Differenz von Spiel und Handlung, von Schein und Wirklichkeit, von Theater und Leben sträflich mißachtet, sondern der eigentliche Untergrund für die Revolutionierung des Theaters. Petrograd war reif für die Selbstinszenierung. Es hatte schon manche »Generalprobe« hinter sich gebracht – im reellen wie im theatralischen Sinn.

Seit den sechziger Jahren des 19. Jahrhunderts hatte die russische Intelligencija das anstößigste Wort der zaristischen Zensur, die Revolution, äsopisch mit »Dekorationswechsel« umschrieben. Nun, da die Revolution gesiegt hatte, war der eigentliche Dekorationswechsel fällig.

Ein Historiker, der hinter den Kulissen eines zum Mythos gewordenen Revolutionsgeschehens wirkliche Handlungszusammenhänge sichtbar machen will, wird den »Dekorationswechsel« nicht nur als Metapher begreifen. Er wird auch seine eigene »Rolle« überdenken: Er wird für einen Augenblick als Zuschauer oder Rezensent Platz nehmen vor der Bühne. Und so wie mancher Theaterrezensent zum Chronisten prospektiver Geschichte geworden ist, indem er den Geist der Zeit auf der Bühne handeln sah, während der Alltag noch unverändert dahinfloß, so wird ein Historiker sich eine Retrospektive in der Zeit, die er behandelt, erschließen, indem er – vorübergehend – zum Theaterrezensenten wird.

Die Inszenierung des Jahres 1920: Ort, Zeit, Handlung

Das Theater der Revolution hält sich nicht an die Spielzeiten der Saison. Es folgt einem anderen Rhythmus. Per Dekret waren die Fest- und Feiertage von Kirche und Monarchie gefallen. Schon im ersten Revolutionsjahr setzt sich ein neuer Kalender durch: Er gibt gerafft die Leidens- und Kampfgeschichte binnen eines Jahres wieder. Der Theaterzettel der Hauptstadt wird von nun an den Markierungen des »Krasnyj god« – des »Roten Jahres« – folgen. In der neuen Kalenderordnung sind eingetragen: der 9. Januar – zur Erinnerung an den »Blutsonntag«, an dem der Zar 1905 die demonstrierende Menge zusammenschießen ließ; der 17. Januar – der Tag der Erinnerung an die Ermordung Rosa Luxemburgs und Karl Liebknechts; der 23. Februar – zur Erinnerung an die Gründung der Roten Armee; der 8. März – nun auch in Rußland Internationaler Tag der Arbeiterfrau; der 18. März – der Gedenktag für die Pariser Kommunarden; der 16. April – der Tag von Lenins Ankunft in Petrograd; der 2. Dezember zur Erinnerung an den bewaffneten Aufstand der Moskauer Arbeiter 1905. Nicht alle diese Gedenktage haben sich lange gehalten. Unverrückbare Höhepunkte aber wurden der 1. Mai – der Kampftag der Arbeiterklasse – und der Jahrestag der Oktoberrevolution – der 7. November.

Die Revolution, die rigoros mit der Tradition bricht, bildet im ersten Jahr bereits eine neue. Es wächst ein neues Zeitgerüst, und überall in den Städten werden Denkmäler errichtet – ein Pantheon der Vorkämpfer der eigenen Sache: von Spartacus bis Voltaire, von Danton bis Perovskaja.[3] An den Feiertagen und zu besonderen Anlässen verwandeln sich die Plätze der Hauptstadt in ein großes Theater. Die Augenzeugen und Historiker dieser Ereignisse haben uns Berichte, Photographien, Analysen, interne Materialien der Regisseure und dergleichen hinterlassen. Am eindrucksvollsten steht da das Jahr 1920, und alles Vorangegangene scheint nur Probe, Sammlung der Kräfte für den Augenblick zu sein, da die Gefahr der Restauration gebannt sein wird.

Der 1. Mai 1918 ist eine einzige Demonstration und Manifestation – Verlängerung und Ausweitung der vorrevolutionären Maifeiern auf die ganze Stadt. Die Farbe Rot setzt sich durch, der von irgendwoher zufällig auftauchende fünfzackige Stern wird bald zum Emblem, und das Emblem des Saratover Gouvernement-Exekutiv-Komitees, Hammer und Sichel, wird schon bald zur Signatur der neuen Republik.[4] Die Paläste am Schloßplatz, die Bibliothek am Nevskij-Prospekt, der ehemalige Marienpalast sind mit meterhohen kubistischen Gemälden dekoriert, während die Admiralität von Dobužinskij in klassischer Manier geschmückt ist.

Zu den Oktoberfeierlichkeiten 1918 hat die für die Ausrichtung verantwortliche Kommission bereits über sechzig Theatergruppen im Einsatz. Was für die Ausstattung benötigt wird, stammt aus Requirierungen. Wiederum sind die Plätze dekoriert. Großflächige rote, orangefarbene, rhombenförmige Leinwände, von Natan Altman entworfen, sind über die Barockfassaden des Schloßplatzes gespannt. Im Volkshaus – der Adelsversammlung – wird Majakovskijs »Mysterium buffo. Heroisches, episches und satirisches Abbild unseres Welttheaters« in der Regie von Mejerhold gegeben. Allein 350 000 kostenlose Essen werden von der Petrokommune an diesem Tag verteilt.

Der 1. Mai und die Oktoberfeiern des Jahres 1919 stehen im Zeichen der Angriffe General Judeničs auf Petrograd. Material ist knapp, nur ausgewählte Punkte der Stadt sind dekoriert, über den Theatereingängen hängen Plakate: »Keine höhere Ehre als für Petrograd zu fallen«, und vor dem Volkshaus gibt die »Theaterwerkstatt der Roten Armee« die erste Freiluftinszenierung zum Thema »III. Internationale«.

Im Frühjahr 1920 zeichnet sich der Sieg der Roten Truppen ab, und nun erst entfaltet sich das »theatralische Petrograd«: am 1. Mai ist es das »Mysterium der befreiten Arbeit«; am 20. Juni die Inszenierung »Die Blockade Rußlands«; am 19. Juli – anläßlich des Besuchs der Delegierten des Zweiten Kongresses der III. Internationale in Petrograd – die Inszenierung »Zur Weltkommune«; am 8. August eine Inszenierung in den Krasnosel'sker Lagern der Roten Armee und zum dritten Jahrestag der Oktoberrevolution am 7. November 1920 die Inszenierung »Die Einnahme des Winterpalais«.[5]

Jede dieser Inszenierungen ist ein Experiment, alle zusammengenommen führen die Elemente vor, die sich als Revolutionierung des Theaters und als Theatralisierung des Lebens gleichermaßen fassen lassen.

Was gibt es zu sehen und zu hören?

Die Maifeiern 1920 standen schon im Zeichen des zu Ende gehenden Bürgerkriegs. Der Tag wird begangen mit Umzügen, Kundgebungen, unterstützt von in der ganzen Stadt auftretenden Straßentheatern, von einem Volksfest im Sommergarten. Seinen Höhepunkt bildet das »Mysterium der befreiten Arbeit« vor dem Portal der Börse auf der Vasilij-Insel. Von der Festorganisation sind an die 200 Theatergruppen mobilisiert worden, denen Autos, Straßenbahnen und der Fuhrpark der ehemaligen Hofstallungen zur Verfügung stehen. Stündlich erteilt ein Einsatzstab Kommandos an die in der Stadt agierenden Trupps. Zentrum der Aktivitäten sind der Sommergarten und die angrenzenden Parks. Was sich dort abgespielt hat, geht aus einem erhaltenen Dokument der Stabsplanung hervor:

»Auf der Terrasse des Ingenieurschlosses steht mit dem Gesicht zum Sommergarten der Fanfarenchor aus Trompetern, der vom Kriegskommissariat gestellt wurde. Auf der Treppe wird unter der Regie von Arbatov mit Kräften der Politabteilung des Kriegskommissariats die Euripides-Tragödie ›Hippolytos‹ aufgeführt. Am halbrunden Teich des Sommergartens ist an einem besonders ausgerichteten Platz der Archangelskij-Chor postiert. Über dem Schwanengraben, auf dem kleinen Platz der ›Schlafenden Psyche‹ wird Glucks Oper ›Königin im Mai‹ in der Aufführung des Akademischen Opern- und Ballett-Theaters gegeben. Der Platz wird durch einen Scheinwerfer von der Peter-Pauls-Festung aus und über die Neva hinweg angestrahlt. Rechts vom Haupteingang gibt es eine Aufführung der Vseobuč-Truppe, links davon spielt das Orchester des Kriegskommissariats. Auf dem kleinen Platz zur Fontanka hin treten Clowns auf, auf dem zentralen Platz gibt die Truppe der Politabteilung ›Petruška‹. Im Großen Schokoladenpavillon am Fontanka-Ufer spielt ein Puppentheater. Am Schnittpunkt der Alleen werden auf Grammophonen Revolutionsreden abgespielt. Überall im Park sind Orchester des Kriegskommissariats postiert. Am Neva-Ufer tritt der Chor der Sängerkapelle auf. Wo der Park auf die Neva trifft, wird von drei Kriegsschiffen ein Feuerwerk abgebrannt. Auf den Gewässern, die den Park umgeben – auf der Neva, Fontanka, Mojka und dem Schwanengraben – schwimmen Boote mit Sängern und Gitarristen an Bord.«[6]

Die übrige Stadt, selbst die Vororte werden ins Fest einbezogen durch Straßenbahnen, die zu Schaubuden umfunktioniert sind. Vom Michajlovskij-Platz aus fahren sie sternförmig in alle Richtungen, jeder der zwölf Trupps unter dem Befehl eines »Kommandanten«. Die Ankunft der Agit-Tram wird jeweils durch Trompeter und Trommler angekündigt. Die Menge hat sich bereits auf den vorher festgelegten Plätzen versammelt. Die Schauspieler kostümieren sich in den umgebauten Straßenbahnwaggons. Gespielt wird auf den als Bühne dienenden Waggondächern, inmitten und über der Menschenmenge.[7]

Präsentiert wurde auf diese Weise an diesem Tag: von der Truppe der »Volkskomödie« unter der Regie S.E. Radlovs »Der Affe als Denunziant« und »Die Ränke der Kapitalisten«, unter der Regie V.N. Solov'evs »Die Liebe Petruškas, der Birnen liebt« und »Das Glück des Planeten des Zaren Mohammed«. Die Truppe des Kleinen Dramatischen Theaters gab unter der Regie V.R. Rappaports »Mandragora«, das Theater-Studio der Roten Armee trat mit dem Agitstück »Der letzte Zar« auf und die Truppe des Kriegskommissariats unter der Regie von V. V. Vojnov mit der Burleske »Die Entente«.[8]

Nun zum Höhepunkt: Das »Mysterium der befreiten Arbeit« spielt vor dem Portal und auf den Treppen der Börse, einem in den ersten Jahren des 19. Jahrhunderts nach Entwürfen Thomas de Thomons entstandenen klassizistischen Bau, markant gelegen auf der Landzunge zwischen Großer und Kleiner Neva.

Der Zuschauerraum wird begrenzt durch die Kaimauern und die dort errichteten Rostren. 35000 Menschen versammeln sich auf dem Platz. Am Mysterium selbst sind an die 2000 Rotarmisten beteiligt, Hunderte von Teilnehmern aus Theaterzirkeln, Zirkusartisten und einige professionelle Schauspieler. Hugo Varlich dirigiert das Militärorchester. Die Leitung der Inszenierung liegt in der Hand des »modernistischen« Malers und Graphikers Jurij Annenkov,[9] des berühmten Petersburger Theaterkritikers A.R. Kugel' und S.D. Maslovskajas. Die Bühnendekorationen sind von dem Petersburger Maler M.V. Dobužinskij und dem Architekten V.A. Ščuko entworfen – beide namhafte Petersburger Bühnenbildner aus der Zeit vor der Revolution. Unter den 35000 befindet sich auch der Rezensent, der uns folgenden Bericht hinterlassen hat:

»Die Handlung des Mysteriums war historisch-symbolisch. Das Portal der Börse war verhüllt von einem großen Schmuckvorhang, der perspektivisch die Leibeigenschaftsmauer mit goldenem Tor und einem großen daran befestigten Schloß darstellte. Auf ein Fanfarenzeichen hin erschienen vor den Kulissen die ›Herrscher‹ mit ihrem Gefolge: ›Napoleon‹, der ›römische Papst‹, der ›Sultan‹, der ›Bankier‹, der ›russische Kaufmann‹. Sie setzten sich an die Tische, davor führten am Börsenportal Ballettänzer Tänze auf. Zu ihren Füßen, am unteren Ende der Treppe, zogen unter den Klängen des Chopinschen Trauermarsches die in Grau gekleideten und in Fesseln gelegten ›Sklaven‹ ... Aus den Kulissen erklang die Musik des Wagnerschen Lohengrin. Die ›Sklaven‹ begannen zu murren. Oben auf der Treppe postieren sich ›römische Gladiatoren‹, dann treten die rebellierenden Bauern des Stenka Razin auf.

Jedesmal aber verjagen die Knechte der ›Herren‹ die Sklaven. Es kommt zum dritten Angriff. In den Händen der Aufständischen tauchen rote Fähnchen auf, die in Sekundenschnelle die graue Treppe der Börse in ein Farbenmeer verwandeln. Die ›Herrschaften‹ bringen sich in einer lächerlich-grotesken Flucht in Sicherheit, rennen über die Stufen davon, verschwinden (an dieser Stelle wandte man die komischen Abgänge von Zirkusspielern an).

Die Kulisse im Hintergrund – die Darstellung der ›Festung‹ – fällt und gibt ein zweites Bild frei – die Darstellung des ›Freiheitsbaums‹. Das Orchester spielt aus der Oper ›Sadko‹ das Lied ›Vysota, vysota, podnebesnaja‹. Die aufständischen Sklaven tanzen um den ›Freiheitsbaum‹. Und über der Neva leuchtet ein Feuerwerk auf.«[10]

Für den Kenner des vorrevolutionären Petersburger Theaterlebens war nicht alles neu: Dobužinskijs und Ščukos Bühnenbilder erinnerten an deren für »König Lear« und »Othello« am Großen Dramatischen Theater geschaffene Dekorationen; die Szene »Gelage der Herrschaften« hatte ein Vorbild in dem Stück »Der Zerstörer Jerusalems« mit seinen schwelgerischen Orgien aus dem Rom des Kaisers Titus; auch das Spiel einer unentwegt in Bewegung befindlichen Masse war in Petersburg schon erprobt worden. Neu ist die Dimension; gearbeitet wird an schwierigsten Koordinationsproblemen von Bewegung, Klang, Raum und Licht. Neu ist auch der Umgang mit der Zeit. »Der Begriff der historischen Zeit wurde hier absolut abstrakt, Jahrhunderte wurden auf eineinhalb Stunden … reduziert …«

Was wie eine Naivität aussieht, resultiert daraus, daß wir es mit einem »Kollektivhelden« zu tun haben, dessen »außerzeitliche Einheit beliebige reale Zeiträume überdeckt«. Es gibt eine neue »szenische Zeit«. Und ganz nebenher gelang »leicht und mit einem Schlag«, was der genauesten Rekonstruktion des antiken Theaters, der Reinhardtschen Konzeption des Chors kaum gelang, »weil der Chor nicht aus Nereiden oder thebanischen Greisen gebildet war, sondern von einer lebendigen, einmütig und einstimmig mit den Zuschauern denkenden und sprechenden Menge«.[11] Kritisch wird allerdings angemerkt, daß der Platz vor der Börse »neutraler«, nicht geheiligter Ort ist – hier hat sich in der Realität nichts von dem abgespielt, was Inhalt des Revolutionsmysteriums war.

Es sollten diesem Mysterium weitere von kleinerem Ausmaß folgen: der »Sturm der Bastille« im Sommergarten, eine Inszenierung zum Krieg gegen das »weiße Polen« auf der Treppe des Ingenieurschlosses oder anläßlich der Verteidigung Petrograds auf dem Platz vor der Isaaks-Kathedrale. Realisiert wurde aber – innerhalb der kurzen Frist von zehn Tagen – die Masseninszenierung »Zur Weltkommune«, wiederum vor dem Portal der Börse. Es war die Festgabe des Theater spielenden Petrograd an die Delegierten des Zweiten Weltkongresses der Kommunistischen Internationale in ihrer Stadt.

An der Inszenierung wirkten nicht weniger als 4000 Rotarmisten, Arbeiterjugend aus den Theaterzirkeln und vereinzelt Berufsschauspieler mit. Die Aufführung ging über die Treppen der Börse hinaus, bezog die seitlichen Brüstungen, die Rostralleuchttürme, die Neva-Kais und die beiden nächstliegenden Brücken mit ein. Beleuchtet wurde die Aufführung, die am Abend begann, von der Peter-Pauls-Festung aus. An die 45 000 Zuschauer versammelten sich im Halbkreis und auf den Tribünen der Festgäste vor der Börse. Das Portal war nach Entwürfen von Natan Altman mit großen roten und orangefarbenen Leinwänden drapiert. Die Leitung der Inszenierung hatte die Petrograder Theaterabteilung (TEO) des Volkskommissariats für Aufklärung (Narkompros) übernommen, namentlich M.F. Andreeva, Gorkis Frau. Als

Regisseure und Autoren des Stücks zeichneten verantwortlich: N. V. Solov'ev und A. I. Piotrovskij für den dritten Teil. Die Gesamtregie lag in Händen von K. A. Mardžanov. Das Orchester wurde von Hugo Varlich geleitet.

Doch zunächst wiederum eine Beschreibung des Ablaufs: »Fanfaren. Unten – die ›Sklaven‹, oben – die ›Herren‹. Die Sklaven versuchen auf den Stufen nach oben zu gelangen. Pariser Kommune. Die Carmagnole vor dem Portikus der Börse. Parallel dazu erscheinen auf der Treppe die ›Soldaten von Versailles‹, mit drei blauen Stoffstreifen gekennzeichnet. Schießerei. Vor der Fassade der Börse ein dichter Rauchvorhang; die Pyrotechnik der Artillerie-Nebelwerfer wird hier erstmalig eingesetzt, um einen speziellen Rauchvorhang unter offenem Himmel zu erzeugen. In den Rauchschwaden, von Scheinwerferlicht durchbrochen, ein Leichentanz von Frauen. Dies ist der erste Teil ... Der Tanz der Frauen im blauen Dunkel erinnerte an die Mardžanovsche ›Salome‹ und ›Fuente Ovejuna‹, und die statuarischen Gruppen der Kommunarden am Portal an ›Faust und die Stadt‹ von N. V. Petrov.

Unter den Klängen von Posaunen und Trommeln beginnt der komische Auftritt der ›II. Internationale‹. Fünfzig groteske, glatzköpfige Gestalten mit gewaltigen Bücherattrappen in den Händen nehmen Platz auf einem schmalen Streifen etwa in halber Höhe der Treppe. Oben am Portal – die ›Herren‹, die Bankiers und Fabrikanten; unten auf Platzhöhe – die ›Sklaven‹. Trompetenstöße und die Parade der Nationalflaggen verkünden den Beginn des imperialistischen Kriegs. Unter der Arbeitermasse herrscht Verwirrung. Ein rotes Banner taucht auf – nur eines, groß, es wird von Hand zu Hand weitergegeben und strömt über die Treppe nach oben. Die glatzköpfigen Lakaien der II. Internationale stieben auseinander, eine lächerlich aussehende Flucht. Gendarme, schwerfällig und plump, reißen das rote Banner in Stücke und werfen die Fetzen in die Luft.

Ein einziger Aufschrei der tausendstimmigen Menge – und dann in der plötzlich eintretenden absoluten Stille die Stimme eines einzelnen Menschen: ›Wie jetzt dieses Banner zerrissen wurde, so werden die Körper der Arbeiter und Bauern vom Krieg zerrissen. Nieder mit dem Krieg.‹ Dies ist der zweite Teil, der von Radlov inszeniert wurde ... Dritter Teil. Krieg und Oktober. Unter dem schwarzen Adler, der von der Frontseite herunterhängt, eine gewaltige Puppe des Zaren. Die Treppe hinab schreiten von links nach rechts im Zick-Zack Reihen von Menschen in grauen Armeemänteln. Die Treppe hinauf schreiten von rechts nach links ebenfalls in Zick-Zack-Bewegungen die Verletzten. Unmut der Massen. Aufschrei. Auf dem Platz rasen mit Bajonetten gespickte Automobile mit roten Fahnen vorbei. Der auf der Frontseite hängende Adler fällt.

Nun ist da ein Plakat: RSFSR. Fanfaren kündigen einen neuen Angriff des Feinds an. Auf den Rostralleuchttürmen blinken Signalfeuer. Am Portal der Börse gehen Rotarmisten in Stellung. Ein Führer heftet einen roten Stern an ihre Fahne. Ein Regen roter Sterne geht nieder ... Die Rotarmisten gehen über die Brücken ab, dem Feind entgegen. Nun gewinnt der Raum einen anderen, eigentümlichen Sinn. Der ganze Börsenplatz bezeichnet jetzt gleichsam das belagerte Land, die RSFSR. Im Rücken der Zuschauer, jenseits des

Flusses, steht der Feind. Dort in nächtlicher Dunkelheit, hinter dem Rauchvorhang ein Salut der auf der Neva liegenden Torpedoboote. Ein Kanonenschuß von der Festung. Die Arbeiter und Frauen auf den Brüstungen der Börse warten erregt den Ausgang des Kriegs ab.

Und dann der Sieg. Auf den Rostralsäulen erscheinen Märchengestalten mit goldenen Posaunen. Allegorische Automobile fahren vorbei und werfen erbeutete Kronen hinaus. Von den Brücken herkommend paradiert die rote Kavallerie, Artillerie, Infanterie vorüber – die siegreiche Rückkehr der Heere. Die Blockade ist gebrochen. Der Rauchvorhang über dem Fluß löst sich auf. Von den halbrunden Neva-Kais zieht, als wäre sie mit Schiffen vom Meer gekommen, eine Prozession des ›Völkerfriedens‹ zum Börsengebäude – mit Emblemen auf Plakaten, Weintrauben, Blumen, phantastischen Kolonialfrüchten. Alle versammeln sich an einem gewaltigen Amboß vor der Börse. Feuerwerk. Damit geht die Inszenierung zu Ende; denn es war aus technischen Gründen nicht gelungen, den vorgesehenen Flug von Aeroplanen und den Aufstieg eines Fesselballons mit dem Plakat ›Es lebe die III. Internationale‹ zu realisieren.«[12]

Das Schauspiel ging erst gegen vier Uhr morgens zu Ende. Dabei war es alles andere als eine Improvisation. Alle Momente waren in einer Art Choreographie oder »Partitur« ausgearbeitet und durchkalkuliert worden. Die »Masse« war zergliedert in Zehnergruppen mit je einem Verantwortlichen, deren Bewegungen und Handlungen durch Signale dirigiert wurden. Die drei Akte umfassende Handlung war in 170 Episoden unterteilt. Die Regie glich einem »komplizierten militärischen Manöver«.[13] Unschwer läßt sich Gefühl und Genugtuung eines der Regisseure nachempfinden. S.E. Radlov konnte »den Tag nicht vergessen, an dem ich als Regisseur von einem spontanen, fast physischen Glück beseelt war. Im Sommer 1920 wurden einige Regisseure für die Inszenierung eines gewaltigen Schauspiels an der Fondbörse mobilisiert. Wir standen auf der Kapitanskij-Brücke über der Neva, der Börse vis-à-vis. In den Händen Flaggen, Telephone, elektrische Klingeln. Die Schauspieler betreten die Stufen der Börsentreppe. Ich drücke auf die Klingel – sie setzen sich gehorsam. Ich halte die nötige Pause ein, drücke noch einmal, und sie öffnen die Bücher. Unbeschreibliche Glückseligkeit – die szenische Zeit in den eigenen Händen zu halten! Herr der Theaterminuten zu sein! Den Stab des Dirigenten zu heben!«[14]

Und doch fand die Inszenierung, die es den Regisseuren erlaubt hatte, geometrische Bewegungen eines Kollektivschauspielers über weite Distanzen hin zu dirigieren, in der es gelungen war, große Kollektive mit Schauspieler-Persönlichkeiten zu kontrastieren, nicht uneingeschränkt Beifall. Der Rezensent der »Petrogradskaja pravda«, P. Kudelli, fand die Handlung zu umfangreich, über weite Strecken »eine Abstraktion, gespielt von Personen«, er sah nur eine Folge von Episoden, kein zusammenhängendes Stück; auch er war von der Pyrotechnik beeindruckt, »auch wenn der Wind die totale Illusion etwas gestört hat«.[15]

In der »Einnahme des Winterpalais« am 7. November 1920 gipfelt die Masseninszenierungsbewegung der Zeit des Kriegskommunismus. Wir haben den Bericht des Rezensenten des »Theaterboten« eingangs bereits zitiert: Über 100000 Zuschauer füllten den geschlossenen Platz zwischen Winterpalais und Generalstabsgebäude. Im Halbrund des Generalstabs war zu beiden Seiten der Arkade die bis zum zweiten Stockwerk aufragende Bühne angebracht: der Schauplatz der »Roten« links, der Schauplatz der »Weißen« rechts, durch eine Brücke miteinander verbunden. Als dritter Schauplatz figurierte das Winterpalais selbst – ein Gebäude als wirklicher Held des Stücks.

In den Zufahrtsstraßen zum Schloßplatz standen Truppenteile mit über 300 Automobilen und Lastwagen bereit, vor dem Winterpalais waren Barrikaden errichtet. Jurij Annenkov hatte die Fassaden im großen Maßstab mit stilisierenden Bühnenaufbauten – Fabriken, Thronsaal – und großen Leinwänden in eine Architekturlandschaft verwandelt. Die Regie hatte auf Aufbauten um die Alexandersäule in der Mitte des Platzes Posten bezogen und war durch Telephonleitungen mit den agierenden Kollektiven verbunden. In den ehemaligen Kinderzimmern des Palais hatte in den Wochen zuvor die »Generalstabsarbeit« der Regisseure stattgefunden, in den prunkvollen Sälen verkleidete sich die Theaterjugend und vertrieb sich hier zwischen den Auftritten die Zeit mit Tanz.

Wiederum fehlte nicht ein mehrere hundert Musiker umfassendes Orchester. 8000 Rotarmisten waren die Hauptakteure, Regie führten A. R. Kugel', N. V. Petrov, Ju. P. Annenkov. Hauptregisseur war Nikolaj N. Evrejnov. Er hat sich in einem Interview für die Zeitung »Leben der Kunst« noch in der Vorbereitungszeit über die Inszenierung geäußert. Er spricht darin vom »Kollektivautor«, den zehn Petrograder Regisseuren und Künstlern, die in größter Einmütigkeit und Harmonie die »grandiose Aufgabe« übernommen hatten. »Es wird gleichzeitig drei Bühnen geben. Zwei künstliche und eine wirkliche historische Bühne. Auf der ersten Bühne müssen die Ereignisse komödiantisch, auf der zweiten im Ton des Heldendramas, auf der dritten im Ton einer militärischen Heerschau dargestellt werden. Der Regisseur muß diese drei Stile auf einen Nenner bringen ... Unsere Arbeitsmethode wird die der künstlerischen Simplifikation sein. Neben der Abstimmung der drei Stile muß auch noch die Massenhandlung auf diesen drei Bühnen abgestimmt werden. Sie wird dadurch erreicht, daß die Bühnen abwechselnd in Licht oder Dunkel getaucht werden, je nachdem, worauf sich das Auge der Zuschauer richten soll.

Die Handlung spielt nicht nur auf den beiden Bühnen, sondern auch auf der Verbindungsbühne und auf dem Platz, über den die Provisorische Regierung flüchtet, und in der Luft, wo Aeroplane aufheulen, Glocken geläutet werden und Fabriksirenen heulen. An der Vorstellung werden neben den 10000 Ausführenden – Künstlern und Leuten aus den Theaterzirkeln der Roten Armee und der Flotte – auch unbelebte Personen teilnehmen.

Zur Mitwirkung herangezogen ist auch das Winterpalais als handelnder Akteur, als grandiose handelnde Person, die sich durch Mimik und Innenleben äußern wird. Der Regisseur mußte dafür sorgen, daß die Steine zu sprechen beginnen und der Zuschauer spürt, was sich dort drinnen, hinter diesen kalten und roten Mauern, ereignet. Wir haben dieses Problem auf originelle

Weise gelöst, indem wir die Methode des Kinematographen angewandt haben: Jedes der fünfzig Fenster der zweiten Etage wird durch seine Beleuchtung ein anderes Moment des Kampfs, der sich drinnen abspielt, vorführen. Die Episoden der grandiosen Handlung werden von Gruppen von Schattenspielern vorgeführt, bis am Ende alles aufgeht in den Akkorden von Schüssen, Sirenen, Pfeifen, Lichteffekten, Feuerwerken und Flaggen …«[16]

Diese Kommentare lesen sich wie die Realisierung eines längst gehegten Traums des Regisseurs Evrejnov, der lange vor der Revolution seine Theorie der »Theatralisierung des Lebens« entwickelt hatte und gerade dabei war, Theater als »Theatrotherapie« zu entwickeln: Rekonstruktion der wirklichen Handlung, des wirklichen Orts mit den wirklich Handelnden in der Form der »autobiographischen Rekonstruktion«.[17] Theater hatte für ihn eine außerkünstlerische Bedeutung. Die Inszenierung diente dazu, »daß das ganze Volk sich des bedeutenden Ereignisses erinnerte«. Die Vergangenheit sollte in die Gegenwart geholt, und das »Es ist nicht« in ein »Es ist« verwandelt werden. »Nichts kann im Gedächtnis, in den Grenzen meines umgestaltenden Geistes sterben«, schrieb Evrejnov. »Doch um diese Vorstellung aus dem Gedächtnis in eine Vorstellung der lebendigen Wirklichkeit zu überführen, bedarf es des Theaters, das heißt der Inszenierung der Vergangenheit bis zur totalen Illusion, mit dem Ziel, daß nach Möglichkeit alle Umstände, unter denen das erinnerte Ereignis stattfand, reproduziert werden.«[18]

Es ist daher naheliegend, daß die Regie großen Wert darauf gelegt hat, die Mitwirkenden des Sturms auf das Winterpalais von 1920 aus Soldaten und Matrosen der Erstürmung des Winterpalais 1917 zu rekrutieren; daß sie für die Akteure auf der »weißen Bühne« Invaliden des imperialistischen Kriegs heranzog; und es ist sicher auch kein Zufall, daß der verantwortliche Regisseur der »weißen Bühne« und der Flucht Kerenskijs der bedeutendste Theaterkritiker der Kerenskij-Zeit, A.R. Kugel', war.

Der Rezensent des Jahres 1920 wird abschließend noch auf die zwei Inszenierungen hinweisen müssen, die eine weitere Eigenart des Petrograder Theaterlebens im Kriegskommunismus vorführen. Im einen Fall handelt es sich um die Inszenierung »Die Blockade Rußlands« am 20. Juni 1920, im anderen Fall um die Militärinszenierung in den Krasnosel'sker Lagern am 8. August 1920.

An der »Blockade Rußlands« wirkten 750 Akteure mit, das Theater war für 10000 Zuschauer errichtet. Doch die Inszenierung von S. E. Radlov stammte aus einem ganz anderen Fundus als die bisher vorgestellten, auch wenn die Handlung – Intervention der Entente, Angriff Polens, Triumph der Internationale – vom bekannten Schema wenig abweicht. Die »Blockade Rußlands« wurde gegeben an dem Tag, an dem Kamennyj ostrov, die Insel der Villen und Parks, zur »Insel der Erholung« erklärt wurde. An einem der Teiche des künftigen Erholungsgebiets wurde von Rotarmisten binnen kürzester Zeit nach einem Entwurf des Architekten und Bühnenbildners I. A. Fomin ein hölzernes Amphitheater errichtet – aus Barrikadenhölzern! Die Alleen der Insel waren mit Triumphbögen geschmückt worden. Anhaltspunkte für die Gestaltung waren die barocken Garten- und Wasserspiele von

Peterhof. Die Handlung spielt auf dem See, eine kleine Insel darin ist das »belagerte Rußland«.

»Arbeitendes Volk« – Rotarmisten – werden bei ihrer Arbeit gestört. Lord Curzon nähert sich mit einem Teleskop auf einer Panzerkreuzerattrappe der Insel. Lord Curzon plumpst nach diversen Abenteuern ins Wasser. Ein polnischer Spion gerät auf die Insel. Man entdeckt ihn, es beginnt eine Verfolgungsjagd über Baumkronen und Brücken – dargestellt von dem Zirkusakrobaten Serge. Das weiße Polen arrangiert den Krieg, doch der polnische Pan – dargestellt vom Zirkuskünstler Delvari – purzelt mit doppeltem Salto in den See. Es kommt zur Entscheidungsschlacht auf dem Teich: imperialistische Panzerkreuzerattrappen stoßen auf die »sowjetische Esquadra« – Ruderer der Roten Flotte –, der Teich bedeckt sich mit Schwärmen von bunt angestrichenen Booten mit verschiedenfarbigen Segeln – orangefarbenen, roten, blauen. »Die Arbeiter der Welt begrüßen feierlich das siegreiche Land. Mit dieser lebensfrohen Parade endet die Inszenierung.«[19] Was hier am meisten faszinierte, waren die clownesken Einlagen, die Auftritte der Akrobaten, die Grotesken und Buffoszenen – alles Elemente aus der Spieltradition des Volkstheaters.

Die Inszenierungen in den Krasnosel'sker Lagern sind bemerkenswert dadurch, daß die theatralische Darstellung von Gefechtsszenen unmittelbar überging in eine Militärparade und die Militärparade selbst wieder überging in die Verabschiedung der Rekruten an die Front. Die Differenz von Handlung und Spiel scheint hier vollkommen aufgehoben.[20]

Es hatte weder vor 1920 ein Theater dieser Dimension gegeben noch überdauerte es dieses Jahr. Woher stammt dieser Aufbruch des Theatralischen? Wie kommt es zu einer fast organischen Verbindung von Schauplatz und Schaubühne, wie zu den ungewöhnlichen Leistungen der Regisseure, vor allem aber zu einem Gleichklang von Regie, Akteuren, Publikum, ohne den jeder derartige Versuch zu einer bloß krampfhaften Anstrengung verkommen wäre?

Lebendiges Theater, theatralisiertes Leben

Handelt es sich um theatralisierte Manifestationen oder die Manifestationen des Theaters? Ist es ein modernes Mysterienspiel oder ein Volksfest? Ist es die Vollendung des Theaters oder gerade dessen Aufhebung und damit dessen Ende? Oder handelt es sich vielmehr um die Erfüllung des Traums vom »Gesamtkunstwerk«, in das – über Wagner und Skrjabin hinausgehend – nun sogar Parks, Straßenzüge, ganze Stadtviertel einbezogen sind? Wird hier ein »Karneval der Geschichte« noch durch einen »Karneval des Theaters« hypertrophiert? Die Antwort ist nicht einfach.

Am einfachsten lassen sich die Spielhandlungen wiedergeben. Es sind mit Raum und Zeit großzügig umgehende Kurzfassungen der Geschichte der »Erniedrigten und Beleidigten« – von Spartacus bis zur Gegenwart. Die Revolution ist großzügig – auch Robespierre und Lassalle gehören zu ihren Vorläufern. Doch schon hier ist es nicht reine Spielhandlung. Die Inszenierung ist eingebettet in Umzüge und Demonstrationen, sie ist fast der Höhepunkt, die triumphale Apotheose mit der obligatorischen »Internationale« am Ende.

Die Handlung spielt an Orten, die nicht »neutral« sind, sondern »geheiligt«, sei es durch wirkliche Ereignisse, derer an Ort und Stelle gedacht wird – so vor dem Winterpalais – oder die durch den Ort evoziert werden: der Platz vor der Börse als Symbol der »eingekreisten RSFSR«. Gespielt wird von Personen, die im strengen Sinn eigentlich nicht als Schauspieler bezeichnet werden können, sondern nur vorübergehend in die Haut des Schauspielers schlüpfen. Kriegsveteranen, Rotarmisten, Matrosen, die zum Teil »dabeigewesen« sind bei Ereignissen, die sie nun noch einmal wiederholen – als Spiel. Freilich gibt es auch professionelle Schauspieler für die herausragenden und Sprechkunst erfordernden Rollen, doch auch sie verstehen die »Rolle« oft nicht als Spielrolle, sondern als wirklichen Auftritt. Ihre Deklamation läßt sich nicht eindeutig unterscheiden von einer Agitationsrede, und die Übergänge von Bühne zu Agitprop-Ansprache sind fließend. Im »Idealfall« – so etwa bei den Inszenierungen in den Krasnosel'sker Lagern – ist die Deklamation identisch mit der Verabschiedung der Rekruten.

Eine ähnliche Verwischung geschieht auch in der Beziehung Bühne–Zuschauer. Sie schauen nicht nur, sondern sie bilden den »Hintergrund«, die bewegte Masse für die auf das Winterpalais zurasenden Automobile, und die »Stimme des Volks« zu dem, was auf der »weißen Bühne« geschieht. Die Rampe ist gefallen, und die Projektoren rechnen nicht nur mit den Lichteffekten auf der Bühne, sondern auch mit dem Heer der grauen Mäntel auf dem weiten Schloßplatz.

Auch die Orchester, die die Ouvertüre des »Lohengrin« spielen, wollen mehr: Wenn sie das alte Revolutionslied »Ėj uchnem« intonieren, rechnen sie damit, daß die Masse tausendstimmig einfällt, zum Chor wird. So weit und umfangreich die Schauplätze sind, auf denen sich die Handlungen vollziehen, so weitgesteckt und umfassend sind auch die Aufgaben der Regie. Nicht von ungefähr sind sie nach dem Vorbild der »Trojka« gebildet, dem Kern einer leistungsstarken Exekutive, die die Direktion der Kollektivschauspieler, Transport und Logistik, die Bühnenausstattung von Plätzen und Parks, die Beleuchtung innehat. Meist fungiert sie zunächst auch noch als »Kollektivautor«, da die Themen der »Stücke« eher da waren als die Dramatiker, die sie hätten behandeln können. Die Regie – Organisation, Bühnenbild, Beleuchtung, Bühnenregie, Szenarist in einem – hat Kommandogewalt, und sie läßt sich in dem Augenblick, da das Massenschauspiel in die Parade der teilnehmenden Truppenkontingente übergeht, von dem militärischen Kommando einer Parade de facto kaum mehr unterscheiden. Es handelt sich um Theaterpraktiker, die es gelernt haben, die letzten Mittel der Technik in bisher ungeahntem Maßstab einzusetzen. Zu ihren Mitteln gehören Fesselballons, Aeroplane, Schiffe, Lastwagenkolonnen und die Phon-Kapazität aller Petersburger Kirchenglocken und Fabriksirenen. Bewegungen und Effekte all dieser Elemente sind in ihrer »Partitur« verzeichnet.

So verwirrend die Übergänge sind von Spiel und Handlung, von traditionellen Theaterfunktionen und einem Theater, das auf die Straße hinausgetreten ist, so verwirrend ist auch die Vielfalt dessen, was im Petrograder Welttheater an Stilen und Genres auf die Bühne gekommen ist. Die Verwandlung von Petersburg in Petrograd ist selbst bereits ein Vorgang, der mehr ist als eine Namensänderung.

Es gibt die Arbeiterdemonstrationen, eher streng, asketisch, diszipliniert; unschwer ist ihnen die Herkunft aus den vorrevolutionären Maifeiern, im Konspirativen organisiert und verfolgt, anzusehen. Das rote Fahnenmeer macht sich festlicher. Doch wenn sie mit ihren traditionsreichen und umkämpften Bannern auf das »Marsfeld« ziehen, wo der Architekt Rudnev den Gefallenen der Revolution ein strenges marmornes Denkmal gesetzt hat – erinnert dies nicht sogleich an die Totenfeiern der Kirche?

Schon die Feste in den ehemaligen kaiserlichen Parks sind eine Mischung eigentümlichster Art. Revolutionäre Lieder an Barock-Rondells, Mandolinenspieler auf der Neva, der Archangelskij-Chor mit Volksliedern unweit der »Schlafenden Psyche«. Grammophonreden in Rokoko-Pavillons, »Petruška« – eine Art russischer Hanswurst – inmitten von Putten, Satyrn, eine Euripides-Tragödie auf der Terrasse eines Empire-Palais. Den feinen klassizistischen Fassaden werden grell-plakative Leinwände vorgespannt, der Pastellton der alten Stadt durch die Explosion der Farbe konterkariert. Straßenbahnen, triviale Gefährte, werden mit Girlanden aus Tannengrün und roten Bändern geschmückt. Ein Wasserfest des Barock gibt das Modell für die Darstellung der Seeschlacht zwischen Revolution und Konterrevolution, die Kanonade nimmt die Form eines Feuerwerks an. Vor dem Börsenportal stürzen die Minister und Bankiers, gekleidet in Frack und Zylinder, und von der Neva her nähert sich ein Chor von in weißes Linnen gekleideten Jungfrauen. Der »Freiheitsbaum« der Französischen Revolution wird inmitten des Mysteriums der Arbeiterrevolution aufgepflanzt. Die allegorischen Figuren des Paris von 1789 und 1848 treffen auf den Ehrengast der Inszenierung, den Überlebenden der Pariser Kommune von 1871.

Das Theater, schon längst nicht mehr zufrieden mit den Guckkastenbühnen und den die Zuschauermassen nicht mehr fassenden Parterres und Logentheatern, weicht in die Zirkusgebäude aus, und der Zirkusartist, der Clown und Akrobat spielt die entscheidende Rolle in der Blockade-Inszenierung. Die Akrobaten und Kraftkünstler Delvari und Serge sind so populär wie die Matrosen der Roten Flotte. Die theaterfreudige Jugend kostümiert sich in den unerschöpflichen Requisiten- und Kleiderkammern der Theater und aristokratischen Haushalte, und doch gilt als das modernste Kostüm die Armeebluse. Es ist nicht immer deutlich, was Unterhaltung und was erhabene Belehrung sein soll, *paidon* und Pädagogik vermischen sich. Der Witz der Commedia-dell'arte-Gruppen, die von den vorrevolutionären Avantgardebühnen nun auf die Straße hinausgehen, ist nicht leicht zu unterscheiden von den Politsatiren der Straßentheater, die auf den Dächern der Straßenbahnen über den Köpfen der Menge agieren.

Was durch harte, disziplinierte Bühnenarbeit zustande kam, scheint nun auf einmal von selber zustande zu kommen: Figurationen des Chorischen, Massenszenen, buffoneske Intermezzi. Wie von selbst bietet sich der Sprecher an der Rampe, der Harlekin, auch als Possenreißer mit aktuellen Pointen an. Nichts erscheint gesucht, nichts ausgeklügelt – so verschieden auch die Elemente sein mögen. Alles stimmt irgendwie zusammen.

Das Volk bevölkert die Straßen, die Petrokommune gibt an besonderen Stellen je ein halbes Pfund Schwarzbrot, Zitronenlimonade und Fruchtbonbons aus. Geld hat längst keine Bedeutung mehr, und der Zutritt zum Spektakel hängt davon nicht mehr ab. Die Groteske verbindet sich mit dem überzeugtesten Pathos, der härter nicht denkbare Naturalismus geht Verbindungen ein mit dem Spiel von Emblemen und Symbolen. Die Allegorie triumphiert an der Stelle, wo nicht mit Pappschwertern, sondern mit scharfer Munition gekämpft wird.

Filmaufnahmen von den Masseninszenierungen, die offensichtlich von Kinematographen angefertigt wurden, sind kaum zugänglich. Wir können uns im nachhinein nur schwer einen lebendigen Eindruck verschaffen. Der Historiker-Rezensent mag in seiner Imagination womöglich eine Kohärenz des Schauspiels konstruieren, die es in Wahrheit nicht gegeben hat.

Was sich für einen Augenblick – im Jahre 1920 – bündelt und dann wieder zerfällt, verdankt sich sowohl dem Fundus einer ganzen Generation russischer Theaterleute als auch der Konstellation, die aus diesem Fundus mehr hat werden lassen als nur die Schau ihrer einzelnen Elemente: Explodieren kann nur, was vorhanden ist. Und vorhanden war fast alles – zunächst als Idee, im Kopf.

Von der Krise des Theaters zum Revolutionstheater

In einem Aufsatz mit dem Titel »Über die Krise des Theaters«, erschienen in der Zeitschrift »Apollon« im Jahre 1909, hatte der Gelehrte und Dichter Vjačeslav Ivanov geschrieben, das Thema »Theater der Zukunft« übe eine »magische Kraft« auf Theaterleute, aber auch bedeutende Teile der Gesellschaft aus. Er sah darin ein »Symptom der von uns durchlebten Kulturkrise«, und in den Erwartungen und der Ungeduld, mit der die Krise des Theaters diskutiert wurde, machte er die »vorrevolutionäre Psychologie« aus. »Das Thema der Möglichkeiten des neuen Theaters ist identisch mit dem Thema der kommenden kultur-historischen Revolution, deren Hebel der Kampf um die Bühne sein wird.«[21]

Die Symptome der Krise sind für Ivanov vielfältig. Er sieht eine »Gärung der Massen«, die den »Umsturz von unten« vorbereiten, während Dichter und Dramatiker – »die wahren Herrscher im Land der Künste« – sich auf gemäßigte Reformen beschränken wollten. Wo die Revolution neue Formen des Lebens suche, sperrten sie ihre kühnen Antizipationen in die »Formen des traditionellen Schauspiels ein«. Es sei ein Irrtum, so Ivanov, zu glauben, man könne vom »Volk«, dem wirklichen Auftraggeber aller Kunst, abstrahieren. »Es kann sein, daß das Volk überhaupt keine Schauspiele mehr will – des Schauspiels und der Illusion müde ist; es scheint, daß es Handlungen will, wirkliche Handlungen und nicht die Widerspiegelungen von Handlungen.« Zwar gäbe es große Dramatiker – er nennt Ibsen und Maeterlinck –, aber sie hätten keine Verbindung zum breiten Publikum. Wenn der Kontakt zwischen Bühne und Publikum verloren gehe, dann sei dies nicht die Schuld der Dramatiker, sondern stehe im Zusammenhang mit der Entwicklung des Theaters überhaupt.

Noch in der aristokratischen Welt des »Evgenij Onegin« sei die Bühne nur ein Aspekt innerhalb des »theatrum elegantiarum« gewesen: Was sich auf der Bühne abgespielt habe, sei nur die Kehrseite einer Kultur der Selbstdarstellung des aristokratischen Publikums gewesen. Lebenskunst, Selbstinszenierung und Theaterkunst, Bewegung auf der Bühne und Bewegung in Logen und Salon hätten korrespondiert. Für das Theater in der Epoche des Individualismus mit seiner vollständigen Trennung von Publikum und Schauspieltruppe, von Zuschauern und Akteuren, von Licht auf der Bühne und Dunkel im Zuschauerraum sei eine völlig neue Situation entstanden, in der die Unterdrückung der lebendigen, aktiven, nicht nur rezeptiven Kräfte der Normalfall geworden sei. Das Spiel der Schauspieler sei identisch mit dem Kampf um die Beherrschung des Bewußtseins der Zuschauer geworden, die von einer aktiven Mitwirkung des Geschehens ausgeschlossen seien. Wo alle Aktivität auf die Bühne beschränkt und der Zuschauer in eine bloße Konsumentenhaltung gedrängt werde, sei die »Wechselwirkung der interpsychischen Einflüße« zerstört, der Zuschauer werde gewissermaßen »entleibt«; der Kritiker und der Geist der Kritik hebe diese Reduktion nicht auf, sondern befestigten nur die Trennung, weil sie dazu beitragen, die ursprüngliche »Ganzheit des Mitempfindens« der Mitwirkenden zu zersetzen. Allerdings sei die Reaktion gesetzmäßig: Die lebendigen Energien des Theaterkollektivs – also die Zuschauer – rebellieren. Nach Ivanov befindet sich das Theater in einer Übergangssituation, die »drückend wie die Schwüle vor einem kommenden Gewitter« ist; bleibe das »befreiende Gewitter« aus, komme es zu einer gesellschaftlich gefährlichen Situation, zu »Zerfall oder Hysterie«.

Die Herrschaft der Suggestion als Herrschaft der aktiven Bühne über eine zu Passivität und bloßer Rezeption verurteilte Zuschauerschaft sei für das Theater selbst eine tödliche Gefahr. Kunst, »deren immanent religiöse Natur in der Freiheit göttlich in Erscheinung tritt«, sterbe, sobald sie eine Form des Zwangs geworden sei. »Das Theater, das die Hellenen einmal als Heiligtum des Gott-Befreiers gerühmt hatten, pervertiert in eine Form der Knechtung.« Die Lösung sieht Ivanov allein in einer Wiederherstellung der ursprünglichen

Beziehung von Zuschauern und Schauspielern, die er in den Formen des antiken Theaters am reinsten ausgeprägt findet: als Beziehung zwischen Chor und individuellen Helden, sowie darin, daß das Spiel wieder zur Handlung wird, also im Übergang vom bedingt Künstlichen zum Unbedingten. »Nur etwas Unbedingtes, das heißt etwas, was keiner Bewertung, keinem Zweifel, keiner Negation unterliegt, vermag das Theaterkollektiv in Chorbewußtsein und Handlung zu verschmelzen. Doch auch diese Bedingung reicht nicht aus. Die kollektive Handlung behauptet sich als wahre und nicht bloß fiktive im Chor nur dann, wenn sie allen gemeinsam Handelnden entspricht.«

Die Verwandlung des Spiels in Handlung, die Vereinigung aller daran Teilnehmenden mache aus dem Theater dann einen aktiven, schöpferischen Vorgang. Für Ivanov ist keine andere als diese »radikale Lösung des Problems« denkbar, und er weiß, daß sie innerhalb des traditionellen Theaters nicht herbeigeführt werden kann. »Die Kunst ist machtlos, einen Chor zu schaffen; doch das Leben kann es.« Die Wiedergewinnung des »Heiligtums« Theater ist von nun an nicht mehr Gegenstand von »Theaterreformen« auf »rein ästhetischem Gebiet«, sondern »ein Moment der kulturhistorischen Revolution«.[22]

Was Ivanov, das Haupt des Petersburger Symbolismus, schon 1909 sagte, wiederholt er in fast denselben Worten zehn Jahre später, nun in seiner Eigenschaft als Leiter der theatergeschichtlichen Sektion der Moskauer Theaterabteilung (TEO) des Volkskommissariats für Aufklärung, wo er mit der Ausrichtung und Ausgestaltung von Massenschauspielen, Manifestationen und Dekorationen der Stadt beauftragt ist. Im Mai 1919 empfahl er, »an Festtagen Chöre auf den Plätzen aufzustellen«, in die »Aufstellung der Chöre das Schauspiel- und Orchesterelement einzubeziehen, das mächtige gesungene Wort mit der Schönheit des plastischen Auftritts, mit den feierlichen Prozessionen und dem entsprechenden Bild von rhythmischen Bewegungen und festlichen und malerischen Kleidern zu verbinden«; es sollte versucht werden, »das Volksfest an die Formen einer Handlung anzugleichen, ihm den Charakter einer lyrisch-dramatischen Einheit zu geben, die folgerichtig die grundsätzliche Idee des Ganzen entwickelt«; es sollten Wege ausfindig gemacht werden, um »eine direkte Teilnahme aller Versammelten an der Gestaltung des festtäglichen Rituals« zu realisieren, wobei man sich auf das »ideelle Element in den Symbolfiguren des Mythos, des Märchens und der Legende« stützen sollte.[23]

Ivanov sieht sich im Jahre 1919, wo soviel von »Massentheater« und »Kollektivhandlung« gesprochen werde, erst am Anfang dieser Verbindung von Theater- und Massenhandlung. Er hat diesen spirituellen Akt der Verschmelzung der vielen einzelnen zu einer Gemeinde als »sobornost'« bezeichnet – ein Begriff, der aus der Sphäre der kirchlichen und liturgischen Gemeinschaft stammt. In dieser fast religiösen Gemeinschaft sah er ein »Indiz für die Überwindung der Kultur der Vergangenheit durch eine neue, organische Kultur, eine Kultur, die jene von Klassen- und individualistischer Absonderung, von persönlicher und gruppenförmiger Separierung, Vereinsamung und einzelgängerischem Denken geprägte Kultur überwindet ..., einen

Beweis dafür, daß die kulturelle Integration über die kulturelle Differenzierung schließlich obsiegt hat«.[24]

In seinem Vortrag vor der Aufführung der »Walküre« am Bolschoi-Theater am 17. Mai 1919 wird schließlich sehr deutlich, daß Ivanovs Thesen zutiefst der Philosophie und Kunst des Skrjabinschen Gesamtkunstwerks verwandt sind. In Skrjabins Musik sah er den Ausdruck der »Fundamente des menschlichen Geistes« und des »Ideals der heroischen Selbstaufopferung im Namen des Ganzen«. Skrjabin habe die »Menschen zu einem Chor versammelt, der nun darangeht, das ganze Land von Grund auf umzugestalten. Ein Weltenbrand – so ahnte er – wird die hinfällige Welt in Asche legen und das Antlitz der Erde verwandeln. Doch der Tod hat den unaufhaltsamen Flug seines schöpferischen Geistes unterbrochen, so daß er uns das Werk, das als chorische Handlung von gewaltiger Erschütterung gedacht war, unvollendet hinterlassen hat. Die Gemeinschaftlichkeit (sobornost') sollte in der Kunst realisiert werden, und die Kunst sollte sich in ein Ereignis des Lebens verwandeln. Skrjabin hat damit den tiefsten Gedanken unserer Zeit ausgesprochen.«[25]

Am Ausgangspunkt der Krise der darstellenden Künste finden sich bereits all jene Elemente angedeutet, die in der folgenden Zeit dann experimentell und bühnenpraktisch durchgespielt, entfaltet und weiterentwickelt wurden. Nicht zufällig erscheint im Jahre 1908 ein Sammelband mit dem Titel »Buch über das neue Theater« mit Beiträgen von Mejerhold, Belyi, Lunačarskij, Ivanov und anderen. Der Sammelband ist so etwas wie die Weichenstellung für die künftige Theaterentwicklung – die »Vechi« des Theaters. Der Gärungsprozeß, der die Auflösung der naturalistischen Theatertradition, aber auch des »Theaters der Stimmung«, wie es am Moskauer Künstlertheater unter Stanislavskij Schule gemacht hatte, begleitete, war gekennzeichnet von einer Flut theatertheoretischer Publikationen. Es schien darum zu gehen, alles von Grund auf neu zu diskutieren. In diesem Zusammenhang spielten keine geringe Rolle die russische Veröffentlichung von Georg Fuchs' »Revolution des Theaters« und die Schriften von Gordon E. Craig sowie die Gastspiele von Max Reinhardt in Rußland. Die Themen dieser theoretischen Arbeiten sind kurz benannt folgende: Kritik des Naturalismus und Realismus auf der Bühne; Kritik des Theaterbetriebs, der Beziehung von Theater und Publikumsöffentlichkeit; Kritik des in Rußland gängigen Repertoires. Die überaus intensive »Theoretisierung« der Theaterproblematik erklärt sich indes nicht nur aus der übermächtigen Gestalt des Moskauer Künstlertheaters, das ja nicht nur für Rußland einen Höhepunkt der Theaterentwicklung darstellte und gegen dessen Stil sich jedes Neubeginnen durchsetzen mußte; sie erklärt sich auch aus dem übermächtigen Druck, den der Realismus der »Weltanschauung« zumal innerhalb der fortschrittlichen Intelligenz ausübte. Die Krise des Theaters signalisierte zwar eine innere Schwäche der Moskauer Theaterbastion und der in der Intelligenz vorherrschenden Gleichsetzung von Realismus und kritischer öffentlicher Meinung – »erledigt« werden konnten diese Positionen aber nur praktisch-experimentell.

Vorarbeit in der Unterminierung der um die Jahrhundertwende vorherrschenden Tendenz des naturalistischen Theaters war bereits von Dichtern und Philosophen geleistet worden: von Merežkovskij, Baudelaire. Der russische Theaterhistoriker Evgenij A. Znosko-Borovskij charakterisiert die Stimmung um 1905 wie folgt: »Alles Reale erhält eine neue irreale Bedeutung und Tiefe. Wenn bei Tschechow die Welt schon beginnt durchsichtig zu werden und das Schreiben auf den Punkt gebracht wurde, wo hinter den gewöhnlichen Worten ein zweiter, tiefer Sinn sichtbar wird, dann wurde jetzt die ganze äußere Welt zu einem bloßen Zeichen von etwas Unvergänglichem, Ewigem, Immateriellem. ›Alles Vergängliche ist nur ein Gleichnis‹, sagte Goethe, und diese Worte wurden zum Glaubenssymbol des Symbolismus.«[26]

Und der Theaterhistoriker fragt weiter, wie es denn in Rußland noch einen Platz für Realismus und Naturalismus hätte geben sollen, »wo doch das Leben selbst aufgehört hatte, realistisch zu sein, und sich in den zufälligen Widerschein eines mystischen Spiritualismus verwandelt hatte«. Vordergründig ging es in der Kritik des Realismus um solche Dinge wie die Tendenzen, die Realität kopieren wollen, die Lebensechtheit als Leitfaden, die Fetischisierung der Requisiten, des »Kults des Details«, den perfekten Illusionismus, wie er in den Tschechow- und Gorki-Inszenierungen des Moskauer Künstlertheaters unter Stanislawskij erreicht worden war. Doch schon die Hinwendung zu Dramatikern wie Maeterlinck und Ibsen hatte gezeigt, daß sich der »Sinn« der modernen Dramatiker mit einem verfeinerten Psychologismus nicht mehr fassen ließ.

Das Theater sollte mehr zeigen als nur die Wirklichkeit und auch mehr sein. An die Stelle der Fixierung auf das Postulat der »Lebensechtheit« trat der Wille, neue szenische Formen zu schaffen; die Liebe zu den Details sollte abgelöst werden durch die Herausarbeitung der zentralen »Idee« des Werks; nicht »Natürlichkeit«, sondern Theatralizität sollten die Kriterien sein; die Wechselbeziehung von Ensemble und Zuschauer sollte wichtiger sein als die Faszination durch das Spiel auf der Bühne; mit der Rampe sollte auch die Illusion fallen.[27] »Scharf wird die Entfremdung des Schauspielers vom Zuschauer und des Saals von der Bühne empfunden«, schreibt der Theaterkritiker S. Rafalovič. »Scharf wird der Kontrast zwischen der aktiven Handlung der einen und der Passivität der anderen bemerkt. Die Abgehobenheit des Autors von der Masse erzeugt Verstimmung und Unzufriedenheit ebenso wie der Umstand, daß er nur einem kleinen Kreis von Leuten nahesteht und für die breiten Volksmassen unzugänglich ist. Die Beschränktheit der theatralischen Formen bedrückt, inhaltlich wie in der Aufführungspraxis sind die Stücke von einer außerordentlichen Bestimmtheit, Exaktheit, Deutlichkeit und lassen keinen Raum und keine Freiheit.«[28]

Noch emphatischer heißt es bei Vjačeslav Ivanov: »Nieder mit der Rampe, dieser magischen Grenze zwischen Schauspieler und Zuschauer. Die Bühne muß die Rampe hinter sich lassen und die Gemeinde muß die Bühne in sich aufnehmen. Wir haben genug vom Schauen. Wir wollen zusammenkommen, um schöpferisch zu wirken, um gemeinsam zu agieren und nicht nur den Zuschauer spielen.« Natürlich gab es Leute wie den angesehenen Literaturkritiker Ju. Ajchenval'd, die in der Kampfansage an das naturalistische Theater das »Ende des Theaters« überhaupt sahen.[29] Freilich gab es Kritiker, die vor allem Vjačeslav Ivanovs quasireligiöse Rekonstruktion des Theaters aus dem »Geist der Musik« verhöhnten. Zu ihnen gehörte Belyi, der in seinem Beitrag zum »Buch über das neue Theater« scharfsichtig schrieb: »Nehmen wir einmal an, daß wir, die Zuschauer, uns in einen Chor verwandeln ... Gehen wir in den Theatertempel hinein, werfen uns weiße Gewänder über, schmükken uns mit Rosenbouquets und feiern das Mysterium ..., wenn es soweit ist, fassen wir uns an den Händen und beginnen den Tanz. Stellen Sie sich für einen Augenblick in dieser Rolle vor. Wir sind es, die sich um die Opferstätte drehen – wir alle: die Dame, gekleidet in ein Jugendstilgewand, der Börsenhändler, der Arbeiter und das Mitglied des Staatsrats. Ich bin sicher, daß unsere Gebete nicht zusammenstimmen werden. Die Dame im Jugendstilkleid wird zu irgendeinem Poeten in der Gestalt des Dionysos beten, der Arbeiter wird um die Kürzung des Arbeitstags beten, und das Mitglied des Staatsrats – zu welchem Stern wird es seine Seufzer senden? Nein, es ist schon besser, sich mit einem netten Fräulein im Walzer zu drehen als einen Reigen mit einem Wirklichen Staatsrat aufzuführen.«[30]

Die Philosophie des »neuen Theaters« war mit Bergson darangegangen, »hinter den Linien, die man sieht, die Bewegung zu suchen, die man nicht sieht, und hinter den Bewegungen noch Geheimnisvolleres«. Darin lag ihre Stoßkraft gegenüber dem naturalistischen Theater. Die Bühne konnte sich emanzipieren von dem Anspruch, das Leben getreu zu schildern, »echt« sein zu müssen. Sie konnte auf Details und üppige Kulissen verzichten und mit Andeutungen, Stilisierungen arbeiten und so die Phantasie des Zuschauers stimulieren, »befreien«. Sie rehabilitierte das »Theater als Theater« mit den Möglichkeiten des reinen Spiels. Sie konnte einen Schauspielertyp heranbilden, der bisher verschlossene Ausdrucksmöglichkeiten für sich eroberte, die als theaterfremd gegolten hatten – Akrobatik, Clownerie; sie konnte technische Mittel einsetzen, die bisher rein dienende, illusionistische Funktionen hatten – wie Licht und Musik – und diese selber als Kunstmittel mit ganz eigentümlichen Effekten »symphonisch« einsetzen. Die symbolistisch-stilisierende Bühne eröffnete einen weiten Raum für Experimente aller Art. Freilich lag darin auch die Schwäche der symbolistischen Kritik und Theaterpraxis. Unüberschaubar war die Tendenz, die Bühne als Schauplatz einer abstrakten Idee – Einsamkeit, Schicksal, Glück und ähnliches – zu gebrauchen, Schauspieler als die »Träger« dieser Ideen und Thesen agieren zu lassen und die Möglichkeiten des Theaters nur noch an den Grenzen des technisch Machbaren festzumachen. Die überragende Rolle des Regisseurs wurde im symbolistischen Theater nicht nur nicht angetastet, sondern potenziert, und es ist charakteristisch, daß die Revolutionierung des russischen Theaters verbunden ist mit den Namen der großen Regisseure, die man nicht selten als die »Diktatoren der Bühne« bezeichnet hat: Mejerhold, Evrejnov, Tairov, die freilich mit einer Machtvollkommenheit ausgestattet werden sollten, die Stanislavskijs Künstlertheater nicht einmal ahnen konnte.

Doch entscheidender für die herausragende Stellung des Regisseurs ist wohl, daß er der Realisator eines »Gesamtkunstwerks«, eines »totalen Theaters« geworden war. Der Zerfall eines Theaters der Ideen und Symbole konnte nicht ausbleiben, doch die Spaltprodukte, die in der Zersetzung des Naturalismus wie des Symbolismus freigesetzt wurden, hinterlassen Spuren in der Theatergeschichte – und in der Schaubühne Petrograd im Jahre 1920. Auf den ersten Blick sind das Elemente, die unvereinbar erscheinen; am prägnantesten ausformuliert wurden sie von Theaterpraktikern wie Vsevolod Mejerhold und dem für die Evolution und Radikalisierung des russischen Theaters vermutlich maßgeblicheren Nikolaj Evrejnov, einem Multitalent, wie es Gordon Craig für das Theater der Zukunft postuliert hatte: Jurist von Haus aus, Kompositionsschüler bei Rimski-Korsakow, einer der erfolgreichsten Stückeschreiber des vorrevolutionären Rußland, Theaterhistoriker von Rang, Bühnenbildner und Regisseur in einem.[31]

Namentlich mit Evrejnov ist die Losung von der »Theatralisierung des Lebens«, der Aufhebung des Theaters durch die Theatralisierung des Lebens selbst, verbunden. Ein Zufallsprodukt des symbolistischen Theaters war die Radikalisierung des Stils, die Stilisierung als Konzeption bis hin zur Groteske. »Eine Epoche oder eine Erscheinung zu stilisieren bedeutet«, so beschreibt Mejerhold, »mit allen Ausdrucksmitteln die ihr innewohnende Synthese bloßlegen, ihre verborgenen, charakteristischen Züge rekonstruieren, wie sie in dem tief verborgenen Stil eines jeden Kunstwerks vorhanden sind.«[32] Und an anderer Stelle schreibt er: »Wir streben nach Kürze und Vertiefung, nach Klarheit und einer gesunden Konzentriertheit. Die großen Entdeckungen und vielerlei Umwälzungen im Geistesleben und in der Technik unserer Zeit haben den Weltpuls wieder beschleunigt. Uns reicht die Zeit nicht, deshalb wollen wir in allem Kürze und Genauigkeit. Als kühnes Gleichgewicht zur Dekadenz, deren Kennzeichen Verschwommenheit und Maßlosigkeit in der Beschreibung von Einzelheiten ist, wählen wir Knappheit, Tiefe und Prägnanz, suchen wir in allem die großen Maßstäbe.«[33]

In der Groteske gipfelt die Stilisierung, denn sie »vertieft das Alltagsleben bis zu der Grenze, wo es aufhört, das nur Natürliche zu sein. Im Leben gibt es außer dem, was wir sehen, noch das riesige Gebiet des nicht Enträtselten. Die Groteske, die das Übernatürliche sucht, verbindet in einer Synthese die Extreme der Gegensätze, schafft ein Bild des Phänomenalen und läßt den Zuschauer das Rätsel des Unbegreiflichen erraten.« Die Seele der Groteske soll zur »Seele der Bühne« werden – »die Dissonanz, erhoben zum Harmonisch-Schönen«.[34]

Mit der Wiederentdeckung des Spiels ging auch die Wiederentdeckung der Spieltradition einher. Man entdeckt im vorrevolutionären Rußland nicht nur die Antike neu, sondern auch die Tradition der mittelalterlichen Spaßmacher, der Harlekins, Pierrots, des Volkstheaters – Mejerhold mehr, indem er sich auf das »Goldene Zeitalter« Lope de Vegas', Calderon und die italienische Commedia dell'arte konzentriert, Evrejnov, indem er das russische, vor allem vorpetrinische Volkstheater wieder entdeckt. Es wird alles gespielt: Ibsen, Maeterlinck, Przybyszewski, Schnitzler, Goldoni, Gozzi, Wedekind, Shakespeare, auch Blok und Andreev. Mit dem »Internationalismus der Adaptionen« in Rußland geht indes Mejerhold hart ins Gericht. Er spricht von einem

»Internationalismus des Melonenhuts, der auf alle Köpfe des Erdballs paßt. Er wird überall getragen – also tragen wir ihn auch. Aber auf Köpfen mit noch nicht ganz verwischten nationalen Zügen, auf typisch russischen Köpfen, wirkt so eine Melone doch recht widerwärtig.«[35]

Evrejnov wird darin später die Arroganz des naturalisierten Deutschen sehen, doch auch er bedient sich in einem anscheinend unbändigen Inszenierungsfieber in allen Regionen und Epochen der Theatergeschichte. Evrejnovs »Theater für sich« hat sich restlos von allen Verbindlichkeiten einer »moralischen Anstalt« gelöst und vollständige Autonomie des Spiels erreicht. Der Trieb, ein anderer oder etwas anderes sein zu können, rangiert für ihn gleichberechtigt neben den Elementartrieben – wie Hunger und Geschlecht. Es gibt nichts mehr, was für das Theater nicht verfügbar sein sollte. Neue Formen bereichern die Bühne: Pantomime, Harlekinade, Kabarett, Zirkus, Akrobatik, die Theatralisierung des Theaters selbst durch verfremdete Stilzitate. Evrejnovs Apologie des Theatralischen geht über in eine Art »Theatrokratie«.[36] Das Repertoire des gesamten Welttheaters wird verfügbar gemacht.

War bei Mejerhold schon angeklungen, daß das Theater sich der neuesten Technik nicht verschließen könne, so wird es in den folgenden Jahren zu einer regelrechten »Technisierung« oder »Industrialisierung« der Bühne kommen, die doch auf den Trümmern der naturalistischen Theatermaschinerie erst gereinigt worden war. Ganz im Einklang mit Marinettis futuristischem Manifest meinte der Regisseur Radlov: »Ich weiß nicht, ob die Elektrifizierung Rußlands eine gute Sache ist, aber ich proklamiere aufs feierlichste die Notwendigkeit der vollständigen, konsequenten, bis zu Ende durchgeführten Elektrifizierung des Theaters.«[37]

Dies war im Jahre 1920 gesagt, als Regisseure mit Fesselballons, Aeroplanen, Lichtsignalen, rotierenden Zylindern zu arbeiten gewohnt waren. Die »Technik« als selbständigen Bühnenhelden hatte es indes schon in den Jahren zuvor gegeben. Ein Element, das die Technisierung noch beförderte, war die Wiederentdeckung des »Primitiven«, meist festgemacht am Volkstheater. Die Kultivierung des Primitiven hatte ihr Fundament einerseits in theoretischen Auffassungen, die den Ursprung des Theaters im heidnischen Ritual der Dorfgemeinschaft erblickten, zum anderen in der Entdeckung der nach wie vor existierenden, aber von der hauptstädtischen Intelligenz bislang ignorierten Volkstheaterpraxis. Schaubuden, Spaßmacher, Panoptikum, Bärenführer, das Spiel von Petruška, Puppen- und Marionettentheater, Auftritte von Zirkusathleten, die zu den Jahrmärkten Hunderttausende von Zuschauern anzogen, wurden erstmals wahrgenommen und als Belege für die Spielnatur des von der Zivilisation nicht verdorbenen einfachen Volks genommen. Nun galt die einfache, primitive Form der derben Spaßmacher als ein Quell des Originellen, als eine Rückkehr zu den »eigenen Quellen«.

Das russische Theater seit der Zarin Elisabeth wurde kurzerhand als Import und französischer Oktroi interpretiert. »Was soll man dem Volk dann bieten, damit es das Theater als sein eigenes annimmt?« fragt Vsevolodskij-Gerngross. »Kein ›Revisor‹, kein Ostrovskij wird da helfen. Das Volk muß sein Theater aus seinen Kultgebräuchen schaffen. Grundlage des künftigen

Theaters auf dem Dorf muß die Reigenhandlung sein. Das heute existierende Theater hat sich überlebt und ist dem Volk weder nötig noch interessant.«[38]

Man sieht, daß dem russischen Theater gerade in der Krise zugleich die Kräfte zuwuchsen, die es zuversichtlich stimmen konnten, in allem Experimentieren noch ein Ziel im Auge zu behalten. Davon spricht jedenfalls Mejerhold in einem Aufsatz aus dem Jahre 1909: »Das zeitgenössische Theater hat kein einheitliches Auditorium. Unser Theater ist beim letzten Grad der Differenzierung angelangt. Es ist, als ob eine große Maschine, die in Jahrhunderten montiert wurde, plötzlich stillsteht; nun wird sie zerlegt, und ihre Teile gehen zu Reparaturzwecken an verschiedene Orte. Aber wenn uns die Ahnung nicht trügt, muß doch schließlich eine Zeit kommen, wo das zersplitterte Theater wieder zur Einheit findet! Nur mit dieser Hoffnung – daß wir in den heute so differenzierten Theatern die Grundlage des zukünftigen Einheitstheaters schaffen – lohnt sich die Bühnenarbeit überhaupt. Es nicht zu wissen bedeutet nichts anderes, als der Lakai des Publikums zu sein, nichts weiter … Nur aus dieser Sicht heraus haben die heutigen Bühnen Existenzrecht. Sie sind Werkstätten, in denen die zusammengehörigen Einzelteile des kommenden Giganten geschmiedet werden – des Volkstheaters.«[39]

Von der Straßendemonstration zur »rhythmisierten Bewegung«

Die Krise wäre nicht so radikal verschärft, die Suche nach den neuen Formen nicht so energisch ausgefallen, wenn sich auf seiten des Publikums, der Öffentlichkeit nicht selber ein tiefgreifender Wandel vollzogen hätte. Wie Mejerhold gesagt hatte: Die Krise des Theaters wird manifestiert an der Stelle, wo sich die immanente Entwicklung der Bühnenarbeit mit der Entwicklung des Verhältnisses von Publikum und Bühne wie in einem Strudel treffen.[40] Es gilt schon für die vorrevolutionäre, erst recht dann für die Revolutionszeit, was Stanislavskij in seinen Memoiren bemerkte: »Heute haben wir vor uns ein vollständig neues Publikum, von dem wir nicht wußten, wie wir mit ihm umgehen sollten. Und das Publikum seinerseits wußte nicht, wie es sich uns gegenüber verhalten sollte.«[41]

Noch bevor allerdings die Soldaten, Bauern und Arbeiter in die hauptstädtischen Theater eindrangen, war der fortschrittlichen und sozialistischen Intelligenz klar, daß das neue Publikum berufen sei, eigenständige schöpferische Formen zu entwickeln. Darin stimmte die russische Intelligencija vollständig mit den Auffassungen der internationalen Sozialdemokratie und deren Bildungs- und Kulturaufgabe überein, verfocht diese These aber weitaus radikaler. Es gibt auch hier eine Art Grundverständnis von der Kultivierung der Arbeiterbewegung, das kurz so umschrieben werden könnte: Mit dem

Wegfall des Privateigentums werden auch die Kulturgüter vergesellschaftet; die Befreiung aus der Lohnarbeit wird die Springquellen der Selbständigkeit der Arbeiter und Bauern öffnen, und es wird sich ein spezifischer Typus der Kultur ausbilden, in dem die antagonistische Trennung von Arbeit und freier Zeit aufgehoben ist, Arbeit und Leben »schöner« sind und somit der exklusive Status der Kultur hinfällig wird. »Nur in der kapitalistischen Ordnung ist die Teilung des Lebens in Feiertage und Werktage, in Erholung und Arbeit einleuchtend … Man muß sich den Zustand der sozialistischen Gesellschaft vorstellen, um zu begreifen, daß in ihr Göttliches und Cäsarisches zu einem einheitlichen Ganzen verschmilzt; denn die Arbeit wird leicht und zur Freude, und Erholung ist nur noch die Ablösung durch eine andere Arbeit, die genauso leicht und mit Freude zu tun ist … Das Gesagte ist ganz und gar keine abstrakte Theorie, sondern ist mit praktischen Schlußfolgerungen verbunden. Man muß die Schönheit in das organische Gewebe des Alltags eindringen lassen … Das Theater ist das beste Mittel für die Ästhetisierung des Lebens, seiner wahrhaftigen, vollständigen, tiefen Heranführung an die moderne künstlerische Kultur und die Entwicklung einer neuen Kultur, die nicht einsamen Genies gehört, sondern den ästhetisierten Massen. Es ist ein Mittel für die Verschmelzung von Fest- und Werktag, von Erholung und Arbeit in einem …«[42]

In dieselbe Richtung geht Lunačarskij 1920 mit seiner Interpretation des Maifeiertags und der Massenschauspiele. Daß das Volk feiert, ist in seinen Augen ein Grundzug der Demokratie. »Die Massen müssen, um sich fühlen zu können, aus sich herausgehen können, und dies ist nur dann möglich, wenn sie selbst – nach einem Wort Robespierres – für sich selbst zum Schauspiel werden. Wenn die organisierten Massen in einem Prozessionszug unter Musik vorbeiziehen, in Chören singen, große gymnastische Übungen oder Tänze vorführen, wenn sie – mit einem Wort – ihre Art der Parade durchführen, keine militärische, sondern eine, die das ideelle Wesen, die Hoffnungen, die Ergebenheitsschwüre und jede andere Emotion ausdrückt«; wenn nun diese Masse mit der am Straßenrand stehenden unorganisierten Masse verschmilzt, wird man – so Lunačarskij – sagen können: »Das ganze Volk demonstriert vor sich selber seine Seele.«

Lunačarskij macht sich keine Illusionen darüber, daß so etwas rein spontan zustande kommt, denn »solange das soziale Leben die Massen kein Empfinden für eine höhere Ordnung und Rhythmus lehrt, darf man nicht erwarten, daß die Menge selbst etwas zuwege bringt außer fröhlichem Lärm und buntem Hin und Her der festlich gekleideten Menschen. Der Festtag muß regelrecht organisiert werden wie alles auf der Welt, das einen höheren ästhetischen Eindruck hinterlassen soll.« Freilich läßt sich so etwas nicht beliebig »organisieren«. Voraussetzung sind »ein wirklicher Aufschwung der Massen«, ein »real vorhandener Wunsch, mit dem ganzen Herzen auf ein Ereignis zu reagieren«, »ein gewisses Minimum an Festtagsstimmung« und schließlich »talentierte Organisatoren«, »Offiziere des Fests sozusagen«, die in der Lage sind, nicht nur Direktiven zu geben, was nur zu aufgesetzten Festen führe, sondern fähig sind, den »natürlichen Impuls der Massen« mit dem

Enthusiasmus der Führer zu verschmelzen. Für Lunačarskij waren bei den Maifeiern 1920 alle notwendigen Elemente vorhanden. Dramaturgisch geht der Aufmarsch der Massen im Stadtzentrum in eine zentrale Aktion über von der Art einer »erhabenen symbolischen Zeremonie«.[43]

Entscheidend im vorliegenden Zusammenhang ist, daß Lunačarskij die Gedanken der Umformung der Demonstration und Manifestation in ein künstlerisches Ereignis, eine künstlerisch gestaltete Handlung ebenfalls bereits früh ausgesprochen hatte: 1908 Seite an Seite mit den anderen Autoren des Sammelbands »Buch über das neue Theater«. Von ihm stammt die Formulierung, daß im Theater der Zukunft »wunderbare Dramen, Prozessionen, Zeremonien« zu finden sein werden und daß »Tempel in Theater und Theater in Tempel« verwandelt würden. Diese Formulierung erinnert fast wörtlich an jene von Ivanov, wonach das Theater auf die Straßen gehen und die Straßen in Theatertempel umwandeln würde – nur die Ausgangspunkte sind verschieden.

Fast ununterscheidbar gehen symbolistische Theatertheorie und linker Proletkult ineinander über. Das proletarische Fest wird als Konkretisierung der symbolistischen *sobornost'* interpretiert, wenn es heißt: »Die Arbeiter und Rotarmisten suchen in den Theaterzirkeln die theatralisierte Handlung, die ihr Klassenantlitz nicht bloß ändert, sondern umformt. Ihr Weg führt nicht zum Theater, sie machen keine Kunst, sondern sind wirklich, dies ist der Weg zum Fest als einer Form der Umgestaltung des Alltags.«[44] Oder wenn es an anderer Stelle heißt: »Das proletarische Theater wird sich durch Kollektivität, Einbeziehung des Zuschauers in die Theaterhandlung, Massencharakter des Schauspiels und Improvisation auszeichnen.«[45] So wie das proletarische Fest Arbeit und Freizeit versöhnen soll, so wird es in seiner konkreten Gestaltung auch zum wirklichen Gesamtkunstwerk. Für einen Haupttheoretiker des Proletkult, den Verfasser des »Schöpferischen Theaters«, Keržencev, sollte es den »ganzen heterogenen Komplex der Künste, alle verschiedenen Typen und Formen der Theatervorstellung« verbinden. Das Fest ist die »Synthese aus Farb- und Tonwellen, aus Malerei und Musik und Gesang, Tanz und Deklamation, akrobatischen Vorführungen und Reigen, Marionetten und Schaubuden, Zirkus und Athletik, Schaubühne und Meetings. Diese ganze Buntheit – und die Buntheit ist ein notwendiger Zug – ist aus einem Stoff und läßt so buchstäblich eine neue Form künstlerischer Schöpfung entstehen.« Jetzt endlich, so Keržencev, sei der »verlockende Traum des Künstlers, Regisseurs, Musikers, Schauspielers« in Erfüllung gegangen, das »kollektive Schöpfertum der breiten Massen« habe eine Form gefunden.[46]

Wo das Leben selbst zum Spiel wird, ist das Theater überflüssig geworden. Radlov hat diese Grundüberzeugung sowohl der symbolistischen wie der Proletkult-Theoretiker neben vielen anderen ausgesprochen. »Rhythmisierung des Lebens« sei nun keine Schrulle eines von seiner Phantasie ermüdeten und übersättigten Menschen mehr. »Jeder Augenblick von Arbeit und Erholung ordnet sich den Gesetzen von Harmonie und Rhythmus unter … Die Wunder der Wissenschaft haben die Knechtung des Menschen durch die

Dinge gebrochen. Der Mensch ist ihr Herr … Frei von der Strafe der Arbeit atmet er die Himmelsluft … Alles ist frei und alles ist schön. Die Rhythmen der Bewegung sind vollkommen – es bedarf keines Schauspielers mehr. Das Wort ist immer ausdrucksstark – für Dichter gibt es keinen Platz mehr. Alle Gegenstände des Alltags sind so sehr durch ihre sachliche Logik gerechtfertigt, daß kein Ornament, keine Verschönerung es wagen darf, ihre mathematische Strenge zu beleidigen, und der Künstler legt seinen Pinsel als überflüssig zur Seite … Das ganze Leben wird eine einzige festliche Massenhandlung sein.«[47]

Im »Mysterium der befreiten Arbeit«, Massenschauspiel, Demonstration und Volksfest in einem, laufen zwei Linien zusammen: die Entwicklung der Bühne und ihrer Theoretiker und die Entwicklung des Publikums und seiner Theoretiker; beider Erwartungen trafen in einem Punkt zusammen, obgleich die Motive gewiß unterschiedlich gewesen sein dürften. Es gibt den Weg des Theaters auf die Straße und den Weg der Straße zur Theatralisierung, oder konkret gesprochen: Es führt eine Linie aus dem Privattheater Ivanovs – »Bašennyj teatr«, benannt nach seinem »Turm« –, in dem im kleinsten Kreis – Belyj, Mejerhold, Lunačarskij und andere gehörten dazu – der Schritt über die Rampe hinaus zum Mysterium der Gemeinschaftlichkeit geprobt wurde, zum Mysterium der befreiten Arbeit vor der Börse; und es führt eine Linie von der konspirativ organisierten Maifeier des Jahres 1891 an den Narvaer Toren, drei Werst von den Putilov-Werken entfernt, zur Feier des 1. Mai des Jahres 1920 auf dem Platz vor der Börse. Doch wir haben erst die ideelle Verbindung skizziert. Sie läßt sich auch zeigen im Konkreten, denn die Namen der Regisseure sind bekannt, sie hatten Theatergeschichte gemacht vor dem Jahr 1920.

Petrograder Premiere, Petersburger Experimente

Als Alexander Benois, einer der Gründer der Avantgarde-Zeitschrift »Welt der Kunst« und eine der zentralen Figuren des Petersburger Kulturlebens, nach der Februarrevolution vorgeschlagen hatte, ein »Ministerium der Künste« einzurichten, war ihm Mejerhold energisch entgegengetreten.[48]

Aber kaum war ein Jahr vergangen, da sind auf den führenden Posten der vom Volkskommissariat für Aufklärung gebildeten Theaterabteilung (TEO) die wichtigsten Vertreter des Moskauer und Petersburger Kultur- und Theaterlebens zu finden. Blok war zum Leiter der Sektion für Theaterrepertoire des TEO geworden, Mejerhold sein Stellvertreter; unter anderen finden wir in der Sektion die Literatur- und Kunstwissenschaftler Zelinskij, Ivanov-Razumnik, den Schriftsteller Remizov sowie die Regisseure Radlov, Solov'ev und den Theaterhistoriker Vsevolodskij. An der Spitze der Moskauer TEO stehen die Häupter des russischen Symbolismus Ivanov, Belyj, Brjusov, Čulkov.[49]

Ob man dies alles nun »Ministerium der Künste« nennt oder nicht – die Konzentration künstlerischer Intelligenz, ausgestattet mit den Mitteln und Kompetenzen des Narkompros, war gewiß etwas ähnliches. Wir haben nichts anderes vor uns als die Verbindung von Kunst und Macht, den Weg symbolistischer Dichter und Regisseure aus einer Randposition an die Entscheidungsstellen eines soeben aus dem Chaos aufgetauchten »Staatsapparats«.

Noch augenfälliger wird die Konzentration der Petersburger Theaterintelligenz, wenn man die Listen derjenigen in Erinnerung ruft, die für die Inszenierungen des Jahres 1920 in Petrograd künstlerisch und organisatorisch verantwortlich zeichneten (dasselbe gilt auch für Moskau). Es handelt sich durchweg um »Absolventen« des Petersburger Theaterlebens vor dem Krieg, zum größten Teil um die Elite der Avantgarde-Regisseure und Theaterleute Petersburgs aus den letzten Vorkriegsjahren, geschult in mannigfachen Experimenten, Niederlagen, vereint durch eine gemeinsame Zeiterfahrung.

Die Regiekollektive des Jahres 1920 verkörpern das akkumulierte Petersburger/Petrograder Regietalent.

Für die Maifeierlichkeiten, speziell das »Mysterium der befreiten Arbeit« 1920 zeichneten verantwortlich: Annenkov, Kugel', Maslovskaja, Dobužinskij, Ščuko.

Für die Inszenierung »Zur Weltkommune« waren verantwortlich: Petrov, Radlov, Solov'ev, Mardžanov, Altman und Hugo Varlich.

Die Inszenierung »Einnahme des Winterpalais« zum dritten Jahrestag der Revolution wurde geleitet von Evrejnov, Kugel', Petrov, Annenkov.

Die kleinere Inszenierung »Die Blockade« wurde von Radlov und Fomin ausgerichtet.

Der Name Mejerhold taucht hier nur deshalb nicht auf, weil er – nach seiner beispielhaften Aufführung von Majakowskijs »Misterija Buff« in Petrograd – hauptsächlich in Moskau tätig wurde, wo 1920 unter seiner Leitung das Theater »RSFSR – 1« eröffnet wurde und seine Arbeit an den Masseninszenierungen sich auf Moskau beschränkte; indirekt – in Gestalt seiner »Schule« und seines Einflusses – ist er jedoch immer präsent. Der Hinweis auf die »Theaterkarrieren« kann nicht in Form von Biographien gegeben werden, sondern lediglich als Hinweis auf die Theaterlandschaft, in der – gleichsam nach dem »Dekorationswechsel« – die Inszenierungen von 1920 realisiert werden.

Mejerhold selbst war noch aus dem Ensemble des Moskauer Künstlertheaters (MChaT) hervorgegangen, mit der Gründung des Studios des MChaT betreibt er auch den Bruch mit der Richtung des »Stimmungstheaters«. Vom »Studio« führt sein Weg über das Theater »Eremitage«, das Theater der Komissarževskaja, das Starinnyj-Theater und das Kaiserliche Alexandratheater in die Intendanz des Theaters »RSFSR – 1«, des ersten Theaters der Republik.

Evrejnov hatte am Theater der Komissarževskaja gearbeitet und dann das Starinnyj-Theater und das Theater »Krivoe zerkalo« mit zu den aufregendsten Bühnen der Hauptstadt gemacht. 1920 sollte er, wie Lunačarskij wünschte, die Maifeiern ausrichten. Und Mejerhold hätte ihn gerne als Leiter des Theaters »RSFSR – 2« gehabt.[50]

Radlov hatte die »Volkskomödie« als Bühne eines modernisierten Volkstheaters und als Lieblingstheater der Petersburger literarischen Snobs vor dem Krieg etabliert. Mardžanov, ein Mitarbeiter Tairovs in Moskau, war am Petrograder Troickij-Theater tätig, wo er Oscar Wilde, Gerhart Hauptmann und Maeterlinck inszeniert hatte. Und wohl der bedeutendste Petersburger Theaterkritiker, Kugel', der im Dezember 1917 noch geschrieben hatte: »Das Spiel ist aus ... Wir haben Rußland für ein Theaterbillett verspielt. Die Ablehnung der Realität im Namen eines Theaters eingebildeter Gespenster – das ist die Hauptkrankheit des russischen Bewußtseins« – befindet sich in den Reihen der »Theaterkommandanten«.[51]

Es lassen sich sogar einige »Herde« der Generierung der Regisseure neuen Typs benennen: Da ist einmal das Eremitage-Theater, an dem Solov'ev, Annenkov, Mejerhold und Evrejnov gearbeitet hatten; oder das »Wandertheater« von Gajdeburov und Škarskaja – ein Petersburger Theater, das im Namen der »Demokratisierung der Bühne« einen Mittelweg zwischen klassischem und populärem Programm zu gehen suchte –, an dem junge Regisseure wie N.G. Vinogradov, A. Piotrovskij und andere ihr Debüt gegeben hatten.

Die Bühnenbildner Ščuko, Fomin, Dobužinskij, Altman, Annenkov waren ebenfalls längst mit sensationellen, meist opulenten Entwürfen an Petersburger Bühnen Berühmtheiten geworden.

Für Mejerhold wie Evrejnov gilt, daß sie im vorrevolutionären Petersburg die ganze Bandbreite des Repertoires spielten und sowohl an Experimentalbühnen wie an anerkannten Institutionen arbeiteten. Mejerhold etwa am Alexandratheater, der Hauptbastion des Systems der »Kaiserlichen Theater«. Evrejnov sollte für seine »Revisor«-Inszenierung in Carskoe Selo vom Zaren persönlich eine goldene Uhr in Empfang nehmen. Beide Regisseure waren in Rußland weit herumgekommen, kannten die Provinz außerordentlich gut – der eine mehr als Regisseur dortiger Bühnen, der andere mehr mit dem Blick auf die Traditionen des Volkstheaters –, beide hatten mehrjährige Auslandserfahrung. Ausgangspunkt für eine Profilierung des eigenen Stils war die Opposition zu Stanislavskijs »System«. Beide hatten mit einer gewissen Folgerichtigkeit den »Zeitgeist« auf die Bühne gebracht, der eine mehr an den Stücken der großen Literatur orientiert, der andere öfter als Inszenator seiner eigenen Werke und mit einem starken Drang zur Unterhaltungsbühne. Herausragende Produktionen Mejerholds und Evrejnovs sind jeweils auch »theaterphilosophische« Zäsuren.[52]

Die Namen von Evrejnov und Mejerhold stehen nicht für das gesamte Spektrum des vorrevolutionären Petersburger Theaterlebens. Und doch berührte ihr Experimentieren Punkte, an denen sie sich eins wußten mit einem großen Teil der Theater. Unzufriedenheit herrschte über die Zensur, über die Ausklammerung von Fragen, die die Hof- und Kirchenkreise betrafen; über die privilegierte Stellung der Kaiserlichen Theater und die dort tätigen Ensemblemitglieder, über das Repertoire und das Abbonnementsystem. Es ist daher fast gesetzmäßig, daß vom Februar 1917 an auf den Petrograder Bühnen ein regelrechtes Premierenfieber ausbricht – revolutionäre Stücke gibt es fast nicht darunter, sondern eher solche, die religiöse und gesellschaftliche Tabus betreffen.[53]

Das Boulevardtheater hat Hochkonjunktur mit Stücken wie »Die nächtlichen Orgien Rasputins«, mit Kabaretts wie »Bankrott des Handelshauses Romanov und Co.«. Die Theaterzuschauer ließen sich von dem Umsturz in der Hauptstadt kaum beeindrucken, nur am Alexandra- und Marientheater waren vorübergehend Vorstellungen ausgefallen – man rechnete offensichtlich mit einem kurzen Intermezzo der »Arbeiter- und Bauernregierung«. Die Kaiserlichen Theater finden sich am schnellsten mit der neuen Zentralgewalt ab – die Bastion der Aristokratie kann fast bruchlos übernommen werden. Schwieriger gestaltet es sich mit den Privattheatern. Man spielt unter verändertem Namen weiter, aus »Nevskij Farce« wird »Unser Theater« und zeigt, was man immer gezeigt hat: »Ehefriede«, »Das heimliche Zimmerchen«, »Papa als Automobilist« – es ist, als ob das hauptstädtische Publikum sich selbst bereits ironisiert.

Nicht der Klassenkampf, sondern die »Menschheitsverbrüderung« beherrscht die Bühnen, man scheint auf eine »dritte«, das heißt die »geistige Revolution« zu warten. Das Theater Nezlobin wird zur »Volkskomödie« Radlovs. Aus dem »Volkshaus Nikolajs II.« wird ein Arbeitertheater. Am Großen Dramatischen Theater werden Schillers »Don Carlos«, Shakespeares »Lear« und »Julius Cäsar« gespielt. Und der Einführungsvortrag von Alexander Blok zu »Don Carlos« wird zu einer Verurteilung des Roten Terrors.[54] Man verändert Titel, und so wird aus »Tosca« ein Stück über die Pariser Kommune und aus den »Meistersingern von Nürnberg« der Kampf der Handwerker gegen die feudale Hierarchie. Über den »großen und schweren Körper unseres Theaters« ergießen sich »wie nie zuvor die hohen Wogen des Lebens«; die einen wollen, »solange es geht, die Bergluft der Tragödie atmen« (Blok), die anderen bekommen Unterhaltung – umsonst. »Ödipus« wird von Granovskij im Zirkus Cinizelli gegeben, während ein anderes Publikum sich vom japanischen Jongleur Tokashimi hinreißen läßt. Petrograd ist eine Gruft für die gespenstergleichen Inszenierungen der Kaiserlichen Marienoper und ein großes amerikanisches Aerodrom.

Die Petersburger/Petrograder Theaterszene des Bürgerkriegs kann nichts anderes sein als der Ausdruck der Doppelherrschaft der Phantasie. »Expresse, Aeroplane, Lawinen von Menschen und Wagen, von Seide und Pelz, Konzert und Varieté, elektrische Lampen und Lampen, Lichtbögen und Licht, Tausende von Lichtern und wieder Seide und seidene Schühchen und seidene Hüte, Telegramme und Radio, Zylinder, Zigarren, Tennisrackets, Chagrineinbände, mathematische Traktate, Schnappverschlüsse, selbstzufriedenes Lächeln, Glanz, Chaos, Flüge, Brokat, Ballett, Luxus und Überfluß – dort im Westen; von Fußgängern durchquerte leere, zu Dörfern gewordene Städte, grobe Gesichter, pompejanische Skelette zerstörter Häuser, und Wind und Wind und Gras zwischen den Steinen, Automobile ohne Hupen und Hupen ohne Automobile und Matrosenhosen und Lederjoppen und Kampf und Kampf und Wille zum Kampf bis zum letzten und grausame und kühne Kinder und lebensnotwendiges Brot – dies alles gibt es, und dies alles wartet darauf, durch uns Künstler verwirklicht zu werden.«[55]

In Petrograd war »der Westen« zum Schatten geworden, nur noch etwas für die Bühne. Die Beziehung zwischen Theater und Leben wird in Evrejnovs Stück »Die Hauptsache« auf radikale Weise, fast abschließend, zum Thema. »Die höchste Aufgabe der Kunst liegt darin, das Leben zu erfüllen wie der Duft einer Blume die Luft erfüllt! Das Leben in Kunst verwandeln! Die Kunst des Lebens verwirklichen!«[56] Das Stück handelt von Schauspielern, die von der Bühne heruntersteigen und sich ins Alltagsleben mischen. So groß ihre Sicherheit und Souveränität auf der Bühne, so hilflos agieren sie im wirklichen Leben. Gerade der Erfolg des Stücks widerlegte seine Absicht, denn am Ende betraten die Zuschauer die Bühne, kostümierten sich als Harlekins, römische Senatoren und Marquisen. Die Zuschauer spielten zwar Theater, aber dadurch war das Leben nicht zur Kunst geworden.

Als im Februar 1920 die »Hauptsache« in der »Freien Komödie« Premiere hatte, stürzten Schauspieler und Publikum auf die Straße hinaus. Es krachten Kanonenschüsse. Die Aufständischen von Kronstadt wurden niedergemacht.[57]

Petruškas letzter Auftritt

Was sich den symbolistischen Theoretikern als die endlich gefundene Form des »Mysteriums« darstellte – was war es in den Augen der Massen? Hatte der Geist der »Gemeinschaftlichkeit« die Grenzen zwischen Schauspielern und Zuschauern, zwischen Spiel und wirklicher Handlung aufheben können? Es hatte innerhalb der künstlerischen Intelligenz niemals an Kritik, Ironie, ja auch schallendem Gelächter und Spott gefehlt, um die Konzepte der Symbolisten und Proletkult-Künstler als reine Illusion abzutun. Tairov spottete über die »hausbackenen Revolutionäre des sozialistischen Theaters«, die absichtlich Hindernisse vom Typus der Barrikade auf dem Demonstrations- beziehungsweise Prozessionsweg aufgerichtet hatten, »um auf diese Weise die Zuschauer zur Aktivität zu motivieren«.[58] Andere Rezensenten konstatieren das Befremden der Arbeiterdemonstranten, die an den futuristischen Gemälden, mit denen Fassaden und Brücken geschmückt waren, vorbeigezogen waren.[59]

Die Arbeiterdemonstranten, die Altmans oder Lebedevs orangefarbene Kuben mißbilligten, vergnügten sich abends bei einer Vorstellung des »Sterbenden Schwans«.[60] Auch Šklovskij hatte den Verdacht ausgesprochen, daß alle spielen, nur nicht das Publikum – »das Publikum streikt«.[61] Keržencev meinte, das Volk habe noch nicht gelernt, »fröhlich zu sein und aus sich heraus Sänger und Künstler hervorzubringen. Die Zuschauer blieben bloß Zuschauer, die Masse sang nicht, tanzte nicht, spielte nicht so, wie dies an einem Fest üblich ist.«[62] Das Hauptproblem schien die mangelnde Selbsttätigkeit eben der Massen zu sein. »Es gibt ein Mißverhältnis: Das Häuflein von Organisatoren bemüht sich nach Kräften, um die Massen zur aktiven Mitwirkung am Fest zu bewegen; die Massen verhalten sich gleichgültig dazu, kritisieren alle Mißerfolge und warten darauf, daß man ihnen etwas Fertiges präsentiert.«[63]

Das Publikum mochte vielleicht nicht den Maßstäben einer »Idee der Gemeinschaftlichkeit« entsprechen, aber es war da, zahlreich und aufgeweckt wie nie zuvor – dies will nicht einmal ein so skeptischer Beobachter der »Theatralisierung des Lebens« wie Šklovskij bestreiten. Das neue Publikum – das waren in erster Linie die Rotarmisten, also die noch oder wieder unter Waffen stehenden Bauern und Arbeiter, die nach Jahren des Lebens in Schützengräben, in Blut und Dreck, Brutalisierung und Verrohung in die Hauptstadt geflutet waren: Die Bühnen der Hauptstadt standen ihnen offen, zwar meist unbeheizt, oft mit Fackeln statt mit elektrischem Licht – so wie alle anderen Paläste, Institute, Museen und Bibliotheken. Per Verfügung von Narkompros mußten mindestens 30 Prozent aller Billetts für Rotarmisten reserviert sein. Dort saßen sie im Dunkel, in Parterres und Logen von Theatern, von deren Pracht sie nichts geahnt hatten. Dort verzehrten sie ihren Proviant oder kauten Sonnenblumenkerne in ihren Mänteln, unterhielten sich, kommentierten, riefen dazwischen. Die Feuerschutzbestimmungen verboten das Rauchen – man hielt sich nicht immer daran. Es konnte nicht ausbleiben, daß die Theater regelmäßig von Desinfektionstrupps aufgesucht werden mußten. Es gab keine Etikette mehr, es roch nach Schmutz und Schweiß. Aber doch sind sie es, für die Blok den Einführungsvortrag zu »Don Carlos« liest, für die Isadora Duncan unter Fackelschein und den Klängen des »Smelo, tovarišči, v nogu« ihre einzige Vorstellung gibt und für die Schaljapin ins Marientheater kommt.[64] Dies war sicher nicht die Aufhebung der Rampe – aber es war die Aufhebung einer jahrhundertealten Schranke, die oben und unten getrennt hatte: ein historischer Augenblick.

Gewiß, das war nicht das »Volk«, sondern die mobilgemachten und mobilisierten Teile des Volks. Sie waren es auch, aus deren Kreisen die Klubs und Zirkel hervorsprießten – nach Angaben der Politischen Leitung des Revolutions- und Kriegsrats (PUR) sind es in den Bürgerkriegsjahren in Roter Armee und Flotte an die 1800 Klubs. Aus dieser Statistik wissen wir auch, daß im Durchschnitt jeder Rotarmist etwa einmal pro Woche eine Aufführung sah – entweder in einem professionellen Theater oder die Vorstellung einer Laiengruppe.[65] An diesem »Prozeß der Verwandlung von lebendigem Gewebe in Theatergewebe« (Šklovskij) hatten die Leute aus allen Schichten des Volks teil: »Kinder, Mädchen, Jünglinge von den Barrikaden, Bärtige vom Land in Bauernröcken und Fußlappen, völlig unbekannte Poeten, die bis dahin in Keller oder Mansarden der steinernen Häuser ihre Verse gekritzelt hatten, oder Leute, die von der Werkbank oder vom Pflug hergekommen waren. Nie zuvor«, so erinnerte sich der alte Theatermann A. Mgebrov, »habe ich solche Menschen und solche Gewänder gesehen.«[66]

Dieser elementare Prozeß ist weit mehr als nur die Ausbreitung oder Fortentwicklung der bescheidenen Formen des Arbeitertheaters, die von der sozialistischen Intelligenz, bürgerlichen Wohltätigkeitsorganisationen oder Einzelpersonen wie der Gräfin Panina schon vor dem Krieg entwickelt worden waren. Es ist auch etwas, das umfassender und elementarer vor sich geht, als die Leute des Proletkult es beabsichtigten. Der Drang zum Theater ist nur der besonders sichtbare Wogenkamm einer großen Bewegung. Rußland spricht und redet, Rußland ist nach dem großen Dammbruch dabei, seine Stimme und seine Sprache zu finden, auszuprobieren, schüchtern, unsicher zunächst, dann sogar begeistert und anfeuernd. Es ist das Selbstgefühl derer, die von nun an ohne die gewohnte Ordnung auskommen müssen – und vielleicht auch können. Die Ausbreitung der Spielwut hat das freie Sprechen zum Fundament. Auf die Bühne traut sich nur, wer sich sagt: Das kann ich auch. Es ist die große Stunde nicht nur der Volkstribunen und Demagogen, sondern der Naturtalente, der Improvisatoren, derer, die eine Situation »herumreißen« durch das richtige Wort im richtigen Augenblick; derer, die Wut und Schmerz der Umstehenden für einen Augenblick in Worte fassen und zu einem großen Schrei oder Gelächter kondensieren können, die einfach durch die bildhafte Erzählung ihrer eigenen Geschichte zugleich ein Epos der Epoche erzählen – ohne es zu wissen und ohne sich etwas darauf einzubilden. Es ist eine imposante Einfachheit, ein »Primitivismus«, der aus der Vereinfachung aller grundlegenden Gegensätze und Erfahrungen sich kristallisiert hat.[67]

Die intendierten »Mysterien« sind Volksfeste, und in ihnen bricht durch, was es an Tradition in dieser Hinsicht in Rußland gab. Auf der Schaubühne Petrograd tauchen die Umrisse des vorrevolutionären russischen Jahrmarkts und Festplatzes auf.

Jede größere Stadt im russischen Reich hatte ihren Jahrmarkt- und Festplatz – an die 1700 Jahrmärkte wurden Mitte des letzten Jahrhunderts in den Gouvernements gezählt. Auf so berühmten wie dem Jahrmarkt von Nižnij Novgorod kamen 1875 täglich fast 14000 Besucher;[68] in Petersburg waren dies der Admiralitätsplatz und die Ufer der Neva und Fontanka, in Moskau das Chodynka-Feld. Die Jahrmärkte folgten dem Rhythmus der Jahreszeit, dem bäuerlichen Kalender des heidnischen Rußland, nur leicht überdeckt vom Kirchenkalender. Auf den Plätzen trafen sich Bauern, die ihre Waren in die Stadt brachten, Händler aus der Stadt, Lastenträger, Verkäufer von Essen, Wucherer, Spaßmacher, Schaubudenbesitzer. Es ist die Stelle, wo das dörfliche Rußland auf die Stadt trifft, ein Sammelplatz der verwegensten Figuren, Diebe, Gauner, Heiligen, Verrückten, Kreuzungspunkt der entferntesten Provinzen, Bühne für in- und ausländische Schaustellertrupps. Ein Ort, der jedem zugänglich ist – neben den aristokratischen Salons die freiesten Orte im kaiserlichen Rußland, jenseits von Staat und Gesellschaft.

Was konnte man da an Hauptattraktionen sehen?

Dressierte Bären, vornehmlich aus den Gouvernements an der oberen Wolga, das vorchristliche Symbol für Gesundheit, Fruchtbarkeit, Wohlstand,

Klugheit – ein Tier von fast menschenähnlichen Zügen. Puppentheater mit dem »Haupthelden des Jahrmarkts«, Petruška, eine Figur, die Gorki neben Faust, Prometheus und Herkules gestellt hat.[69] Er ist die Verkörperung der Bauernschläue, ungeschickt, derb, listig – er läßt sich aber nicht hereinlegen, weder vom »deutschen Apotheker« noch von der Rekrutierungskommission des Zaren noch von seiner Braut. Da gibt es Lachpanoramen, Panoptiken und Kosmoramen, durch die man für eine Kopeke das Panorama von Konstantinopel oder Sankt Peter zu Rom, Wunder der Natur, Bismarck oder das Jüngste Gericht sehen kann. Da gibt es die Clowns, die auf einem Balkon der Schaubude die Passanten anlocken, Spaßmacher, Possenreißer und oft Meister der »äsopischen Sprache«.

Zentrum des Festplatzes, sein »Gesicht« ist indes der »Balagan«, anfangs eine einfache Bude, aus Leinwänden aufgespannt zwischen Pfosten, mit Kerosinlampen, einer kleinen Bühne und Sitzbänken. Außen waren sie meist bunt geschmückt mit Lämpchen, Fähnchen, Schildern. Die Truppe bietet ein Panoptikum der Sensationen – aber auch regelrechte Stücke. Zu sehen sind Kälber mit zwei Köpfen, die Mumie des ägyptischen Pharao, ein Wilder aus Afrika, der lebende Tauben verspeist, der Trick mit der Spinnendame, die auf Fragen antwortet. Stenka Razin, der »Ataman der Wolga-Räuber«, »Der gestiefelte Kater«, »Der weise Spruch des Königs Salomon« werden auf die Bühne gebracht. Pantomime, Puppenspiel, Auftritte von Pierrot und Petruška Seite an Seite mit Rührstücken. Es geht die Rede, daß alles, was man in den Petersburger Theatern zu sehen bekommt, schon längst vorher bei »Leman« – einem der größten Balagan-Unternehmer – zu sehen war.[70] Auch unabhängig von den Bühnen gibt es Volksbelustigungen: in der Fastnachtszeit sind Eisrutschen aufgestellt, an Ostern Karusselle und Schaukeln, und überall gibt es etwas zu sehen und zu kaufen: Süßigkeiten, Getränke, Kinderspielzeug, künstliche Blumen, Luboks, Griechen mit Schildkröten, Franzosen mit Waffeln, Deutsche mit Heilmitteln und Uhren, Grimassenschneider, Wahrsager, Bärenführer und Akrobaten.

Selbst Darbietungen größeren Umfangs waren zu sehen, vor allem Schlachtenstücke, militärische Episoden aus dem Russisch-Türkischen Krieg – »Die Einnahme von Kars«, »Ermak Timofeevič, der Entdecker Sibiriens«, »Die Schlacht von Kulikovo Pole« – dargestellt von Hunderten von Mitwirkenden auf dem Admiralsplatz oder auf dem Marsfeld.[71]

Die herrschende Macht wußte sehr wohl um die Bedeutung der Jahrmärkte und Volksfeste. Sie hat sie im besten Fall zu mobilisierenden und aufklärerischen Zwecken sogar selber inszeniert, so Peter I., der zur Popularisierung seiner Reformen Maskenzüge und Prozessionen mit Bacchus, Satyrn, Löwen veranstaltete und anläßlich seiner Krönung zum »allrussischen Imperator« Kanonaden und Feuerwerke veranstaltete. Auch in der Folgezeit mischen sich die allegorischen Figuren der Aufklärung – Athene und Apollon – mit Balalaikaspielern, Bärenführern, Akrobaten und Hokuspokus. Jede Krönung wird mit Militärorchestern, Feuerwerk, Chören, Karussellen, Schaukeln, Schaubuden auch fürs Volk ausgerichtet. Und es ist mehr als bezeichnend, daß der Regierungsantritt Nikolajs II. mit der »Katastrophe auf dem

Chodynka-Feld« 1896 beginnt: 1500 Menschen kommen um, meist zu Tode getrampelt, als die Tribünen zusammenbrechen und eine allgemeine Panik die Massen ergreift.[72] Fast schien es so, daß eine Regierung, die sich als unfähig erwies, ein Volksfest auszurichten, alsbald auch die Regierung über das Volk aus der Hand geben müßte.

Was an den Massenfesten und Schauspielen des Jahres 1920 an den vorrevolutionären Jahrmarkt und das Volksfest erinnerte, hatte Tradition. Im Vergleich zu diesen Jahrmärkten und Volksfesten nahmen sich die Feste im ausgehungerten und menschenleeren Petrograd bescheiden aus – ein Schatten einer ganz eigenen Welt, die allerdings nicht erst mit der Revolution ihrem Ende entgegenging. Die Welt des russischen Jahrmarkts und ihr Held – Petruška – lieferten schon zu Beginn des Jahrhunderts Rückzugsgefechte. Für die Jahrmärkte wurde der Platz inmitten des kapitalistischen Markts immer prekärer. Die Intelligencija, die gerade dabei war, die Folklore für sich zu entdecken, bekam sie im Glanz ihres Verblühens zu sehen.

Der Kosmos des russischen Jahrmarkts und Volksfests, wo ungeschieden Handel und Arbeit, Vergnügen und Verdienst, Freizeit und Geschäft, der einfache Bauer und der snobistische Aristokrat miteinander ausgekommen waren – auch er unterliegt dem Gesellschaftsfortschritt: der Arbeitsteilung, der Professionalisierung, der Kommerzialisierung. Mit Unterhaltung läßt sich von nun an großes Geld machen. Und die Petersburger Unternehmer Leman und Legat sind um die Jahrhundertwende schon das, was man später »Pioniere der Unterhaltungsindustrie« nennen wird. Was einmal zusammengehört hatte, spezialisiert sich: das Spaßige wird zum Zeitvertreib, das Belehrende wird von der Schule übernommen, die Warenzirkulation von Kaufhäusern besorgt, die Öffentlichkeit wird von Zeitungen hergestellt. Der historische Platz »Jahrmarkt« zerfällt, Petruška tritt ab – oder rettet sich in Strawinskys Musik. So glanzlos im Vergleich zur vorangegangenen großen Tradition die Petrograder Volksfeste gewesen sein mögen – es ist inmitten des großen Zusammenbruchs des alten Rußland noch einmal ein großer Auftritt Petruškas. Er tanzt ein letztes Mal: hektisch, verzweifelt, fast in Trance, um den Augenblick des Endes hinauszuzögern, den Punkt, an dem aus dem Spiel wieder Ernst wird und aus dem Feiertag der Werktag.

Die Schaubühne Petrograd ist nicht bloß das Experiment, sondern ein großes Fluchtunternehmen derer, die von der Geschichte aus der Bahn geworfen waren und sich nun schwertun, in den Alltag zurückzufinden. Sobald es »vorwärts« geht, wird es den russischen Bären nur noch im Staatszirkus und Petruška nur noch im Puppentheater geben – hochartistisch, hochprofessionell, doch einer anderen Zeit angehörig.

Epilog

Grob und bildlich gesprochen sind drei Linien deutlich geworden: aus dem Bašennyj-Theater Ivanovs im Petersburg des Symbolismus; aus der Arbeiter-Maifeier des Jahres 1891 im Narva-Viertel; und aus der Welt des russischen Jahrmarkts und Volksfests. Stellvertretend für diese Traditionen haben sich auf dem Schloßplatz des Jahres 1920 getroffen: der symbolistische Philosoph, der revolutionäre Arbeiter und Petruška. Es bedarf nur der erprobten Regisseure. Sie finden sich zuhauf. Die Stadt ist reich, obwohl sie hungert. Sie bereitet sich ein nie dagewesenes Schauspiel und Volksfest. Die Ausnahmesituation der gesellschaftlichen Desorganisation läßt Kraftströme zueinanderfinden, die vorher getrennt waren – »Kraftwerk revolutionärer Energie« nannten Proletkultleute manchmal ihr Theater.

Ausnahmezustand heißt: die Rollen, in denen die Menschen zeitlebens gelebt haben, waren mit der Stellung, die sie eingenommen hatten, im allgemeinen Chaos zerfallen; Produktion und »normaler Alltag« waren außer Kraft gesetzt; man lebte von dem, was noch übrig war vom einstigen Reichtum. Nur in solcher Ausnahmesituation finden sich hochmobile Massen, nur da können Regisseure Vollmachten erhalten, wie sie sonst nur Militärs zukommen. Das kriegskommunistische Schauspiel ist bei allem Reichtum der Ideen, Requisiten, der künstlerischen Gestaltung eines der Not. Es trägt, wie Šklovskij bemerkte, Züge einer Psychose, der Desertion aus der Wirklichkeit und verdient als solches die Aufmerksamkeit des Soziologen.[73]

Als das Leben wieder in seine alltäglichen Bahnen zurückkehrt, zerfällt auch dieses Gesamtkunstwerk. Der Losung »An die Wiederaufbauarbeit« folgt die Losung Lunačarskijs »Zurück zu Ostrovskij«. Die professionellen Theater spielen wieder das gewohnte Repertoire; die Avantgardisten bekommen ihre speziellen Theater, wo nicht »hohe Kunst«, sondern Agitkunst gemacht wird – atemberaubend in ihrer Dynamik. Das »theatralisierte Leben« setzt sich fort in verminderter Form – beim Politkarneval der »Gottlosenjugend« und bei großen Jahrestagen, bei der Umbenennung oder Neueröffnung einer Fabrik. Demonstrationen sind wieder festlich-diszipliniert; was einmal zusammengehörte, wird nun spezialisiert weiterbetrieben und perfektioniert: es bildet sich die »sowjetische Estrade«, also die leichte Muse (der alte Gajdeburov ist ihr Pionier); es wird bald Schulen und Theater für die Puppenspieler geben und einen Staatszirkus.

Das kriegskommunistische Massenschauspiel konnte die Differenz von Theater und Wirklichkeit in einer Ausnahmesituation überspielen, nicht überwinden.

Nach dem Bürgerkrieg wurde gegen Meeting-Demokratismus und Theaterfieber gleicherweise Front gemacht. Doch ein Zurück in die Zeit vor dem »Dekorationswechsel« konnte dies nicht bedeuten: Die Theater wurden zwar wieder Tempel des »Wahren, Schönen und Guten« (Ivanov), aber sie standen allen offen, die sich dafür interessierten. Die Rampe blieb bestehen, aber jeder junge Mensch von Talent konnte Zugang zum Theater finden, auch wenn er nicht aus einem gebildeten Elternhaus kam. Das Theater bekam wieder die Züge einer moralischen Anstalt, aber es hatte auch ein Publikum, das für Belehrung sogar dankbar war. Es wird die Zeit kommen, da die Vielfalt des Repertoires mit dem Verschwinden der privaten Theater zurückgeht – dafür wird es staatliche Theater in Städten und Gegenden geben, in die eine private Schauspielertruppe nicht gefunden hätte. Und es wird bald den Film geben, das vielleicht wichtigste Dokument des Stils der Sowjetrepublik.

Der Stil der neuen Epoche reift lange heran, seine Form gewinnt er aber im Bruchteil einer historischen Sekunde. Diese Stilformen erhalten sich auch durch Konjunkturen hindurch. Dies galt schon für den »Stil« der Französischen Revolution, deren Volksfeste, Prozessionen und Feierlichkeiten in so vielem an die Masseninszenierungen in Petrograd erinnern und ebenfalls von einem Genie des Gesamtkunstwerks gestaltet und dirigiert worden waren: Louis David, Heerführer, Bühnenbildner, Architekt, Schauspieler und Regisseur in einer Person. Dem Stil Davids wird sich selbst noch Napoleon beugen müssen. Dies gilt auch für die russische Revolution. 1937 wurde Radlov mit der Ausrichtung der Massenschauspiele aus Anlaß des 20. Jahrestags der Oktoberrevolution beauftragt, ein Jahr später soll Mejerhold die Regie eines großen Schauspiels unter offenem Himmel übernehmen. Stalin braucht die Pioniere der Moderne, und er braucht die von ihnen entwickelten Formen auch da noch, wo er mit ihnen abrechnet: auch der »Schauprozeß« ist der Form nach ja ein Kind der Moderne. Und Evrejnov, seit 1925 bereits im Exil, schreibt im Jahre 1939 aus diesem Anlaß ein Stück, in dem er dem letzten Schritt einer Theatralisierung des Politischen nachgeht.[74]

Industralisierung und Kollektivierungsbewegung leben nicht bloß vom Terror, sondern von den Aussichten darauf, daß »das Leben schöner wird«. Dies war auch der Traum auf der Schaubühne Petrograd 1920 gewesen, nur daß jetzt, 1939, überall die Züge des Zwanghaften sichtbar wurden, wo damals alles fast »wie von selbst« zustandegekommen schien.

Von Aleksandr S. Izgoev (1872–1935) konnte keine Porträtaufnahme gefunden werden, Vladimir Il'ič Lenin (1870–1924) ist hinreichend bekannt. Aus dem einen wie dem anderen Grund wird auf eine Illustration verzichtet.

X.

Izgoev und Lenin

Bürgerlicher Intellektueller und Parteioffizier Zwei Typen des Politischen in der russischen Revolution

Man muß offenbar auf eine sehr spezifische Weise am Rande der politischen Gesellschaft stehen, um überschauen zu können, was mit ihr als Ganzer geschieht. Die Revolution nimmt so sehr die Kräfte der kämpfenden Parteien in Anspruch, daß ihren politischen Protagonisten aus dem Blick kommt, was auch im Augenblick schärfster Polarisierung für alle Beteiligten gleichermaßen bestimmend bleibt: das soziale Fundament, auf dem die verfeindeten Parteien agieren, das soziokulturelle Milieu, aus dem sie ihre Kräfte generiert haben, die Dynamik des zivilisatorischen Prozesses, den sie nicht gemacht haben, sondern zur Kenntnis nehmen müssen, wenn sie von ihm nicht überwältigt werden wollen.

Für die russische Revolution gilt dies in besonderer Weise. Wenn sie bis heute – etwa im Unterschied zur Französischen Revolution – immer wieder umstritten ist, dann hat dies nicht nur zu tun mit der geringeren zeitlichen Distanz, die uns von ihr trennt, und auch nicht nur mit ideologischen Verblendungen der Epigonen der Revolutionsparteien. Es hat mit der Sache selbst zu tun: mit einer Revolution, die nicht nur einen Durchbruch, eine Freisetzung ungeheurer menschlicher und schöpferischer Energien bedeutete, sondern einherging mit einer sozialen und kulturellen Katastrophe. Das Neue wurde nicht nur um den Preis der Zerstörung des Alten erkauft, sondern – weit wichtiger – um den Preis eines anderen Neuen: der Anfänge einer modernen, bürgerlich-zivilen Gesellschaftsbildung.

Wer den Prozeß der russischen Revolution studiert, wird zum Zeugen nicht nur einer großen Befreiungs- und Aufstiegsbewegung der Massen, wie sie die Geschichte noch nicht gesehen hatte, sondern er sieht zugleich, daß in dieser Bewegung, die die zaristische Selbstherrschaft niederwirft, die Resultate einer jahrhundertelangen kulturellen und zivilisatorischen Arbeit eliminiert werden. Er wird zum Augenzeugen der Zerstörung einer »Mitte«, die im Begriff war, sich als Zentrum einer Gesellschaftsbildung zu konsolidieren, in der die Formen einer in Generationen akkumulierten Kultur mit den Nöten und Kräften breiter Volksschichten zusammenkommen und zu einer neuen geschichtlichen Potenz werden konnten. Die russische Revolution endet mit einem Sieg, doch auch mit einer epochalen Depotenzierung – spürbar bis auf den heutigen Tag.

Während die Erklärung des Zusammenbruchs der Autokratie kein »Problem« darstellt – schon die Zeitgenossen warteten auf den Tag und die

Stunde, da sie gestürzt werden oder abtreten würde –, verhält es sich mit der Beseitigung des jungen bürgerlichen Rußland gänzlich anders. War die Spaltung der Revolutions- und Revolutionärsgeneration, ihre wechselseitige Paralysierung und Dezimierung, die Spaltung der kulturellen Kräfte, derer Rußland bei seinem Aufbruch ins 20. Jahrhundert so dringend bedurfte, unausweichlich, und wenn ja, was lag dieser Spaltung der Kulturkräfte zugrunde? Dies ist das Verhängnis der russischen Revolution, das uns bis heute in Atem hält. Wenn man ihm auf die Spur kommen will, muß man sich in das Innerste jener als bürgerlich-zivil bezeichneten Gesellschaftsbildung begeben.

Können wir jemanden finden, der uns Aufklärung gibt sowohl über die erstaunliche Kraftentwicklung des modernen Rußland wie über das Scheitern? Jemanden, der uns ins Bild setzt über die Zerstörung der Mitte? Es müßte eine Figur sein, die der Polarisierung der politischen Kräfte standhält und den Blick noch frei hat für das, was der Polarisierung zugrunde liegt. Es müßte jemand sein, der zwar politisch engagiert ist, der Politik aber rückvermittelt, zurückbindet an die Gewichte und Maßbestimmungen des Vorpolitischen. Es müßte jemand sein, dem das Neue am Herzen liegt, der aber weiß, daß die Freisetzung neuer Kräfte ohne das Risiko der Eigendynamik nicht möglich ist; der dem Volk helfen will, aber doch weiß, daß der Kampf gegen eine hemmend gewordene Ordnung unausweichlich geworden ist. Es ist jemand, der die Konfrontation mit der Staatsgewalt nicht scheut, der zugleich aber aus eigener Anschauung weiß, wozu »das Volk« in der Lage ist, wenn es aller Rücksichtnahmen entledigt ist.

Ein solcher Mann müßte auch Wissenschaftler sein, sofern er rücksichtsloser Analytiker ist. Er zieht sein Selbstbewußtsein nicht zum geringsten Teil aus dem Wissen, daß nur derjenige mehr weiß, der die guten Gründe seiner Gegner kennt und gelten läßt. Er muß eine starke Persönlichkeit sein, wenn er solchermaßen gerecht ist und dennoch eine eigene Auffassung entwickelt. Er ist bewußter Minderheitler, weil er jenseits der Parteien das Ganze, die Mehrheit im Auge hat. Er entscheidet sich für die Mitte, weil es das Schwierigste ist und obwohl dieser Weg seiner Analyse zufolge aller Wahrscheinlichkeit nach zum Scheitern führt. Es müßte ein Mann der Mitte sein, die geschichtlich nur für eine Sekunde wirksam geworden ist – ein Mann der Mitte, die eine Randerscheinung geblieben ist.

Es gibt eine solche Figur, und sie trägt den Namen Izgoev. Wir wissen wenig über sie, obgleich es sich um einen, wenn nicht den bedeutendsten Petersburger Publizisten der Vorrevolution handelt, der mit bürgerlichem Namen Alexander Solomonovič Lande hieß und sich ein Pseudonym gewählt hatte, das vielleicht auch etwas über Herkunft und Statur dieses Mannes sagt; denn ein »Izgoj« ist soviel wie ein »Ausgestoßener«, ein Vertriebener, ein seiner Titel, seines Besitzes, auch seiner Rechte Beraubter; aber es könnte andererseits auch sein, daß Izgoev ganz wörtlich zu nehmen ist – als »einer von den Goj«, ein Jude, der zum orthodoxen Christentum übergetreten war.[1]

Izgoevs Biographie ist noch nicht geschrieben – wohl weil sie für unmaßgeblich erachtet wird –, sein Name erscheint in den wenigen Geschichten des russischen Liberalismus, in Darstellungen der Partei der Konstitutionellen Demokraten und im Register der Werke Lenins.[2] Er ist den Nachgeborenen als Gegenfigur, als bloße Chiffre für eine besonders gefährliche Spielart der Konterrevolution geläufig. Für Lenin firmiert er meist unter der Abteilung »Struve und Co.«, als ein »Held des Spießertums«,[3] als der »bekannte Herr Izgoev – ein Muster jener russischen Intellektuellen, die im Alter von fünfundzwanzig bis dreißig Jahren ›in Marxismus machen‹, im Alter von fünfunddreißig bis vierzig Jahren liberalisieren und sich später als Schwarzhunderter betätigen«.[4] Für Lenin ist er der »Renegat aus den Reihen der Marxisten«,[5] er ist sogar »besonders heimtückisch«, eben weil er die »marxistische Grundschule absolviert hat«.[6] Und an einer Stelle, wo Lenin sich mit dem Elend und der Not der russischen Emigration beschäftigt, preist er sich sogar glücklich, »daß wir nicht zu dieser Gesellschaft der ›anständigen Leute‹ zählen – zu einer Gesellschaft, der ›Izgoev und Co.‹ angehören.«[7] Gorki gegenüber bezeichnet er einmal eine ganze, ihm so verhaßte Richtung der russischen Publizistik als »Izgoevgeschwafel«.[8]

Wir haben wenig konkrete Lebensdaten, um Izgoev als Person aus dem Dunkel herauszuholen und als Menschen zu rehabilitieren, aber wir haben seine Analysen und Kommentare – und die reichen aus, um ihn aus dem Schatten der verdammenden diktatorialen Geste Lenins herauszuführen. Dies möchte der folgende Versuch leisten.

Was wir an konkreten Angaben haben über sein Leben, ist kurz berichtet: Alexander Solomonovič Lande wurde 1872 in einer Odessaer jüdischen Familie geboren. Er studierte an der juristischen Fakultät der Universität von Odessa und schloß sich marxistischen und sozialdemokratischen Kreisen an – bis Mitte 1904, weil er die Sozialdemokratie »für die ernsthafteste gesellschaftliche Gruppe, die in Rußland das gesellschaftliche Bewußtsein entwickelte«, hielt. Indes war er niemals Parteimitglied.[9]

Marxist im unorthodoxen Sinn ist Izgoev jedoch zeit seines Lebens geblieben. Für seine selbständige Rezeption des Marxismus steht ein früher Aufsatz über die französische Intelligenz[10] und seine Analytik in den folgenden Jahren. Der Marxismus war, wie er schrieb, eine »unersetzliche Schule für politischen und sozialen Realismus«, radikal desillusionierend von den phantastischen und utopischen Projekten der Volkstümler, er bildete selbst das Fundament für den russischen demokratischen Konstitutionalismus.[11] 1905 wirkt Izgoev aktiv an der Bildung des »Befreiungsbunds« mit, der wichtigen Sammlungsbewegung des Liberalismus, wird zum ständigen Mitarbeiter der den liberalen und konstitutionellen Kräften nahestehenden Zeitungen »Reč'« (Die Rede) und »Russkaja mysl'« (Der russische Gedanke) und arbeitet im Zentralkomitee der Konstitutionell-demokratischen Partei. Von seinen »Berufen« – Professor an der Universität von Novorossijsk, ZK-Mitglied der Kadetten-Partei und Publizist – ist gewiß der letzte der bedeutendste. Iosif V. Gessen, der Chefredakteur der »Reč'«, bezeichnet Izgoev als den »zuverlässigsten und ergebensten Mitarbeiter der ›Reč'‹, von einer kindlichen Geradlinigkeit und dabei aufrichtig und ehrlich«, vor allem aber als soliden Arbeiter.[12]

Doch mit all dem ist die Rolle Izgoevs nicht ganz zutreffend gekennzeichnet. Der »düster-pessimistische« Izgoev – so seine Kollegin, die Schriftstellerin A. V. Tyrkova, über ihn[13] – zählte zweifellos zum »inneren Kern« der Petersburger Elite. So gehörte er zu den regelmäßigen Gästen des Salons Gessens in der Malaja Konjušennaja, zu dem sich führende politische und kulturelle Persönlichkeiten Petersburgs einfanden – Izgoev erinnert sich einmal dankbar an ein Konzert von Sergej S. Prokofjew[14] –, und er gehörte vor allem zu jenen, die an der Herausbildung einer autonomen Öffentlichkeit in Petersburg entscheidenden Anteil hatten. Seine Analysen galten in erster Linie dem, was man heute als »politische Kultur« bezeichnen könnte, dem Raum, in dem sich gewichtige Meinungsbildung abspielt. Dies umfaßt die Analyse literarischer Tendenzen ebenso wie die Parlamentsberichterstattung und die Wähleranalyse; feinsinnige Sprach- und Ideologiekritik ebensosehr wie die umfassende Kommentierung von Ereignissen, an denen sich brennpunkthaft die geistig-politische Situation der Zeit spiegelt und konzentriert.

Die Gestalt des Publizisten Izgoev ist selbst erst denkbar in einem Stadium, da die Publizistik zu einem selbständigen Faktor der gesellschaftlichen Auseinandersetzung geworden war. »Anders als in Europa muß in Rußland nicht derjenige Publizist als mutig gelten, der sich als Sozialist erklärt, sondern jener, der sich dafür entscheidet, die Wahrheit zu sagen und das auszusprechen, was im Leben existiert.«[15] Izgoev, der die Selbstherrschaft bekämpft, unternimmt 1909 gleichzeitig mit anderen Autoren in den »Vechi« den Versuch, in einer schonungslosen Kritik des ideologischen und oppositionell-beschränkten Charakters der russischen Intelligencija an die zu konstruktiver Arbeit fähigen, nicht bloß negativ auf die Macht fixierten Kräfte der Intelligencija heranzukommen. Er ist überzeugt, daß jede Revolution unter den herrschenden Bedingungen zu einem Rückschritt führen wird, wenn keine positiven Halte- und Orientierungspunkte existieren.

»Wenn es nicht gelingt, in Rußland mit bewußten Anstrengungen eine staatsstragende Intelligencija zu schaffen, dann wird sie als das Resultat einer ganzen Reihe von Katastrophen entstehen, sofern in dieser Zeit der Staat selbst nicht zugrunde geht. Solange wir am Leben sind, ist es unsere Aufgabe, diese Katastrophe abzuwenden und jene Menschen vorzubereiten, die für schöpferische Arbeit geeignet sind.«[16]

Vom November 1917 an gehört Izgoev als Herausgeber der Nachfolgezeitungen der verbotenen »Reč'« – unter anderem »Bor'ba« (Kampf) und »Naš vek« (Unser Jahrhundert) – zu den gefährdeten Personen, die um ihr Leben fürchten müssen. In den Tagen, da Petrograd sich auf den ersten Jahrestag der Oktoberrevolution vorbereitet, wird er mit anderen Professoren und Publizisten verhaftet, zu Zwangsarbeit verurteilt und ins Archangelsker Gouvernement verschickt. Er kommt dank der Intervention Gorkis, der sich an Sinowjew, die Stasova und Lenin selbst wendet, wieder frei,[17] findet Arbeit als Mitarbeiter der Russischen Öffentlichen Bibliothek, bis er, zusammen mit der Elite der bürgerlichen russischen Intelligenz am 16. November 1922 ausgewiesen, die »Preußen« am Auslandskai der Vasilij-Insel besteigt und in die

Emigration geht – zunächst nach Berlin. 1935 stirbt er einsam und arm in der Nähe von Reval an der estnischen Küste.[18]

Der »Ausgestoßene« und Vergessene ist in Wahrheit kein Schatten, sondern eine außerordentlich reiche Persönlichkeit. Er ist unabhängig als Professor und Publizist und hat die Gefährdung dieser Unabhängigkeit von zwei Seiten – »von oben« und »von unten« – kennengelernt. Er ist russischer Jude, zum orthodoxen Glauben konvertiert und in der russischen Kultur aufgewachsen; 1905 wird er Augenzeuge des furchtbaren Odessaer Pogroms. Er kennt die integrative Kraft der Kultur und das zugleich zerbrechlich-feine Fundament, auf dem sie beruht. Er ist in der marxistischen Schule des politischen Realismus gewesen, aber hat daraus keine Parteiangelegenheit gemacht. Er setzt seine Hoffnung auf die Intelligencija, obgleich er klar sieht, daß sie allein nichts bewegen wird. Er setzt auf die Befreiung der russischen Bauern, obwohl er doch weiß, daß in dem Augenblick, wo das Bauernland in Bewegung gerät, auch die städtische Kultur in Frage steht. Er ist Publizist, doch mehr als andere mißtraut er dem geschriebenen und gesprochenen Wort. Er ist sozusagen ein Mann zwischen den Frontlinien, zwischen den Stühlen.

Man kann mit einigem Recht vermuten, daß jemand mit solcher Konstitution in die offene Situation der Zwischenrevolutionszeit von 1905 bis 1917, in der sich alles entscheidet, hineinführen kann. Es gibt ein Gegenbild, einen Gegentypus – Lenin, ein anderer Typus innerhalb derselben, unausweichlichen Konstellation, ein späterer Sieger in der Position der Ohnmacht, nicht unähnlich derjenigen, in der Izgoev unterlag.

»Na perevale« – Zwischen Selbstherrschaft und Revolution

»Wir durchleben die größte Revolution der Weltgeschichte«, schrieb Izgoev im August 1906, in den Ausläufern einer nun schon über ein Jahr tobenden Revolution, in der sich das Blatt noch einmal zugunsten der Selbstherrschaft wenden sollte, eine Rückkehr zu den alten Verhältnissen aber nicht mehr möglich war. Anders als in der Französischen Revolution war es schon nicht mehr die Bewegung eines relativ kleinen städtischen Bürger- und Kleinbürgertums, sondern eine Massenbewegung, die die Stadt, vor allem aber das Land erfaßt hatte.

Fast alle Formen des Kampfs waren durchgespielt worden: von der Arbeitsverweigerung der Gouvernanten bis zum Arbeitermassenstreik, von der Besetzung der Hochschulen bis zum bewaffneten Aufstand der städtischen Arbeiter. Vor allem aber war klar geworden: Die russische Revolution wird ihrem »Wesen« nach eine Agrarrevolution sein und ihr Inhalt die Übergabe des Gutsbesitzerlandes an jene, die es bebauen.[19] Aber streng genommen stand die Revolution noch bevor, die Jahre 1905 und 1906 waren nur die Geburtswehen, und sie war überhaupt nur in Gang gekommen, weil die Selbstherrschaft im Russisch-Japanischen Krieg eine Niederlage hatte hinnehmen müssen.

Was als Ventil für innenpolitischen und sozialen Sprengstoff des Reichs gedacht gewesen war, kehrte sich in der Katastrophe von Tsushima und Mukden gegen die Urheber. Tsushima und Mukden sind weit eher das Ausgangsdatum der ersten Revolution als die Arbeiterdemonstration unter der Führung des Priesters Gapon am 9. Januar 1905. Mit dem Oktobermanifest des Zaren, in dem die Einrichtung der Duma angekündigt und formal der Übergang zur konstitutionellen Monarchie beschritten wurde, tat die Selbstherrschaft einen längst überfälligen Schritt – vor allem aber: Sie meinte es gar nicht ernst.

»Es schien, als ob Rußland die Möglichkeit erhalten sollte, sich frei und normal entwickeln zu können, nachdem die unser Leben fesselnden Ketten abgestreift worden waren, als ob das Politische seinen das Leben außerordentlich beherrschenden Platz einbüßen und einen zwar wichtigen, aber doch untergeordneten Platz einnehmen würde, als ob die Felder gereinigt würden, die Formen einer zivilisierten Öffentlichkeit sich konsolidieren könnten. Diese Erwartungen wurden bekanntlich grausam enttäuscht. Am 17. Oktober wurde der Absolutismus nur verbal beseitigt (und selbst das ist bei vielen noch strittig), während die gesellschaftlichen Kräfte, die den Absolutismus gestützt haben, leben, nicht verschwunden sind, jene gesamte, im Verlauf von zwei Jahrhunderten geschaffene Organisation, die Milliarden von Geldern des Volkes verschlingt – sie ist nicht umgestaltet worden.«[20]

Nach einem Augenblick der Verunsicherung und des Taktierens zeigt sich, daß die Säulen der Selbstherrschaft – der bürokratische Apparat, das Heer, die erschreckte Gutsbesitzerschaft – relativ stabil sind. Der bürokratische Apparat ist »natürlich bedeutend stärker und geschmeidiger als die naiven Revolutionäre gedacht haben«,[21] aber dies ändert nichts daran, daß die Selbstherrschaft »vollständig kraftlos auf schöpferischem Gebiet ist« und allenfalls zu Gegenreaktionen und Gegenschlägen in der Lage ist. Könnte sich die Selbstherrschaft überhaupt halten, wenn sie nicht durch ausländische Anleihen, Kapitalzufluß, vor allem aber durch Import und Aneignung der neuesten Technologien stabilisiert würde, fragt Izgoev.[22] »Die Selbstherrschaftsregierung hat sich durch ihre Agenten in Europa alles beschafft, was sie für die Befestigung ihrer materiellen Macht benötigt, für die Stärkung der Selbstherrschaft.«[23]

Izgoev ist der Meinung, daß der »existierende Organismus noch relativ lange dem anarchischen Angriff eines primitiven Revolutionarismus und primitiven Revolten Widerstand leisten« kann – zu einer Reform, zu einer schöpferischen Initiative sei er indes nicht mehr in der Lage, da jede Reform »unabweislich zur Bildung und Verstärkung ›wirklicher‹ gesellschaftlicher Kräfte führt« und der Machtapparat sich nur solange halten könne, wie diese Kräfte bloße Quantités négligeables sind. Izgoev sieht einen Circulus vitiosus voraus, in dem staatliche Gesetzlosigkeit und gesellschaftliche Anarchie sich gegenseitig stimulieren und eskalieren. »In diesem Kreis werden wir uns auch in Zukunft drehen müssen.«[24] Nun, da die Verhältnisse in Gang gekommen waren, zeigte sich die sklerotische Schwäche der Selbstherrschaft deutlicher.

Die bestehende Ordnung kann sich nur noch auf Beamte stützen, die der Pflicht halber zu ihr stehen, während ihre »Seelen auf der Seite der Feinde der bestehenden Ordnung sind und im entscheidenden Moment, erschöpft von der Organisation finsteren Zwangs, Verrat begehen werden«. Ähnliches gilt für die Armee, denn sie ist »Fleisch vom Fleisch des Volks«. Gedrillt im Haß gegen die unteren Klassen und nichtrussischen Nationen, wird sie, deren Angehörige aus dem Volk kommen, ihrem Klassenhaß und nationalistischem Gefühl nachgeben – dann gegen die »Herren Offiziere«. Die naiven kindlichen Ansichten des »einfachen Volks«, in denen die Macht kurzfristig eine Stütze ihrer Herrschaft erblickt, werden sich in ebenso naiv revolutionäre verwandeln.[25]

Die Versuche aber, in Form der Schwarzhunderter-Organisationen eine Massenbasis für die Selbstherrschaft zu finden – Selbstherrschaft, Rechtgläubigkeit, Volk – werden sich als Mobilisierung mit eigener Dynamik zuletzt gegen die Selbstherrschaft wenden können. Die Selbstherrschaft hat nicht nur Rußland in eine ausweglos scheinende Lage gebracht, sondern auch sich selbst: Was immer sie tut im Rahmen dessen, was Max Weber als »Scheinkonstitutionalismus« charakterisiert hat – sie wird die gesellschaftlichen Kräfte mobilisieren gegen sich selbst. Izgoev ist überzeugt, daß »eine Nation, in der die besten geistigen Kräfte, die Besten der Jugend in der Lage von Verdammten leben, die auf ein schlimmes Ende zusteuern, eine solche Nation, ein solches Land zugrunde geht ...«.[26]

Doch die Unnachgiebigkeit, Verknöcherung und Reformunfähigkeit der Selbstherrschaft ist nur die eine Seite. Die andere ist der aufgestaute Druck, der sich vor allem aus der ungelösten Agrarfrage in Rußland ergab. Die Bauernbefreiung von 1861 war nur eine halbe gewesen: Die Bauern waren weiterhin an die Dorfgemeinde gebunden, vor allem durch die Loskaufzahlungen, die sie erbringen mußten, wenn sie ausscheiden wollten – sei es, daß sie in die Stadt wanderten, sei es, daß sie zu selbständigen Landwirten werden wollten. Die Revolution von 1905 hatte vorübergehend zwar noch einmal die agrarkommunistischen Vorstellungen – daß die Dorfgemeinschaft die Basis eines speziellen russischen Entwicklungswegs werden könnte – belebt; die Selbstherrschaft versuchte auch ein letztes Mal, indem sie die Konflikte innerhalb der Dorfgemeinschaften schürte, das Kollektiveigentum beizubehalten und die Bauern – unter Umgehung der Großgrundbesitzer – an den Zaren zu binden. In Wahrheit hatte sich jedoch die Entwicklung schon weiter radikalisiert: Die Bauern forderten das Gutsbesitzerland, denn sie brauchten es zum Überleben, während die Gutsbesitzerklasse – von Ausnahmen abgesehen – ein unproduktives Rentiersdasein führte.

So war die Übergabe des Gutsbesitzerlandes an die Bauern die Forderung aller Parteien mit Ausnahme der monarchistischen, und der Streit ging allein um Form, Tempo und Prozedur, egal ob Nationalisierung, Sozialisierung,

Munizipalisierung, entschädigungslose Konfiskation, »schwarze Umverteilung« und was es noch an Möglichkeiten gab. Izgoev gibt seine Einschätzung von der bevorstehenden Agrarrevolution mit den Worten des Tambover Bauern Losev, eines Deputierten der I. Duma, wieder. Der von der Intelligencija-Propaganda völlig unberührte Bauer war mit seiner Rede vor den Abgeordneten der Duma in ganz Rußland bekannt geworden:

»Wir sind stark, doch infolge all der hinterhältigen Tricks sind wir blind geworden, und deshalb stellt man uns zur Schau wie die Philister Samson zur Schau gestellt haben. Wissen Sie, was Samson getan hat, als er in sich seine frühere Kraft wieder verspürte? Er sagte zu dem, der ihn führte: ›Führ mich an die Säulen und erlaube mir, sie zu berühren.‹ Und sich mit der rechten Hand gegen die eine, mit der linken gegen die andere Säule stemmend, sagt er: ›Stirb, meine Seele, zusammen mit den Philistern ...‹ Und er stemmte sich gegen die Säulen, die die Bühne hielten mit all den Tausenden, die gekommen waren, um ihn zu begaffen, und er sagte: ›Stirb meine Seele, mit all denen zusammen ...‹ Und sie starben unter einem Hagel von Steinen unter den Ruinen.«

Die Bauern, so Izgoev, wiederholen mechanisch die »verworrenen Programm-Losungen der diversen Parteien«, doch aus dem Ton ihrer Rede und aus ihrem Blick ist etwas anderes herauszulesen: »das bewegende Memento ihrer Energie ist ein unbewußt elementarer Anarchismus, in dem sich Selbstaufopferung mit unberechenbarer Zerstörungswut verbindet. ›Schlimm wird es werden‹, ›es wird der Tag kommen, an dem nicht ein einziger Adliger in Rußland zurückbleiben wird‹, ›was kümmert es uns, ob es viele Herrensitze gibt‹, das sind die Motive, die in den Reden des Volks an die Oberfläche treten.«[27]

Aus dieser Konstellation – auf der einen Seite eine unbewegliche, zur Evolution schon nicht mehr fähige Selbstherrschaft, die die vitalen Kräfte des Landes fesselt, und andererseits der Stau eines elementaren Bedürfnisses der Bauernbevölkerung, der nach einem Dammbruch gänzlich anarchische, die Grundlagen von Staat und Kultur bedrohende Züge annehmen würde – ergibt sich für Izgoev das Spannungsverhältnis, in dem sich jede »Fortschrittspartei« bewegt. Es ist ein außerordentlich angespanntes Verhältnis, in dessen leisesten Verschiebungen und Nuancierungen sich ein Kampf auf Leben und Tod abspielt – die Zwischenrevolutionszeit ist eine Zeit des latenten, selten manifesten Bürgerkriegs: der Strafexpeditionen, der Standgerichte, des Regierens mit »Notverordnungen«, des Stolypinschen Bonapartismus und der Attentate, auch eines kurzfristigen Aufschwungs und der Entspannung, in die dann der Erste Weltkrieg hineinbricht.

Bevor Stolypin 1911 einem Attentat zum Opfer fällt, verkörpert seine Figur noch am ehesten den Willen eines Teils der politischen Klasse, »Grund unter die Füße« zu bekommen, und zwar durch die staatlich geförderte Herausbildung einer selbständigen Bauernschaft. Izgoev sieht hierin einen schöpferischen Ansatzpunkt, fordert – entgegen der Mehrheitsauffassung der Kadettenpartei – die Anerkennung und Förderung dieses Programms, doch es geht zu langsam, zu schwerfällig. Ein Ausweg aus der Agrarfrage, eine Kanalisierung der Agrarrevolution ist schon unwahrscheinlich. Es hat daher seinen spezifischen Sinn, wenn Izgoev die Analysen und Kommentare der Zwischenrevolutionszeit unter der Rubrik »Na perevale« erscheinen läßt. »Auf dem Paß«, das bedeutet die Anstrengung der mühsamen Aufwärtsbewegung, des Erklimmens der Höhe Stück für Stück, und es bedeutet das Wissen, daß jeder Fehltritt, jedes Abkommen vom Weg den Absturz bringen kann. Es beinhaltet das Bild, den unbeweglichen, menschenabweisenden Berg zur einen und den tödlichen Abgrund zur anderen Seite zu haben. Indes ist es mit einem bloßen Wegweisen nicht getan. Erst in dem Augenblick nämlich, als die Macht der Selbstherrschaft erzitterte und das ganze Land in Bewegung gekommen war, zeigte sich, daß die indirekten Verkrüppelungen und Deformationen, die die Selbstherrschaft verursachte, noch weitaus fatalere Folgen hatten.

Izgoev gibt über weite Strecken seiner Analysen eine Beschreibung der »Pathologie« des selbstherrschaftlichen Rußland – vor allem, sofern sie die künftigen Erben der Macht geprägt und »formiert« haben. Die Analyse der Pathologie des selbstherrschaftlichen Rußland ist ihm Voraussetzung für ein Zu-sich-selber-Kommen der Befreiungsbewegung, für ihre »Emanzipation zur politischen Arbeit«. Solange diese nicht erkannt und aufgelöst ist, wird es über die Kluft der politischen Gegnerschaft zwischen Selbstherrschaft und Opposition unausgesprochen ein gemeinsames Band geben – eine Komplizenschaft von Macht und Opposition, bedingt durch Absolutismus und Kompromißunfähigkeit in den Köpfen der Gegner.

Es geht daher um diesen indirekten – »in vielen Beziehungen sogar stärkeren« – Einfluß der Selbstherrschaft, dessen Effekt – um dies vorwegzunehmen – die Politisierung des gesamten gesellschaftlichen Lebens und die Fixierung der Gegner auf ausschließlich politische Formen der Aktivität ist. »Der Druck der Selbstherrschaft rief Protest hervor – und bei allen Menschen mit einem wachen Gewissen, mit einem erwachenden Bewußtsein wurde dieser Protest zum Hauptinhalt des Lebens, der alles verschlang und auf alles abfärbte. Das gesellschaftliche und das geistige Leben bekamen im Denken des besten und größten Teils der russischen Gesellschaft einen Markt nur dann, wenn sich darin der Kampf gegen die Selbstherrschaft ausdrückte, wenn sie als Instrument im Kampf dienen konnten. Die schöpferischen Fähigkeiten des Menschen zur Gestaltung aus Farbe und Wort, zu Malerei und Poesie galten bei uns nur dann etwas, wenn sie als Mittel für die Mobilisierung der Menschen im Kampf gegen die Selbstherrschaft taugten.«[28]

In der Wissenschaft gilt nicht die Wissenschaft selbst etwas, sondern nur ihre philosophischen, praktisch verwertbaren Schlußfolgerungen; produktive und unerläßliche wissenschaftliche Arbeit wurde als nutzlose Spielerei gebrandmarkt. Ähnliches gilt für das politische Denken. Die russische Intelligencija interessiert sich auch hier nur für das, was sie gebrauchen kann, nicht für den realen Kontext, in dem sich politische Theorien entwickelt haben.

»Die Selbstherrschaft hat unser gesellschaftliches Leben vollständig pervertiert. Sie hat in einem solchen Ausmaß die ideellen Bestrebungen und

Hoffnungen unserer Intelligencija vom realen Leben und von den im Land existierenden gesellschaftlichen Kräften losgerissen, daß der Abgrund zwischen beiden, ungeachtet der heroischen Anstrengungen unserer Revolution, bis heute unüberbrückbar ist.«[29]

Izgoevs Kritik der Selbstherrschaft zielt nicht nur auf die Unterdrückung vorhandener Widerstandskräfte, sondern darauf, daß ihre Existenz gerade die Herausbildung von Kräften unterbinde, die in der kritischen Situation Hilfestellung für die Emanzipationsbewegung geben könnten. Da die Selbstherrschaft in jeder von ihr nicht sanktionierten Gruppe oder Aktivität eine Bedrohung sah, jeder Lehrer- oder Gynäkologenkongreß als politisch verdächtig eingestuft und die unschuldigsten Tätigkeiten der Zemstvo-Leute – Gründung von Aufklärungsgesellschaften, Klubs, landwirtschaftlichen Genossenschaften – als gefährlich behandelt wurden, unterband sie den Prozeß der Herausbildung neuer staatstragender Kräfte.[30]

In der Zeit der Verunsicherung meinte sie nun, nur mit dem Fuß aufstampfen zu müssen, und schon seien jene Kräfte vorhanden, die die Reform in geordnete Bahnen lenken könnten. »Die Geringschätzung der Gesetze der Geschichte ließ sie aus dem Blick verlieren, daß gesellschaftliche Kräfte nicht mit einem Mal entstehen, wie aus dem Nichts, sondern langsam und sukzessiv. Die Ordnung, die immerzu jeden Ansatz überhängiger gesellschaftlicher Kräfte abgetötet hatte, glaubte, diese ließen sich ebenso leicht erschaffen wie austilgen ... Nirgends in Europa hat der Absolutismus in einem solchen Ausmaß alle gesellschaftlichen Kräfte vernichtet wie in Rußland ...«[31] Was aber wird geschehen, wenn »der Damm« bricht, aber die Kräfte, die die Ordnung stützen könnten, nicht zur Stelle sind? Vorerst deutete alles darauf hin, daß es zwischen Selbstherrschaft und Volk, zwischen alter Ordnung und Anarchie, keinen Mittelweg geben würde. Izgoev spürt dies, wenn er schreibt:

»Wieder empfinden wir, daß unsere Kultur kein festes Fundament hat, ja daß sogar das staatliche Leben Rußlands von einer gewaltigen Gefahr bedroht ist. Lerois-Bollet erschreckt uns mit seiner Meinung, daß Rußland für den Übergang zur konstitutionellen Ordnung an die zwanzig Jahre benötige. Doch er sieht nicht, daß unsere Regierung, die konstitutionelle Gesetze herausgibt und konstitutionelle Dokumente verfaßt, in der Praxis selbst die allerkleinsten gesellschaftlichen Kräfte vernichtet, auf die sich eine solche konstitutionelle Ordnung vielleicht stützen könnte. Die Konstitutionalisten in Rußland schmelzen rasch dahin und die energischen, kämpferischen und intelligenten Kräfte wandern in die Reihen der Revolutionäre ab, die bei uns alle zwangsläufig mehr oder minder anarchistisch angehaucht sind ... Der Anarchismus ist diejenige geistige Strömung, die sich heute ihren Weg in die Herzen der Jugend bahnt und Gefühl und Handeln von Intelligencija und Volk vereinigt. Die Macht, die organisierte Kraft des Volks, beantwortet dies mit einer Verschärfung der Willkür. So setzen sie von zwei Seiten her Rußland in Brand ...«[32]

»Argonautenzug«, bürgerliche Gesellschaft, Zivilisierung des Politischen

Die Selbstherrschaft hatte sich auch nach 1905 halten können, weil die oppositionellen Kräfte Quantités négligeables geblieben, aus ihrer bloß revoltierenden Rolle nicht herausgekommen waren. Doch auch mit der Einrichtung der scheinkonstitutionellen »Bonapartistischen« Diktatur Stolypins waren die Kräfteverhältnisse in der Schwebe geblieben. Izgoev sieht 1910 »die drohenden Anzeichen des sich anbahnenden Bürgerkriegs«.[33]

Was Izgoev in dieser »Interimszeit« beschäftigt, ist die Labilität und Zersplitterung der Quantités négligeables und die Frage, wie sie zu einer wirklichen Kraft werden könnten. Sie waren gewissermaßen in einem »revolutionären Ausbruch« an die Oberfläche getreten, nun aber stellte sich heraus, daß vergleichsweise wenig an konsolidierten Formen der Organisation und Zusammenarbeit geblieben war. Dies zeigte sich schon bei den Wahlen zur I. Duma und den überspannten Hoffnungen auf rasche Erfolge, die an sie geknüpft wurden. Das revolutionäre Engagement »änderte sich, als man von der Entlarvung der Regierung übergehen mußte zum positiven Aufbau, und die Hauptarbeit in der Duma war den Mitgliedern der Partei der Volksfreiheit überlassen worden, die sich umfassender Obstruktion der Regierung gegenübersahen.«[34]

Solche übertriebenen Erwartungen – die Bauern meinten, die Duma würde ihnen sofort das Gutsbesitzerland zuweisen, die Intelligencija meinte, sofort würde alles mit einem Schlage anders – sind selber ein Zeichen von politischer Unerfahrenheit und schlagen im Augenblick der Niederlage – der Auflösung der Duma und der Rücknahme des Oktobermanifests – in Passivität, Zuschauerhaltung und Resignation um. »Das Volk hat aus seiner Mitte 400 Menschen ausgewählt und sie auf eigenes Risiko ausgeschickt ›Land und Freiheit zu erreichen‹; selbst aber fing es an, ruhig zuzuschauen, was aus diesem Argonautenzug werden würde. Die Argonauten, so stellte sich heraus, saßen auf einem Luftballon, dessen Leine der Feind abgeschnitten hatte. Sowie das Volk bemerkte, daß seine Abgesandten nichts erreichten, verhielt es sich deren Schicksal gegenüber ziemlich gleichgültig.«[35]

Diese Passivität ist auf dem Land noch am ehesten verständlich, wie überhaupt für das Verständnis aller politischen Prozesse in Rußland Raum und Zeit in Rechnung zu stellen sind. »Wenn man an die russischen Angelegenheiten denkt, dann muß man vor allem mit dem ungeheuren Raum rechnen, und der Raum zieht eine Zeit hinter sich her. Alle Prozesse bei uns strömen langsam und verlangen viel Zeit.«[36] Dieser Raum bringt es auch mit sich, daß die Dynamik der Bauernrevolution, solange sie keine organisierten Formen angenommen hat, auf den Horizont, der durch das Haus des Gutsbesitzers bestimmt ist, beschränkt bleibt, hier laufen alle Erfahrungen des bäuerlichen Lebens zusammen, hier verdichtet sich alle Erfahrung: Hunger, weil es zu wenig Land gibt; Kälte, weil die Wälder den Grundbesitzern gehören (oder dem Staat), Polizei, Armee, alle möglichen Beamten, Kosaken, Wachpersonal, die einzig dazu da sind, die »usad'ba«, den Gutshof, vor dem Übergriff der Bauern zu schützen.[37] Anders verhält es sich bereits mit dem städtischen Proletariat und der »städtischen Demokratie«. »Die städtische Demokratie ist bei uns neben dem Fabrik- und Werkproletariat die aufgeklärteste, beweglichste und aktivste Klasse.«[38]

Doch gerade in deren Schwäche und Unfähigkeit, sich politisch zu artikulieren, kommt der ganze fiktive Charakter des politischen Lebens zum Vorschein. Izgoevs Kritik an einer eher symbolisch bleibenden Politik sei hier durch einige Zitate deutlich gemacht – sie richten sich in erster Linie an die Intelligencija. »Unser ganzes politisches Leben ist voll von ›fiktiven Größen‹. Kaum eine Partei, die nicht im Namen einer Klasse, Gruppe sich anmaßt zu sprechen – der Petersburger Arbeiterdeputiertenrat drohte noch im Augenblick seiner Festnahme mit dem ›letzten Gefecht des vereinigten Proletariats und der revolutionären Bauernschaft‹.«[39] Es gibt inzwischen rund vier Dutzend Parteien, doch selbst wenn man die unbedeutendsten wegläßt, sind immer noch wenige von Gewicht dabei. Sie alle ergehen sich zum Teil in Streitereien, die rein fiktiven Charakter haben:

»In einem Land, in dem eine hundertfünfzigmillionenköpfige Bevölkerung außerhalb des Gesetzes steht, nicht sicher sein kann vor grundloser Verhaftung, Verbannung, körperlicher Züchtigung, Auspeitschung, Geldstrafen, die einer Enteignung gleichkommen, und sogar das Leben jedes beliebigen Bürgers zu jedem beliebigen Zeitpunkt in Gefahr ist, in einem solchen Land können die gesellschaftlich Aktiven darum streiten, ob man auf unseren Dörfern – nicht in der Praxis natürlich, sondern in der Theorie – das allgemeine direkte oder das allgemeine zweistufige Stimmrecht einführen soll, ob man allen Randgebieten Autonomie sofort oder erst allmählich gewähren soll. Es ist klar, daß dies nichts von Bedeutung ist, Polemik, Geschimpfe von Leuten, die ein und demselben Kreis der Intelligencija angehören, losgerissen vom Leben der Millionenmassen, ohne wirkliche politische Bedeutung. Dies ist Spiel, Theater anstelle des wirklichen Lebens. Die Schauspieler, verzaubert vom Glanz des Blattgolds und derVielfalt künstlicher Farben, neigen dazu, in dieser Komödie das wirkliche politische Leben zu sehen und tun daher nichts, um an die Stelle eines Phantoms die Wirklichkeit zu setzen und ihre Kräfte gemeinsam auf wirkliche politische Arbeit zu konzentrieren. Das furchtbare Unglück unseres Vaterlands und die große Sünde unserer Intelligencija liegen darin, daß sich die Intelligencija an einem ausgeklügelten politischen Spiel ergötzt in einem Augenblick, da die Bevölkerung elementarer rechtlicher Garantien beraubt ist, ohne die sich im Westen wohl nicht einmal ein Bauer im abgelegensten Dörfchen sein Leben vorstellen könnte.«[40]

Alles, was die Intelligencija tut, hat den Stempel des Abstrakten, Nichtlebensfähigen, Unernsthaften. »Man empfindet, daß zwischen ihnen und dem Leben nicht jene unmittelbare Beziehung existiert, deren Verletzung vom ganzen Land und der Bevölkerung gleichsam als Schlag gegen ihr ureigenstes Interesse empfunden würde.«[41] Nirgendwo geriert sich die Intelligencija derart »materialistisch« und an ökonomischen Problemen interessiert, in

Wahrheit läßt sie sich auf die Praxis ökonomischer Fragen nicht ein, sondern zerfleischt sich – zum Wohlgefallen und ganz im Kalkül der Selbstherrschaft – über zweit-, dritt- oder viertrangige Fragen.[42]

Izgoev glaubt: »Alle unsere heutigen Partei- und Fraktionsunterschiede im Lager der Befreiungsbewegung haben keinerlei historische Bedeutung. Diese Unterschiede sind im besten Fall nur Vorboten, Vorankündigungen für jene wirkliche Differenzierung, die in unserem Volk nach der Vollendung der Revolution, die ihm ›Land und Freiheit‹ bescheren wird, vor sich gehen wird ... Heute machen alle diese Streitereien und Parteiauseinandersetzungen den Eindruck eines künstlichen Spiels in der Politik, das allerdings ziemlich traurige Resultate zeitigt.«[43] Es zeigt sich hierin nichts anderes als der verheerende Geist der Selbstherrschaft, die »indirekten Folgen« ihrer Herrschaft.

»In all diesem Hickhack spiegelte sich Rußland wider, seine alte, noch nicht überlebte Ordnung. Die Feinde des Absolutismus sind selber vom Absolutismus durchtränkt und in seinem Geist erzogen. Sie haben die Gewalttätigkeit und die Willkür jenes Regimes, das sie bekämpften, in ihre Psyche aufgenommen. Und jetzt, da Rußland langsam und mühsam mit Unterbrechungen und Stillständen zu einer neuen Ordnung überzugehen beginnt, muß man sich nicht nur mit der Umerziehung des Verwaltungsapparats des alten Regimes, sondern auch mit der der gesellschaftlichen Kämpfer gegen dieses Regime auseinandersetzen ...«[44]

Es ist deutlich, daß Izgoev eine Gruppe von Menschen besonders im Auge hat: die engagierte Intelligencija. Jedoch führt er seine Kritik nicht aus dem Stand heraus oder gar moralisch, sondern er analysiert deren politischen Stil vor dem Hintergrund der in Bewegung gekommenen Verhältnisse und der Ansätze zu einer Artikulation und Organisation gesellschaftlicher Kräfte, hinter deren Dynamik die Mentalität der zirkelbefangenen, konspirativ orientierten Intelligencija seiner Meinung nach weit zurückgeblieben ist. Er interessiert sich sehr für das Wie, für die Form und Struktur des Prozesses, für die Formen der Konstitution einer Öffentlichkeit selbst, für die Vermittlungen und nicht bloß – und nicht in erster Linie – für unmittelbar taktisch-strategische Anweisungen, denen er ohnehin mißtraut. Er ist ein Analytiker der Form, des Wie bei der Herausbildung von »Gesellschaft«. Auch dies hat seinen materialen Hintergrund: Die Selbstherrschaft hatte zwar ihr Gleichgewicht wiedergefunden, aber sie hatte die keimenden Formen und die Dynamik nicht mehr zum Stillstand bringen können, die von nun an einen Raum konstituierten, auf den sich auch die Selbstherrschaft beziehen mußte.

Rußland hatte in der Revolution seine Sprache gefunden: Es gab sich Organisationen und Medien, in denen sich ein ungegliederter, amorpher Volkskörper überhaupt erst auszudrücken vermochte. Der Bewegungsschub der Revolution von 1905 brachte nicht nur neue vielfältige Formen an den Tag, sondern stellte auch die schon existierenden Organisationen vor eine neue Situation, manchmal sogar vor existentielle Zerreißproben. Die meisten der in der Bewegungszeit aufgeblühten Parteien erwiesen sich als gar nicht lebensfähig. Konfrontiert mit der neuen Lage einer halben Legalisierung drohte sogar die am meisten konsolidierte Partei Rußlands – die Sozialdemokratie –

zu zerbrechen zwischen Anpassung an die neuen Bedingungen und Rückfall, zwischen »Legalismus« und Terrorismus. Die Gestalt des Feindes hatte sich geändert, und sofern das nicht zur Kenntnis genommen wurde, mußte die kritische Intelligenz in einen Taumel von Zerfahrenheit und Orientierungslosigkeit verfallen – definierte sie sich doch wesentlich nicht über sich selbst und das was sie wollte, sondern über den »Kampf gegen die Selbstherrschaft«. Mit anderen Worten: der »Normalisierungsschub« nach 1905 hatte eine Krise der gesamten Opposition ausgelöst.

Der Zug der Argonauten, von dem die Rede war, würde nur dann nicht scheitern müssen, wenn er getragen würde von einem Netz politischer Öffentlichkeit. Werfen wir daher einen Blick auf die Elemente jenes »Kanalsystems«, in dem Izgoev hoffte, die vorwärtsdrängenden Energien einfassen und in Bewegungsenergie umsetzen zu können. Sein Interesse an *Parteien*, an der *Presse* und an der *Kulturarbeit* liegt in diesem Fundamentalinteresse an der Herausbildung einer tragfähigen, genügend differenzierten Struktur eines politisch werdenden Rußland begründet.

Natürlich war die Duma kein »richtiges« Parlament, aber sie war doch die Plattform für die Artikulation politischer Strömungen, eines verdeckten Kampfs um die Fragen des Reichs. Dies akzeptierten nach anfänglichen Boykottaufrufen selbst die Bolschewiki. Doch hing die Stärke der Duma ab von dem, was an Arbeit geleistet wurde, und von den Parteien, die sie ernst nahmen und trugen. Das »Volk« ist nur eine amorphe Masse, wirksam wird es durch seine Vertreter und Organisationen, die fähig sind, die je spezifischen Interessen zu artikulieren und durchzusetzen. Im Hinblick auf die erwartete Konstituierende Versammlung schrieb Izgoev 1917, daß in ihr »der Wille des Volks nur durch die Parteien sich verwirklichen« kann,[45] und es wird daran deutlich, daß Parteien für ihn weit mehr sind als nur »Kampforganisationen« oder Interessenverbände. »Eine Partei ist nicht die mechanische Vereinigung von Menschen um ein bestimmtes Programm. Eine Partei ist ein bestimmter Organismus. Sie hat eine Seele und ein Herz. Den wirklichen Puls der Partei zu erfassen, ist oft wichtiger als ihre Programme en détail zu kennen.«[46]

Die Bildung von Parteien – auf den ersten Blick in Rußland sehr spät – ist das Ergebnis sehr langer Lern- und Strukturierungsprozesse, in ihnen finden gewissermaßen die gesellschaftlichen Gruppen zu sich selbst. Fast alle späteren Parteien, die eine maßgebliche Rolle gespielt haben: die Sozialdemokratie in ihren beiden Flügeln, Sozialrevolutionäre, Konstitutionelle Demokraten – basieren auf Traditionen, vermitteln existentielle Generationenerfahrungen im Kampf um politische und gesellschaftliche Emanzipation.

Izgoev zeigt einen fast hundert Jahre währenden Prozeß der Ausbildung von Richtungen auf: von der Dekabristenrevolte mit ihren Formen des aristokratischen Putschs über die Artikulierung der Slawophilen und die Westlerrichtung und die darin zum Ausdruck kommenden Versuche, einen spezifischen Weg für Rußland zu finden. Jede der großen Richtungen kann sich auf eine lange Tradition und vitale Erfahrung stützen: die Sozialrevolutionäre auf den Block der russischen Agrarverhältnisse, die Sozialdemokratie auf die neue, erst spät auf den Plan tretende Industriearbeiterschaft und schließlich die Konstitutionalisten, die in den demokratischen Reformatoren der Selbstherrschaft, Radiščev und Novikov, ihre Vorläufer haben.[47]

Für Izgoev aber ist ausschlaggebend, daß *alle* Parteien legitimer und notwendiger Ausdruck und Träger der in der russischen Gesellschaft wirkenden Kräfte sind. Wie oft bekräftigt er, daß die russische Sozialdemokratie »einer der notwendigen und wesentlichsten Aspekte der heutigen Kultur« ist![48] Wie oft wirft er der Sozialdemokratie vor, sie leiste zuwenig für die Organisierung der Industriearbeiterschaft! Wie gut versteht er die Lage der Sozialrevolutionäre, die gerade wegen ihres »Volkscharakters« nur zu einem verschwommenen Profil und Programm kommen können. »In meiner Kritik der russischen Marxisten habe ich mich immer leiten lassen nicht davon, daß sie eine den Kadetten gleichsam feindliche Klasse organisieren – wie die Marxisten in Selbstüberschätzung behaupten –, sondern ausdrücklich davon, daß sie dazu zu wenig in der Lage sind ..., sie sind nicht in der Lage, das Proletariat zu einer bedeutenden Kraft zu organisieren.«[49] Gerade weil er »bürgerlich« ist, so Izgoev, sei er an einer Organisierung des »stärksten demokratischen Elements der großen Städte« interessiert.

Unter russischen Verhältnissen sei die »Organisation an sich« – außerhalb ihrer programmatischen Besonderheiten – schon von elementarer Bedeutung. »Unsere Aufgabe sehen wir in einer allseitigen Förderung des Prozesses der gesellschaftlichen Organisation. Auch wir, so widersprechen uns unsere Gegner [auf der Linken, K.S.], sind in jedem Fall für Organisierung, halten dies für eine der wichtigsten Aufgaben. Ja, in einem gewissen Sinn stehen auch sie für die Organisierungsprozesse, doch für sie haben sie eine dienende, untergeordnete Bedeutung, sie wollen sie benutzen als Mittel der politischen Zerstörung, während für uns diese gesellschaftlichen Organisierungsprozesse auch einen Wert für sich haben, in sich selbst bedeutsam sind ... Wir brauchen sie nicht als Hilfsmittel, um in der Zukunft diesen oder jenen unserer Pläne zu realisieren, sondern als Methode der Befriedigung bestimmter Bedürfnisse der Menschen von heute ... Im Unterschied zu unseren Gegnern verstehen wir, daß es in einem so gewaltigen Land wie Rußland mit seiner Bevölkerung von 160 Millionen keine einheitliche Organisation oder gar ein einheitliches Organisationsprinzip geben kann. Es gibt viele davon, und jedes von ihnen, sofern es vitalen menschlichen Bedürfnissen entspricht, sofern es die Menschen zusammenführt und aus ihrer isolierten Position überführt in etwas Organisch-Zusammenhängendes, scheint uns bedenkenswert und unterstützenswert ...«[50]

Es ist daher kein Zufall, daß Izgoev 1914 – anläßlich des fünfzigsten Jahrestags der Verkündigung der Zemstvo-Gesetzgebung – schreibt, daß die Einrichtung der Zemstvos – der Landschaftsselbstverwaltung – *die* eigenständige Kulturerrungenschaft Rußlands sei. Über sie kamen Aufklärung und Kultur auf das weite Land, der Zemstvo-Agronom, der Landvermesser, der Statistiker, der Lehrer, sie alle haben jenes »Kanalsystem« geschaffen, in dem der Idealismus der Kulturarbeiter sich praktisch und wirksam umsetzen konnte.[51]

Damit ist die elementarste Schicht angesprochen, von deren Ausbildung Izgoev die Gesamtbewegung einer gesellschaftlichen und politischen Organisierung und Artikulierung der Gesellschaft abhängig macht: die Hebung des Kulturniveaus in ihrer unspektakulären, durchschnittlichen, alltäglichen Bedeutung. Kulturarbeit ist nicht die »große Aktion«, sondern das beharrliche Wirken im Alltag.

»Kulturarbeit heißt die Losung des Tages«, schreibt er 1910, »doch man muß fast befürchten, daß auch im Begriff der Kulturarbeit und in dessen Gegenteil – ›die geballte Anstrengung des ganzen Volks‹, die ›außerordentliche Anstrengung‹ und ähnliches – viel Phantastisches enthalten ist, von dem man sich befreien muß. Kulturarbeit ist im Grunde nichts anderes als das Leben selbst. Wenn ein Volk lebt und nicht in Paralyse und Fäulnis dahinvegetiert, dann wird in ihm immer Kulturarbeit geleistet. Sie wird geleistet nicht von Dutzenden wohlsituierter Philanthropen, die die Möglichkeit haben, dem Volk zu dienen, sondern von Tausenden und Abertausenden von Menschen, deren Existenz eng mit dieser Arbeit verbunden ist. Kulturarbeit verdient überhaupt nur diesen Namen, wenn sie jene auszahlt, die sie tun. Nicht nur der Lehrer, der Arzt, der Feldscher, der Statistiker, der Schriftsteller, der Ingenieur und andere beziehen ihren Lebensunterhalt aus ihrer Arbeit, sondern auch die Leute, die sich mit ihrer Kraft den Gewerkschaftsorganisationen der Arbeiter, den städtischen und ländlichen Kooperativen widmen und so mit ihrer Arbeit ihr Brot verdienen. Und je breiter sich in Rußland die Arbeiter- und Kooperativenbewegung entwickelt, desto schärfer wird dieses Faktum offensichtlich werden. Es handelt sich im Wesen um etwas ganz Normales und Erwünschtes. Es ist die unausweichliche Folge der gesellschaftlichen Arbeitsteilung und Spezialisierung. Aufrufe zur Kulturarbeit sind daher in bedeutendem Maß, so scheint es, die Frucht eines Mißverständnisses.«[52]

Davon ausgehend wird deutlich, daß die Kategorie des »Liberalismus« oder der »konstitutionellen Demokratie«, die man gewöhnlich zur Kennzeichnung der Kadetten oder Positionen wie der Izgoevs verwendet, zu kurz greift. Ihm jedenfalls geht es um etwas, das »unterhalb« der politischen Demokratie liegt, etwas Fundamentaleres, etwas, das auch die politische Demokratie erst tragen könnte. Er macht aus der Demokratie kein Abstraktum – er benennt ihre Bedingungen –, und er macht aus ihr keinen Fetisch – zu genau sieht er das Doppelgesicht der modernen Massendemokratie. Sie ist ihm eine »Lebensform«, kein »Selbstzweck« und kein »absolutes Gut«. »Die Demokratie kann so oder so sein: sowohl zivilisiert (kul'turno) als auch unzivilisiert, wahrhaftig, aber auch heuchlerisch-verlogen, sowohl verbunden mit entwickeltem moralischen Empfinden als auch mit grenzenlos entwickelten räuberischen Instinkten«.[53] Sie ist nicht bloß aus einem Prinzip abgeleitet, sondern erwächst aus der »gleichmacherischen« Dynamik der modernen Wirtschaftsgesellschaft.

Izgoev wirft der Intelligencija gerade vor, daß sie noch in den Formen und Methoden des 19. Jahrhunderts, der Zirkel, der Konspiration, der Exklusivität und eines beschränkten Begriffs der Aufklärung verharrt, während in der russischen Gesellschaft bereits die Mechanismen der modernen Massengesellschaft wirksam geworden seien. Während die Intelligencija Aufklärung noch mit der Verbreitung von guten Büchern gleichsetze, gehe ein Boom von Zeitungsgründungen und ein sprunghaftes Wachstum der »gelben« Massen- und Boulevardpresse vor sich. Sie hält sich von den »gewöhnlichen Bedürfnissen« fern – etwa von der Detektivgeschichten- und Trivial-Literatur –, während darin gerade der elementare Wunsch nach Aufklärung zum Ausdruck kommt.

Fast verzweifelt wendet sich Izgoev an eine hoffnungslos zurückgebliebene, radikale Intelligenz, die mit ihrem Idealismus zwar Rußland erwärme, aber der Beschleunigung der Entwicklung der Medien nicht gewachsen sei. Sie hat noch nicht wahrgenommen, daß sich eine Öffentlichkeit gebildet hat als Arena der gesellschaftlichen Meinungs- und Willensbildung – eine »Errungenschaft aller modernen Gesellschaften«. »Man muß nach Leibeskräften herausposaunen und herausschreien, daß die Erziehung zur Demokratie die wichtigste Aufgabe der russischen Intelligencija ist, daß man die Wege des Buchwissens und der Theorie verlassen und breitere und bessere Wege finden muß. Andernfalls wird man zur Demokratie ohne Einwirkung der Intelligencija erzogen ... Zwischen der Utopie von der Umwandlung des Volks in wohlerzogene, gute Bücher lesende Menschen und zwischen der schädlichen und schlimmen Dummheit, das Volk zu vergötzen, all seine Taten und Leidenschaften zu rechtfertigen und auf ein Podest zu stellen, muß man die wirklich erzieherischen Elemente finden, die, ohne die physischen Widerstandskräfte des Volks zu unterminieren, in seiner Seele ein wirkliches moralisches Ideal verankern. Pogrome, Raub, Mord, Lynchjustiz, Todesstrafen, Strafexpeditionen, grenzenlose Willkür und Gesetzlosigkeiten der gesamten Beamtenschaft von oben bis unten – das ist die Atmosphäre, in der die russische Demokratie in ihren ersten zarten Jahren erzogen wird. Wenn man irgendwann einmal Zeuge der heute nicht seltenen Versuche wurde, wie die Menge mit einem in ihre Hände gefallenen oder nur verdächtigen Räuber oder einer Diebin umgeht, dann hätte man sehen können, zu welcher Bestialität sogar gutmütige Menschen fähig sind.«[54]

In dem Durcheinander von nationalen, religiösen, klassenmäßigen Stimmungen und Gefühlen, wie sie bei einer in Bewegung geratenen Gesellschaft unvermeidlich sind, kommt es darauf an, jene Strömungen zu finden, »die fähig sind, das Land in einem moralischen und zivilen Sinne (graždanskij) zu erneuern«.[55] Andernfalls wird es nicht zu einer »rettenden Revolution« kommen, sondern zur Anarchie, in der auch der Staat zugrunde geht«.[56] Selbst eine »chirurgische Operation« – eine Revolution – würde nur dann den Gesamtorganismus retten können, wenn »solche Kräfte« vorhanden sind – andernfalls wird sie nur tödlich ausgehen.[57]

Weil Izgoev um die Zerbrechlichkeit jenes Floßes der Argonauten auf dem Meer sozialer Elementargewalten wußte, weil ihm die »Kultivierung« eines ungeheuren Raums durch ein Netzwerk von Kanälen der Kultur als ein Jahrhundertwerk erschien – gerade deshalb widmet er der Bestimmung und Herausarbeitung jener Kulturkräfte besondere Aufmerksamkeit. An ihnen wird alles hängen.

»Der einzige Ausweg aus der von uns durchlebten Krise liegt in der Organisierung jener mittleren schöpferischen Schichten der Bevölkerung Rußlands, die das wirtschaftliche Leben des Landes anführen und ihre Vorzugsstellung nicht aus den Standesprivilegien, sondern aus ihrer Rolle bei der Organisation der Volksarbeit und der Produktion, die Reichtum und Kultur des Volks mehren, beziehen. Diese mittleren Schichten sind bis heute bei uns von der Lösung der gesellschaftspolitischen Aufgaben verdrängt gewesen und neigten der Intelligencija zu, die sozialistisch gestimmt war. Über das Schicksal ihrer Utopien hat das Leben schon entschieden. Bei uns in Rußland wird der Sozialismus wie anderswo auch nur als sozialdemokratische Strömung des Proletariats Wirklichkeit, weit davon entfernt, die ganze Gesellschaft zu leiten. Der utopische Sozialismus der Intelligencija muß verschwinden, und je eher sich die Intelligencija von ihm verabschiedet, desto besser für das Land. Die Intelligencija muß in sich die Kräfte finden und so ehrlich sein, sich als das anzuerkennen, was sie ist, als eine der mittleren Schichten.

Nur die mittleren Schichten, die bewußt jene Probleme beseitigen, die nationale und religiöse Konflikte erzeugen, die sich zusammengeschlossen haben, um im Land zivilisierte Formen eines freien Lebens und einer gesetzmäßigen Ordnung zu errichten – nur sie können Rußland auf friedlichem Weg aus der jetzigen Lage herausführen. Kraftlosigkeit und Unfähigkeit der mittleren Schichten führen zur Katastrophe.«[58]

Izgoev führt in einer Öffentlichkeit, in der das »Linkssein« zum obersten Kriterium geworden ist,[59] einen schier aussichtslosen Kampf um die Selbstaufklärung der Intelligencija, obwohl deutlich geworden ist, daß die gesellschaftliche Bewegung längst über die Schranken und Grenzen des Intelligencijaprotests hinausgewachsen ist.[60] Es gehört in dieser Öffentlichkeit zum guten Ton und zum Gewohnheitsrecht, die Kadetten, die sich selbstbewußt zum »dritten Element« bekennen, als »Bourgeoisie« oder als Verräter an der Sache zu beschimpfen.[61]

Man definiert sich als sozialistisch-revolutionäre oder proletarische Partei, doch in Wahrheit ist eindeutig: »Dies alles sind rein russische Intelligenty, das sogenannte dritte Element. Alle Führer sind ausschließlich aus diesem Milieu.« Und was die Kadetten betrifft, so sei es eine reine Fiktion, sie für eine Partei der Bourgeoisie zu halten, da die Bourgeoisie die Partei leider kaum unterstützt. Überhaupt ist der Gedanke, daß Parteien sich nur auf die

Hauptklassen – Grundbesitz, Bourgeoisie, Proletariat – stützen könnten, eine bloße Schablone.[62] Freilich setzt Izgoev auf Zugänge aus den Reihen »reumütiger Adliger« und »reumütiger Kaufleute« – und solche hat es ja gegeben –, er macht sich aber keine Illusionen über die Größenordnung des dritten Elements.

Izgoev ist ein Individuum in Petersburg; Petersburg ist groß in seiner Kultur und Staatlichkeit, doch nur ein Sandkorn in Rußland.[63] Doch gerade weil es so hoffnungslos wenige sind, kommt es darauf an, die Intelligencija selbst zu transformieren – ein neuer Typus ist gefragt: einer, in dem sich die Hingabe und Opferbereitschaft der Vergangenheit organisch verbindet mit der gewachsenen Selbsttätigkeit der Arbeiter und Bauern.[64] Bis heute ist »unser fortschrittliches öffentliches Denken von Sektierertum durchdrungen. Enge Zirkel, kleine Schulen, die sich für Parteien halten, haben ein derartiges Mißtrauen gegeneinander erzeugt, eine Entfremdung und einen Disziplinmangel, daß man skeptisch sein muß, ob unsere progressiven Gruppierungen fähig sein werden, gemeinsam zu handeln, wenn es notwendig ist. Abstrakter, rein theoretischer, philosophischer, religiöser, ästhetischer Meinungsverschiedenheiten wegen sind wir bereit, jedem an die Gurgel zu fahren, der nicht Wort für Wort das wiederholt, was wir sagen.«[65]

Ein Aufruf an die Intelligencija, ein eigenständiges Zentrum zu bilden, sich gegen Bevormundung von oben und Diffamierung von unten zur Wehr zu setzen, richtet sich in der generellen Richtung gegen die linke, fortschrittlich gestimmte Intelligenz, insbesondere die Sozialdemokraten-Bolschewiki. Sie vertritt in reinster Form die alte Tradition einer herrschaftlichen, »aristokratischen« Hegemonie gegenüber dem Volk.

»Die ihrem Wesen nach aristokratische Intelligencija muß derzeit nicht wenige unangenehme Augenblicke durchleben. Doch ohne all dies wird die Demokratie nicht geboren … Bis in die jüngste Zeit hatte die Hegemonie der Intelligencija ihre Begründung und ihre Rechtfertigung. All ihre Kräfte hatte sie auf den Kampf mit dem bürokratischen Absolutismus konzentriert und sich mit diesem Kampf das Recht auf Unsterblichkeit in der russischen Geschichte erkämpft. Doch im Verlauf dieses Kampfs hat sie, wie wir schon mehrmals gesagt haben, eine ganze Reihe von Eigenschaften erworben, die der weiteren demokratischen Entwicklung des Landes abträglich sind. In ihrer Psychologie spiegelte sich eine ganze Reihe von intellektuellen Gewohnheiten und Auffassungen eben dieses Absolutismus wider, den sie so wild entschlossen bekämpften. Die Geschichte der russischen sozialdemokratischen Partei, einer unserer größten unabhängigen gesellschaftlichen Organisationen, bestätigt diesen Gedanken am allerbesten … Alle Gebrechen der Bürokratie, von Ščedrin beschrieben – Gewalttätigkeit, Rechtsverdrehung, Mißachtung den eigenen Gesetzen gegenüber, wenn man nur die Macht dazu hat, sie zu umgehen, persönlicher Hickhack –, all dies ist während des sogenannten Kampfs zwischen Bolschewiki und Menschewiki in aller Farbenpracht ans Licht gekommen.«[66] Er ruft der im Sog der sozialistischen Radikalen stehenden Intelligencija zu: »Befreit das Land vom politischen Absolutismus, gleichzeitig aber auch eure Seele von der ideellen Intoleranz, die keine Kritik erträgt und nur Lobeshymnen ›Heil, Heil!‹ hören will.«[67] Sie müsse erst noch beweisen, daß sie zur Führung der Nation in der Lage sei.[68]

Izgoev führt keine psychologistische oder moralisierende Kritik, sondern eine am »politischen Habitus«, am Stil der fortschrittlichen Intelligencija, am Politizismus und an der »politokratischen Faktur« ihrer Denk- und ihrer Praxisform.[69] Die Intelligencija spricht zwar im Namen des Volks, »hatte in Wirklichkeit immer sich selber im Auge, ihre geistigen Bedürfnisse, ihre Gefühle und Wünsche«. Charakteristische Formen ihres Umgangs sind Polemiken, die sich nicht um Ideen, sondern um Personen drehen, die man »moralisch fertigmachen muß«, um sie von der Öffentlichkeit auszuschalten. Es ist der Kampf in den Spitzen der Parteiorganisation um die »Seele des Proletariats«.

»Auf einen bewußten russischen Arbeiter kam gewiß ein Dutzend sozialdemokratischer Offiziere, und sogar in der Staatsduma waren die Führer des russischen Proletariats grusinische Fürsten und kaukasische Adlige. Es ist klar, daß in dem Augenblick, wo diese marxistische Intelligencija mit der Arbeiterklasse erstmals in vollem Umfang zusammenstieß [gemeint ist hier: legale Organisierung, Schaffung von Gewerkschaften und anderen Massenorganisationen im Zuge der Revolution von 1905, K.S.], alle Prinzipien des Marxismus vergessen waren und die Intelligencija sich in Demagogie flüchtete und sogar alte Volkstümler-Losungen und Utopien, die man lange bekämpft hatte, auf den Schild hob.«[70]

Die sozialistische Intelligencija, insbesondere die »sozialistischen intellektuellen Offiziere«, machten den Sozialismus zu einem Ideal und entzögen sich der realen Bewegung, sie seien von »sozialistischen Ansichten durchdrungen«, führten aber ihr Leben »auf bürgerliche Weise«. Ihnen ruft Izgoev zu: »Seid mutig, euch als das zu bezeichnen, was ihr seid, und schmückt euch nicht mit fremden Federn.«[71]

Doch Izgoev machte bei der sozialistischen Intelligenz nicht nur eine eigentümliche »Diktatur des Politischen« in den Köpfen aus, sondern auch eine Phraseologie der »politischen Diktatur« – quer durch die Reihen der Fraktionen. Er nimmt diese Phraseologie ernst. »Man sprach von der offenen revolutionären Diktatur der Volkstümler, von der Diktatur des Proletariats der Marxisten oder von der phantastischen Diktatur der revolutionären Bauernschaft und des Proletariats – immer verstand man darunter im Kern die Ergreifung der Macht durch die Intelligenz, natürlich, um soziale Reformen ins Werk zu setzen. Doch ist das Motiv für die Absicht zur Machtergreifung völlig bedeutungslos, gab es in der Geschichte doch keinen einzigen Fall, daß die Machtergreifenden das getan haben, was sie versprochen haben. Dies aus dem schlechten Willen dieser Leute zu erklären, ist zumindest naiv.«[72]

Izgoev eröffnet vor der Intelligencija zwei mögliche Entwicklungslinien, die man bezeichnen könnte als die Linie einer zivilisatorischen und die Linie einer politokratischen Intelligenz. Izgoev sagt: »Man muß sich schließlich für das eine oder das andere entscheiden: entweder die dezidierte, unversöhnliche Intelligencija-Position einnehmen und entschieden bis zu Ende gehen, was dieses Ende auch sei – der Untergang Rußlands oder der Umbau Rußlands nach Prinzipien, die die Welt bisher noch nicht gesehen hat –, oder aber offen dazu zu stehen, daß die Intelligencija in unserem Leben einen angemaßten Platz einnimmt und daß sie bewußt jenen sozialen Schichten, die fähig sind, von einem gesamtstaatlichen, nationalen Standpunkt aus das Land wirtschaftlich zu entwickeln und nicht zu bremsen, den Weg freigeben und sie unterstützen muß.«[73]

Der Ausgang ist bekannt. Retrospektiv stellt Izgoev 1932 fest: »Von 1905 an hatten sie [die Parteien, K.S.] eine gewisse Möglichkeit zu arbeiten. In den zwölf Jahren bis zur Revolution konnten sie indes keine Kräfte sammeln, keine festen Organisationen schaffen. Sie waren nur in dem Maß lebensfähig und aktiv, in dem sie eine politisch arbeitsfähige Intelligenz in ihren Reihen hatten.«

Das dritte Element, die »Kulturkräfte«, die in allen Parteien die Führungsgruppen stellten, fanden sich nicht als drittes Element, sondern fragmentiert und zersplittert in den miteinander rivalisierenden Lagern, die zusammengenommen die Kraft zu einer Zivilisierung des Politischen, insbesondere einer absolutistisch-herrschaftlichen Politikform, gehabt hätten. Die Kadetten organisierten bei sich die bürgerliche Intelligenz, die Oktobristen und Progressisten verfügten über das nötige Geld, die Sozialrevolutionäre beherrschten teilweise die Zemstvos und die Genossenschaftsbewegung, die menschewikische Sozialdemokratie die Gewerkschaftsorganisationen und die »Arbeiteraristokratie«.[74] Ein quantitativ winziges Segment dieses »dritten Elements« setzte sich indes durch: die Berufsrevolutionäre – oder wie Izgoev sie bezeichnet: die »Parteioffiziere«.

Lenin: Wer das »schwächste Kettenglied« ergreift, wird auch die »Kommandohöhen« erobern

Die Figur Izgoevs machte die Schwierigkeit deutlich, eine ins Schattenreich der Vergangenheit abgesunkene Gestalt – wenn auch nur schemenhaft – wieder sichtbar zu machen. Im Fall Lenins liegt das Problem gerade umgekehrt: seine Gestalt ist überpräsent, von einer Plastizität der Details und so scharf konturiert, daß einem gerade dies Schwierigkeiten bereitet. Wenn der eine unterbelichtet erscheint, so der andere überbelichtet – in beiden Fällen mit Folgen für die Qualität des Bilds. Wenn wir bei Izgoev über weite Strekken seines Lebens im dunkeln tappen, erweist sich, daß Lenins Person inzwischen fast lückenlos erfaßt ist – in manchen Perioden tage- und stundenweise; Lenin beim Hören der »Appassionata«, Lenin beim Ausflug in die französischen Alpen oder im Kahn, der ihn ins Versteck in Karelien bringt.

Wer es unternimmt, die Generationsgenossen Izgoev (geboren 1872) und

Lenin (geboren 1870), die Absolventen der juristischen Fakultäten von Odessa und Petersburg, die Schüler eines über die Volkstümler triumphierenden Marxismus und die Wortführer zweier konkurrierender Öffentlichkeiten und politischer Gruppierungen, die sich nicht versöhnen werden, zusammenzubringen, dem wird abverlangt, einen Kontakt herzustellen, der ihnen selbst mißlungen ist. Als unparteiischer Dritter, der den Handlungszwängen derer enthoben ist, mit denen er ins Zwiegespräch kommen möchte, ist er bis an die Grenze gefordert: Er muß sich auf beide einlassen und macht gewissermaßen die zwei gegensätzlichen, sprachlosen Seelen zu zwei Seelen in seiner eigenen Brust. Historische Arbeit wird an einem solchen Punkt qualvoll, und jeder, der solche Qualen ausgehalten hat – die von anderer Ordnung als die Mühsal des Grabens in den Stollen der Archive sind –, weiß um den Preis historischer Gerechtigkeit, die schon darin liegt, daß man *sich einläßt*.

Die Gefahr der Paralysierung verspürend, erschöpft und entmutigt von Abweisungen, Verweigerungen, Denunziationen, die auf dem Weg solcher Annäherung liegen, gibt es dennoch etwas, was uns trägt und antreibt. Dieses »Etwas« ist vermutlich etwas von dem, was auch die Protagonisten umgetrieben und in Atem gehalten hat. Die beschriebenen Qualen sind wohl nichts weiter als der Preis dafür, ein wenig in einer Sache mitreden zu dürfen, die man ansonsten nur vom Hörensagen, aus der papierenen Welt der Quellen kennt, während sie den anderen das ganze Leben abgefordert hat.

Über Izgoev und im selben Atemzug über Lenin zu sprechen, wird ohne eine momentane Spaltung des historischen Bewußtseins nicht zu haben sein. Wir werden keine Biographie Lenins, keine Geschichte der Entwicklung seines Denkens geben können, vielleicht ist dies auch nicht einmal das Dringlichste. Wir wissen manchmal zuviel und zu sehr ins Detail Gehendes, um noch Kraft genug zu haben, die elementare Linie seines Genius erfassen zu können.

Izgoev ist einer der ganz wenigen, für die der Sieg der Bolschewiki nichts Sensationelles, Unerwartetes hatte. »Ich habe diesen allgemeinen Optimismus [im Herbst 1917, K.S.] nie geteilt, da ich schon lange den Antritt der Bolschewiki für unausweichlich gehalten habe.«[75] Es gab nur wenige, die den Gang der Dinge klar und nüchtern sahen. »Und nur in zwei, relativ kleinen Kreisen, war ein klares Verständnis dessen, was kommen sollte, anzutreffen: bei den russischen Marxisten und in den Spitzen der Geheimpolizei.«[76] Die Geheimpolizei hatte erkannt, daß die »adlige Selbstherrschaft sich in einen Leichnam verwandelt und daß der nach außen hin so starke Zarenthron in Wirklichkeit jede Stütze verloren hatte« – es waren vor allem jene Kräfte, die der Zarenherrschaft ein neues Fundament geben wollten in Gestalt staatlich organisierter, »staatssozialistischer Arbeiterorganisationen«, für die die Namen Zubatov, Lev Tichomirov, Fräulein Vilbuševič oder der Pope Gapon stehen und in deren Händen die Organisierung der ersten großen Massenstreiks gelegen hatte.[77] Izgoev nennt aber auch die Gründe für diese fast logische Entwicklung der radikalen Minderheit zum Kern der neuen herrschenden Klasse der Nachrevolutionszeit.

»Wenn man die zwei Dutzend wirklich europäisch gebildeten Liberalen wegläßt, die in der Zemstvo-Arbeit engagiert waren, dann können wir allein bei den Marxisten ein Verständnis der sozialen Stimmungen Rußlands und der gesellschaftlichen Kräfte in der Politik finden. Plechanov war der erste, der verkündete, daß die russische Revolution als Bewegung der Arbeiterklasse triumphieren wird oder gar nicht. Lenin verstand noch realistischer die Lage: Er hatte begriffen, daß in Rußland allein das ›Proletariat‹, vereinigt durch Lebensbedingungen und gemeinsame Produktionsarbeit, in der Lage ist, von den Adligen die Macht zu übernehmen, indem es sich organisierte in Gestalt ihrer ›bewußten Avantgarde‹ in einer revolutionären Arbeiterorganisation.«

Und speziell zu Lenin schreibt Izgoev: »Die Stärke Lenins bestand darin, daß er Marxist war und das Haupt einer einheitlichen festen Untergrundorganisation. Als Marxist hat er klarer als viele das Gefüge Rußlands und die mögliche Rolle des ›Proletariats‹ in dem entstehenden Chaos begriffen. Als Haupt des Untergrunds beherrschte er eine gewisse Reserve von energischen, disziplinierten Parteiarbeitern und konnte mit ihnen operieren. Es ist daher nichts Erstaunliches, daß die Bolschewiki in der Zeit des Zerfalls die Macht ergreifen konnten. Der nüchterne Verstand Lenins kannte auch das ›Grundgesetz russischer Geschichte‹: daß die Selbstherrschaft sich dem Druck beugt und zu Konzessionen bereit ist unter dem Einfluß eines nicht erfolgreichen Kriegs.«[78]

Mit diesen Tausenden von Arbeitern hatte Lenin auch die Verbindung zu den Bauern hergestellt, sie waren die »unersetzlichen Fühler, um die Bauernmassen auf seine Seite zu ziehen«. Im Zug der russischen Revolution sind kaum wirkliche Führergestalten aufgetaucht, aber: »Lenin war ein wirklicher Führer, wenn auch nur für eine sehr kleine, geschlossene, konspirative, im Untergrund herangewachsene und sich entwickelnde Gruppe.«[79]

Wenn es etwas an Lenin gibt, das man als sein »Genie« bezeichnen könnte, dann kann dies nicht irgendeine der Begabungen dieses hochbegabten Mannes sein. Sein »Genie« liegt nicht in seiner Publizistik, dafür ist sie zu beckmesserisch und kleinlich; es liegt nicht in seinem Stil, dafür ist er zu grob, bösartig, ja unflätig und abstoßend; es liegt nicht in seinen Leistungen als Philosoph, dafür sind sie zu unprofessionell; es liegt nicht in seinem Talent als Taktiker, denn er war alles andere als ein Nur-Taktiker; es liegt nicht in seinem strategischen Ideal – eine von strategischen Zielsetzungen oder »Idealen« unabhängigere Gestalt läßt sich kaum finden; es liegt nicht in seiner Treue zu einer Lehre oder seiner schöpferischen Weiterentwicklung einer Theorietradition – dafür war er zu unorthodox, zu souverän und selbständig und zu uninteressiert an Fragen einer »reinen Theorie«.

Lenins Genie liegt darin, daß er jene Figur ist, die dem »Genius« der russischen Revolution am angemessensten gewesen ist. Er ist ein inneres motorisches Zentrum, das sensibel wie kaum ein anderes die Dynamik von Bewegungen erfaßte und zugleich gedanklich und praktisch in Energie umsetzen konnte. Er ist die endlich geglückte Verbindung von russischem Intelligent und russischer Volksrevolution. Lenins ganze Kraft reduziert oder konzentriert sich auf einen Punkt oder auf eine Linie: die Stelle herauszufinden, von der aus der ganze Bau der Selbstherrschaft ins Wanken gebracht werden kann, und später dann, jenen Punkt zu behaupten, der eine Umkehr unmöglich machte.

Der Intention nach ist die »Suche nach dem schwächsten Kettenglied« und die »Behauptung der Kommandohöhen« dasselbe – nur die Bedingungen sind verschieden. Was das eine Mal als bloßes »Zerstörungswerk« erscheinen kann, wird das andere Mal als »Aufbauwerk« dargestellt. Nur die Schwierigkeitsgrade sind unterschiedlich: Lenin geht in der Zeit der Revolution mit dem Strom, er läßt sich von ihm tragen, er treibt ihn an – sofern das überhaupt möglich ist –, er nutzt das Gefälle und tut alles, um die Stelle zu finden, an der der gebrochene Damm gänzlich überwältigt und gesprengt werden kann. Er bewegt sich auf dem einfacheren Weg, auf der abschüssigen Strecke. Er ist der Interpret der Widerspruchsdynamik des vorrevolutionären Rußland, und sofern sie ihm nicht rasch genug vorankommt, sich aufhält oder zu zersplittern droht, forciert er sie. Je energischer Lenin polemisiert und »wettert«, desto langsamer strömt der Fluß der Dinge dahin, je rascher er strömt, desto knapper sind seine Kommentare und Direktiven. Die dickleibigsten seiner Bücher sind die Markierungen revolutionären Stillstands, die am wenigsten umfangreichen die Begleitsignale revolutionärer Flut.

Lenins Chance ist das Versagen der alten Ordnung. Seine gefährlichsten Gegner sind jene, die nicht den Dammbruch wollen, sondern die Kultivierung des Landes durch die Errichtung eines Systems von »Kanälen und Irrigationsanlagen«. Lenin kämpft nicht nur gegen die Selbstherrschaft, sondern gegen eine Moderne, die ihm die Antriebsaggregate stillzulegen droht. Er ist spezialisiert auf Enthüllung des Gegners, auf das Ausfindigmachen von Schwächen und Fiktionen – und erledigt ist einer erst, wenn er der Entfaltung des Gangs der Dinge und der Stabilität des »Generalstabs« nichts mehr anhaben kann.

Lenin ist Marxist, so wie fast alle kritisch denkenden Leute seiner Generation, doch originell ist er gerade da, wo er nicht Marxist ist. Er achtet die Marxsche Lehre, aber Vorrang hat sein eigener authentischer Zugang zu einer authentischen Wirklichkeit vor aller Doktrin. Er empfindet die moderne zivile Gesellschaft als eine Bedrohung, weil sie die Kräfte, auf die er setzt, zersetzt: die Kommandoposition einer über dem Volk stehenden, stark von aristokratischen und gutsbesitzerlichen Traditionen bestimmten Intelligencija einerseits und die amorphe Volksmasse andererseits, die nur dann in Bewegung versetzt werden kann, wenn sie nicht in eine »bürgerliche Gesellschaft« integriert ist.

Lenins Chance liegt im Scheitern der zivilen Entwicklung Rußlands. Sein polemisches Werk und die Verbissenheit seiner Polemik erklären sich zu einem nicht geringen Teil aus der wirklichen, existentiellen Gefahr, die im Dahinschwinden der Widerspruchspotentiale der russischen Revolution lag. Wer ihm diese Sorge am meisten abgenommen hat, ist klar: ein zum Nachgeben oder zur schöpferischen Initiative nicht fähiges Ancien régime.

Das Regime bürgte, mehr als alle sozialdemokratische und bolschewistische Organisations- und Propaganda-Arbeit bewirken konnte, für den Stau der Elementargewalten, die im entscheidenden Augenblick – nach der Niederlage gegen Japan 1904 und nach der Niederlage gegen das Deutsche Reich im Lauf des Ersten Weltkriegs – »*in einer ausweglosen Situation*« sich Bahn brachen. Daß seine Macht an die Stelle der selbstherrschaftlichen treten und sich behaupten konnte, liegt darin begründet, daß sie die Verbindung zwischen »Oben und Unten«, zwischen Selbstherrschaft und Bauernschaft endgültig zerbrach und mittels der Arbeiterschaft, der modernen Klasse Rußlands neben den Elementen des Bürgertums und der Intelligenz, eine neue etablierte: zwischen einer jungen, dynamischen, »aristokratischen« Elite einerseits und einer Bauernschaft, die in der Agrarrevolution alles bekommen hatte, wovon sie seit Generationen träumte und nun nichts sehnlicher wünschte, als allein und ungestört bleiben zu können. Doch wir greifen vor.

Es ist kurz nachzuzeichnen, wie sehr sich in Lenins Denken der Impuls der russischen Revolution Bahn bricht. Man muß es herauslösen aus der Sprache der Zirkel, die soviel Mühe darauf verwandte, alles und jedes in die Sprache der Zeit – des Marxismus eben – zu bringen. Die Konkurrenz um den wahren Marxismus war doch erheblich, der Anwärter gab es viele – und von diesem Konkurrenzdruck ist auch die Sprache Lenins gezeichnet.

Jedes der »Hauptwerke« Lenins hat einen entwicklungsgeschichtlichen Ort, markiert einen Schub oder eine Turbulenz in der russischen Entwicklung. Es beginnt mit den *frühen Schriften gegen die Volkstümler* und mit der Darlegung des Siegeszugs des Kapitalismus und der industriellen Revolution auch in Rußland. Lenin argumentiert zwar mit Marx und dem »Kapital«, noch mehr aber mit der Dynamik des industriellen Kapitalismus, der das Rußland der Reformzeit durcheinanderbringt und bereits in dem Augenblick, wo er in die inneren Verhältnisse eingreift, als »ausgewachsener« Kapitalismus in Erscheinung tritt: mit prosperierenden Booms und mit Krisen und Arbeitslosigkeit. Doch in den neunziger Jahren ging es noch nicht um die »negativen Seiten« des modernen Kapitalismus, sondern um die Erledigung der Überreste der Volkstümlerbewegung, die im Augenblick der Zersetzung der dörflichen Verhältnisse noch an ihren agrarkommunistischen Vorstellungen festhält und die Dorfgemeinschaft zum Angelpunkt eines besonderen Wegs Rußlands in den Sozialismus erklärt.

Lenin ist nur einer von vielen, die – mit dem Kapitalismus und der industriellen Revolution im Rücken – die Zurückgebliebenheit dieser Ansichten bloßlegen. Freilich ist die Abrechnung mit der traditionsreichen und von generationenlanger Erfahrung getragenen Volkstümlerrichtung nicht gleich durchschlagend, vor allem aber: im Argumentieren dafür, daß auch Rußland den »Hauptweg« einschlagen oder durchmachen müsse, geht viel von dem verloren, was in einer so erfahrungsgesättigten Bewegung wie der der Narodniki an Wissen um die konkreten Verhältnisse aufbewahrt war. Lenin wird auf dem Höhepunkt seiner Tätigkeit – entgegen seiner vorangegangenen Polemik gegen die Volkstümler beziehungsweise Sozialrevolutionäre – einfach handstreichartig das Agrarprogramm der Sozialrevolutionäre übernehmen und damit der Agrarrevolution seinen Segen geben.

In der Fürsprache für den Kapitalismus, seine zersetzende Kraft, seine gegen die grundbesitzerlichen und autokratischen Verhältnisse gerichtete Potenz, macht Lenin zugleich auch jenes Element aus, das nun zum Hoffnungsträger jeder revolutionären Bewegung wird: die Arbeiterschaft, durch ihre Schulung, Disziplin, Konzentration an den neuen Nervenpunkten der Gesellschaft der Bauernschaft in jeder Hinsicht überlegen. Doch ist sie nicht nur der neue Stützpunkt für die Ambitionen der revolutionären Intelligenz, sondern zugleich eine Brücke zum Dorf und aufs weite Land hinaus, wie sie zu keiner Zeit des »Gangs ins Volk« der Volkstümler je bestanden hatte. Die marxistische Schlacht gegen die Volkstümler ist eine Etappe auf dem Weg der Identifizierung (teilweise Selbstidentifizierung) der wirksamen Gesellschaftskräfte; russischer Marxismus ist ein Name für Selbstaufklärung im Rußland der industriellen Revolution.

Für den größten Teil der russischen Marxisten erschöpfte sich die Apologie des Kapitalismus in einem vorkapitalistischen Land darin, für die demokratische Revolution einzutreten – sei es auf dem Weg konstitutioneller Reformen, sei es auf dem Weg einer demokratischen Revolution. Lenin verläßt hier den »Hauptweg« der demokratischen Revolutionen Englands, Frankreichs, Deutschlands und kommt auf die Besonderheiten Rußlands zu sprechen. Sie bestehen darin, so meint er, daß der Kapitalismus zwar auf dem Vormarsch sei, nicht aber eine Bourgeoisie, die stark genug wäre, um die Revolution radikal zu Ende zu führen. Und radikal zu Ende führen konnte in Rußland nur heißen: die Agrarrevolution zu Ende zu bringen, anzuerkennen, daß die demokratische Revolution ihrem Wesen nach eine Agrarrevolution sein mußte.

In der Schrift »*Zwei Taktiken der Sozialdemokratie in der russischen Revolution*« bringt er daher zwei auf den ersten Blick unvereinbare Dinge zusammen: die Unterstützung der demokratischen Revolution und der Bourgeoisie, die sich dafür einsetzt, und zugleich ihre Bekämpfung im Namen einer revolutionären Demokratie der Arbeiter und Bauernschaft. Es ist eine bürgerliche Revolution, die sich gegen die Bourgeoisie richtet. Lenin formuliert das Ungeheuerliche in genauer Kenntnis der Schwäche der russischen Industriellen- und Kaufmannsklasse und voller Spott über die Partei der Konstitutionellen Demokraten. »Die Kadetten sind keine Partei, sondern ein Symptom. Das ist keine politische Kraft, sondern Schaum, der entsteht, wenn mehr oder weniger ausgeglichen kämpfende Kräfte aufeinanderprallen … Die Kadetten können die Revolution nicht vorwärts führen, denn hinter ihnen steht keine geschlossene und wirklich revolutionäre Klasse … Die historische Rolle der Kadetten ist eine Übergangs-, eine Augenblicksrolle …, entweder für ein langes Begrabensein der Revolution, für einen ›ernsthaften‹ bürgerlichen Konstitutionalismus – oder für die revolutionär-demokratische Diktatur des Proletariats und der Bauernschaft.«[80]

Was Lenin später in den »Aprilthesen« seinen erstaunten Parteigenossen vorlegt – der »Wahnsinn« dieser Thesen ist uralt und hat die tiefe Einsicht zum Fundament: Die Elemente dessen, was nur euphemistisch als »bürgerliche Klasse« Rußlands zu bezeichnen ist, werden eine demokratische Revolution nicht tragen können. Furcht vor der Revolution braucht Lenin nicht zu haben: Er verfügt über eine »Partei der Berufsrevolutionäre«, die weit eher angegriffen und in Zersetzung übergehen würde in einem Milieu konstitutioneller Öffentlichkeit; und er ahnt wohl kaum das volle Ausmaß dessen, was die Agrarrevolution bedeuten würde – bis zuletzt hatte er ja seinen Vorbehalt gegen die Verwandlung Rußlands in ein Land von »Kleineigentümern« nicht aufgegeben und hielt bald die Erhaltung »großer Gutswirtschaften« dagegen, bald die »Räte der Landarbeiter« oder die »Dorfarmut«, von der am allerwenigsten für eine Reorganisation einer leistungsstarken Landwirtschaft zu erwarten war. Und – anders als Izgoev – hatte er nie mit eigenen Augen gesehen, was das ist: ein Pogrom, die Entfesselung des »Volks«.

»Demokratische Revolution« bei Lenin heißt über weite Strecken nichts anderes als: die Fesseln absprengen, um das weite Bauernland seiner eigenen Bewegung nachgehen zu lassen, eine Situation herbeiführen, in der ein bis aufs Blut gereiztes und gepeinigtes Volk eine jahrhundertealte Rechnung würde begleichen können. Was war gegen einen solchen, noch unterdrückten Strom die Arbeit in einer der Duma-Kommissionen! Und was war, wenn die herrschende Macht diesen Strom der Bauern auch noch in Armeeformationen zusammenbringt und bewaffnet! Sie hat es mit dem Eintritt in den Ersten Weltkrieg riskiert.

Die Probe kam rascher als von der Selbstherrschaft oder den Revolutionären erwartet. Doch faßt ein jeder die Probe als Chance zu etwas anderem auf: Für Izgoev ist der Krieg die Prüfung, in der das alte Regime sich als unfähig erweisen wird, die Kräfte des Reichs zu mobilisieren, die industriellen Kapazitäten zu konzentrieren, zu organisieren, den Klassen- und nationalen Hader zu überwinden, um so die deutschen Armeen zurückweisen zu können. Für Izgoev sind die gescheiterten Offensiven der zaristischen Armee das Vorspiel des Zusammenbruchs nach innen, doch die fortschrittlichen Kräfte erweisen sich gerade dadurch, daß sie zu all dem fähig sind, worin die Autokratie versagt: zu einer Mobilmachung des Volks, die getragen ist vom Willen, das Land jenen zu übergeben, die es bebauen; zu einer Reorganisation der gesellschaftlichen Produktivkräfte, bei der die ökonomische Führung auch das politisch entscheidende Wort spricht; in der Organisierung der Landesverteidigung im Namen nicht mehr der Dynastie, sondern der demokratischen Republik.

Im Herbst 1916 sieht Izgoev die Anzeichen für die Herausbildung eines zur Revolte und zur Übernahme von gesamtnationaler Verantwortung bereiten Blocks – doch als es soweit ist, steht dieser bereits im Schatten der Macht der Arbeiter- und Soldatenräte. Lenins erklärter Defätismus hat wiederum nichts zu tun mit einem »Prinzip« des proletarischen Internationalismus, sondern leitet sich ganz aus der richtigen Einschätzung her, daß die Rivalitäten der *europäischen Imperialismen* zu einem Zusammenbruch der dynastischen Welt und zu Gesellschaftskrisen säkularen Ausmaßes führen werden – bis hin zum Aufstand der kolonialen Welt, der Rußland in einem bestimmten Sinn ja auch angehörte.

Die russische Dynastie stürzte als erste – das »schwächste Glied in der

Kette«. Es ist ein Zusammenbruch aus Unfähigkeit, nicht geboren aus der Revolution. Umgekehrt: die Kriegsniederlage gibt der Revolution Raum, und sie ist zunächst nichts anderes als naturwüchsige Desorganisation der Lebensgrundlagen von Staat und Gesellschaft, Naturprozeß gleichsam. Es galt nun nur noch, diesem »Naturprozeß« wo möglich nachzuhelfen, jedenfalls eine Stabilisierung oder einen Zwischenhalt unmöglich zu machen. Die Provisorische Regierung, die aus dem Sog des Zusammenbruchs herauszukommen versuchte, wurde in ihren wechselnden Kombinationen rasch verschlissen, und die Frage war schon nicht mehr, sie zu stürzen. Die Frage war: Wer würde es sich zutrauen, nach der Macht zu greifen und sie auch zu behaupten?

Die Reibungslosigkeit, mit der die Machtergreifung vor sich ging – in den Städten –, vor allem aber die Entschiedenheit, mit der die Bolschewiki vom ersten Tag an »für Ordnung sorgten«, führte vor Augen, daß der Prozeß der Desorganisation an ein Ende gekommen war oder nur noch kontrolliert zur Eroberung der Macht in anderen Zentren des Landes zugelassen werden sollte.[81]

Lenins im Sommer 1917 im Versteck geschriebene Schrift »*Staat und Revolution*« begründet nicht die Rätemacht, sondern versieht sie nur mit den höheren Weihen des Marxismus. Sofern man sie als marxistische Schrift liest, ist sie nicht von besonderem Interesse. Sofern man sie als den Versuch einer Interpretation, ja mehr noch: einer Suchbewegung versteht, erschließt sich ihr Sinn. Lenin glaubt, in den Arbeiterräten, die in der Revolution von 1905 geboren und im ersten Augenblick der Krise spontan neu gebildet wurden, eine Organisationsform gefunden zu haben, die zur Kristallisation einer neuen Ordnungsmacht werden könnte. Lenin wußte wohl, daß es leicht war, die Selbstherrschaft zu paralysieren; genausogut wußte er aber, daß in Rußland nichts zu bewegen war ohne Formen staatlicher, ja despotischer Macht. Und in der Tat stellten die Räte eine solche Form dar – überlegen der verknöcherten Bürokratie, volksnäher als ein zentrales Parlament, jedermann zugänglich. Sie waren zunächst Formen des Zusammenschlusses der Soldaten, dann auch der aktivsten Arbeiterelemente; zieht man in Betracht, daß die Soldatenräte nichts anderes waren als Organisationen der Bauern im Soldatenmantel; zieht man auch in Betracht, daß im Moment des Zusammenbruchs jeder staatlichen Gewalt die Autorität bei dem liegt, der sie ausübt – so ist klar, daß Lenin so etwas wie die endlich gefundenen Formen einer volksnahen staatlichen Organisation vor sich hatte.

Eine Organisation demobilisierter Weltkriegssoldaten, Anziehungspunkt der aktivsten Elemente der Arbeiter- und Bauernschaft, unkompliziert und freilich auch gänzlich uneffektiv im Sinne bürokratischer Routine, ein Ort, an dem Beratung und Ausführung, »Legislative« und »Exekutive« durcheinandergingen, Organe, in denen es keine Scheidung von politischen, sozialen, polizeilichen, richterlichen und anderen Funktionen mehr gab. Es ist eine erste Kristallisation inmitten der allgemeinen Anarchie, es ist ein Apparat, ohne den es keinerlei Machtstruktur des Landes gibt, es ist das neue Rückgrat des Landes, und sein Nerv wird natürlich die Partei sein. Es konnte von dieser Kristallisation aus, die ein spontanes, von allen Parteiabsichten unabhängiges Gebilde war, durchaus so scheinen, daß die Formen und Prozeduren einer Konstituierenden Versammlung ein »Rückschritt« waren. Es bringt wenig, Räte und Parlamentarismus an sich gegeneinander zu halten. Es spricht viel dafür, daß die Stunde der Konstituante schon in dem Augenblick geschlagen hatte, da der Petrograder Arbeiter- und Soldatenrat sich fest etabliert hatte, und nicht erst in dem Augenblick, als die bolschewistischen Matrosen die 60000 Demonstranten, die der Konstituante zu Hilfe eilten, verjagten und Železnjakov, der Matrose, Černov, den sozialrevolutionären Parlamentspräsidenten der Tribüne verwies.

Man muß, nachdem alles vollbracht ist, noch einmal zum Ausgangspunkt zurückkehren, an dem sich die Bolschewiki die Frage »*Was tun?*« gestellt, aber eine von der Mehrheit der russischen Intelligencija abweichende Antwort gegeben hatten. Lenins Antwort lautete bekanntlich: Bildung einer politischen Partei der Berufsrevolutionäre und Sicherung ihrer Handlungsfähigkeit durch die Unterordnung der Minderheit unter die Mehrheit, die über ihre gewählten Vertreter in den zentralen Organen den Kurs der Partei bestimmt. Traditionell und ganz der Volkstümler-Tradition verhaftet ist daran: der Ordensgestus, die militärische Struktur, die Disziplin, die Konspiration. Modern an ihr ist die Professionalisierung des Politischen in Gestalt des »Berufsrevolutionärs« oder »Funktionärs«, ihre zielstrebige Organisationsarbeit, die sie mit den Nervenzentren des Landes verbindet, ihre bewußte Rekrutierungsarbeit in der Industriearbeiterschaft und ihr Wille, allseitig den politischen Kampf zu führen, auf allen Ebenen und in allen Formen, vor allem mit der Presse.

Wie in allen anderen Punkten ist auch hier Lenin originell, und seine Originalität wird durch die Führung des marxistischen Diskurses in Sachen Partei eher unverständlich (fast scheint es so, als müsse zu jedem Augenblick dem marxistischen Papst Karl Kautsky Reverenz erwiesen werden und jeder unorthodoxe Schritt in maskierter Form erfolgen!). Natürlich hat er recht, daß »das Bewußtsein«, das heißt eine komplexe Wahrnehmung der gesamtstaatlichen und gesamtgesellschaftlichen Realität von jenen, die zu solcher Wahrnehmung in der Lage sind, »ins Proletariat« getragen wird. Doch ist nicht der Führungsanspruch des Intelligent Lenin das Entscheidende, sondern daß er eine Formation aufzubauen vermochte, die in der spontanen Bewegung standhielt.

Es ist Lenins Verdienst, diese Formation allen Anfechtungen zum Trotz zusammengehalten zu haben. Es gab mehr als eine kritische Situation, in der die Sache der Partei verloren schien und die Zersetzungskraft der modernen bürgerlichen Gesellschaft auf dieses Gebilde des 19. Jahrhunderts überzugreifen schien. Die Masse seiner Publizistik besteht aus Gefechten, diese zersetzenden Einflüsse abzuwehren. Es sind eigentlich nicht Angriffsschriften, sondern Texte aus der Not heraus – ob gegen die Gottbildner, die Machisten, die Otzovisten, die Liquidatoren und so fort und so fort. Es ist der Kampf um die Verteidigung einer Parteiformation, die in ihren elitären, geheimbündlerischen, zentralistischen Zügen nicht nur die Spuren des 19. Jahrhunderts trägt, sondern die Züge einer Gesellschaft, in der die vorbürgerlichen Subordinationsverhältnisse noch nicht »fortzivilisiert« worden sind.

Andererseits zeigt die Partei alle Züge, die für moderne Massenbewegungen charakteristisch sind, vor allem den Kampf um die öffentliche Meinung, Massenagitation und Propaganda, effektive Organisationsarbeit, Organisation als Wissenschaft. Man könnte die Partei »neuen Typs« als die geglückte Verbindung von Tradition des 19. und Innovation des 20. Jahrhunderts beschreiben, als Partei, die in ihrem Aufbau und ihrer Bildung das Gefälle jener Gesellschaft in sich aufnimmt, in der sie agiert. Es wäre ganz falsch, sie als »Armee« zu charakterisieren – es handelt sich um eine politische Partei sans phrase. Es ist die Partei, die mit der Strömung gehen kann, ohne darin unterzugehen. Mit ihr kann es nur eine Organisation aufnehmen: die Organisation der Geheimpolizei der Selbstherrschaft, die ihr der Form nach in so vielem ähnelt, aber doch etwas ganz anderes ist. Während diese am Ende ist, wenn etwas in Bewegung kommt, ist jene dann erst ganz in ihrem Element.

Die Bolschewiki sind gerade deshalb die russische Partei neuen Typs, organisch und nicht abgehoben, weil sie die in der Gesellschaft herrschenden Spannungsverhältnisse in sich aufnehmen – und sich darüber nichts vormachen. Dies ist im wahrsten Sinne des Wortes eine Partei der »Bewegung« und nicht des »Ziels«. Aber sie ist in dem Augenblick, wo alle staatliche Macht aufgelöst und weggespült ist, als einzige Kraft in der Lage, staatliche Macht wieder zu begründen. Sie vermag dies, weil sie als Partei dem Rußland der Selbstherrschaft in gleicher Weise angehört wie dem Rußland der Arbeiter- und Bauernrevolution. Aber vielleicht konnte sie gar nicht anders als nach den »Kommandohöhen« zu greifen in einer Situation, in der jedes Zurückweichen den Tod der Partei im physischen Sinn bedeutet hätte.

»Smuta« – »Zeit der Wirren«
Die Einfachheit und Größe der Revolution
Die Überwältigung der zivilen Gesellschaft

Izgoev gehört 1917 nicht zu jenen Sozialisten, die den Bolschewiki Verrat an ihren eigenen Idealen vorwerfen. Eher umgekehrt verkörpern die Bolschewiki und ihre Herrschaft »die Kritik des Lebens«. »Die Bolschewiki haben nur in die Tat umgesetzt, was die russische Intelligencija seit jeher gedacht hat, sie haben nur das Pünktchen aufs I gesetzt, sie haben nur die Konsequenzen aus den Voraussetzungen gezogen, die mehr oder weniger beredt von anderen formuliert worden sind.«[82] Was aber ist die Revolution und was ist der Anteil der Bolschewiki daran?

»Die Zeit vom März bis November 1917 war nur der Prolog zur russischen Revolution. Die ›wirkliche‹ begann, nachdem die zehnmillionenköpfige Armee in Aufruhr geraten war. Zeitlich fiel dies zusammen mit der Ergreifung der Staatsmacht durch die Partei der Bolschewiki-Kommunisten.«[83] Die Bolschewiki sind die Partei der Revolution, insofern sie die Partei des Dammbruchs sind. Sie sind unschlagbar, insofern sie die elementaren Losungen einer elementaren Bewegung sich zu eigen machen, ihnen nachgeben, sie propagieren. Land! Der Traum vieler russischer Bauerngenerationen geht endlich in Erfüllung – ohne alle umständliche Prozedur, ohne alles Warten, ohne Kredit und Loskauf. Man muß nur dabeisein bei der Aufteilung des Gutsbesitzerlandes. Raubt das Geraubte! Friede! Millionen Bauern waren in einem erfolglosen Krieg umgekommen – unter dem Kommando derjenigen, die ihnen zugleich das Land vorenthielten! Die »Schmach« eines separaten Friedensschlusses, der den Verlust eines großen Teils des Reichsgebiets vorsah, wog unter solchen Voraussetzungen nicht sehr viel! Freiheit! Es konnte in der ausweglosen Situation nur die Freiheit sein, dem Kommando derer nicht mehr zu gehorchen, die für die ausweglose Situation verantwortlich waren: den Offizieren, den Gutsbesitzern, den Industriellen. Es ist die Freiheit, die in einem herrschaftsfreien Raum existiert: Anarchie.

Alles geht mit einer atemberaubenden Geschwindigkeit vor sich. 300 Jahre Romanov-Dynastie werden weggefegt. Sie geht zugrunde in einer »Smuta«, einer »Zeit der Wirren«, aus deren Beendigung im Jahre 1613 sie hervorgegangen war. Alles scheint reif für einfache Lösungen, bisher kaum zu Bewerkstelligendes läßt sich nun per Beschluß erreichen: Die nichtrussischen Völker sagen sich vom Reichszusammenhang los; längst fällige Entscheidungen wie die Schriftreform werden sogleich in die Tat umgesetzt. Ein uralter Traum der Slawophilen, die Hauptstadt aus Petersburg nach Moskau zurückzuverlegen, ist binnen weniger Monate realisiert. Aber übersehen wir nicht den Bürgerkrieg? Es war nur das letzte militärische Aufgebot, weil politisch und sozial längst alles verloren war. Die Basis der Selbstherrschaft war mit der Agrarrevolution zerschlagen.

Doch diese in ihrer Einfachheit grandiose Revolution überwältigte in ihrer Eigendynamik auch die Ansätze eines zivilen Rußland. Gemeint sind hier nicht die im Zusammenbruch jeder reaktionären Ordnung unvermeidlich freigesetzten und entfesselten »niederen Elemente«. Auch von diesen ist die russische Revolution übervoll. Im Konkreten ist sie oft nicht unterscheidbar von Formen des Pogroms. Es gibt Mord und Totschlag, Marodeurstum, die Alkoholorgien der Soldateska, den Lynchmord als unsensationelle Begleiterscheinung des Revolutionsalltags. Es ist die Zeit, jene, die besser gelebt haben, aus ihren Wohnungen zu verjagen, pauschal alle zu »Buržujs« Gestempelten in Arbeitskolonnen zu zwingen. Es ist die Zeit viehischer Morde an Wehrlosen, Unschuldigen und verdienten Menschen wie Kokovcev und Šingarev, den beiden Ministern im Krankenbett. Es ist eine Zeit der Abrechnungen, bei denen das politische Verdachtsmoment nur die Form persönlicher Rache ist; die Zeit schneller Karrieren von Taugenichtsen und Maulhelden, die Stunde des Faustrechts. Es wäre eher erstaunlich, wenn im Zusammenbruch der selbstherrschaftlichen Ordnung, die von der Ohnmacht der gegeneinander ausgespielten Bevölkerung lebte, nicht auch die ganze, über Jahrzehnte gezüchtete Pathologie sozialen Lebens zum Ausbruch gekommen wäre.

Es ist wohl richtig und nicht moralistisch gemeint, wenn Izgoev 1918 schreibt: »Niemals sind die sozialen Beziehungen in der Gesellschaft so schwach, so zerrissen gewesen wie in der Zeit der offiziellen Herrschaft des Sozialismus. Der Mensch ist dem Menschen Wolf – das ist die grundlegende Devise dieser Schreckenstage.«[84] Wie könnte es in einer Periode, in der jeder in der Gesellschaft seinen Platz wechselt, die einen »herabgestoßen« werden, die anderen »hinaufzukommen« versuchen, auch anders sein! Rußland stürzt für eine unabsehbare Zeit in den Abgrund eines nicht nur rechtlosen, sondern vorrechtlichen Zustands. »In ihrem Haß auf die ›bürgerliche‹ Welt haben sie [die Bolschewiki, K.S.] das Volk vom Recht befreit und es zum Ausgangspunkt der Entwicklung des ›bürgerlichen Rechts‹ zurückgebracht. In unserem Leben herrscht heute die Lex talionis, werden die allergrausamsten Formen der Todesstrafen und Bestrafungen angewandt, wird ohne Gericht und Abstimmung verurteilt.« Wenn einige bolschewistische Juristen versuchten, verschiedene Rechtsinstitute des alten Rechts wieder einzuführen, dann erinnere das an hinterwäldlerische Erfinder, die mit ihren Flugmaschinen zu fliegen versuchten. »Der Sozialismus war hinsichtlich des Rechts die Rückkehr zu einem rechtlosen Zustand.«[85] Die sozialen Egoismen, im Prinzip Selbstbehauptung und insofern unerläßlich für jeden lebendigen Organismus, müssen von jeder Gesellschaft in bestimmten Grenzen gehalten werden, »jenseits derer sie zerstörerisch und gemeingefährlich werden. Für diesen Zweck ist im Lauf der Geschichte ein breitgefächertes, durchdachtes Netz von Kanälen ausgearbeitet worden, das die individuellen Bestrebungen aufnimmt und lenkt.«[86] Das alte Regime war nicht in der Lage, dieses System auszubilden oder gar zu verteidigen – selbst mit Zwang –, das neue arbeitet von vornherein mit bloßem Zwang.

Doch Izgoev will etwas Wichtigeres zeigen: Die Revolution nivelliert mit ihrer Klassenumschichtung die Ansätze einer Klassenbildung und gesellschaftlichen Differenzierung. Sie verwandelt einen Gesellschaftskörper, der gerade sich anschickte, zu einem von Klassen- und Schichteninteressen gegliederten und der sich durchsetzenden Arbeitsteilung folgenden Organismus zu werden, »zurück« in ein amorphes »Volk«, in eine »Masse«. Sie zerstört die gesellschaftlichen Mechanismen der Vermittlung, die Organisationsformen, in denen sich gesellschaftliche Gruppen artikulieren und somit überhaupt erst zu einem Konsens finden können; sie zerstört die gesellschaftspolitische Infrastruktur.

Und schließlich: Sie egalisiert die Herausbildung einer Kultur der zivilen Gesellschaft – ihre Öffentlichkeitsformen, ihre Kompetenz, ihre Autonomie, ihren Stil, ihr Können und ihren Geschmack.

Der Ausweg aus der drohenden Katastrophe erscheint selbst als eine Katastrophe, und wie die russische Revolution in ihrer Elementargewalt gerade auch jene Bildungselemente überwältigt, derer sie so notwendig bedurfte, sieht Izgoev ziemlich deutlich. Was heißt das im einzelnen?

Die Massenbasis der russischen Revolution bildeten die *Bauern*. Sie hatten bekommen, was sie wollten. Doch gleichzeitig lag in der Agrarrevolution, die das Terrain so radikal bereinigt hatte, für die Zukunft eine tödliche Gefahr. Izgoev hatte darauf schon 1917 hingewiesen, als er die Losung der allgemeinen Landverteilung kritisierte. »Das würde nichts anderes als allgemeinen Hunger, den Tod der ganzen russischen Kultur bedeuten. Wenn jeder Landbebauer mit Land versorgt würde – entsprechend der ›Subsistenznorm‹ –, dann würde nicht nur jeder Getreideexport ins Ausland, sondern auch jede Zufuhr auf die städtischen Märkte aufhören. Städte, Fabriken, Werke würden ohne Brot bleiben, aber auch die Bauern selbst würden die Existenz von halb pauperisierten Bauern führen. Eine solche Lösung der Landfrage würde unser Land 300 Jahre zurückwerfen.«[87]

Die ersten Anzeichen für diese Sprengung der Beziehung zwischen Dorf und Stadt fallen schon in die Bürgerkriegszeit, zur Existenzfrage der Sowjetunion sollte sie nicht viel später werden.

Die *Arbeiterschaft*, der wohl entschlossenste Kern, auf den die Revolutionspartei sich stützen konnte, hörte im Verlauf des Bürgerkriegs auf, Arbeiterschaft zu sein: entweder weil sie aufs Land zurückkehrte oder aber weil sie von den Aufgaben der Selbstbehauptung der Sowjetmacht absorbiert wurde.

Izgoev, der die Arbeiterklasse als *die* moderne Klasse der russischen Gesellschaft angesehen hatte, sieht mit eigenen Augen, was aus ihr in der neuen Funktion, die Macht zu behaupten, wurde. Sie stellt zwar die anerkannten Führer des »Volks«, zugleich ist sie aber in einer Position, die der einer Besatzungsmacht ähnlich ist, die von den Städten aus das umliegende Land kontrolliert. Diese Arbeiter »waren zum größten Teil Großrussen, und Intelligenzler und Ausländer hatten sie nur als Berater in Finanz- und Literaturfragen zur Seite. Die Methoden ihrer ›Arbeits- und Eigentums-Mobilisierungen‹, ihrer Züge für Getreide, Requisitionen, Durchsuchungen, Razzien und Erschießungen waren der ›Arbeit‹ der tatarischen Baskaken, der zaristischen Opričniki, der Petrinischen Gardisten sehr ähnlich. Wer in dieser Hinsicht den ›nationalen‹ Charakter der russischen Revolution bestreitet, der hat diese Arbeiter nicht in Aktion gesehen. Wie oft hat auf einer Versammlung ein solcher Arbeiter mit seiner sich überschlagenden, knappen, klischeehaften Rede die Intelligencija-Redner ausgestochen! Die Massen der ›Arbeiter und Bauern‹ sahen in ihm ›den ihren, den Mann ›mit Schmieröl an den Händen‹. Welch idiotische Dummheiten er auch sagte, die Menge glaubte ihm und nicht dem Baron ›mit der Krawatte‹ oder dem sozial engagierten Gutsbesitzerfräulein ›mit Hut‹.«[88]

Der Aufstieg der Arbeiter in den Machtapparat, ihre Verwandlung in Funktionäre schafft zwar vorübergehend eine volksnahe Macht, erschöpft aber die soziale Klasse der Arbeiter. Die Arbeitermacht wird darangehen müssen, ihr soziales Fundament neu zu bilden. Der Revolution war auch ein anderer wichtiger sozialer Charakter der russischen Gesellschaft zum Opfer gefallen: der russische Industrielle.

Es sind gerade diese starken aufstrebenden Naturen, denen Rußland seinen sprunghaften Fortschritt vor 1917 verdankte, und sie sind es – einschließlich der selbständigen Bauern –, die durch die Bauern- und Arbeiterrevolution ausgeschaltet werden. Was damit fällt, sind nicht bloß Positionen oder Rechtstitel. Was damit fällt, ist die Zerstörung eines Kerns industrieller Arbeitskultur: technische Schulung, Disziplin, Wettbewerbshaltung, sorgsamer Umgang mit dem Inventar, Förderung der arbeitswilligen und guten Arbeiter, Innovationsfreude. Die »Militarisierung der Arbeit«, wie sie als angeblich überbietende Form der Arbeitsorganisation in der Zeit des Kriegskommunismus im Schwange war, charakterisiert Izgoev als Regression in die Zeiten der »Petrinischen Leibeigenschaftsfabriken«.[89]

Die Zerrüttung dieses »Innersten«, einer leistungsorientierten, hochdifferenzierten Arbeitskultur von Industrieunternehmen ist vielleicht der bleibendste negative Effekt in der nachrevolutionären Produktivkräfte-Bilanz. Auch hier bedeutet die spontane Bewegung – Disziplinlosigkeit, Faulheit, Schlendrian – mehr als programmatische Absichten etwa einer »Arbeiterkontrolle«. Die Abwanderung von Arbeitern aus dem Produktions- in den Organisationsapparat erfaßt wohl gerade die sozial mobilsten Elemente. Der Komposition des politischen Apparats entspricht die Dekomposition des Produktionsapparats. Die Akkumulation des Organisationswissens läuft parallel zur »Verschwendung« von Produktionswissen. Der Funktionärsstamm des Apparats wächst aus den Entwurzelten des Produktionsmilieus. Der Apparat der Kontrolle wächst aus den Ruinen des Produktionskörpers hervor. Die Personalkosten der siegreichen Revolution stammen buchstäblich aus dem kostbaren Fond der Produktionsarbeit.

Das *dritte Element* schließlich ist mit dem Sturz der alten Macht selbst in Mißkredit geraten, sofern es sich nicht zur Unterstützung der neuen Macht bereit erklärt. Es ist wohl keine Übertreibung zu sagen, daß mit der Vertreibung der Konstituante auch die zentrale Idee der russischen Intelligencija, des dritten Elements erledigt war. Es war der »hundertjährige Traum einiger Generationen der Intelligencija«.[90] Für die Spitzen der Intelligencija wird das Leben in den Hauptstädten lebensgefährlich; die Führer der Kadetten oder ehemalige Minister kleben sich Bärte an und sind zur Konspiration gezwungen, ihre Zeitungen werden verboten und mit ruinösen Geldstrafen belegt. Es ist kein Zufall, daß das dritte Element besonders zahlreich in der Emigration vertreten ist, und es hat eine Logik, wenn in einer gezielten Aktion seitens der Sowjetführung der genau ausgesuchte Kern der bürgerlichen, wissenschaftlichen, publizistischen und philosophischen Intelligenz im Jahre 1922 des Landes verwiesen wird.

Der sozialen und kulturellen Nivellierung entspricht oder folgt die politische. Die Herausbildung des Parteienwesens und die Schaffung von Selbstverwaltungsorganen im vorrevolutionären Rußland hatte nicht nur eine Artikulationsmöglichkeit für gesellschaftliche Interessen gegeben, sondern auch einen bescheidenen, aber kostbaren Fonds von Organisationstalent, Organisationswissen akkumuliert. Die Ausschaltung der Parteien und unabhängigen Organisationen, sofern sie auf ihrer Unabhängigkeit beharrten, zerstört nicht nur diese »Organismen« (Izgoev), sondern bringt jede herrschende Macht in kritischen Augenblicken in prekäre Situationen. Ohne die Instanzen und Formen gesellschaftlicher Vermittlung kann es dazu kommen, daß Macht und Volk einander beziehungslos gegenüberstehen.

Schon in den ersten Jahren der Sowjetmacht deutete sich eine neue Pathologie in den Beziehungen zwischen Macht und Volk an. Die Konflikte verliefen nicht entlang der Klassengrenzen, sondern in der Frage der Stellung zur Sowjetmacht beziehungsweise zur regierenden Partei. Als gefährlich wurden nicht klassengegnerische Kräfte empfunden, die es in größerem Maße ja auch nicht mehr gab, sondern all jene, die gegenüber der Macht autonom oder distanziert geblieben waren. Gewiß hat es vom ersten Tag an eine populäre und populistische Stimmung gegen die »Oberklasse« gegeben, doch der »Buržuj«, der dann eine so große Rolle spielte, ist jedes Klasseninhalts beraubt. »Buržuj« ist die Chiffre für jene, die unkontrolliert, unabhängig oder kritisch bleiben. Es wird zu einer subjektiven Kategorie, der zugeordnet zu werden gleichbedeutend ist mit der Verwandlung in einen Menschen zweiter Klasse.

Buržuj ist, wer sich ins Taschentuch schneuzt und keine Mutterflüche auf Lager hat, »jeder gebildete Mensch«. Buržujs bezahlen höhere Mieten, werden von den Schulen ausgeschlossen. »Er war überhaupt ein Wesen, das keinen unmittelbaren Rechtsschutz genoß. Das Gesetz wurde auf sie nur insofern angewandt, als der entsprechende Buržuj für den sowjetischen Staat nützlich war, und die Anerkennung dieser Nützlichkeit konnte von jeder Einrichtung bestritten und jederzeit revidiert werden. In dieser administrativen Willkür bestand bekanntlich auch das Wesen der russischen Gesetzgebung gegenüber den Juden.«[91] Dies kann dazu führen, »daß immer neue und immer breitere Kreise des Volks zu bürgerlichen, kleinbürgerlichen und konterrevolutionären erklärt werden« – zuerst die Händler, dann die Genossenschaftler, die Intelligencija, dann die Bauern, die Arbeiteraristokratie und manchmal sogar die einfachen Arbeiter selbst. Es kann geschehen, daß die Macht gezwungen ist, »immer häufiger zur rohen Gewalt zu greifen, zum physischen Zwang nicht nur gegenüber der ›mittleren‹ Bourgeoisie, der ›kleinen‹ und der ›Großbourgeoisie‹, sondern auch gegenüber den ›Proletariern‹ selbst«.[92]

Wenn wir Lenins und Izgoevs Sicht der russischen Revolution gelten lassen, dann kommen wir ihrem komplexen Charakter wohl am nächsten: Es handelt sich um eine Revolution, die zu Recht eine Große genannt wird; sie bereinigt auf eine radikale Weise die feudalen, halbfeudalen Klassenverhältnisse, sie eröffnet den Bauern- und Arbeitermassen einen Weg »nach oben«. Doch es ist auch eine katastrophale Revolution, da sie fast alle Ansätze sozialer Klassen- und Schichtendifferenzierung nivelliert, den Gesellschaftskörper amorphisiert und seiner selbständigsten Kräfte beraubt.

Der »Hauptmotor« einer gesellschaftlichen Dynamik von unten ist damit ausgeschaltet. Wo alle autonomen gesellschaftlichen Antriebsaggregate ausgeschaltet sind, muß wohl oder übel »der Staat« die Initiativrolle übernehmen. In der Situation geringer Basisaktivität kann dies dazu führen, daß der Kampf um Selbsterhaltung zum Grundgesetz der staatlichen Ordnung wird[93] oder – wie es bei Lenin heißt – daß die Frage »Wer wen?« noch nicht entschieden ist. Die Regierungspartei verfügt zwar über die »Kommandohöhen«, über die Konstellation des Belagerungszustandes und eines Bürgerkriegs in Latenz gebietet sie jedoch nicht. Eine Macht, die sich um die Grundelemente der zivilen Gesellschaft gebracht hat, kann sich anders als in der permanenten Flucht nach vorn kaum behaupten.

Die Ohnmacht des Politischen
Sisyphosarbeit des Zivilisatorischen
Epilog – Prolog

Am 16. November 1922 trennen sich die Wege Izgoevs und Lenins endgültig: Izgoev besteigt den Dampfer nach Stettin, des Landes verwiesen. Lenin erleidet seinen zweiten Schlaganfall und wird nicht mehr in die politische Führungsarbeit seines Landes zurückkehren.

Auf dem Weg zum Kai kommt Izgoev auf dem Nevskij-Prospekt eine Militärmusikkapelle entgegen und er denkt sich: »Die kommunistische Macht jagt mich aus dem Vaterland. Doch es wird die ruhmreichen russischen Soldaten geben ... Sie gehen im Marschschritt, aufrecht, gerade. Man sieht die Disziplin und die Schule. Ihre Gesichter sind jung, gesund, frisch. Nichts von Bedrückung oder böser Miene. Sie sehen klar, frei aus. Gott helfe ihnen. Herr, rette Rußland.«[94]

Lenin wird auf dem Krankenbett nur noch ganz wenige Schriften verfassen – es ist, als würde er sich auf das Wesentlichste konzentrieren. Aller polemische Ton scheint gewichen. Und die »Hauptaufgabe«, der er sein ganzes Leben gewidmet hatte, wird in eine rhetorische Frage aufgelöst. Ja, so gesteht er Suchanov zu, Rußland hat noch nicht die Höhe einer Produktivkraftentwicklung erreicht, die den Sozialismus möglich macht. »Wie aber, wenn die völlige Ausweglosigkeit der Lage, wodurch die Kräfte der Arbeiter und Bauern verzehnfacht wurden, uns die Möglichkeit eines anderen Übergangs eröffnete, um die grundlegenden Voraussetzungen der Zivilisation zu schaffen, wie in allen übrigen westeuropäischen Staaten? ... Wenn zur Schaffung des Sozialismus ein bestimmtes Kulturniveau notwendig ist, ... warum sollten wir also nicht damit anfangen, auf revolutionärem Weg die Voraussetzungen für dieses bestimmte Niveau zu erringen und dann schon auf der Grundlage der Arbeiter- und Bauernmacht und der Sowjetordnung vorwärtsschreiten und die anderen Völker einholen.«[95]

Nichts beschäftigt Lenin in den letzten bewußten Monaten seines Lebens mehr als die Frage, wie dieses Kulturniveau gehoben werden kann. An ihm hängt nun alles – auch die politische Macht. »Schon seit fünf Jahren sind wir geschäftig dabei, unseren Staatsapparat zu verbessern, aber das ist eben nur Geschäftigkeit, die in den fünf Jahren lediglich ihre Untauglichkeit oder sogar ihre Nutzlosigkeit oder gar ihre Schädlichkeit bewiesen hat.« Der Staatsapparat ist bis auf Ausnahmen »ein Überbleibsel des Alten ..., er ist nur äußerlich leicht übertüncht worden, im übrigen stellt er etwas ganz Typisches aus unserem alten Staatsapparat dar«.

Alles ist »äußerst schlecht durchdacht«, nicht verstanden, nicht innerlich empfunden, hastig aufgegriffen, nicht nachgepüft, nicht erprobt, nicht durch Erfahrung bestätigt.[96] Lenin konstatiert einen gefährlichen Bruch zwischen meist fiktiv und wirkungslos bleibenden »revolutionären Umgestaltungen« einerseits und dem Fortwirken »muffigster Routine« andererseits.[97] Oberflächlich besehen hat sich alles geändert, in Wahrheit bleibt alles beim alten.

»Auf dem gesamten Gebiet der gesellschaftlichen, ökonomischen und politischen Beziehungen sind wir ›schrecklich‹ revolutionär. Aber was den Amtsrespekt betrifft, die Wahrung der Formen und Zeremonien in der Geschäftsführung, so ist es gang und gäbe, daß anstelle unseres ›Revolutionismus‹ die muffigste Routine tritt ... Das ist auch begreiflich, weil die kühnsten Schritte nach vorn auf einem Gebiet lagen, das von jeher die Domäne der Theorie war, auf einem Gebiet, das hauptsächlich und sogar fast ausschließlich theoretisch kultiviert wurde. Angesichts der verhaßten bürokratischen Wirklichkeit pflegte sich der Russe innerhalb seiner vier Wände das Herz mit ungemein kühnen theoretischen Konstruktionen zu erleichtern, und darum gewannen diese ungemein kühnen theoretischen Konstruktionen bei uns einen gewöhnlich einseitigen Charakter. Bei uns vertrug sich sehr gut theoretische Kühnheit in den allgemeinen Konstruktionen mit erstaunlicher Zaghaftigkeit gegenüber irgendeiner ganz unbedeutenden Kanzleireform. Irgendeine grandiose Agrarrevolution von Weltbedeutung wurde mit einer Kühnheit ausgearbeitet, wie sie in anderen Staaten unerhört war, aber daneben versagte die Phantasie bei irgendeiner Kanzleireform zehnten Grades; es gebrach an Phantasie, oder es gebrach an Geduld, um auf diese Reform dieselben allgemeinen Grundsätze anzuwenden, die bei ihrer Anwendung auf allgemeine Fragen so ›glänzende‹ Resultate zeitigten. Und deshalb vereinigten sich in unserem heutigen Alltagsleben in erstaunlichem Grad Züge von Tollkühnheit mit Zaghaftigkeit des Denkens gegenüber den geringfügigsten Veränderungen.«[98]

Zwar könne sich die Sowjetmacht auf die Arbeiter stützen: »Sie möchten uns den besten Apparat geben. Aber sie wissen nicht, wie man das zustande bringt. Sie können das nicht zustande bringen. Sie haben bis jetzt noch nicht die Entwicklung durchgemacht, sich noch nicht die Kultur angeeignet, die dazu nötig ist. Und dazu ist eben Kultur nötig.« Es geht nicht um die Konstruktion einer »proletarischen Kultur«: »Für den Anfang sollte uns eine wirklich bürgerliche Kultur genügen, wenn wir ohne die besonders ausgeprägten Typen vorbürgerlicher Kultur auskommen, das heißt der Beamten- oder der Leibeigenschaftskultur und so weiter.« Es geht nicht um eine abgehobene Kulturarbeit, sondern darum, ob sie »vollständig und wirklich zu einem Bestandteil des Alltags geworden ist.«[99]

Lenins letzte Losung, »erstens zu lernen, zweitens zu lernen und drittens zu lernen«, bezeichnet die elementare Bedingung für alle weitere Stabilisierung und Verbesserung – nicht nur des Staatsapparats. Lenin kehrt in seiner letzten Schrift zum Elementaren zurück. »Eigentlich bleibt uns ›nur‹ eines zu tun: Unsere Bevölkerung so ›zivilisiert‹ zu machen, daß sie alle aus der allgemeinen Beteiligung an den Genossenschaften entspringenden Vorteile einsieht und diese Beteiligung organisiert. ›Nur‹ das. Um aber dieses ›Nur‹ zu vollbringen, bedarf es einer ganzen geschichtlichen Epoche.« Würde die Sowjetunion nicht von außen in ihrer Entwicklung gehemmt, »so reduziert sich bei uns jetzt das Schwergewicht der Arbeit tatsächlich auf bloße Kulturarbeit«, »dringende Kleinarbeit«, »um das Niveau eines gewöhnlich-zivilisierten westeuropäischen Staats zu erreichen«.[100]

Es ist deutlich, daß Lenin keine aparte Kulturarbeit im Auge hat, sondern etwas, was »wirklich in Fleisch und Blut übergegangen ist«.

Lenin beschreibt hier nichts anderes als die Sisyphosarbeit der Zivilisationsbewegung. Er tut es mitunter in Redewendungen, die auch von Izgoev in der Zwischenrevolutionszeit gebraucht worden sind. Dies ebnet die fundamentale Differenz zwischen beiden nicht ein: Der eine wollte eine Zivilisierung des Politischen, der andere eine politokratische Revolution. Aber es macht doch deutlich, daß auch das Politische nur wirksam werden kann, wenn es von der Zivilisationsbewegung mitgetragen wird – ob diese Politik konstitutionell-demokratisch oder räte-staatlich ist. Nie kamen sich Izgoev und Lenin näher als im Augenblick der Trennung und des Abschieds von Rußland.

Lenin wird es nicht mehr erleben, wie die Sowjetmacht noch einmal die Flucht nach vorn antritt: in einer »Revolution von oben«, die nicht nur mit der Ausweisung der zivilen Kräfte, sondern mit einer Kriminalisierung der Revolutionäre selbst einhergehen wird. Izgoev wird die Anfänge noch verfolgen können, in Reval, nicht weit von Leningrad, wo Kirov ermordet wurde. Vielleicht hätte Lenin Izgoevs Bestandsaufnahme in diesem Stadium sogar zugestimmt.

»Es ist nichts Mystisches daran, daß die Revolution eine jahrhundertealte russische Kultur vernichtet hat, daß sie das Land an die Ursprünge der staatlichen Entwicklung zurückgeworfen hat, daß sie eine Selbstherrschaft hervorgebracht hat, die so sehr an die moskowitische erinnert, durchtränkt von byzantinischer Theorie und tatarischer Praxis. Die Praxis blieb wie bisher eine tatarische. Die byzantinische Theorie wurde durch die marxistische abgelöst. Die russische Intelligencija hat die Rechnung dafür bekommen, daß sie nicht willens oder nicht in der Lage war, den stufenweisen Übergang vom Absolutismus zur rechtsstaatlichen Ordnung zu organisieren. Der Stein ist zurückgerollt an den Fuß des Berges. Die Intelligencija, Sisyphos gleich, muß ihn von neuem nach oben rollen.«[101]

»Dom iskusstv«, das Haus der Künste
am Nevskij-Prospekt 15

»Dom literatorov«,
das Haus der Schriftsteller
in der Bassejnaja-Straße 11

»Dom učenych«, das Haus
der Wissenschaftler im ehemaligen
Palais des Großfürsten
Vladimir Aleksandrovič
am Schloßufer der Neva

Das »Zubov-Institut
für Kunstgeschichte«
am Isaaks-Platz 5

XI.

Petersburger Intelligencija 1921

Bewohner des Archipels, Passagiere der Arche

Revolutionen gleichen nicht nur Naturereignissen, sie sind es auch. Im Zusammenbruch der überkommenen Gesellschaftsordnung bricht sich auch die Menschennatur Bahn, und der Kampf zwischen dem »Neuen« und dem »Alten« ist nur ein anderer Name für den Daseins- und Überlebenskampf von Menschen in seiner ganz kreatürlich-elementaren Unmittelbarkeit. Die archaischen Bilder von der Revolution als einem »Vulkanausbruch« oder als einer »großen Flut« sind daher kein metaphorischer Notbehelf, um die unüberschaubaren Wirren des Bürgerkriegs auf einen einfachen Nenner zu bringen; vielmehr ist das archaische Bild das Äquivalent für gesellschaftliche Gewalt im Natur- und Rohzustand.

Alexander Bloks ahnungsvolle Worte aus seinem 1919 gehaltenen Vortrag über den »Zusammenbruch des Humanismus« sind wörtlich zu nehmen. Blok teilte nicht den Optimismus der Neohumanisten, die auf eine »allmähliche Zivilisierung der Menschheit« setzten und glaubten, sie könnten die Revolution »benutzen«, um die überlebten Staatsformen zu beseitigen und so das Werk der Zivilisation zu vervollkommnen. Sie wollten, so meinte Blok, nicht wahrhaben, daß es gerade diese Formen, diese »Barrieren« sind, die die Zivilisation vor der Revolution und vor der radikalen Infragestellung durch eine anarchische Kultur bewahrten. »Die vom Optimismus der Zivilisation eingehüllten Menschen auf der einen Seite der Barriere ahnen nicht, daß, sobald in die Barriere eine genügend breite Bresche geschlagen ist, sich der elementare Strom über sie selbst ergießen und ihre eigene Existenz bedrohen wird.«[1]

Mit der Barbarei des Ersten Weltkriegs war für Blok erwiesen, daß Europa den »Geist der Musik«, der ursprünglichen Naivität und Universalität verloren hatte und zu einer »flügellahmen und ausklingenden Zivilisation« geworden war, während die »barbarischen Massen« sich anschickten, »Hüter des Geistes der Musik« zu werden. Blok hörte »dort unter der Erde« ein »Dröhnen und Tosen«, die »Stimmen der barbarischen Massen« und der von der Zivilisation verfolgten »großen Künstler des Jahrhunderts«, er sah jenen neuen Strom«, »der ein Jahrhundert lang unter der Erde, bald hier, bald dort die Rinde der Zivilisation durchbrechend, geflossen war und der in unseren Tagen, vom Geist der Musik berauscht, mit unbändiger Kraft aus der Tiefe hervorbricht«. Der Mensch »wirft die alten Kleider« der Zivilisation ab. »Der Mensch ist ein Tier; der Mensch ist eine Pflanze, eine Blume. In ihm treten Züge äußerster Grausamkeit zutage, einer scheinbar nicht menschlichen, sondern tierischen Grausamkeit; daneben Züge einer naturhaften Sanftheit ...« Alle Versuche der europäischen Zivilisation, sich dieser »Elementarkraft« anzupassen, sind in den Augen Bloks gescheitert, die Tragödie nimmt ihren Lauf.

»Inzwischen ist es eine unbestreitbare Tatsache, daß eine neue und der zivilisierten Welt feindliche Bewegung um sich greift, daß die Zivilisation nicht mehr ein Kontinent ist, sondern ein Archipel, der über kurz oder lang von der alles verschlingenden Flut hinweggeschwemmt werden kann, daß die vom humanitären Gesichtspunkt wertvollsten ethischen, ästhetischen und juridischen Produkte der Zivilisation, wie etwa das Privateigentum, die Kathedrale zu Reims, das internationale Recht, entweder von dem Strom bereits fortgespült oder von ihm bedroht sind. Wenn wir wirklich zivilisierte Humanisten sind, werden wir uns damit niemals abfinden; wenn wir uns aber nicht damit abfinden, wenn wir daran festhalten, was die menschliche Zivilisation als unerschütterliche Werte proklamiert – werden wir dann nicht schon bald von der Welt und von der Kultur, die die zerstörerische Flut auf ihrem Kamm mit sich trägt, abgeschnitten sein?«[2]

Nur zwei Jahre später, am 7. August 1921, war Blok tot – ausgezehrt, ermattet, verstummt. Als Bloks Leichnam unter Totenliedern auf den Schultern seiner Schriftstellerfreunde Belyj, Pjast, Zamjatin und anderer aus dem Haus an der Officerskaja-Straße herausgetragen wird, als sich der Begräbniszug von einigen hundert schwarz gekleideten Menschen auf den Weg macht quer durch die sommerlich heiße Stadt, hinüber auf den Smolensker Friedhof auf der Vasilij-Insel – da gab es an diesem 10. August 1921 »vermutlich keinen einzigen Menschen, der – wenn auch nur eine Sekunde lang – nicht daran dachte, daß nicht nur Blok, sondern daß diese Stadt gestorben war, daß ihre ungewöhnliche Macht über die Menschen und über die Geschichte eines ganzen Volkes zu Ende war, daß eine Zeit beendet war, daß der Kreis russischer Schicksale sich geschlossen hatte, die Epoche anhielt, um sich zu wenden und neuen Zeiten entgegenzustürmen.«

So beobachtete es die aufmerksame Chronistin Nina Berberova,[3] aber nicht nur sie. Daß mit Blok eine »Epoche an ihr Ende gekommen war«, ist auch für Viktor Šklovskij und die in Petersburg verbliebene und überlebende Intelligencija gewiß.[4] Jener August war »eine Grenze«.[5] Das Ende der alten Zeit hat viele Daten, und für den Abschied gab es verschiedene Anlässe und Orte. Im einzelnen gehen die Zeitgenossen, die sich Rechenschaft abzulegen versuchten, was vor ihren Augen vonstatten ging, auseinander – für den einen ist es der große Abend im Marientheater, wo noch einmal die großen Toiletten angelegt werden, für den anderen die Puschkin-Feier am 11. Februar 1921 im »Haus der Schriftsteller«, für wieder andere die Niederschlagung des Kronstädter Aufstands im März 1921 oder die Erschießung führender Vertreter der Petersburger Intelligencija – darunter der Dichter Nikolaj Gumilev, die Professoren N. I. Lazarevskij, M. M. Tichvinskij, V. N. Tagancev und der Bildhauer Fürst S. A. Uchtomskij – unter der Beschuldigung, die konterrevolutionäre »Kampforganisation« gegründet zu haben.[6] Was trotz aller Differenz im Detail der Datierung bleibt, ist dies: das sichere Empfinden dafür, Zeuge eines Epochenwechsels zu sein, einer unsicheren Übergangszeit anzugehören, jenseits derer es keinen Schutz mehr gibt. Der Dammbruch hat einen Ort und eine Zeit.

Das Jahr 1921 ist ein Schwellenjahr im Prozeß der russischen Revolution. Der Bürgerkrieg war seit einem Jahr zu Ende, der militärische Belagerungszustand war aufgehoben, die städtische Macht schickte sich an, den Kriegs- und Belagerungszustand gegenüber dem Dorf aufzuheben und die Beziehungen zu normalisieren. Das Land konnte zum ersten Mal aufatmen, die schrecklichen Winter waren beendet, in den Städten regte sich wieder, was überlebt hatte. Die Überreste der städtischen Öffentlichkeit, atomisiert und degradiert, fanden sich wieder, lebten wieder auf, reorganisierten sich: Es gibt wieder literarische Vereinigungen und Foren, Zeitschriften.

Doch schon seit dem Frühjahr 1922 findet sich eine wieder zu Atem kommende Öffentlichkeit erneut im Abwehrkampf, im Überlebenskampf. Zeitungen werden geschlossen, den Führern der sozialrevolutionären Partei wird der Prozeß gemacht, wer sich nicht fügt, dem wird die Ausreise nahegelegt. Die einzige Initiative, die es vermocht hätte, durch die Zusammenfügung und Mobilisierung aller nicht parteigebundenen Kräfte den Kampf mit dem Hunger aufzunehmen, dem vermutlich über fünf Millionen Menschen zum Opfer gefallen waren – das Hungerhilfskomitee –, wurde an die Zwangskette gelegt. Vom August 1922 bis zum Ende des Jahres werden bedeutende Köpfe der russischen Gelehrtenwelt von der Sowjetregierung des Landes verwiesen – systematisch ausgewählt. Das erste Jahr des Wieder-zu-Atem-Kommens endet mit der beispiellosen Aktion der Ausweisung.

Es ist ein verwirrendes Jahr, in dem Aufblühen und Verstummen ineinander übergehen, und zwar so, »daß die Vernichtung nicht auf direktem Weg, sondern kompliziert vor sich gegangen ist, durch eine gewisse Blüte hindurch; doch nicht einmal durch ein ›Blühen‹, sondern indem manche Menschen gleichzeitig sowohl aufblühten als auch umkamen wie auch andere umbrachten, ohne sich dessen bewußt zu sein, daß nur wenig später Hunderte und Tausende Opfer werden sollten«.[7]

Der außerhalb dieser Epochenerfahrung Stehende hat nur die Chance, wenn er etwas über die Konjunktion von Blühen und Tod, vom blühenden Untergang einer Kultur und ihrer Trägerschicht, in Erfahrung bringen will, den Ort ihrer Bedrohung aufzusuchen. Dieser Ort ist nicht willkürlich. Er ist scharf umgrenzt durch die reißende Flut, die alles nicht Feste umspült und untergräbt, bis ihre Kraft erlahmt und sich in dem überfluteten Raum beruhigt – vorläufig. Es ist ein Territorium, dessen Masse im Ozean versunken ist und nur in Gestalt weniger Inseln noch Zuflucht bietet – ein Archipel. Der Kosmos der alten Hauptstadt ist versunken und kehrt verdichtet wieder, elementar, fast mikroskopisch verkleinert. Es ist kein Zufall, daß den archaischen Bildern von der »großen Flut«, vom »Ozean«, in dem Petersburg versinkt, dem reißenden Strom und dem Zerbrechen des Damms das nicht weniger archaische Bild von der »Arche Noah« korrespondiert. »Wer, Zeit, ein Herz hat, hört damit, versteht: er hört dein Schiff, Zeit, das zur Tiefe geht«, dichtet Ossip Mandelstam.[8]

Indes ist die Arche nicht nur das poetische Symbol des Überlebens nach der Katastrophe. Das »Schiff« existiert wirklich – es sind jene »Häuser«, in denen die Petersburger Intelligenz in den Jahren 1920 bis 1922 überlebte, jene Sammelpunkte, die von der reichen, nun aber aufgelösten und zerstörten Struktur der Intelligencija-Welt übriggeblieben sind. Die »Flut« hat einen elementaren Konzentrationsprozeß ausgelöst, sie hat auf einem »Floß« zusammengetrieben, was früher nicht unbedingt miteinander in Kontakt stand; sie hat eine Mischung der Sphären, der Generationen, der Ideen, der Stile bewirkt, die in friedlichen »Normalzeiten« nur im Glücksfall zustandegekommen wäre. Die Flut hat nichts gelassen als »Menschen an sich«, den kreatürlichen Menschen. Die Arche ist nicht nur der Überlebensort, sondern eine unter normalen Bedingungen nicht herstellbare Laborsituation, ein Experimentierplatz ohne Wahl.

Niemandem war dies deutlicher als jenen, die das Experiment am eigenen Leib erfuhren oder zum Experiment gezwungen waren, wenn sie überleben wollten. Ihnen hat sich Ort und Zeit als Zäsur dem eigenen Leben aufgeprägt, so daß die Vorgänge um das Ende einer großen Kultur zu den am besten in Erinnerung gebliebenen gehören.[9]

Die Flut, die Wellen

Wie soll man in wenigen Worten das Ende einer Hauptstadt beschreiben? Es müssen ungeheure Kräfte wirksam sein, wenn sich die Bande eines in mehreren Generationen gewachsenen Organismus lockern, wenn die Elementarfunktionen der Menschen-, Waren- und Gedankenzirkulation zu zerfallen und abzusterben beginnen, wenn das Alltägliche zum Ungewöhnlichsten und das Absurd-Makabre zum Alltag geworden ist. Kräfte dieser Art waren vorhanden, und sie wirkten deshalb so katastrophal, weil es sich um ein Zusammenspiel von Gesellschafts- und Naturkatastrophe handelte: Eine Stadt, die auch nur für den kurzen Atemzug eines Jahres in ihren Elementarfunktionen aussetzt, fällt in den Naturzustand zurück. Eine Stadt, die – kraftlos und geschwächt – sich gegen den Zugriff der Natur nicht mehr verteidigen kann, wird zu einer Ansammlung von Behausungen, hört auf, ein Punkt lebendiger Zivilisation zu sein. Kein Element dieses komplizierten Organismus »Stadt« bleibt unberührt, und letztlich geht es darum, ob der von ihr verkörperte Kulturtyp überhaupt am Leben bleibt.

Kann eine Stadt den »biologischen Tod«, etwa den Verlust von mehr als der Hälfte ihrer Bevölkerung überstehen? Kann eine Stadt das Verschwinden des Raums, in dem sie öffentlich über sich nachdenkt, jenes Netzwerk der Gedankendiffusion und Kooperation, unbeschädigt hinnehmen? Was bedeutet die demographische Revolution, der mehr oder minder gewaltsame Bevölkerungsaustausch für die Kontinuität vitaler Traditionen? Und was besagt es, wenn eine Stadt hilflos und tatenlos dem Angriff des Winters auf den Kern ihrer Bausubstanz zusehen muß? Das Sankt Petersburg, das mit dem Ausbruch des Kriegs noch einmal in eine Phase schwindelerregender Produktionswut eingetreten war, taumelte – mit dem letzten Kriegsjahr beginnend – in die Agonie. Sein Unglück ist, daß es binnen weniger Jahre nicht nur von einer Katastrophe getroffen wurde, sondern von allen zugleich, konzentriert: Das feine Geflecht der kulturellen Infrastruktur zerreißt in den politischen Polarisierungen und Parteiungen, wird in Fetzen gerissen von der mächtigen Faust einer auf Gleichschaltung hinarbeitenden neuen politischen Macht, die die Freisetzung neuer und junger Kräfte sogleich mit der Atmosphäre der Angst umgibt; seine Bevölkerung schwindet, verschwindet – die Stadt entvölkert sich. Nicht nur die besitzenden und bis dahin die Lebensform prägenden Familien verlassen die Stadt, auch das Proletariat »hört auf«, indem es hinausgeht ins Land.

Der Produktionsapparat steht still, die Warenzirkulation wird unterbrochen, die Dinge des Alltags können nur noch mit Gewalt und Geduld, wenn überhaupt, beschafft werden. Was früher einmal wie von selbst zu beschaffen war, erfordert nun den Einsatz der ganzen Person. Der Alltag wird zum Existenzkampf. Eine Stadt stirbt – biologisch, wirtschaftlich, ökologisch und kulturell.

»Das Gras auf den Petersburger Straßen, das sind die ersten Schößlinge des jungfräulichen Waldes, der das Areal der heutigen Städte bedecken wird … Tatsächlich ist Petersburg die fortschrittlichste Stadt der Welt. Nicht nach einer Untergrundbahn, nicht nach einem Wolkenkratzer bemißt sich der Lauf der Gegenwart, nicht nach dem Tempo, sondern nach dem fröhlichen Gras, das zwischen den Steinen der Stadt hervorbricht … Ja, die alte Welt ist ›nicht von dieser Welt‹, aber sie lebt mehr als je zuvor. Die Kultur wurde zur Kirche. Die Kultur hat sich wie die Kirche vom Staat getrennt. Das weltliche Leben betrifft uns nicht mehr, wir haben zwar nichts zu essen, aber wir haben ein Refektorium, wir haben keine Wohnung, aber eine Klosterzelle, wir haben nichts zum Anziehen, dafür aber Gewänder. Endlich haben wir unsere innere Freiheit errungen und wirkliche innere Fröhlichkeit. Das Wasser aus den tönernen Krügen trinken wir wie Wein, und der Sonne gefällt es im Refektorium des Klosters besser als im Speisesaal des Restaurants. Äpfel, Brot, Kartoffeln stillen nun nicht mehr nur den physischen, sondern auch den geistigen Hunger. Der Christ – und heute ist jeder zivilisierte Mensch ein Christ – kennt nicht nur physischen Hunger, sondern auch geistige Nahrung. Für ihn ist auch das Wort Fleisch und das einfache Brot – Freude und Geheimnis.« Vielleicht ist Mandelstams in biblischer Sprache vorgetragene »Transsubstantiation« eine der Formen, den unermeßlich gewordenen Abstand zwischen den Realia des Alltags und den Realioria der Kulturproduzenten zu überschreiten.[10]

Die Institutionen und Zentren, um die herum sich das intellektuelle, künstlerische und wissenschaftliche Leben kristallisiert, werden zum Teil durch die Umstände, zum Teil durch politischen Eingriff lahmgelegt. Das Schul-

und Hochschulwesen, das durch den Krieg bereits zerrüttet war, wird nun in den Strudel der innerrussischen Auseinandersetzung hineingerissen. Mit der Ausschaltung der politischen Parteien fallen auch die Aktivitätszentren einer politisch wach und aktiv gewordenen Intelligenz – es wird wieder gefährlich, ein Parteibüro aufzusuchen oder Verbindung mit anderen Parteimitgliedern zu halten.[11]

Vom Herbst 1917 bis zum Herbst 1918 findet eine Art Massensterben der russischen Presse statt. Die Einführung der Zensur, das Verbot der Anzeigenwerbung, die bislang die relative Autonomie der Zeitungen gesichert hatte, die von oben, aber auch von lokalen Satrapen verfügte Schließung von Redaktionen, die Enteignung der großen Druckereien und die Beschlagnahmung der Papiervorräte entzogen dem, was bisher den jungen Stand der russischen Zeitungsleute ernährt hatte, den Boden. Nimmt man sich eine Übersicht der Geschichte der wichtigsten russischen Zeitungen und Zeitschriften vor – bei den allermeisten ist als Todesdatum verzeichnet: 1918.[12]

Es ist nur das herausragende, aber natürlich nicht einzige Beispiel für den zähen, aber letztlich erfolglosen Kampf einer unabhängigen Presse, wenn man auf Gorkis »Novaja žizn'« blickt, die Mitte Juni 1918 nach einer heimtückischen und gemeinen Kampagne, widerwärtigen Schikanen und direkten Übergriffen auf den Schriftsteller selbst aufgeben mußte.[13] Die neue Macht schätzt niemanden nach seinen Qualifikationen ein, sondern nach seiner Haltung. Und die Arbeit von Schriftstellern und Publizisten scheint in diesem Augenblick die überflüssigste zu sein; sie selbst plagen sich ja, wie Belyi einmal bemerkte, mit der Frage, wozu noch schreiben und nicht unter die Straßenkehrer gehen.

»Und vor dem Schriftsteller«, so Zamjatin, »steht heute die Wahl: entweder eine Breško-Breškovskaja zu werden [die legendäre »Großmutter der Revolution«, K.S.] oder zu verstummen. Für den Schriftsteller, für den wirklichen Dichter ist die Entscheidung klar. Doch darin liegt nicht das Wesentliche – die russischen Schriftsteller haben hungern gelernt. Auch das Papier ist nicht der entscheidende Punkt, sondern es geht um etwas weitaus schwerer Wiegendes, Eisernes. Darum, daß es wirkliche Literatur dort gibt, wo sie von Verrückten, von Eremiten, Häretikern, Träumern, Rebellen, Skeptikern gemacht wird – nicht von ausführenden und erfolgreichen Beamten. Sobald der Schriftsteller Vernunft annehmen muß … orthodox-katholisch, nützlich für den Alltag – da wird es keine bronzene Literatur geben, sondern nur Zeitungsliteratur auf Papier, das man heute liest und in das man morgen die Tonseife wickelt … Ich fürchte, daß es eine wirkliche Literatur bei uns nicht geben wird, solange man nicht damit aufhört, das russische Volk wie ein Kind zu behandeln, dessen Unschuld man bewahren will. Ich fürchte, daß es eine richtige Literatur nicht geben wird, solange wir diesen neuen Katholizismus nicht überwunden haben, der nicht minder das häretische Wort fürchtet als der alte. Und wenn diese Krankheit sich als unheilbar erweisen sollte, dann fürchte ich, daß es für die russische Literatur nur eine Zukunft geben wird: ihre Vergangenheit.«[14]

Freilich gab es anstelle der alten Zentren intellektueller und künstlerischer

Arbeit neue, vor allem Lunačarskijs weitverzweigtes Volkskommissariat mit seinen Literatur-, Theater-, Musik-, Aufklärungsabteilungen, in denen fast alle bedeutenden Intellektuellen der Hauptstadt zeitweise Stellung und Auskommen fanden. Es gab das anspruchsvolle Verlagsprojekt »Weltliteratur«, mit dem Gorki einen neuen Konzentrationspunkt der hauptstädtischen Elite schaffen wollte, und viele andere Einrichtungen.

Es gibt viele Ausdrücke für die Entwertung der Infrastruktur der Petersburger Intelligenz: Geringschätzung und Demütigung bisheriger »Größen des kulturellen Lebens« durch die neuen Machthaber und ihre Kleine-Leute-Gefolgschaft, proklamierter Egalitarismus, unterfüttert von Rache- und Neidgelüsten, Anmaßungen der Funktionäre gegenüber den »Dichtern und Denkern« – etwa des Chefs des Roten Petrograd, Georgij Sinowjew, gegenüber Gorki. Der Zusammenbruch dieser Sphäre der autonomen Kultur materialisiert sich geradezu in der Flut der aus herrenlos gewordenen oder enteigneten Bibliotheken stammenden Bücher, von denen die Petersburger Märkte, Buchhandlungen und Basare voll sind. Es verschwindet der »Eigentümer geistiger Reichtümer«, und die Instanzen, die im Namen des Enteigners – des Volks – aktiv werden, um zu retten, was zu retten ist, können nur das Kostbarste aus diesem Strom der zusammengebrochenen und aufgelösten Bibliotheken herausfischen. Alles andere wandert in die Geschäfte, in die Sammelstellen für Makulatur, ein kleiner Teil auch ins Ausland. Das Buch wird für eine gewisse Zeit zum Überlebensmittel: als Brennstoff, mit dem die »buržujka« – der eiserne Kanonenofen – gefüttert wird. Die Petersburger Bücherwelt verbrennt.

Es ist wie das Stocken des Herzschlags, wenn man den Zusammenbruch der Industrie sich vor Augen führt. Anfang Januar 1914 gab es in Petersburg 537 Unternehmen und – aufgebläht durch die Kriegsproduktion – 605 Anfang 1917. Im September 1920 werden nur noch 177 Unternehmen gezählt. Dem korrespondiert die Schrumpfung des Arbeitskörpers im selben Zeitraum. 1917 wurden in Petersburg 418 756 Arbeiter gezählt, am Ende des Jahres 1920 nur noch 80 000.[15] Doch selbst diese Zahlen geben keine Vorstellung vom allgemeinen Stillstand. Die Maschinerie verrottet und wird zerlegt, sei es für den Weiterverkauf, die Zweckentfremdung oder die Verarbeitung zu tauschfähigen Gebrauchsgegenständen, etwa zu Feuerzeugen. Es fehlten die Ersatzteile, es fehlte das Personal und es fehlte vor allem ein arbeitsfähiger Arbeiter. Dieser war abkommandiert oder freiwillig gegangen – bei den Requirierungskommandos auf dem Dorf ließ sich wenigstens noch etwas erobern – Brot. Oder er war so geschwächt, daß die übliche Arbeitsleistung von ihm nicht zu erwarten war. Die Stadt lebte von dem, was in der Vorkriegszeit angehäuft worden war – und dies wurde in rasender Geschwindigkeit aufgezehrt.

Würde man die Bevölkerungsentwicklung graphisch darstellen, so ergäbe sich, daß die Stadt im Jahre 1920 zurückfällt auf den Stand von 1860 – ein halbes Jahrhundert industrieller und urbaner Revolution war nivelliert. Petersburg zählte 1915, auf dem Höhepunkt seiner Expansion, 2 347 851 Einwohner, im August 1919 waren es nur noch 667 963.[16] »Diese dem Tempo nach beispiellose Entvölkerung des größten städtischen Zentrums war das Resultat jener Massenemigration oder genauer, jener Massenflucht aus Petrograd, welche bald nach der Februarrevolution eingesetzt hatte und ununterbrochen anhielt bis Mitte 1920, wobei dieser Prozeß der fortschreitenden Entvölkerung in seiner Intensität verstärkt wurde durch das Hinwegsterben der Petrograder Bevölkerung in den Jahren von 1918 bis 1920. In diesen drei Jahren hat die Zahl der Sterbefälle in Petrograd die der Neugeburten um 115 429 überstiegen.«

Petersburg – seit jeher eine »Männerstadt« – wird durch Krieg, Revolution und Bürgerkrieg zum ersten Mal in seiner Geschichte zu einer Stadt mit Frauenüberschuß.[17] Die jungen und arbeitsfähigen Leute entfliehen der Stadt, Petersburg wird zu einem Ort der Alten und Witwen.[18] Die ethnische Zusammensetzung verschiebt sich: Während die absolute Zahl der russischen Bevölkerung zurückgeht, steigt der prozentuale Anteil mancher Bevölkerungsgruppen – so der Juden, Polen, Esten, Litauer und Letten. Die Zahl der Deutschen in Petersburg sinkt im Zeitraum 1910 bis 1920 von 24.6 auf 15.5 pro 1 000 Einwohner. Die Internationalisierung der Stadt wird immer wieder bemerkt, ebenso fehlt es nicht an Hinweisen auf völlig neue, bisher nicht gekannte Eheverbindungen zwischen Russen und Koreanern, Chinesen und Polen, Letten und Russen. Dies gilt als Hinweis für die Aufhebung der ethnischen Barrieren ebenso wie für den Verlust fester soziokultureller Bindungen.[19] Mit der Einführung der bürgerlichen Ehe steigt die Zahl der Eheschließungen sprunghaft an, was indes nichts über die Bildung »bürgerlicher Familienverhältnisse« besagt.

Die Fluchtbewegung hat in der Stadt Hohlräume entstehen lassen. Wohnungen, die verlassen wurden, Palais, die enteignet und staatlichen und gesellschaftlichen Einrichtungen zur Verfügung gestellt wurden, Villen, die fortan als Erholungsheime benutzt wurden. Auch die Stadt hat ihre Art der »schwarzen Umverteilung« des Wohnraums hinter sich gebracht. Die Arbeiter und kleinen Leute rückten in die komfortableren Steinhäuser des Zentrums vor, die ehemals bürgerlichen Haushalte mußten sich mit Einquartierungen abfinden, Wohnungen verlassen oder sich mit einem Zimmer ihrer einstmaligen Wohnung begnügen. Die Aneignung des Wohnraums, bei der die »Hauskomitees der Armen« (Domkombed) eine herausragende und zum Teil abstoßende Rolle gespielt haben, ging chaotisch und willkürlich vor sich.

Die »schwarze Umverteilung des Wohnungsraums« ist – ähnlich der Umverteilung von Grund und Boden durch die Bauern – ein bedeutender kultureller Einschnitt, weil hiermit der Binnenraum einer Kultur freigegeben und zerbrochen wird.[20] Nachdem die öffentlichen Räume einer »autonomen Kultur« zerstört oder paralysiert waren, wurden auch die Binnen- und Rückzugsräume der autonomen Individuen angetastet. Wie sehr die Freigabe dieses Intimbereichs zurückwirkt auf die Leistungsfähigkeit, überhaupt auf den Charakter einer Kultur, geht aus einer der zahlreichen Interventionen Gorkis hervor – Interventionen zugunsten von Wissenschaftlern, deren Wohnungen in Abwesenheit »zwangsbelegt« wurden. Im Oktober 1920 konstatierte er:

»Die Petrograder Kommission zur Verbesserung der Lebensbedingungen der Wissenschaftler stellte die Aufgabe, die Wohnungen der Wissenschaftler vor der Zwangseinquartierung zu bewahren. Die Kommission wurde zu einer solchen Maßnahme veranlaßt durch den Umstand, daß Wissenschaftler Bibliotheken besitzen, einige sogar Bestände, die unter dem Schutz der zentralen Komitees der Staatsbibliothek stehen.« Was aber zeigt die Praxis in Petersburg? »So hat die Assistentin am Lehrstuhl für Syphilisforschung am Institut für Medizin, A. N. Domernikova, eine Mietwohnung von fünf Zimmern, in denen drei Erwachsene und fünf Jugendliche wohnen. Nun aber schickt sich das Domkombed an, die Wohnung für eine Zwangseinquartierung zu räumen.« Gorki schildert einige Fälle in allen Details – Öffnung von Wohnungen, deren Inhaber auf wissenschaftlichen Expeditionen oder Dienstreisen sind, Diebstahl von Manuskripten, Verschleuderung von Bibliotheken und so fort. Es ist, so Gorki, oft ungewiß, ob man in die eigene Wohnung zurückkehren kann.[21]

Aber ist die Hervorhebung der Folgen der »schwarzen Umverteilung« des Wohnraums nicht eine Überempfindlichkeit, die in Anbetracht der Umstände lächerlich wirkt? Mag sein, aber es ging auch um einen »sensiblen Bereich« der russischen Kultur, und die Unmöglichkeit, in den eigenen vier Wänden noch ungestört sein zu können, ist für die Auflösung einer Kultur von nicht geringerer Bedeutung als der Tod eines bedeutenden Dichters. Die »schwarze Umverteilung« beendet eine Kultur und schafft das Terrain für einen anderen Typus der Urbanität, der mit der bürgerlichen Urbanität nur noch den Namen gemein hat.

Indes war die Wucht der Flut so heftig, weil sie potenziert wurde durch die Schutzlosigkeit gegenüber der Natur. Verkehr und Austausch mit dem Land draußen waren zusammengebrochen, und dies bedeutete vor allem: kein Brennstoff, keine Lebensmittel. Dies wiederum bedeutete: Kälte und Hunger, Erfrieren und Hungertod gerade für die mit der schwächsten Physis.

Obwohl die Stadt entvölkert war, gab es doch zugleich Wohnungsknappheit, da nur ein Teil der Wohnungen noch beheizt werden konnte. Bei der Zählung im Jahre 1920 wurden 250000 Wohnungen angegeben, von denen allerdings 55139 leerstanden, weil es nichts gab, womit sie beheizt werden konnten.[22] Brennholz kam nur in verschwindend geringen Mengen an, die Holzflöße, die die Neva herab früher in Petersburg angekommen waren, blieben weitgehend aus. Auf Kohle aus Übersee – Petersburg hing in erster Linie von englischer Kohle ab – war unter den Bedingungen der Blockade nicht zu rechnen. Die Bevölkerung der Hauptstadt war auf Kartenverpflegung gestellt. Vermutlich überlebte aber ein Teil der Bevölkerung nur, weil immer noch ein Rinnsal von Lebensmitteln – trotz Todesstrafe – über Hamsterer und Spekulanten in die Stadt gelangte.[23]

»Der Polarkreis war Wirklichkeit geworden, er verlief ungefähr über den Nevskij-Prospekt«, schreibt Šklovskij in seiner brutal-erschütternden Schilderung der sterbenden Stadt.[24] »Im Winter waren fast alle Klosetts eingefroren. Das war weit schlimmer als der Hunger.« Zuerst gab es kein Trinkwasser mehr, dann kein Wasser zum Waschen. Petersburg wird schmutzig, weil es müde ist. Die Petersburger Bevölkerung ist immer und jederzeit mit Eimern unterwegs – Wasser treppauf, Unrat treppab. Die Menschen urinieren schamlos »am hellichten Tag, mitten auf dem Nevskij-Prospekt«. Es ist unmöglich geworden, die Toten zu bestatten, niemand hat die Kraft, die gefrorene Erde aufzubrechen. »Wir wuschen uns selten, und auch dann taten es nur die Kräftigsten.« Nachts erfroren die Menschen fast in ihren Wohnungen. »Die Kälte drang in die Hausmauern ein und ging durch bis auf die Tapeten. Die Menschen schliefen in Mänteln und sogar in Galoschen. Alles versammelte sich in der Küche; in den verlassenen Zimmern bildeten sich Stalaktiten.«

»Womit haben wir geheizt? Ein paar übriggebliebene Vertreter der Bourgeoisie, die jetzt mit Sacharin und anderem unwägbaren Zeug handelten, heizten mit Holz. Wir anderen brannten alles mögliche, ich verheizte meine Möbel, meine Staffelei, Bücherregale und Bücher, Bücher ohne Zahl ... Das war ein Fest der totalen Verbrennung. Holzhäuser wurden abgerissen und verheizt. Die großen Häuser verschlangen die kleinen. In den Häuserreihen an der Straße klafften tiefe Lücken, sie sahen aus wie ein Gebiß mit herausgeschlagenen Zähnen. So entstanden künstliche Ruinen. Die Stadt verwandelte sich in einen Stich von Piranesi.«[25]

Die Schilderungen dessen, wovon sich das hungernde Petersburg ernährt, lesen sich wie ein Lexikon des Absurden – von den geschlachteten Tieren des Zoologischen Gartens bis zur Anfertigung spezieller Rabenfallen. »Wir aßen sonderbare Dinge: gefrorene Kartoffeln und verfaulte Steckrüben und Heringe, denen man Kopf und Schwanz abschneiden mußte, damit sie nicht so stanken. Wir brieten mit Leinölfirnis, der mit wenig Mennige gekocht war. Wir aßen ungeschälten Hafer und weiches, halbverwestes Pferdefleisch. Brot gab es wenig. Zuerst war es schrecklich, mit Spreu gemischt und erinnerte an eine Art Brikett aus Strohhalmen, dann wurde es besser und weicher. Wir aßen es mit Bewußtsein.«[26]

Der ausgezehrte Petersburger wird Opfer aller möglichen Seuchen und Epidemien. Die Zeitschriften der Intelligencija der Jahre 1920 bis 1922 sind voll von Nekrologen. Über diese Nekrologe – oft seitenweise – heißt es beispielsweise: »Dies hier ist ein ganzer Friedhof für Vertreter der russischen Intelligencija, von Schriftstellern und Wissenschaftlern, die an Hunger oder Krankheiten gestorben sind, die eine Folge des Hungers waren. Die Revolution hat die russische Intelligencija am schärfsten getroffen.« Es handelt sich um einen wahrhaftigen »Martyrolog der russischen Intelligencija«.[27]

Die Revolutions- und Bürgerkriegsjahre reißen tiefe Lücken in die Reihen der russischen Intelligencija. Für einige fällt die Revolution mit dem Ende eines langen, opferreichen Lebens zusammen. Es sind die Verbindungsglieder zwischen den Generationen der russischen Revolutionäre. Es starb der Vater der russischen Sozialdemokratie, G. V. Plechanov. Es starb im Alter von dreiundachtzig Jahren an der Riviera P. D. Boborykin, der Schöpfer des Begriffs »Intelligencija«. Es stirbt der berühmte marxistische Ökonom M. Iv. Tugan-Baranovskij, Fürst P. Kropotkin, der Heros des russischen Anarchismus, der Historiker und Lehrer einer ganzen Generation von Studenten, A. S. Lappo-

Danilevskij. Es stirbt 1920 die Verkörperung der russischen Intelligencija schlechthin: Vera Ivanovna Zasulič.

Es trifft alle Disziplinen und Sparten: Philosophen – wie E. Trubeckoj, der 1919 in Novosibirsk an Typhus starb, Dichter – wie Blok und Gumilev oder Chlebnikov, der 1922 in einem Dorf des Novgoroder Gouvernements starb; es trifft den Literaturhistoriker S. A. Vengerov und die überragende Naturwissenschaftlergestalt Kliment A. Timirjazev sowie den Kristallographen und Mineralogen Evgraf S. Famincyn. In vielen Fällen ist es ein »natürlicher« Tod, doch unter den ungewöhnlichen Umständen ist der »natürliche Tod« fast immer beschleunigt durch die furchtbare Situation der Bürgerkriegsjahre. In den Nekrologen scheint die Vielgestaltigkeit des Todes jener Zeit auf:

Viele waren erkrankt infolge der schlechten Ernährung, die die Widerstandskraft des Körpers unterminiert hatte. Viele werden von den Epidemien dahingerafft. Viele erfrieren. In den knappen Todesmitteilungen verbergen sich ganze Martyrien. Über den 1919 gestorbenen Michail Vil'ev heißt es lakonisch: »Er starb an Erkältung bei Schützengrabenarbeiten in einem schrecklichen Zustand.« Von dem Historiker Žukovic heißt es, er »starb an Erkältung bei seiner Arbeit in der ungeheizten Öffentlichen Bibliothek in Petersburg«.

Bei nicht wenigen lautet die Todesursache: Verzweiflung. Über Ljapunov, den Mathematiker von Weltrang, heißt es, er habe 1919 in Odessa Selbstmord begangen, weil er »die harten Bedingungen des gegenwärtigen Lebens nicht ertrug und fühlte, daß sein Geist erlahmte«. Auch der Fachmann für Römisches Recht, Chvostov, beging 1920 Selbstmord. Viele geraten zwischen die Fronten des Bürgerkriegs und werden umgebracht – entweder im Verlauf von Kampfhandlungen oder in der Anarchie des aufgewühlten Landes. Efimenko wird »in einem Dorf des Charkower Gouvernements« getötet. Der Mineraloge Kuznecov wird in Tomsk getötet. Der Staatsrechtler Nol'de wird von Grenzsoldaten in Terioki an der finnischen Grenze getötet. Von einigen – wie Belov – wird vermerkt: »irrtümlich umgebracht« oder »irrtümlicherweise an der Stelle eines anderen hingerichtet«. Selbst die mißglückte Operation an dem berühmten Kistjakovskij im Poltavaer Gebiet muß mit den »unnormalen Zuständen« der Zeit in Zusammenhang gebracht werden.[28]

Im Todesregister verliert die Rede vom »Tod der russischen Intelligencija« jeden metaphorischen Beiklang und gewinnt eine ganz radikal-elementare Dimension, nicht weniger als der Blutverlust, den die Völker des russischen Reichs überhaupt in diesem Jahrzehnt seit Ausbruch des Weltkriegs hinnehmen mußten. »Die Verluste durch die Hungersnot müssen zu denen des Bürgerkriegs hinzugezählt werden. 1918 bis 1920 hat das Land 10,8 Millionen Menschen verloren. Folglich betrugen die Verluste während des gesamten Bürgerkriegs (1918–1922) mehr als 15 Millionen Menschen. Das sind etwa 10 Prozent der Bevölkerung ... Diese Zahlen geben eine Vorstellung von der Ungeheuerlichkeit des Aderlasses, den das ehemalige russische Reich während des Bürgerkriegs durchlebte. Dazu müssen noch etwa zwei Millionen Menschen gerechnet werden, die an den Fronten des Ersten Weltkriegs starben, und mindestens eine Million Emigranten. Dann erhält man eine Vorstellung von den Verlusten des Landes zwischen 1914 und 1922.«[29]

Der äußerste Punkt, der des physischen Überlebens, war erreicht. Und doch gab es kein Zurück. »Das alte Leben ist zu Ende, und wir sind in einer Wüste. Ich weiß nicht, wohin ich gehe, aber zurück will ich nicht. Ich habe das Erlebte schätzen gelernt. Die alte Familie ist tot. Wir lieben unsere alten Sachen nicht mehr, wir haben unsere alten Orte vergessen. Eine Rückkehr ist schwierig. Die Stadt ist leer. Die Straßen scheinen zu breit, als seien sie über die Ufer getreten. Aber die Stadt lebt immer noch, sie brennt wie ein Feuer oder eine Wunde am Körper des ländlichen Rußland. Das rote Feuer der Revolution ist das letzte, was von der russischen Stadt übriggeblieben ist.«[30]

Nein, es war nicht nur das »rote Feuer der Revolution« übriggeblieben. Auf dem Archipel findet sich nach und nach zusammen, was allein in der Lage war, eine Brücke über den Abgrund, über den »Spalt der Geschichte« hinweg zu bilden.

Der Archipel

Die sterbende Stadt ist noch in der Katastrophe reich, und nicht wenig von dem Glanz, der die frühe Sowjetmacht umgibt, wird gespeist aus dem Kräftereservoir und den Katakomben, in die die Intelligenz sich zurückgezogen hat. Was immer auf den öffentlichen Plätzen an Sensationellem in jenen Jahren geschah – der Durchbruch der Avantgarde –, es hatte seinen Rückhalt anderswo, die entsprechenden Gremien von Lunačarskijs Volkskommissariat für Aufklärung lieferten nur die Vollmachten und das Geld, nicht die Ideen, die Verse und die Farben.

Vermutlich ist die Topographie des intellektuellen Petersburg, die sich aus der gewachsenen Stadt herausgelöst hat und auf wenige Konzentrationspunkte reduziert wurde, einer der erschütterndsten und zugleich faszinierendsten Fokusse in der Geschichte der modernen Kultur. Petersburg leuchtet, nachdem die Hauptstadt im März 1918 nach Moskau verlegt war, nicht mehr durch den Glanz, der von der politischen Hauptstadt ausgeht, und schon gar nicht dank der Satrapengestalt der Nördlichen Kommune – es leuchtet durch das letzte, verzweifelte Aufgebot, das manchmal nicht ganz unterscheidbar ist von einer Initialzündung oder einem Fanal. Noch ist die Stadt, den grausamen Dezimierungen zum Trotz, *die* Hauptstadt einer zivilen Kultur.

Es hat schon sehr bald nach dem ersten Schock Versuche einiger Vertreter der Intelligencija gegeben, so etwas wie eine Reorganisation der atomisierten Intelligenz zu betreiben. Der erste Versuch scheiterte bereits binnen eines Jahres – es handelt sich um den im Sommer 1918 gegründeten »Verband der Schriftsteller«.[31] Und es bedurfte wahrscheinlich des drohenden physischen

Untergangs der Petersburger Intelligenz, bis die Sowjetregierung selbst – auf Initiative Gorkis – die Bestrebungen einiger Intelligencija-Gruppen, sich zu organisieren, nicht nur tolerierte, sondern – finanziell jedenfalls – unterstützte.

Unter den zahlreichen »Kulturnestern« der belagerten Stadt ragen einige ganz besonders hervor: Es handelt sich um das »Haus der Wissenschaftler« in der Millionnaja-Straße 27 und das ehemalige Palais des Großfürsten Vladimir Aleksandrovič, ein Gebäude im florentinischen Palazzostil der Renaissance (Architekt A.I. Rezanov, 1846–1872). Daneben steht das »Haus der Schriftsteller« (Dom literatorov) in der Bassejnaja-Straße 11, dem der Mitglieder- und Besucherzahl nach wohl bedeutendsten Zentrum der Petersburger Intelligenz zwischen 1920 und 1922. Der dritte Kristallisationspunkt ist das »Institut für Kunstgeschichte«, eher bekannt unter dem Namen seines Gründers als »Graf-Zubov-Institut«, am Isaaks-Platz 5 (Architekt G.A. Bosse, 1843, und in den Jahren nach 1870 umgebaut). Das dichteste und zugleich legendärste Zentrum ist indes das »Haus der Künste« (Dom iskusstv), ein ziemlich großes Gebäude, gelegen am Nevskij-Prospekt 15 zwischen Morskaja und Mojka. Es ist der Ort und Kreuzungspunkt, an dem sich die Linien der Memoiren überschneiden. Das Gebäude selbst hat das Bild vom Schiff provoziert, das in so zahlreichen Texten über das untergehende und gerettete Petersburg auftaucht.

»Abends und nachts gibt es in Petersburg keine Häuser mehr«, schreibt Evgenij Zamjatin, »es gibt sechsstöckige steinerne Schiffe. Als einsame sechs Stock hohe Welt schwebt das Schiff auf den steinernen Wogen inmitten anderer sechsstöckiger Welten; das Licht unzähliger Kajüten fällt vom Schiff auf den brausenden steinernen Ozean der Straßen. Natürlich gibt es in den Kajüten keine Bewohner: es sind Passagiere. Wie auf einem Schiff geht es zu, alle sind, obwohl einander unbekannt, doch miteinander bekannt, alle sind die Bürger einer vom nächtlichen Ozean umgebenen sechsstöckigen Republik.«[32]

Der junge Schriftsteller Evgenij Schwarz gibt an einem der Theaterabende im Haus der Künste das Stück »Einschiffen auf der Arche Noah« zum besten. Und Olga Forš selbst meinte: »Alle lebten in jenem Haus wie am Rand des Todes.«[33] Alle »Passagiere« dieser Schiffe standen irgendwie direkt oder indirekt miteinander in Kontakt, die führenden Leute der vier Häuser waren zu einem großen Teil identisch. So berichtet Čukovskij in seinen Memoiren etwa: »Häufig war es so, daß wir vor der Konferenz des Verlags ›Weltliteratur‹ als ›Leitung des Verbands der Schriftsteller‹ tagten und nach der Sitzung als Leitung der ›Weltliteratur‹, ohne von den Stühlen aufzustehen, und daß wir uns – an ein und demselben Tisch – in den ›Obersten Rat des Hauses der Künste‹ verwandelten.«[34]

Unbestreitbar ist in der Einrichtung dieser vier Häuser die überragende Rolle von Maxim Gorki, der von seinem Salon am Kronverkskij-Prospekt 23 aus tat, was er tun konnte – jedenfalls solange er sich in Petersburg halten konnte. Seine Abreise war für die Petersburger Intelligencija fast ein ebenso signifikanter Einschnitt wie der Tod Bloks. Doch vorerst, in der zweiten

Hälfte des Jahres 1918, war Gorki »für die russische Intelligencija Noah. Auf den Archen des Verlags ›Weltliteratur‹, des ›Verlags Gržebin‹, des›Hauses der Künste‹ hat sie sich vor der Flut gerettet«, schreibt Šklovskij und nennt zugleich eines der Motive, warum Gorki überhaupt bei der bolschewistischen Regierung Gehör finden konnte für sein Unternehmen »Rettung der vom Aussterben bedrohten Intelligenz«:

»Sie [die Intelligencija, K.S.] wurde nicht der Konterrevolution zuliebe gerettet, sondern damit die Menschen, die in Rußland lesen und schreiben können, nicht untergehen. Die Bolschewiki haben die Konzentrationslager für die Intelligencija akzeptiert. Sie haben sie nicht auseinandergetrieben. Ohne sie wäre die Intelligencija zerfallen und einfach vor die Hunde gegangen.«[35]

Man weiß, daß Gorki ein geradezu emphatisches Verhältnis zur Wissenschaft hatte, einen fast naiven Glauben an die Kraft des aufklärenden Buchs, überhaupt des gedruckten Worts. Für ihn war klar, daß das in seinen Augen barbarische Rußland erst verschwinden würde, wenn alle Menschen lesen und schreiben konnten. Dieses Verständnis schlug sich besonders in der Katastrophensituation nieder. Fedin läßt Gorki um 1920 etwa sagen:

»Ich habe neuerdings immer häufiger mit unseren Wissenschaftlern zu tun. Erstaunliche Leute das! In selbstgefertigten Handschuhen, die Beine in Decken eingewickelt, sitzen sie, verstehen Sie wohl, in ihren Arbeitszimmern und schreiben. Als könne jeden Augenblick eine Streife auftauchen, um festzustellen, ob sie auch auf dem Posten sind … Sie stapfen im Ural umher, über unwegsame Berge und stellen phantastische Sammlungen von Edelsteinen für die Akademie der Wissenschaften zusammen. Sie bekommen monatelang kein Stück Brot zu sehen. Man fragt sich, wovon sie leben. Von dem, was sie erlegen – wie die Wilden, jawohl … Selbstlose Menschen sind's, die nicht für die eigene Tasche sorgen. Man kann stolz sein auf solche Leute … Aber in den letzten zwei Monaten sind, nach exakten Angaben, allein in Petrograd dreiundsechzig Wissenschaftler gestorben … Die russische Wissenschaft muß gerettet werden … Wir brauchen Lebensmittel, und sei es um den höchsten Preis! Lebensmittel …«[36]

Bevor die vier Archen im einzelnen vorgestellt werden, ein Blick auf Gorkis Projekt, einen bedeutenden Verlag – »Weltliteratur« – zu etablieren. Es zeigt sich daran nämlich, wie er den Konzentrationspunkt intellektueller Kräfte in Petersburg zu nutzen suchte, wie er ein anspruchsvolles Unternehmen von größter Bedeutung verband mit einer Art »Arbeitsbeschaffung« für die arbeits- und brotlos gewordene Intelligenz, und daß er in gewissem Sinn die »vier Archen« eben als Basis für sein Projekt auffaßte: Die Archen als Geschwader der Aufklärung im Ozean der Barbarei, als Argonautenzug der Kultur – der Verlag »Weltliteratur« sozusagen als Flaggschiff.

Am 20. August 1918 hatte Gorki mit den beiden ihm seit langem bekannten Verlegern Gržebin und Ladyžnikov einen Vertrag über die Gründung eines Verlags geschlossen, der als Verlag des Narkompros fungieren, aber unter Gorkis Leitung vollständige Autonomie haben sollte. Aufgabe des Verlags sollte es sein, die bedeutendsten Werke der Weltliteratur und russische

Schriftsteller des 18. und 20. Jahrhunderts zu verlegen. Gorki zieht innerhalb kürzester Zeit mehr als 350 Mitarbeiter in der Redaktion zusammen, richtet Expertenkommissionen ein und läßt einen Katalog ausarbeiten, der ein Zeichen für die Ansprüche der neuen Macht setzen sollte.

Die Redaktionen des Verlags »Weltliteratur« umfassen die Koryphäen der Petersburger Intelligenz – unabhängig von ihren politischen Ansichten und Parteizugehörigkeiten. In der Hauptredaktion arbeiten beispielsweise: Blok, Zamjatin, Gumilev, Čukovskij und der Literaturhistoriker Professor Batjuškov. Des weiteren wirken mit: der Literaturkritiker Ajchenval'd, der Theaterkritiker Amfiteatrov, die Dichter Bal'mont, Brjusov, Kuzmin, Remizov, Sologub, Četaeva, die Literaturhistoriker und Kritiker Geršenzon, Žirmunskij, Ėjchenbaum, aber auch die Dichterin Gippius, die aus ihrer antibolschewistischen Haltung nie einen Hehl gemacht hatte, sowie Lunačarskij, der Volkskommissar für Aufklärung.

Im Gefolge dieser Verlagsaktivitäten bilden sich die »Literarischen Werkstätten«, die durch ihre Arbeit Geschichte in der Literaturtheorie gemacht haben.[38] Vermutlich lag die Bedeutung des Verlags weniger in der Zahl der von ihm publizierten Bücher – von 1918 bis 1920 waren es 250 Titel –, sondern in der Kristallisierungsfunktion für die schriftstellerische und künstlerische Intelligenz, in der Beschaffung von Arbeits- und Überlebensmöglichkeiten. Es ist nur logisch, daß die Redaktion des Verlags – zuerst Nevskij-Prospekt 64, dann Mochovaja 36 – sowie die Adressen der »Literarischen Werkstätten« – Haus Muruzi, Haus der Künste, Aničkov-Palais – auf der Landkarte der Zeitgenossen immer wieder auftauchen.[39]

Das Haus der Wissenschaftler: die Rettung des »Gehirns der Nation«

»Werden wir zu teilnahmslosen Zeugen der Auflösung und des Todes unseres ›Gehirns des Landes‹, werden wir darauf warten, daß dieses Gehirn wieder wächst durch den Zustrom frischer Elemente von unten oder von außen, oder werden wir Maßnahmen ergreifen?« So fragt der Professor für Genetik Jurij A. Filipčenko, der der Leitung des eben gegründeten »Hauses der Wissenschaftler« in Petersburg angehörte, im Frühjahr 1921.[40] Filipčenko, der sich als überzeugter Anhänger des englischen Pioniers der Humangenetik und Eugenik, des Darwin-Vetters Sir Francis Galton bezeichnete und nach dessen Vorbild in Petersburg ein wissenschaftliches Büro für Eugenik eingerichtet hatte, hatte in der erhöhten Sterblichkeit, der sinkenden Geburtenzahl und anhand bestimmter Krankheitsbilder (Tuberkulose, Geisteskrankheiten, Alkoholismus) einen »bedrohlichen Prozeß der Entartung unserer Wissenschaftler (und vermutlich auch der ganzen russischen Intelligenz)« festgestellt – und zwar auf der Grundlage einer Enquete, die er unter den Petersburger Wissenschaftlern angestellt hatte.

Man muß sich dies vorstellen: Im Augenblick, da die Petersburger Wissenschaftlergemeinde um ihr nacktes Überleben kämpft und mit der Einrichtung des »Hauses der Wissenschaftler« eine Art Notgemeinschaft etabliert wird, sieht der Genetiker – durchaus in Einklang mit einer mächtigen Strömung seiner Zeit – die Chance für seine Disziplin, für seine Arbeit gekommen. Er begreift sogleich die Ausnahmesituation und nutzt sie als reales Labor für seine Untersuchungen. Der streng definierte Kreis der Auserwählten, derer, die in den Genuß der Überlebensration, der sogenannten »akademischen Ration kommen, wird sozusagen zur Testperson. Die elementare Reduktion der Wissenschaftlergemeinde auf den Umkreis des »Hauses der Wissenschaftler«, die extreme Konzentration der wissenschaftlichen Intelligenz, so Filipčenko, »erweist sich als außerordentlich günstig für die Verteilung der Fragebögen, die anschließende Zusammenfassung und Erfassung aller irgendwie interessanten Personen«. Filipčenkos Enquete fand die Unterstützung der Leitung des Hauses. Er wollte mit seinem Fragebogen Auskunft über drei Generationen und die Familien der Wissenschaftler bekommen. Der Fragebogen umfaßte Fragen nach Geburtsort, Wohnort, Beruf, Augenfarbe, Haarfarbe, physischer Konstitution, Temperament, Vorkommen von Krankheiten, eventuelle Neigung zum Alkoholkonsum und so fort.[41]

Von den 2058 im Januar registrierten Wissenschaftlern im »Haus der Wissenschaftler« hatten, so stellt Filipčenko mit Bedauern fest, nur 310 Personen geantwortet, die Familienmitglieder einbezogen 626. Die Altersstruktur ergab sich wie folgt: 31,8 Prozent waren nach 1870 geboren, 30,8 Prozent nach 1880 und 20,8 Prozent nach 1860. Mehr als die Hälfte der Petersburger Wissenschaftler (58 Prozent) ist russischer Herkunft, 26 Prozent sind »reine Ausländer« und als »gemischt« werden 16 Prozent angegeben. Ein bedeutender Prozentsatz der russischen Wissenschaftler stammt aus Familien der Geistlichkeit. Bei den ausländischen Wissenschaftlern stehen an erster Stelle Deutschbalten, dann Polen und Finnen.[42]

Unbestreitbar ist die Gefahr der Dezimierung der wissenschaftlichen Intelligenz infolge Krieg, Auszehrung, Krankheiten, Verfolgung, Emigration. »Schwere Tage durchlebt die russische Wissenschaft«, so ein anderer Initiator des »Hauses der Wissenschaften«, Fersman, »ein Wissenschaftler stirbt nach dem anderen; wieder andere arbeiten in eiskalten Gebäuden und Bibliotheken, in Laboratorien ohne Gas und Elektrizität. Ohne wissenschaftliche Literatur, fast ohne Aussichten, daß ihre Arbeiten gedruckt werden – ohne diese wissenschaftliche Luft und ohne dieses Licht wird der schöpferische Impuls schwächer und macht dem wissenschaftlichen Denken ein Ende. Diese Jahre sind für die russische Wissenschaft furchtbar, und sogar die an Willen und Geist Stärksten verlieren den Glauben und beginnen schwankend zu werden.«[43]

Was Filipčenko, der Genetiker und Sozialdarwinist, erfaßt hatte, war die Einmaligkeit der Situation: die extreme Konzentration wissenschaftlicher Intelligenz auf einem Punkt, die Dramatik der Situation, der sich spät auch die politische Macht zu stellen begann. Denn, so der Rußland bereisende englische Schriftsteller H. G. Wells, der auch das »Haus der Wissenschaftler« besucht hatte, »auf die Wissenschaftler hatte die Sowjetregierung anfangs ebensowenig Aufmerksamkeit gerichtet wie die Französische Revolution, die ›keine Chemiker brauchte‹. Diese Klasse von Arbeitern geriet daher in einen Zustand größter Not und Armut.«[44] Wells spricht von 4000 Wissenschaftlern, die nach einem bestimmten System Lebensmittel bekommen, und sein Besuch dort gehörte zu »einem meiner seltsamsten Eindrücke in Rußland«. Wells bemerkt über dieses »Treffen mit den erschöpften, ärmlich gekleideten Menschen, die zugleich die bedeutenden Vertreter der russischen Gelehrtenwelt waren«, deren Fragen, wie Wells gesteht, er nicht beantworten konnte: »Der Geist der Wissenschaft ist ein bemerkenswerter Geist.« Und gewandt an sein ausländisches Publikum schrieb er: »Petersburg stirbt in diesem Winter den Hungertod, und das Haus der Wissenschaftler wird dasselbe Schicksal erleiden, wenn wir nicht etwas unternehmen.«[45]

Das »Haus der Wissenschaftler« war auf einer Festsitzung am 31. Januar 1920 im ehemaligen Vladimir-Palais eröffnet worden. In einer kurzen Charakteristik des Hauses im Adreßbuch »Ves' Petrograd« heißt es:

»Das Haus der Wissenschaftler hat zum Ziel, alle wissenschaftlichen Kräfte für die planmäßige Arbeit zur Entwicklung der Wissenschaft zusammenzuführen und Bedingungen zu schaffen, die es den wissenschaftlichen Arbeitern erlauben, sich ganz ihrer Arbeit zu widmen. Beim Haus der Wissenschaftler gibt es außer der Kommission für Lebensmittelrationen, die sich mit der Verteilung der akademischen Rationen wie überhaupt mit der Lebensmittelversorgung befaßt, ein Wohnheim und einen Klub der Wissenschaftler, in dem wissenschaftliche Vorträge, Diskussionen und Vorlesungen zu verschiedenen Gebieten der Gesellschaftswissenschaften wie der angewandten Wissenschaften stattfinden. Im Klub der Wissenschaftler gibt es eine umfangreiche Bibliothek von 25 000 Bänden, er gibt auch die Zeitschrift ›Die Wissenschaft und ihre Arbeiter‹ heraus. Für rekonvaleszierende und in besonderem Maß der Ernährung bedürftige Wissenschaftler gibt es in Detskoe Selo [das ehemalige Carskoe Selo, K.S.] ein Sanatorium.

Im Haus der Wissenschaftler arbeiten ferner eine Zahnarztpraxis, eine Reihe von Werkstätten (Schuster, Schneider), eine Wäscherei, ein Friseur und Bäder, eine Brennstoffabteilung, die die Wissenschaftler mit Brennholz versorgt. Diese ganze Tätigkeit des Hauses der Wissenschaftler wird geleitet und kontrolliert von der Kommission zur Verbesserung der Lebensbedingungen der Wissenschaftler (KUBU).«[46]

KUBU – oder PetroKUBU (für Petrograd) oder CEKUBU (die Gesamtrussische, Zentrale Kommission) – wurden für viele Initialen der Hoffnung und des Überlebens. PetroKUBU war am 23. Dezember 1919 auf der Grundlage eines Erlasses des Rats der Volkskommissare der RSFSR auf Betreiben Gorkis eingerichtet worden. In dem Dokument, das die Unterschrift Lenins trägt, heißt es unter anderem:

»Mit dem Ziel der Erhaltung der wissenschaftlichen Kräfte, die für den sozialistischen Aufbau, die Hebung der Produktivität der Volkswirtschaft sowie für die zweckmäßigste Erfüllung der Bedürfnisse der Arbeiter- und Bauernregierung benötigt werden, beschließt der Rat der Volkskommissare:

1. Den hervorragendsten Spezialisten jener wissenschaftlichen Gebiete, die für die Lösung der oben genannten Aufgaben am wesentlichsten sind, erhöhte Lebensmittelsätze zu gewähren.

2. Diese Spezialisten von jeglicher Art Verpflichtungen (Arbeits-, Militärdienst und so fort), die mit ihren wissenschaftlichen Arbeiten nichts zu tun haben, zu befreien.

3. Diesen Spezialisten für ihre wissenschaftliche Arbeit Wohnbedingungen zu schaffen, die ihnen das für diese Arbeit notwendige Minimum an Komfort sichern.«[47]

Gorkis Kommission wird mit dem nicht unbeträchtlichen Privileg ausgestattet, »unmittelbar mit allen Regierungseinrichtungen zu verkehren«; die Mittel der Kommission werden vom Kommissariat für Volksbildung bereitgestellt. Das wichtigste Privileg war aber gewiß das ganz banale: Lebensmittel zu bekommen. Anfang 1920 erhielten in Petersburg 2500 Menschen (in Moskau 631) »akademische Rationen«. Das »Haus der Wissenschaftler« war mit der Vergabe der »akademischen Rationen« zu einem Überlebenspunkt geworden. Im Zuge der kriegskommunistischen »Ernährungsdiktatur«, die die Verpflegung der Bevölkerung nur noch durch die Verwandlung der gesamten Bevölkerung in streng definierte Kartenempfänger garantieren zu können glaubte, war dies ein herausgehobener Status. Die »Klassenanalyse« selbst naturalisierte sich, sie ließ sich sozusagen in Kalorienzahlen berechnen. Eine Arbeitsgruppe von Medizinern und Physiologen berechnete, daß die Kalorienzahl der Ration, »die nicht nur zur Deckung des Minimumaufwands für den hungernden Organismus notwendig ist, sondern auch für die der Norm entsprechende Wiederherstellung der verausgabten wissenschaftlichen Kräfte« – 3539 Kalorien – »zwischen den Rotarmistenrationen der rückwärtigen Dienste, die 2566 Kalorien erhalten, und den Frontkämpferrationen in Höhe von 3785 Kalorien« liegt.[49]

Am Ende erfaßte die Rationierung praktisch alle Formen von Lebensmitteln und Gebrauchsgegenständen. Im Januar 1919 gab es in Petersburg dreiunddreißig Karten – für Brot, Milch, Tabak, Stiefel, Seife und so fort –, und die gesamte städtische Bevölkerung war in vier Kategorien eingeteilt.

Der »Klassencharakter« der »Ernährungsdiktatur« war offensichtlich. Der ersten Kategorie gehörten die Produktionsarbeiter, der zweiten Kategorie Angestellte und Arbeiter weniger beanspruchender physischer Arbeit aus Büro, Post und so fort an, der dritten »die Leiter von Instituten und wissenschaftlichen Einrichtungen, Ingenieure, Unternehmensdirektoren, Juristen, Ärzte, Schauspieler, Künstler, Schriftsteller, Musiker, Journalisten, Angestellte aller religiösen Kulte und Bürger, die nicht in die anderen Kategorien gehören«, und der vierten Kategorie gehörten an »Personen, die Einkünfte aus Kapital bezogen oder von verschiedenen Unternehmen lebten und Lohnarbeiter beschäftigten: Hausbesitzer, Besitzer von Vergnügungsetablissements, Theatern, Kinos, Hotels, Handelsunternehmen und verschiedenen Büros, Ladenbesitzer und andere Händler«.

Im Zug der Umkehrung der Verhältnisse hatte auch die wissenschaftliche Arbeit einen rapiden »Kursverfall« hinnehmen müssen. Was dies bedeutete, konnte man sich in Anbetracht der für die verschiedenen Kategorien existierenden Normen gut vorstellen: In Petersburg wurden im Mai 1919 für die erste Kategorie und Kinder etwas weniger als ein Pfund ausgegeben, für die zweite Kategorie ein Viertel und für die dritte Kategorie ein Achtel pro Tag – wenn überhaupt, denn die vorgesehene Zahl der Lebensmittelwaggons traf nie ein.[50] Es half nur die Ausgabe wirklicher Lebensmittel, das heißt in der konkreten Gestalt von Brot, Fett, Zucker und so fort, wenn die Wissenschaftler nicht in dem Labyrinth der Kartenwirtschaft aufgerieben werden sollten, und es half nur, wenn die politisch Mächtigen sie teilweise wenigstens von der Kategorie der Deklassierten und Disqualifizierten ausnahmen. Hören wir noch einmal eine Stimme – es ist ein von der Führung der Akademie unterzeichnetes Schreiben an den Rat der Volkskommissare vom 22. November 1922:

»Für einen geistig Arbeitenden hat sein Geisteszustand bei seiner schöpferischen Arbeit eine ganz besondere Bedeutung: die Notwendigkeit, seine Gedanken zu konzentrieren und intensiv zu denken erfordert gebieterisch das Vorhandensein von Bedingungen, die es unmöglich machen, daß der Gedanke vom schöpferischen Denken abgelenkt wird. Indes belastet die ganze Kompliziertheit kleinlicher Besonderheiten des häuslichen Alltags den Wissenschaftler, der sowohl denken und schaffen als auch Holz sägen, spalten und tragen, Wasser holen, Schlange stehen, durchnäßtes und sich auflösendes Schuhwerk reparieren muß und so fort, der in der Kälte arbeiten und sich oft warme Handschuhe anziehen muß, um schreiben zu können, der auf die Tagstunden angewiesen ist und häufig voll Bitterkeit mitten in fruchtbarer schöpferischer Arbeit diese beiseitelegen muß, da das Feuer erlischt ... Die russische Wissenschaft und die russischen Wissenschaftler sind in Gefahr.

Vor den russischen Wissenschaftlern, die in Rußland geblieben sind, steht eine drohende und verantwortungsvolle Frage: Werden sie es erreichen, daß ihre Stimme endlich gehört wird und daß die wissenschaftliche Arbeit in Rußland wirklich fruchtbar und zweckmäßig ausgeführt werden kann? Die gewaltigen Opfer, die in diesen Jahren sowohl von großen wissenschaftlichen Kapazitäten mit Weltruf als auch von einfachen Mitarbeitern bereits gebracht wurden, Opfer, die in der Geschichte der Wissenschaft nicht ihresgleichen haben, künden der Welt laut davon, wie die russischen Wissenschaftler ihre Pflicht gegenüber dem Volk und dem Land verstanden haben, aber Opfer haben nur dann einen Sinn und eine Berechtigung, wenn sie Nutzen bringen und der Sache helfen. Wenn sich die Lage nicht ändert, so ist klar, daß nur die Wissenschaftler zugrundegehen werden, nicht die Wissenschaft, die unsterblich ist und immer Wege findet, um ihren Siegeszug zum Wissen fortzusetzen.

Es ist klar: Wenn russische Wissenschaftler in Rußland als Opfer unnormaler Bedingungen zugrunde gehen, werden die Übrigbleibenden dem Beispiel Hunderter ihrer Genossen folgen, die heute erfolgreich zum Nutzen der Weltwissenschaft außerhalb der Grenzen Rußlands arbeiten. Ein solcher

Ausweg aber würde wohl kaum von jemand als normal und wünschenswert angesehen werden können.«[51]

Daß der Gedanke der Emigration ein höchst aktueller war und daß die Sowjetregierung sehr wohl darum wußte, zeigen die dringenden Bitten des Physiologen und Nobelpreisträgers Pavlov, ausreisen zu dürfen, um seine Arbeit fortsetzen zu können, sowie die Intervention Lenins zu seinen und der Sowjetmacht Gunsten.[52]

Doch selbst nach der Einrichtung des PetroKUBU, des »Hauses der Wissenschaftler« und der Zuteilung der »Akademikerrationen« – Anfang 1920 rund 2000, Ende April 1921 rund 4500 – war es für die zuständige Kommission eine schwierige Aufgabe, diejenigen auszuwählen, die der Lebensmittelpäckchen teilhaftig werden sollten. Die akademischen Rationen waren noch einmal abgestuft. Die Selektion der Lebensmittelpaket-Empfänger kann als verläßliche Statistik der russischen Wissenschaftselite aufgefaßt werden. Dieser »Katalog der russischen Wissenschaftler« umfaßte im Jahre 1922 achtundfünfzig »Berühmtheiten«, 256 »anerkannte Wissenschaftler«, 1218 »selbständige Wissenschaftler«, 3370 »Hochschullehrer« und 2622 »Anfänger«.[53] Ein Augenzeuge berichtet, daß man selbst mit dem Lebensmittelpaket der zweiten Kategorie noch eine Familie ernähren und Dinge bekommen konnte, die sonst nirgends aufzutreiben waren: Butter, Zucker, Schweinefleisch, Grütze. Und es muß ein seltsam-bewegender Anblick gewesen sein, »wie sich hunderte wissenschaftlicher Arbeiter mit Handschlitten – selbstgemachten, denn es gab nirgends welche zu kaufen – am ehemaligen Palais irgendeines Großfürsten in der Millionnaja einfanden ..., sich dort in eine lange Schlange einreihten und ihre Lebensmittel in Empfang nahmen.«[54]

In der Tat galt das »Haus der Wissenschaftler« und die dort verteilte »Akademikerration« unter den Petersburger Intellektuellen – den Künstlern, Schriftstellern, die nicht so leicht unter die Rubrik »wichtige Wissenschaftler« fielen – als eine Art Insel der Seligen. Auch kam es über der Frage, wer zum Kreis der Lebensmittelpaket-Empfänger gehören sollte und vor allem, nach welchen Kriterien ausgewählt wurde, immer wieder zu Auseinandersetzungen.[55] Dasselbe gilt auch für die Brennstoffzuteilungen, die in den strengen Wintern des Bürgerkriegs nicht minder lebensentscheidend waren.

PetroKUBU beschäftigte sich indes nicht nur mit Fragen der unmittelbaren Lebenserhaltung, sondern berührte alle Fragen, die mit der Reorganisierung der Wissenschaft verbunden waren: mit der Aufrechterhaltung oder Wiederingangsetzung von Instituten und Laboratorien, mit der Wiederaufnahme von wissenschaftlichen Kontakten mit dem Ausland, mit der Beschaffung von internationaler Fachliteratur und von Instrumenten – Petersburg und Rußland waren für einige Jahre von der übrigen Welt abgeschnitten, was für die Wissenschaft andere Folgen hatte als für die Landwirtschaft –, mit der Einberufung von wissenschaftlichen Konferenzen und Kongressen und immer wieder mit der Beschaffung von Papier und Druckmöglichkeiten und der Entsendung wissenschaftlicher Expeditionen. Wohl mit Recht kann der Ständige Sekretär der Akademie der Wissenschaften, Ol'denburg, auf die stolze Bilanz von 200 druckfertigen Bänden wissenschaftlicher Arbeiten hinweisen, entstanden zwischen 1917 und 1919, sowie auf die Eröffnung neuer Institute und wissenschaftlicher Kommissionen.[56] Das »Haus der Wissenschaftler« kann schon nach einem Jahr große Erfolge in der Reorganisierung der Wissenschaftler-Gemeinde aufweisen. Einer ist, wie Ol'denburg in einer Art Rechenschaftsbericht später formuliert, die Wiedergewinnung einer wissenschaftlichen Öffentlichkeit, ausgedrückt in der Tätigkeit des Hauses und der Art, in der die Zeitschrift »Die Wissenschaft und ihre Arbeiter« gemacht ist.

Den ersten drei Jahrgängen der Zeitschrift ist anzusehen, wie schwierig es überhaupt war, einen Überblick über die chaotische Lage zu bekommen. Es gibt Referate, Tätigkeitsberichte, Berichte über die Leistungen der Verpflegung, Berichte über Expeditionen, vor allem aber sehr viele Personalia, darunter die seitenfüllenden Nekrologe und Todesmitteilungen. Man findet darin Berichte über Vorgänge und Entwicklungen draußen in der Provinz, Mitteilungen über wichtige wissenschaftliche Entdeckungen und Konferenzen im Ausland, soweit sie nach Rußland gelangen. Und die Zeitschrift spiegelt ein wenig auch die geistige Bewegung im »Haus der Wissenschaftler« wider. Über die Wiedergewinnung der Wissenschaftsöffentlichkeit heißt es in Ol'denburgs Bericht im Frühjahr 1921:

»Wenn wir vom Leben der Gesellschaft sprechen, dann fangen wir unwillkürlich an, von der Erscheinung der Öffentlichkeit und von allem mit ihr Verbundenen zu sprechen. Sehen wir uns das wirkliche Leben in Rußland im allgemeinen und das der russischen Wissenschaftler im besonderen an, dann können wir uns davon überzeugen, daß Gesellschaft ohne Öffentlichkeit nicht denkbar ist, daß Öffentlichkeit für den denkenden Russen bis heute etwas Vorübergehendes, eine Art Saisonerscheinung geblieben ist, die einmal Epoche gemacht hat, dann aber erloschen ist. Kann man sich damit denn abfinden?« Den Erfolg des »Hauses der Wissenschaftler« binnen eines Jahres sieht er vor allem »in der Idee der Vereinigung der Wissenschaftler« begründet, »Vereinigung auf der Grundlage, auf der der Wissenschaftler in seinem Leben zwangsläufig sich befindet. Vereinigung im Namen eines allgemeinen Ziels der wissenschaftlichen und erzieherischen Arbeit, Vereinigung für das freie geistige Gespräch und die gegenseitige moralische, geistige und materielle Unterstützung, endlich Vereinigung mit dem Ziel, eine einheitliche und geschlossene, klare und überzeugende Form der denkenden Intelligencija-Gesellschaft zu schaffen, die auf den unerschütterlichen Grundlagen der Allmacht des Wissens beruht.«[57]

Aus einer Übersicht der Vorlesungs- und Vortragsthemen im Lauf des ersten Jahres des Bestehens des »Hauses der Wissenschaftler« ergibt sich ein sehr breites Spektrum: Soziologie elf Vorträge, Ökonomie zehn, Physiologie sechs, Geschichte fünf, Naturphilosophie fünf, Philosophie vier, Naturwissenschaft vier, Kunstwissenschaft drei, Physik zwei, Geographie einer.[58] Es mag vielleicht aufschlußreich sein, die seit der Gründung des »Hauses der Wissenschaftler« gehaltenen Vorträge aufzuzählen, denn daraus geht nicht nur eine thematische Weite, sondern auch die Breite des Teilnehmerkreises hervor. Er umfaßt überwiegend Gelehrte und Wissenschaftler der alten Generation, die darüber hinaus in vielen Fällen mit der neuen Macht auf Kriegsfuß »in philosophicis« standen – etwa die Philosophen Karsavin und Askol'dov, die später auch das Land verlassen mußten.

A. F. Ioffe:	Probleme der modernen Physik;
I. I. Ljubimenko:	Die Politik Englands im Moskauer Staat während der Zeit der Wirren;
M. F. Fedorov:	Wirtschaftskrieg nach dem Frieden;
Ja. S. Gurovič:	Die Kunst der Rhetorik, ihre Geschichte und die Methoden ihrer Erforschung;
D. Kogan:	Grenzen des Positivismus in der modernen Bioenergetik;
Zak:	Konzessionen;
P. P. Lazarev:	Über den Mechanismus der Nerventätigkeit, Arbeiten des Physikalischen Instituts in Moskau;
B. D. Bruckus:	Über die Grundlagen der Volkswirtschaft in der sozialistischen Gesellschaft;
B. I. Slovcov:	Träume und Wirklichkeit auf dem Gebiet der Ernährung;
M. A. Barinov:	Über Chopin. Vortrag mit Konzert;
N. A. Galjaškin:	Stadt der Zukunft;
Ferner öffentliche	Vorträge:
I. S. Osadčij:	Die Rolle der Technik im Wirtschaftsleben Rußlands;
A. E. Fersman:	Wissenschaft und Lebensbedürfnisse;
Roždestvenskij:	Die russische Studentenschaft des 18. und der ersten Hälfte des 19. Jahrhunderts als sozialer Typus.

In der Abteilung des »Hauses der Wissenschaftler« in der Potemkinstraße 7 gab es folgende Vorträge:

A. F. Koni:	Über das gerichtsmedizinische Gutachten;
O. D. Chvol'son:	Neueste Daten der Physik zur Frage des Atomaufbaus;
I. K. Guber:	Die Apokalypse als historisch-philosophisches Material;
N. I. Lazarevskij:	Spinoza;
L. P. Karsavin:	Freiheit des Willens und Vorsehung;
ders.:	Dialog über Eigenschaften der russischen Psychologie;
S. K. Askol'dov:	Die russische Denkerin A. Schmidt und ihre Beziehung zu Vl. Solov'ev;
L. P. Karsavin:	Die Lehre von der endlichen Verklärung der Welt;
O. A. Vvedenskij:	Das Wesen des religiösen Bewußtseins;
M. A. Žirmunskij:	Die portugiesische Literatur in ihrer Blütezeit;
N. S. Gumilev:	Die Seele der Poesie.

Ferner wurde eine Diskussionsveranstaltung zu »Leo Tolstoi als Philosoph und Moralist« gegeben und eine Reihe von Kammerkonzertabenden.[59]

Das »Haus der Wissenschaftler« war in Petersburg zugleich der einzige oder doch ganz exklusive Ort, wo in der mit 35 000 Bänden ausgestatteten Bibliothek die seltenen Exemplare internationaler wissenschaftlicher Zeitschriften gelesen werden konnten.[60]

Gorki, der so emphatisch von der »Rettung des Gehirns« gesprochen hatte, schrieb später in einem Brief aus Sorrent an Ol'denburg: »Ich beobachte, in welch bescheidenem Heroismus, in welch stoischem Mut die Schöpfer der russischen Wissenschaft die qualvollen Tage des Hungers und der Kälte durchgestanden haben, ich habe gesehen, wie sie gearbeitet haben und wie sie gestorben sind. Meine Eindrücke von dieser Zeit faßten sich zusammen im Gefühl einer tiefen und begeisterten Verehrung für Sie, Held des freien, leidenschaftslos forschenden Denkens. Ich glaube, daß die russischen Wissenschaftler mit ihrer Lehre und ihrer Arbeit in den Jahren der Intervention und der Blockade der Welt eine großartige Lektion in Stoizismus erteilt haben und daß die Weltgeschichte von dieser furchtbaren Zeit mit demselben Stolz berichten wird, in dem ich Ihnen diese einfachen Worte schreibe.«[61]

Isaaks-Platz 5: Das Zubov-Institut für Kunstgeschichte

Anfang des Jahres 1921 erschien in Petersburg ein prächtig ausgestattetes Jahrbuch, das mit seiner äußeren Gestaltung geradezu zu dementieren schien, was in der sterbenden Stadt vor sich ging, und ganz an die Tradition jener russischen Vorkriegsproduktion erinnerte, die auf der Internationalen Buchmesse in Leipzig für Aufsehen gesorgt hatte. Es war das erste Jahrbuch des »Staatlichen Instituts für Kunstgeschichte«, das unter anderem eine Monographie des Kunstwissenschaftlers Val'dgauer über antike Porträtkunst enthielt.[62] In Petersburg war das Institut seit jeher bekannt als Institut des Grafen Zubov, und der Band erschien im Grunde nicht nur, um über das bisher glänzendste Jahr dieser Einrichtung zu berichten – das Jahr 1920 –, sondern rechtzeitig zum zehnjährigen Bestehen des Zubov-Instituts.

Das Zubov-Institut war eine der bekanntesten Adressen im Petersburg des Revolutionsjahrzehnts. Es befand sich an einem exponierten Platz: am Isaaks-Platz 5, vis-à-vis der Isaaks-Kathedrale gelegen, Falconets »Ehernen Reiter« fast in Sichtweite, umgeben von den imposanten Gebäuden des Senats und des Heiligen Synod, fast in einer Reihe mit der 1911/12 von Peter Behrens errichteten Botschaft des Deutschen Reichs und gegenüber dem mondänen Hotel »Astoria«, das mit der Revolution zum »Ersten Sowjet-Haus« – also zum Wohn- und Stabsquartier der neuen Macht – umfunktioniert worden war.

Auf derselben Seite des Platzes entwickelte seit Beginn der zwanziger Jahre auch die Gesellschaft »Altes Petersburg« ihre Aktivitäten zur Erforschung und Erhaltung der Bau- und Kunstdenkmäler der alten Hauptstadt (Haus 9), wo ein wenig später – 1923 bis 1926 – auch das Staatliche Institut für künstlerische Kultur, bekannter unter dem Kürzel GINChUK, untergebracht war, das mit den Namen von Tatlin, Malevič, Filonov und anderen verbunden ist.[63] Dieses Haus Nr. 5 – das Zubov-Institut – hatte, wie einer der

Gäste später in seinen Memoiren schrieb, eine ziemlich bewegte Vorgeschichte und war aufs engste mit dem Leben der alten Kaiserstadt verbunden. Anfang der dreißiger Jahre des 19. Jahrhunderts war das Gebäude aus dem 18. Jahrhundert in den Besitz des Innenministers Zakrevksij übergegangen, in den fünfziger Jahren residierte dort die spanische Botschaft, bis es dann in den sechziger Jahren von Graf Zubov erworben wurde, einem Nachkommen des Grafen Platon Alekseevič Zubov, einem der Favoriten Katharinas II.

1912 war in diesem Haus das erste Institut für Kunstgeschichte in Rußland eröffnet worden, dessen Initiator zugleich Besitzer des Hauses war: Graf Valentin Platonovič Zubov. Er hatte dort bereits 1910 eine Bibliothek für Kunstgeschichte gegründet mit dem Schwerpunkt Skulpturen der italienischen Renaissance. Die Einrichtung der Bibliothek und dann des Instituts ist einer von den vielen Träumen, die im vorrevolutionären Rußland geträumt und Wirklichkeit wurden: Es waren einmal drei russische Studenten, die im Ausland Kunstgeschichte studierten – der Graf Valentin Platonovič Zubov, M. I. Semenov, der Neffe des berühmten russischen Geographen und Ethnologen Semenov-Tjanšanskij, und T. S. Trapeznikov, ein Verwandter des berühmten Lederfabrikanten Sorokoumov. Dort im Ausland fuhren die drei zur Leipziger Buchmesse und kauften Bücher, den Grundstock der dreitausendbändigen kostbaren und avantgardistischen Bibliothek, die in Petersburg dann zum Kern des Instituts wurde …[64] Die Bibliothek hatte zehn Jahre später einen Bestand von 50000 Bänden – doch das war nicht die einzige Veränderung des Hauses, in dem Besucher und Studenten in einem großen, grün tapezierten Saal mit Barock-Medaillons an der Decke auf Fensterbänken aus Malachit Platz nahmen.

Zubov wollte zeigen, daß Aufklärung und Zivilisation in Rußland mit privaten Initiativen möglich ist, er forderte kein Geld der Krone, er wollte lediglich, daß sein Institut als Lehreinrichtung anerkannt würde. Zubov wanderte von einer Behörde zur anderen. Er hatte schließlich Erfolg. 1912 war sein Privatunternehmen als gesellschaftliche Einrichtung anerkannt worden, und 1916 werden die Kurse des Instituts als Höhere Lehranstalt registriert.[65] Auch wenn das Institut eher klein war im Kreis der berühmten alten Petersburger Wissenschaftseinrichtungen, so war es doch offensichtlich das Gewicht dieser Initiative, das es nach der Februarrevolution mit einem Mal eine Art Fokus werden ließ.

Auch die berühmte Konferenz der Künstler, Architekten, Musiker und Kunstwissenschaftler, die im Herbst 1917 unter dem Vorsitz des Ständigen Sekretärs der Akademie, Ol'denburg, tagte, um das Nationaleigentum gewordene imperiale Erbe in verantwortungsvolle Hände zu nehmen – jene Konferenz war vom Zubov-Institut einberufen worden.[66] Mit dem Oktoberumsturz scheint Zubov keine Schwierigkeiten gehabt zu haben, denn später schrieb er in seinen Memoiren über die ganz und gar organische »Selbstenteignung«:

»… ich fing an, mich als jemanden anzusehen, der das Institut als Funktionär der neuen Regierung leitete. Ich habe sozusagen bei mir selbst die Konfiszierung durchgeführt ... Doch als ich die Professoren des Instituts versammelte und vorschlug, ganz offiziell mit der neuen Macht in Kontakt zu treten, da stieß ich auf Widerstand. Ich konnte erreichen, daß meine Kollegen stillhielten und das Institut neutral blieb. Im übrigen habe ich mich keineswegs mit dieser platonischen Entscheidung abgefunden und fuhr fort, als der einzige Vertreter des Instituts zu agieren. Die Ereignisse haben mir Recht gegeben, und der Widerstand erlosch ...«

Im Frühjahr 1918 erhält das Institut eine neue Satzung, es bietet »systematische Kurse ohne Examen und Diplome« an, der Andrang ist so stark, daß Zubov, der nach wie vor Direktor des von ihm geleiteten Instituts ist, die Neuaufnahme beschränken muß. Die Aufgaben des nun staatlich anerkannten Instituts liegen in der »Erziehung der kunstwissenschaftlichen Kader« Petersburgs und schließlich in der Publikation wissenschaftlicher Arbeiten.[67]

Man wird die Bedeutung dieses kleinen Instituts erkennen, wenn man sich den Verbund der schöpferischen Persönlichkeiten – aus allen Fächern und allen Richtungen – vor Augen führt sowie die besondere Aufgabenstellung: die wissenschaftliche Durchdringung künstlerischer Produktion.

Dem Präsidium gehörten an: Zubov (Vorsitz), Rakint, der junge Musikkritiker Boris V. Asaf'ev, der Literaturwissenschaftler und Kritiker Žirmunskij, ebenfalls ein »Junger«, die Theaterleute Petrov, Gvozdev und Radlov.

Das Institut war gegliedert in fünf Abteilungen oder Klassen: Geschichte, Theatergeschichte, Musik, Bildende Künste, Kunst des Worts. Alle Klassen waren von starken Figuren besetzt. In den bildenden Künsten mit Zubov, den Kunstgeschichtlern Bartol'd Val'dgauer, dem Fachmann für die Geschichte Sankt Petersburgs Kurbatov und dem ständigen Sekretär der Akademie der Wissenschaften Ol'denburg. In der Klasse für Musik treffen wir Asaf'ev, den bedeutenden Petersburger Musikkritiker Karatygin, die Komponisten Ljapunov, Ossovskij und Štejnberg. Unter den Assistenten der Musikabteilung befinden sich der bedeutende Musikkritiker Braudo, der junge Komponist und »Neutöner« Lourié und – interessanterweise – die Schriftstellerin Marietta Šaginjan. Auch ist bekannt, daß einer der eifrigsten Helfer Zubovs der Direktor des Petersburger Konservatoriums, Glazunov, war.

In der Klasse für Theatergeschichte sind einige Pioniere des symbolistisch-revolutionären Theaters versammelt wie Petrov, Gvozdev, Radlov und Solov'ev und der Spezialist für Hellenistik und Theater Piotrovskij. Die sprach- und literaturwissenschaftliche Abteilung ist ein Treffpunkt der jungen Avantgarde der späteren sowjetischen Formalistenschule: Žirmunskij, der Dichter Čukovskij, der junge Boris V. Ějchenbaum, Viktor B. Šklovskij, Tomaševskij, Jurij N. Tynjanov.[68] Von Anfang an legte das Institut großen Wert darauf, korrespondierende Mitglieder in anderen Städten der Welt zu haben, so in Wien und Berlin. Als Ehrenmitglied war Lunačarskij registriert.

Man kann sich einen gewissen Eindruck von der Vielfalt der hier aufeinandertreffenden Interessen machen, wenn man sich eine Auswahl der Vorträge und Referenten der Jahre 1920 bis 1922 ansieht:

2. Jan. 1919: O. F. Val'dgauer: Antike Porträtkunst in der Sammlung O. Ė. Braz;
16. Jan. 1919: V. V. Struve: Die Eremitage-Stele Charemchebs und die Epoche von Tel'Amarna;
13. März 1919: V. Ja. Kurbatov: Über die Geburt des assymmetrischen Ornaments;
8. Juli 1920: N. Ė. Radlov: Prinzipien der Klassifizierung künstlerischer Strömungen des 19. Jahrhunderts;
16. Sept. 1920: S. L. Kameneckij: Assyrisches Kapitel und die Theorie von Lužan;
14. Okt. 1920: V. G. Karatygin: Rhythmus und Metrum;
28. Nov. 1920: B. M. Ėjchenbaum: Typen künstlerischer Prosa;
28. Nov. 1920: B. M. Žirmunskij: Aufgaben beim Studium der poetischen Stile;
9. Dez. 1920: A. A. Gvozdev: Gravüre und Theater;
16. Dez. 1920: E. M. Braudo, Beethoven als Kulturkraft;
15. März 1921: F. F. Zelinskij: Schöpferische Manie;
17. März 1921: A. I. Piotrovskij: Die Komödie des Aristophanes;
24. März 1921: A. L. Slonimskij: Technik des Komischen bei Gogol;
28. Mai 1921: V. V. Vinogradov: Sujet in Gogols Erzählung »Nevskij-Prospekt«;
12. Juni 1921: Ju. N. Tynjanov: Dostojewski und Gogol;
26. Juni 1921: B. V. Tomaševskij: Rhythmische Beobachtungen am Text der »Pique Dame«;
29. Jan. 1922: N. A. Kotljarevskij: Nekrasov;
19. Feb. 1922: G. I. Čulkov: Epigramme Tjutčevs;
9. März 1922: M. V. Dobužinskij: Prinzipien des Theaterkostüms;
14. Mai 1922: V. N. Solov'ev: Szenische Kunst Molières;
13. Nov. 1922: E. M. Braudo: Orgel und Flügel in historischer Entwicklung;
16. Dez. 1922: V. G. Karatygin: Über Farbengehör;
19. Dez. 1922: S. M. Kriger: Die gegenwärtige Ideologie im Opernschaffen.[69]

Wenn Lunačarskij vor allem den »wissenschaftlichen Charakter« des Instituts begrüßte, dann deshalb, weil es tatsächlich ein »großes Interesse« der Institutsmitarbeiter gab, aus den traditionellen Bahnen der Kunstkritik und Kunstwissenschaft auszubrechen. Dies konnte nur zweierlei heißen: die Künste mit der Gesellschaft, die Kunstwissenschaft mit der Gesellschaftswissenschaft zu verbinden und die Erforschung der Form und Struktur künstlerischer Objekte auf eine nicht mehr intuitive, sondern wissenschaftlich begründete Basis zu stellen. In beide Richtungen ist die moderne russische Kunstwissenschaft gegangen, und auf beiden Gebieten hat sie Erstaunliches geleistet, auch wenn die eine Richtung unter dem Eindruck der vulgärmarxistischen Epigonen als »Soziologisierung« der Kunstwissenschaft unter Verdacht geraten ist und die andere – die russisch-sowjetische Schule des Formalismus – als »Abweichung« bald verfolgt und für fast ein Menschenalter vergessen war.

Das Institut des Grafen Zubov steht an dieser Gabelung, und das Ensemble von Historikern, Ökonomen, Soziologen, Museumsleuten, Ethnographen, Musikern, Physikern, Theaterleuten und gesellschaftlich aufgeschlossenen Praktikern der Künste bildete ein einzigartiges Kraftwerk, aus dem im belagerten Petersburg jener Jahre die Erneuerung der Kunstwissenschaften gespeist wurde.

»Haus der Literaten«, Bassejnaja Nr. 11

In einer ziemlich schmucklosen Villa im Gutsbesitzergeschmack in der Bassejnaja-Straße, unweit des Litejnyj-Prospekts, wurde am 1. Dezember 1918 das »Haus der Literaten« eröffnet. Zuvor war dort ein Antiquitätengeschäft einquartiert gewesen. Nun waren die zerborstenen Scheiben ausgebessert und Möbel herbeigeschafft worden. Bis zur Schließung des »Dom literatorov« am 3. November 1922 entwickelte sich in den Räumen dieses Gebäudes das seiner Zahl und seiner Wirksamkeit nach aktivste Zentrum der Petersburger Intelligenz. Konstantin Fedin, der als »Junger« dem Haus eher distanziert und skeptisch gegenüberstand, kennzeichnet es im Vorübergehen so:

»In jenem Jahr beherbergte der Saal tags eine Kantine, wohin mit ihren Töpfen und Schüsseln Literaten kamen, die gegen Abgabe von Bons eine Suppe oder Hirsegrütze erhielten, während abends Reihen von Stühlen aufgestellt wurden und die gleichen Literaten, die manchmal gar nicht dazu kamen, ihre Schüsseln nach Hause zu schaffen, mündlich vorgetragene Almanache oder gelehrte Vorträge anhörten.

Das Haus der Literaten war die erste kollektive Zuflucht für das Volk der Schreibenden, und weder vorher noch nachher konnte man in der Literatur einer Ansammlung von solcher Buntscheckigkeit und sich gegenseitig aufhebender Unvereinbarkeit begegnen wie dort. Den Kern des Hauses bildeten die Journalisten der aufgelösten liberalen Zeitungen, naturgemäß arbeitslos; sie meinten, der Himmel sei eingestürzt, als die Zeitung »Reč'« (Die Rede) ihr Erscheinen einstellte. Sie waren außerordentlich zurückhaltend, beinahe schweigsam, ihr solides Äußeres indessen bewahrte etwas wie durchsichtige Überlegenheit, als wenn sie sagen wollten: Was wollen Sie denn? Das alles haben wir doch großartig vorausgesehen.

Zum Treiben im Haus der Literaten zog man alt und jung, Begabte und Unbegabte, Gerechte und Schuldige heran. Das Haus war gleichsam von einer Mauer umgeben, die aus einem Sammelsurium von Heiligenbildern, Genies und Beinahe-Wunderkindern bestand, so daß die entgegengesetztesten Leute es in Schutz nehmen konnten, jeder um dessentwillen, was ihm gefiel.«[70] Das Haus gehörte dem »Berufsverband der Petrograder Journalisten« und der »Gesellschaft für gegenseitige Hilfe von Literaten und Wissenschaftlern«, welche ursprünglich im Jahre 1891 gegründet worden war als »Kasse zur gegenseitigen Unterstützung von Literaten und Wissenschaftlern«.[71]

Die Aufgabenbestimmung des Hauses ist derjenigen der anderen Zentren verwandt. Das Statut der Gesellschaft sollte den durch Revolution und Bürgerkrieg veränderten Bedingungen Rechnung tragen – es handelt sich also um die Weiterführung einer Organisation unter neuen Verhältnissen. Sie sollte den geistigen und materiellen Bedürfnissen der Mitglieder dienen, derjenigen, die von schriftstellerischer und publizistischer Arbeit lebten und sich ständig in Petrograd aufhielten, aber auch jenen, die kurzfristig in der Stadt weilten. Die Vereinigung sollte auch die rechtlichen Ansprüche ihrer Mitglieder wahrnehmen und durch die Einrichtung des Hauses ein Zentrum schaffen, das mit einem Speisesaal und verschiedenen Werkstätten dringenden Alltagsnöten abhelfen und mit der Einrichtung einer Bibliothek, eines Lesesaals, einer Buchhandlung und der Durchführung von Veranstaltungen den geistigen Bedürfnissen des »schreibenden Volkes« dienen sollte. Darüber hinaus war vorgesehen, daß Lebensmittel beschafft und verteilt werden sollten, daß einzelne Mitglieder in dem Hause auch wohnen konnten. Eine Zeitschrift sollte erscheinen sowie einzelne Publikationen, beabsichtigt waren reger Gedankenaustausch und »Werkstättengespräche« mit der Jugend, die Veranstaltung von Vorträgen, Diskussionen, Konzerten. Das Haus sollte versuchen, ähnliche Einrichtungen in anderen Städten zu initiieren.[72]

Es gab eine abgestufte Mitgliedschaft und verschieden hohe Mitgliederbeiträge (Ehrenmitglieder, Sympathisanten, Fördermitglieder, aktive Mitglieder). Mitglied des Dom literatorov konnte nur sein, wer aktives Mitglied der Berufsorganisation der Schriftsteller war. Er hatte damit das Recht, die Dienstleistungen des Hauses in Anspruch zu nehmen. Aufgenommen wurde, wer den Satzungsforderungen entsprach, worüber eine spezielle Kommission von Experten entschied, der Vertreter aller Petrograder Berufsorganisationen der schreibenden Zunft angehörten. Keineswegs nur bekannte und verdiente, sondern auch junge und unbekannte Autoren konnten – unabhängig von ihren politischen Ansichten und literarischen Plattformen – Mitglied werden.

Das Dom literatorov verwaltete sich selbst. Diese Selbstverwaltung basierte auf den Entscheidungen der Generalversammlung der Mitglieder: die Linie des Hauses wurde zwischen diesen Generalversammlungen vom Komitee beziehungsweise Leitungskollegium des Dom literatorov in der Alltagsarbeit vertreten und verwirklicht. Diese Selbstverwaltung blieb auch erhalten, als das Dom literatorov Mittel von Lunačarskijs Volkskommissariat für Aufklärung erhielt und als quasi »wissenschaftliche Einrichtung« der materiellen Unterstützung durch den Petrograder Sowjet teilhaftig wurde. Über ein maßgebliches Motiv dieser Unterstützung gibt V.D. Bonč-Bruevič Aufschluß:

»Insbesondere Lunačarskij erklärt in aller Bestimmtheit, daß im Fall der Einstellung unserer Unterstützung für das Dom literatorov die Sowjetmacht damit fertigwerden müßte, ungefähr 1500 vollständig kranke, hauptsächlich alte Literaten, Gelehrte und Künstler am Leben zu erhalten, die man in Petrograd mit organisierten Mittagessen, Abendessen und Tees sowie beheizten Räumen, wie sie das Dom literatorov anbietet, genausogut erhalten kann.«[73]

Narkompros hat das Haus soweit unterstützt, daß der Hauptteil der Finanzen von Lunačarskijs Ressort bestritten wurde.[74] Diese amtlich registrierte Anerkennung als »gesellschaftlich bedeutungsvoll und wichtig« war in der Notzeit von überlebenswichtiger Bedeutung, hing davon doch der Aktivitätsspielraum, vor allem aber ein gewisser Anteil an der Lebensmittelversorgung ab. Doch war der Status der im Dom literatorov versammelten Individuen immer umstritten: Wer konnte schon von den ehemals freiberuflichen Existenzen der Schriftsteller und Publizisten, auch wenn sie Gelehrte waren, als »Wissenschaftler« und somit als unverzichtbar für die Zukunft bezeichnet werden? In einer Untersuchung, die von den Kulturfunktionären Silvin und Mujžel 1921 durchgeführt wurde mit dem Ziel, die Versorgungswürdigkeit des Hauses zu begründen, heißt es:

»Auch wenn das Dom literatorov eher eine Gesellschaft zur gegenseitigen Hilfe als eine wissenschaftliche Gesellschaft ist, stellt es doch dem Inhalt seiner Tätigkeit nach – insbesondere in Kultur, Bildung und Buchwesen – in Petrograd eines der Kultur- und Bildungszentren dar, vor allem dadurch, daß es öffentliche Lesungen und Vorträge zu verschiedenen Gebieten des Wissens, zu Literatur, Wissenschaft und Kunst veranstaltet. Diese öffentlichen Vorträge und Lesungen, die vom Dom literatorov entweder im eigenen Haus auf der Bassejnaja oder in der Universität veranstaltet werden, erfreuen sich einer so großen Popularität, daß der Saal gewöhnlich den Andrang des Publikums nicht aufnehmen kann.«[75]

Es wäre in der Tat absurd gewesen, wenn die vermutlich vitalste Einrichtung der Petersburger Kultur der Bürgerkriegs- und unmittelbaren Nachbürgerkriegszeit nicht unter die Rubrik der »Aufklärungsinstitutionen« gefallen wäre. Die Aufgaben des »Hauses der Literaten« bestanden in der Kurzformulierung des Petrograder Adreßbuchs für 1922 darin:

»a) Studium der russischen und ausländischen Literatur, ihrer Geschichte und Entwicklung;

b) Sammlung von Manuskripten und Druckwerken, sowohl unvollendeter wie fertiger, sofern sie einen Wert für das Studium und die Erforschung literarischer Epochen und einzelner literarischer Erscheinungen haben;

c) Schaffung von Lebensbedingungen für die Literaten, die der Entwicklung ihres Schaffens, ihrer Produktivität und der Erfüllung ihrer literaturwissenschaftlichen Arbeiten förderlich sind.«[76]

Um mit dem letzten zu beginnen: Von Anfang 1919 bis Ende 1921 erhielten die 500 Mitglieder des Dom literatorov sowie dessen Gäste täglich eine warme Mahlzeit zum staatlich normierten Preis. Witwen und Waisen von Schriftstellern sowie arbeitsunfähige, arme und alte Schriftsteller erhielten das Mahl gratis. Viele der Mitglieder nutzten die von Abram E. Kaufman organisierte Lebensmittelkooperative, die im Jahre 1920 mehr als 3000 Pud Lebensmittel sowie Güter des alltäglichen Bedarfs (Mehl, Eier, Käse, Seife, Tinte, Streichhölzer, Gutalin) beschaffen konnte.

Nur eine kleine Gruppe der bekanntesten Schriftsteller und Wissenschaftler bekam die akademische Ration des KUBU.[77] Mehr als einmal wendet sich die Leitung des Hauses direkt an den Petrograder Sowjet, um Brennholz zu bekommen, um wenigstens einige Zimmer heizen zu können. 1919 und 1920 konnten mehr als 100 Mitgliedern des Dom literatorov »Dienstreisen« oder Erholungsurlaube vermittelt werden, die die Betreffenden in natura bezahlten: durch Vorträge, Lesungen – auch die intellektuelle Arbeit nimmt die Form der Naturalwirtschaft an.

Der Kampf ums Brot reicht auch in die Zeitschrift des Dom literatorov hinein, obwohl diese meist nicht mehr als sechzehn Druckseiten zur Verfügung hat. Unter der Rubrik »Lebensmittelangelegenheiten« informiert die Leitung des Hauses, wieviel Lebensmittel eingetroffen sind, von wem, woher. So etwa Anfang Juni 1922: dreißig Pakete von YMCA aus New York, zwanzig Pakete von Maria Schumann aus Tirol, zehn Pakete vom russischen Komponisten Rachmaninow aus New York, drei Pakete von Z. A. Vengerova aus Berlin, zwei Pakete von I. Vladimirov aus Berlin. Es wird in Gramm angegeben, wieviel Reis, gerösteter Kaffee, Tee oder Gebäck eingetroffen sind.[78]

Ebenfalls wird Rechenschaft darüber abgelegt, wer wieviel bekommt, nach welchem Schlüssel verteilt wurde – dies ist vermutlich ein Indiz dafür, daß im Dom literatorov selbst in den elementarsten Fragen ein hohes Maß an Verantwortlichkeit und Transparenz gewahrt wurde – trotz der Härte der Zeit. Immer wieder muß neu entschieden werden, wer eine von den 350 »Akademikerrationen« bekommt, die für Schriftsteller, Künstler, Musiker reserviert sind, wenn es zu Vakanzen infolge Tod, Abreise, Wegzug aus Petersburg kommt.

Die Bittgänge wegen der »weißen Lebensmittelkarten« beziehungsweise der »Akademikerrationen« sind deswegen so aufschlußreich, weil sie ein Licht auf den Status der »Bewohner« des »Hauses der Literaten« werfen. War ohnehin das Kriterium – äußerste Notsituation und höchste Qualifikation – bei der Vergabe der Rationen schon problematisch und schwierig, so zeigten die Versuche, die Zahl der Rationen zu beschränken, noch etwas anderes: Publizisten, Schriftsteller, Journalisten wurden von der Lebensmittelration-Kommission des »Hauses der Wissenschaftler« nicht akzeptiert mit dem Hinweis, daß von »wissenschaftlichen Qualifikationen« ja schwerlich die Rede sein könne. So kam es, daß ältere, hochverdiente Petersburger Publizisten und Journalisten um ihren Status feilschen mußten, und immer wieder ist zu hören, daß es die Journalisten am schwersten hätten, das zu bekommen, worauf die Wissenschaftler fast automatisch ein Anrecht hätten.[79]

Am 19. Juli 1922 jedenfalls folgt aus der Prüfung der eingereichten Listen, daß sich die 350 Akademikerrationen wie folgt verteilen: 94 Literaten, 102 Künstler, 96 Musiker, 77 Schauspieler.[80] Zweifellos besagt der geringe »Naturalwert« journalistischer und publizistischer Arbeit etwas über den Status der Publizistik in der neuen Sowjetgesellschaft.

Das Dom literatorov hat binnen kürzester Zeit eine Bibliothek von mehr als 70 000 Bänden zusammengebracht, vermutlich eine Bibliothek von außerordentlicher Kostbarkeit, weil das Dom literatorov Lieferungen aus den Beständen des Staatlichen Literaturfonds erhielt, der seinerseits die »Konkursmasse« der Petersburger Bücher- und Bibliothekswelt in Gewahrsam genommen hatte, und weil die kompetentesten Bibliomanen und Bibliophilen Petersburgs im Dom literatorov konzentriert waren. Die Bibliothek umfaßte alle Wissensgebiete, hatte eine hochprofessionell arbeitende Informations- und Bibliothekarsstelle und sammelte Manuskripte, Briefwechsel und literarische Reliquien aller Art, und es hatte darüber hinaus drei eigene Buchhandlungen, in der neue, mehr aber noch Bücher aus alten Beständen verkauft wurden. Auch nach der Revolution war der untere Teil des Litejnyj-Prospekts das Zentrum der »Petersburger Bücherwelt« geblieben. Häufig standen hinter den Ladentischen die Autoren der angebotenen Bücher selbst.[81]

So wichtig die »Versorgungsfunktion« des Dom literatorov gewesen sein mag, sie war nicht das Entscheidende. Eine Spur in der Kulturgeschichte hat das Dom literatorov hauptsächlich deshalb hinterlassen, weil es ein einmaliger Konzentrationspunkt bedeutender Menschen gewesen ist. Man muß hier einen Blick werfen auf die Mitglieder des Dom literatorov – Anfang 1922 waren es 600[82] –, auf die Gestalten, die es geleitet und geprägt haben, auf die Aktivitäten, die es innerhalb von vier Jahren entfaltet hat, um zu verstehen, was im November 1922 zu Ende ging.

Es mag für die Abwicklung der praktischen Geschäfte des Dom literatorov nicht sehr von Belang gewesen sein, daß es Ehrenmitglieder gab – die zum Teil nicht einmal in Petersburg anwesend waren –, für das Selbstverständnis und das praktische Ethos des Hauses besagte es viel. Wen treffen wir an?

Konstantin Konstantinovič Arsen'ev (1837–1919), eine der herausragenden Gestalten der russischen liberalen Öffentlichkeit, der Jahre sowohl im Staatsdienst (1860–1874) wie auch als freier Anwalt und seit 1882 als Publizist hinter sich hat, ein Aktivist der Zemstvo-Bewegung, ein Redakteur der legendären Enzyklopädie Brockhaus-Ėfron und einer der Mitbegründer der »Partei der demokratischen Erneuerung«.

Nikolaj Stepanovič Tagancev (1843–1923), ein bedeutender Juraprofessor, verschiedentlich auf wichtigen Staatsposten und mit großen Verdiensten auf dem Gebiet der Strafrechtsreform, aktiver Gegner der Todesstrafe und Analytiker der wachsenden Kinderkriminalität. Er war einer der Verteidiger im legendären »Prozeß der 193« (1877/78), in dem die Verteidigung den Freispruch der meisten angeklagten Volkstümler durchsetzte – ein großes Kapitel im Kampf um Gerechtigkeit und Rechtsstaatlichkeit im zaristischen Rußland.

Ehrenmitglied war auch Vladimir Galaktionovič Korolenko (1853–1921), der jahrelang Verbannte, Wanderer durch die Weiten des russischen Reichs, der furchtlose Ankläger der Macht und leidenschaftliche Sprecher der Verfolgten, der auch nach der Oktoberrevolution kein Blatt vor den Mund nahm.

Und schließlich Anatolij Fedorovič Koni (1844–1927), ein Petersburger wie er im Buche steht, ein gesellschaftlich aktiver Jurist und Publizist, Mitglied der Petersburger Akademie, Autor zahlreicher Rechtsvorlagen, vor allem aber berühmt geworden als Anwalt im Prozeß gegen Vera I. Zasulič.

Von den vier genannten Ehrenmitgliedern ist er nicht nur »Symbol«, sondern leibhaftig anwesend. Die Gestalt Konis ist eine Art Bürgschaft für die Lebendigkeit der im Kampf gegen den Zarismus gewachsenen Traditionen. Mehr als einmal tritt Koni im Dom literatorov auf, um aus eigener Anschauung über seine Erfahrungen und Bekanntschaften zu sprechen: über Turgenjew, über Dostojewski und andere. Was muß es für den Geist eines Hauses bedeuten, wenn eine lebendige Beziehung fast bis zu den Anfängen der demokratischen Gesellschaftsbewegung Rußlands existiert?

Dies gilt auch für die aktiven Träger des Gesellschaftslebens des Dom literatorov: Für Abram E. Kaufman, der von sich sagt »Obščestvo – ėto ja«: »Die Gesellschaft (der gegenseitigen Unterstützung der Literaten und Wissenschaftler) – das bin ich.« Für Boris O. Chariton, der, nach der Besetzung Rigas durch sowjetische Truppen im Jahre 1940 wieder eingeholt, deportiert wurde und umkam.[83] Dies gilt vor allem auch für den ständigen Sekretär des Hauses, den Literaturwissenschaftler, Mitbegründer des »Puschkin-Hauses« und Akademiemitglied Nestor A. Kotljarevskij (1863–1925). Wahrscheinlich kann man sagen, daß das Gespann Koni, Kotljarevskij, Chariton und Kaufman das innere Zentrum des Dom literatorov bildete, das Urgestein.

Über die rund 600 Mitglieder des Dom literatorov eine Übersicht zu geben, ist unmöglich, es wäre die Aufzählung des intellektuellen Petersburg. Es müssen daher einige eher systematische Hinweise genügen.

Erstens: Wir finden in der Mitgliederliste alle Zweige der Wissenschaft und Kunst, der Literatur und Geisteswissenschaft, des Theaters, der Musik und der Ökonomie, der Philosophie und der Naturwissenschaft vertreten. Wir finden den noch mit Vladimir Solov'ev persönlich bekannten Philosophen Ėrnest Radlov (1854–1928), den Hauptvertreter des russischen Neokantianismus Alexander I. Vvedenskij (1856–1925) und den Philosophen Nikolaj O. Losskij (1870–1965), einen »Personalisten« und »Intuitivisten«. Zu den Theaterleuten gehören der Mitbegründer des Moskauer Künstlertheaters Vladimir I. Nemirovič-Dančenko (1858–1948), der Begründer des ersten Russischen Wandertheaters Pavel P. Gajdeburov (1877–1960), der für seine scharfsinnigen Feuilletons berüchtigte Redakteur der Sytinschen Zeitung »Russko slovo« Vlas M. Doroševič (1864–1922), seinerzeit einer der bekanntesten Literaten Rußlands, der Begründer des Theaters »Zerrspiegel« und renommierte Theaterkritiker Alexander R. Kugel' (1864–1928), aber auch der große Experimentator des modernen russischen Theaters Nikolaj Evrejnov. In der Mitgliederliste finden sich auch so bekannte Historiker wie Michail K. Lemke (1872–1923), Mitarbeiter zahlreicher bedeutender Zeitschriften, die es nun nicht mehr gab (»Byloe«, »Russkoe bogatstvo«, »Russkaja mysl'«, »Mir božij«), der Historiker und Professor an den Bestužev-Kursen für Frauen Ivan M. Grevs (1860–1941) und der erst später bekannt werdende Historiker Evgenij V. Tarlé (1875–1955). Und weiter ist zu nennen der Initiator des »Puschkin-Hauses«, der Literaturwissenschaftler Boris L. Modzalevskij (1874–1928). Selbst berümte Naturwissenschaftler gehörten dem Dom literatorov an, so der Neuropathologe und Psychiater Vladimir Michajlovič Bechterev (1857–1927), der Ethnograph Vladimir Germanovič

Bogoraz, genannt Tan, der seine ersten wissenschaftlichen Expeditionen an der Kolyma, wohin er als junger Narodnik verbannt worden war, durchgeführt hatte. Und sogar der Name des Begründers der modernen Ökologie, des Naturwissenschaftlers, Mineralogen, Kristallographen und Geochemikers Vladimir I. Vernadskij (1863–1945) erscheint in der Liste.

Es versteht sich von selbst, daß die Namen der Schriftsteller und Dichter dabei sind: von Anna Achmatova bis Vladislav Chodasevič. Zweitens aber: Das Dom literatorov vereinigt alle, die »Reinen und die Unreinen«, sein Fundament ist nicht ein irgendwie definierter politischer Konsens, nicht ein ästhetisches Programm. Es gibt keine Ein- und keine Ausgrenzungen, die Grenzen selbst waren ja in Bewegung gekommen, wie es in einem Artikel im »Vestnik literatury« heißt:

»Die politischen Ereignisse, die Rußland durchlebt und überlebt hat seit den denkwürdigen Februartagen, haben Rußland aus dem Gleis geworfen. Die Revolution hat, so denken wir, dem ganzen alten System einen tödlichen Schlag versetzt, die ganze alte Lebensordnung umgeworfen, einen Umschwung im Denken hervorgerufen, in der Psychologie der russischen Intelligencija sowohl in ihren Beziehungen zum Volk als auch unter den Intelligencija-Angehörigen.«[84] Dies hatte unvermeidlich zur Folge:

»Menschen, die vor der Revolution auf verschiedenen Polen gestanden hatten und sich in verschiedenen Lagern befanden, stimmen hinsichtlich der Einschätzung des gegenwärtigen Augenblicks als auch des zerfallenden alten Systems, das auf die morschen Pfeiler des Zarismus gestützt war, sowie in der Bewertung der törichten und unbegabten Menschen, die das System getragen hatten, überein. Übereinstimmung zwischen den Gegnern von einst gibt es auch darin, daß ein neues Blatt der Geschichte aufgeschlagen wurde, daß die Revolution den Geist der Demokratie gestärkt hat und daß die Zukunft der Demokratie gehört ... In den Einrichtungen, in denen sich die Repräsentanten der verschiedenen literarischen Organisationen treffen, kann man häufig die Beobachtung machen, daß die literarischen Gegner von einst sich friedfertig miteinander unterhalten, sich für die Polemik aus früheren Tagen entschuldigen und unter das Vergangene einen Schlußstrich ziehen wollen ... Die Revolution, die in unserem ganzen sozialen und politischen Leben tiefe Spuren hinterlassen hat, hat die feindlichen Lager einander angenähert. Und man möchte denken, daß die Feinde von gestern, sobald das Leben sich normalisiert, in Zukunft Schulter an Schulter arbeiten werden, ihre Talente und Kräfte zum Wohl der Volksmassen einsetzen werden und damit Pfeiler für das neue zivile Haus schaffen werden.«[85]

Dem Haus gehören daher Vertreter aller Richtungen an – einschließlich eines »Monarchisten« wie Nikolaj S. Gumilev und so profilierter Vertreter einer unabhängigen Position wie des Publizisten Izgoev-Lande oder des Soziologen Pitirim Sorokin, die manchmal in Artikeln sich äußern oder auf vielbesuchten Diskussionsveranstaltungen referieren.

Die Leitung des Hauses kannte den problematischen Status einer nichtpolitischen Politik, sah die Unmöglichkeit für jede wahre Literatur – zumal in Zeiten politischer und sozialer Umbrüche –, sich der Wirklichkeit zu entziehen. Die »Chronik des Hauses der Literaten« soll zwar keine politische sein, heißt es in einem Redaktionsartikel, »doch wie kann man die Literatur vom Leben, das sie doch hervorbringt, trennen? Wie kann man Schriftsteller aus eben der Gesellschaft, in der sie leben, herausreißen?«[86]

Die Gäste des Dom literatorov wußten sehr wohl, daß sie Augenzeugen eines »historischen Augenblicks« waren. »Es sind nun schon sieben Jahre, da wir kein Recht haben, uns über mangelnde Abwechslung zu beklagen: Die Ereignisse haben sich zu einer stürmischen Lawine entwickelt; grandiose Umbrüche spielten sich unter unseren Augen ab. Die Kategorie des Unmöglichen ist gleichsam verschwunden. Ausgetilgt ist der Begriff der Grenze selbst, ob es sich um die Staatsgrenze handelt oder die Grenzen der Wahrscheinlichkeit«, heißt es in einem Rückblick auf das Jahr 1921, das erste Friedensjahr.[87]

Das Programm des Dom literatorov in den vier Jahren seiner Existenz ist dichtgedrängt – abgesehen von einer Unterbrechung im Jahre 1920. Es veranstaltete Literatur-Abende – »lebende Almanache« und »literarische Almanache« –, bei denen die bedeutenden Schriftsteller und Dichter der Stadt – altbekannte, aber auch ganz junge Talente – direkt vor das Publikum treten, unveröffentlichte Gedichte, Erzählungen, aber auch Literaturkritisches und Rezensionen lesen. Ein Verzeichnis der Abende umfaßt praktisch alle Schriftsteller und Dichter der Stadt.[88] Es gibt Abende, die einzelnen Literaturgruppen gewidmet sind – so haben die »Serapionsbrüder« ihren ersten Auftritt vor dem Petersburger Publikum, ebenso die Mitglieder der literarischen Studios, die »Dichtergilde« und die in der Gruppe »Kosmist« zusammengeschlossenen proletarischen Schriftsteller.

Das Programm umfaßt auch allgemeine Themen, in denen das Publikum mit Entwicklungen auf dem Gebiet der Naturwissenschaften oder der internationalen Politik bekanntgemacht wird – so berichtet Chvol'son über seine Reise nach Deutschland und über Einsteins Relativitätstheorie.[89] Tan-Bogoraz spricht über das neue Indien und Rabindranath Tagore, Tarlé über die Ergebnisse der Washingtoner Konferenz. Mitglieder des Hauses sprechen über die Arbeiten von Zeitgenossen oder »Fast-Zeitgenossen« – Slonimskij über Gorki, Ivanov-Razumnik über Majakovskij, Čukovskij über Blok. Die Weltliteratur kehrt in neuen Übersetzungen im Dom literatorov wieder: auf den Abenden zu Dante, Goethe, Heine, Baudelaire.

Das Haus veranstaltet auch Konzerte oder »Konzertvorträge«, so gibt es einen Abend mit Musik von Borodin und Beethoven, Braudo spricht über Puschkin und Mozart – mit Musikbeispielen aus der Puschkin-Zeit. Zu philosophischen und soziologischen Fragen sprechen Koni, Platonov, Pitirim Sorokin und Radlov, über Probleme des Theaters und der modernen Kunst Marietta S. Šaginjan, Annenkov und Evrejnov. Allein 1920 und 1921 gab es im Dom literatorov mehr als fünfzig Konzerte, sogar Musikabende für Kinder wurden organisiert – Kornej I. Čukovskij las im Dom literatorov zum ersten Mal sein Kinderstück »Mojdodyr«, das seither zum Klassiker aller sowjetischen Kinder geworden ist. Von Januar 1920 bis Februar 1921 fanden im Dom literatorov mehr als 200 Veranstaltungen statt.[90]

Eine ganz besondere Rolle in der Geschichte des Dom literatorov spielen die Jubiläums- und Gedenkfeiern. Das literarische Petersburg scheint im Augenblick seiner größten Einschränkung die Grenzen der Rezeption unendlich weit vorzuschieben und eine gewaltige Arbeit der Neudurchdringung und Neudurchdenkung des »Erbes« zu beginnen. So gibt es eine außerordentliche Häufung von festlich begangenen Jahrestagen – von der Erinnerung an den 400. Todestag Leonardo da Vincis am 2. Mai 1919, der Erinnerung an die Gründung der Petersburger Universität vor 100 Jahren, zur Feier des 100. Todestags E.T.A. Hoffmanns, dem 300. Geburtstag Molières und dem 100. Geburtstag Dostojewskis bis hin zur Puschkin-Feier am 11. Februar 1921, auf der Alexander Blok zum letzten Mal vor das Publikum trat und seinen bedeutungsvollen Vortrag »Über die Bestimmung des Dichters« hielt.[91]

Doch es ist ganz falsch, diese Häufung von Jahrestagen als Ausdruck eines rückwärts gewandten Blicks mißzuverstehen, wie es bei Konstantin Fedin anklingt: Es ist nichts anderes als der literarische Diskurs über die eigene Situation – ob über Dostojewski oder über Puschkin gesprochen wird. Zudem ist es so, daß einige der Anwesenden selbst die unabgeschlossene Vergangenheit präsentieren. Noch gibt es eine »grande dame«, die Schriftstellerin Ekaterina Pavlovna Sultanova-Letkova, die über ihre Begegnung mit Turgenjew berichten kann; noch gibt es einen gebrechlichen, aber doch wachen Koni, der Dostojewski gekannt hatte.

Aber die Mitglieder des Hauses der Literaten versammeln sich nicht nur zu Jahrestagen, sondern auch zu Todestagen: Die Trauerfeiern für die großen unter ihnen, die in jenen Jahren dahingerafft werden, vereinigen noch einmal die Freunde und darüber hinaus das ganze Petersburg, am eindringlichsten bei den Feiern für Alexander Blok. Tod und Weiterleben liegen nahe beieinander – dies muß den Zeitgenossen sehr bewußt gewesen sein. Etwa am 10. Februar 1922, da man des fünfundachtzigsten Todestags Puschkins gedachte, aber auch des siebenundachtzigsten Geburtstags von Koni.[92]

Wie ungerecht es allerdings wäre, angesichts dieser Häufung von Gedenk- und Totenfeiern vom Dom literatorov als einem »Museum« oder einer Ansammlung von Mumien zu sprechen – und diesen Eindruck vermittelt die Erinnerung einiger »Junger«, zum Beispiel die Konstantin Fedins –, geht daraus hervor, daß das Dom literatorov sensibel blieb für die geistigen Unterströmungen der Zeit. Es ist kein Zufall, daß zwei Veranstaltungen des Dom literatorov, die dem Verhältnis der Intelligenz zur Macht gewidmet waren – »Neue und alte Wegzeichen« –, den Andrang des Publikums nicht bewältigen konnten und nach zwei Abenden am 20. und 24. November 1921 in die größeren Räume der Universität verlegt werden mußten – mit einer Besetzung, die bewies, daß die alte hauptstädtische Öffentlichkeit noch nicht ganz untergegangen war.[93]

Die Nachwelt wüßte von diesem ganzen so sehr bedrängten, aber doch reichen Leben in der Bassejnaja Nr. 11 nichts oder nur wenig, wenn sie die Zeitschriften des Dom literatorov nicht zur Hand hätte: zuerst der »Vestnik literatury« (Bote der Literatur), dann der »Letopis' Doma literatorov« (Chronik des Hauses der Literaten) und schließlich die nur noch in drei Ausgaben erschienenen »Literaturnye zapiski« (Literarische Notizen). Indes sind sie nicht nur als Quelle unerläßlich, sondern als Faktum selbst schon bedeutsam.

Wie läßt sich der Stil dieser Zeitschriften charakterisieren, denen so gar nichts mehr anzumerken ist vom Glanz der großen russischen Blätter: schmal im Format, nur ein Dutzend Seiten umfassend, schlechtes Papier, auf dem die Lettern fast ununterscheidbar sind vom bräunlichen Grund. Mitteilungen in eigener Sache – Vereinsmitteilungen – vermischen sich mit der Meldung vom Erscheinen des zweiten Bands von Oswald Spenglers »Der Untergang des Abendlandes«; die Mitteilung über eingetroffene Lebensmittelpakete steht neben dem Bericht über die Puschkin-Feier; die Rezension einer Bakunin-Ausgabe neben Meldungen aus der Provinz und aus der fernen Welt.

Die Lektüre der Zeitschrift erlaubt den Blick in eine fragmentarisierte Öffentlichkeit, die sich ihrer Fragmentarisierung bewußt ist. Es sind sehr private Mitteilungen: wer sich wo aufhält, wer wohin verschlagen wurde, wer sich – obwohl als verschollen geltend – wieder zu Wort gemeldet hat, wer ins Ausland abgereist ist, wer in Konstantinopel, Reval, Berlin oder Prag eingetroffen ist, wer ein neues Buch veröffentlicht hat. Es gibt eine strikte Unterscheidung zwischen dem Redaktionsteil – meistens die erste Seite –, in dem auf äußerst zurückhaltende Weise, wie durch ein Fernglas, die politische Entwicklung und ihre Auswirkung auf die Belange der Literaten kommentiert wird, und dem Teil, der als Chronik bezeichnet werden könnte, in dem über Ereignisse in Petersburg, Moskau und »aus der Provinz« berichtet wird. Fester Bestandteil der Zeitschrift ist die Wiedergabe von Meinungen und Berichten aus der Emigration, von Diskussionen über Rußland, wie sie im Ausland geführt werden, es gibt einen Rezensionsteil. Die Auseinandersetzung mit den verschiedenen literarischen Strömungen findet eher verhalten, die mit den politischen Verhältnissen fast chiffriert statt.

Und doch ist es eine aktuelle, erstaunlich informierte und lebendige Zeitschrift, vermutlich deshalb, weil jene, die sie lesen, zugleich die Träger und Informanten sind, weil die Personen, über die berichtet wird, zugleich auch die Kontaktpersonen und Vermittler des Austauschs sind. Man muß annehmen, daß die Hauptquellen dieser Zeitschriften persönliche Mitteilungen, Briefe – auch Klatsch – gewesen sind. Sie wird von Individuen gemacht, es gibt individuelle Profile, Nuancen im Ausdruck und in der Position, der Impuls der direkten Rede ist noch nicht erstickt von der Lava der kollektivistischen Kommuniqué-Sprache.

Man mußte schon einer ganz anderen Zeit angehören, um ein Urteil über die Presse und das Selbstverständnis des Dom literatorov fällen zu können, wie es Konstantin Fedin getan hat. Den »Vestnik literatury« nennt er das »Requiem der alten Publizistik, Abgesang des alten Journalismus«.

»Einmal im Monat huschten über seine Seiten, die an eine zusammengefaltete Zeitung erinnerten, wie über einen von der Zeit halb erblindeten Spiegel Schatten hinweg, die sich entfernten. Es waren verjährte Gedanken, kaum noch glimmende Hoffnungen, Gekränktsein, Klagen; ein Totengedenken war's: Dutzende von Nekrologen schleppten sich von Nummer zu Nummer fort und bildeten den finstersten und aufrichtigsten Teil des Blattes.«[94]

Nein, es war nicht träge Anhänglichkeit an einen verlorenen Posten, sondern ein Wissen davon, daß sich die Zerstörung der unabhängigen Presse letztlich gegen die Gesellschaft richtet, die sich dies meint leisten zu können. Es handelt sich um einen außerordentlich scharfen und klaren Spiegel, in dem zu lesen ist, daß die Presse »die moralische Atmosphäre desinfiziert, wie Licht wirkt, das schädliche Mikroben tötet, wie Sauerstoff, der die Luft erneuert und auffrischt, wenn sie vom Atem der Menschen verdorben ist«. Es sei diese Eigenschaft der unabhängigen Presse, die diese zu einer »notwendigen Existenzbedingung moderner, zivilisierter Gesellschaft macht. In diesem Sinn brauchen sie alle Parteien – ohne Ausnahme – und die oberste Staatsmacht genauso wie die Untertanen«. Die Presse fungiere als »Garant der Aufrichtigkeit, ohne die kein Staatswesen auskommt«, sie könne die Zentrale unterstützen, indem sie das Treiben von Provinzsatrapen und Beamtenchaos kontrolliere. Wo soll denn das Gefühl der Verantwortung herkommen und gepflegt werden? »Es ist ganz unmöglich, dieses Gefühl [der persönlichen Verantwortlichkeit, K.S.] allein durch den Druck von Repressionen zu erzeugen und zu verankern. Hier sind andere Mittel gesellschaftlicher Disziplin vonnöten, und die unabhängige Presse nimmt darin den ersten Platz ein. Existiert keine unabhängige Presse, dann zerfällt das Verantwortungsgefühl in katastrophalem Tempo, und wir mußten uns als Augenzeugen davon überzeugen.«

Erst ein Staat, der sich auf eine öffentliche Meinung stützen kann, würde ein mächtiger Staat sein, aber: »Auf die öffentliche Meinung kann man sich indes nicht stützen, wenn es im Land nur eine Staatspresse der Regierung gibt. Die Forderung nach Freiheit und Unabhängigkeit der Presse ist keine Parteisache, lanciert aus irgendwelchen düsteren Motiven, sondern sie ist ein dringendes gesellschaftliches Interesse, vergleichbar dem Kampf gegen Epidemie und Brände. Moralische Fäulnis der Gesellschaft, Denkfaulheit, animalische Gleichgültigkeit gegenüber dem Interesse des Ganzen – das sind die natürlichen und logischen Früchte der Beseitigung der Presseöffentlichkeit. Ohne sie werden die besten Gesetze durch die Willkür einzelner Exekutivorgane null und nichtig, verbreiten sich die dümmsten Gerüchte wie eine Schlange, und selbst das Lesen-Können wird überflüssig.«[95] Dies ist nichts weniger als das Vermächtnis einer zivilen Öffentlichkeit, das auch die Sowjetmacht nicht ungestraft antasten kann. Vorerst jedoch wird das »Haus der Literaten« am 3. November 1922 versiegelt und der »Gruppe roter Journalisten« übergeben, während Bibliothek und Archive an die Akademie der Wissenschaften gehen.

»Haus der Künste«, Mojka Nr. 59: Das Schiff als Lebensraum

Es hat seinen Grund, wenn eines der kulturellen Zentren der belagerten Stadt – das »Haus der Künste« – in den Augen der Zeitgenossen das Bild des Schiffs angenommen hat, besonders abends, »wenn Licht in den Fenstern brannte – einige konnte man sogar von der Fontanka aus sehen – und das Haus aussah wie ein Schiff, das sich durch Finsternis, Schneesturm und Ungewitter seinen Weg bahnt.«[96] Eine der Bewohnerinnen des Hauses hat 1930 sogar einen Roman mit dem Titel verfaßt: »Das irre Schiff«. Und es hat seinen Grund, wenn dieses Haus nicht so sehr durch seine Veröffentlichungen oder andere Dokumente überlebte, sondern als die Erinnerung an das »Schiff«.[97]

Im Zentrum dieser Erinnerungen steht dabei nicht nur das Haus als Ort von Veranstaltungen, von Begegnungen, sondern das Haus als »Haus an sich«. Seiner Bestimmung nach unterschied es sich ja nicht allzusehr vom »Haus der Wissenschaftler« oder »Haus der Literaten«. Es bot Wohnungen, einige warme Gesellschaftsräume, einen Speisesaal und eine gewisse Kategorie von Lebensmittelkarten. Die Rede zielt fast immer auf das Haus als Raum, ja geradezu auf den Grundriß, und auf das Leben, das sich in ihm entfaltet hat – zwischen dem 19. Dezember 1919 und dem November des Jahres 1922 (offiziell wurde das »Haus« erst im Frühjahr 1923 geschlossen). Von den zahlreichen Beschreibungen des »Hauses« wählen wir die von Vladislav Chodasevič, um uns in das Haus hinein- und um uns irgendwie zurechtzufinden, denn diese Beschreibung ist fast so genau, daß man in Kenntnis des Gebäudes einen Grundriß zeichnen könnte. Heraus käme dabei: ein Grundriß der jungen Petersburger Kultur.

»Untergebracht war das ›Disk‹ [der damals gebräuchliche Kurzname für »Dom iskusstv«, K.S.] in dem dunkel gestrichenen Haus an der Policejskij-Brücke (früher einmal Zelenyj-Brücke), das mit seinen drei Fassaden zur Mojka, zum Nevskij-Prospekt und zur Bol'šaja Morskaja hinausgeht. Bis zur Mitte des 18. Jahrhunderts befand sich an dieser Stelle der hölzerne Winterpalast. Von dort brach Katharina mit ihren Truppen nach Oranienbaum auf, um Peter III. zu stürzen. Es ist ein gewaltiges Gebäude und besteht aus mehreren Häusern, die im Lauf der verschiedenen Epochen errichtet und umgebaut worden waren. Vor der Revolution war darin das ›englische Geschäft‹ untergebracht, während die ganze Beletage zum Nevskij hin von einer Bank eingenommen wurde … Dem ›Disk‹ waren drei Gebäudeteile zugeteilt: zwei dienten früher einmal als möblierte Zimmer (den einen betritt man von der Morskaja aus, über den Hof, den anderen von der Mojka her); der dritte war einmal die Wohnung des Besitzers des Hauses, des bekannten Delikatessenhändlers Eliseev. Die Wohnung war ungeheuer groß, sie erstreckte sich über drei Etagen, mit allerlei Durchgängen, verwinkelten Ecken, toten Korridoren, die mit luxuriösem Flitter ausgestattet waren. Man hatte nicht gespart:

weder an Mahagoni, noch an Eiche, Seide, Gold, Rosa und Blau. Eliseevs Wohnung war denn auch das Zentrum des ›Disk‹. Dort gab es einen großen Spiegelsaal, in dem die Lesungen und mittwochs die Konzerte stattfanden. An diesen Spiegelsaal schloß sich das Wohnzimmer an, das geschmückt war mit einer Statue aus der Werkstatt Rodins.

Das Wohnzimmer diente an Tagen, da Versammlungen stattfanden, als Künstlerzimmer; dort lasen Kornej Čukovskij und Gumilev vor den Teilnehmern ihrer Werkstatt-Seminare für Übersetzung und Verskunst. Nach den Seminaren organisierte die Jugend allerlei Spiele und großen Lärm in der benachbarten Halle – Gumilev nahm an diesem Spektakel aktiven Anteil ... An das Wohnzimmer schloß sich ein Speisesaal an mit Eichenholzschnitzereien, Vitrinen und einem Kamin – wie es sich gehört. Das Restaurant dort war teuer und schlecht. Wer nicht selber kochte, zog es vor, in das Restaurant des ›Dom literatorov‹ zu gehen. Aber auch hier ging es zwischen zwei und fünf Uhr ziemlich lebhaft zu: aus ganz Petersburg kamen die Leute, um sich zu treffen, sei es geschäftlich, freundschaftlich oder zum intimen Rendezvous. Hier gab es auch Piroggen, der Luxus des Kriegskommunismus und der Untergang Ossip Mandelstams, der für sie alles hergab, was er besaß ...

Wenn man aus dem Speisesaal – am Buffetraum vorbei und nach rechts biegend – ein Stockwerk tiefer ging, gelangte man in jenen Teil des ›Disk‹, der Fremden nicht zugänglich war: in einen Korridor, von dem nach beiden Seiten Zimmer abgingen, die von den ältesten Insassen des Wohnheims belegt waren. Hier wohnte Fürst Uchtomskij, einer der Kustoden des Museums Alexanders III., ein wenig mürrisch im Aussehen, doch ein bezaubernder Mensch, der später verhaftet und zusammen mit Gumilev erschossen wurde; dort lebte der flaumhaarige graue Alte Lipgardt, der immer Französisch sprach, ein Kunsthistoriker, bekannt für seine Großzügigkeit bei der Erteilung von ›certificates‹ für alte Bilder ... Aus einem anderen Zimmer huschte eine kleine alte Frau mit einem Kochtöpfchen in die Küche und wieder zurück – M.A. Vrubel', die Schwester des Malers. Ihre Nachbarin war E.P. Letkova-Sultanova, die Schwägerin Makovskijs, die in ihrer Jugend mit Turgenjew bekannt war, Dostojewski gekannt hatte und selbst für den ›Russkoe bogatstvo‹ geschrieben hatte. Auf demselben Korridor lebt auch noch Akim Volynskij, der seine Kräfte in einem aussichtslosen Kampf mit der Heizung verbrauchte ... Die Zentralheizung funktionierte nicht, und die Buržujki mit dem feuchten Holz, das der Petrograder Sowjet lieferte (meist Tannenholz) zu befeuern, brachte er nicht fertig. Er starb an Erkältung.« Volynskijs Zimmer war das ehemalige Schlafzimmer von Madame Eliseeva, geschmückt mit Girlanden und Putten.

»Der Korridor stieß auf eine Tür, hinter der Michail Slonimskij wohnte – der einzige junge Bewohner in diesem Teil von ›Disk‹. Hier war ein ständiges Kommen und Gehen. Es gab kaum einen Tag, an dem sich hier nicht trafen – Vsevolod Ivanov, Michail Zoščenko, Konstantin Fedin, Nikolaj Nikitin, der so früh verstorbene Lev Lunc und der siebzehnjährige Verehrer E.T.A. Hoffmanns, der Schriftsteller Venjamin Kaverin, der gerade sein Debüt hatte. Dies war die Wiege der ›Serapionsbrüder‹, die eben davon träumten, ihren ersten Almanach herauszugeben. Dort fanden zuweilen geschlossene Sitzungen statt, zu denen sich in dem winzigen Zimmer an die zwanzig Mann einfanden: Man saß auf Stühlen, auf einem kleinen Diwan, zu sechst auf dem Bett des Zimmerherrn, die übrigen auf dem Fußboden. Vor Qualm konnte man nicht atmen. Hierher verzogen sich in den Tagen, da es im ›Disk‹ Maskenbälle gab – davon gab es zwei oder drei – die Liebespaare. Gott allein weiß, wie sie es anstellten, sich nicht drum zu kümmern, daß dort, auf drei Stühlen ausgestreckt und angekleidet, Zoščenko schlief, der wegen seines kranken Herzens nachts nicht nach Hause gehen konnte.

Das Zimmer Volynskijs war noch dazu besonders kalt, weil es an die Bibliothek angrenzte, die gar nicht beheizt wurde. Die Bücher dort waren kalt wie Eisen in einer Frostnacht. Doch gab es viele davon und gut ausgewählt, so daß die Bewohner des ›Disk‹ rasch finden konnten, was sie brauchten, ohne auch nur aus dem Haus gehen zu müssen.

Schließlich befand sich auf dem Korridor das Badezimmer, umgeben vom Glanz eines Komforts, den man nicht hoch genug schätzen kann ... Man mußte sich für das Bad bei Efim [dem legendären Butler aus dem Haus Eliseev, den das Disk samt Livrée und Funktion übernommen hatte, K.S.] in einer Liste eintragen und lange in der Schlange warten, doch dann endlich im Bad zu sein und zu sehen, wie rundum an der stuckverzierten Wand über dem blauschwarzen Meer mit den weißen Wellenkämmen die Möwen schweben – diese Seligkeit läßt sich nicht beschreiben. Einmal in der Woche kam der Friseur, der in eben diesem Badezimmer seine Zelte aufschlug ...

Wenn man durch die Küche zwei Stockwerke auf einer schmiedeeisernen Wendeltreppe hinabstieg, fand man sich wieder in einem weiteren Korridor, in dem Tag und Nacht eine schon schwächer werdende elektrische Lampe brannte. Auf der rechten Seite des Korridors gab es keine, auf der linken Seite jedoch vier Türen. Hinter jeder war ein schmales Zimmer mit einem Fenster auf der Höhe des engen, düsteren, schachtartigen Hofs. In den Zimmern war es ewig dunkel. Die defekten Kanonenöfen kamen nicht gegen die Souterrainfeuchtigkeit an, und in der warmen, doch stickigen Luft hing der Dampf. All dies erinnerte an die Winterquartiere, die man in Zoologischen Gärten für Affen einrichtet. Man nannte daher den Korridor den ›Affenkäfig‹. Im ersten Zimmer wohnte Lev Lunc – vermutlich hat dieses Zimmer seine Gesundheit ruiniert. Sein Nachbar war Grin, der Autor von Abenteuererzählungen, ein düsterer, tuberkulosekranker Mensch ... Das letzte Zimmer hatte der Dichter Vsevolod Roždestvenskij, damals ein bescheidener Schüler Gumilevs. Zwischen Grin und Roždestvenskij war Vladimir Pjast einquartiert, kein großer Poet, aber ein kluger und gebildeter Mensch, einer jener erfolglosen Romantiker, die Blok geliebt hatte ...«

Chodasevič selbst wohnte in dem Teil des »Disk«, der einmal ein drittklassiges Hotel gewesen war – zum Nevskij und zur Mojka hin. Dieser Teil zeichnete sich durch die aberwitzigsten Formen der Zimmergrundrisse aus – es gab runde, dreieckige, rhombusförmige, sogar eines mit einem Kamin in der Mitte. »Mein Zimmer beispielsweise stellte einen richtigen Halbkreis dar. Das Nachbarzimmer, in dem die Malerin E.V. Ščekotichina wohnte (später reiste sie ins Ausland aus, heiratete I. Ja. Bilibin, mit dem sie dann wieder nach Sowjetrußland zurückkehrte), war vollständig rund, ohne auch nur eine Ecke – die Fenster des Zimmers gingen zur Ecke Nevskij/Mojka hinaus. Das Zimmer M. L. Lozinskijs, eines wahrhaftigen Zauberers bei Gedichtübertragungen, hatte die Form eines L, und die danebenliegende Behausung Ossip Mandelstams war ebenso phantastisch und sonderbar wie er selbst, dieses seltsame und bezaubernde Wesen ...« Nachbarn waren: der Maler Milaševskij, der klassische Husarenhosen trug, die Dichterin Nadežna Pavlovič und die Schriftstellerin Olga Forš.

Eine Errungenschaft dieses Korridors war, daß es keine Zentralheizung gab: In den Zimmern standen runde Eisenöfen aus der guten alten Zeit, die die Wärme hielten – anders als die Kanonenöfen. Als Heizmaterial, Zigarettenpapier, Brief- und Schreibpapier waren von einigen Bewohnern des Disk – Šklovskij und Grin – die unangetasteten Papiervorräte und die Buchhaltungsunterlagen der ebenfalls im Haus residierenden, längst aber geschlossenen Bank erschlossen worden. Auch im Innenhof des Hauses gab es noch ein paar Zimmer – sie waren belegt von einer todkranken Chorsängerin des Marientheaters und einem aus Kasan angereisten Schriftsteller namens Tinjakov.« Doch noch einmal zurück in den Haupttrakt der Eliseevschen Wohnung:

»Es gab in ihr einige Zimmer, die in verschiedenen Stockwerken lagen und gleichsam aus dem Grundplan herausfielen. So ging aus dem Hauptkorridor eine hölzerne Wendeltreppe in das oberste Stockwerk. Wenn man hinaufstieg und etwas von der Art eines kleinen Turnsaals durchquerte, gelangte man in das ehemalige Schlafgemach der früheren Hausherren, das nun von Viktor Šklovskij bewohnt wurde. Eine Etage tiefer als der Korridor lag ein geräumiges, aber etwas düsteres Zimmer, in dunkler Eiche gehalten und bewohnt von der Baronin V. I. Ikskul', zu der nicht alle Zutritt hatten ... Am anderen Ende der Wohnung gab es eine russische Banja mit einem Vorraum; mit Hilfe von Teppichen war diese Banja in eine bequeme Behausung für Gumilev verwandelt worden. Daneben befand sich das große und kalte Zimmer von Marietta Šaginjan, an dem aus irgendwelchen Gründen der alte, graubärtige Marxist Lev Dejč teilhatte.«[98]

Das von außen so strenge, fast klassizistische Gebäude erweist sich also eher als Konglomerat von Bauten und Anbauten. Zu groß, um nur von einer Existenz genutzt zu werden, zu unrationell, um je von einer Behörde in Besitz genommen zu werden. Seine Etagen gleichen den verschiedenen Decks eines Schiffs, und man findet sich in diesem verschachtelten Labyrinth nicht zurecht. Es bietet genügend Räume von der Art der Katakomben, in denen man verschwinden, es bietet Gesellschaftsräume, in denen alles Volk zusammenströmen kann – samt unerforschten Hohlräumen, in denen sogar das versteckte Gold Eliseevs vermutet wurde – »Rheingold« hieß es im »Disk«-Jargon. Ist es nicht denkbar, daß diesem Lebensraum auch eine sehr spezifische Daseinsform entsprechen muß?

Die Memoirenschreiber stimmen darin überein, daß das »Haus der Künste« etwas anderes sein sollte als das »Haus der Literaten« – jedenfalls in den

Vorstellungen seiner Initiatoren, das heißt vor allem Gorkis und Kornej Čukovskijs. Konstantin Fedin, einer der »Serapionsbrüder« meint: »Gorki gründete das Haus der Künste im bewußten Gegensatz zum Haus der Literaten. Hier sollte das Leben nicht auf dem Grundsatz der Gesamtheit, sondern auf dem der Auswahl beruhen: die besten Schriftsteller, die besten Maler, die besten Musiker ... Das Haus der Literaten war auf das Haus der Künste neidisch, zeigte das jedoch nicht.

Die Villa in der Bassejnaja-Straße sah sich als unabhängig an, während das Palais an der Mojka mit dem Volkskommissariat für Bildungswesen und mit Gorki zusammenhing, wobei Gorki selber so etwas wie ein Volkskommissar für Bildungswesen war. Die Villa in der Bassejnaja-Straße betrachtete sich als hohen Richter und fällte wegen des Schlange-Stehens, der schmierigen Schüsseln, der Schließung der Zeitung »Reč'«, des Höhlendaseins überhaupt über Gorki im stillen den Spruch: Schuldig in allen Punkten. Das Palais an der Mojka widersprach: nein, ohne Schuld. Höchstens, daß einige wenige von den ganz Schlauen hinzufügten: schuldig, gewiß, aber nicht an allem.

Die Leute, die das Haus der Künste bevölkerten, hatten politisch wirre oder naive Vorstellungen. Die aus dem Haus der Literaten verfügten über ein sachliches, umsichtiges Begriffsvermögen und waren davon überzeugt, daß Gorki einen Fehler beging, wenn er den Sitzungen im Haus der Künste präsidierte; ihr vielsagendes Äußeres gab nach wie vor zu verstehen: Das alles haben wir schon lange vorausgesehen.«[99]

In der Tat erwies sich das »Haus der Künste« als der Stützpunkt der »Jungen«. Der Liste der Leitungsmitglieder nach zu urteilen war die Mehrheit jünger und aus verschiedenen künstlerischen Bereichen. Dem Rat gehörten unter anderem an: die Lyrikerin Anna A. Achmatova, der Dichter und Übersetzer Akim Volynskij, der Maler B.B. Dobužinskij, die Schriftsteller E.I. Zamjatin, M.L. Lozinskij, V.M. Chodasevič, K.I. Čukovskij, V.B. Šklovskij, die Maler I.N. Punin, K.S. Petrov-Vodkin und der Architekt V.A. Ščuko.

Die Mitgliederliste umfaßt 1922 etwa 300 Personen. Wir finden dort berühmte Namen der Petersburger Kunstszene: unter den Architekten A.E. Belogrud und den Vater einer ganzen Architektengeneration, Leontij N. Benois, die später berühmten sowjetischen Architekten V.G. Gel'frejch, L.A. Il'in, A.A. Ol' – einen Schüler Lidval's –, und I.A. Fomin. Wir finden darunter ferner den Maler Natan Altman, den Graphiker der Revolutionsepoche Jurij P. Annenkov, den späteren »Realisten« I.I. Brodskij, den Maler M.V. Matjušin. Auch die bedeutenden Köpfe aus »Welt der Kunst« und »Apollon« treffen wir wieder . Es wurden Ausstellungen gezeigt.[100]

Das Primat der Literatur war durch die Anwesenheit der vielen Schriftsteller und durch die »Literarischen Werkstätten« gegeben. Čukovskij, der Leiter der Werkstätten, zog bedeutende Gestalten des literarischen Lebens ins »Haus der Künste«.[101] Gumilev hielt Seminare zur Dramenkunst, Belyj »lehrte« Rhythmik, Štejnberg sprach über Ästhetik, Šklovskij über seine »Theorie des Sujets«. Mit der Eröffnung des »Disk« wurde auch den Werkstätten eine größere öffentliche Wirksamkeit zuteil. Im »Haus der Künste« gab es literaturhistorische Zyklen und Vortragsabende, Diskussionsabende zu kunstwissenschaftlichen Problemen. Im »Disk« traten die Dichter vor ihr Publikum und lasen oftmals aus noch unveröffentlichten Arbeiten. Ende 1920 las Majakovskij dort zum ersten Mal sein Poem »150 000 000«, und fast alle »Serapionsbrüder« trugen dort erstmals ihre soeben fertiggestellten Erzählungen vor.[102]

Auch das Publikum scheint ein anderes gewesen zu sein – ein hoher Anteil von Jugendlichen, von jungen Arbeitern und Matrosen.[103] Andererseits trafen sich dort auch regelmäßig die »Veteranen«, die Künstler aus dem Kreis der »Welt der Kunst«[104] und eine große Zahl damals stadtbekannter skurriler Gestalten, die nicht in die Kunstgeschichte eingegangen sind, ohne die es aber keine Kunstgeschichte geben würde: der Advokatensohn Jakov Kaplan, dessen Wohnung von Arbeitern belegt worden war und der in panischer Angst lebte, daß seine kostbare Büchersammlung als Brennstoff verwendet würde; Fedor Notgaft, ein hervorragender Kenner der Malerei und Kunstgeschichte, Experte an der »Eremitage«, oder der Dichter Nel'dichen, durch dessen Zimmer eine Kaminröhre ging.[105]

Verbunden bleibt die Geschichte des »Hauses der Künste« mit den »Serapionsbrüdern«. Das »Disk« wurde zur Brutstätte einer Gruppe von Schriftstellern, die um 1921 aus allen Teilen des Landes hierher gekommen waren und sich anschickten, ein neues Kapitel der Literatur aufzuschlagen, selbstbewußt und mit einem ganz neuen Ton. »Jeder von uns hat seine Ideologie, seine politischen Überzeugungen, jeder malt seine Hütte, wie es ihm gefällt. So im Leben und so auch in seinen Erzählungen, Novellen und Dramen. Wir alle zusammen, wir, die Bruderschaft, verlangen nur das eine: daß der Ton nicht falsch klingt, daß wir an das Werk glauben können, gleichgültig, welcher Farbe es ist. Qualvoll und viel zu lange wurde die russische Literatur von der öffentlichen Meinung dirigiert. Es ist an der Zeit zu sagen, daß eine nichtkommunistische Erzählung talentlos sein, daß sie aber ebensogut auch Genialität besitzen kann«, schrieb der junge Genius der »Serapionsbrüder«, Lev Lunc.[106]

Diese ungefähr zwanzigjährigen Individualisten sind allerdings, wie Fedin schreibt, in einem Punkt gleich: »Die Serapionsbrüder waren nicht nur im üblichen Sinn ein Produkt ihrer Zeit. Es gab unter uns völlig naive Jünglinge, die über keine anderen Erfahrungen verfügten als die, die ihnen das elterliche Heim, die Universität und das Kino vermittelt hatten. Doch die Mehrheit von uns war durch außerordentliche Prüfungen gegangen, und zu keiner anderen Zeit hatten sieben oder acht junge Leute so viele Berufe ausprobiert, hatten so verschiedene Lebenslagen ausgekosten können, wie uns beschieden war. Acht Menschen verkörperten den Sanitäter, Setzer, Offizier, Schuhmacher, Lehrer, Kavalleristen und Sänger; sie hatten Dutzende der verschiedensten Stellungen innegehabt, sich an den Weltkriegsfronten herumgeschlagen und im Bürgerkrieg mitgekämpft; weder Hunger noch Krankheiten waren ihnen etwas Neues – sie hatten dem Tod zu oft und zu lange ins Auge gesehen.«[107]

Indes hatten die »Serapionsbrüder« im »Haus der Künste« nur einen Korridor, es war nicht *ihr* Haus. Sie hatten auf dem Schiff lediglich ein Deck. Wenn man danach sucht, an welcher Stelle und in welcher Form sich so etwas wie ein synthetischer Ausdruck der Lebensform im »Haus der Künste« zeigt, dann findet man dies weder im Korridor der »Serapionsbrüder« noch in der Katakombe der Gräfin von Ikskul', einer vordem bekannten Mäzenatin, noch auf dem Empfang, den das Haus H. G. Wells gab und der mit einem Eklat endete, als der berühmte Theaterkritiker Amfiteatrov sich den Anzug vom Leibe riß und auf die »wirkliche Lage der Schriftsteller« in Sowjetrußland hinweisen wollte.[108] In der selektiven Erinnerung der Passagiere des Schiffs gibt es zwei, drei Ereignisse, bei denen das »Haus der Künste« erstrahlt und sich für immer als Erkennungszeichen, ja als Mythos einer stürmischen Überfahrt verfestigt. Es sind die Bälle des »Hauses der Künste«; auf ihnen fügen sich die übriggebliebenen, zertrümmerten, aber festen Bestandteile einer vergangenen Welt und die noch unsicher, fast spielerisch auftretenden Elemente des Neuen zu *einem* Reigen. Auch ein Ball kann eine Leistung der Kulturgeschichte sein, vielleicht sogar die einzige prägnante Hervorbringung eines Ensembles, von dem ansonsten nur noch die Namen etwas gelten. Das »Disk« war aber mehr als die Summe seiner Bewohner.

Ausführlicher beschrieben ist der Neujahrs-Maskenball 1921/22. Die Szenerie mutet gespenstisch an: In den Sälen drängt sich »ganz Petersburg« zum »letzten Ball des alten Petrograd«, zum »Schwanengesang des Disk«. Auf den Tischen des Restaurants waren Dinge aufgetaucht, die in Vergessenheit geraten waren: sogar Champagner, vermutlich aus den Depots der Petrokommune. Es wird Musik gemacht – immer wieder wird Albert N. Benois erwähnt, der auf dem Flügel im Eliseevschen Salon Strauß-Walzer zum besten gibt. Die Dichter und Künstler, die tagsüber ihrer Arbeit nachgingen – Mandelstam etwa unterrichtete Matrosen der Baltischen Flotte – fanden sich in ihrem »Heim« ein, im Spiegelsaal, im weißen »Rokoko-Saal«, in der gekachelten Küche der Eliseevs, bedient vom alten Eliseev-Diener Efim. Am Buffet gibt es sogar Eis. Die endlosen Parkettflächen bevölkern sich mit Kostümen aus den Requisitenkammern der Marienoper. Die Gäste können die Stücke erkennen, für die die Kostüme geschneidert waren. Die Figuren aus »Pique Dame«, Glazunovs Ballett »Raimonda« und aus der »Chovanščina« füllen die Säle, Larissa Reissner, soeben von der Bürgerkriegsfront zurückgekehrt, hat – zum Entsetzen des Leiters der Staatlichen Theater Ėkskusovič – eine Wette gewonnen und tritt nun in dem von Bakst entworfenen Kostüm für Schumanns Ballett »Carneval« auf. Alle hatten irgend etwas Sonderbares an: die einen ein Kleid aus der Vorrevolutionszeit, die anderen Theaterkostüme, wieder andere zurechtgeschneiderte Brokatvorhänge. Es wird getanzt: Foxtrott, Onestep, Tango, Tänze, die man irgendwie doch aus dem fernen Europa aufgeschnappt hatte.[109]

Ein solcher Ball ist nicht die Flucht aus der Wirklichkeit, sondern die Wirklichkeit selbst. In einem solchen Reigen erst, wo die Selbstironie die Verzweiflung besiegt, wird deutlich: Die alte Zeit ist vorbei, ein für allemal. Was so aussieht wie die alte Zeit, ist von nun an nur noch – Zitat.

Puschkin-Feier am 11. Februar 1921

1921 jährte sich Puschkins Todestag zum vierundachtzigsten Mal – und wenn die Puschkin-Feiern dieses Jahres zu einem Datum der russischen Kultur geworden sind, dann kraft der Bedeutung, die Puschkin für sie in diesem Jahr gewonnen hatte. Zur Feier im »Haus der Literaten« in der Bassejnaja, zu der man nur mit Einladungskarten gelangen konnte, hatte das *ganze* literarische Petersburg aufgerufen. Die feierliche Erklärung war unterzeichnet von folgenden Organisationen:

Abteilung für Schöne Literatur bei der Akademie der Wissenschaften;
Abteilung für Volksbildung beim Petrograder Sowjet;
Petrograder Abteilung des Staatsverlags;
Petersburger Abteilung des Allrussischen Schriftstellerverbands;
Petersburger Abteilung des Allrussischen Verbands der Dichter;
Verband der proletarischen Schriftsteller;
Haus der Literaten;
Petrograder Proletkult;
Literaturfonds;
Gesellschaft für gegenseitige Hilfe der Literaten und Wissenschaftler;
Verband der Theater- und Musikschriftsteller;
Puschkin-Kreis;
Turgenev-Gesellschaft;
Puschkin-Haus bei der Akademie der Wissenschaften;
Kommission der Akademie-Ausgabe der Puschkin-Werke;
Institut für Buchwissenschaft;
Verlag »Weltliteratur«;
Gesellschaft für Neue Philologie;
Buchwissenschaftliche Gesellschaft;
Institut für Kunstgeschichte;
Institut des lebendigen Wortes;
Institut zur Erforschung der poetischen Sprache;
Gilde der Dichter.

In der von den genannten Vereinigungen unterzeichneten feierlichen Erklärung hieß es, daß mit Puschkin die russische Literatur zu einer gesellschaftlichen Kraft geworden sei. »Nach Puschkin beginnt man die Literatur zu fürchten. Man versucht, sie in einen engen Rahmen einzuschließen, sie wieder so naiv-unerfahren wie unschädlich zu machen, wie sie es im 18. Jahrhundert gewesen war ... Das Erscheinen eines Buchs, die Inszenierung von Schauspielen, ja die Veröffentlichung eines Zeitungsartikels gewinnt in Rußland die Bedeutung eines Ereignisses von erstrangiger Wichtigkeit. Die russische Geschichte kennt Ereignisse rein literarischer Art, die nicht weniger bedeutsam gewesen sind als gewonnene oder verlorene Schlachten, als diplomatische Abkommen oder Dekrete zur inneren Verfassung.«[110]

So war es vermutlich auch in diesem Jahr: die Ehrung eines Dichters, die zu einer Art Zeitgrenze gerät. Die Gedenkrede hatte Alexander Blok gehalten. Es war seine letzte öffentliche Rede und ihr Thema war »Die Bestimmung des Dichters«. Dichter ist, so Blok, nicht derjenige, der Verse schreibt, sondern derjenige, der die aus dem Chaos geborenen Worte und Laute erhört und zur Harmonie, zur Sprache, zum Vers formt. »Harmonie ist die Übereinstimmung der Kräfte der Welt, wie die Alten lehrten. Der Kosmos ist dem Chaos verwandt wie die voranstrebenden Meereswellen den Wassermassen des Ozeans ... Das Chaos ist die ursprüngliche, elementare Anarchie; der Kosmos ist die wohlgefügte Harmonie, die Kultur. Aus dem Chaos wird der Kosmos geboren; die Elementarkraft birgt in sich den Samen der Kultur; aus der Anarchie entsteht die Harmonie. Das Leben der Welt ist ein unaufhörliches Erschaffen neuer Formen, neuer Arten ...«

Der Dichter ist es, der die Harmonie des Chaos erhört. »In den bodenlosen Tiefen des Geists, wo der Mensch aufhört, Mensch zu sein, in Tiefen, die den Geschöpfen der Zivilisation – dem Staat und der Gesellschaft – unzugänglich sind, schweben Klangwellen, die gleich den das ganze Weltall umfangenden Ätherwellen sind; dort kommt es zu rhythmischen Schwankungen, ähnlich jenen Prozessen, die Gebirge, Winde, Meeresströmungen, Pflanzen und Tiere hervorbringen.« Des Dichters Berufung ist es, »den aus der Tiefe gehobenen und der äußeren Welt fremden Klang in die feste und faßbare Form des Wortes zu kleiden«.[111]

Ist das geistige und künstlerische Leben, das das Jahrzehnt der russischen Revolution begleitete, nicht geradezu die lebendige Gestalt dieses chaotischen Gärens und Brodelns, der extremen Konturierung, Polarisierung, der Gewinnung neuer Formen? Waren nicht alle unterschiedslos von diesem umstürzenden Prozeß betroffen – die Leute des Wissens, der bildenden Kunst, des dichterischen und des öffentlichen Wortes? Was bedeutete dies für alle jene, die denkend diesen Zusammenbruch begleiteten und nun gleichsam vor dem ungeheuren Trümmerberg eines unbegreiflichen Geschehens standen? Die Zeitgenossen wußten, daß sie in einem historischen Augenblick lebten. Nur wer davon überzeugt ist, schreibt einen Artikel mit der Überschrift »Die Kleinigkeiten des Lebens – Material für einen ›künftigen Historiker‹«, und führt dann aus: »Der Krieg und dann die revolutionäre Epoche haben gewaltige Berge von Ereignissen angehäuft, haben einen dazu gebracht, eine endlose Kette der verschiedensten Empfindungen zu durchleben, haben eine große Zahl führender Persönlichkeiten der alten Formation unter die Erde gebracht und neue Menschen vorankommen lassen und haben schließlich völlig neue Formen des Lebens etabliert. Und all dies in einem vergleichsweise kurzen Zeitraum. Für den, der das Leben beschreiben will, hat sich ein gewaltiges, unerhörtes Material – quantitativ wie in seiner Aussagekraft – angehäuft.«[112]

Im Jahrzehnt einer katastrophalen Revolution oder einer revolutionären Katastrophe zerbrachen die hergebrachten Formen: teils von innen angefochten und zersetzt, teils von außen attackiert. Es gibt kaum einen Bereich, in dem das russische Geistes- und Kulturleben nicht teilgehabt hätte an dieser

Zersetzungs- und Umsturzarbeit. Im Theaterleben wurden das Theater und sein Eigenleben selbst in Frage gestellt. In der Poesie kämpfte die feinste Sprachkunst Hand in Hand mit der Zertrümmerung der hergebrachten Literatur um die Erneuerung der sprachlichen Ausdrucksformen. In der Malerei ging es über die Grenzen des hergebrachten Realismus und der Tafelmalerei hinaus. In alles mischte sich nun die »Wissenschaft« ein – ob in die Künste, in die Sprache. Formalismus und Soziologie bahnen einem neuen Verständnis, das sich mit Intuition nicht mehr zufriedengeben will, den Weg. Auch die Politik wird zur Wissenschaft, erlernt und gemacht von einer Elite, die von Anfang bis Ende, von der Organisierung der Menschen bis zum »Bau der Gesellschaft« nichts mehr dem Zufall überlassen will.

Das russische Geistesleben dieses Jahrzehnts trägt die Züge zweier synchroner, teils sich beschleunigender, teils sich hemmender Prozeßabläufe: den der definitiven Reifung der traditionellen Kultur und den eines radikalen Neuanfangs, der nur denkbar ist, wo die Wirksamkeit von Traditionen schon außer Kraft gesetzt ist. Dieses Zusammentreffen von »alter« und »junger« Kultur in einem Raum, der in rasender Geschwindigkeit sich auflöst, sich zu den Extremen hin vereinfacht – dieses Zusammentreffen findet konkret statt im belagerten Petersburg.

In der Stadt herrscht »Überdruck« (Šklovskij). Mit der Auflösung der fertigen Formen des Lebens fiel auch die »Notwendigkeit, diese oder jene Masken aufzusetzen, wie es sich aus der Lage oder der bisher gewohnten Hierarchie der Intelligencija-Werte ergab ... Alle lebten wie am Rand des Todes.« Und daher »blühten in diesen Jahren die Menschen im schönsten Licht auf, wie es auch die reichsten Weinberge eben am Rand von Vulkanen gibt. Alle waren Helden. Alle waren Schöpfer. Der eine schuf neue Formen der Gesellschaft, der andere Bücher, der dritte eine ganze Schule, wieder ein anderer fabrizierte aus Tischtuch Stiefel.«[113] Mit der Entwertung der alten Lebensform und ihrer Werte entstand eine Art Vakuum, in dem jeder ein Experiment anstellen konnte oder mußte.

Aus der Perspektive der »Jungen« stellt Konstantin Fedin die spannungsreiche Nachbarschaft fest: »Wir befanden uns in unmittelbarer Nachbarschaft der vorrevolutionären Schriftsteller, wahre Wirbel der unterschiedlichsten Ästhetiken umgaben uns, und wir waren einer Vielzahl von Einflüssen ausgesetzt, so daß man ebensogut hätte fragen können, wer unter den älteren Schriftstellern in den Augen der Serapionsbrüder der ›Erste‹ war.«[114] Über die »Alten« – Remizov, Sologub und andere – sagt er: »Sie verhielten sich zu uns wie Numismatiker gegen neue, eben erst in Umlauf gekommene Münzen, die der Geschichte noch nicht angehören und kein Objekt für ihre Sammlungen, die sie sehr werthielten, darstellten. Uns stand bevor, erst eine Zeitlang im Umlauf zu sein und den vulgären Glanz alles neuen, sein grobes Relief zu verlieren, bevor sich die Hand des Sammlers interessiert und neugierig nach uns ausstreckte. Inzwischen aber nahmen sie uns als etwas Fragwürdiges auf, wobei sie das Gefühl hatten, wir seien in der Literatur nicht aufgetaucht, sondern in sie eingebrochen. Uns allerdings erging es ihnen gegenüber gerade umgekehrt: Wir sahen sie als Münzen vergangener Zeiten an, die bereits ihren samtunterlegten Platz in den Kollektionen der Museen besaßen, so daß wir an ihnen auf Zehenspitzen vorüberzugehen hatten ... Beobachter sein – so könnte man den Standpunkt nennen, den die in Rußland verbliebenen alten Literaten uns gegenüber einnahmen.«[115]

Immerhin waren es die »alten Literaten« des Dom literatorov, die – »in geheimer Abstimmung« die von den »Jungen« eingereichten Arbeiten des ersten großen literarischen Wettbewerbs in Petersburg nach der Revolution als die besten prämiert hatten ...[116] Und es war einer der »Alten«, Alexej Remizov, der in seiner Rede zum vierzigsten Todestag Dostojewskis im Dom literatorov sagte: »Nun ja, so kommen sie also doch aus ihren Bärenhöhlen zum Vorschein, die Jungen, der eine vom Dorf, der andere aus der Vorstadt. Ich habe schon immer gesagt: Wartet nur, sie werden schon kommen, um ihr Erbe anzutreten, und das mit vollem Recht, denn sie kommen weder aus einem Brutofen noch sind sie überhaupt irgendwelche Homunkuli, sondern rühren von Vater und Mutter her, will sagen – der russischen Revolution und dem russischen Schrifttum. Ich bin glücklich, daß ich recht gehabt habe und heute sehen darf, wie ihr alle das Licht der Welt erblickt; ich bin glücklich, daß ich an eurem äußersten Anfang stehe, bei eurer Geburt zugegen bin und dem oder jenem von euch Hebammendienste leisten werde. Ich bin glücklich darüber, ja, glücklich ... Ich bin glücklich, sehr glücklich darüber, daß ich mich während der ganzen Revolution in Petersburg aufgehalten habe.«[117]

Und die Redaktion des ersten Sammelbands des »Hauses der Künste« bemerkte in der Einleitung: »Das Leben wird wiedergeboren. Das alte Leben steht nicht mehr von den Toten auf; doch allmählich leben seine kleinen und großen Erscheinungen auf, zersplittert, und erinnern daran, daß es keinen Sinn hat, etwas Neues zu errichten, wenn man die Verbindung mit dem Alten zerstört. An eine solche Verschmelzung von Altem und Neuem hat die Redaktion des Sammelbands gedacht.«[118] O. Forš wird später über die »Jungen« schreiben, daß sie ihrer Aufgabe, zwei Epochen zu verbinden, ohne die Kunst zu verraten, gewachsen gewesen seien. »In jenen Jahren haben sie, sich zum Floß fügend, wie auf einer Fähre alles für das Leben der Kunst Wichtige über den stürmischen Fluß der Ereignisse auf das andere Ufer übergesetzt. Dabei wollten sie keineswegs Argonauten sein. Auf sie folgten andere, die das Fertige vorfanden.«[119]

Die Trennungslinie, die zwischen Alten und Jungen verlief, war gravierend, doch das Leben in den »Häusern« zeigt, daß sie nicht nur zu koexistieren, sondern sogar zu kooperieren vermochten, um dem Klang des Chaos zu lauschen und ihn in einen Ton und in eine Sprache zu verwandeln, in denen sich die Epoche wiedererkennen würde. In den Dissonanzen und Konsonanzen des eingeschlossenen Petersburg verständigt sich die Epoche – und wenn die Sprachen so verwirrend sind wie in einem babylonischen Turm, wie manchmal das Zimmer Volynskijs, der Treffpunkt der Serapionsbrüder, genannt wurde.

Wie anders als in babylonischer Sprachverwirrung und Formzertrümmerung sollte sich aber das Gesehene und Erlebte artikulieren lassen! Wir wissen nicht, wie das künstlerische und wissenschaftliche Petersburg mit der denkenden und ästhetischen Bewältigung dieser jüngsten Vergangenheit und der unmittelbaren Gegenwart fertiggeworden wäre – ja, ob es im Schatten der Ereignisse nicht überhaupt verstummen mußte, um wieder zu Worten zu finden. In Bloks letzter Rede vor dem versammelten geistigen Petersburg klang deutlich die Parallele durch, wenn er sagte: »Puschkin ermattete und mit ihm die Kultur seiner Zeit, der einzigen Kulturepoche im Rußland des vorigen Jahrhunderts ... Er starb an einem Mangel an Luft. Und mit ihm starb seine Kultur.« Blok warnte die »Beamten, die sich heute anschicken, die Poesie in bestimmte Bahnen zu lenken, die sich an der geheimen Freiheit der Poesie vergreifen und die Poesie hindern, ihrer geheimen Bestimmung gerecht zu werden.«

Für die »Befreiung der Harmonie«, für die Formwerdung des Chaos fanden sich im Petersburg des Jahres 1921 alle Begabungen in großer Zahl. Was sie, die Alexander Blok in seiner Rede aufgefordert hatte, »bei dem heiteren Namen Puschkins zu schwören«, vermocht hätten, wissen wir nicht, denn es war nicht allen vergönnt, »den aus der Tiefe gehobenen und der äußeren Welt fremden Klang in die feste und faßbare Form des Worts zu kleiden«.[120]

Proskription, Ausweisung, das Schiff nach Stettin

Nur eine revolutionäre Macht konnte tun, was im November 1922 geschah: in einer gezielten Aktion Spitzen der russischen Intelligencija auszusondern und kollektiv des Landes zu verweisen – rund 160 Persönlichkeiten des wissenschaftlichen, kulturellen und gesellschaftlichen Lebens. Nur eine revolutionäre Macht, die sich außerhalb aller Traditionen gestellt hatte, konnte die Kühnheit, Härte und Rücksichtslosigkeit aufbringen, die nötig war für diese in der Geschichte beispiellos dastehende Operation.

Nur fünf Jahre zuvor waren nach dem Sturz des Zarenregimes aus ganz Europa jene nach Rußland zurückgekehrt, die das alte Regime einst aus der Heimat vertrieben hatte. Der Sturz des alten Regimes sollte ein für allemal auch das Leben jenseits der Grenzen hinfällig machen und den Status des Emigranten zu einer Sache der Geschichte werden lassen. Aber schon in den ersten Monaten des neuen Regimes bildet sich ein neuer Emigrantenstrom, während die Emigranten von einst die neue Regierung bilden.

Indes ist die Operation vom Sommer und Herbst 1922 nicht schlicht Emigration im alten Sinne des Wortes, sie ist auch nicht schlicht die Wiederholung der Praxis der Verbannung in die inneren Gouvernements, von der die neue Macht schon in den ersten Jahren ihres Bestehens Gebrauch gemacht hatte. Politische Gegner – Menschewiki, Sozialrevolutionäre – einfache Buržujs oder sogenannte Spekulanten werden ja schon im zweiten, dritten Jahr der neuen Macht wieder verschickt: nach Vologda, Zentralasien, Sibirien – die klassischen Regionen der Verbannung.

Aber die Operation vom Herbst 1922 war etwas anderes: ein lange vorbereiteter, fast chirurgisch präziser Eingriff der Macht in den lebendigen Körper der russischen Kultur, eine Staatsaktion zur Bereinigung der intellektuellen Landschaft Rußlands, eine Massenausweisung – mit Folgen, die sich allein an der Zahl der Verbannten und Zwangsexilierten kaum ablesen lassen. Es ist etwa Neues, zu dem das alte Regime schon nicht mehr die Kraft gehabt hatte.[121]

Die ersten, die im Juni 1922 in Berlin eintreffen, sind E. Kuskova und S. Prokopovič – beide führende Gestalten des vorrevolutionären gesellschaftlichen Lebens in Rußland und in der Sowjetzeit energische Aktivisten des Komitees zum Kampf gegen den Hunger.

Die zweite Gruppe trifft im September/Anfang Oktober auf dem Dampfer »Oberbürgermeister Haken« in Stettin ein, an die dreißig bis fünfunddreißig Personen, teils mit ihren Familien, vorwiegend Vertreter der Moskauer Intelligencija.

Zu den aus Moskau ausgewiesenen gehörten der Historiker Kizeveter, der Philosoph Berdjaev, der Vorsitzende der Landwirtschaftsgesellschaft Ugrimov, die Philosophen Fürst Trubeckoj und Frank, der Literaturwissenschaftler Ajchenval'd, der Professor Jasinskij, der Politiker und Publizist Pešechonov, der Agronom Romodanovskij, die Genossenschaftler Bulatov, Bakal', Segirskij, Ljubimov, Matveev, der ehemalige Direktor des Departements allgemeiner Angelegenheiten des Innenministeriums Senator Arbuzov, des weiteren einer der Redakteure der »Russkie vedomosti«, Rozenfel'd, zwei Mitglieder der Kooperative »Zadruga«, Ozerickovskij, Kudrjavcev und andere.[122]

Mitte November 1922 trifft in Stettin der Dampfer »Preußen« ein, dessen Hauptfracht aus Petersburger Intellektuellen besteht. Zu der Gruppe gehören der Philosoph Losskij, der Historiker und Philosoph Karsavin, der Professor und ehemalige Direktor des Tomsker Technologischen Instituts und Mitglied der Staatsduma Zubasov, der Psychologe und Akademiemitglied Lapšin, der Professor für Höhere Mathematik Selivanov, der ehemalige Prorektor der Petersburger Universität Professor Odincev, der Professor für Verwaltungsrecht und ebenfalls ehemalige Prorektor der Petersburger Universität Bogolepov, der Direktor des Agronomischen Instituts Kagan, der Professor am Agronomischen Institut Bruckus, Professor Polner vom Herzen-Institut, die Publizisten Izgoev, Petriščev, der Leiter des Petersburger »Dom literatorov« und Vorsitzende des Petersburger Journalistenverbands Volkovyškij, der Redakteur der mittlerweile verbotenen Zeitschriften »Letopis' Doma literatorov« und »Literaturnye zapiski« Chariton, das Redaktionsmitglied der Zeitschrift »Ėkonomist« Pumpjanskij, die Mitglieder der »Kommission zur Verbesserung der Lage der Ingenieure« Kozlov und Juštim sowie die Verwandte Losskijs und bekannte Pädagogin Stojunina. Diese zweite Gruppe der Verbannten wird bei der Ankunft des Schnellzugs am Stettiner Bahnhof in Berlin von einer Abordnung der ersten Verbanntengruppe in Empfang genommen.[123]

Ende September waren auch in Konstantinopel zwangsexilierte Intellektuelle eingetroffen, aus Odessa, Kiew, sogar aus Charkow und Nižnij Novgorod. Aus Odessa trafen ein: die Professoren Babkin (Physiologe), Florovskij (Historiker) und der Assistent Sekačov, dann die Professoren Kastorin (Physiker), Chranevič (Genossenschaftler), Samarin (Arzt), Trefil'ev (Professor für russische Geschichte), Mukomin (Staats- und Verwaltungsrecht), Krylov (Gerichtsmediziner), Michajlov (Strafrechtler), Aleksandrov (Sprachwissenschaftler), der Assistent Pjaseckij (Agronom), der Assistent Sobol' (Zoologe), der Chirurg Duvan'-Chadži und der Neuropathologe Dobrovolskij. Aus Kiew wurden verbannt die Akademiemitglieder Efremov und Korčak-Čepurkovskij sowie einige ukrainische Politiker, darunter der Premier der Petljura-Regierung Čechovskij.[124]

Diese Übersicht ist nicht vollständig, und vor allem haben wir nicht zu allen Betroffenen biographische Angaben. Wir brauchen die Liste der Proskribierten nur ein wenig zu ordnen. Wir tun dies so schematisch, wie das jemand tut, der eine Liste anfertigt – und werden feststellen, daß die Form der Liste selbst dazu beiträgt, hinter Geschichte und Sinn dieser Aktion zu kommen. In sie sind auch einige jener eingetragen, die nicht an der Kollektivdeportation teilnahmen, sondern individuell – zum Teil unter Konvoischutz – das Land verlassen mußten.

Die Verbannungsliste:

Philosophen:
N. A. Berdjaev
S. E. Trubeckoj
I. A. Il'in
B. Vyšeslavcec
F. Stepun
N. O. Losskij
I. Lapšin
L. Karsavin

Historiker, Soziologen:
A. Kizevetter
E. I. Trefil'ev
A. Florovskij
V. Mjakotin
A. Bogolepov
P. A. Sorokin

Publizisten, Literaten:
A. S. Izgoev
V. A. Rozenfel'd
B. O. Chariton
A. V. Pešechonov
M. M. Volkovyšskij
L. M. Pumpjanskij
A. Petriščev

Genossenschaftler:
A. Izjumov
I. I. Ljubimov
V. Kudrjavcev
I. I. Matveev

Agronomen:
A. S. Kagan
V. D. Bruckus
F. L. Pjaseckij
K. E. Chranevic

Literaturwissenschaftler:
Ju. Ajchenval'd
V. I. Jasinskij

Hochschullehrer:
V. V. Zvorykin
B. P. Babkin
D. F. Selivanov
G. A. Sekačov
B. L. Odincev
I. P. Kastorin
D. V. Kuzmin-Karavaev
A. S. Mukomin
Z. O. Matusevič
P. A. Michajlov
M. M. Novikov
F. G. Aleksandrov
V. S. Ozereckovskij
A. P. Samarin
V. V. Stratonov
G. Dobrovolskij
S. Efremov
Korčak-Čepurkovskij

Student:
V. P. Golovačev

Ingenieure:
N. P. Koslov
I. M. Juštim

Ärzte:
A. P. Samarin
D. D. Krylov
A. F. Duvan'-Chadži

Politiker
(Hungerhilfskomitee):
E. Kuskova
S. Prokopovic
M. Osorgin
P. Velihov
A. Ugrimov
V. Bulgakov
sowie einige Politiker aus Kiew.[25]

Die Systematik ist offensichtlich. Es ging zum einen um die hauptstädtischen Zentren Petersburg, Moskau, Kiew, Odessa. Und es geht speziell um einzelne Gruppen, ja Persönlichkeiten aus den Reihen der Professorenschaft, der Publizistik, der Ärzteschaft und der Genossenschaftsbewegung. Frappierend ähnlich, ja identisch ist auch die Prozedur, welcher die zur Ausweisung Bestimmten unterworfen waren.

Die Aussagen der Betroffenen lauten ziemlich übereinstimmend: Im August 1922 begannen in Petersburg, Moskau und anderen Städten Haussuchungen und Verhaftungen. »In Moskau liefen Gerüchte um, daß man ›Leute mit religiöser Bindung‹ und ›Idealisten‹ wohl bald ausweisen werde, höchstwahrscheinlich nach Deutschland.« Bei einigen gab es nur Haussuchungen, bei denen Manuskripte und andere Dokumente beschlagnahmt wurden, andere wurden nach der Durchsuchung gleich verhaftet und in Untersuchungs- oder Abschiebehaft genommen, wieder anderen wurde lediglich mitgeteilt, daß sie sich auf die Ausweisung vorzubereiten hätten. Alle aus Petersburg Verbannten sind in der Nacht vom 16. auf den 17. August 1922 verhaftet worden – einige der Verhafteten hatten sich am Abend des 16. August noch zu einer Veranstaltung im »Dom literatorov« getroffen und waren auseinandergegangen, ohne zu ahnen, daß sie sich in den Morgenstunden im Gefängnis wiedersehen würden. Die Petersburger Verhafteten blieben anders als die Moskauer lange in Haft – zwischen vierzig und achtundsechzig Tagen, so daß sie sich weniger lange auf die Ausreise vorbereiten konnten. Die Betroffenen wurden zu Verhören gerufen, die eigentlich keine Verhöre waren, sondern eher »Tests« glichen. Mjakotin gibt den Fragenkatalog wie folgt wieder:

»1. Ihre politischen Ansichten?

2. Ihre Ansicht zur politischen Struktur der Sowjetmacht und der proletarischen Republik?

3. Ihre Ansicht zur Rolle der Intelligenz?

4. Ihre Ansicht zu den Savinkov-Leuten, den Smenovechovcy und zum Prozeß gegen die Sozialrevolutionäre?

5. Ihre Beziehung zum Streik der Professoren, zur Sabotage und anderen verwandten Mitteln des Kampfs gegen die Sowjetmacht?

6. Ihre Ansicht zur Politik der Sowjetmacht gegenüber der Hochschule und der dort durchgeführten Reform?

7. Ihre Ansicht zur Perspektive der russischen Emigration im Ausland?«[126]

Einer der Betroffenen, Ajchenval'd, soll dem GPU-Beamten gesagt haben:

»Wir ordnen uns der Sowjetmacht unter, doch ihr wollt, daß wir sie auch noch lieben. Mit Gewalt kann man aber niemanden lieben.«[127] Dies war auch die Position anderer Befragter: Loyalität ja, Identifizierung mit der Ideologie der neuen Macht nein.

Danach wurde den Festgenommenen erklärt, daß sie nach Artikel 57 des Strafkodex außer Landes geschickt würden – auch wenn sie gegen die Emigration seien. Da die Verbannung nur auf der Grundlage einer Entscheidung des Revolutionären Tribunals vor sich gehen konnte, wurde die ganze Gruppe per Verwaltungsakt ausgewiesen, und das Dekret über die administrative Ausweisung wurde erst später publiziert – nachdem man den Verhafteten die Ausweisung mitgeteilt hatte.[128] Weiter: Da sie nach administrativem Recht nur für drei Jahre ausgewiesen werden konnten, erklärten ihnen die Vertreter der GPU, daß sie für immer (»navsegda«) das Land verlassen müßten. In der Haft seien sie, so die Erinnerungen, normalem Regime unterworfen worden, sie konnten sich treffen oder sich etwas bringen lassen. Bei ihrer Freilassung wurde ihnen erklärt, daß sie für einige Dinge, die sie mitnehmen wollten – Kleider, Geschirr, Wäsche und so fort – Zoll bezahlen müßten. Geld und Wertgegenstände konnten nur bis zu einer Höhe von 30 Goldrubeln mitgenommen werden. Ausnahmeregelungen wurden abgelehnt. Die materielle Lage der Ausgewiesenen war außerordentlich schwierig: Sie hatten kaum Zeit, sich auf die Abreise für immer genügend vorzubereiten, zum anderen mußten sie in kürzester Zeit alles, was irgendwie zu Geld zu machen war (Einrichtungsgegenstände, Bibliotheken und so fort) versetzen, um den Fahrpreis Petersburg–Berlin (sechs englische Pfund) aufbringen zu können.

Die Gruppe der Ausgewiesenen schuf sich offensichtlich eine Selbstorganisation, um diese Probleme lösen zu können. So wurden Delegationen zu den deutschen Vertretungen in Moskau und Petersburg geschickt, um die Frage der Aufenthaltsvisa zu klären. Die deutschen Vertretungen händigten die Visa nur individuell aus, um jeden Anschein zu vermeiden, sie unterstützten die kollektive Ausweisungsaktion der sowjetischen Regierung.[129] Ist es nicht ein Witz, daß auf der »Preußen« noch einmal die Gäste des »Dom literatorov«, des »Dom isskusstv« und des »Hauses der Wissenschaftler« aufeinandertrafen: als Verbannte, als freiwillig Emigrierende, auch als Professoren auf Dienstreise für die Sowjetmacht?[130]

Es bleibt nun noch die Frage, nach welchen Kriterien wurden die Gruppen, ja Individuen ausgewählt, wer hat die Operation vorbereitet und durchgeführt? Es gibt hier kaum etwas aufzudecken oder zu enthüllen, denn die neue Macht, die mit so großer Präzision vorgegangen ist, hat auch die analytische Arbeit, die dieser Operation vorausging, geleistet – nicht im Verborgenen, nicht versteckt. Es gibt den seltenen Fall, daß die Verantwortlichen einer Ungeheuerlichkeit auch Analyse und Kommentar geliefert haben – im voraus.

Es gab eine Liste, umstritten ist nur, wer sie zusammengestellt hat, ob Lenin, Sinowjew oder ein anderer. Am ehesten ist sie Gemeinschaftswerk, zu dem alle ihre spezifische Kenntnis beigetragen haben. Daß Sinowjew eine antreibende Rolle gespielt hat, dürfte sicher sein – hatte er doch schon seinen persönlichen Feind Gorki im Herbst 1921 zur Abreise gezwungen.[131]

Im Frühjahr 1922 agiert Lenin als Inspirator, im August verkündet Sinowjew die Ausweisung, der Rest ist Rechtfertigung. Wir finden eine erste Idee schon in Lenins am 12. März 1922 in »Unter dem Banner des Marxismus« veröffentlichten Artikel »Über die Bedeutung des streitbaren Materialismus«. Dort heißt es, nachdem sich der Autor zwei Seiten lang in gröbster Weise über Pitirim Sorokins Untersuchungen ausgelassen hatte: »Eine marxistische Zeitschrift wird auch gegen die modernen ›gebildeten‹ Anhänger der Leibeigenschaft dieser Sorte Krieg führen müssen. Wahrscheinlich bezieht bei uns ein nicht geringer Teil dieser Leute sogar Staatsgelder und steht im Staatsdienst, um die Jugend aufzuklären, obwohl sie dazu nicht mehr taugen, als notorische Kinderschänder in der Rolle von Erziehern an Schulen für die unterste Altersstufe taugen würden.

Die Arbeiterklasse Rußlands hat es vermocht, die Macht zu erobern, aber es noch nicht gelernt, sie zu gebrauchen, denn sonst hätte sie derartige Lehrer und Mitglieder gelehrter Gesellschaften schon längst aufs höflichste in die Länder der bürgerlichen ›Demokratie‹ hinauskomplimentiert. Dort ist für solche Leibeigenschaftsapostel gerade der richtige Platz.«[132]

Am 17. Mai 1922 fordert Lenin vom Volkskommissar für Justiz, D. I. Kurskij, die Änderung der Strafgesetzgebung, insbesondere des Artikels 57, demzufolge jede Agitation und Propaganda, die »objektiv« der internationalen Bourgeoisie dient, mit dem höchsten Strafmaß geahndet werden kann – also der Todesstrafe –, »das bei mildernden Umständen in Freiheitsentzug oder in Ausweisung umgewandelt werden kann«.[133] Diesem Antrag Lenins auf Änderung der Strafgesetzgebung wurde unmittelbar entsprochen.

In einem Brief an Dzeržinskij vom 19. Mai 1922 schlägt Lenin vor, »konkrete Maßnahmen für die Ausweisung von Schriftstellern und Professoren« zu ergreifen: die Bildung einer Spezialkommission hoher Funktionäre der GPU, die Beteiligung von Mitgliedern des Politbüros an der Arbeit der Zensur, Studium von Zeitschriften und Büchern, die systematische Sammlung von Angaben und Daten über literarische Tätigkeit von Professoren und Schriftstellern. Und Lenin scheut sich nicht, auch selbst an der Selektionsarbeit teilzunehmen: während die »Smena vech«-Zeitung »Novaja Rossija« nicht kategorisch verdammt wird – »die Mitarbeiter dieser Zeitschrift sind nicht alle Kandidaten für die Ausweisung« –, heißt es über die Zeitschrift »Ėkonomist«: »Das ist meiner Ansicht nach ganz eindeutig ein Zentrum der Weißgardisten. Die Nr. 3 (allein die Nr. 3, nota bene!) trägt auf dem Umschlag die Liste der Mitarbeiter. Ich denke, daß sie fast alle durchaus Kandidaten für die Ausweisung sind ... Das sind alles erbitterte Konterrevolutionäre, Komplizen der Entente, die eine Organisation in ihren Diensten aus Spionen und Verderbern der studierenden Jugend bilden. Man muß diese militärischen ›Spione‹ jagen und sie fangen, ununterbrochen und systematisch, und sie dann ins Ausland verbannen.«[134]

Sinowjew greift diese Kriegserklärung auf und definiert – auf der XII. Gesamtrussischen Konferenz der KPR(B) im August 1922 – landesweit die

Angriffspunkte. Sinowjew beobachtet die »Bildung von Molekülketten« in Formen, die vor kurzer Zeit noch nicht denkbar waren und mit der Wiederbelebung des gesellschaftlichen Lebens am Ende des Bürgerkriegs und am Übergang zur NEP zusammenhängen.[135] Das Neue sieht er darin, daß die Gegner versuchen, alte Begriffe und die »legalen Möglichkeiten« des Sowjetregimes auszunutzen. Für Sinowjew ist logisch, daß die Wiederbelebung der Ökonomie sekundiert werden muß von verschärfter Kontrolle – oder in seiner militärischen Sprache:

»Auf ökonomischem Gebiet bleibt der Rückzug, auf politischem Gebiet wird der Angriff fortgesetzt.« Als besonders sensibel und für die Arbeit der politischen Gegner »im legalen Rahmen« anfällige Bereiche macht Sinowjew die Genossenschaftsbewegung, die Hochschulen, die Literatur und das Verlagswesen und die sich reorganisierenden Kongresse der Berufsorganisationen (Ärzte, Ingenieure, Agronomen) aus. Er gibt zu, daß er nicht weiß, wie stark der Einfluß von Menschewiki, Sozialrevolutionären und anderer in diesen Organisationen ist, doch darauf kommt es ihm auch nicht an. Es geht ihm darum, sie als *potentielle* Zentren der Meinungsbildung *präventiv* auszuschalten. Sinowjew weist die vorsichtige Kritik etwa von Valerjan V. Osinskij an der Politik der Repression als Allheilmittel zurück, doch was bei seinem Eingeständnis, nicht alle Katzen seien grau und nicht alle Professoren konterrevolutionär, herauskommt, ist das Gegenteil einer Konzession.

Zu Sinowjews »System kombinierter Maßnahmen« gehört vor allem, die Kristallisationskerne unkontrollierter Bewegung zu identifizieren, nicht nur Gruppen oder Kollektive, sondern Individuen: Sinowjews Rede ist die Anleitung für einen Chirurgen am Gesellschaftskörper, und es ist kein Zufall, daß das Wort »chirurgisch« in seiner Rede auch erscheint.[136] Sinowjew nennt präzis Namen von Gruppen und Personen: Er zitiert aus den Reden auf dem *Kongreß der Ärzte* im Frühjahr 1922, wo ein Redner von der »kommunistischen Umzingelung« der Ärzteschaft gesprochen hatte (genannt werden die Ärzte Stankevič und Granovskij). Er nennt den *Kongreß der Agronomen* und den *Streik der Moskauer Professoren*. Er nennt die Zeitschriften »*Ėkonomist*« und »*Utrenniki*«, zu deren Autoren Izgoev, Sorokin und Berdjaev gehörten. »Entlarvt« wird auch der Petersburger Historiker Tarlé. Von den Spezialisten für Landwirtschaft und Verfechtern der *Genossenschaftsbewegung* wird der Petersburger Professor Bruckus genannt. Sinowjew kündigt an, daß jene, die Lehrstühle erobert haben, und Leute mit professoralen Neigungen »aus ihrem Milieu ausgesondert werden«.

Die XII. Parteikonferenz macht die Ansichten Sinowjews zu denen der Partei. Noch einmal werden die »empfindlichen Zentren« genannt: das »Allrussische gesellschaftliche Komitee für Hungerhilfe«, die Allrussischen Kongresse der Ärzte, der Agronomen und der Genossenschaftler sowie Zeitschriften und Intelligenz an den Hochschulen. Ausdrücklich wird die Anwendung von Repressionen nicht nur gegen Menschewiki und Sozialrevolutionäre, »sondern auch gegen politisierende Spitzen der parteilosen, bürgerlich-demokratischen Intelligenz, die für ihre konterrevolutionären Ziele die Grundinteressen ganzer Gesellschaften mißbraucht haben und für die die Interessen der Wissenschaft, Technik, Pädagogik, Genossenschaften und so fort nur ein leeres Wort, ein politischer Vorwand sind«, bekräftigt.[137]

Am 31. August 1922 verkündet die »Pravda« unter der Überschrift »Die erste Warnung«:

»Die Sowjetmacht, die allzu große Geduld an den Tag gelegt hat, hat endlich die erste Warnung abgegeben: Die aktiven konterrevolutionären Elemente unter den Professoren, Ärzten, Agronomen und anderen werden teilweise ins Ausland ausgewiesen, teilweise in die nördlichen Gouvernements verschickt.« Während des Bürgerkriegs hätten sie die Weißgardisten unterstützt, nun unter den neuen Bedingungen sei die »Ausnutzung der legalen Möglichkeiten« die neue Form der Konterrevolution. Ihre wichtigsten Hochburgen seien die Hochschulen, »welche vom Oktoberumsturz am wenigsten berührt worden sind« und die sich gegen die Öffnung für Arbeiter und Bauern sperrten. Sie hätten ihre Zeitschriften, »die hauptsächlich in Petrograd herausgegeben werden, in denen meist zwar versteckt, aber doch hartnäckig, bösartig und konsequent versucht wird, die Sowjetmacht zu diskreditieren, sie einer pseudowissenschaftlichen Kritik zu unterziehen.

Auf dem Gebiet der Philosophie haben sie Mystizismus und Pfaffentum gepredigt und mit der modernisierten Ideologie des Mittelalters zahlreiche private Verlage überschwemmt.« Namentlich werden wieder Ärzte, Agronomen und Genossenschaftler erwähnt. Es fehlt auch nicht der Versuch, die Angegriffenen moralisch zu desavouieren, wenn es heißt, diese ganze konterrevolutionäre Arbeit »wurde von diesen Herren auf Kosten der Sowjetmacht und des arbeitenden Volks durchgeführt, insofern nämlich alle diese Vertreter der bürgerlichen Intelligenz im Dienst von Sowjetstellen standen, akademische Rationen und jene Unterstützung erhielten, die Narkompros den Wissenschaftlern gewährte«.

Und schließlich: »Durch Verordnung der Staatlichen Politischen Verwaltung werden die aktivsten konterrevolutionären Elemente aus dem Milieu der Professoren, Ärzte, Agronomen, Literaten verbannt – teilweise in die nördlichen Gouvernements, teilweise ins Ausland.« Wem es »bei uns« nicht gefalle, der könne ja auf »Dienstreise ins Ausland« gehen, heißt es weiter. Und dann: »Unter den Ausgewiesenen sind fast keine bedeutenden wissenschaftlichen Namen. In der Mehrzahl sind dies politisierende Elemente der Professorenschaft, welche weitaus bekannter sind aufgrund ihrer Zugehörigkeit zur Kadettenpartei als durch ihre wissenschaftlichen Verdienste …

Die Ausweisung der aktiven konterrevolutionären Elemente der bürgerlichen Intelligenz ist nur die erste Warnung der Sowjetmacht an die Adresse dieser Schichten. Die Sowjetmacht wird auch in Zukunft jene Vertreter der alten Intelligenz und der Spezialisten, die loyal mit der Sowjetmacht zusammenarbeiten, wie es heute die besten Spezialisten tun, unterstützen. Doch sie wird auch in Zukunft jeglichen Versuch an der Wurzel abschneiden, die von der Sowjetmacht gewährten Möglichkeiten zu mißbrauchen für den offenen oder verdeckten Kampf gegen die Arbeiter- und Bauernmacht mit dem Ziel, die bürgerlich-gutsbesitzerliche Ordnung zu restaurieren.«[138]

Es war dann Trotzki, der in einem Interview mit Louise Bryant die Rechtfertigung dieser Operation gegenüber der Weltöffentlichkeit übernahm: Die beispiellose Operation wird zu einer humanen Geste. »Jene Elemente, die wir ausweisen oder ausweisen werden, sind an und für sich politisch erledigt. Doch sie sind in den Händen unserer möglichen Feinde eine Präventivwaffe. Im Fall neuer Kriegsverwicklungen – und solche sind trotz unserer Friedensliebe nicht ausgeschlossen – werden sich alle diese unsere unversöhnlichen und unverbesserlichen Elemente als militärisch-politische Agenturen des Feindes erweisen. Und wir werden gezwungen sein, sie nach Kriegsrecht zu erschießen. Das ist der Grund, weshalb wir es jetzt in einer ruhigen Zeit vorziehen, sie rechtzeitig auszuweisen. Und ich hoffe, daß Sie nicht gegen unsere vorsorgliche Humanität sind und sie vor der öffentlichen Meinung verteidigen werden.«[139]

Es werden nur wenige Jahre vergehen, und die Exekutoren der Verbannung werden selber in die Verbannung geschickt. Und es kommt der Tag, an dem die Proskribenten selber zu den Proskribierten gehören – mit identischen Argumenten, doch mit tödlichen Folgen.

Postscriptum

Der Beginn der Neuen Ökonomischen Politik macht klar, daß es kein Zurück gibt. Im Augenblick, da die Überreste der atomisierten Klassen und ihrer Kulturen sich zu reorganisieren beginnen, das Leben und die Gedankenzirkulation wieder pulsieren und sich Formen der Öffentlichkeit reaktivieren und »molekular« verbinden, erklärt die Sowjetmacht den Krieg gegen einen Prozeß, den sie anders denn als Angriff nicht verstehen kann. Die spontane Selbstorganisation der Gesellschaft versetzt sie in Panik, sie ruft den permanenten Belagerungszustand aus. Der Herausforderung, sich in diesen Selbstorganisationsprozeß – der ohnehin schwach und rudimentär war – hineinzustellen, ist sie nicht gewachsen. Sie findet die Formen solcher Selbstorganisation vor: auf dem Land die kleinen und mittleren Bauernwirtschaften und die Genossenschaftsbewegung, in den Städten eine Arbeiterschaft und eine in einflußreichen Teilen hochproduktive und mobile Intelligenz, die an die Arbeit zurück will.

Die Bolschewiki haben die Macht erobert und werden an dieser Macht zugrundegehen, weil sie die einzige Basis, die die politokratische Revolution mit neuen Kräften hätte versorgen, entmilitarisieren und zivilisieren können, angriffen und zerstörten. Der NEP-Konzessionskapitalismus erzeugte nur noch eine Quasi-Bourgeoisie, fiktiv, und um so abstoßender und unproduktiver. Der Dynamik der spontanen Selbstorganisation auf dem flachen Land stand sie hilflos gegenüber oder genauer: sie hatte damit gar nichts zu tun. Für sie war es vor allem ein negativer Prozeß: Sobald sich die bäuerliche

Wirtschaft kräftigte, stellte sie eine Gefahr dar. Die Formen des öffentlichen Nachdenkens waren für sie gefährlich, aber die Zerstörung der Öffentlichkeit, das heißt der »Selbstreflexion einer Gesellschaft«, letztlich tödlich für ein modernes Rußland. Das Urteil über die zwangsläufige Regeneration der politischen Sphäre aus sich selbst wurde in dem Augenblick gefällt, da sich ein Konzentrationspunkt wie Petersburg in eine geschlossene Stadt verwandelte, aus einem Fusionslabor der Schauplatz nicht endender Spaltungen wurde und die Bürokratie nicht der frischen Luft, die die Mikroben tötet, ausgesetzt (so hatte Izgoev die Presse genannt), sondern mit Sowjetöl balsamiert wurde (wie es Lenin nannte).

Die Auszehrung der politokratischen Revolution und ihrer Kader beginnt schon mit dem Tag der Machtergreifung, sie wird sanktioniert durch die Wendung zur NEP, die nicht das andere, sondern die Fortsetzung der politokratischen Revolution ist.

Es sind nicht die Bolschewiki, die der Petersburger Kultur den Untergang bereitet haben – das wäre eine maßlose Überschätzung der Wirksamkeit politischer Parteien in einem Vorgang, in dem ganz andere Kräfte eine Rolle spielen – Bloks »Elementarkräfte«. In einem gewissen Sinn sind die politischen Verstärker und Exekutoren dieser Elementarkräfte sogar selber Produkt und Teil dieser Petersburger Kultur. Die letzten Angehörigen der Petersburger Kultur sterben 1937, sofern sie nicht ins Exil entkommen sind.

Anmerkungen

Zu Kapitel I.

1 N. P. Ancyferov, Duša Peterburga, S. 157.

2 N. P. Ancyferov, ebd. S. 60. Nikolaj Pavlovič Ancyferov (1891-1958) hat vermutlich für Rußland getan, was Lewis Mumfort und Siegfried Giedion für die westliche Welt getan haben: die Entdeckung und Analyse der Stadt als Zivilisationsfokus. Zur Wiederentdeckung dieses vergessenen Gelehrten, seinem Werk und seiner Biographie vgl. N. P. Ancyferov. Tri glavy iz vospominanij, in: Pamjat'. Istoričeskij sbornik, vypusk IV, Moskva/Paris 1979/1981, S. 55-152.

3 Aleksandr Benua, Živopisnyj Peterburg, in: Mir iskusstva 1902, Nr. 1, S. 1-5.

4 Neben der Untersuchung N. P. Ancyferovs zum »Mythos Petersburg« vor allem: Ju. M. Lotman, Simvolika Peterburga i problemy semiotiki goroda, und: V. N. Toporov, Peterburg i peterburgskij tekst russkoj literatury, in: Semiotika goroda i gorodskoj kul'tury – Peterburg, Trudy po znakovym sistemam XVIII, Tartu, 1984, S. 30-45 bzw. 4-29. Ferner: E. Lo Gatto, Il mito di Pietroburgo. Storie, leggenda, poesia, Mailand 1960; J. Holthusen, Petersburg als literarischer Mythos, in: Rußland in Vers und Prosa, München 1973, S. 9-34.

5 N. P. Ancyferov, op. cit., Abschnitte VI und VII.

6 Zur Stadtgeschichte Petersburgs im betreffenden Zeitraum vor allem: James H. Bater, St. Petersburg. Industrialization and Change, London 1976; Očerki istorii Leningrada, tom III (1895-1917 gg.), tom IV (1917-1941), Moskva/Leningrad 1956, 1964; Leningrad, Ėnciklopedičeskij spravočnik, Moskva/Leningrad, 1957; Michael F. Hamm (ed.), The City in Late Imperial Russia, Bloomington 1983; N. V. Juchneva, Ėtničeskij sostav i ėtnosocial'naja struktura naselenija Peterburga. Vtoraja polovina XIX-načalo XX v., Leningrad 1984; Staryj Peterburg, Istoriko-ėtnografičeskie issledovanija AN SSSR, Leningrad 1982; Klaus Meyer, Kaiserliche Residenz und sozialistische Großstadt. Typologische Überlegungen zur Geschichte der Stadt St. Petersburg – Petrograd – Leningrad, in: Ostmitteleuropa. Berichte und Forschungen, Stuttgart 1981, S. 64-77; V. Klotz, Die erzählte Stadt. Ein Sujet als Herausforderung des Romans von Lesage bis Döblin, München 1969, darin: Explosive Stadt. Belyjs Petersburg, S. 254-316; aus einer persönlichen Sicht vgl. Dmitrij Lichačev, O Peterburge moego detstva (iz vospominanij), in: Dekorativnoe iskusstvo SSSR, 1987, Nr. 1, S. 31-34.

7 Georgij Kr. Lukomskij, Staryj Peterburg. Progulki po starinnym kvartalam stolicy, Petrograd 1916.

8 J. H. Bater, St. Petersburg, S. 157.

9 G. Lukomskij, Sovremennyj Petrograd, Očerk istorii vozniknovenija i razvitija klassičeskago stroitel'stva, 1900-1915 gg., Petrograd 1916.

10 A. Benua, Živopisnyj Peterburg, a.a.O., S. 2-3; G. Lukomskij, Staryj Peterburg, S. 40ff.

11 J. H. Bater, a.a.O., S. 311.

12 F. E. Enakiev, Zadači preobrazovanija S.-Peterburga, S.-Peterburg 1912, S. 28.

13 J. H. Bater, a.a.O., S. 329, 342.
14 F. E. Enakiev, Zadači preobrazovanija, S. 46.
15 F. E. Enakiev, Zadači preobrazovanija, S. 20. Im folgenden Abschnitt wird hauptsächlich aus Enakievs Untersuchungen referiert und zitiert.
16 F. E. Enakiev, Zadači preobrazovanija, S. 20/21.
17 V. V. Ružže, Gradostroitel'nye vzgljady architektora L. N. Benua, in: Architekturnoe nasledstvo, tom 7, Leningrad 1955, S. 67-86, hier S. 70; ders., Architekturno-planirovočnye idei gorodov-sadov v Rossii v konce XIX-načala XX v., in: Izvestija vysšich učebnych zavedenij Ministerstva vysšego i srednego special'nogo obrazovanija v SSSR. Stroitel'stvo i architektura, Novosibirsk 1960, Nr. 5, S. 180-188.
18 V. V. Ružže, Gradostroitel'nye vzgljady, S. 72.
19 F. E. Enakiev, Zadači preobrazovanija, S. 29.
20 F. E. Enakiev, Zadači preobrazovanija, S. 74/75.
21 E. A. Borisova, T. P. Každan, Russkaja architektura konca XIX-načala XX v., Moskva 1971, S. 65 und 75.
22 Zadači, S. 48.
23 F. E. Enakiev, Zadači preobrazovanija, S. 60.
24 F. E. Enakiev, Zadači preobrazovanija, S. 67.
25 F. E. Enakiev, Zadači preobrazovanija, S. 77/78.
26 F. E. Enakiev, Zadači preobrazovanija, S. 80.
27 G. Lukomskij, Naša architektura ot Petra I do Nikolaja I, in: Apollon 1911, Nr. 5, S. 15ff.
28 Bar. N. N. Vrangel', Istoričeskaja vystavka architektury v Akademii chudožestv, in: Apollon 1911, Nr. 5, S. 5-22, hier 5.
29 M. M. Peretjatkovič, Ėlementy krasoty gorodov, iniciativa i sposoby osuščestvlenija zadač v žizni gorodov, in: Trudy vserossijskago s-ezda chudožnikov, Petrograd 1915, tom II, S. 64.
30 E. A. Borisova, T. P. Každan, Russkaja architektura konca XIX-načala XX v., Moskva 1971, S. 32.
31 E. A. Borisova, T. P. Každan, Russkaja architektura, S. 32.
32 E. A. Borisova, T. P. Každan, Russkaja architektura, S. 31.
33 A. A. Strigalev, Specifičeskie čerty architektury Rossii v period meždu načalom pervoj mirovoj vojny i Oktjabrskoj revoljuciej, in: Problemy istorii sovetskoj architektury, Moskva 1985.
34 E. A. Borisova, T. P. Každan, Russkaja architektura, S. 38.
35 Dazu gehörten Zeitschriften wie »Naša usad'ba« (Unser Landhaus), »Naše žilišče« (Unsere Wohnung) und andere.
36 E. A. Borisova, T. P. Každan, Russkaja architektura, S. 45, 46.
37 Apollon 1916, Nr. 6-7, S. 77.
38 Trudy II s-ezda chudožnikov, S. 65.
39 Vgl. hierzu auch Graf P. Ju. Sjuzor, Po voprosu o pravitel'stvennom zakonoproekte ob ochrane drevnostej, in: Trudy vserossijskago s-ezda chudožnikov, Petrograd 1915, tom II, S. 124-128.
40 E. A. Borisova, T. P. Každan, Russkaja architektura, S. 35.
41 V. L. Ružže, Gradostroitel'nye vzgljady L. N. Benua, in: Architekturnoe nasledstvo, Nr. 7, Moskva/Leningrad 1955, S. 77.
42 E. E. Baumgarten, L. A. Il'in, Vandalizm reklamy, in: Trudy IV s-ezda russkich zodčich, S. 69,70.
43 E. E. Baumgarten, L. A. Il'in, Vandalizm reklamy, S. 71, 77.

44 G. Lukomskij, Sovremennyj Petrograd, S. 21.
45 G. Lukomskij, Staryj Peterburg, S. 53.
46 Jurij Roch, Apollon 1909, Nr. 2, S. 36. Vgl. auch Jurij Roch, Novoe stroitel'stvo v S.-Peterburge, in: Apollon 1909, Nr. 1, S. 16-17; ders., Architekturnoe otdelenie na otčetnoj vystavke Akademii chudožestv, in: Apollon 1909, Nr. 3, S. 17-18; G. Lukomskij, Architekturnaja letopis', in: Apollon 1910, Nr. 11, S. 34-39; V. Krivič, Novoe stroitel'stvo Peterburga, in: Apollon 1909, Nr. 2, S. 18-24.
47 V. L. Ružže, Gradostroitel'nye vzgljady L. N. Benua, S. 82.
48 V. Ja. Kurbatov, Pereživanie architekturnych form i vyrabotka novago stilja, in: Trudy vserossijskago s-ezda chudožnikov, S. 69.
49 Dieses Verdienst kommt vor allem E. I. Kiričenko zu, vgl. E. I. Kiričenko, Russkaja architektura 1830-1910-ch godov, Moskva 1982; speziell zum Eklektizismus, E. I. Kiričenko, Architekturnye teorii XIX veka v Rossii, Moskva 1986.
50 Zu F. O. Šechtel' vgl. die Monographie von E. I. Kiričenko, F. Šechtel', Moskva 1973. Zur Entwicklung des russischen Jugendstils vgl. V. V. Kirikov, Architektura russkogo moderna. Opyt formologičeskogo analiza, Moskva 1979; Fedorov-Davydov, Russkoe iskusstvo promyšlennogo kapitalizma, Moskva, 1929; V. G. Lisovskij, Osobennosti russkoj architektury konca XIX-načala XX v., Leningrad 1976. Spezielle Untersuchung zum »Peterburgskij modern« oder auch »Severnyj modern« (Nördlicher Jugendstil) vgl. B. M. Kirikov, Peterburgskij modern. Zametki ob architekture i monumental'no-dekorativnom iskusstve, in: Panorama iskusstv 10, Moskva 1987, S. 99-148.
51 V. G. Isačenko, G. A. Ol', Fedor Lidval', Leningrad 1987.
52 V. V. Kirikov, Architektura russkogo moderna, S. 152ff.
53 G. Lukomskij, Sovremennyj Petrograd, S. 38, 41.
54 G. Lukomskij, Sovremennyj Petrograd, S. 50.
55 V. Ja. Kurbatov, Pereživanie architekturnych form i vyrabotka novago stilja, S. 70.
56 G. Lukomskij, Vkusy sovremennosti, S. 28.
57 M. Ljalevič, Ob architekturno-chudožestvennoj razrabotke mostov i drugich podobnych sooruženij v gorodach, in: Trudy IV se-zda russkich zodich, S. 4.
58 Apollon 1909, Nr. 1, S. 1-10.
59 G. Lukomskij, Sovremennyj Petrograd, S. 93, 94.
60 Trudy IV se-zda russkich zodčich, S. 584.
61 Zur Besichtigung vorgeschlagen waren folgende Bauten: 1. Grabstätte der Kaiserlichen Familie, 2. Marine-Kathedrale in Kronstadt, 3. Kirche der Altgläubigen, 4. Bahnhofsanbauten der Moskauer–Windauer Linie, 5. Gebäude der Gardeökonomischen Gesellschaft, 6. Gebäude des Gynäkologischen Instituts, 7. Sporthalle am Marsfeld, 8. Singer-Gebäude, 9. Neuer Saal des Staatsrats, 10. Azov-Don-Bank, 11. Staatsdruckerei, 12. Sportpalast auf dem Kamennoostrovskij-Prospekt, 13. Städtische Müllverbrennungsanlage, 14. Vier Schulgebäude, 15. Zentrales Tramdepot, 16. Arbeitersiedlung Gavanskij gorod, 17. Orthopädisches Institut, 18. Krankenhäuser, 19. Baugerüste an der Alexandersäule auf dem Schloßplatz, 20. Polytechnisches Institut Peter I., 21. Erdbebenstation in Pulkovo, 22. Pavlovskij-Palais. Genauere Angaben – Lage, Architekt, Bauzeit – werden im folgenden Abschnitt gegeben.
62 Architektory-stroiteli Peterburga-Petrograda načala-XX v. Zusammengestellt von V. G. Isačenko, B. M. Kirikov, S. G. Fedorov, A. M. Ginzburg, Leningrad

1982, S. 3/4. Die Angaben zu diesem »Rundgang« stammen aus diesem Katalog sowie aus dem Aufsatz von B. M. Kirikov, Peterburgskij modern, S. 99 bis 148, der eine topographisch orientierte, d.h. nach Straßenzügen geordnete Übersicht der wichtigsten und charakteristischsten Gebäude gegeben hat. Teilweise wurde auch benutzt: Zodčie Peterburga vtoroj poloviny XIX veka Katalog vystavki, Leningrad 1985. Diese Arbeiten bezeichnen die Wiederentdeckung des verschwundenen bzw. wenig beachteten Petersburg und seiner Baumeister. Ohne diese verdienstvollen Kataloge und Ausstellungen ist eine Begehung der Stadt kaum sinnvoll. Die genauen Angaben sind zu verstehen als Bibliographie zum »Peterburger Text«. Äußerst hilfreich, wenn auch nicht so genau und ausführlich, ist ferner: Leningrad, Putevoditel', Leningrad 1987. Ausführlich: Karl Schlögel, Die Petersburger Moderne (unveröffentlichtes Bildmanuskript).

63 Bankgebäude: Bankhaus Vavel'berg, Nevskij prospekt 7-9, 1911-1912, Arch. M. M. Peretjatkovič; Sibirische Bank, Nevskij prospekt 44, 1910-1912, Arch. B. I. Giršovič, M. S. Ljalevič; Azov-Don-Bank, ulica Gercena 3-5, 1907-1909, Arch. F. I. Lidval'; Russische Handels- und Industriebank, ulica Gercena 15, 1910-1915, Arch. M. M. Peretjatkovič; Petersburger Gesellschaft für Wechselkredit, kanal Griboedova, 1887-1907, Arch. P. Ju. Sjuzor; Gebäude des Lombard, nab. reki Mojki 72, 1909, G. V. Baranovskij; Internationale Kommerzbank, Nevskij prospekt 58/Sadovaja ulica 6, 1896-1912, Arch. S. A. Bržozovskij/A. V. Kaščenko; Bankhaus Junker, Nevskij prospekt 12, 1910-1911, Arch. V. I. Van-der-Gjucht; Gebäude der Moskauer Kaufmannsbank, Nevskij prospekt 46, 1901-1902, Arch. L. N. Benois; Gesellschaft für Wechselkredit, Sadovaja ulica 34, 1906-1909, Arch. F. I. Lidval'.

64 Hotel Astoria, ulica Gercena 39, um 1910, Arch. F. I. Lidval'; Hotel Evropejskaja, Interieurs, ulica Brodskogo 1/7, 1910-1911, Arch. F. I. Lidval'/K. Ė. Makkenzen; Hotel F. I. Korovin, Ligovskij prospekt 41, 1904, Arch. G. S. Gavrilov; Hotel V. E. Pestrikov, Ligovskij prospekt 43-45, 1902-1913, Arch. G. S. Gavrilov; Hotel A. I. Andreev, Ligovskij prospekt 53, 1911, Arch. M. L. Krickij; Hotel F. F. Theodoriki, Malyj prospekt 38-40, Vasil'ev-Insel, 1903 bis 1906, Arch. I. P. Volodichin. Interieur des Restaurants Nemčinskij, Zagorodnyj prospekt 18, 1908-1909, Arch. N. I. Bogdanov.

65 Kaufhäuser und Kontorgebäude: Handelshaus Mertens, Nevskij prospekt, 1910-1912, Arch. M. S. Ljalevič; Haus der Gardeökonomischen Gesellschaft, ulica Željabova 21-23, 1908-1913, Arch. E. F. Virrich, N. V. Vasil'ev, S. S. Kričinskij, I. V. Padlevskij; Passage, Litejnyj prospekt 53, 1912-1913, Arch. N. V. Vasil'ev; Haus der Versicherungsgesellschaft Salamander, ulica Dzeržinskogo 4-6, 1907-1909, Arch. N. N. Verevkin/M. M. Peretjatkovič; Gebäude der Singer-Company, Nevskij prospekt 28, 1902-1904, Arch. P. Ju. Sjuzor; Kaufhaus Eliseev, Nevskij prospekt 56, 1902-1906, Arch. G. V. Baranovskij; Handelshaus Ėsders und Schefal's, nab. reki Mojki 73, 1905-1907, Arch. K. N. Rošefor/V. A. Lipskij; Šeremetev-Passage, Litejnyj prospekt 51, um 1910, Arch. M. V. Krasovskij; Handelshaus der Schuhfirma Skorochod, Bol'šoj prospekt 55, 1912, Arch. Ė. A. Gustavson.

66 Kirchen und Tempel: Moschee, prospekt M. Gor'kogo 7, 1910-1914, Arch. N. V. Vasil'ev/S. S. Kričinskij/A. I. Gogen; Kievo-Pečerskoe podvor'e, nab. Lejtenanta Šmidta 27, 1895-1898, Arch. V. A. Kosjakov/G. A. Kosjakov; Chram Voskresenija, nab. Obvodnogo kanala 116, um 1900, Arch. G. D. Grimm/A. L. Gun; Buddhistischer Tempel, Primorskij prospekt 91, 1909 bis

1915, Arch. G. V. Baranovskij; Chram Voskresenija na krovi, kanal Griboedova, 1883-1907, Arch. A. A. Parland/I. V. Makarov; Kirche der Altgläubigen in Petersburg, Tverskaja ulica 8, 1906-1907, Arch. D. A. Kryžanovskij; Synagoge und Verwaltungsgebäude, prospekt Aleksandrovskoj fermy 66, Arch. Ja. G. Gevirc; Kapelle der französischen Botschaft, Kovenskij pereulok 7, 1908-1909, Arch. L. N. Benois/M. M. Peretjatkovič.

67 Staatliche, städtische, kommunale Bauten: Haus städtischer Einrichtungen, prospekt Majorova 42, 1906, Arch. A. L. Lišnevskij; Haus städtischer Einrichtungen, prospekt M. Gor'kogo 49, 1910-1914, Arch. M. M. Peretjatkovic; Volkshaus Nikolaj II., Park Lenina, 1899-1901 und 1910-1911 (unter Verwendung der Eisenkonstruktionen des Hauptgebäudes der Allrussischen Ausstellung von Nižnij Novgorod 1896), Arch. G. I. Ljucedarskij; Ligovskij Volkshaus S. V. Panina, Tambovskaja ulica 63, 1901-1904, Arch. Ju. Ju. Benois; Ministerium für Handel und Industrie, nab. Maloj Nevy, 1914-1915, Arch. M. M. Peretjatkovič; Hauptschatzamt, nab. reki Fontanki 70-72, 1913-1916, Arch. S. S. Korvin-Krukovskij/D. M. Iofan/S. S. Serafimov; Kaiserliche Grabstätte, Peter-Pauls-Festung, 1896-1908, Arch. D. I. Grimm/A. O. Tomiško/ L. N. Benois; Suvorov-Museum, ulica Saltykova-Ščedrina 41b, 1901-1904, Arch. A. I. Gogen/G. D. Grimm; Westflügel des Russischen Museums, kanal Griboedova 2, 1914 bis nach 1920, Arch. L. N. Benois/S. I. Ovsjannikov; Lebensmittelmarkt, Sytninskaja pl. 3-5, 1912-1913, Arch. M. S. Ljalevič/ M. M. Peretjatkovič; Denkmal »Stereguščij«, Park Lenina, 1909-1911, Arch. K. V. Izenberg/A. I. Gogen.

68 Schul- und Institutsgebäude: Städtische Schule Peter I., Petrovskaja nab. 2/4, 1909-1911, Arch. A. I. Dmitriev zusammen mit V. V. Kuznecov, A. A. Kudinova, A. A. Benois; Russische Geographische Gesellschaft, per. Grifcova 10, 1906-1907, Arch. G. V. Baranovskij; Botschaft des Deutschen Reichs, Isaakievskaja pl. 11, 1910-1912, Arch. P. Behrens/I. K. Stender/N. P. Kozlov/V. I. Šene; Elektrotechnisches Institut, ulica Popova 5, 1900-1903, Arch. A. N. Vekšinskij; Akademie des Generalstabs, Suvorovskij prospekt 32, 1900-1903, Arch. A. I. Gogen; Herbarium und Bibliothek des Botanischen Gartens, ulica Pavlova 62, um 1910, Arch. A. I. Ditrich; Ethnographisches Museum, Inženernaja ulica 32, 1900-1911, Arch. V. F. Svin'in; Schule für Volkskunst, kanal Griboedova 2a, 1914-1915, Arch. N. E. Lansere/I. F. Bezpalov; Gebäude des Gymnasiums K. I. May, Vasil'ev-Insel, 14-ja linija 39, 1909, Arch. G. D. Grimm; Gebäude der Höheren Bestužev-Frauenkurse, Vasil'ev-Insel, 10-ja linija 33-35, 1902-1909, Arch. V. N. Pjaseckij/D. D. Ustrugov; Bibliotheksgebäude des Instituts für experimentelle Medizin, ulica Akademika Pavlova 12, 1911-1914, Arch. G. I. Ljucedarskij; Gebäude des Psychoneurologischen Instituts, ulica Bechtereva 3, 1910-1912, Arch. R. F. Mel'cer; Gebäude der landwirtschaftlichen Frauenkurse, Bobrujskaja-Straße 4, 1905-1909, Arch. A. K. Montag/A. I. Ditrich; Haus der Aufklärungseinrichtungen, nab. Obvodnogo kanala 181, 1911-1912, Arch. N. V. Dmitriev.

69 Vgl. G. Lukomskij, Architektura na rimskich vystavkach, in: Apollon 1911, Nr. 10, S. 26-40.

70 Krankenhäuser und Kliniken: Orthopädisches Institut, Park Lenina 5, 1902 bis 1905, Arch. R. F. Mel'cer; Tierklinik, 4-ja Sovetskaja 5, 1914, Arch. I. I. Dolginov; Städtisches Krankenhaus Peter der Große, Piskarevskij prospekt 47, 1906-1916, Arch. L. A. Il'in/A. I. Klejn/A. V. Rozenberg/A. L. Lišnevskij; Gynäkologisches Institut, Vasil'ev-Insel, Mendeleevskaja linija 3, 1898 bis

1904, Arch. L. N. Benois; Städtisches Kinderkrankenhaus, prospekt Karla Marksa 65, Litovskaja ulica 2, 1901-1907, Arch. M. I. Kitner/I. S. Kitner.

71 Sytnyj rynok, Sytninskaja pl. 3-5, 1912-1913, Arch. M. S. Ljalevic/M. M. Peretjatkovič; Markthalle, Vasil'ev-Insel, Srednij prospekt/Knjažninskaja ulica, 1906, Arch. A. K. Montag.

72 Straßenbahndepot, Baročnaja ulica 12, 1913-1915, Straßenbahndepot, Vasil'ev-Insel, Srednij prospekt 77-79, Straßenbahndepot, Moskovskij prospekt 81, 83, Arch. A. A. Lamagin; Transformatorenstationen, Degtjarnyj pereulok 5, 11-ja Krasnoarmejskaja ulica 28, Bol'šaja Pod'jačeskaja ulica 27, sowie Vasil'ev-Insel, 23-ja linija 10 und nab. reki Karpovki 15, alle errichtet zwischen 1906 und 1909, nach Entwürfen von L. B. Gorenberg/A. I. Zazerskij; Brücke Peter der Große, 1909-1911, Arch. V. P. Apyškov/G. G. Krivošein; Feuerwehrstation, ulica Ostrumova 21, 1906-1907, Arch. F. A. Korzuchin; Troickij-(heute Kirov-) Brücke, 1897-1903, Arch. R. Patujar/V. Šabrol'/A. G. Adamson.

73 Sport- und Erholungsanlagen: Eingang zum Lunapark, 1912, Arch. A. I. Vajtens; Sportklub der »Severnyj bank«, Krestovskij ostrov, prospekt Dinamo, Arch. Ė. A. Gustavson; Sportpalast, Kirovskij prospekt 42, 1910, Arch. S. G. Ginger/A. E. Belogrud (größtenteils abgerissen); Sportpalast am Marsfeld, 1910, Arch. E. F. Šretter (abgetragen).

74 Vitebsker Bahnhof, Zagorodnyj prospekt 52, 1902-1904, Arch. S. A. Bržozovskij/S. I. Minas/N. S. Ostrovskij u.a. ; die Entwürfe für den Nikolaj-Bahnhof finden sich in den Ausgaben des Architektur-Jahrbuchs Ežegodnik obščestva architektorov-chudožnikov 1915 und 1916.

75 Industriearchitektur: Tabakfabrik Laferm, Vasil'ev-Insel, Srednij prospekt 38, 1908-1913, Arch. R. I. Kriger; Nördliche Textilmanufaktur, Ural'skaja ulica 17/10, 1912-1914, Arch. G. O. Girgenson; Gebäude der Staatsdruckerei, Gatčinskaja ulica 26, Čkalovskij prospekt 15, 1909-1911, Arch. L. N. Benois; Brauereikomplex »Novaja Bavarija«, Petrovskij prospekt 9, 1906-1910, Arch. N. N. Verevkin/L. A. Serk; Elektrofirma »N. K. Gejsler und Co.«, ulica Jabločkova 12, 1910-1911, Arch. R. I. Kriger; Frachtstation, Ligovskij prospekt 242, um 1900, Arch. S. A. Bržozovskij; Mühle, Packhäuser, Elevator, Mel'ničnaja ulica/Glinjanaja ulica, 1912-1913, Arch. G. A. Giršon/I. N. Kril'; Petrograder mechanische Brotbäckerei, Malaja Mitrofan'evskaja ulica 4, 1918, Arch. L. V. Šmelling/N. N. Nagel'; Makkaronifabrik M. Ivanov/N. Gol'dberg, Moskovskij prospekt 144, 1914, Arch. I. I. Dolginov; Petersburger Waggonbaubetrieb, Taškentskaja ulica 7 (Hof), 1913-1914, Arch. G. Ch. Rozovskij; Tiegelfabrik K. P. Morgan, Zelenkov pereulok 4, Arch. F. F. Postel's; Produktionsgebäude Ludwig Nobel, prospekt Karla Marksa 30, Arch. G. F. Johnson; Telephonfabrik »Russische AG L. M. Erikson«, prospekt Karla Marksa 60, 1899, 1910-1913, Arch. K. K. Šmidt; Mustermolkereikomplex, Nejšlotskij pereulok 23, 1914, Arch. Ju. Ju. Benois; Mechanischer Betrieb AG Prometh, Sverdlovskaja nab. 44, 1915, Arch. F. O. Tejchman; Typographie A. A. Suvorin, Volynskij pereulok 2, 1905, Arch. P. M. Makarov; Nevskij-Baumwollspinnerei, ulica Krasnogo Tekstil'ščika 17, 1907-1910, Arch. A. R. Gaveman; Produktionsanlagen der »Gesellschaft für elektrische Beleuchtung«, nab. Obvodnogo kanala 76, zwischen 1900 und 1920, Arch. F. I. Zauer/Ė. R. Ul'man.

76 Haus des Fürsten V. S. Kočubej, ulica P. Lavrova 24, 1909, Arch. R. F. Mel'cer; Villa der M. F. Kšesinskaja, prospekt M. Gor'kogo 1/2, 1904-1906, Arch.

A. I. Gogen/A. I. Dmitriev; Villa, ulica Literatorov 17, 1905-1907, Arch. M. F. Gejsler; Haus des Fürsten S. S. Abamelek-Lazarev, nab. reki Mojki 23, 1916, Arch. I. A. Fomin; Haus Šachovskaja, nab. reki Fontanki 27, Arch. I. A. Fomin; Haus Polovcev, nab. Sr. Nevki 6, 1911-1916, Arch. I. A. Fomin; Haus Groten, Pesočnaja nab. 28, 1915, Arch. A. A. Grube; Villa M. K. Pokotilova, Kirovskij prospekt 48, 1911, Arch. M. S. Ljalevič; Villa, Kamennyj ostrov, Bol'šaja alleja 13 und 8, sowie ulica Kujbyševa 2-4, Arch. R. O. Mel'cer; Villen von V. I. Šene, Kamennyj ostrov, Bol'šaja alleja 32/14 und 10 sowie Skvoznoj proezd 3.

77 Miethäuser (in einer äußerst begrenzten und subjektiven Auswahl): Wohnkomplex der Bassejnyj-Kooperativ-Genossenschaft, ulica Nekrasova 58-60/ Grečeskij prospekt 10-12, 1912-1916, Arch. Ė. F. Virrich, A. I. Zazerskij, A. F. Bubyr', N. V. Vasil'ev; Wohnkomplex Plutalova ulica 6, 1912, Arch. P. N. Batuev; Miethaus kanal Griboedova 144, 1909, Arch. P. N. Batuev; Miethaus M. N. Poležaev, Starorusskaja ulica 5/Novgorodskaja ulica 3, 1913-1915, Arch. I. I. Jakovlev; Wohnhaus (mit Kino), Nevskij prospekt 72, 1909-1910, Arch. S. I. Minaš/S. A. Moravickij; Miethäuser von A. F. Bubyr', nab. r. Fontanki 159, 1910-1912, Zagorodnyj prospekt 64, 1911-1913, Bol'šoj prospekt 104, P. S., 1912-1914; Miethäuser von V. I. Van-der-Gjucht, Bol'šoj prospekt 5, P. S., 1909-1910, Wohnhaus, Kirovskij prospekt 38, 1911; Wohnhäuser von S. G. Ginger, Sadovaja ulica 111-113, 1909 und Kirovskij prospekt 53, 1910; Miethäuser nab. r. Fontanki 86 und 88, 1909-1912, Arch. N. K. Prjanišnikov; Miethaus nab. Krjukova kanala 41/42, 1912-1914, Arch. S. O. Ovsjannikov; Wohnhaus nab. r. Fontanki 14, 1902-1910, Arch. A. V. Ščusev; Wohnhaus Kirovskij prospekt 63 und 65, 1910-1912, Arch. V. A. Ščuko; Wohnhäuser von M. S. Ljalevič, Kirovskij prospekt 9/2, 1911-1912, Kirovskij prospekt 48/2, 1909, 10-ja Sovetskaja ulica 17, 1910-1911; Wohnhäuser von V. V. Šaub, Sadovaja ulica 23, 1903-1904, prospekt M. Gor'kogo 79, Kirovskij prospekt 13, 16 und 20, sowie Bol'šoj prospekt 46, Vasil'ev-Insel; Wohnhäuser von I. A. Pretro, kanal Griboedova 148-150, 1911-1912, Bol'šoj prospekt 44, P. S., 1906-1907, sowie Srednij prospekt 53, Vasil'ev-Insel, 1912; Wohnhaus 2-ja linija 29, Vasil'ev-Insel, 1908, Arch. F. F. fon Postel's; Wohnhaus ulica Kujbyševa 21, 1909-1911, Arch. K. V. Bal'di; Wohnhäuser Srednij prospekt 45, 47, Vasil'ev-Insel, 1911-1914, Arch. A. F. Baranovskij; Wohnhäuser von Ja. G. Gevirc, prospekt Dobroljubova 19, 1912-1915, 6-ja Sovetskaja ulica 4 und 33, 1911; Wohnhaus prospekt M. Gor'kogo 23, 1911, Arch. E. L. Morozov; Wohnhaus nab. Obvodnogo kanala 50, 1913, Arch. A. I. Fantalov; Wohnhäuser Ligovskij prospekt 91 und 125, 1913, Arch. A. L. Lišnevskij; Wohnkomplex A. N. Percov, Ligovskij prospekt 44, Arch. S. P. Galensovskij/I. A. Pretro; »Haus mit den Türmen« Ecke Bol'šoj und Kirovskij prospekt sowie 75, 77 und 102, 1912-1915, Arch. A. E. Belogrud; Wohnhaus Bol'šoj prospekt 69, 1910, Arch. D. D. Ustrugov; Wohnhäuser von D. A. Kryžanovskij, Kirovskij prospekt 10, 12, 35a, 45, 54; Miethaus der Ersten Russischen Versicherungsgesellschaft, Kirovskij prospekt 26/28, 1911-1913, Arch. L. N. Benois/Ju. Ju. Benois/A. N. Benois; Wohnhaus, Bol'šoj prospekt 57, Vasil'ev-Insel, 1913-1914, Arch. L. N. Benois; Wohnkomplexe der Firma Nobel, prospekt Karla Marksa 27, 1-2 und 3-6, Arch. R. F. Mel'cer und V. A. Šreter; Miethäuser der »Genossenschaft für den Kampf gegen die Wohnungsnot«, Gavanskaja ulica 47, 1904-1906, Arch. N. V. Dmitriev/V. A. Fedorov.

78 Die biographischen Angaben selbst für bedeutendste Petersburger Baumeister

sind äußerst spärlich, sofern sie ihre Tätigkeit nicht in der Nachrevolutionszeit wieder aufgenommen haben und als »sowjetische Baumeister« Anerkennung fanden. Dies wird deutlich in: Zodčie Peterburga vtoroj poloviny XIX v., Leningrad 1985; ebenso in: Architektory-stroiteli Peterburga-Petrograda načala-XX v., Leningrad 1982. Für jene Architekten, die in der Sowjetzeit weiterarbeiten konnten und sogar äußerst einflußreich wurden – Vl. A. Ščuko, I. A. Fomin, A. I. Dmitriev, A. E. Belogrud, Vl. G. Gel'frejch u.a. aus der Schule von L. N. Benois –, vgl. Selim O. Chan-Magomedow, Pioniere der sowjetischen Architektur. Der Weg zur neuen sowjetischen Architektur in den zwanziger und zu Beginn der dreißiger Jahre, Dresden 1983; ebenfalls: Mastera sovetskoj architektury ob architekture, zwei Bände, Moskva 1975. Bis in die jüngste Zeit hinein fand sich nicht einmal im enzyklopädischen Nachschlagewerk Leningrad, Leningrad/Moskva 1957, ein Hinweis auf eine der profiliertesten Gestalten der Petersburger Architektur, F. I. Lidval'.

79 V. G. Isačenko/G. A. Ol', Fedor Lidval', Leningrad 1987, S. 78; dies ist die erste Monographie seit 1914, und niemandem scheint dieses »Vergessen« schmerzlicher bewußt zu sein als den beiden Leningrader Verfassern.

80 Die wichtigsten Arbeiten Lidval's in Petersburg: Haus der Ölgesellschaft Brüder Nobel, nab. kanala Griboedova 6, 1909; Azov-Don-Bank, ulica Gercena 3 bis 5, 1914; Wohnhaus ulica Popova 41/5, 1914; Wohnhaus, Železnovodskaja ulica 19, 1912; Vasil'ev-Insel, 13-ja linija 22, 1911; Interieurs Hotel Evropejskaja, ulica Brodskogo 1/7, 1910-1911; Hotel Astoria, ulica Gercena 39, um 1910; Bankgebäude, Sadovaja ulica 34, 1907; Wohnhaus Vasil'ev-Insel, Bol'šoj prospekt 92, 1906; Wohnhaus Lich, Mochovaja ulica 14, 1905; Miethaus A. F. Zimmermann, Kirovskij prospekt 61, 1906-1913; Miethäuser, ulica Brat'ev Vasil'evych 15, 17, 19, 1902-1911; Kaufmann-Hotel M. A. Aleksandrov, Apraksin pereulok 6, 1902; Villa E. L. Nobel, Lesnoj prospekt 21, 1910; Miethaus E. L. Nobel, Lesnoj prospekt 20, 1910-1912; Wohnhaus, ulica Željabova 19, 1904-1905; Miethaus der Schwedischen Kirche, ulica Sof'i Perovskoj 3, 1904-1905; Miethaus der Lidval's, Kirovskij prospekt 1-3, 1899-1904; Miethaus M. P. Tolstoj, nab. r. Fontanki 54, 1910-1912 (zusammen mit D. D. Smirnov); Russische Außenhandelsbank, ulica Gercena 18, 1915, unvollendet (zusammen mit L. N. Benois).

81 A. Benua, O novom stile, in: Aleksandr Benua razmyšljaet, Moskva 1968, S. 125-131.

Zu Kapitel II.

1 Dietrich Geyer, Zwischen Bildungsbürgertum und Intelligenzija: Staatsdienst und akademische Professionalisierung im vorrevolutionären Rußland, in: Bildungsbürgertum im 19. Jahrhundert, Teil I, hrsg. von Werner Conze und Jürgen Kocka, Stuttgart 1985, S. 208.

2 Otto Wilhelm Müller, Intelligencija. Untersuchungen zur Geschichte eines politischen Schlagwortes, Frankfurt/M. 1971, S. 246ff.

3 A. S. Izgoev, Intelligencija kak social'naja gruppa, in: Obrazovanie 1904, Nr. 1, S. 72-94, hier S. 77.

4 Die Darstellung der Literatur zur Intelligencija, ob aus sozialgeschichtlicher, ideen- und kulturgeschichtlicher oder politischer Perspektive, ist angesichts

der Fülle dieser Literatur selbst bereits ein Forschungsproblem. Das vorliegende Kapitel gibt keine Geschichte der Intelligencija, sondern ist der strikte Versuch, die Diskurse um »Vechi«, »Iz glubiny« und »Smena vech« zu erschließen. Allgemein dazu: Richard Pipes (Hg.), Die russische Intelligentsia, Stuttgart 1962; Th. G. Masaryk, Rußland und Europa, Studien über die geistigen Strömungen in Rußland, Bd. 1-2, Jena 1913; Marc Raeff, Origins of the Russian Intelligentsia, New York 1966; Franco Venturi, Roots of Revolution, New York 1966; D. R. Brower, The Problem of the Russian Intelligentsia, in: Slavic Review 1967, Nr. 4, S. 638-647; A. Besançon, Éducation et société en Russie dans le second tiers du XIXe siècle, Paris 1974; vgl. auch die Beiträge zum Symposium »Les intellectuels et l'intelligentsia russes au tournant du siècle«, Berlin, 8-10 février 1978, in: Cahiers du Monde russe et soviétique XIX (3), 1978, S. 221-331; V. R. Lejkina-Svirskaja, Intelligencija v Rossii vo vtoroj polovine XIX veka, Moskva 1971; dies., Russkaja intelligencija v 1900-1917 godach, Moskva 1981; S. A. Fedjukin, Velikij oktjabr' i intelligencija, Moskva 1972; ders., Oktjabr' i intelligencija (nekotorye metodologičeskie aspekty problemy), in: Intelligencija i revoljucija, Moskva 1985, S. 20 bis 33; R. J. Brym, The Jewish Intelligentsia and Russian Marxism. A Sociological Study of Intellectual Radicalism and Ideological Divergence, London / Basingstoke 1980; Daniel R. Brower, Training the Nihilists. Education and Radicalism in Tsarist Russia, Ithaca / London 1975; L. K. Erman, Intelligencija v pervoj russkoj revoljucii, Moskva 1966; Abott Gleason, Young Russia. The Genesis of Russian Radicalism in the 1860s, New York 1980.

5 Über den Verlauf der Diskurse vgl. Gisela Oberländer, Die Vechi-Diskussion (1909-1912), Köln 1965; N. Poltorackij, Sbornik »Iz glubiny« i ego značenie, in: Iz glubiny, 2-e izdanie, Paris 1967, S. IX-XXII; Erwin Oberländer, Nationalbolschewistische Tendenzen in der russischen Intelligenz. Die »Smena-Vech«-Diskussion 1921-1922, Berichte des Bundesinstituts für ostwissenschaftliche und internationale Studien, Köln 1968, Nr. 4.

6 Eine Übersicht der Repliken auf die »Vechi« ist in der 5. Auflage der Vechi, Moskva 1910, enthalten, sowie in: E. Naumov, Bor'ba V. I. Lenina protiv kontrrevoljucionnoj ideologii »Vech«, Kand. diss., Moskva 1949. Die wichtigsten Entgegnungen wurden veröffentlicht in: Intelligencija v Rossii, S.-Peterburg 1910 (darin Beiträge von K. Arsen'ev, N. Gredeskul', M. Kovalevskij, P. Miljukov, D. Ovsjaniko-Kulikovskij, I. Petrunkevič, M. Slavinskij, M. Tugan-Baranovskij); V zaščitu intelligencii, Moskva 1909 (Beiträge von A. Arsen'ev, M. Bikerman, P. Boborykin, Vl. Bocjanovskij, N. Valentinov, N. Gekker, I. Ignatov, N. Iordanskij, D. Levin, F. Muskatblit, G. Petrov); »Vechi« kak znamenie vremeni, Moskva 1910 (Beiträge von N. Avksent'ev, I. Brusilovskij, Ja. Večev, Ju. Gardenin, N. Rakitnikov, M. Ratner, L. Šiško, B. Jur'ev); Po vecham. Sbornik statej ob intelligencii i »nacional'nom lice«, Moskva 1909. In diese Zeit fällt auch die Veröffentlichung von Großwerken wie D. N. Ovsjaniko-Kulikovskij, Istorija russkoj intelligencii, I-III, S.-Peterburg 1908-1911. Insgesamt waren an dem Band »Iz glubiny« elf Autoren beteiligt: S. A. Askol'dov, N. A. Berdjaev, S. Bulgakov, Vjač. Ivanov, A. S. Izgoev, S. A. Kotljarevskij, V. N. Murav'ev, P. I. Novgorodcev, I. A. Pokrovskij, P. Struve, S. L. Frank.

7 Michail Agurskij, U istokov nacional-bol'ševizma, in: Minuvšee. Istoričeskij al'manach, Nr. 4, Paris 1987, S. 78.

8 Ganz anders verliefen die »Intellektuellen-Diskussionen« wenige Jahre zuvor

in der west- und mitteleuropäischen Sozialdemokratie; dort ging es wesentlich um die Stellung zu einem »Bündnispartner« der Arbeiterschaft, nicht um die »existentiellen Fragen«, um die die russische Intelligencija kreiste. Vgl. dazu: E. Lozinskij, Čto že takoe, nakonec, intelligencija?, S. Peterburg 1907, S. 11-51.

9 Es handelt sich hier um eine Form der Ideologiekritik, wie sie erstmals von Helmut Fleischer – jenseits aller bedingungsmaterialistischen Entlarvungsstrategien – entwickelt wurde.

10 Michail O. Geršenzon, Vorwort zur 1. Ausgabe der Vechi, Moskva 1909, S. II. Im Folgenden wird nach der 2. Ausgabe zitiert, die 1967 in Frankfurt/M. als Reprint erschienen ist. Eine gekürzte deutsche Ausgabe gibt es als: Elias Hurwicz (Hg.), Rußlands politische Seele, Berlin 1918.
Zur Literatur über die Vechi-Kontroverse: L. Schapiro, The Vekhi Group and the Mystique of Revolution, in: The Slavonic and East European Review, London 1955, vol. 34, Nr. 82, S. 56-77; N. Poltorackij, »Vechi« i russkaja intelligencija, in: Mosty, München 1963, Nr. 10, S. 292-305; G. Oberländer, Die Vechi-Diskussion (1909-1912), a.a.O.; Christopher Read, Religion, Revolution and the Russian Intelligentsia 1900-1912, The Vekhi Debate and its Intellectual Background, London/Basingstoke 1979; George F. Putnam, Russian Alternatives To Marxism. Christian Socialism and Idealistic Liberalism in Twentieth-Century Russia, Knoxville 1977; Michail Gus, »Vechi« reakcionnoj ideologii, in: Voprosy literatury 1977, Nr. 1, S. 126-152; Igor' Kljamkin, Kakaja ulica vedet k chramu, in: Novyj mir 1987, Nr. 11, S. 150-188; I. Pantin/A. Poljakov, O »Vechach« i vechovstve, in: Nauka i religija 1970, Nr. 5, S. 28-34; M. G. Vandalkovskaja, K istorii sozdanija stat'i V. I. Lenina »O ›Vechach‹«, in: Istorija i istoriki, Moskva, Istoriografičeskij ežegodnik 1978, Moskva 1981, S. 24-37. Großen Stellenwert hat die Vechi-Diskussion auch innerhalb der umfassenden Darstellung von: Jutta Scherrer, Die Petersburger Religiös-Philosophischen Vereinigungen. Die Entwicklung des religiösen Selbstverständnisses ihrer Intelligencija-Mitglieder (1901-1917), Berlin 1973, S. 317ff.; Judith E. Zimmerman, The Political Views of the Vekhi Authors, in: Canadian-American Slavic Studies 1976, vol. 10, Nr. 3, S. 307-327.

11 Vechi, S. N. Bulgakov, Geroizm i podvižničestvo (Heroismus und Märtyrerpsychologie), S. 28 und 27. Zu Biographie und Werk Sergij N. Bulgakovs (1871-1944) vgl. Helmut Dahm, Grundzüge russischen Denkens, München 1979, S. 283ff.; N. P. Poltorackij, Russkaja religiozno-filosofskaja mysl' XX v., Pittsburg 1975, S. 205ff.

12 Vechi, S. N. Bulgakov, S. 38.

13 Vechi, A. S. Izgoev, Ob intelligentnoj molodeži (Über die Intelligencija-Jugend), S. 120. Zur Biographie A. S. Izgoevs (1872-1935) vgl. Kapitel X. in diesem Band.

14 Vechi, B. A. Kistjakovskij, V zaščitu prava. Intelligencija i pravosoznanie (In Verteidigung des Rechts. Intelligencija und Rechtsbewußtsein). Kistjakovskij (1868-1920) war von 1916-1920 Professor für Soziologie an der Universität Kiew.

15 Vechi, S. L. Frank, Ėtika nigilizma (Ethik des Nihilismus), S. 176. Zu Biographie und Werk S. L. Franks (1877-1950) vgl. Wilhelm Goerdt, Russische Philosophie. Zugänge und Durchblicke, Freiburg/München, 1984, S. 641ff.

16 Vechi, S. N. Bulgakov, S. 16.

17 Vechi, S. L. Frank, S. 178.

18 Vechi, A. S. Izgoev, S. 98.
19 Vechi, A. S. Izgoev, S. 103, 105.
20 Vechi, A. S. Izgoev, S. 115.
21 Vechi, A. S. Izgoev, S. 112.
22 Vechi, S. N. Bulgakov, S. 44.
23 Vechi, A. S. Izgoev, S. 122.
24 Vechi, A. S. Izgoev, S. 118.
25 Vechi, M. O. Geršenzon, Tvorčeskoe samosoznanie (Schöpferisches Selbstbewußtsein), S. 80. Zu Leben und Werk M. O. Geršenzons vgl. Arthur A. Levin, The Life and Work of Mikhail Osipovich Gershenzon (1869-1925): A Study of the Russian Silver Age, Ph. D. diss., University of California, Berkeley 1968.
26 Vechi, M. O. Geršenzon, S. 83.
27 Vechi, P. B. Struve, Intelligencija i revoljucija (Intelligencija und Revolution), S. 171. Zu Leben und Werk Peter B. Struves (1870-1944) vgl. Richard Pipes, Struve: Liberal on the Left (1870-1905), Cambridge/Mass. 1970.
28 Vechi, S. L. Frank, S. 193.
29 Vechi, S. N. Bulgakov, S. 41.
30 Vechi, S. N. Bulgakov, S. 47.
31 Vechi, S. L. Frank, S. 188.
32 Vechi, S. L. Frank, S. 195, 196, 197.
33 Vechi, S. L. Frank, S. 204.
34 Vechi, S. N. Bulgakov, S. 37.
35 Vechi, N. A. Berdjaev, Filosofskaja istina i intelligentskaja pravda (Philosophische Wahrheit und Wahrheit der Intelligencija), S. 6. Zu Leben und Werk Berdjaevs (1873-1949) vgl. N. Berdjajew, Selbsterkenntnis. Versuch einer philosophischen Autobiographie, Darmstadt/Genf 1953; W. Goerdt, Russische Philosophie, S. 622-641; H. Dahm, Grundzüge russischen Denkens, S. 339 bis 346.
36 Vechi, M. O. Geršenzon, S. 81.
37 Vechi, S. N. Bulgakov, S. 30.
38 Vechi, S. N. Bulgakov, S. 38.
39 Vechi, M. O. Geršenzon, S. 84.
40 Vechi, M. O. Geršenzon, S. 93.
41 Vechi, S. L. Frank, S. 185, und M. O. Geršenzon, S. 81.
42 Vechi, S. N. Bulgakov, S. 45.
43 Vechi, A. S. Izgoev, S. 115.
44 Vechi, N. A. Berdjaev, S. 11.
45 Vechi, M. O. Geršenzon, S. 84.
46 Vechi, B. A. Kistjakovskij, S. 141.
47 Vechi, S. L. Frank, S. 180.
48 Vechi, M. O. Geršenzon, S. 71.
49 Vechi, S. N. Bulgakov, S. 42.
50 Vechi, N. A. Berdjaev, S. 10.
51 Vechi, S. N. Bulgakov, S. 60.
52 Vechi, S. L. Frank, S. 205.
53 Vechi, N. A. Berdjaev, S. 16.
54 Vechi, B. A. Kistjakovskij, S. 148.
55 Vechi, B. A. Kistjakovskij, S. 144, 145.
56 Vechi, B. A. Kistjakovskij, S. 147.

57 Vechi, M. O. Geršenzon, S. 96.
58 Vechi, M. O. Geršenzon, S. 94.
59 Vechi, S. L. Frank, S. 208.
60 Vechi, S. L. Frank, S. 210.
61 Vechi, P. B. Struve, S. 172.
62 Vechi, S. N. Bulgakov, S. 67.
63 D. S. Merežkovskij, Sem' smirennych, in Reč' vom 26.4.1909.
64 F. Muskatblit, Mertvaja zyb', in: V zaščitu intelligencii. Sbornik statej, Moskva 1909, S. 12. K. K. Arsen'ev, Prizyv k pokajaniju, in: V zaščitu intelligencii, S. 15.
65 D. Levin, Mol'erovskie vrači, in: V zaščitu intelligencii, S. 69.
66 G. Petrov. Obvinennye sud'i, in: V zaščitu intelligencii, S. 124.
67 W. I. Lenin, Werke, Bd. 16, Berlin 1970, S. 125.
68 D. N. Ovsjaniko-Kulikovskij, Psichologija russkoj intelligencii, in: Intelligencija v Rossii. Sbornik statej, S.-Peterburg 1910, S. 193.
69 P. D. Boborykin, Podgnivšija »Vechi«, in: V zaščitu intelligencii, S. 130.
70 R. Ivanov-Razumnik, Ob intelligencii (Čto takoe machaevščina? Kajuščiesja raznočincy), S.-Peterburg 1910, S. 177.
71 P. N. Miljukov, Intelligencija i istoričeskaja tradicija, in: Intelligencija v Rossii, S. 119.
72 P. N. Miljukov, ebd., S. 101.
73 P. N. Miljukov, ebd., S. 96.
74 K. K. Arsen'ev, Puti i priemy pokajanija, in: Intelligencija v Rossii, S. 4.
75 M. I. Tugan-Baranovskij, Intelligencija i socializm, in: Intelligencija v Rossii, S. 255, 256.
76 Vechi, S. N. Bulgakov, S. 42.
77 So die Mitteilung von S. L. Frank an N. Poltorackij, Iz glubiny, S. IX, X.
78 Iz glubiny, S. N. Bulgakov, Na piru bogov (Beim Gastmahl der Götter), S. 168.
79 Iz glubiny, S. N. Bulgakov, S. 113.
80 Iz glubiny, S. L. Frank, De profundis, S. 312.
81 Iz glubiny, P. B. Struve im Vorwort, S. 25.
82 Iz glubiny, S. L. Frank, S. 311.
83 Iz glubiny, N. A. Berdjaev, Duchi russkoj revoljucii (Die Geister der russischen Revolution), S. 105; eine deutsche Version dieses Aufsatzes in: H. Dahm, Grundzüge russischen Denkens, S. 347-388.
84 Iz glubiny, S. A. Askol'dov, Religioznyj smysl russkoj revoljucii (Der religiöse Sinn der russischen Revolution), S. 63,
85 Iz glubiny, N. A. Berdjaev, S. 103.
86 Iz glubiny, S. L. Frank, S. 311.
87 Vechi, P. B. Struve, Intelligencija i revoljucija, S. 167.
88 Iz glubiny, S. L. Frank, S. 313, sowie P. B. Struve, Istoričeskij smysl russkoj revoljucii i nacional'nye zadači (Der historische Sinn der russischen Revolution und die nationalen Aufgaben), S. 290.
89 Iz glubiny, P. B. Struve, S. 291.
90 Iz glubiny, V. N. Murav'ev, Rev plemeni (Stammesgeheul), S. 238.
91 Iz glubiny, P. B. Struve, S. 297.
92 Iz glubiny, S. L. Frank, S. 319.
93 Iz glubiny, P. B. Struve, S. 300.
94 Iz glubiny, S. N. Bulgakov, S. 145.

95 S. A. Askol'dov führt als die erste Gestalt des geistigen Zerfalls Rußlands die Gestalt Rasputins an: »Grischa Rasputin – das ist der erste und bedeutendste Akteur der russischen Revolution, denn namentlich er war der Hauptfaktor für den abgrundtiefen Fall der historischen russischen Kirche«, Iz glubiny, S. 51.
96 Iz glubiny, A. S. Izgoev, Socializm, kul'tura i bol'ševizm (Sozialismus, Kultur und Bolschewismus), S. 206.
97 Iz glubiny, S. L. Frank, S. 320.
98 Iz glubiny, S. A. Askol'dov, S. 57.
99 Iz glubiny, S. L. Frank, S. 328.
100 Iz glubiny, N. A. Berdjaev, S. 78/79.
101 Iz glubiny, S. A. Askol'dov, S. 32.
102 Iz glubiny, V. N. Murav'ev, S. 229.
103 Iz glubiny, S. A. Askol'dov, S. 54.
104 Iz glubiny, V. N. Murav'ev, S. 241.
105 Iz glubiny, P. B. Struve, S. 305.
106 Smena vech, Ju. V. Ključnikov, Smena vech (Wechsel der Wegzeichen), S. 3.
107 Smena vech, A. V. Bobryščev-Puškin, Novaja vera (Der neue Glaube), S. 91.
108 Smena vech, A. V. Bobryščev-Puškin, S. 92.
109 Smena vech, Ju. N. Potechin, Fizika i metafizika russkoj revoljucii (Physik und Metaphysik der russischen Revolution), S. 158/159.
110 Smena vech, Ju. V. Ključnikov, S. 5/6.
111 Smena vech, Ju. V. Ključnikov, S. 7.
112 Smena vech, Ju. V. Ključnikov, S. 49.
113 Smena vech, A. V. Bobryščev-Puškin, S. 146.
114 Smena vech, A. V. Bobryščev-Puškin, S. 148.
115 Smena vech, N. V. Ustrjalov, Patriotica, S. 56.
116 Smena vech, Ju. V. Ključnikov, S. 41.
117 Smena vech, Ju. N. Potechin, S. 183.
118 Smena vech, S. S. Lukjanov, Revoljucija i vlast' (Revolution und Macht), S. 72.
119 Smena vech, A. V. Bobryščev-Puškin, S. 144, 145.
120 Smena vech, A. V. Bobryščev-Puškin, S. 110.
121 Smena vech, A. V. Bobryščev-Puškin, S. 102.
122 Smena vech, S. S. Lukjanov, S. 89.
123 Smena vech, Ju. N. Potechin, S. 169.
124 Smena vech, N. V. Ustrjalov, S. 55, 56.
125 Smena vech, N. V. Ustrjalov, S. 60/61.
126 Smena vech, N. V. Ustrjalov, S. 53.
127 Smena vech, Ju. V. Ključnikov, S. 47.
128 Smena vech, N. V. Ustrjalov, S. 60.
129 Smena vech, A. V. Bobryščev-Puškin, S. 99.
130 Smena vech, A. V. Bobryščev-Puškin, S. 142.
131 Ausführliche Zitierungen der »Vechi« auf S. 10 und 170.
132 Smena vech, Ju. V. Ključnikov, S. 22.
133 Smena vech, Ju. V. Ključnikov, S. 25.
134 Smena vech, Ju. V. Ključnikov, S. 30/31.
135 Smena vech, Ju. V. Ključnikov, S. 27/28.
136 Smena vech, Ju. V. Ključnikov, S. 29.
137 Smena vech, Ju. V. Ključnikov, S. 38.
138 Smena vech, S. S. Čachotin, V Kanossu (Nach Canossa), S. 162.

139 Smena vech, S. S. Čachotin, S. 163.
140 Smena vech, S. S. Čachotin, S. 159.
141 Smena vech, Ju. V. Ključnikov, S. 50.
142 Smena vech, Ju. V. Ključnikov, S. 49.
143 Smena vech, Ju. N. Potechin, S. 173.
144 Vechi, M. O. Geršenzon, S. 87, 89.
145 A. S. Izgoev, Intelligencija kak social'naja gruppa, a.a.O., S. 79.
146 Patrick L. Alston, Education and the State in Tsarist Russia, Stanford 1969, S. 249.
147 Martin Malia, Was ist Intelligentsia, in: R. Pipes, Die russische Intelligentsia, S. 27.
148 V. R. Lejkina-Svirskaja, Russkaja intelligencija v 1900-1917 godach, S. 8.
149 D. Geyer, Zwischen Bildungsbürgertum und Intelligenzija, S. 212.
150 V. R. Lejkina-Svirskaja, a.a.O., S. 10.
151 M. V. Bernackij/D. P. Nikol'skij, K charakteristike sovremennogo studenčestva (po dannym perepisi 1909-10 g. v. S.-Peterburgskom Technologičeskom Institute, S.-Peterburg 1911, S. VII und 15.
152 K charakteristike studenčestva, S. 20/21.
153 K charakteristike studenčestva, S. 36.
154 Iz materialov odnoj studenčeskoj ankety, in: Russkaja mysl' 1914, Nr. 7, S. 118-144.
155 A. V. Ušakov, Demokratičeskaja intelligencija Rossii na puti k socialističeskoj revoljucii, in: Voprosy istorii 1987, Nr. 10, S. 39.
156 Angaben nach der Volkszählung von 1897, in: Sovetskaja Istoričeskaja Ėnciklopedija, tom VI, Moskva 1965, S. 115. Die orthodoxe Geistlichkeit umfaßte 1894 rund 145 900 und 1913 rund 203 000 Menschen. Zu der strittigen Frage, ob man die Geistlichkeit und die Offiziere unter »Intelligencija« subsumieren kann, vgl. die unterschiedlichen Positionen von V. R. Lejkina-Svirskaja, Russkaja intelligencija v 1900-1917 godach, S. 35 und A. V. Ušakov, Russkaja intelligencija v periode buržuazno-demokratičeskich revoljucij (professional'naja i političeskaja struktura), in: Intelligencija i revoljucija, Moskva 1985, S. 48-56, hier S. 51.
157 V. R. Lejkina-Svirskaja, a.a.O., S. 61.
158 V. R. Lejkina-Svirskaja, a.a.O., S. 63/64.
159 V. R. Lejkina-Svirskaja, a.a.O., S. 50.
160 V. R. Lejkina-Svirskaja, a.a.O., S. 18.
161 D. Geyer, Zwischen Bildungsbürgertum und Intelligenzija, S. 225.
162 V. R. Lejkina-Svirskaja, a.a.O., S. 97.
163 D. Geyer, Zwischen Bildungsbürgertum und Intelligenzija, S. 217.
164 A. S. Izgoev, Intelligencija kak social'naja gruppa, S. 92.
165 Ben Eklof, Russian Peasant Schools. Officialdom, Village Culture, and Popular Pedagogy 1861-1914, Berkeley 1986, S. 481.
166 P. Juškevič, O sovremennych filosofsko-religioznych iskanijach, in: Literaturnyj raspad, Kn. I, S. 95-123, hier S. 111.
167 A. V. Ušakov, Demokratičeskaja intelligencija Rossii, S. 39.
168 P. Juškevič, O sovremennych filosofsko-religioznych iskanijach, S. 100.
169 A. Pešechonov, Na očerednye temy. »Sanincy« i »Sanin«, in: Russkoe bogatstvo 1908, Nr. 6, S. 146-175, hier S. 147.
170 A. Lunačarskij, Dvadcat' tretij sbornik »Znanija«, in: Literaturnyj raspad, Kn. II, S.-Peterburg 1909, S. 84.

171 P. Juškevič, Sovremennye religioznye iskanija, in: Literaturnyj raspad, Kn. II, S.-Peterburg 1909, S. 252-279, hier S. 252.

172 P. Juškevič, Sovremennye religioznye iskanija, S. 253.

173 P. Juškevič, O sovremennych filosofsko-religioznych iskanijach, S. 120.

174 P. Juškevič, Sovremennye religioznye iskanija, S. 265.

175 Ju. M. Steklov, Social'no-političeskie uslovija literaturnago raspada, in: Literaturnyj raspad, Kn. I, S. 6.

176 P. Juškevič, O sovremennych filosofsko-religioznych iskanijach, S. 106.

177 P. Orlovskij, Bazarov i Sanin. Dva nigilizma, in: Literaturnyj raspad, Kn. II, S.-Peterburg 1909, S. 149.

178 P. Juškevič, Sovremennye religioznye iskanija, S. 266.

179 P. Juškevič, O sovremennych filosofsko-religioznych iskanijach, S. 119.

180 Ju. M. Steklov, Social'no-političeskie uslovija literaturnago raspada, S. 8.

181 Ju. M. Steklov, ebd., S. 10.

182 P. Juškevič, Sovremennye religioznye iskanija, S. 263.

183 Ju. M. Steklov, Social'no-političeskie uslovija literaturnago raspada, S. 40.

184 P. Orlovskij, Bazarov i Sanin, S. 152.

185 Zur Entwicklung der Öffentlichkeitsformen vgl. Manfred Hagen, Die Entfaltung politischer Öffentlichkeit in Rußland 1906-1914, Wiesbaden 1982.

186 V Ėrn, Ideja katastrofičeskago progressa, in: Russkaja mysl' 1909, Nr. 10, S. 142-159, hier S. 144 und 157.

187 N. A. Berdjaev, Duchi russkoj revoljucii, in: Iz glubiny, S. 72.

188 Vgl. hierzu: John E. Bowlt, Russian Art of the Avant-Garde. Theory and Criticism 1902-1934, New York 1976; Camilla Gray, Das große Experiment. Die russische Kunst 1863-1922, Köln 1974; Larissa A. Shadowa, Suche und Experiment. Russische und sowjetische Kunst. 1910 bis 1930, Dresden 1978; Sieg über die Sonne. Aspekte russischer Kunst zu Beginn des 20. Jahrhunderts. Ausstellung der Akademie der Künste Berlin, 1983; vor allem aber: Russkaja chudožestvennaja kul'tura konca XIX-načala-XX v., Kn. I-IV, Moskva 1968 bis 1980. Sehr charakteristisch für das »neue Klima« sind die Antworten auf die Umfrage »Wohin gehen wir?«, in: Kuda my idem? Nastojaščee i buduščee russkoj intelligencii, teatra i iskusstv, Moskva 1910.

189 Manfred Späth, Fach- und Standesvereinigungen russischer Ingenieure 1900 bis 1914, Forschungen zur osteuropäischen Geschichte, Bd. 35, Berlin 1984, Bibliographie, S. 451-460.

190 Allen Sinel, The Classroom and the Chancellery. State Education Reform in Russia under Count Dmitry Tolstoi, Cambridge/Mass. 1973; ders., The Campaign for Primary Education in Russia 1890-1914, in: Jahrbücher für Geschichte Osteuropas, Bd. 30, 1982, S. 481-507; Nancy M. Frieden, Russian Physicians in an Era of Reform and Revolution 1856-1905, Princeton 1981.

191 Th. G. Masaryk, Zur russischen Geschichts- und Religionsphilosophie, Bd. II, Kap. XXIV und XXV; V. A. Kuvakin, Religioznaja filosofija v Rossii, Moskva 1980; I. F. Balakina, Religiozno-ėksistencialističeskie iskanija v Rossii načala-XX v., in: Sovremennyj ėksistencializm. Kritičeskie očerki, Moskva 1966, S. 430-449.

192 Der innovativen und strukturierenden Rolle der Provinzstädte im Zivilisationsprozeß des vorrevolutionären Rußland ist m. W. noch keine Studie gewidmet worden, obwohl sie als Autonomisierungszentren innerhalb des Riesenreichs eine ungeheure Rolle spielten.

193 S. N. Bulgakov, Geroizm i podvižničestvo, in: Vechi, S. 59.

194 Ju. V. Ključnikov, Smena vech, in: Smena vech, S. 50.

195 S. A. Fedjukin, Velikij oktjabr' i intelligencija, Moskva 1972, S. 123 ff.; A. G. Kavtaradze, Nekotorye itogi izučenija problemy »Oktjabr' i voennaja intelligencija«, in: Intelligencija i revoljucija, Moskva 1985, S. 151-157; A. A. Buravčenkov, Oficerskij korpus russkoj armii nakanune Oktjabr'skoj revoljucii, in: Intelligencija i revoljucija, Moskva 1985, S. 145-150. Grundlegend zur Stellung der militärischen Intelligenz: Dietrich Beyrau, Militär und Gesellschaft im vorrevolutionären Rußland, Köln/Wien 1984.

196 A. Lunačarskij, Smena vech intelligentskoj obščestvennosti, in: Kul'tura i žizn'. Eženedel'nik po voprosam prosveščenija, nauki, iskusstva i literatury, Moskva 1922, Nr. 1, S. 9, 10.

197 A. Voronskij, Na novom puti, in: Pečat' i revoljucija, Moskva 1921, Nr. 3, S. 23-33, hier S. 28.

198 A. Voronskij, Na novom puti, S. 33.

199 N. Meščerjakov, Novye vechi, in: Krasnaja nov' 1921, Nr. 3, S. 269. Weitere Positionen zu Smena vech: A. Voronskij, Iz sovremennych nastroenij, in: Krasnaja nov' 1921, Nr. 3, S. 244-255; Na ideologičeskom fronte bor'by s kontrrevoljuciej. Sbornik statej, Moskva 1923; von einer vermittelnden Position aus: I. Ležnev, Smena vech, in: Novaja Rossija 1922, Nr. 1, S. 61-65; ders., Velikij sintez, ebd., S. 14-28. Sowjetische Historiker zur Smena-vech-Bewegung: S. A. Fedjukin, Bor'ba s buržuaznoj ideologiej v uslovijach perechoda k nèpu, Moskva 1977; I. Trifonov, Očerki istorii klassovoj bor'by v SSSR v gody nèpa, Moskva 1960; A. V. Krasnikova, Iz istorii razrabotki V. I. Leninym politiki privlečenija buržuaznoj intelligencii na službu sovetskoj vlasti, in: Vestnik LGU 1970, Nr. 8, S. 32-43.

200 M. O. Geršenzon, Tvorčeskoe samosoznanie, in: Vechi, S. 95.

201 Am deutlichsten wird dies in der fast gleichlautenden Kritik an der Dekadenz durch die konservative wie revolutionäre Publizistik.

202 Hierzu vgl. Robert C. Williams, Culture in Exile. Russian Emigrés in Germany, 1881-1941, Ithaca/London 19272; P. E. Kovalevskij, Zarubežnaja Rossija. Istorija i kul'turno-prosvetitel'naja rabota russkogo zarubež'ja za polveka (1920-1970), Paris 1971/1973; V. V. Komin, Političeskij i idejnyj krach russkoj melkoburžuaznoj kontrrevoljucii za rubežom, Kalinin 1977.

203 Leo Trotzkij, Über die Intelligenzler, in: L. Trotzkij, Literatur und Revolution, Berlin 1968, S. 290, 294, 304.

204 A. V. Lunačarskij, Intelligencija v ee prošlom, nastojaščem i buduščem, Moskva 1924, S. 58.

205 A. V. Ušakov, Demokratičeskaja intelligencija Rossii na puti k socialističeskoj revoljucii, in: Voprosy istorii 1987, Nr. 10, S. 41.

206 A. Č. Vol'skij (V. K. Machajskij), Umstvennyj rabočij, Teil I und II, S.-Peterburg, 1906. Ähnliche Positionen bei E. Lozinskij, Čto že takoe nakonec intelligencija? Kritiko-sociologičeskij opyt, S.-Peterburg 1907. Die beste Auseinandersetzung mit der sog. »Machaevščina« bei R. Ivanov-Razumnik, Ob intelligencii, S.-Peterburg 1910.

207 L. A. Pinegina, Nekotorye dannye o čislennosti i sostave intelligencii k načalu vosstanovitel'nogo perioda (Po materialam perepisej 1922 i 1923 gg.), in: Vestnik MGU, Ser. 8, Istorija 1979, Nr. 3, S. 12-20; Sovetskaja intelligencija. Istorija formirovanija i rosta 1917-1965 gg., Moskva 1968. Izmenenija social'noj struktury sovetskogo obščestva. Oktjabr' 1917-1920, Moskva 1976, S. 268-295.

208 I. Luppol, Intelligencija i revoljucija, in: Novyj mir 1939, Nr. 7, S. 181.

Zu Kapitel III.

1 Viktor Šklovskij, Rozanov, Petrograd 1921, Reprint Letchworth, Nr. 60

2 V. Rozanov, Opavšie list'ja, in: Izbrannoe (Red. Evgenija Žiglevič), München 1970, S. 294. Aus dem Riesenwerk Rozanovs seien hier genannt: O ponimanii. Opyt issledovanija prirody, granic i vnutrennago stroenija nauki kak cel'nago znanija, Moskva 1886. Legenda o velikom inkvizitore F. M. Dostoevskago, S.-Peterburg 1894. Sumerki prosveščenija, S.-Peterburg 1899. Priroda i istorija, S.-Peterburg 1900. V mire nejasnogo i nerešennogo. S.-Peterburg 1901. Okolo cerkovnych sten, S.-Peterburg 1906. Kogda načal'stvo ušlo, S.-Peterburg 1910. Temnyj lik, S.-Peterburg 1911. Uedinennoe, S.-Peterburg 1911. Ljudi lunnago sveta, S.-Peterburg 1912. Opavšie list'ja, I/II, S.-Peterburg 1913/1915. Obonjatel'noe i osjazatel'noe otnošenie evreev k krovi, S.-Peterburg,1914, Iz vostočnych motivov, Petrograd 1916/1917. Apokalipsis našego vremeni, Sergiev Posad 1917/1918.

3 V. Rozanov, Pis'ma k E. Gollerbachu, Pis'mo XXX (6.10.1918), in Izbrannoe (Žiglevič), S. 550, »Rozanov – das ist der Rasputin der russischen Philosophie und Publizistik«. Diese Aussage findet sich im Rozanov gewidmeten Kapitel der Arbeit von V. A. Kuvakin, Religioznaja filosofija v Rossii načala-XX v., Moskva 1980, S. 68. Zur Persönlichkeit und Bedeutung Rasputins vgl. René Fülöp-Miller, Der Heilige Teufel. Rasputin und die Frauen, Leipzig 1927.

4 W. Rosanow, Solitaria, Ausgewählte Schriften. Deutsch von Heinrich Stammler, München 1963, S. 82.

5 Die wichtigsten Darstellungen von Leben und Werk Rozanovs finden sich bei: Renato Poggioli, Rozanov, London 1962; E. Gollerbach, V. V. Rozanov, žizn' i tvorčestvo, Petersburg 1922, Reprint Paris 1976; Anna Lise Crone, Rozanov and the End of Literature, Würzburg 1974; George Putnam, Conversatism and Dissent: V. V. Rozanov's Political Philosophy, in: Russian Review XXXII (1973), S. 241-253; Helmut Dahm, Grundzüge des russischen Denkens, München 1979; Felix Philipp Ingold, Der unheilige Rozanov – Entwurf zu einem Porträt, in: Die Tat, Zürich, 22.10. und 29.10.1966. M. Kudrjumov, O Rozanove, Paris 1929. Die der Komplexität Rozanovs angemessensten Würdigungen finden sich m. E. in den Einleitungsessays der von Heinrich Stammler und Jurij Ivask herausgegebenen Auswahlbände. Heinrich Stammler, Wesensmerkmale und Stil des proteischen Menschen, in: Izbrannoe (E. Žiglevič), München 1970, S. I-XXXVII, ders., Einleitung zu Wassilij Rosanow, Solitaria, S. 7-25; Jurij P. Ivask, Vstupitel'naja stat'ja, in: Izbrannoe, New York 1956, S. 7-59. Eine umfassende, indes primär auf den stilistischen Neuerer Rozanov bezogene Studie stellen die Vorlesungen Andrej D. Sinjavskijs an der Sorbonne 1974 bis 1975 dar, veröffentlicht unter A. Sinjavskij, »Opavšie list'ja« V. V. Rozanova, Paris 1982. Zur Literatur über Rozanov vgl. H. Dahm, Grundzüge des russischen Denkens; Izbrannoe (E. Žiglevič), S. XXXIV-XXXVII.

6 Zur Zitierweise: Die von Ivask, Žiglevič, Stammler besorgten Auswahlbände umfassen zum Teil dieselben Texte, doch die Kürzungen fallen unterschiedlich aus, so daß die Texte selbst nicht deckungsgleich sind. Ich verfahre daher wie folgt. Nach dem Autor folgt der Name des Herausgebers, also: Rozanov / Ivask, Rozanov / Žiglevič, Rozanov / Stammler. In all den Fällen, wo es eine deutsche Übersetzung gab, habe ich sie benutzt (Rozanov / Stammler). Hier: Rozanov / Stammler, Uedinennoe, S. 67.

7 Rozanov/Stammler, Opavšie list'ja, S. 147.
8 Rozanov/Stammler, Opavšie list'ja, S. 123.
9 Rozanov/Stammler, Opavšie list'ja, S. 86.
10 Rozanov/Stammler, Opavšie list' ja, S. 101.
11 Rozanov/Žiglevič, Uedinennoe, S. 149/150.
12 Rozanov/Žiglevič, Uedinennoe, S. 150.
13 Rozanov/Stammler, Opavšie list'ja, S. 158.
14 Rozanov/Stammler, Opavšie list'ja, S. 155.
15 Viktor Šklovskij, Rozanov, S. 37 (Über die Komposition der Texte).
16 Rozanov/Žiglevič, Opavšie list'ja, S. 190.
17 Rozanov/Žiglevič, Uedinennoe, S. 19.
18 Rozanov/Stammler, Uedinennoe, S. 84.
19 Rozanov/Stammler, Uedinennoe, S. 82.
20 Rozanov/Žiglevič, Opavšie list'ja, S. 258.
21 E. Gollerbach, V. V. Rozanov, S. 8.
22 Rozanov/Stammler, Opavšie list'ja, S. 117.
23 E. Gollerbach, V. V. Rozanov, S. 10.
24 Rozanov/Stammler, Einleitung, S. V.
25 Brief V. Rozanovs vom 29.8.1918, E. Gollerbach, V. V. Rozanov, S. 14.
26 Rozanov/Stammler, Apokalipsis našego vremeni, S. 218.
27 Rozanov/Ivask, Apokalipsis našego vremeni, S. 406.
28 Rozanov/Stammler, Uedinennoe, S. 89; Opavšie list'ja, S. 109.
29 Rozanov/Ivask, Temnyj lik, O sladčajšem Iisuse i gor'kich plodach mira, S. 97/98.
30 Rozanov/Ivask, Temnyj lik, S. 106.
31 Rozanov/Ivask, Temnyj lik, S. 108. A. Sinjavskij, »Opavšie list'ja«, S. 56.
32 Rozanov/Stammler, Apokalipsis našego vremeni, S. 237.
33 Rozanov/Stammler, Apokalipsis našego vremeni, S. 238.
34 Rozanov/Stammler, Apokalipsis našego vremeni, S. 292.
35 Rozanov/Stammler, Embriony, S. 36.
36 Rozanov/Stammler, Apokalipsis našego vremeni, S. 298.
37 Rozanov/Stammler, Apokalipsis našego vremeni, S. 302.
38 Vgl. Jutta Scherrer, Die Petersburger Religiös-Philosophischen Vereinigungen. Die Entwicklung des religiösen Selbstverständnisses ihrer Intelligencija-Mitglieder (1901-1917), Berlin 1973.
39 Rozanov/Žiglevic, Uedinennoe, S. 50.
40 Rozanov/Ivask, Opavšie list'ja, S. 290.
41 Rozanov/Ivask, V mire nejasnogo i nerešennogo, S. 75.
42 Rozanov/Ivask, V mire nejasnogo i nerešennogo, S. 77/78.
43 Rozanov/Žiglevic, Opavšie list'ja, S. 191.
44 Rozanov/Žiglevic, Pis'mo XXX, S. 552.
45 Rozanov/Stammler, Uedinennoe, S. 75.
46 Rozanov/Stammler, Opavšie list'ja, S. 142 und 125.
47 Vgl. Stichwort »Domostroj« in: Sovetskaja Istoričeskaja Ėnciklopedija, tom V, Moskva 1964, S. 299.
48 V. Rozanov, Apokalipsis našego vremeni, Sergiev Posad, 1917/1918, S. 138 bis 140. Über den Kahal schreibt Simon Dubnow: »Die ›Kahal‹-Ältesten sorgten für die Aufrechterhaltung der Zucht und Ordnung in den Gemeinden und für die Erfüllung der diesen vom Staate auferlegten Steuerpflichten; die Rabbiner wachten ihrerseits aufs gewissenhafteste über die Unantastbarkeit

des Glaubens ... Die wohlorganisierte Kahalverwaltung, die das Gefühl für Recht und Ordnung in der jüdischen Öffentlichkeit wach erhielt, erhielt auch das geistige Leben der Juden mehr oder weniger im Gleichgewicht ... Wohl verband sie die Juden Polens und Litauens durch feste Gemeinschafts- und Geistesbande zu einer unzertrennlichen Einheit, zugleich unterband sie aber die freie Entwicklung des einzelnen. Das Bevormundungssystem feierte seinen höchsten Triumph ... Ungeachtet all ihrer Schattenseiten ist indessen der alten Kahalverfassung das hohe historische Verdienst zuzuerkennen, daß sie die jüdischen Volksmassen als einen besonderen nationalen und kulturellen Organismus erhalten hat. Indem sie die Freiheit des Individuums beschränkte, rettete sie auf der anderen Seite die Freiheit und Eigenart der nationalen Gemeinschaft« (Simon Dubnow, Geschichte des Chassidismus, Königstein/Ts. 1982, Bd. I, S. 42-46).

49 V. Rozanov, Apokalipsis našego vremeni, S. 143.

50 Rozanov / Stammler, Einleitung S. XVII und XIX.

51 Rozanov / Stammler, Nastojaščij fin-de-siècle, S. 50.

52 Rozanov / Stammler, Opavšie list'ja, S. 123.

53 Rozanov / Stammler, Opavšie list'ja, S. 152/153.

54 Rozanov / Stammler, Opavšie list'ja, S. 160.

55 Rozanov / Žiglevič, Opavšie list'ja, S. 417/418.

56 Rozanov / Stammler, Embriony, S. 28.

57 Rozanov / Stammler, Opavšie list'ja, S. 161/163.

58 Rozanov / Žiglevič, Opavšie list'ja, S. 341.

59 Rozanov / Stammler, Uedinennoe, S. 62/63.
Charakteristisch für den »prinzipiellen Monarchismus« ist die Ende der neunziger Jahre verfaßte und 1912 wiederaufgelegte Schrift Rozanovs, O podrazumevaemom smile našej monarchii, S.-Peterburg 1912. Charakteristisch für den »Revolutionär« Rozanov ist der Band, Kogda načal'stvo ušlo, S.-Peterburg 1910.

60 Rozanov / Ivask, Kogda načal'stvo ušlo, Homines Novi, S. 154/155.

61 Rozanov / Ivask, Kogda načal'stvo ušlo, Homines Novi, S. 160/161.

62 Rozanov / Ivask, Oslabnuvšij fetiš, S. 164.

63 Rozanov / Ivask, Oslabnuvšij fetiš, S. 167.

64 Rozanov / Ivask, V russkom podpol'e, S. 169/170.

65 Rozanov / Ivask, V russkom podpol'e, S. 171.

66 Rozanov / Stammler, Opavšie list'ja, S. 116.

67 Rozanov / Stammler, Apokalipsis našego vremeni, S. 282.

68 Rozanov / Stammler, Uedinennoe, S. 79.

69 V. Rozanov, Apokalipsis našego vremeni, Sergiev Posad 1917/1918, S. 143.

70 Rozanov / Stammler, Opavšie list'ja, S. 125.

71 Rozanov / Stammler, Uedinennoe, S. 84.

72 Rozanov / Stammler, Apokalipsis našego vremeni, S. 228.

73 V. V. Rozanov, Andrjuša Juščinskij, in: V. V. Rozanov, Obonjatel'noe i osjazatel'noe otnošenie evreev k krovi, S.-Peterburg 1914, S. 59-66. Dieser Band über »Die Geruchs- und Tastbeziehung der Juden zum Blut« versammelt die zwischen 1911 und 1913 verfaßten antisemitischen Artikel sowie drei umfangreiche Beilagen mit Gutachten, Briefen u.ä. Vgl. Emanuel Glouberman, Vasilii Rozanov. The Anti-Semitism of a Russian Judeophile, in: Jewish Social Studies, XXXVII (Spring 1976), Nr. 2.

74 V. V. Rozanov, Naša »košernaja pečat'«, ebd., S. 113.

75 V. V. Rozanov, »Obezkrovlennye« žurnalisty, sowie: Vozraženie g. K. Arsen'evu, ebd., S. 121-129.
76 V. V. Rozanov, Naša »košernaja pečat'«, ebd., S. 116.
77 Leo Trotzky, Stalin, Eine Biographie, Köln o. J., S. 526.
78 Rozanov / Stammler, Opavšie list'ja, S. 213.

Zu Kapitel IV.

1 Jutta Scherrer, Die Petersburger Religiös-Philosophischen Vereinigungen. Die Entwicklung des religiösen Selbstverständnisses ihrer Intelligencija-Mitglieder (1901-1917), Berlin 1973, S. 436, Sitzungsverzeichnis. Aleksandr Blok, Stichija i kul'tura, in: Sobranie sočinenij v šesti tomach, Leningrad 1982, tom 4, S. 115-124, hier S. 117.
2 A. Blok, Stichija i kul'tura, S. 119 und 120.
3 A. Blok, Stichija i kul'tura, S. 122.
4 A. Blok, Stichija i kul'tura, S. 124.
5 Nikolaj Gogol, Sämtliche Erzählungen, München 1974, S. 735.
6 Johannes Holthusen, Gogol' und die Großstadt, in: Rußland in Vers und Prosa. Vorträge zur russischen Literatur des 19. und 20. Jahrhunderts, Slavistische Beiträge Bd. 69, München 1973, S. 41.
7 N. Gogol, Der Newski-Prospekt, In: Sämtliche Erzählungen, Stuttgart 1964, S. 776.
8 Andrej Belyj, Petersburg, Frankfurt/M. 1976, S. 8.
9 A. Belyj, Petersburg, S. 25.
10 R. A. Somina, Nevskij prospekt. Istoričeskij očerk, Leningrad 1959, S. 10/11. Für die Darstellung wurde ferner benutzt: I. Božerjanov, Panorama Nevskago prospekta, Kul'turno-istoričeskij očerk žizni S.-Peterburga za dva v.,S.-Peterburg 1903; Očerki istorii Leningrada, tom I-IV, Moskva/Leningrad 1955 bis 1964; Leningrad A do Ja, Leningrad 1971; Leningrad und Umgebung. Ein Bildhandbuch, Leipzig/Moskau 1982; Architektura Leningrada, Leningrad/Moskva 1953; A. N. Česnokova, Nevskij prospekt, Leningrad 1985.
11 R. A. Somina, Nevskij prospekt, S. 13.
12 R. A. Somina, Nevskij prospekt, S. 36.
13 Vgl. hierzu: J. N. Westwood, Geschichte der russischen Eisenbahnen, Zürich 1964, bes. S. 32ff.
14 A. N. Česnokova, Nevskij prospekt, S. 65ff.
15 Die Angaben für den «Spaziergang« über den Nevskij-Prospekt stammen aus: I. Božerjanov, Panorama Nevskago prospekta, sowie dem Adreßbuch für 1914, Ves' Peterburg na 1914 god, adresnaja i spravočnaja kniga goroda S.-Peterburga, Izdanie T-va A. S. Suvorina, Novoe vremja. Zwischen der Ausgabe Božerjanovs und dem Adreßbuch für 1914 liegt ein Jahrzehnt und eine Revolution, die viel verändert hat. Dennoch wurde die Mikrostruktur der Häuser, wie sie Božerjanov angibt, übernommen; Eigentümer und wichtige Neubauten sind nach dem Adreßbuch für 1914 verzeichnet. Eigen- und Firmennamen wurden, soweit eindeutig ausländischen Ursprungs, in der nichtrussischen Version wiedergegeben.
16 Zur spezifischen Gewerbestruktur Petersburgs: J. H. Bater, St. Petersburg. Industrialization and Change, London 1976.

17 J. H. Bater, St. Petersburg, Industrialization and Change, S. 164.
18 R. A. Somina, Nevskij prospekt, S. 141.
19 R. A. Somina, Nevskij prospekt, S. 139.
20 J. H. Bater, St. Petersburg, Industrialization and Change, S. 260. Alfred J. Rieber, Merchants and Entrepreneurs in Imperial Russia, Chapel Hill 1982.
21 Vgl. Kapitel I. in diesem Band.
22 A. P. Bochanov, Buržuaznaja pressa Rossii i krupnyj kapital, konec XIXV. – 1914g., Moskva 1984, S. 40; ders., Russkie gazety i krupnyj kapital, in: Voprosy istorii 1977, Nr. 3, S. 113-120; ders., Iz istorii buržuaznoj pečati 1906-1912 gg., in: Istoričeskie zapiski, tom 97, Moskva 1976, S. 263-289.
23 G. Cyperovič, Reklama, in: Sovremennyj mir 1911, Nr. 1, S. 210.
24 R. A. Somina, Nevskij prospekt, S. 144.
25 Ves' Peterburg na 1914 god, S. 212.
26 A. N. Česnokova, Nevskij prospekt, S. 90.
27 P. Juškevič, Sovremennye religioznye iskanija, in: Literaturnyj raspad, kn. II, S.-Petersburg, 1909, S. 265.
28 N. Gogol, Newskij-Prospekt, S. 736, 741.
29 J. Holthusen, Rußland in Vers und Prosa, S. 47/48.
30 N. Gogol, Newskij-Prospekt, S. 739.
31 J. H. Bater, St. Petersburg. Industrialization and Change, S. 123.
32 J. H. Bater, St. Petersburg. Industrialization and Change, S. 277.
33 J. H. Bater, St. Petersburg, Industrialization and Change, S. 277.
34 R. A. Somina, Nevskij prospekt, S. 146.
35 R. A. Somina, Nevskij prospekt, S. 148.
36 R. A. Somina, Nevskij prospekt, S. 152.
37 R. A. Somina, Nevskij prospekt, S. 135.
38 Über die Bedeutung des Kinos und der Trivial- und Massenliteratur für diese Zeit liegt eine großartige Arbeit vor: N. M. Zorkaja, Na rubeže stoletij. U istokov massovogo iskusstva v Rossii 1900-1910 godov, Moskva 1976. Erst unter Einschluß der von N. M. Zorkaja benannten Analyseebenen dürfte sich das sog. «Silberne Zeitalter« angemessen erschließen lassen.
39 Vgl. N. M. Zorkaja, Na rubeže stoletij, S. 68ff.
40 Andrej Belyj, Arabeski, Moskva 1911, S. 465.
41 R. A. Somina, Nevskij prospekt, S. 135/136.
42 N. M. Zorkaja, Na rubeže stoletij, S. 292.
43 Pegas 1915, Nr. 1, S. 82, zit. N. M. Zorkaja, Na rubeže stoletij, S. 92.
44 J. H. Bater, St. Petersburg. Industrialization and Change, S. 370.
45 R. A. Somina, Nevskij prospekt, S. 114.
46 R. A. Somina, Nevskij prospekt, S. 124.
47 R. A. Somina, Nevskij prospekt, S. 159.
48 Über Lenin in Petersburg: Leningrad. Istoriko-geografičeskij atlas, Moskva 1981, S. 17-22.
49 A. Belyj, Petersburg, S. 88.
50 Paul Olberg, Briefe aus Sowjet-Rußland, Stuttagart 1919, S. 23.
51 Lev S. Sosnovskij, Taten und Menschen, S. 121.
52 Larissa Reissner, Oktober, Königstein/Ts. 1979, S. 176/177.

Zu Kapitel V.

1 E. A. Dineršte jn, I. D. Sytin, Moskva 1983, S. 218/219. Grundlegend für das hier behandelte Thema – Alphabetisierung und Volksaufklärung – ist die großartige Arbeit von Jeffrey Brooks, When Russia Learned to Read. Literacy and Popular Literature, 1861-1917, Princeton 1985, sowie – mehr auf Theater und Kino bezogen – M. M. Zorkaja, Na rubeže stoletij. U istokov massovogo iskusstva v Rossii 1900-1910 godov, Moskva 1976. Vgl. auch S. S. Dmitriev, Očerki istorii russkoj kul'tury načala-XX v., Moskva 1985.
2 I. D. Sytin, Žizn' dlja knigi, Moskva, 1978, S. 210.
3 Zit. E. A. Dineršte jn, I. D. Sytin, S. 232.
4 E. A. Dineršte jn, I. D. Sytin, S. 234.
5 I. D. Sytin, Žizn' dlja knigi, S. 30.
6 I. D. Sytin, Anhang zu: Žizn' dlja knigi, S. 260.
7 I. D. Sytin, Anhang zu: Žizn' dlja knigi, S. 264, 266.
8 I. D. Sytin, Žizn' dlja knigi, S. 63.
9 V. N. Marakuev, O škol'nych bibliotekach, zit. E. A. Dineršte jn, I. D. Sytin, S. 12.
10 E. A. Dineršte jn, I. D. Sytin, S. 22, 23.
11 I. D. Sytin, Žizn' dlja knigi, S. 42-50.
12 I. D. Sytin, Žizn' dlja knigi, S. 39.
13 E. A. Dineršte jn, I. D. Sytin, S. 49.
14 Sytin sagt über sein Verhältnis: »Das war nicht einfach Arbeit, sondern wie ein Gottesdienst«, Žizn' dlja knigi, S. 70.
15 E. A. Dineršte jn, I. D. Sytin, S. 48.
16 I. D. Sytin, Žizn' dlja knigi, S. 72/73.
17 I. D. Sytin, Žizn' dlja knigi, S. 76.
18 I. D. Sytin, Žizn' dlja knigi, S. 80.
19 E. A. Dineršte jn, I. D. Sytin, S. 77.
20 I. D. Sytin, Žizn' dlja knigi, S. 91.
21 1903/1904 war das neue supermoderne Druckereigebäude in der Pjatnickaja-Straße in Moskau eingeweiht worden, was neue technische Möglichkeiten eröffnete, und es war Sytin gelungen, fähigste Lektoren, Redakteure, Buchfachleute an sich zu ziehen: V. P. Vachterov, N. V. Tulupov und vor allem Nikolaj A. Rubakin.
22 Solche Verlage waren vor allem Devrient, Vol'f, Glazunov, Fenoux. Sie besaßen praktisch ein Monopol auf wissenschaftliche Bücher und Lehrbücher. Lediglich auf dem Moskauer Nikol'skij-Markt gab es kleine Verlage, die das bäuerliche Rußland mit Lehrmaterial versorgten: Manuchin, Leuchin, Presnov, Morozov, Gluškov u.a., vgl. I. D. Sytin, Žizn' dlja knigi, S. 113.
23 So in Sytins Autobiographie, S. 117/118.
24 I. D. Sytin, Žizn' dlja knigi, S. 110.
25 A. N. Bochanov, Buržuaznaja pressa Rossii i krupnyi kapital konec XIXv. – 1914g., Moskva 1984 S. 60.
26 Bochanov, Buržuaznaja pressa, S. 61/62.
27 I. D. Sytin, Žizn' dlja knigi, S. 120/121.
28 A. N. Bochanov, Buržuaznaja pressa, S. 28/29.
29 A. N. Bochanov, Buržuaznaja pressa, S. 30.
30 A. N. Bochanov, Buržuaznaja pressa, S. 32.
31 A. N. Bochanov, Buržuaznaja pressa, S. 37.

32 Knižnyj vestnik 1902, Nr. 52, S. 1714, zit. Bochanov, S. 34.
33 A. N. Bochanov, Buržuaznaja pressa, S. 33.
34 A. N. Bochanov, Buržuaznaja pressa, S. 4o.
35 A. N. Bochanov, Buržuaznaja pressa, S. 42.
36 I. D. Sytin, Žizn' dlja knigi, S. 126.
37 A. E. Dinerštejn, I. D. Sytin, S. 90.
38 A. E. Dinerštejn, I. D. Sytin, S. 99.
39 Der Schriftsteller Amfiteatrov mußte wegen seines Feuilletons »Brat'ja Obmanovy«, das allzu offensichtlich auf die »Brüder Romanov« anspielte, in die Verbannung nach Minusinsk, I. D. Sytin, Žizn' dlja knigi, S. 141.
40 Nach A. N. Bochanov, Buržuaznaja pressa, S. 58.
41 E. A. Dinerštejn, I. D. Sytin, S. 99.
42 Russkoe slovo vom 18.11.1905, zit. A. E. Dinerštejn, S. 100/101.
43 A. N. Bochanov, Buržuaznaja pressa, S. 59.
44 E. A. Dinerštejn, I. D. Sytin, S. 113.
45 A. N. Bochanov, Buržuaznaja pressa, S. 64-66.
46 A. N. Bochanov, Buržuaznaja pressa, S. 79.
47 Zit. nach I. D. Sytin, Žizn' dlja knigi, S. 141-143.
48 Sytin hatte dazuerworben: 1903 die Typographie A. K. Vasil'ev, 1904 die Lithographie M. T. Solov'ev, 1913 das Handelshaus E. I. Konovalov, 1914 die Typolithographie Kudinov. Vgl. E. A. Dinerštejn, S. 174/175.
49 E. A. Dinerštejn, I. D. Sytin, S. 184.
50 E. A. Dinerštejn, I. D. Sytin, S. 203.
51 Über das Gespräch mit dem Zaren in der Autobiographie S. 200-207, bei E. A. Dinerštejn, S. 186.
52 I. D. Sytin, Žizn' dlja knigi, S. 157/158.
53 Zit. nach E. A. Dinerštejn, S. 194.
54 Zu diesen Autoren gehören der damals bekannte Publizist P. D. Boborykin, S. M. Gorodeckij, D. N. Mamin-Sibirjak, N. D. Telešov. Sytin gelang es aber nicht, die Rechte an den erneut zum Verkauf kommenden Werken Gogols zu erwerben.
55 Alexander Block. Lyrik und Prosa, Berlin 1982, S. 166. Übersetzung von Karl Mickel.
56 E. A. Dinerštejn, I. D. Sytin, S. 147, 159.
57 Anhang in Sytins Autobiographie, S. 260.
58 E. A. Dinerštejn, I. D. Sytin, S. 212.
59 E. A. Dinerštejn, I. D. Sytin, S. 240.
60 I. D. Sytin, Žizn' dlja knigi, S. 210.
61 E. A. Dinerštejn, I. D. Sytin, S. 213.
62 M. Gor'kij, Unzeitgemäße Gedanken, S. 182. Über das Schicksal und die Entwicklung des russischen Verlagswesens nach 1917 vgl. Istorija knigi v SSSR 1917-1921, tom 2, Moskva 1985.
63 Über die Anhaltspunkte zu dem Treffen mit Lenin, E. A. Dinerštejn, I. D. Sytin, S. 213-220.
64 E. A. Dinerštejn, I. D. Sytin, S. 217.
65 E. A. Dinerštejn, I. D. Sytin, S. 221.
66 E. A. Dinerštejn, I. D. Sytin, S. 224-231.
67 Ganz uninteressant scheinen Sytins Reisen ins Ausland nicht gewesen zu sein. Harry Graf Kessler notiert in sein Tagebuch am 10.10.1910: »Frühstück im Klub der Bellevuestraße mit Albert Einstein, Nicolai, Rubakin, Sytin (dem

russischen Verleger) und Hugo Simon, um Rubakins Volksbüchereiprojekt zu besprechen. Es sollen einige Millionen Bände nach Rußland geworfen werden. Simon wegen Kapitalisierung zugezogen. Meinte, Druckerei und Verlag müßten etwa eine Million aufbringen, dann sei vielleicht Bankengeld zu haben. Im ganzen etwa drei Millionen nötig. Gewinn wird auf rund vierzig Millionen kalkuliert, von dem Teil für Rubakins Institut zu sichern«, Tagebuch, S. 207.

68 E. A. Dinerštejn, I. D. Sytin, S. 242.

69 Zit. bei A. E. Dinerštejn, I. D. Sytin, S. 241.

70 Besonders ignorant scheint sich der Volkskommissar Otto Ju. Šmidt verhalten zu haben, vgl. Dinerštejn, S. 236 und 217.

Zu Kapitel VI.

1 Utro Rossii, 27.12.1916. Grundlegende Arbeiten zu diesem Abschnitt liegen vor mit: Thomas C. Owen, Capitalism and Politics in Russia. A Sound History of the Moscow Merchants 1855-1905, Cambridge 1981; James L. West, The Moscow Progressists: Russian Industrialists in Liberal Politics 1905 bis 1914, Princeton University 1975; Valentine T. Bill, The Forgotten Class: The Russian Bourgeoisie to 1900, New York 1959; John P. McKay, Pioneers for Profit: Foreign Entrepreneurship and Russian Industrialization 1885-1913, Chicago 1970; Raymond Pearson, The Russian Moderates and the Crisis of Tsarism 1914-1917, New York 1977; James D. White, Moscow, Petersburg and the Russian Industrialists, in: Soviet Studies, vol. XXIV (1973), S. 414 bis 422; Heiko Haumann, Kapitalismus im zaristischen Staat, 1906-1917. Organisationsformen, Machtverhältnisse und Leistungsbilanz im Industrialisierungsprozeß, Königstein/Ts. 1980.

2 P. A. Berlin, Russkaja buržuazija v staroe i novoe vremja, Moskva 1922, S. 295.

3 M. P. Rjabušinskij, Cel' našej raboty (Konfiden'cial'no), Moskva 1916, S. 52, 54.

4 V. Rjabušinskij, Sud'by russkogo chozjaina, in: Russkij kolokol, Žurnal vol'-noj idei, Berlin, 2-3, 1927, S. 44-52, hier S. 51.

5 Torgovoe i promyšlennoe delo Rjabušinskich, Moskva 1913, S. 48.

6 Lewis A. Siegelbaum, The Politics of Industrial Mobilization in Russia, 1914 bis 1917. A Study of the War-Industries Comittees, Oxford 1983, S. 81; zur Biographie ferner: P. A. Buryškin, Moskva kupečeskaja, New York 1954.

7 S. P. Rjabušinskij, Vystavka drevne-russkogo iskusstva, ustroenija v 1913 godu v oznamenovanie čestvovanija 300-letija carstvovanija doma Romanovych, Moskva 1913.

8 P. A. Buryškin, Moskva kupečeskaja, S. 192/193.

9 Geschichte der UdSSR, Bd. II, Berlin 1967, S. 431ff.

10 Geschichte der UdSSR, Bd. II, S. 443.

11 Torgovoe i promyslennoe delo Rjabusinskich; diesem Band sind die Abbildungen des vorliegenden Buchs entnommen.

12 Zit. nach V. Ja. Laveryčev, Po tu storonu barrikad (Iz istorii bor'by Moskovskoj buržuazii s revoljuciej), Moskva 1967, S. 80.

13 Zit. nach V. Ja. Laveryčev, Po tu storonu, S. 81.

14 P. A. Berlin, Russkaja buržuazija, S. 293/294.
15 V. Ja. Laveryčev, Po tu storonu, S. 82.
16 P. A. Berlin, Russkaja buržuazija, S. 294.
17 Volgar', 6.7.1896.
18 P. A. Berlin, Russkaja buržuazija, S. 290ff.
19 P. A. Berlin, Russkaja buržuazija, S. 292.
20 P. A. Berlin, Russkaja buržuazija, S. 293.
21 P. A. Buryškin, Moskva kupečeskaja, S. 47.
22 P. A. Berlin, Russkaja buržuazija, S. 292.
23 Torgovoe i promyšlennoe delo Rjabušinskich, S. 12.
24 In der Jubiläumsschrift wird auch auf die Tatsache verwiesen, daß Michail Jakovlevič Rjabušinskij in der Nähe von Borovsk aufgewachsen war, wo Helden des altgläubigen Widerstands – die Bojarin Morozova und Urusova – begraben liegen.
25 Torgovoe i promyšlennoe delo Rjabušinskich, S. 25.
26 Torgovoe i promyšlennoe delo Rjabušinskich, S. 48.
27 Vgl. die Photographien in Torgovoe i promyšlennoe delo.
28 V. P. Rjabušinskij, Moskovskoe kupečestvo, S. 189.
29 Zur Geschichte des russischen Kaufmanns- und Handelsstandes, besonders auch der Industrialisierungsgeschichte: Valentine T. Bill, The forgotten Class: The Russian Bourgeoisie to 1900, New York 1959; Thomas C. Owen, Capitalism and Politics in Russia. A Sound History of the Moscow Merchants, 1855-1905, Cambridge 1981.
30 P. A. Buryškin, Moskva kupečeskaja, 96.
31 P. A. Buryškin, Moskva kupečeskaja, 61.
32 Alfred J. Rieber, Merchants and Entrepreneurs in Imperial Russia, Chapel Hill 1982, S. 9.
33 P. A. Buryškin, Moskva kupečeskaja, S. 89.
34 Thomas C. Owen, Capitalism and Politics in Russia, S. 11.
35 Alfred J. Rieber, Merchants and Entrepreneurs in Imperial Russia, S. 28ff.
36 Vgl. M. P. Rjabušinskij, Cel' našej raboty, Moskva 1916.
37 V. Rjabušinskij, Sud'by russkogo chozjaina, S. 47, 49.
38 V. Rjabušinskij, Sud'by russkogo chozjaina, S. 44.
39 M. P. Rjabušinskij, Cel' našej raboty, S. 10.
40 V. Rjabušinskij, Sud'by russkogo chozjaina, S. 50. Der »reumütige Kaufmann« (kajuščijsja kupec) steht damit in einer Reihe mit seinen Vorgängern - dem »reumütigen Adligen« und dem »reumütigen Intelligent«.
41 V. Rjabušinskij, Sud'by russkogo chozjaina, S. 51.
42 P. A. Buryškin, Moskva kupečeskaja, S. 120ff.
43 V. S. Mamontov, Vospominanija o russkich chudožnikach (Abramcevskij chudožestvennyj kružok), Moskva 1950.
44 P. A. Buryškin, Moskva kupečeskaja, S. 227.
45 Einer der zentralen Sätze der »Vechi« – formuliert von M. O. Geršenzon – hatte gelautet: »Jene fanatische Verachtung gegenüber jedem Egoismus, sei es persönlicher oder staatlicher – und dies war eines der Hauptdogmen des Intelligencija-Glaubens –, hat uns unermeßlichen Schaden zugefügt. Der Egoismus, die Selbstbehauptung ist eine große Kraft; namentlich diese Kraft macht die westliche Bourgeoisie zu einem machtvollen unbewußten Instrument von Gottes Reich auf Erden.« (Vechi, Moskva 1909, S. 95).
46 Zit. nach P. A. Berlin, Russkaja buržuazija, S. 299.

47 V. Ja. Laveryčev, Po tu storonu barrikad, S. 223/224.
48 P:A. Buryškin, Moskva kupečeskaja, S. 119.
49 V. P. Rjabušinskij, Velikaja Rossija, Sbornik statej po voennym i obščestvennym voprosam, kniga vtoraja, Moskva 1912, S. 7.
50 V. P. Rjabušinskij, Velikaja Rossija, S. 5.
51 Utro Rossii, 4.8.1914.
52 B. B. Grave, Buržuazija nakanune fevral'skoj revoljucii, Moskva 1927, S. 276.
53 V. Ja. Laveryčev, Po tu storonu barrikad, S. 119.
54 B. B. Grave, Buržuazija nakanune fevral'skoj revoljucii, S. 24, 25.
55 V. Ja. Laveryčev, Po tu storonu barrikad, S. 155.
56 V. Ja. Laveryčev, Po tu storonu barrikad, S. 156.
57 Lewis H. Siegelbaum, The Politics of Industrial Mobilization in Russia, S. 64.
58 Lewis H. Siegelbaum, The Politics of Industrial Mobilization in Russia, S. 44.
59 Zit. Lewis H. Siegelbaum, The Politics of Industrial Mobilization in Russia, S. 48.
60 Sovetskaja Istoričeskaja Ėnciklopedija, Moskva 1963, tom III, S. 586.
61 B. B. Grave, Buržuazija nakanune fevral'skoj revoljucii, S. 30.
62 Lewis H. Siegelbaum, The Politics of Industrial Mobilization in Russia, S. 205.
63 V. Ja. Laveryčev, Po tu storonu barrikad, S. 182/183.
64 Narodopravstvo vom 17.6.1917, zit. V. Ja. Laveryčev, S. 276.
65 Auf dem Allrussischen Handels- und Industriekongress am 3.-5.8.1917, vgl. V. Ja. Laveryčev, S. 213/214.
66 Utro Rossii vom 6.8.1917.
67 B. B. Grave, Buržuazija nakanune fevral'skoj revoljucii, S. 140.
68 P. A. Buryškin, Moskva kupečeskaja, S. 347.
69 Vgl. Ruth A. Roosa, »United« Russian Industry, in: Soviet Studies, vol. XXIV (1973), S. 421-425, sowie: Russian Industrialists Look to the Future: Thoughts on Economic Development 1906-1917, in: Essays in Russian and Soviet History, ed. John S. Curtiss, Leiden 1963, S. 198-218.

Zu Kapitel VII.

1 V. I. Lenin, Bericht über die Tätigkeit des Rats der Volkskommissare am 22. Dezember 1920, in: Lenin, Ausgewählte Werke, Bd. III, Berlin 1966, S. 588.
2 V. Ju. Steklov, V. I. Lenin i ėlektrifikacija, Moskva 1975, S. 282. Grundlegend zu GOĖLRO: Heiko Haumann, Beginn der Planwirtschaft. Elekrifizierung, Wirtschaftsplanung und gesellschaftliche Entwicklung Sowjetrußlands, 1917 bis 1921, Düsseldorf 1974.
3 Beispielsweise der Band mit Erinnerungen der »Pioniere« von GOĖLRO: Sdelaem Rossiju ėlektričeskoj. Sbornik vospominanij učastnikov Komissii GOĖLRO i stroitelej pervych ėlektrostancij, Moskva,1961; D. G. Džimerin, Istorija ėlektrifikacii SSSR, Moskva 1962.
4 Alexander Bogdanov, Allgemeine Organisationslehre. Tektologie. Berlin 1926.
5 G. M. Kržižanovskij, Izbrannoe, Moskva 1957, S. 190.
6 G. M. Kržižanovskij, Izbrannoe, S. 211.
7 Plan ėlektrifikacii RSFSR, Moskva 1955, S. 185.

8 Plan ėlektrifikacii RSFSR, S. 143.
9 G. M. Kržižanovskij, Izbrannoe, S. 208.
10 G. M. Kržižanovskijj, Izbrannoe, S. 195.
11 Plan ėlektrifikacii RSFSR, S. 31.
12 Plan ėlektrifikacii RSFSR, S. 32.
13 Der Text der Einleitung zum Plan ist fast identisch mit der Rede von G. M. Kržižanovskij.
14 G. M. Kržižanovskij, S. 193.
15 G. M. Kržižanovskij, S. 209.
16 G. M. Kržižanovskij, S. 191.
17 V. I. Lenin, Werke, Bd. 35, S. 411/412.
18 G. D. Komkov / B. V. Levšin / L. K. Semenov, Akademija Nauk SSSR, Kratkij istoričeskij očerk, Moskva 1974, S. 273.
19 V. Ju. Steklov, V. I. Lenin i ėlektrifikacija, S. 48.
20 V. Ju. Steklov, V. I. Lenin i ėlektrifikacija, S. 159; zur Geschichte des Zentralen Elektrotechnischen Rats vgl. M. A. Šatelen, Central'nyj Ėlektrotechničeskij Sovet, in: Ėlektričestvo, 1927, Nr. 11, S. 362-364.
21 I. S. Smirnov, Lenin i sovetskaja kul'tura. Gosudarstvennaja dejatel'nost' V. I. Lenina v oblasti kul'turnogo stroitel'stva (oktjabr' 1917 g. – leto 1918 g.), Moskva 1960, S. 263.
22 Vgl. die Briefe von S. F. Ol'denburg und A. P. Karpinskij an A. V. Lunačarskij in: Sowjetmacht und Wissenschaft. Dokumente zur Rolle Lenins bei der Entwicklung der Akademie der Wissenschaften, hrsg. von Günter Kröber und Bernhard Lange, Berlin 1975, S. 96f. und S. 100f. Überhaupt stellt dieser Dokumentationsband die wichtigsten Dokumente über die Beziehung von Akademie und Sowjetmacht dar. Vgl. auch Organizacija nauki v pervye gody Sovetskoj vlasti (1917-1925), Leningrad 1968.
23 V. I. Lenin, Werke, Bd. 27, S. 312/313. Die Hervorhebungen im Text stammen von mir – K.S.
24 Izvestija Rossijskoj Akademii Nauk, VI serija, 15 oktjabrja, 1918, Nr. 14, Petrograd, S. 1387.
25 Izvestija Rossijskoj Akademii Nauk, S. 1388.
26 Izvestija Rossijskoj Akademii Nauk, S. 1389,
27 Izvestija Rossijskoj Akademii Nauk, S. 1391.
28 A. V. Lunačarskijs Antwort an die Akademie ist ein Musterbeispiel für den Takt im Umgang mit der Gelehrtenwelt, wie er innerhalb der »alten Intelligencija« auch nach der Revolution noch vorkam, jedenfalls bei Lunačarskij.
29 Izvestija Rossijskoj Akademii Nauk, S. 1396.
30 Der Brief A. P. Karpinskijs, in: Sowjetmacht und Wissenschaft, S. 74-77.
31 Akademija Nauk SSSR, S. 268.
32 In der 1925 aus Anlaß des zehnjährigen Bestehens von KEPS herausgegebenen Übersicht über die bisherige Tätigkeit werden genannt: Jahresberichte, Bulletins, Monographien der einzelnen Abteilungen, das Sammelwerk »Natürliche Produktivkräfte Rußlands« in sechs Bänden (Wind als Bewegungskraft, Weiße Kohle, Artesische Brunnen, Nützliche Mineralien, Pflanzenwelt, Tierwelt), die Serie »Reichtümer Rußlands«, die Zeitschrift »Priroda«. Ein Teil der Arbeiten war 1920 entweder schon gedruckt oder druckfertig, so die für die sowjetische Industrie wichtige Monographie von F. Ju. Levinson-Lessing »Platin« oder die Arbeit von I. M. Gubkin »Die Erdöl-Industrie«, sowie Untersuchungen zu Tabak-, Wein-, Zucker-, Brot- und Goldproduktion. Vgl.

Postojannaja komissija po izučeniju estestvennych proizvoditel'nych sil SSSR, Leningrad 1925.
33 V. I. Vernadskij, Ob izučenii estestvennych proizvoditel'nych sil Rossii. Doloženo v zasedanii Fiziko-Matematičeskago Otdelenija 8 aprel'ja, 1915, in: Izvestija Imperatorskoj Akademii Nauk, Petrograd 1915, S. 681.
34 V. I. Vernadskij, Ob izučenii estestvennych proizvoditel'nych sil Rossii, S. 682, 685.
35 V. I. Vernadskij, Ob izučenii estestvennych proizvoditel'nych sil Rossii, S. 687.
36 V. I. Vernadskij, Ob izučenii estestvennych proizvoditel'nych sil Rossii, S. 688.
37 V. I. Vernadskij, O bližajšich zadačach komissii po izučeniju proizvoditel'nych sil Rossii, Sentjabr' 1915, Petrograd 1915, S. 15.
38 V. I. Vernadskij, O bližajšich zadačach, S. 8.
39 Otčety o dejatel'nosti KEPSa, sostojaščej pri Imperatorskoj AN, Petrograd 1916, Nr. 2, S. 2
40 Otčety o dejatel'nosti KEPSa, S. 3.
41 Otčety o dejatel'nosti KEPSa, S. 5.
42 Zu nennen wäre: das Institut für physikalisch-chemische Analyse, gegr. 1917, Direktor N. S. Kurnakov; das Institut für Platin, eingerichtet 1917, Direktor L. A. Čugaev; das Dokučaev-Institut für Bodenforschung, gegr. 1918, Direktor F. Ju. Levinson-Lessing; die Abteilung für Energetik bzw. die Hydrologische Abteilung, eingerichtet 1918, faktisch bereits seit 1916 arbeitend, Direktor V. G. Gluškov, der auch verantwortlich war für die Herstellung des Wasserenergie-Katasters der Gebiete der UdSSR; die Abteilung für Industrie-Geographie, eingerichtet im Juni 1918, Leitung durch S. F. Ol'denburg; die Abteilung zur Erforschung der Kursker Magnetanomalie, gegründet 1918 unter Leitung des Akademiemitglieds P. P. Lazarev, der die verlorengegangenen Forschungen des in Deutschland gestorbenen Professors E. G. Leist – die Summe von 22 Jahren Forschung – wiederaufnahm. Vgl. Postojannaja komissija po izučeniju estestvennych proizvoditel'nych sil SSSR, Leningrad 1925; vgl. auch V. A. Ul'janovskaja, Formirovanie naučnoj intelligencii v SSSR, 1917-1937, Moskva 1966.
43 Akademija Nauk SSSR, S. 215.
44 V. Ju. Steklov, V. I. Lenin i ėlektrifikacija, S. 152. Grundlegend zur Herausbildung und zum Profil des Ingenieurs in Rußland: Manfred Späth, Fach- und Standesvereinigungen russischer Ingenieure 1900-1914. Forschungen zur osteuropäischen Geschichte, Wiesbaden 1984.
45 V. Ju. Steklov, V. I. Lenin i ėlektrifikacija, S. 51.
46 V. Ju. Steklov, V. I. Lenin i ėlektrifikacija, S. 169.
47 V. Ju. Steklov, V. I. Lenin i ėlektrifikacija, S. 173. Für die Biographie L. B. Krasins vgl. ferner: L. B. Krasin (Nikitič), Dela davno minuvšich dnej, Moskva/Leningrad 1930; Michael Glenny, Leonid Krasin: The Years before 1917. An Outline, in: Soviet Studies, vol. XXII (October 1970), no. 2, S. 192 bis 221; inspirierend für historische Recherchen ist auch die Arbeit des Schriftstellers Vasilij Aksenov, Ljubov' k ėlektričestvu. Povest' o Leonide Krasine, Moskva 1971. Für Krasins nachrevolutionäre Tätigkeit vgl. R. Karpova, L. B. Krasin. Sovetskij diplomat, Moskva 1962.
48 Über Radčenko und seine Rolle in Šatura vgl. G. V. Lipenskij, Bol'šaja Šatura, Moskva 1980.

49 Akademik Aleksandr Vasil'evič Vinter (1878-1958). Bibliografija trudov i literatury o žizni i dejatel'nosti, Leningrad 1971.
50 L. D. Belkind, Karl Adol'fovič Krug, Moskva/Leningrad 1956.
51 P. P. Kovalev, U istokov ėlektrifikacii sovetskoj strany (1918-1922 gg.), Avtoreferat, Moskva 1969.
52 A. A. Čekanov/B. N. Ržonsnickij, Michail Andreevič Šatelen, 1866-1957, Moskva 1972.
53 M. O. Kameneckij, Robert Ėduardovič Klasson, Moskva/Leningrad 1963 sowie V. Ju. Steklov, V. I. Lenin i ėlektrifikacija.
54 Vgl. Michael Glenny, Leonid Krasin: The Years before 1917.
55 M. O. Kameneckij, Robert Ėduardovic Klasson, S. 13.
56 M. O. Kameneckij, Robert Ėduardovič Klasson, S. 41.
57 M. O. Kameneckij, Robert Ėduardovič Klasson, S. 42.
58 Michael Glenny, Leonid Krasin: The Years before 1917, S. 202.
59 An der Frage der Einschätzung dieser »Expropriationen«, über die die Untergrundarbeit finanziert wurde, schieden sich die Geister. In einem späteren Parteischiedsgericht präsidierte G. V. Čičerin, der später als Volkskommissar des Äußeren Vorgesetzter Krasins wurde.
60 Michael Glenny, Leonid Krasin: The Years before 1917, S. 218.
61 Im Jahre 1920 arbeiteten innerhalb des Bereichs des Obersten Volkswirtschaftsrats 14890 Spezialisten, im Bereich des Kommissariats für Verkehr 4936. Insgesamt ergab die Zählung 50275 Spezialisten; davon hatten 23 986 Hochschulbildung, 12387 Oberschulbildung und 13903 waren sogenannte »praktiki« (im Transport- und Bauwesen 9287, in der elektrotechnischen 8234, in der chemischen Industrie 5123, in Bergbau und Metallurgie 3243), S. A. Fedjukin, Velikij Oktjabr'i intelligencija. Iz istorii vovlečenija staroj intelligencii v stroitel'stvo socializma, Moskva 1972, S. 164. I. P. Zaporov, O nekotorych merach proletarskogo gosudarstva po sochraneniju kadrov burzuaznych specialistov, in: Učenye zapiski gosudarstvennogo pedagogičeskogo instituta im. V. I. Lenina, Nr. 359, Moskva 1970, S. 103-132.
62 V. Ju. Steklov, V. I. Lenin i ėlektrifikacija, S. 87.
63 V. Ju. Steklov, V. I. Lenin i ėlektrifikacija, S. 105, 120, 152.
64 Empfangen wurden G. O. Graftio, I. G. Aleksandrov, B. I. Ugrimov.
65 So fertigte Lenin beispielsweise einen Konspekt zu O. Prinsheims Buch »Landwirtschaftliche Manufaktur und Elektrifizierung der Landwirtschaft« (1901) an und glaubte ganz wie Karl Kautsky (»Agrarfrage«) an die umwälzende Rolle der Elektrizität für die Landwirtschaft, V. Ju. Steklov, V. I. Lenin i ėlektrifikacija, S. 31.
66 A. Bogdanov, Allgemeine Organisationslehre. Tektologie, S. 19.
67 V. Ju. Steklov, V. I. Lenin i ėlektrifikacija, S. 256.
68 Vgl. Kendall E. Bailes, Alexei Gastev and the Soviet Controversy over Taylorism, 1918-1925, in: Soviet Studies, vol. XXIX (July 1977), no. 3, S. 373 bis 394; Aleksej Gastev, Poėzija rabočego udara, Moskva 1964.
69 A. Bogdanov, Krasnaja zvezda, Roman-utopija. Inžener Menni. Fantastičeskij roman, Leningrad 1929, Reprint Hamburg 1979; zur so charakteristischen wie bedeutenden Gestalt A. Bogdanovs: Dietrich Grille, Lenins Rivale. Bogdanov und seine Philosophie, Köln 1966; zur phantastischen Literatur in der UdSSR: Bernd Rullkötter, Die wissenschaftliche Phantastik der Sowjetunion. Eine vergleichende Untersuchung der spekulativen Literatur in Ost und West. Europäische Hochschulschriften, Reihe XVIII Bd. 5, Bern/Frankfurt am Main 1974.

70 V. N. Šul'gin, Pamjatnye vstreči, Moskva 1958, S. 21/22.
71 Es ist üblich geworden, Bogdanovs Romane als Vorschein des totalitären Regelsystems und der stalinistischen Technokratie aufzufassen – so auch G. Maschke in seinem Nachwort zum »Roten Stern«. Es spricht viel mehr dafür, den Roman im Kontext des Take-off des russischen Modernisierungsprozesses zu lesen. Da gewinnt er seine reelle Schlüssigkeit.
72 A. Bogdanov, Inžener Menni, S. 26.
73 A. Bogdanov, Inžener Menni, S. 38.
74 A. Bogdanov, Inžener Menni, S. 115.
75 A. Bogdanov, Inžener Menni, S. 155/156.
76 R. Ė. Klasson, Über die Spezialisten. Vom fehlerfreien Nichtstun zum Schöpfertum, zit. in M. O. Kameneckij, Robert Ėduardovič Klasson, S. 192.
77 M. O. Kameneckij, Robert Ėduardovič Klasson, S. 193.
78 M. O. Kameneckij, Robert Ėduardovič Klasson, S. 194.
79 R. Ė. Klasson in einem Vortrag in der GOĖLRO-Komission 1920, zit. in: M. O. Kameneckij, Robert Ėduardovič Klasson, S. 209.
80 M. O. Kameneckij, Robert Ėduardovič Klasson, S. 208; aus der Sicht eines ausländischen Fachmannes: M. I. Larsons, Als Expert im Sowjetdienst, Berlin 1929; vgl. K. E. Bailes, Technology and Society under Lenin and Stalin, Origins of the Soviet Technical Intelligentsia, Princeton 1978.
81 Professor Ramzin wurde einer der Hauptangeklagten im Prozeß gegen die sog. »Industriepartei« vom Frühjahr 1930. Er wurde dort u.a. beschuldigt, mit Pavel P. Rjabušinskij Kontakt aufgenommen zu haben, obwohl Pavel P. Rjabušinskij 1924 bereits gestorben war im Pariser Exil. Zum Prozeß vgl. Roy A. Medwedew, Die Wahrheit ist unsere Stärke. Geschichte und Folgen des Stalinismus, Frankfurt/M. 1973, S. 135ff.

Zu Kapitel VIII.

1 Alexander Block, Der Zusammenbruch des Humanismus, in: Alexander Block, Lyrik und Prosa, Berlin 1982, S. 330. Über Bloks konkretes Verhältnis zur Musik, vgl.: Blok i muzyka. Chronika, notografija, bibliografija, Leningrad 1980. Ebenfalls interessant für das Verständnis des »Musikraumes« der Zeit: Šaljapin i Gor'kij. Istorija vzaimootnošenij v kontekste obščestvennogo i literaturno-chudožestvennogo processa konca XIX-pervoj treti XX v., Leningrad 1981.
2 Osip Ė Mandel'štam, Šum vremeni, in: Sobranie sočinenij v trech tomach, tom II, New York 1971, S. 43-108, hier S. 45.
3 Osip Ė Mandel'štam Šum vremeni, S. 71.
4 Arthur Lourié, Sergei Koussevitzky and His Epoch, New York 1931, Reprint 1971, S. 140/141.
5 Comoedia, Paris, Dezember 1921, zit. nach Sovetskaja muzyka 1975, Nr. 1, S. 96.
6 A. Astrov, Dejatel' russkoj muzykal'noj kul'tury S. A. Kusevickij, Leningrad 1981, S. 89/90, im weiteren zit. als A. Astrov, S. A. Kusevickij. Wie aus dem Text zu ersehen ist, stellte die ausgezeichnete Arbeit von A. Astrov die Basis für dieses Kapitel dar. Die Arbeiten von M. Smith, Koussevitzky, New York 1947 und H. Leichtentritt, Serge Koussevitzky, the Boston Symphony Orche-

stra and the New American Music, Cambridge/Mass. 1946, waren mir nicht zugänglich. Im deutschen Sprachraum der sehr informative Aufsatz von H.H. Stuckenschmidt, Sergej Kussewitzki, in: Melos 1986, Nr. 6, S. 244-248.

7 A. Astrov, S. A. Kusevickij, S. 51, vgl. auch L. N. Raben, Koncertnaja žizn', in: Russkaja chudožestvennaja kul'tura konca XIX-načala XX veka, kn. III, S. 450.

8 Teatr i iskusstvo 1911, Nr. 5, S. 979.

9 A. Astrov, S. A. Kusevickij, S. 92.

10 A. Astrov, S. A. Kusevickij, S. 93.

11 N. Findejzen, Russkaja muzykal'naja gazeta 1913, Nr. 6, S. 146-149.

12 L. N. Raben, Koncertnaja žizn', S. 452; »reizt« im Text als deutsches Original.

13 A. Astrov, S. A. Kusevickij, S. 92.

14 E. Braudo, Apollon 1916, Nr. 1, S. 43.

15 Novoe vremja vom 13.4.1906, zit. I. V. Nest'ev, Muzykal'nye kružki, in: Russkaja chudožestvennaja kul'tura, kn. III, S. 474-482, hier S. 479. Die Sitzungen des Zirkels fanden in der Musikalienhandlung Ja. Becker, später in der Wohnung des Musikkritikers V. G. Karatygin statt. Die Aufführungen fanden in verschiedenen Sälen der Hauptstadt – Saal Herman, Grosman, Reformierte Schule, Klub der Zivil-Ingenieure – statt. Die Aufführungen waren begleitet von ausführlichen Programmheften.

16 I. V. Nest'ev, Muzykal'nye kružki, S. 479; Prokof'ev hatte seine Skythische Suite den Gründern des Zirkels - Karatygin, Kryžanovskij, Medem, Nuvel' und Nurok - gewidmet. Zur neuen Bedeutung der Musikkritik vgl. Ju. V. Keldyš, Muzykal'naja polemika, in: Russkaja chudožestvennaja kul'tura, kn. III, S. 288-309.

17 I. V. Nest'ev, Muzykal'nye kružki, S. 479.

18 Slovo vom 15.4.1905.

19 Sigfried Schibli, Alexander Skrjabin und seine Musik. Grenzüberschreitungen eines prometheischen Geistes, München/Zürich 1983, S. 126. Zu Skrjabin ferner: Skrjabin und die Skrjabinisten, Musikkonzepte 32/33 (1983) und 37/38 (1984), hrsg. von Heinz-Klaus Metzger und Rainer Riehm, München, sowie: Sieg über die Sonne. Aspekte russischer Kunst zu Beginn des 20. Jahrhunderts. Schriftenreihe der Akademie der Künste Bd. 15, Berlin (West) 1983.

20 A. Benua, Über die Ballettsaison von 1909/10 in Paris, in: Reč' vom 19.6.1910, zit. nach Dorothee Eberlein, Russische Musikanschauung um 1900 von 9 russischen Komponisten, dargestellt aus Briefen, Selbstzeugnissen, Erinnerungen und Kritiken, Regensburg 1978, S. 149. Zur Gestalt Djagilevs: Richard Buckle, Diaghilew, Herford 1984, sowie: Sergej Djagilev i russkoe iskusstvo, 2 toma, Moskva 1982.

21 A. Astrov, S. A. Kusevickij, S. 108.

22 L. Sabaneev, Vospominanija o Skrjabine, Moskva 1925, S. 34/35.

23 Teatr vom 5.10.1917.

24 L. N. Raaben, Koncertnaja žizn', S. 454.

25 A. Astrov, S. A. Kusevickij, S. 48.

26 A. Astrov, S. A. Kusevickij, S. 116.

27 Orkestr 1911, Nr. 8-9, S. 9-11.

28 Teatr i sport 1910, Nr. 56, zit. A. Astrov, S. A. Kusevickij, S. 119.

29 A. Astrov, S. A. Kusevickij, S. 160.

30 Diese kulturgeschichtlich wichtige Episode mit Madame Ropenberg wird nur in der Biographie von A. Lourié erwähnt (S. 20).

31 A. Astrov, S. A. Kusevickij, S. 15.

32 A. Astrov, S. A. Kusevickij, S. 38. Von Kussewizki als Komponisten werden immer wieder erwähnt: Konzert für Kontrabaß und Klavier; Humoreske für Kontrabaß; Valse miniature für Kontrabaß; Chanson triste für Kontrabaß; Passacaglia on a Russian Theme für Orchester. Einspielungen davon mit Helmut Krampe, Kontrabaß, Musica Viva Buchholz 301056, sowie Laurenz Custer, Kontrabaß, Pädagogischer Verlag Schwann-Bagel, ed 11063.

33 Kussewizki hatte für sein Berliner Debüt ein »russisches Programm« gewählt: »Romeo und Julia« von Tschaikowsky, Teile der »Orestie« von Taneev, das 2. Konzert für Klavier und Orchester von S. Rachmaninow – mit dem Komponisten als Solisten – und die 2. Symphonie von R. Glière. Zum Dirigierstil Kussewizkis vgl. Nicolaus Slonimsky, in: Die Musik in Geschichte und Gegenwart. Allgemeine Enzyklopädie der Musik, Kassel/Basel, Bd. 7, 1958, S. 1918-1920. D. Wooldridge, A Conducter's World, London 1970, S. 137ff. Dort gibt es auch eine Diskographie der Einspielungen mit S. Kussewizki. Leicht zugänglich sind gegenwärtig die Schallplattenaufzeichnungen mit A. Chačaturjans Konzert für Klavier und Orchester (1936) (GL 85266, GK 85266 RCA) und J. Sibelius' Sinfonie Nr. 2 D-Dur, op. 43 (GL 85232, GK 85232 RCA).

34 Muzykal'nye ility, im Russkoe slovo vom 22.9.1905, zit. in A. Astrov, S. A. Kusevickij, S. 96/97.

35 Comoedia, vgl. Anmerkung 5.

36 A. Astrov, S. A. Kusevickij, S. 55/56.

37 A. Astrov, S. A. Kusevickij, S. 119/120.

38 Rampa i žizn' 1910, Nr. 31.

39 Arthur Lourié, Sergei Koussevitzky and His Epoch, S. 88.

40 A. Astrov, S. A. Kusevickij, S. 147.

41 A. Astrov, S. A. Kusevickij, S. 153.

42 Arthur Lourié, Sergei Koussevitzky and His Epoch, S. 87.

43 A. Astrov, S. A. Kusevickij, S. 141/142.

44 Die exakteste Darstellung bei A. Astrov, S. A. Kusevickij, S. 129ff. sowie bei Sigfried Schibli, Alexander Skrjabin und seine Musik.

45 A. Astrov, S. A. Kusevickij, S. 130ff.

46 A. Astrov, S. A. Kusevickij, S. 133.

47 A. Astrov, S. A. Kusevickij, S. 182/183.

48 Dies deutet jedenfalls A. Astrov an, S. 140.

49 Teatr 1917, Nr. 2052.

50 Arthur Lourié, Sergei Koussevitzky and His Epoch, S. 142/143.

51 A. Astrov, S. A. Kusevickij, S. 108.

52 A. Astrov, S. A. Kusevickij, S. 113.

53 Arthur Lourié, Sergei Koussevitzky and His Epoch, S. 147.

54 Reč' vom 16.2.1914, zit. nach Dorothee Eberlein, Russische Musikanschauung um 1900, S. 153.

55 Arthur Lourié, Sergei Koussevitzky and His Epoch, S. 137/138.

56 A. D. Alekseev, Instrumental'naja muzyka, S. 400-402. Vgl. eine der zahlreichen Einspielungen mit Lorin Maazel, Vladimir Ashkenazy und dem London Philharmonic Orchestra.

57 Zu Skrjabins Farbenschema vgl. Sigfried Schibli, Alexander Skrjabin und seine Musik, S. 242; Einführung von Faubion Bowers zu Prometheus, Le Poème du feu, Op. 60, London 1980.

58 E. Bronfin, Muzykal'naja kul'tura Petrograda pervogo poslerevoljucionnogo pjatiletija. Issledovanie. 1917-1922, Leningrad 1984, S. 39.
59 A. Astrov, S. A. Kusevickij, S. 155.
60 Teatr 1917, Nr. 2011.
61 E. Bronfin, Muzykal'naja kul'tura Petrograda, S. 70.
62 E. Bronfin, Muzykal'naja kul'tura Petrograda, S. 51.
63 Der Brief ist abgedruckt in: Arthur Lourié, Sergei Koussevitzky and His Epoch, S. 153.
64 A. Astrov, S. A. Kusevickij, S. 158.
65 A. Astrov, S. A. Kusevickij, S. 165ff.
66 Arthur Lourié, Sergei Koussevitzky and His Epoch, S. 166.
67 A. Astrov, S. A. Kusevickij, S. 126.
68 Arthur Lourié, Sergei Koussevitzky and His Epoch, S. 160/161.
69 E. Bronfin, Muzykal'naja kul'tura Petrograda, S. 47.
70 E. Bronfin, Muzykal'naja kul'tura Petrograda, S. 66.
71 Nach Solomon Volkow, Zeugenaussage. Die Memoiren des Dmitrij Schostakowitsch. Aufgezeichnet und herausgegeben von Solomon Volkow, Hamburg 1979, S. 38.

Zu Kapitel IX.

1 Viktor Šklovskij, Chod konja. Sbornik statej, Moskva/Berlin 1923, Reprint 1986, S. 59.
2 N. Šubskij, Vestnik teatra Nr. 75, 30.11.1920, abgedruckt in den Dokumentationsbänden, die das Grundmaterial für die vorliegende Darstellung bildeten: Agitacionno-massovoe iskusstvo. Oformlenie prazdnestv. Red. V. P. Tolstoj, I. M. Bibikova, N. I. Levčenko, in der Reihe: Sovetskoe dekorativnoe iskusstvo. Materialy i dokumenty, 1917-1932, Moskva 1984; hier Dok. 54, S. 116 bis 117. Ausführliche Darstellungen dieser Masseninszenierungen finden sich auch in: René Fülöp-Miller, Geist und Gesicht des Bolschewismus. Darstellung und Kritik des kulturellen Lebens in Sowjetrußland. Mit 500 Abbildungen, Zürich/Leipzig/Wien 1926.
3 A. A. Gvozdev/Adr. Piotrovskij, Petrogradskie teatry i prazdnestva v ėpoche voennogo kommunizma, S. 265/266, in: Istorija sovetskogo teatra , tom I, Petrogradskie teatry na poroge oktjabrja i v ėpochu voennogo kommunizma 1917-1921, Leningrad 1933. Über die Gestaltung Petrograds durch Skulpturen u.ä. vgl. V. P. Tolstoj, U istokov sovetskogo monumental'nogo iskusstva 1917-1923, Moskva 1983.
4 A. I. Mazaev, Prazdnik kak social'no-chudožestvennoe javlenie, Moskva 1978, S. 264. Dieser sehr interessanten Untersuchung verdanke ich wichtige Anregungen.
5 Es sind hier nur die wichtigsten genannt. Zu nennen wären weiter: Inszenierungen zum »Blutsonntag« vom 9. Januar 1920, »Schwert des Friedens« zum Jahrestag der Gründung der Roten Armee, der »Untergang der Kommune« am 18. März, »Das Feuer des Prometheus« im April u.a.; vgl. V. Vsevolodskij (Gerngross), Istorija russkogo teatra, Leningrad/Moskva 1929, S. 388ff.
6 Aus dem Archiv A. I. Piotrovskijs, in: Istorija sovetskogo teatra , tom I, S. 268.
7 Massovye prazdnestva, Leningrad 1926, S. 72.

8 Istorija sovetskogo teatra , tom I, S. 269.
9 Jurij Annenkov spielte dabei selbst die Rolle des »Kapitalisten«, vgl. A. I. Mazaev, Prazdnik kak social'no-chudožestvennoe javlenie, S. 319.
10 A. I. Piotrovskij, Massovye prazdnestva, in: Istorija sovetskogo teatra, tom I, S. 270.
11 Massovye prazdnestva, Leningrad 1926, S. 10-11.
12 A. I. Piotrovskij, Massovye prazdnestva, Istorija sovetskogo teatra, tom I, S. 273.
13 A. I. Piotrovskij, Massovye prazdnestva, S. 276.
14 S. Ė. Radlov, Stat'i o teatre 1918-1923, Petrograd 1923, S. 99.
15 P. Kudelli, Novoe zrelišče na portale fondovoj birži, Dok. 48, in: Agitacionno-massovoe iskusstvo. Oformlenie prazdnestv, S. 111, 112.
16 Das Interview N. N. Evrejnovs mit »Žizn' iskusstva« vom 30.9.1920 ist wiedergegeben in: Agitacionno-massovoe iskusstvo. Oformlenie prazdnestv, Dok. 50, S. 114.
17 »Avtobiorekonstruktivnoe predstavlenie«, vgl. Istorija sovetskogo teatra , tom I, S. 280.
18 N. N. Evrejnov, O novoj maske, S. 7, zit. nach Istorija sovetskogo teatra , tom I, S. 280.
19 Istorija sovetskogo teatra, tom I, S. 284.
20 Ein Nebeneffekt, der nicht verfolgt werden kann: die Ästhetisierung der Formen des modernen Massenheeres.
21 Vjačeslav Ivanov, O krizise teatra, in: Borozdy i mežy. Opyty ėstetičeskie i kritičeskie, Moskva 1916, S. 279/280; vgl. im selben Band den Aufsatz: Norma teatra, S. 261-278.
22 Alles nach Vjačeslav Ivanov, O krizise teatra, S. 279-286.
23 Vestnik teatra 1919, Nr. 26, zit. bei A. I. Mazaev, Prazdnik kak social'no-chudožestvennoe javlenie, S. 140.
24 Vestnik teatra 1919, Nr. 26, zit. bei A. I. Mazaev, Prazdnik kak social'no-chudožestvennoe javlenie, S. 140.
25 Vestnik teatra 1919, Nr. 31/32, zit. bei A. I. Mazaev, Prazdnik kak social'no-chudožestvennoe javlenie, S. 140.
26 Evg. A. Znosko-Borovskij, Russkij teatr. načala-XX v., Praga 1925, S. 228.
27 Evg. A. Znosko-Borovskij, Russkij teatr, S. 399. Der entsprechende Begriff lautet »teatral'nost'«.
28 S. Rafalovič, Ėvoljucija teatra, in: Teatr. Kniga o novom teatre, S. Peterburg 1908, S. 222.
29 Zit. nach Evg. A. Znosko-Borovskij, Russkij teatr, S. 244.
30 A. Belyj, Teatr. Kniga o novom teatre, S. 274.
31 Zur Biographie N. N. Evrejnovs: Anna Kašina-Evrejnova, N. N. Evrejnov v mirovom teatre XX veka, Paris 1964; Einleitung von C. Moody zu N. N. Evrejnov, Istorija russkogo teatra, Letchworth um 1970. Zur Biographie V. Ė. Mejerholds: Nikolaj Volkov, Mejerchol'd, tom I (1874-1908), tom II (1908 bis 1917), Moskva/Leningrad 1929 sowie K. Rudnickij, Mejerchol'd, Moskva 1981; Jurij Elagin, Temnyj genij, London 1982.
32 Wsewolod E. Meyerhold, Schriften, Aufsätze, Briefe, Reden, Gespräche, 2 Bde., Berlin 1979, Bd. I, S. 101.
33 Wsewolod E. Meyerhold, Schriften, Bd. I, S. 214.
34 Wsewolod E. Meyerhold, Schriften, Bd. I, S. 219/220.
35 Wsewolod E. Meyerhold, Schriften, Bd. I, S. 169.

36 Evg. A. Znosko-Borovskij, Russkij teatr, S. 326.
37 S. Ė. Radlov, Stat'i o teatre, S. 20.
38 V. Vsevolodskij (Gerngross) in Žizn' iskusstva vom 3.4.1919, zit. nach Istorija sovetskogo teatra , tom I, S. 140.
39 Wsewolod E. Meyerhold, Schriften, Bd. I, S. 170/171.
40 Wsewolod E. Meyerhold, Schriften, Bd. I, S. 170.
41 K. S. Stanislavskij, Moja žizn' v iskusstve, Moskva 1962, S. 420.
42 Vestnik teatra 1919, Nr. 45/46, zit. nach A. I. Mazaev, Prazdnik kak social'no-chudožestvennoe javlenie, S. 149.
43 Über die Vorbereitungen des 1. Mai 1920, Vestnik teatra 1920, Nr. 62, abgedruckt in: Agitacionno-massovoe iskusstvo. Oformlenie prazdnestv, Dok. 45 und 46, S. 105-107.
44 Žizn' iskusstva 1921, März, Nr. 697-699.
45 Vestnik teatra 1919, Dezember, zit. nach Istorija sovetskogo teatra , tom I, S. 238.
46 V. M. Keržencev, Tvorčeskij teatr, Petrograd 1920, S. 99/100.
47 S. Ė. Radlov, Stat'i o teatre, S. 39/40.
48 Istorija sovetskogo teatra , tom I, S. 59.
49 Istorija sovetskogo teatra , tom I, S. 128.
50 C. Moody, Introduction, S. XVIII, in: N. N. Evrejnov, Istorija russkogo teatra; vgl. Anmerkung 31 in diesem Kapitel.
51 Abgedruckt in der Zeitschrift »Grjaduščee« 1917, Nr. 1, zit. nach Istorija sovetskogo teatra , tom I, S. 115.
52 Als die wichtigsten Inszenierungen werden in der Regel angegeben: M. Maeterlincks »Schwester Beatrice«, »Pelleas und Melisande«, Stücke von Ibsen, Przybyszewski, Strindberg, v. Hofmannsthal, Wedekind, Schnitzler für die Blütezeit des symbolistischen Theaters; Wagners »Tristan und Isolde«, Molières »Don Juan«, Ch. W. Glucks »Orpheus und Eurydike« sowie M. Lermontovs »Maskerade« stehen für opulent ausgestattete, sich an Ton und Stil der jeweiligen Epoche haltende Inszenierungen, eine Art »realistischer Historismus«. In der Inszenierung von A. Bloks »Balagančik« hatte Mejerchol'd erstmals seine Erfahrung mit Marionettentheater und der Commedia dell'arte für die Bühne genutzt. Eine Übersicht über Mejerchol'ds Regiearbeiten findet sich in: Wsewolod E. Meyerhold, Schriften, Berlin 1979, Bd. II, Anhang. Die genauesten Beschreibungen der Inszenierungen finden sich in: Nikolaj Volkov, Mejerchol'd, Moskva/Leningrad 1929. Vgl. auch B. I. Rostockij, Novye tečenija v teatre, in: Russkaja chudožestvennaja kul'tura konca XIX načala XX v., kn. III, S. 107-147.
53 N. N. Evrejnov war seinerzeit einer der meistgespielten Autoren und skandalumgebenen Regisseure. In seinem Programm finden sich O. Wilde, d'Annunzio, französische Pastoralen und mittelalterliche Mysterienspiele. Aufsehen erregte vor allem die Inszenierung der »Salome« mit Isadora Duncan als Nackttänzerin – das Stück wurde auf Intervention der Kirche abgesetzt und führte das Theater V. Kommissarževskaja an den Rand des Ruins. Erst nach der Februarrevolution wurde die »Salome« aufgeführt. Von der Abschaffung der Theaterzensur profitierten auch viele andere Stücke, so Arthur Schnitzlers »Reigen« oder das vom Großfürsten Konstantin Konstantinovič verfaßte Stück »Der jüdische König«.
54 Istorija sovetskogo teatra, tom I, S. 184.
55 S. Ė. Radlov, Žizn' iskusstva vom 11.5.1921, zit. Istorija sovetskogo teatra, tom I, S. 199/200.

56 Jurij Annenkov, Dnevnik moich vstreč. Cikl tragedij, tom I, New York 1966, S. 128. Das Stück N. N. Evrejnovs »Samoe glavnoe« ist als Reprint wieder zugänglich, Ann Arbor o. J.

57 Die Episode wird mitgeteilt von Jurij Annenkov, Dnevnik moich vstreč, tom I, S. 130.

58 A. Tairov, Zapiski režissera, Moskva 1921, S. 181.

59 Dies veranlaßte auch Narkompros, die Gestaltung der Maifeiern den Futuristen zu entziehen. »Das Exekutivkomitee des Petrograder Sowjet ist vollständig einer Meinung mit jenen Arbeitern, die darauf hinweisen, daß die futuristischen Extremismen bisher die Arbeiterfeiern verdorben haben«, Izvestija Petrogradskogo Soveta rabočich i krasnoarmejskich deputatov, Nr. 79, 10.4.1919, abgedruckt als Dok. 25 in: Agitacionno-massovoe iskusstvo. Oformlenie prazdnestv, S. 87.

60 A. Piotrovskij, Za sovetskij teatr, Leningrad 1925, S. 51.

61 V. Šklovskij, Chod konja, S. 67.

62 V. Keržencev, Posle prazdnika, Iskusstvo 1918, Nr. 6 (10), S. 4, zit. nach A. I. Mazaev, Prazdnik kak social'no-chudožestvennoe javlenie, S. 290.

63 Vestnik teatra 1920, Nr. 49, zit. nach A. I. Mazaev, Prazdnik kak social'no-chudožestvennoe javlenie, S. 298.

64 Istorija sovetskogo teatra, tom I, S. 226.

65 Istorija sovetskogo teatra, tom I, S. 225.

66 A. A. Mgebrov, Žizn' v teatre, tom II, Leningrad 1932, S. 315.

67 Es gibt allerdings auch Hinweise darauf, daß das Theater, das gespielte und künstlerische Wort als Ablenkung, Künstelei, Verwirrungsmanöver aufgefaßt wurden. So lautete die Antwort eines Soldaten auf eine Umfrage zum Einsatz der Fronttheater im Oktober 1917: »Wir haben keine Zeit, uns mit Blödsinn zu beschäftigen«; er wolle nicht, daß »die Vorgesetzten sich einen Spaß mit uns machen«. Die Ergebnisse der Umfrage bei A. I. Mazaev, Prazdnik kak social'no-chudožestvennoe javlenie, S. 285-287.

68 A. F. Nekrylova, Russkie narodnye gorodskie prazdniki, uveselenija i zrelišča. Konec XVIII-načalo XX v., Leningrad 1984, S. 5. Diese großartige Darstellung der russischen »Jahrmarktstradition« knüpft ganz und gar an die Faszination, die die russische Volkskunst auf die hauptstädtische Intelligenz am Beginn dieses Jahrhunderts ausgeübt hatte, an. Vgl. auch die fundamentale Arbeit zur russischen »Lachkultur«: D. S. Lichačev / A. M. Pančenko / N. V. Ponyrko, Smech v drevnej Rusi, Leningrad 1984.

69 A. F. Nekrylova, Russkie narodnye gorodskie prazdniki, S. 84.

70 A. F. Nekrylova, Russkie narodnye gorodskie prazdniki, S. 87 und S. 159.

71 A. F. Nekrylova, Russkie narodnye gorodskie prazdniki, S. 167.

72 A. F. Nekrylova, Russkie narodnye gorodskie prazdniki, S. 171.

73 V. Šklovskij, Chod konja, S. 62/63.

74 Ju. Annenkov, Dnevnik moich vstreč, tom II, S. 140. Das von N. N. Evrejnov 1939 verfaßte Stück »Šagi Nemezidy« wurde erst 1956 veröffentlicht, zuerst (1955) im Sammelband »Vozroždenie«, dann (1956) als Einzelausgabe.

Zu Kapitel X.

1 Vladimir Dal', Tolkovyj slovar' živogo velikorusskogo jazyka, tom II, Moskva 1981, S. 19.
2 Eine mehr oder weniger prominente Rolle spielt A. S. Izgoev in folgenden Darstellungen des russischen Liberalismus: V. V. Šelochaev, Kadety – glavnaja partija liberal'noj buržuazii v bor'be s revoljuciej 1905-1906 gg., Moskva 1983; A. Ja. Avrech, Carizm i IV duma 1912-1914 gg., Moskva 1981; V. S. Djakin, Samoderžavie, buržuazija i dvorjanstvo v 1907-1911 gg., Leningrad 1978; V. I. Starcev, Krach Kerenščiny, Leningrad 1982; N. G. Dumova, Kadetskaja kontrrevoljucija i ee razgrom (oktjabr'1917-1920 gg.), Moskva 1982; William G. Rosenberg, Liberals in the Russian Revolution. The Constitutional Democratic Party, 1917-1921, Princeton 1974.
3 W. I. Lenin, Werke, Bd. 10, S. 232.
4 W. I. Lenin, Werke, Bd. 13, S. 500.
5 W. I. Lenin, Werke, Bd. 17, S. 85.
6 W. I. Lenin, Werke, Bd. 19, S. 243.
7 W. I. Lenin, Werke, Bd. 17, S. 314.
8 W. I. Lenin, Werke, Bd. 35, S. 10.
9 A. S. Izgoev, Intelligencija i »Vechi« (Vmesto predislovija), in: Russkoe obščestvo i revoljucija, Moskva 1910, S. 3.
10 Francuzskaja intelligencija, Žizn', fevral' 1899.
11 A. S. Izgoev, Intelligencija i »Vechi«, S. 4/5.
12 Gessen, V dvuch vekach, Berlin 1937, S. 283.
13 So zit. aus dem Tagebuch von A. V. Tyrkova, bei V. S. Djakin, Samoderžavie, bužuazija i dvorjanstvo, S. 55.
14 Gessen, V dvuch vekach, S. 281.
15 A. S. Izgoev, Intelligencija i »Vechi«, S. 7.
16 A. S. Izgoev, Intelligencija i »Vechi«, S. 11.
17 A. S. Izgoev, Pjat' let v Sovetskoj Rossii (Obryvki vospominanij i zametki), in: Archiv Russkoj Revoljucii, tom X, Berlin 1923, S. 5-55, hier S. 53.
18 Nachrufartikel, abgedruckt in der in Riga erscheinenden russischen Zeitung »Segodnja« am 12. und 13.7.1935.
19 A. S. Izgoev, Russkaja revoljucija, in: Svoboda i kul'tura 1906, Nr. 8., S. 535.
20 A. S. Izgoev, Samoderžavie i obščestvennaja žizn', in: Russkoe obščestvo, Moskva 1910, S. 23. Vgl. dazu die Analysen von Max Welser: Zur Beurteilung der gegenwärtigen politischen Entwicklung Rußlands, sowie: Rußlands Übergang zum Scheinkonstitutionalismus, in: Archiv für Sozialwissenschaften und Sozialpolitik 1906, Bd. 22, S. 229-353 und Bd. 23, S. 165-237.
21 A. S. Izgoev, Razbitoe koryto, in: Russkoe obščestvo, S. 40.
22 A. S. Izgoev, Razbitoe koryto, S. 41.
23 A. S. Izgoev, Samoderžavie i obščestvennaja žizn', in: Russkoe obščestvo, S. 15.
24 A. S. Izgoev, Razbitoe koryto, S. 44.
25 A. S. Izgoev, Razbitoe koryto, S. 42, 43.
26 A. S. Izgoev, Zamaskirovannoe samoubijstvo, in: Russkoe obščestvo, S. 192/193.
27 A. S. Izgoev, Razbitoe koryto, S. 45.
28 A. S. Izgoev, Samoderžavie i obščestvennaja žizn', S. 12.
29 A. S. Izgoev, Samoderžavie i obščestvennaja žizn', S. 20/21.

30 A. S. Izgoev, Samoderžavie i obščestvennaja žizn', S. 14.
31 A. S. Izgoev, Samoderžavie i obščestvennaja žizn', S. 25, 26.
32 A. S. Izgoev, Razbitoe koryto, S. 46.
33 A. S. Izgoev, Tri goda, in: Russkaja mysl' 1908, Nr. 12, S. 157.
34 A. S. Izgoev, Samoderžavie i obščestvennaja žizn', S. 20.
35 A. S. Izgoev, Samoderžavie i obščestvennaja žizn', S. 23.
36 A. S. Izgoev, Na perevale. Obščestvennye nastroenija, in: Russkaja mysl' 1913, Nr. 10, S. 164.
37 A. S. Izgoev, Dve storony agrarnogo voprosa (K filosofii agrarnoj programmy K. D. Partii), in: Svoboda i kul'tura 1906, Nr. 2, S. 87.
38 A. S. Izgoev, Na perevale. Novaja partija, in: Russkaja mysl' 1914, Nr. 6, S. 134.
39 A. S. Izgoev, Samoderžavie i obščestvennaja žizn', S. 32.
40 A. S. Izgoev, Razbitoe koryto, S. 35.
41 A. S. Izgoev, Samoderžavie i obščestvennaja žizn', S. 21.
42 A. S. Izgoev, Razbitoe koryto, S. 36.
43 A. S. Izgoev, Russkaja revoljucija, S. 537.
44 A. S. Izgoev, Na perevale. »Vechist« sredi marksistov, in: Russkaja mysl' 1910, Nr. 8, S. 71.
45 A. S. Izgoev, Naši političeskie partii, Petrograd 1917, S. 3.
46 A. S. Izgoev, Naši političeskie partii, S. 3.
47 Die Broschüre war nach der Februarrevolution geschrieben worden, um einem Massenpublikum vom Standpunkt der Konstitutionellen Demokraten aus das Parteienspektrum zu erklären. Zum Parteienspektrum: Peter Scheibert (Hrsg.), Die russischen politischen Parteien von 1905 bis 1917. Ein Dokumentationsband, Darmstadt 1972.
48 A. S. Izgoev, Na perevale. Žizn' i publicistika, in: Russkaja mysl' 1912, Nr. 7, S. 148.
49 A. S. Izgoev, Na perevale. »Vechist« sredi marksistov, in: Russkaja mysl', 1910, Nr. 8, S. 72.
50 A. S. Izgoev, Na perevale. Na vystrely sleva, in: Russkaja mysl' 1911, Nr. 11, S. 128.
51 A. S. Izgoev, K 50-letiju zemstva, in: Russkaja mysl' 1914, Nr. 2, S. 2.
52 A. S. Izgoev, Na perevale. Čto delat'?, in: Russkaja mysl' 1910, S. 112.
53 A. S. Izgoev, Vospitanie demokratii, in: Russkaja mysl' 1908, Nr. 7, S. 206.
54 A. S. Izgoev, Vospitanie demokratii, S. 202.
55 A. S. Izgoev, Vospitanie demokratii, S. 208.
56 A. S. Izgoev, Tri goda, S. 158.
57 A. S. Izgoev, Na perevale. Na vystrely sleva, S. 128.
58 A. S. Izgoev, Tri goda, S. 157, 158.
59 A. S. Izgoev, Na perevale. Žizn'i publicistika, S. 139.
60 A. S. Izgoev, Na perevale. »Vechist« sredi marksistov, S. 66.
61 A. S. Izgoev, Na perevale. Čto delat'?, S. 111.
62 A. S. Izgoev, Russkaja revoljucija, S. 536.
63 A. S. Izgoev, Pjat' let v Sovetskoj Rossii, S. 10.
64 A. S. Izgoev, Na perevale. »Vechist« sredi marksistov, S. 67.
65 A. S. Izgoev, Na perevale. Čto delat'?, S. 115.
66 A. S. Izgoev, Na perevale. »Vechist« sredi marksistov, S. 69.
67 A. S. Izgoev, Na perevale. Machomachija v lagere marksistov, in: Russkaja mysl' 1910, Nr. 2, S. 144.

68 A. S. Izgoev, Bunt protiv napravlenstva, in: Russkaja mysl' 1909, S. 167.
69 Diesen Begriff verdanke ich Helmut Fleischer, der in seinem »Plädoyer für eine Historisierung des Sowjetsozialismus« schreibt: »Die höhere oder niedere Rationalität der Sowjetrevolution lag wesentlich nicht darin, daß sie eine ›historische Aufgabe‹ erfüllt, etwa mit neuen Produktionsverhältnissen ›jenseits des Kapitalismus‹ Raum für eine unbehinderte Entwicklung der zivilisatorischen Produktivkräfte zu schaffen. Ihr unausgesprochener Hintersinn dürfte weit mehr darin gelegen haben, Raum zu schaffen für ein mehr partikulares und nur ›indirekt-allgemeines‹ Werk, für den Aufstieg und die Selbstbehauptung einer neuen Staatsklasse, die sich ihrerseits in einem permanentrevolutionären, konvulsivischen Prozeß der sozialnatürlichen Selektion aus den vordem vorhandenen Klassen- und Schichtensegmenten neu konstituierte. So war das geschichtliche Hauptwerk der Sowjetrevolution die Installierung eines neuartigen Ober- und Mittelbaus von Führungskräften und Leitungspersonal über einer gewaltsam ›rekombinierten‹ Großgesellschaft.« (unveröffentlichtes Manuskript, 1987).
70 A. S. Izgoev, Bunt protiv napravlenstva, S. 171.
71 A. S. Izgoev, Bunt protiv napravlenstva, S. 171.
72 A. S. Izgoev, Bunt protiv napravlenstva, S. 167.
73 A. S. Izgoev, Bunt protiv napravlenstva, S. 168.
74 A. S. Izgoev, Roždennoe v revoljucionnoj smute (1917-1932), Paris 1933, S. 6.
75 A. S. Izgoev, Pjat' let v Sovetskoj Rossii, S. 20.
76 A. S. Izgoev, Pjat' let v Sovetskoj Rossii, S. 16.
77 A. S. Izgoev, Pjat' let v Sovetskoj Rossii, S. 18. Izgoev hat die Formen des staatlichen oder »Polizeisozialismus« eine in der Weltgeschichte einmalige Erscheinung genannt. Ausgezeichnete Analysen des »Doppelspiels«, der »Doppelorganisation«, der Verschränkungen von Staats- und Untergrund-Terrorismus, die für das politische Klima zwischen 1906 und 1917 so wichtig gewesen sind, vgl. A. S. Izgoev, Na perevale. Preodolenie terrora, in: Russkaja mysl' 1913, Nr. 1, S. 108-118, und das Kapitel »Političeskaja provokacija« in: A. S. Izgoev, Russkoe obščestvo, Moskva 1910, S. 135-174. Vgl. auch D. Pospelovsky, Russian Police Trade Unionism: Experiment or Provocation?, London 1971.
78 A. S. Izgoev, Pjat' let v Sovetskoj Rossii, S. 19.
79 A. S. Izgoev, Roždennoe v revoljucionnoj smute, S. 4.
80 W. I. Lenin, Werke, Bd. 10, S. 216/217.
81 Daran, wie die Bolschewiki mit Marodeuren, mit den epidemisch sich ausbreitenden Sauforgien nach dem Oktober 1917 umgingen, erkannte Izgoev sogleich, wer die neue Ordnungsmacht sein würde.
82 A. S. Izgoev, Socializm, kul'tura i bol'ševizm, in: Iz glubiny. Sbornik statej o russkoj revoljucii, 2-oe izdanie, Paris 1967, S. 183-207, hier S. 185.
83 A. S. Izgoev, Roždennoe v revoljucionnoj smute, S. 3.
84 A. S. Izgoev, Socializm, kul'tura i bol'ševizm, S. 189.
85 A. S. Izgoev, Socializm, kul'tura i bol'ševizm, S. 196.
86 A. S. Izgoev, Socializm, kul'tura i bol'ševizm, S. 205.
87 A. S. Izgoev, Naši političeskie partii, S. 42.
88 A. S. Izgoev, Roždennoe v revoljucionnoj smute, S. 20.
89 A. S. Izgoev, Socializm, kul'tura i bol'ševizm, S. 199.
90 A. S. Izgoev, Pjat' let v Sovetskoj Rossii, S. 25.

91 A. S. Izgoev, Pjat' let v Sovetskoj Rossii, S. 29.
92 A. S. Izgoev, Socializm, kul'tura i bol'ševizm, S. 205.
93 A. S. Izgoev, Roždennoe v revoljucionnoj smute, S. 22.
94 A. S. Izgoev, Pjat' let v Sovetskoj Rossii, S. 6.
95 W. I. Lenin, Über unsere Revolution, in: Werke Bd. 33, S. 465.
96 W. I. Lenin, Lieber weniger, aber besser, in: Werke Bd. 33, S. 475.
97 W. I. Lenin, Lieber weniger, aber besser, S. 484.
98 W. I. Lenin, Lieber weniger, aber besser, S. 485.
99 W. I. Lenin, Lieber weniger, aber besser, S. 476.
100 W. I. Lenin, Über das Genossenschaftswesen, in: Werke Bd. 33, S. 448.
101 A. S. Izgoev, Roždennoe v revoljucionnoj smute, S. 21.

Zu Kapitel XI.

1 Alexander Block, Der Zusammenbruch des Humanismus, in: Lyrik und Prosa, Berlin 1982, S. 321-345, hier S. 334.
2 Alexander Block, Der Zusammenbruch des Humanismus, S. 343.
3 Nina Berberova, Kursiv moj, Avtobiografija, tom I, New York 1983, S. 143.
4 Viktor Šklovskij, Sentimental'noe putešestvie, 1917-1922, Moskva/Berlin 1923, S. 143.
5 Nina Berberova, Kursiv moj, tom I, S. 144.
6 Vgl. hierzu N. Berberova, Kursiv moj, tom I, S. 144; Ol'ga Forš, Sumasšedšij korabl', Moskva 1930, Reprint Washington 1964, S. 51; David Golinkow, Fiasko einer Konterrevolution. Das Scheitern antisowjetischer Verschwörungen in der UdSSR (1917-1925), Berlin 1982.
7 Nina Berberova, Kursiv moj, tom I, S. 165.
8 Osip Ė. Mandel'štam, Sumerki svobody, in: Sobranie sočinenij v trech tomach, Washington 1967, tom I, S. 72.
9 Barry Scherr, Notes on Literary Life in Petrograd, 1918-1922: A Tale of Three Houses, in: Slavic Review 1977, Nr. 2, S. 256-287; I. F. Martynov/T. P. Klejn, K istorii literaturnych ob-edinenij pervych let sovetskoj vlasti (Petrogradskij Dom literatorov, 1918-1922), in: Russkaja literatura 1971, Nr. 1, S. 125-134; P. P. Širmakov, K istorii literaturno-chudožestvennych ob-edinenij pervych let Sovetskoj vlasti. Sojuz dejatelej chudožestvennoj literatury (1918-1919 gody), in: Voprosy Sovetskoj Literatury, tom VII, Moskva/Leningrad, 1958, S. 454-475; A. D. Zajdman, Literaturnye studii »Vsemirnoj literatury« i »Doma iskusstv« (1919-1921 gody), in: Russkaja literatura 1973, Nr. 1, S. 141-147; Vladislav Chodasevič, Belyj koridor, Vospominanija. In: Izbrannaja proza v dvuch tomach, tom I, New York, 1982, besonders S. 119 bis 132; Kornej Čukovskij, Sovremenniki, Sobranie Sočinenii v 6-i tomach, tom II, Moskva 1965; Anna Ėl'kan, »Dom iskusstv«, in: Mosty, München 1960, Bd. 5, S. 289-298; Vladimir Milaševskij, V dome na Mojke, in: Zvezda 1970, Nr. 12, S. 187-201; V. Pjast, Vstreči, Moskva 1929; Vsevolod Roždestvenskij, Stranicy žizni, Moskva 1974; Michail Slonimskij, Sobranie sočinenij v 4-ch tomach, Leningrad 1970, tom 4, besonders S. 409ff. ; Gr. V. P. Zubov, Stradnye gody Rossii. Vospominanija o revoljucii (1917-1925), München 1968; Konstantin Fedin, Gorki unter uns. Bilder aus dem literarischen Leben, Berlin 1982.

10 Osip Ė. Mandel'štam, Slovo i kul'tura, in: Sobranie sočinenij, tom II, S. 222/223; vgl. die spätere, redigierte Fassung desselben Aufsatzes, in: Slovo i kul'tura, Moskva 1987, S. 39-45.

11 Vgl. die Erinnerungen von A. S. Izgoev, Pjat' let v Sovetskoj Rossii, in: Archiv Russkoj Revoljucii, tom X, Berlin 1923; Pitirim Sorokin, Leaves from a Russian Diary, Boston 1950, und v.a.

12 Vgl. A. I. Jurko, Likvidacija buržnaznoj pečati v pervyj period Sovetskoj vlasti, in: Voprosy istorii KPSS, Moskau 1958, vyp. 3, S. 108-141.

13 Peter Scheibert, Lenin an der Macht. Das russische Volk in der Revolution 1918-1922, Weinheim 1984, S. 328ff.

14 E. Zamjatin, Ja bojus', in: Dom iskusstv, Petrograd 1921, S. 43.

15 Ves' Petrograd za 1922 god, S. 230ff.

16 S. A. Novosel'skij, K demografii Petrograda, in: Nauka i ee rabotniki 1922, Nr. 2, S. 4.

17 S. A. Novosel'skij, K demografii Petrograda, S. 4.

18 S. A. Novosel'skij, K demografii Petrograda, S. 8. – 1910 starben pro 1 000 Einwohner 25.0 und 1919 pro 1 000 Einwohner 72.6.

19 Ves' Petrograd za 1922 god, S. 228.

20 Die Memoirenliteratur ist voll von der Erinnerung an die »Einquartierungsaktionen«. Über die daraus hervorgehenden Gemeinschaftswohnungen als Ort einer neuen Kultur schreibt Iosif Brodskij, der im ehemals prächtigen »Haus Muruzi« aufgewachsen ist. Joseph Brodsky, In eineinhalb Zimmern, in: Erinnerungen an Leningrad, München 1986, S. 49-119.

21 A. M. Gor'kij v Vserossijskoj komissii po ulučeniju byta učennych, in: Gor'kij i nauka, Moskva 1964, S. 131/132.

22 Ves' Petrograd za 1922 god, S. 230.

23 Vgl. dazu die Abschnitte »Die Hauptstädte in den Notzeiten«, in Peter Scheibert, Lenin an der Macht, S. 353-373.

24 V. Šklovskij, Chod konja, Moskva/Berlin 1923, S. 19.

25 V. Šklovskij, Chod konja, S. 18, 19.

26 O. Forš, Sumasšedšij korabl'; V. Šklovskij, Chod konja, S. 23.

27 Vestnik literatury 1919, Nr. 1-2, S. 9.

28 Als Quellen vor allem: Vestnik literatury 1919, Nr. 1-2; Vestnik literatury 1920, Nr. 6, Nr. 7; Literaturnye zapiski 1922, Nr. 3, Nauka i ee rabotniki 1921, Nr. 3, S. 34-38; 1922, Nr. 2, S. 49-50; 1922, Nr. 5, S. 37-40.

29 Michail Heller/Alexander Nekrich, Geschichte der Sowjetunion, Königstein/Ts., Bd. I, S. 113/114. Die brutalste Darstellung der demographischen Verwüstungen in diesem Zeitraum ist wahrscheinlich: P. A. Sorokin, Sovremennoe sostojanie Rossii, Praga 1922.

30 V. Šklovskij, Chod konja, S. 25.

31 Vgl. hierzu: P. P. Širmakov, K istorii literaturno-chudožestvennych ob-edinenij pervych let Sovetskoj vlasti, a.a.O. Die Initiative zur Gründung dieses «Schriftstellerverbandes« im März 1918 hatten F. Sologub, A. Čebotarevskaja und N. Gumilev ergriffen. Bis zu seiner Auflösung im Frühjahr 1919 hatte er ca. 170 Mitglieder. Er wurde finanziell zunächst aus Geldern des Bankiers Baron M. A. Ginzburg getragen, in dessen Villa – Vasil'ev-Insel, 11-ja linija 18 – auch das Quartier des Verbands war. Der Verband machte aufgrund seines Finanzgebarens »negative Schlagzeilen«, und seine Sanierung mißlang. In der Konzeption ist der Verband, dem sowohl Gorki wie Merežkovskij angehörten, die Vorform der späteren Versuche, das »Unvereinbare zu vereinigen«.

32 E. Zamjatin, Dom iskusstv, Petersburg 1921, Nr. 1, S. 7.
33 O. Forš, Sumasšedšij korabl', S. 75 und 95.
34 K. Čukovskij, Sovremenniki, a.a.O., S. 145.
35 V. Šklovskij, Sentimental'noe putešestvie, S. 267.
36 Konstantin Fedin, Gorki unter uns, S. 46/47.
37 M. Gor'kij, Čto takoe nauka, in: Nauka i ee rabotniki 1920, Nr. 1, S. 5/6.
38 Hierzu vor allem: A. D. Zajdman, Literaturnye studii »Vsemirnoj literatury« i »Doma iskusstv«, a.a.O., S. 141-147.
39 Literatur zu Gorki als Verleger, vgl. A. D. Zajdman, Literaturnye studii, S. 141.
40 Ju. A. Filipčenko, Rezul'taty ankety po nasledstvennosti sredi učenych Peterburga, in: Nauka i ee rabotniki, Peterburg 1921, Nr. 6, S. 9.
41 Ju. A. Filipčenko, Anketa po nasledstvennosti sredi učenych Peterburga, in: Nauka i ee rabotniki, Peterburg 1921, Nr. 2, S. 34, 35. Das Büro für Eugenik befand sich auf der Petrograder Seite, Bol'šoj prospekt 7/Zverinskaja ulica 4.
42 Ju. A. Filipčenko, Rezul'taty ankety, a.a.O., S. 6.
43 A. Fersman, Dva jubileja, in: Nauka i ee rabotniki 1922, Nr. 1, S. 3; vgl. auch: B. E. Rajkov, Moi vstreči s Gor'kim, in: Gor'kij i nauka, Moskva 1964, S. 253/254.
44 H. G. Wells, zitiert nach: Nauka i ee rabotniki 1921, Nr. 1, S. 33.
45 H. G. Wells, ebd.
46 Ves' Petrograd za 1922 god, S. 575-577. Der Kommission gehörten an: M. Gorki (Vorsitz), die Professoren A. E. Fersman, A. P. Pinkevič, B. K. Tonkov, A. L. Alpatov, I. I. Manuchin, die Rektoren der Petrograder Universität V. M. Šimkevič, der Ständige Sekretär der Akademie der Wissenschaften S. F. Ol'denburg, G. Cyperovič, Z. G. Grinberg, P. S. Zelikson, Z. I. Lilina, der bekannte Bolschewik A. E. Badaev, Gorkis Frau M. F. Andreeva und M. P. Kristi.
47 Günter Kröber/Bernhard Lange (Hrsg.), Sowjetmacht und Wissenschaft, Berlin 1975, S. 152/153, Dok. Nr. 47.
48 M. Gorki spricht in einem Brief vom 17.8.1920 von nur 1 849 Personen.
49 Sowjetmacht und Wissenschaft, Fußnote 1 zu Dok. Nr. 53, S. 413.
50 Darstellung des Rationierungs- und Kartensystems in der Zeit des «Kriegskommunismus« vgl. Graždanskaja vojna i voennaja intervencija v SSSR. Ėnciklopedija, Moskva 1983, S. 396/397. Dort heißt es auch, daß im Mai 1920 nur die Hälfte der für Moskau und Petersburg vorgesehenen Lieferungen eintrafen.
51 Schreiben der Akademie der Wissenschaften an den Rat der Volkskommissare über die Gewährung materieller und organisatorischer Hilfe für die wissenschaftlichen Einrichtungen, in: Sowjetmacht und Wissenschaft, Dok. Nr. 64, S. 168-173. Gezeichnet ist das Schreiben von A. Karpinskij, V. Steklov, S. Ol'denburg, V. Istrin und A. Fersman.
52 Aus den Erinnerungen von V. D. Bonč-Bruevič an die Organisation und die Tätigkeit der Zentralen Kommission zur Verbesserung der Lage der Wissenschaftler (CeKUBU) in den Jahren 1919-1924, in: Sowjetmacht und Wissenschaft, Dok. Nr. 122, S. 272-275.
53 Peter Scheibert, Lenin an der Macht, S. 345/346.
54 B. E. Rajkov, Moi vstreči s Gor'kim, a.a.O., S. 254.
55 Dazu: Letopis' Doma literatorov, Literaturnye zapiski und Vestnik literatury.
56 Sergej Ol'denburg, Raboty Rossijskoj AN za poslednie tri goda 1917-1919, in: Nauka i ee rabotniki 1920, Nr. 1, S. 13.

57 Sergej Ol'denburg, Iz istorii i dejatel'nosti Doma učenych, in: Nauka i ee rabotniki 1921, Nr. 2, S. 3.
58 Nauka i ee rabotniki 1921, Nr. 3, S. 26-28.
59 Nauka i ee rabotniki 1921, Nr. 2, S. 6-7.
60 1920 gab es im Lesesaal 190 englischsprachige Periodika. Über die finnische Mission in Petersburg gelangte die erste Lieferung deutscher Zeitschriften ins »Haus der Wissenschaftler«. Es liegen 345 russische Periodika aus. Vgl. A. Fersman, Dva jubileja, in: Nauka i ee rabotniki 1922, Nr. 1, S. 3-7.
61 Brief M. Gorkis an S. Ol'denburg vom 23.8.1925, in: Gor'kij i nauka, Moskva 1964, S. 149.
62 Gosudarstvennyj Institut istorii iskusstv, 1921-1927, Leningrad 1927, S. 6.
63 Leningrad. Putevoditel', Leningrad 1987, S. 97.
64 Venjamin Kaverin, Sobranie sočinenij, tom VI, V starom dome, S. 403-558, hier 407; Gr. V. P. Zubov, Stradnye gody Rossii, S. 80ff.
65 Gosudarstvennyj Institut istorii iskusstv, S. 4.
66 Kritisch zu diesem »Kunst-Ministerium«: Sergej Makovskij, Ministerstvo iskusstv, in: Apollon 1917, Nr. 2/3, S. I-XVI.
67 Gr. V. P. Zubov, Stradnye gody Rossii, S. 92.
68 Nach: Ves' Petrograd za 1922 god, S. 600-602; Gosudarstvennyj Institut istorii iskusstv, S. 42; Gr. V. P. Zubov, Stradnye gody Rossii, S. 100-102.
69 Gosudarstvennyj Institut istorii iskusstv, S. 42ff.
70 K. Fedin, Gorki unter uns, S. 37/38.
71 Vestnik literatury 1919, Nr. 1/2, S. 1.
72 I. F. Martynov/T. P. Klejn, K istorii literaturnych ob-edinenij pervych let sovetskoj vlasti, a.a.O., S. 126.
73 Zit. nach I. F. Martynov/T. P. Klejn, K istorii literaturnych ob-edinenij, S. 127.
74 Die Regelung datiert vom 30.6.1920, vgl. Ves' Petrograd za 1922 god, S. 577/578.
75 I. F. Martynov/T. P. Klejn, K istorii literaturnych ob-edinenij, S. 128.
76 Ves' Petrograd za 1922 god, S. 577/578.
77 I. F. Martynov/T. P. Klejn, K istorii literaturnych ob-edinenij, S. 128.
78 Literaturnye zapiski, 1922, Nr. 2.
79 Letopis' Doma literatorov vom 27.12.1921, S. 8; Literaturnye zapiski vom 25.5.1922, S. 21, und vom 23.6.1922, S. 21.
80 Literaturnye zapiski vom 1.6.1922, S. 23.
81 Über die Bücherlandschaft Petersburgs dieser Zeit vgl. I. E. Barenbaum/N. A. Kostyleva, Knižnyj Peterburg, Leningrad 1986; Pavel Naumovič Berkov, Istorija sovetskogo bibliofil'stva (1917-1967), Moskva 1983. Über den Zusammenbruch des Büchermarkts: V. Ireckij, Knižnaja »skorbnaja letopis'«, in: Vestnik literatury 1919, Nr. 5, S. 7. Solche Läden sind mitunter Mittelpunkte des literarischen Lebens geworden. Vgl. Nikolai Berdiajew, Selbsterkenntnis. Versuch einer philosophischen Autobiographie, Darmstadt/Genf 1953, S. 263.
82 Ves' Petrograd za 1922 god, S. 580ff.
83 Nina Berberova, Kursiv moj, tom II, New York 1983, S. 687.
84 Primirenie »neprimirymych«, in: Vestnik literatury 1919, Nr. 8, S. 1.
85 Vestnik literatury 1919, Nr. 8, S. 1.
86 Letopis' Doma literatorov 1922, Nr. 1/2, S. 1.
87 Letopis' Doma literatorov 1922, Nr. 1/2, S. 1.
88 Gute Übersichten über das Programm des Hauses bei: Barry Scherr, Notes on

Literary Life in Petrograd, a.a.O.; I. F. Martynov/T. P. Klejn, K istorii literaturnych ob-edinenij, a.a.O.; die Rubrik »Literaturnaja chronika« der Zeitschriften.

89 Letopis' Doma literatorov 1922, Nr. 8/9, S. 8.

90 I. F. Martynov/T. P. Klejn, I istorii literaturnych ob-edinenij, S. 130-132.

91 Beschreibung dieses Abends bei Wladimir Orlow, Gamajun. Alexander Block und seine Zeit, Berlin 1984, S. 575.

92 Letopis' Doma literatorov 1922, Nr. 8/9, S. 6.

93 Novye i starye vechi. Dva sobesedovanija v Dome literatorov o sbornike »Smena Vech«, in: Letopis' Doma literatorov 1921, Nr. 3, S. 11 und Letopis' Doma literatorov 1922, Nr. 1/2, S. 10-11. Kurzfassungen der Vorträge von S. A. Adrianov, N. A. Gredeskul', V. G. Tan, A. S. Izgoev und Diskussionsprotokoll.

94 K. Fedin, Gorki unter uns, S. 39/40.

95 Svoboda i nezavisimost', in: Letopis' Doma literatorov 1921, Nr. 4., S. 1. Das Wort für »Presseöffentlichkeit« ist »pečatnaja glasnost'«. Ich vermute, daß dieser Redaktionsartikel von A. S. Izgoev stammt.

96 Vladislav Chodasevič, Belyj koridor, S. 132.

97 Vgl. die Memoirenliteratur unter Anmerkung 9 zu diesem Kapitel.

98 Vladislav Chodasevič, Belyj koridor, S. 121-132.

99 K. Fedin, Gorki unter uns, S. 41/42.

100 K. Fedin, Gorki unter uns, S. 41.

101 Eine Übersicht über die Veranstaltungen bei K. Čukovskij, Sovremenniki, S. 504/505.

102 A. D. Zajdman, Literaturnye studii »Vsemirnoj literatury« i »Doma iskusstv«, a.a.O., S. 147. Vgl. auch: Die Serapionsbrüder von Petrograd, Frankfurt/M. 1963.

103 Anna Ėl'kan, Dom iskusstv, in: Mosty, München 1960, Bd. 5, S. 295.

104 Vsevolod Roždestvenskij, Stranicy žizni, S. 277.

105 Anna Ėl'kan, Dom iskusstv, S. 295; V. Milaševskij, V dome na Mojke, a.a.O., S. 192.

106 Lev Lunc, Warum wir Serapionsbrüder sind, in: Die Serapionsbürder von Petrograd, S. 11.

107 K. Fedin, Gorki unter uns, S. 109/110.

108 Berichte über diesen »Skandal« bei Vs. Roždestvenskij, Stranicy žizni, S. 171 und M. Slonimskij, Sobranie sočinenij, tom 4, S. 403.

109 N. Berberova, Kursiv moj, tom I, S. 157ff.; A. Ėl'kan, Dom iskusstv, S. 295; Vs. Roždestvenskij, Stranicy žizni, S. 186-188.

110 Letopis' Doma literatorov vom 1.2. 922, Nr. 7, S. 5.

111 Alexander Block, Über die Bestimmung des Dichters, in: Lyrik und Prosa, Berlin 1982, S. 353-362, hier S. 354, 357.

112 V. S. Krivenko, Meloči žizni (Material dlja »buduščego istorika«), in: Vestnik literatury 1919, Nr. 1/2, S. 14.

113 O. Forš, Sumasšedšij korabl', S. 92.

114 L. Fedin, Gorki unter uns, S. 106.

115 K. Fedin, Gorki unter uns, S. 238.

116 O. Forš, Sumasšedšij korabl', S. 225.

117 K. Fedin, Gorki unter uns, S. 161.

118 Peterburgskij sbornik 1922, S. 1.

119 O. Forš, Sumasšedšij korabl', S. 224.

120 A. Block, Die Bestimmung des Dichters, a.a.O., S. 357.
121 Ich habe mich bei den folgenden Ausführungen hauptsächlich gestützt auf: Michel Heller, Premier avertissement: Un coup de fouet. L'histoire de l'expulsion des personnalités culturelles hors de l'Union Soviétique en 1922, in: Cahiers du Monde russe et soviétique, XX(2) 1979, S. 131-172; David Golinkow, Fiasko einer Konterrevolution. Das Scheitern antisowjetischer Verschwörungen in der UdSSR (1917-1922), Berlin 1982; S. A. Fedjukin, Velikij oktjabr' i intelligencija. Iz istorii vovlečenija staroj intelligencii v stroitel'stvo socializma, Moskva 1972; B. A. Čagin/V. J. Klušin, Bor'ba za istoričeskij materializm v SSSR v 20-e gody, Leningrad 1975, sowie Memoiren und Zeitungsmeldungen.
122 Pitirim Sorokin, Leaves from a Russian Diary, S. 298-309, N. Berdiajew, Selbsterkenntnis, S. 274.
123 Rul' vom 17.11.1922.
124 Rul' vom 26.9.1922.
125 Zusammengestellt nach M. Heller, Premier avertissement, a.a.O.; Rul'vom 10.9., 26.9., 8.10., 17.11.1922.
126 Das Interview mit Mjakotin in Rul' vom 8.10.1922. Vergleichbare Fragen wurden auch an die anderen Kandidaten gerichtet. Vgl. Fedor Stepun, Das Antlitz Rußlands und das Gesicht der Revolution. Aus meinem Leben 1884 bis 1922, München 1961, S. 491; Nikolai Berdiajew, Selbsterkenntnis, S. 268. Die Schilderung der Situationen in den Amtszimmern der GPU wäre ein eigenes Kapitel wert! Berdjaev war dort auf Dzeržinskij, Menžinskij und Kamenev getroffen und hatte mit ihnen Streitgespräche über Idealismus und Materialismus. Sorokin hatte bei seiner Ausweisung mit Lev M. Karachan, dem Stellvertretenden Volkskommissar für Auswärtiges zu tun, der ein ehemaliger Mitschüler war.
127 Rul' vom 16.9.1922, S. 5.
128 Rul' vom 17.11.1922.
129 Bei dieser Gelegenheit trifft F. Stepun in der Deutschen Botschaft einen ehemaligen Studienkollegen aus Heidelberg, Dr. G., wieder; F. Stepun, Das Antlitz Rußlands, S. 495.
130 Rul' vom 17.11.1922. An Bord befanden sich u.a. Nestor Kotljarevskij, Prof. F. Ju. Levinson und der Theatermann N. N. Evrejnov.
131 Ju. Ajchenval'd glaubte sogar, daß der Dichter V. Brjusov die Namen der Schriftsteller zur Liste beigetragen hatte; vgl. M. Heller, Premier avertissement: Un coup de fouet, a.a.O., S. 163.
132 W. I. Lenin, Ausgewählte Werke, Berlin 1966, Bd. III, S. 765.
133 W. I. Lenin, Werke, Bd. 33, S. 344/345.
134 V. I. Lenin, Pol'noe sobranie sočinenij, tom 54, S. 265, 266.
135 Pravda vom 8.8.1922, S. 3.
136 Pravda vom 9.8.1922, S. 5. Fortsetzung der Rede.
137 Pravda vom 10.8.1922, S. 3.
138 Pravda vom 31.8.1922, S. 1.
139 Pravda vom 30.8.1922, S. 3.

Personenregister

Abbildungsnachweis

Archiv für Kunst und Geschichte, Berlin; Karl Schlögel, Berlin; Ullstein Bilderdienst, Berlin.

Leon Bakst, Leningrad, 1986; Zadači preobrazovanija S.-Peterburga, S.-Peterburg 1912; Ežegodnik obščestva architektorov-chudožnikov, S.-Peterburg 1907, 1909, 1910, 1911, 1912, 1913; G. K. Lukomskij, Sovremennyj Petrograd, Petrograd 1916; M. Minkus/N. Pekareva, I. A. Fomin, Moskva 1953; E. Žiglevič, V. Rozanov. Izbrannoe, München 1910; I. Božerjanov, Panorama Nevskogo prospekta, S.-Peterburg 1904; E. A. Dinerštejn, I. D. Sytin, Moskva 1983; I. D. Sytin, Moja žizn' dlja knigi, Moskva 1978; The Lubok. Russian Folk Pictures, 17th to 19th Century, Leningrad 1984; Torgovoe i promyšlennoe delo Rjabušinskich, Moskva 1913; Plan ėlektrifikacii RSFSR, Moskva 1955; Ežegodnik obščestva architektorov-chudožnikov, vypusk 12, Leningrad 1912; V. Ju. Steklov, V. I. Lenin i ėlektrifikacija, Moskva 1975; Architektura Leningrada, Leningrad/ Moskva 1953; Leningrad und Umgebung, Leipzig 1982; A. Lourié, Sergei Koussevitzky and His Epoch, New York 1931; Pamjatniki architektury prigorodov Leningrada, Leningrad 1985; Agitacionno-massovoe iskusstvo. Oformlenie prazdnestv, Moskva1984, tom II; A. F. Nekrylova, Russkie narodnye gorodskie prazdniki, uveselenija i zrelišča, Leningrad 1984; I. Pružan/V. Kujazeva, Russkij portret konca XIX – načala XX veka, Moskva 1980; J. Annenkov, Dnevnik moich vstreč, New York 1966, tom I; Istorija sovetskogo teatra, Leningrad 1933, tom I; Organizacija nauki v pervye gody Sovetskoj vlasti (1917-1925), Leningrad 1968; René Fülöp-Miller, Geist und Gesicht des Bolschewismus, Zürich/Leipzig/Wien 1926.

CIP-Titelaufnahme der Deutschen Bibliothek

Schlögel, Karl:
Jenseits des Großen Oktober: Das Laboratorium der Moderne.
Petersburg 1909–1921 / Karl Schlögel. – Berlin: Siedler, 1988
ISBN 3-88680-318-X

Der Siedler Verlag ist ein gemeinsames Unternehmen
der Verlagsgruppe Bertelsmann und von Wolf Jobst Siedler.

Redaktion: Ditta Ahmadi, Berlin
Satz und Layout: Freier Redaktions-Dienst, Berlin
Reproduktionen: Decker Reproges. mbH, Berlin
Schutzumschlag: Jürgen Stockmeier, Berlin, unter Verwendung
einer Vorlage aus dem Archiv für Kunst und Geschichte, Berlin
Druck: Hellmich KG, Berlin
Buchbinder: Lüderitz & Bauer, Berlin
Printed in Germany 1988
ISBN 3-88680-318-X